U0115193

哲學研究叢書‧學術思想叢刊

紀念牟宗三先生逝世二十周年
國際學術研討會論文集

楊永漢　　主編

紀念牟宗三先生逝世二十周年
國際學術研討會論文集
編輯委員會

主　　編　楊永漢
編輯委員　劉楚華、盧雪崑、楊祖漢、黃兆強、陳耀權、黃世明

牟宗三先生（1909-1995）

牟宗三先生上課時神態

新儒學三大家：牟宗三先生、徐復觀先生、唐君毅先生（由左至右）

新亞研究所所長劉楚華教授於研討會現場

新亞研究所盧雪崑教授於研討會現場

研討會論文宣讀

研討會交流情況

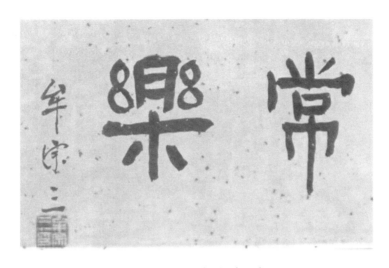

牟宗三先生書法（一）

牟宗三先生書法（二）

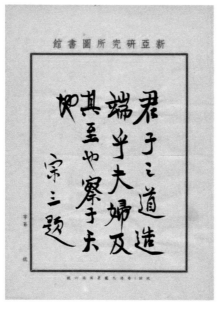

牟宗三先生書法（三）

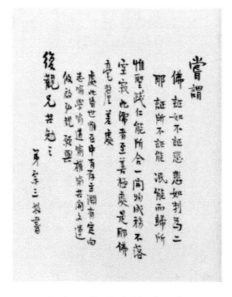

牟宗三先生書法（四）

紀念牟宗三先生逝世二十周年國際學術研討會

日期：2015 年 11 月 14、15 日（星期六、日）

地點：香港新亞研究所（香港九龍農圃道6號）

會議議程

二零一五年十一月十四日（星期六）		
時間	發表人	論文題目
09:00- 09:10	**開幕式（場址：新亞中學圖書館大堂）** 向牟宗三先生致敬 所長致詞：香港新亞研究所劉楚華所長 嘉賓致詞：唐端正教授、楊祖漢教授	
09:10- 09:25	**拍照**	
09:25- 11:25	**第一場次主題演講（場址：新亞中學圖書館大堂）** 主持人：劉楚華（新亞研究所所長）	
	蔡仁厚（臺灣東海大學榮譽教授）	牟宗三先生對儒家道統的開擴
	唐端正（香港中文大學榮休教授）	牟宗三先生論智的直覺與儒家哲學
11:25- 11:40	**休息及茶點**	
11:40- 12:30	**第二場次（場址：新亞中學圖書館大堂）** 主持人：楊自平（臺灣中央大學中文系）	
	楊祖漢（臺灣中央大學）	道統、圓教與根本惡說
	陳敏華（香港新亞研究所博士）	釋論劉宗周的「意」在心體中的主宰義
	第三場次（場址：新亞研究所誠明堂） 主持人：賴柯助（臺灣中央大學中文系）	
	李瑞全（臺灣中央大學臺灣哲學所）	牟宗三先生之道德形上學諸涵義：宋明儒學之義理形態與工夫論
	梁奮程（臺灣中央大學哲學所博士候選人）	論牟宗三先生的良知自我坎陷：從道德到政治的轉折
12:30- 14:00	**午餐**	
14:00- 15:40	**第四場次（場址：新亞中學圖書館大堂）** 主持人：李學銘（香港新亞研究所）	
	黃兆強（臺灣東吳大學）	大師眼中的大師：牟宗三論徐復觀

	發表人	論文題目
	毛炳生（臺灣華梵大學文學博士）	儒學與新儒學的分野——從牟宗三的《周易》觀再析孔子易學
	周國良（香港樹仁大學）	從「幾」及「知幾」看牟宗三先生的易學
	賴柯助（臺灣中央研究院中國文哲研究所博士後研究）	論牟宗三先生對《孟子》君子所性章、君子三樂章的義理詮釋
	第五場次（場址：新亞研究所誠明堂） 主持人：黃敏浩（香港科技大學人文學部）	
	盧雪崑（香港新亞研究所）	論孔子哲學傳統包含的圓善學說
	郭俊泉（香港新亞研究所博士）	孔、孟哲學傳統所言之「天」
	黃世明（香港浸會大學哲學系博士研究生）	戴山言性的哲學涵義
	韓曉華（香港新亞研究所博士）	論牟宗三對「哲學語言」的理解：從《名理論》的翻譯來看
15:40– 15:55	**休息及茶點**	
15:55– 17:10	**第六場次（場址：新亞中學圖書館大堂）** 主持人：陳敏華（香港新亞研究所博士）	
	鄭宗義（香港中文大學哲學系）	牟宗三先生的政治哲學
	黃敏浩（香港科技大學人文學部）	耿寧的陽明早、晚期良知說的檢討
	劉桂標（香港人文學會）	論牟宗三先生的老子詮釋
	第七場次（場址：新亞研究所誠明堂） 主持人：盧雪崑（香港新亞研究所）	
	王培光（香港城市大學）	平等性與人權
	岑詠芳（法國法蘭西學院漢學研究所）	聖人理想，哲人運思——法譯《牟宗三：中國哲學的特質》導言論介
	李明書（國立臺灣大學哲學系博士班）	杜保瑞的基本問題研究沄在牟宗三佛教哲學的適用性
	晚餐	

二零一五年十一月十五日（星期日）		
時間	發表人	論文題目
09:00– 10:40	**第八場次（場址：新亞中學圖書館大堂）** 主持人：鄭宗義（香港中文大學哲學系）	
	翟志成（香港理工大學中國文化學系）	牟宗三眼中的胡適
	鄧國光（澳門大學）	繼天立極：牟宗三先生順繹「堯舜之道」義證
	鄧立光（香港中文大學國學中心）	牟宗三先生的文化意識

	區志堅（香港樹仁大學）	「民主政治乃是『新外王』的第一義」：牟宗三先生「破共」的美意？
	第九場次（場址：新亞研究所誠明堂） 主持人：周國良（香港樹仁大學）	
	翁正石（香港樹仁大學）	牟宗三先生的圓善論及天人合一觀
	陳沛然（新亞研究所）	由智者大師之七重二諦到二十八重二諦
	黃漢光（臺灣東華大學）	唐君毅論秦漢神仙與養氣之哲思
	蕭雄（武漢大學哲學學院）	牟宗三哲學中的「寂感」思想之論析
10:40- 10:55	**休息及茶點**	
10:55- 12:10	**第十場次（場址：新亞中學圖書館大堂）** 主持人：李瑞全（臺灣中央大學臺灣哲學所）	
	王興國（深圳大學）	「不相應行法」與「執的存有論」——論牟宗三哲學以儒攝佛和援西入中
	黃慧英（香港嶺南大學哲學系）	牟宗三先生對「為何道德」的議論再探
	蔡方鹿（香港新亞研究所碩士研究生）	新儒家哲學教育的理念和教育哲學的實踐：從熊十力、馬一浮的復性書院到香港新亞書院
	第十一場次（場址：新亞研究所誠明堂） 主持人：楊祖漢（臺灣中央大學）	
	楊自平（臺灣中央大學中文系）	從受用角度考察唐君毅先生由疾病證悟人生
	呂銘崴（臺灣中央大學中國文學系研究所博士生）	高攀龍對朱子格物工夫的詮釋——以牟宗三先生對朱子的衡定為起點
	連育平（臺灣中央大學中文系博士班）	朱子、牟宗三對孟子「心」的理解
12:10- 14:00	**午餐**	
14:00- 14:55	**座談會（場址：新亞中學圖書館大堂）** 主持人：黃兆強教授　引言人：唐端正教授、方穎嫻教授、楊祖漢教授	
14:55- 15:00	**閉幕式（場址：新亞中學圖書館大堂）** 會議籌委會致閉幕詞	

規則

論文宣讀： 發表人：每人 20 分鐘，於 18 分鐘時一短聲，於 20 分鐘時一長聲，20 分鐘後每兩分鐘一長聲。

開放討論： 三篇或四篇發表後一起開放討論，每篇接受提問 3 分鐘，發表人最後回應 2 分鐘，共 5 分鐘。發表人回應 1 分鐘半一短聲，2 分鐘一長聲，2 分鐘後每半分鐘二長聲。

目次

編輯弁言

　　上世紀八十至九十年代，我在新亞研究所研讀碩士及博士課程。每位同學都有自己的研究書檯，當時同學間的論學風氣頗濃，不管是哪個組別，傾談起來就是一個晚上。學校是二十四小時開放，有同學是帶備睡袋回校看書的。最難忘是討論過「無」與「空」內涵，和地獄道的獄卒有何因緣在地獄出現。當然，很多老師的軼事也是在這裡知道。我雖然是唸歷史的，但牟宗三先生的大名如雷貫耳。只要我有空，就去聽牟先生的課。後來我才知道，當時來旁聽的同學包括大學教授、著名作家、僧侶、牧師等。下課後，牟先生很喜歡留在學校下圍棋，我只與牟先生下過一次圍棋，因為當時研究室只有我一個人。相信牟先生也忘記了與一個不懂下圍棋的人下過棋，可知牟先生喜愛圍棋的程度。由於這個因緣，我經常看牟先生的書。後來到樹仁大學任教「先秦諸子」，這樣就不得不再讀牟先生的書。

　　牟先生逝世那年，我正在英國進修，同學千里以外致電給我告知哀事，並希望我回港協助後事。可惜，交通與費用，不容許我回港，想來也神傷。兩次紀念研討會，同學都希望我提交論文，但相比於其他師兄弟的作品，我惟有敝帚自珍了。

　　今次紀念研討會出版論文集，編輯委員會推舉了我作主編。我將所有論文看了一次，內心激動，因為論文集內的作者，很多是牟先生在港臺教學時的弟子，水平又極高。牟先生的繼承者，人材輩出，當中已有可獨當一面的學者。編輯委員會成立後，邀請專家學者作論文

匿名評審，多謝參與評審的專家學者，認真而專業的評語。

由於研討會結束至論文集出版，有幾年的差距，部份作者已刊登了論文或以專集出版。故此，今次論文集因版權問題或作者意願，有幾篇論文沒有刊登出來，是論文集的遺憾。研討會亦有提交論文，因事而不能出席研討會者，其論文亦刊登於本論文集內。是次出版，多謝新亞研究所所長劉楚華教授賜序，及大會提供現場照片刊登。最後，感謝臺灣萬卷樓的協助，使論文集能順利面世。

楊永漢

寫於香港孔聖堂

序

　　二〇一五年一代儒宗牟宗三先生逝世二十週年，新亞研究所舉辦紀念牟師的學術研討會，承國立中央大學儒學研究中心、眾多同門師友同心協力及來自兩岸各地學者的響應支持，會議得以順利成功。由於客觀條件的限制，會議論文至今才結集出版。其書終能面世，特別要感謝楊永漢博士的鼎力玉成，由策劃、編審至送印都一力承當，由衷感佩。

　　屈指計算，經此延遲，距吾師長逝之日，幾又接近四分一世紀了！牟師前後居港三十三年，自一九七四年新亞書院退休，駐新亞研究所著述講學又二十年，晚年遷居臺灣。先生半生流落到兩個「離島」——香港、臺灣，在時代狂流之中極力保存中國文化，接引學子無數。我輩生徒何其有幸，值先生學問高峰期，親炙教澤數十載。先生的氣度灑落，樸誠真切，先生的音容笑語，應機指點的講課風采，同門莫不深刻緬懷。

　　牟師曾說，總其一生是為人類價值之標準、為文化價值之方向奮鬥以申展理性之經過。先生的全副精神投入到德性學問的理路和會通東西文化的對話，自始至終抱負建設文化的理想，以反省中華文化生命及重開中國哲學出路為宗旨，且時刻關懷世局，隨時速敏地回應時代的呼喚。故此，會議文章亦從不同角度，討論牟師闡述道統、政統的精義，探索新世紀新儒家當如何承前啟後、如何貫徹實踐的可能。

　　梁木其壞，哲人其萎。守常開新，期於來者。善頌善禱，利有攸往。

楚華拜識

二〇一八年一月二十四日

牟宗三先生的哲學

楊祖漢

中央大學中國文學系

牟宗三先生是當代新儒家的代表人物，他一生的學術成就，並不止於儒學的領域，而及於中國哲學思想之大部分重要內容，又不止於中國哲學，對西哲如羅素、維特根斯坦、康德等，都有深入研究，其中於康德哲學用力尤深，這是學界所熟知的。牟先生對於上述的學術領域，大都有不同於前人的創見，其見解亦大都成為現在研究中國哲學，及關心中西哲學文化者必須研究的對象。因此，牟先生的諸多見解其實已為學界所熟知，本亦不須多說，且詳細論述牟先生之全幅成果，亦非一篇論文所能作到。但若能對先生之重要成就作有系統的簡要陳述，或許可對後學有指引之功，並或可由此回顧，提供一順著牟先生之業績而往前發展之可能路向，此本文之所以作也。

一　生命的學問

牟先生作為新儒學及當代中國哲學大師，當然是有其獨特的思想見解、哲學系統的；但記得有一次有人問牟先生他的哲學見解是什麼？他回答說：「我哪有什麼個人的哲學見解呢？我只是對以往的傳統思想作出詮釋，將傳統的哲學智慧講出來，我所講的都是古人原有的，當然，溫故而知新，對古人的見解講習熟了，順著前人的智慧，會表達一些個人的新見。」我覺得牟先生這一說法是很值得注意的，

其中有幾重涵義。他並不是有意地提出他的個人見解，甚至無意建立自己的思想理論，只是想對以往的傳統中國哲學作恰當的詮釋。通過恰當的詮釋，牟先生當然是希望復活先哲的「慧命」。對於中華民族歷代締造的歷史文化，當代的新儒家，並不視之為已經過去了的歷史陳跡，而是認為乃「活的存在」；[1]所謂活的存在，並不只是認為過往的事件對現在仍有其影響，而是認為中國文化是如同生命存在般之存在。牟先生喜歡用「文化生命」及「智慧的生命」等語，即在他的感受中，中國以往哲人的智慧，是和他感通不隔，如在眼前的。當孔子說：「文王既歿，文不在茲乎？」此即表示孔子的生命與文王是感通為一體的。又程明道曾說：「堯舜知他幾千年，其心至今在。」[2]我認為這亦是牟先生的真實感受。

由以上所述，我認為牟先生所以認為自己沒有什麼獨創的哲學理論，是感受到往哲的智慧生命的存在，他個人的努力，是對此智慧生命的承續與發展。活的生命當然有其發展，雖有發展，但乃是此生命本身原有的內容之不斷往外實現，雖或有因應時代的不同，而有異於以往的新的表現，但文化生命本來便要不斷地發展的，從發展的觀點看，後來的不同的表現與原初的生命，仍是一體的。

我想從這一角度，來理解牟先生所謂「生命的學問」之意義。此所謂生命，雖可從人的現實生命說起，或說不離於現實生命；但並不止於現實生命，而是由生命之「真」以契接普遍恆常之真理。牟先生認為中國哲學，是重生命，重主體性；不同於西方哲學重自然，以知識為中心，重客體性。[3]所謂重生命，當然是以調護人的生命為主旨；但並不止於安頓調護現實的生命，而是要通過生命的實踐，顯發

1　見唐君毅先生等聯名發表的《中國文化宣言》。

2　《程氏遺書》卷七。

3　《中國哲學的特質》第一講。

生命中的理性，由理性而生出理想，藉理性的理想，使現實的生命逐步理性化；個體的生命由於理性的理想之潤澤，而成為合理的存在，不會盲爽發狂。而民族的生命，因理想之提撕，亦能生生不已，不會滅亡，此即牟先生所謂的「以理生氣」。而生命的學問，並不只是以理想滋潤生命；在人於實踐中見到自己生命中之理性時，所體會到的，並不是一靜態的客觀的規律，亦不只是一能作思考推理的思辨理性，而是實踐的理性，此實踐理性，並非如康德所說的，理性有思辨的使用（理論理性）及實踐的使用，在此區分下之實踐理性；而是理性的正用，是本體義的理性。而思辨的理性，是理性在本體的「自我坎陷」而轉出者。[4]此理性即「知體明覺」，亦曰「自由無限心」。既可以用「明覺」及「心」來說明之，則此理性便即是生命。此生命即是理性，亦即是本體，依此一義而言，生命的學問即由生命以顯本體之學，亦可說唯有顯此生命，方能見真理。

若傳統的中國哲學可以說是生命的學問，則要理解此學問，便不能視之為客觀外在的東西，如同認知對象般理解之，而必須於自己生命上用功夫，求能顯出生命中之理性，以與此學問相應。即若能顯人自身的真生命，便能理解往哲之論。此是一「存在的入路」，亦曰「逆覺體證」。

牟先生提出此逆覺體證之說，是本諸他的老師熊十力先生「良知是呈現」之說，[5]但牟先生並不因為重體證的方法，而忽略了對文獻的客觀理解。相反的，他很重視客觀的理解，又認為研究中國哲學，須採取「文獻途徑」。但我覺得，所謂客觀的理解、文獻的途徑，可以和上述的生命的學問，及體證的方法結合起來，二者並不衝突。

4　《現象與物自身》第四章。

5　〈我與熊十力先生〉，收入《生命的學問》。

　　傳統的儒道釋之教，都是生命之學，故只有通過修證工夫方能相
應，但這並不能脫離文獻來理解。因所云理性的生命，固有其普遍
性，但必落在個人之生命上表現，而有其特殊性，故牟先生有普遍者
通過特殊生命表現，此特殊生命，固然是一普遍者藉以表現之通孔，
但亦是對普遍者作了限制之說。即既表現之，復亦限制之。[6]故三教
所表現之義理型態皆有不同，而三教下之各學者各個人之體會亦有不
同，各人之體會皆可有其真處，即皆有其義理之普遍性與特殊性。由
於各有其真，亦各有其限制，又是道出感悟，而非以問題為中心，以
邏輯為方法來道說，故不能離開文獻來了解，離開了文獻不能系統地
掌握其中之義理。又此類之文獻、原典，往往表現了講此學者的生命
情調，及講學時的氣氛。此情調及氣氛是理解生命之學之憑藉，故閱
讀文獻之工夫，是不可少的。離開了對文獻理解，很可能所說的是詮
釋者自己的想法，所謂六經註我。這未免太主觀，忽略了普遍義理通
過生命來表現時會產生的殊異性。但這所謂客觀的理解、文獻的途
徑，亦不能離開由反身逆覺的體悟來說，或起碼詮釋者對此生命的學
問有其自己的體會，不然其對文獻之分析疏解，便不能相應。故體證
的方法與文獻途徑二者，是須結合為一的。二者互相補充，亦互相限
制。此亦即牟先生說三教的哲學，是「教下名理」，此名理是有定向
的，不同於哲學思辨之名理之故。[7]

　　由上述，牟先生對以往中國哲學，有一認為自己所理解者便是正
確的之自信，並不認為此中存在著見仁見智之不同。他認為中國哲學
有其自己所關心的問題，而由此而發的生命之學有其普遍性，人對此
學，只有能理解或不能理解，或理解得深或淺的問題，而沒有見仁見

6　《中國哲學十九講》第一講。
7　《才性與玄理》第七章，頁280-281。

智，各人有其各種不同的理解的可能，理解可有不同，但不能相差太遠。生命之學有其一定之範圍，皆由對生命之真實體會而發，亦有其客觀性。此不同於思辨的哲學，只要言之成理，便可人各一套。

「生命的學問」與「內容性的真理」的意思是相連的，牟先生通過這些概念，表達出傳統的「成德之教」與一般所謂的學問之不同。一般學問是追求知識，所得者是「外延性的真理」，而成德之教是要求生命的提升，以超凡入聖。求外延性的真理者，是追求廣度的知識，而求內容的真理者，是要生命有強度性的挺立。真理即在真生命的顯發上。成德之教與一般所言之知識性之學問甚有不同，而宋明理學家大抵上都是講成德之學者，而此一學問，為現代人所忽略，牟先生認為，熊十力先生的貢獻，主要便在恢復這成德之教上。[8]

牟先生順著此生命之學，闡釋傳統的成德之教，有很重大的發明，如他認為孔子所說的「仁」，便是人的真生命，孔子的教訓，並非在提出一些生活行為上之德目，亦不只在於成就和諧的人際關係，而在於啟發人的真生命，使人湧現此自我作主，無待於外，而自發地踐德之精神，所謂「為仁由己，而由人乎哉！」孔子對學生所啟發指點者，確在此真生命之顯發上。故曰「人而不仁，如禮何？」「禮云禮云，玉帛云乎哉？」故若以孔子的貢獻只在於整理六經及提出倫理教訓者，實不能知孔子智慧之所在。固然此成德之教，開顯人之真生命之學亦不能憑空地講，必及於經籍，亦須落實於倫理常行上，此點不必多論。

---

8 〈熊十力先生追念會講話〉，收入《時代與感受》。

二 道德的形上學與主客觀兩面義理的挺立

　　由上節所論牟先生所說的中國哲學的特質及他所提出的研究中國哲學的方法，便可導出他的一些重要的哲學見解，如「天道性命相貫通」，「超越而內在」等，而這些說法可集合在「道德的形上學」的範圍中理解。

　　由於將傳統中國哲學為生命的學問，則若依儒學義理，在為仁由己而顯發自己的真生命處，必見到一自我作主的道德主體，此道德主體是純粹的，並無任何私利的動機在內；亦完全是自由的，其踐仁完全由自己自發，不受其他因素決定。於此人會體證一自發自決之自我，而於此自我之生發活動處，便產生了真正的道德行為。於此，人可見自己的真生命，是自作主宰而又必然合理合道的，精誠奮發，不能自已。此由踐仁，可見人有完全自主而不受外於我的任何力量影響之主體性，主體自由。此一自發自決的道德自我、道德主體，確是道德價值之源。牟先生於解釋孔子之仁教，曾子所言之慎獨及孟子之性善論處，對此道德主體義，有很明白的解說，認為樹立此道德主體，即是暢通價值之源，此是儒學的根本大義。牟先生言孟子所言之性，是「內在的道德性」，不同於告子之以生理本能、心理情緒等為人性。孟子反對「生之謂性」之說，直下以能自發而無條件為善之道德性為性，是本諸孔子之仁教，扭轉從生說性之古訓，而為論性之新說。牟先生認為，此後中國哲學史上對人性之討論，不外是依「生之謂性」的用氣為性一路，及依孟子從人之內在道德性以言性，即「以理為性」一路。這對傳統的人性論之諸說，給出了明白的區分。從自作主宰地無條件為善，又剛健奮發處言人性，確然見到人在價值上不同於禽獸處，這於人道之價值與尊嚴，給出了一大貞定。

　　但孔孟之學並不只在於樹立道德主體，暢通價值之源。牟先生認

為，依孔子「踐仁以知天」，及孟子「盡心知性以知天」之教，此仁心善性之自發地實踐，表現了人的道德的創造性，踐德是自發的，亦可說是從無而有的創造。此道德意志的創造性，其實是與天道生物不已的創生相通的。仁心善性與天道相通，可以從仁心一旦生起，便一定要親親仁民愛物，求體物而不遺的心情上見到。雖然生命有限，在行事上不能完全實現仁心之要求，但從作為根源的仁心上看，是必求及於一切者。故從仁心之求遍體萬物而不遺處，可見此心為一無限體。由此便可說「天道性命相貫通」，即吾人之道德之性，與天道是相通的；吾人依道德心性自發的踐德之要求，亦即是天所命於人，人不能違反的命令。這由道德實踐而見仁心與天道相通，便是對天道的生化，作出了一道德意義的規定，即天道的生化，其實是道德義的創造；而宇宙的秩序，亦即是道德的秩序，一切之存在所以生生不已，存而又存，與人的踐德以求實現一切的善，是同一意義的。這即是對一切存在作出道德價值的說明。這是由道德實踐以印證天道，解釋一切存在，故是道德的形上學，並不是以形上學理論來建立道德，說明道德價值。言道德的形上學，並無損於踐德之自發性、無條件性。此道德的形上學非但於道德義無損，而且對人之踐德時所含有的深刻的意義，作出了極大的闡發。

此一道德形上學的提法，顯示了儒家成德之教並不限囿於人生倫常，其涉及之範圍是包涵整體的存在界者；又不只是給出了道德實踐的超越的根據，以明成德成聖是人人可能的，有普遍性及必然性，而且於踐仁盡性處體會到生生不已的天道之創生，印證了天道之存在。此一說法，是很能相應於先秦及宋明的義理的，可謂是用現代的哲學概念，將原有的哲思作出十分明白的顯揚。

牟先生這一說法，亦將傳統儒學所含的宗教性顯發出來。即由道

德實踐而印證天道，便是對天道天命作一「遙契」。[9]天道天命是超越的存有，本來是人所不能知的。人的知識，只能及於可經驗的範圍，而天道天命並非經驗的對象，故是超越的。但如上述，從人的踐仁而有無限的感通要求上看，會直下體悟到一能產生自發而無條件的創造性之根源。於是，天道天命此時便成為可知的，則超越的天道亦可說是內在的。當然此內在而可知，是從通過實踐而證悟，由證悟而肯定，並非是認為天道成為一經驗的可知之對象。這是牟先生所謂的「超越而內在」之說。雖然依西方哲學，超越的（transcendent）與內在的（immanent）是相反字，超越的便不能是內在的。但人藉哲學概念以詮表思想義理，不必太計較原來的字義。[10]此「超越而內在」之說，表示人雖可由踐德而印證天道，但天道與人的道德的本心，仍可以保持距離，二者並非是一回事。當然二者亦可以是同一的，如象山說宇宙即吾心，陽明說良知即天理，又如程明道說「只此心便是天」、「只此便是天地之化」；但我認為牟先生對於性天的超越性，是十分鄭重的；他認為孔子之踐仁知天，仁與天在孔子心中，是有距離的，孟子言盡心知性知天，此心與性天，亦是有距離的。至宋明儒，才明白地說仁與天是一，及心性天是一。但牟先生於宋明儒之諸說，認為胡五峰、劉蕺山之「以心著性」說為最優越；[11]「以心著性」便保持了心、性與天之距離，由這些論述，我覺得牟先生對於天道的超越性，是十分鄭重的，亦因此他並不認為不先說客觀的天道，而以本心之充塞無外處即是天道的陸王心學，是最好的說法。此義相當重

9　《中國哲學的特質》第六講。

10　「超越而內在」一詞，神學家趙紫宸（1888-1979）可能早於牟先生使用，見其所著《基督教進解》，第一章。（此書初版於1947年，收入《趙紫宸文集》第二卷，商務，北京，2004年。）牟先生曾讀過趙氏所著的《耶穌傳》，甚受啟發。見《五十自述》第五章，頁118。

11　《從陸象山到劉蕺山》第四章。

要，須再作分析。

　　既然由踐仁可以印證天道，則天道便是內在的；但天道浩浩無窮，以人有限的生命，如何能充分體現之呢？故孔子強調畏天命，而孟子亦說「聖人之於天道也，命也」，這應是從體現天道而不能盡處，見天道之為一超越的，人不可企及的存有，於是便使人有敬慎寅畏之感。即使肯定天道即是人的本性，而心即是性，但亦必有此性、天是可引發無限的實踐之源泉，並非目下吾人之心所能充盡之感。人只能要求自己努力往盡本心之實踐要求，而此「往盡」，是永不能窮盡的。於此，對於天道之為客觀之實有，為超越之存在，便能明白肯定。故人於自覺從事於無條件地踐德時，會體悟到一生生不已之天道，越精誠地踐履，越能證實天道之實在。又從無論如何努力，其實踐亦不能盡處，體會到天道之超越性，見天道之不可企及。這便含有深刻的宗教精神。這應是牟先生所說孔子對天命作「超越的遙契」之意。如果不保持心、性與天道的距離，或甚至否定天道天命的客觀性、實有性，而認為儒學只說道德心之自覺，是不切於儒學之本義者。天道、天命並不能虛化。

　　故超越的與內在的二詞，在牟先生「超越而內在」一語中，顯示了互相補充，又互相限制之義。即天道雖是超越的，但並非不可知，而雖可知，但體現之又永不能盡。故必合此意思似乎是相反之二語，方能明白規定儒學之本質。

　　此內在性與超越性二義並立，既顯示了人由踐德而見之道德主體，見到此主體是人的真正之自己；又體證到天道天命之絕對性、自存性，此天道天命是一必須敬慎寅畏者。此是即道德即宗教，亦可說是攝宗教於人文。人越真誠地踐德，便越能見其自正之自己，見其真實的本性，而於此時亦越能真見天道、天命，而於天命越發不敢違背。故此成德之教中所涵之宗教性，並非表示人要對超越者皈依、求

告，不是面對超越者而匍伏認罪，而是於反求諸己以踐德中、在道德自我的不斷挺立中，證實超越者之存在，亦對超越者不斷致敬，以自己的踐德以回應超越者之命於我者。此宗教精神完全是由純粹的道德意識所引發，沒有私利心、恐懼情緒之夾雜，亦無迷信之成分。

三 判教與會通

上文說的「天道性命相貫通」及「超越而內在」等義，是牟先生對儒學義理的規定，視之為「儒學的本質」，此一儒學之本質，大略同於牟先生所理解之孔子之教訓，是以「踐仁以知天」為主旨之意。牟先生認為此亦是儒學所以為大中至正之教，為中國文化之主流之故。此說對於中國文化之精神，即人之精神生活之內涵，有很明白的顯發。此一對儒學的本質之規定，亦成為牟先生對儒釋道思想之所以不同，及儒學與康德哲學所以能會通的判準所在。

牟先生對傳統的中國哲學，幾乎全都涉及，而且創見極多；又提出以康德哲學做為中西哲學會通的橋樑。對於康德的三大批判，都有著作來消化，並提出進一步的構想，這是學界所熟知的。我覺得牟先生這些在學術研究上的創獲，可以稱得上是一「大判教」之工作。判教的目的，是要將各種不同的義理思想，作客觀的衡量，指出其特色，及其理論之型態，並安排一合理之位置，使各有關的思想得其正位。

這一判教的作法，當然要以客觀的學術研究作根據，但並不同於一般所謂的學術的研究。此意可借佛教之判教來說明。佛教的判教，是有一前提的，即認為各大小乘的佛教主張，都是佛說；既是佛說，便不能有錯。各大小乘的說法，各有不同，但都是真理，都不能有錯，若是如此，則諸教派的不同，只是佛在不同的時候，針對不同的

對象而說，即所說者都是真理，只是應機之不同而有說法上的差異。我認為牟先生一生對儒、釋、道及基督教的義理的衡量，對康德哲學的消化，也表露了此一判教的前提。即他認為各大教派的義理，都是人類的理性所顯發的真理，都表現了具有永恆性的智慧，各大教派的不同，是普遍性的真理落在特殊的文化生命及個人生命上，而產生的不同表現，既是如此，便可以通過衡量批判，使各大派歸於其合理的地位上，由此便可見到人類在精神生活上所顯示出來的智慧的各個面相，雖有高下、偏盈，但都是真理所在，合而可見真理及智慧的整體。故牟先生的主要著述，並不是作一般所謂的學術研究，他所致力探討的，都是能代表人類的智慧的某方面表現，都是具有永恆之價值者，他是要將這些教派的義理內容所表示的真理性顯發出來，又說明其特殊性、限制性。

牟先生這一判教的工作，使中國哲學的各主要思想流派的要旨、特色，及價值得以明白彰顯。就儒家說，如上文所述，牟先生認為天道性命相貫通，及道德的形上學，是儒學的本質，他藉此闡釋孔、孟、易傳、中庸的義理內容。他認為北宋三子及五峰蕺山（周、張、大程、胡五峰、劉蕺山）是最能相契此一本質而往前發展者。象山與陽明的心學，雖不違孟子義，但於客觀面的天道性命處，未能充分肯定，致有虛歉。朱子雖然是大宗師，但其理論於天道性命相貫通之義，有未完全切合處，故牟先生說朱子是「繼別為宗」。朱子言性即理，當然可以說性與天道相通，但他以心與理為二，未能以心為本心，不能肯定心、理即是一，則其言性即理，性理成為心所對之對象，須通過認知的方式以知之；由於心不即是理，朱子對本心之義未能契會，心只是心理學義、經驗義之心，而理則是一切存在物之存在之理，是「所以然」，心之知理，須由致知格物，由存在物之然處，推證其所以然，而不從本心之自發自願而無條件地為善處，當下認

取。故朱子之說，不合孔孟本旨。本來以心即理及心不即理來區分朱子與陸、王不同，是以往之共識，牟先生之論，亦不能外於此，而牟先生對此，則作出了充分的證成，由是而朱子的思想性格，便有非常明白的呈顯。對於朱子思想性格之衡定，是牟先生在宋明儒的研究上最大的成果，後來學者對朱子的研究，都必須面對牟先生之說法，不能略過不談。

牟先生對朱子學判為儒門之別子，是明其義理型態之歸屬，並非意在貶抑朱子。牟先生對朱子的文獻用功最多，[12]對於朱子思想之價值，亦時有肯定。從牟先生衡定朱子學，可見朱子是一「以智成德」的倫理學型態，與古希臘柏拉圖、亞里士多德同一路，雖非真能切於道德本身之意義，但亦是成德之教一重要之補充。

牟先生在對宋明儒三系的衡量，當然十分重要，此為學界所熟知，而上文亦已提及「以心著性」說之特色，此一說法亦是牟先生獨自發明的，在他之前，幾乎沒有學者見出胡五峰之思想特色，及五峰、蕺山可視為同一系，且此系是宋明儒學之正宗，牟先生此一衡量，都以對文獻之客觀研究作根據，並非出於個人主觀的思想愛好。在論陸、王一系時，固然肯定陸、王之「心即理」說為不刊之論，於朱、陸之異同有非常明白的展示；但如上述，牟先生亦認為陸王心學於天道本體之為客觀實有之義，有所虛歉，由此亦隱伏了陽明學產生流弊之緣故。從這些論述可見牟先生詮釋義理態度之客觀，他並非站在陸、王心學的立場來貶抑朱子。牟先生的用心，是上文所說的要將不同的義理型態的特色顯發出來，而見此種種思想在義理世界中該有的位置，這完全是一種基於客觀的理解而來的「判教」的精神之表現。

---

12 他在北大讀大學預科時，即已讀《朱子語類》。見《五十自述》第三章。

　　於道家及佛教的哲學，牟先生亦有明白的衡量與批判。他規定道家思想的內容特色是「無的智慧」及「境界型態的形上學」，亦是一個既不違背以往的對道家思想理解的共識，又能更顯道家之面目，暢發其玄義之說法。「境界型態的形上學」即「道不生物，而讓物自生」之意；此意本來便是王弼、郭象所理解的老、莊之學，牟先生順之而進一步用明確的概念加以規定，使道家之智慧朗然呈現。依此「境界型態之形上學」之義，牟先生規定了老子所言之道之本質。即老子所言之道，雖有其宗主性、恆存性及實現性，但其實都只是「虛的姿態」不能據此便說道是客觀的實有，而且道對萬物有真正的創生性。而至莊子，道的意義全由「無心」而顯，此可見由老子至莊子之發展。牟先生以莊子所言之「俄而有無矣，而未知有無之果孰有孰無也」，所顯示之無心之化境，來規定道家所說之道，是由沖虛自然的主體所顯示之境界，此便使道之意義得以暢達明白。

　　對於老莊的抨擊仁義，絕聖棄智之論，牟先生的理解是「作用層上的否定」，即道家並非原則上反對仁義聖智，而是反省要以何種方式，最能恰當地表現之。人若能無心於表現仁義聖智，或於表現仁義聖智時，並不自以為是在表現美德善行，便是表現仁義的最好的方式。故道家所關心的是「如何」[how]的問題，而非「是什麼」[what]的問題。牟先生此說順王弼之論而有更明白的規定，應是很能表達出道家學之本質的。牟先生又順王弼所說的「聖人有情」及郭象所說的「跡冥」之義，以言道家之圓教義，即無為之道、本必須即於現實生活的一切存在而表現，即跡是冥，即有而無，方可見玄理是一活的智慧，順道家義，真正的聖人，是「有情而不累於其情」，甚至是「即天刑而解脫」。以上之所述，是說明牟先生對道家思想由老而莊而魏晉的不同特色，合而見道家的智慧之整體發展。

　　牟先生又認為道家所說的「無」之智慧，有其「共法」義，即此

無心之玄理，其他的教派亦須承認，不能反對。如儒家言實踐道德，亦必承認無心於善，方是真善。後來王陽明言「無善無惡心之體」及王龍溪之四無說，便含有此無心於為善之義。在此處並不能說儒道二家有所衝突。牟先生此論可以解除了傳統以來儒者不敢多說虛無，以為一言虛無便落入異端之忌諱。當然除了此「無」之共法義之外，儒家有其實有層上之肯定，即於天命不已而體會到天道天命為一客觀之實有，此實有不已地起生化，而在人的生命中不斷引發道德的創造，並非如同道家的只是境界型態而無實有型態。牟先生之於儒、道之異，亦隨處點出，即二者之異，是「縱者縱講」及「縱者橫講」之不同。儒道都言道體，都涉及天地萬物之存在，故都是縱說，但儒學所言之道體，對於天地萬物有真實的創生性，不同於道家所言之道不生物。道不生物而讓開一步，物得以自生自化，如是則道對於萬物是「不著」的，此好比是主客對立的「橫」的關係，故曰「縱者橫講」。這是對儒道之所以不同，作出判教。而縱橫之別，亦可以說明儒釋之不同。佛教般若智證如，以觀空破執，以解脫煩惱痛苦，在為了說明煩惱生死的來源，及解脫之所以可能處，亦涉及一切存在，即亦有其縱說，但佛教之教訓，是要人即於一切存在而當下證空證如，空如是所證之境，並非一切存在所依之本體，亦不能起繁興大化、道德創造之活動。牟先生此一分判，確顯出儒釋道三大教義理型態之不同。明白此便可見三教所顯的智慧皆有其永恆性，但亦有分別。

就佛教的內部義理而言，牟先生順天臺宗的判教論而亦有更明白的規定。他認為空宗所盛發的般若空義，是佛教大小乘一切教派所共同遵守的，此是佛教之基本義理，不能違反。而空是「抒意字」，非「實體字」；即空或法性不能作一切存在之本體看。而空既是抒法之意者，言空，便不能離開法之存在來說。故空亦非對存在法之否定。又《中論》所說的「以有空義故，一切法得成」，此二句中所涵的

「因為所以」，只是詮表上之因為所以義，即乃是由於緣起，故有一切法之意，並非指由空生起一切法。牟先生對空義的這些規定，十分明白。上說空義是大小乘之共法，不能以此區分大小乘。牟先生認為能否對一切法作根源的說明，及其說明達至何等境地，才是大小乘的不同，及大乘的不同派系區分之原因。佛教是實踐之解脫學，本不先著眼於法的存在，追問其來源。但為了解脫，故須說明煩惱痛苦之來源，及還滅之所以可能，便要涉及一切存在。佛教主張境不離心，故其言心至若何之程度，亦即表示其對一切法之存在說明至何等之範圍。小乘言心，只及於六識，即只就有限的心識以言法之存在，此對法之存在，只能於有限的範圍來了解，未能窮法之源，未達無限之境。而空宗雖言自度度他，有不捨眾生之大乘精神，但其言心，亦只及於六識，同於小乘，未達無限（無量四諦）之境。空宗所言之般若，則為共法，非足以決定大乘所以為大乘者，故空宗雖為大乘佛教，其大乘之性格並不穩定。

　　唯識宗言阿賴耶識為一切法所依止，而阿賴耶屬第八識，不同於第六意識之只在有限之範圍，故唯識宗對一切法之存在，已能給出一根源之說明，而其所言之法，亦達無量之境。但言一切法依止於阿賴耶，而阿賴耶本性是虛妄的、染的。若是則成佛所需要的清淨法、無漏法，從何而來呢？依唯識，無漏法由正聞熏習而生，若是則成佛是依於後天之熏習，並無必然。故雖然唯識宗對一切法作出了根源的說明，而展示了大乘的性格，但其窮法之源，而未至其極。至真常心系的義理出來，肯定人人皆本有自性清淨心，此真心在迷，即成阿賴耶識，故阿賴耶是生滅與不生滅之和合。虛妄分別是其現實性，真常清淨則為其超越性。故一心開二門，生滅法與清淨無漏法皆有其合理的根源說明，而成佛於是便有其保證，由於清淨心為本有，故成佛有其必然性。故至《大乘起信論》，方可說窮法之源，而至其極。

　　但《起信論》此一思想型態，是為了說明一切法的如何流轉，又如何還滅，並給出成佛的超越根據而逼出來的說法。此說肯定一超越之真心，以作一切存在法所依止，有「本體論的生起論」之嫌疑，於佛教之言一切法皆緣起空無自性之義，似有違反；故真常心系並非佛教的最圓滿之教法。而依《起信論》而開宗之華嚴宗，亦非究極的圓教。牟先生對於華嚴宗及天臺宗何者才是真正的圓教之分判，亦是順智者大師之論，而作更明白的規定，亦有進一步的闡發。

　　牟先生認為說一切法依止於超越之真心，及由真心生出一切法，只是佛教為了說明煩惱法之由來，及成佛之可能根據而逼出的，並非由此便說佛教肯定一恆常不變的實體性的心，故此實體性之真心只是一時顯出的型態，是可以打散的。牟先生此處之說，同於他認為道家所說的道，雖然有常存性及實現性(生成性)，但只是虛的姿態，是可以打掉的想法。牟先生認為，天臺宗的理論，正可以打散真常心，而顯佛教之原義。天臺宗以「一念三千」說明一切法之存在，而一念心是陰識心，即妄心，而非真心，煩惱心遍，生死色遍，有煩惱心即有生死色，遍及一切。而「無明無住，無明即法性」，一念覺悟，此煩惱生死法便是清靜法。人能證空，便顯法之清淨性。而空是抒意字，空之義不能離開存在法而見，故於煩惱生死法處，便可證空，而離開煩惱法，亦別無可以見空之處。故見煩惱法之無自性即是證空，離煩惱外別無空如法性。故法性與無明，是「依而復即」之關係。故不須言一超越真心，而於一念三千，言無明無住，無明即法性；法性無住，法性即無明，便可說明一切法之所依止，及成佛之可能。即世間法本來便有此三千法，由於人之迷悟之不同，故有煩惱與清淨之不同，雖有迷悟之不同，但三千法一法不改，一切法之存在，及其差別相，都有其存在之必然性。故佛必即九法界而成佛，任何一種人生的存在之可能情況，都可以是佛境界之呈現，而煩惱即菩提，生死即涅

槃。煩惱無明，固然必須斷盡方能成佛，但斷無明煩惱，並不須斷煩惱之法，即證空是即有而證，證真如是「立處即真」，見煩惱之為緣起性空，即得菩提，並非於煩惱法外另有菩提法。牟先生於此天臺圓教之義理，暢發得至為明白，又極深微，他於此處又以分別說與非分別說來區分華嚴宗與天臺宗之不同。若說煩惱與菩提、真與妄是獨立的不同，去妄方可證真，是分別說；若說煩惱即菩提，二者依而復即，是非分別說。非分別說並非取消真妄的不同，直接認為惡法是善法，以為人不必修行，甚至為惡亦可成佛，若是如此便是大混亂。非分別說是要顯出世間只有如此的三千法，不論迷悟，三千法不改之意。

此天臺圓教之義理，能保住一切法，因一切法可以當體便是佛法，無一法可去，無一法可改；如此的保住一切法，亦可說是一種「存有論」的理論，故牟先生說此是「佛教式的存有論」。此一理論，雖是中國之天臺宗所創發，但其實亦是順印度佛教之原有教義而來的應有之發展。牟先生認為中國的大乘佛教是中國之文化生命、智慧生命順印度佛教之智慧而接續發展，使佛教所開顯之智慧至乎其極，此佛教式的存有論，亦即以佛法身保住一切法，雖云可保住一切法，但並不能說般若或佛智生一切法。故佛教如同道家，是縱者橫講。

以上是述牟先生分判儒釋道三教之內容義理及其型態的不同。而他對於西哲康德學的消化、吸收及順康德學而推進一步，其中之內容更為繁賾，本文只能粗略的說一下。

康德的第一批判(《純粹理性之批判》)首先說明人類知識所以能有客觀性、必然性的根據，再說明西方傳統之形上學理論並非人能感知的經驗知識，故皆不能成立。由於經驗知識必須由人之感觸直覺接觸對象，使對象置於感觸直覺之形式(時、空)下，又加上知性給出之純粹概念(範疇)以統一對象，知識方能成立。而知識所以有普遍性、客觀性，即知識之所以為「真」，亦是因為有此等先驗的成分作為知

識成立之條件之故。故知識之真，只是「現象界」之真。由於成立知
識之條件不由於經驗，而為知性主體所提供，故有普遍性，故康德云
人之知識只能及於現象，不能及於物自身。因人不能不以感觸直覺接
觸對象，亦不能不以範疇來決定對象，而時空、範疇等並非物自身所
本有。康德這一現象與物自身之區分，牟先生認為，是有很深的洞見
者，但康德並不能證成其此一區分。因康德認為人只有感觸直覺，人
所知的，便只能是現象，雖說知識之條件是人所加上去的，於此人可
思議若去掉這些條件便是物自身，但此義之物自身是消極的限制性之
概念，只說明了知識有其限制，並不給出其自身之客觀實在性。而康
德之言物自身，並不止於作為消極的限制性之概念，而認為是有客觀
性、真實性者。康德於其《實踐理性批判》便認為通過理性的實踐之
肯定，必須視自由意志、靈魂不滅，及上帝存在為必要的設準，而肯
定此三者，即肯定「智思界」存在之真實性，此亦即表示物自身為客
觀之實在。又康德於《判斷力批判》，認為審美可溝通自然與自由，
而自然屬於現象界，自由屬智思界。於此書言「崇高」處，認為人之
崇高感一旦被引發，人便可肯定在事物背後的「超感觸的基體」，又
於目的論的判斷處，言從一切存在之合目的性，可體會到使一切存在
有其合目的性的最高之存有(上帝)之存在。凡此都可見康德之言物自
身，並非虛說。非但不是虛說，物自身界是超越的真際，是價值根源
所在。

康德所言之物自身雖是實說，但是人無智的直覺，故不能知之。
牟先生依中國哲學之傳統智慧路向來思考，認為若物自身並非思辨可
知，而為實踐理性所肯定，則正是孔子踐仁以知天之路子。而在踐德
上看，儒學肯定本心、良知之為呈現，而本心良知即康德所說的自由
意志，於康德，自由是設準，不是呈現，因人無智的直覺故，而依儒
學，良知並非假設，是人當下可以坦然明白的，由是而依中國哲學之

智慧，康德所謂的智的直覺，是人人可能的。人若真正踐德，必有良知真我之呈現，而此自我必與萬物感通不隔，而神感神應。此應即是康德所言之物自身之境。此方面之義理，在儒學是家常便飯，在康德卻是不可知者。故牟先生認為，依儒釋道三教之說，物自身是可知的。如此便可使康德的現象與物自身之區分得以證成。此區分既可證成，則牟先生便提出其兩層存有論之說。人若真心呈現，則一切法便以物自身之身份存在；良知、道心及般若智皆是真心，牟先生又名之曰「自由無限心」。若以認知心認識世界，則一切存在便以時空、範疇為存在之形式條件，此時便為現象。此兩層存有論又名無執的存有論與執的存有論。牟先生以成就現象界的存有論，為執的存有論，是借用佛教之言識心之執，以解釋現象界是由於人之執性而緣起的之義，現象只是暫時之實在，若有本心良知或道心般若呈現，現象界是可以化去的。

　　牟先生此兩層存有論的說法，可謂是康德哲學的中國詮釋，此既可說明中國哲學智慧之意義，又可給出康德學可以更進一步之可能，故牟先生認為康德學是中西哲學會通之橋樑。儒釋道三教所言之最高境界都是由實踐而證悟到的，其中所表現的勝義、玄境，確可以用康德所言之物自身或本體界來說明，故若智的直覺不可能，物自身不可知，三教之義理便會全盤倒塌。故無執的存有論之說，可對儒釋道三教之智慧，給出了一定位，說明其在哲學理論所屬的層次，並說明其可能根據，故牟先生此說，於傳統之中國哲學智慧，是給出了一種「證成」。而若儒釋道三教之智慧可得證成，則康德哲學的不足處，他所嚮往而「未達一間」處，亦便可朗然明白。康德學的進一步發展，應該便是中國的三教哲學義理。當然，藉康德學，吾人亦可以吸收西方之智慧之所長，故牟先生認為，將來的中國哲學，必是中西文化生命的「大綜和」。

四　反省與討論

　　牟先生藉中國哲學之義蘊，證成康德學所要達而未達的現象與物自身的區分，及意志自由是真實的可能，甚至智的直覺亦是可能的。如是便肯定一心開二門為哲學的基本模式，成立兩層存有論，如是則經驗之實在性（只是暫時的實在），與物自身界之超越實在性，兩義並立。牟先生雖說明現象界者是執的存有論，是暫時之實在，為「無而能有，有而能無」者，但此一層卻是中國文化精神之所缺，為邏輯、數學、自然科學，乃至民主政治所藉以開出者，故此一層之精神，即架構的思辨，必須鄭重加以鍛鍊，此西方文化之所長，必須吸收。故對於現象界，在牟先生之哲學理論中，並未輕忽。牟先生借用佛教識心之執一詞，以說明現象界之所由生，但並不如佛教般，視現實世界為虛妄。現象並非幻象。

　　但既然對現象界之說明者為執的存有論，其上有無執的存有論，無執當然比有執者為更真實，更有價值，於是人便很容易往無執處用心，於執處不願停下來好好學習，仔細用心。這便會產生流弊，即人會順牟先生對物自身、智的直覺之肯定之義上用心，專以尋求無分別的萬物一體之境為務，以現實經驗為只有過渡的意義，並非真正有價值之存在。若是如此，確是有流弊的，亦大失牟先生提出兩層存有論之初衷。

　　若真有此流弊，[13]我認為這如同牟先生論王學末流之弊般，是「人病」而非「法病」。即這流弊並非由於理論本身有缺陷所致，而

13　大陸學者陳迎年有《感應與心物──牟宗三哲學批判》（上海三聯書店，2005年11月）一書，對牟先生各重要理論，都大加批評，其書之結語云：「我們已經可以確定：牟先生不僅敗壞了知識，最終也會敗壞了道德。在牟宗三這裡，找不到任何確定的知識。」（頁543）。

只是人依此理論而實踐時，會順自己生命氣質上的毛病，使此學產生流弊。陽明之致良知教本身不必會導至「虛玄而蕩，情識而肆」之病，但人的感性習氣會順良知教之精妙處而產生不合理的精神傾向。現在，牟先生的兩層存有論，其對物自身界的證成，當然是最吸引人的，人便向此而趨，以達神感神應的聖人化境為努力之目標，於是輕忽，甚至要衝破經驗現象，否決種種分別。此與王龍溪提出四無說，顯王學之精義，而卻引致流弊之情況相似。

此一流弊是人的好高騖等的習性，順著牟先生哲學之精義而引生，故是人病而非法病，但既有人病，亦可思考是否於牟先生之哲學理論，亦須作出調整，或甚至修正，以堵住此一流弊？對此我有兩點討論：

（一）牟先生在討論王龍溪的四無說引發虛玄而蕩的流弊處，強調四無說是陽明四句教之義理中所涵之化境，但不宜作為工夫教法。因工夫教法必有所對治，而四無說是神感神應之境界，無所對治。用四無說為工夫，必生流弊。於是牟先生認為四無句不能離開四句教（亦曰「四有句」）來說，即不能以四無句為獨立的工夫論，工夫只能依四句教而用，即只能致良知之知是知非以為善去惡，依王學，只可以此為工夫，而致良知之工夫熟了，人之生命活動全是天理流行，便可以有四無說之境界。吾人可依牟先生此意，說無執的存有論，其實與執的存有論是相即不離的，二層存有論所說者，只是一個世界，對於不同的主體，此同一套的存在事物、同一的一切法，而有不同的意義。即只是此一世界，對於識心而為現象，對於智心而為物自身。雖有此超越之區分，但二門並不相離，只是同一套存在法於人之不同面貌，不同意義。若是如此，人的要去妄存誠，轉識成智，亦只得在目前的一切存在上用工夫，離開眼前的世界，便無達致理想之可能。強調此二門不相離，只有一套之存在法之說，應是可以堵住須由智的

直覺所顯之物自身處想像，而輕忽現象界之毛病。

當然雖強調此二門不相離，人仍可視現象為妄，雖然二門不相離，但真妄二者有真實的不同。若是真者便不是妄，妄者亦不是真，則雖說離妄無真，但必須破妄方能顯真，如是則由感性直覺，由範疇所構成的現象界仍須被破，並無存在之必然性；故現象與物自身是同一套存在法對不同主體而顯之說，仍堵不住對現象界之輕忽。

順此作進一步思考，牟先生費大力闡發的天臺宗的圓教義，可以解答上述的疑難。天臺宗主張法性即無明，無明即法性，無明之法與法性相即不離，法性之法亦與無明相即不離，成佛當然要斷無明，但雖斷無明而無明煩惱法不斷。斷無明故解心無染，不斷無明煩惱法，故九法界之差別不改。此所謂「不斷斷」，「即九法界而成佛」，此中之玄義甚深，非數語可明，但大抵而言，牟先生此一對天臺圓教之理解，表示了雖成佛（或成聖成真人），而世間之差別不可改的想法。依佛教，人生一切是無明煩惱所引生，破無明，去妄執方可成佛，但即使如此看人生，亦終要肯定世間之差別。而儒家本來便視世間存在、人倫差別是合理的，當然更不會因追求萬物一體之無差別境，而抹殺存在界之差別相。在分析宋明儒的義理時，牟先生對胡五峰「天理人欲，同體而異用，同行而異情」之說，亦特別留意，大加稱賞，認為五峰之說，可以代表儒家之圓教義，五峰之說，亦大略同於天臺宗，認為同一事體，可以是天理之事，亦可以是人欲之事，存天理去人欲，並不是於世間一切存在本身有所增減，只是於事上表現不同意義而已。

由牟先生對圓教詮釋所表示的差別法不能去之義，應突顯了現象界差別法存在的必然性，而人對理想境界的追求，必不能離開人生，此不能離開人生，是包涵了對現實之種種差別，須全盤承認之意的，若以為現實人生並不真實，並不足道，則是陷入一更大的妄執中。

　　（二）牟先生晚年翻譯了康德的《判斷力之批判》，並撰一長文〈以合目的性之原則為審美判斷力之超越的原則之疑竇與商榷〉，以消化康德之美學，此文之最後，提出「真美善的分別說與合一說」，此一說法，我覺得可以是從根本上堵住上述因追求物自身之理想世界而輕忽經驗現象之流弊，而牟先生此一晚年見解，或尚可有發展的空間。此須引文以助說明，牟先生說：

> 分別說的真、美、善既各有其獨立的意義，是三種各依人之主體能力而凸顯的土堆，是則三者可各不相干。美既非一認知對象之屬性，與現象之知識無關，則現象之知識亦無求於美，於美亦無關。真屬於「自然」，善屬於「自由」，真無求於善，善亦無求於真。美無與於善之確立，善亦無與於美之對象或美之景色之呈現。是則三者可各不相干而自行其是，雖不必相衝突，亦不必相函。

這是所謂真美善分別說，牟先生認為此三者皆有其獨立的領域，即所以構成知識之真、藝術之美及道德的善之原理及主體皆不同，並不能如康德所說美為道德的象徵，以美來溝通自然與自由兩界。牟先生於此處將真美善三領域視為可以平列者，似與兩層存有論之說不同。兩層存有論中的無執的本體界，是由實踐理性而契入的，即由於意識到道德法則之無條件性，而契入自由，又由此而肯定物自身或睿知界為實有。若是則人之依無條件之律令而實踐道德時，是可以契悟物自身者，即使康德於此分析有不盡，他不能肯定自由意志為呈現，只屬必要之預設（設準），但並不能說道德領域是屬於「執」的一層。康德所言之道德領域固然不同於無心為善而自然是善的化境，但此二者的不同不宜說為執與無執的不同。同理，若分別說的真與美可與善並

列，則此真與美亦不能說是執。牟先生修正康德之美學，認為美之產生，並非是判斷力依超越的合目的性原理以鑑賞對象，而是人之妙慧依無相原則接觸氣化之光彩所致，既說「妙慧」，又是一「無相原則」，則明顯地不能以執規定之。若分別說的美與善皆不是執的存有，則分別說的真亦不可以執相來規定，或雖可說執，此執著並不同於一般所謂的煩惱妄執。人當正視知識之真中所含之真理性。

牟先生認為分別說的真美善三者須融歸於即真即美即善之境，他說：

> 若在非分別說中，則妙慧被吸納於道心，而光彩亦被溶化而歸於「平地」，此時只成一「即真即美即善」之境地：真是「物如」之存在，善是「天理」之平鋪，美是「天地之美，神明之容」，美無美相。因為本是多餘之光彩而單為人類之妙慧所遭遇（因此而形成藝術審美之獨立領域），是故在人之全部精神生活之實踐過程中，這光彩可被溶化而歸於平地，而妙慧亦可被消融而歸於無聲無臭。

若分別說的真美善最後須融入非分別的、合一說的即真即美即善之境，則仍可謂分別說的境地只是暫時的實在，而非分別之境地才最真實，若是則上述的疑難，或可能引致的流弊，仍不能真正解決。但他後文所說的分別說者與合一說者之關係，則轉出新義：

> 我們只能說：分別說的美是合一說的美之象徵，分別說的真是合一說的真之象徵，分別說的善是合一說的善之象徵。

此「象徵說」固然顯示了分別說者與合一說者是有距離的，但既是象

徵，則雖有距離，並不能被理解為妄執。且若分別說之三者是至真實者之象徵，則亦有須透過象徵理解至真實者之義，若是，則作為象徵者是不可去掉的。牟先生後文即有此意：

> 象徵者具體地有相可見之意。《易・繫》曰：「天垂象，見吉凶，聖人則之」。象徵之「象」即是「天垂象，見吉凶」之象。「上天之載無聲無臭」，是絕對的玄德，本無任何相可見。……但是天德固無盡藏以顯其妙用，但亦正因其自發之妙用（所謂天命不已），始有其「垂象」之必然，此是來布尼茲所謂「形而上的必然」。有「垂象」可見，始有種種的分別決定（吉凶）可言。

象徵是那無聲無臭、無相可見的天德的顯露；而此象徵或垂象，是必須有的，是「形而上的必然」者，依牟先生此處之所示，則分別說的真美善，是具有存在之必然性者，則分別說者與合一說者雖有不同，但只是有距離之不同，並非真與妄之不同。而雖有距離，及亦可銷融為一，但象徵者乃是天德妙用之所生起，無此象徵，則天德亦不能見。如此說，則分別說之真美善三者所表現者，正是天德的無限豐富之內容，如是分別說之境地，焉可輕忽？牟先生續云：

> 「天垂象，見吉凶」可概括真、美、善之三領域而言。於「真」方面之垂象即是氣化之遭遇於吾人之感性與知性而成的「現象之存在」；於「善」方面之垂象則是氣化底子中人類這一理性的存有之經由其純粹而自由的意志決定其為一「道德的存有」；於「美」方面之垂象，則是氣化底子中人類這一「既有動物性又有理性性」的存有經由其特有的妙慧而與那氣化之

多餘的光彩相遇而成的「審美之品味」。於「現象之存在」
處，顯一「認知的我」乃至「邏輯的我」；於「道德的存有」
處，顯一「道德的我」；於「審美品味」處，顯一「美感的
我」。這都是「聖人則之」中所立之事，亦是「開物成務」中
所成的事。

此段可證上文所說牟先生將真美善三者平列，不同於他較早期的以知
性主體為識心之執，而道德之主體則通於物自身之說。既是如此，則
「認知的我」、「道德的我」及「美感的我」三者都不宜以「識心之
執」來說，此三者是天德要顯示其自己所必要的垂象，三者之價值及
存在之地位是相等的。牟先生此時，似已不再借用佛教的「執與無
執」之語來說，於說明分別說之三者具有存在之必然性時，亦不用
「除病不除法」來印證。他返回《易經》，用「天垂象」以表示天德
與真美善三者及對應此三者而顯之三主體，以「垂象」來說，便更見
此三者為具有實在性，顯儒家以世間為實事實理所充盈之立場，用
「執」及「病」來說，雖可藉佛教之圓教義以顯玄理，但未免兼帶了
佛教以世間為虛妄之教義。牟先生續云：

既開出如此等之事，則此等事便返而使那無聲無臭的天命不已
之「平地」成為彰顯可見者。經過這一彰顯，那無聲無臭之無
盡藏之豐富內容即可逐漸或圓頓地朗現於吾人之面前。因此，
吾人說那分別說的真即是那無盡藏之「無相的真」之象徵（有
相可見的相）；那分別說的善即是那無盡藏之「無相的善」之
象徵；那分別說的美即是那無盡藏之「無相的美」（天地之
美，神明之容）之象徵。……人之渺然一身，混然中處於天地
之間，其所能盡者不過是通徹於真、美、善之道以立己而立人

並開物成務以順適人之生命而已。

牟先生此段之說，於分別說之真美善三者之存在地位，有更為正面之肯定。通過此三者，使那本來是不可見之無聲無臭之天德成為可見，天德之無盡藏內容，因真美善三者而成為朗現而可見者，依此而言，分別說的者非但不可輕忽，其實是天德藉以彰顯其自己者，若是則此三者是非有不可的，且人生的存在價值，便在於通徹於真美善之道。此處所謂的真美善，是以分別說者為主，固然非分別的合一說者亦在其中。人生之意義與價值，就在於不斷的表現真美善三者，即人當不斷的從事於認知的探究、道德的實踐，及美的欣趣；在不斷的求真求美求善之活動中，逐漸朗現天德之無盡藏。此中，能用力的是在於分別說之層次，而合一說的層次是不能用力的，若此一分析是合理的，則牟先生雖有現象與物自身，及執與無執之存有論之區分，但並不能因此而視現象界為虛妄。而物自身或無執之智思界，乃是人於現實世界努力要求實現的理想。理想是無盡藏的，當然並非是藉由現實的象徵所能窮盡者，故二者當然有其距離，但這是能實現之體與所實現之用之不同，並非真與妄之不同。若是真與妄之不同，則不能說妄者一定不可去掉。牟先生此真美善分別說與合一說之論，固然並非與兩層存有論之說相違，但其中確有不同處，我認為牟先生此說是非常合理的，可以徹底堵住順兩層存有論之說，誤以為現象界者為妄，而以渾化一切分別者為真之流弊。此說給出了人當於現實世界順各人才性之不同，而分途努力之理論根據。認知的活動、審美的活動既然亦是合一說的無聲臭之天德藉以表現其自己的象徵，則人亦可從認知之純智的思辨，及審美之妙慧中逐步實現天德，此即由下而上，以體悟天德。若是則體悟天德，便不是只有實踐道德一途，認知、審美二途亦可使人精神往上翻而至最高境界。若是則對於認知、審美之活動，便

更有價值上的肯定。這一意思是可以從牟先生此分別及合一之真美善說推出來的，而此義似乎與牟先生平素之說有些距離。若此說合理，則新儒學便更不能被看作為「泛道德主義」者了。牟先生此說涵義豐富，應可作更進一步之開展。

牟宗三先生的文化意識

鄧立光

香港中文大學中國語言及文學系

　　本文所說牟宗三先生的文化意識，不但屬於個人的修養內容，而且是民族文化傳承之所寄托。這裏面牽涉到時代背景、個人際遇、文化教養、精神心志的問題。牟先生對此有豐富敘述，這除了表現牟先生個人的思想器識以外，還流露出異常豐富的感情，真摯而動人。下文以節引牟先生著作相關語段，讓牟先生自己的文章見解，反映他自己的文化意識。

一　文化意識與文化承擔

> 我國從孔子起，即是文化意識強。「文王既歿，文不在茲乎？」「天將以夫子為木鐸。」「吾非斯人之徒與而誰與？」這些話都表示其對時代的擔當。孟子的文化意識也是一樣強烈。宋明理學即是從文化意識中提鍊出來的原則。……我們現在要以「時代使命」和「文化意識」二者來確定先立其大。（《人文講習錄・時代使命與文化意識》，頁59）[1]

> 念自廣西以來、昆明一年，重慶一年，大理二年，北碚一年，此五年間為吾最困扼之時，亦為抗戰最艱苦之時。國家之艱

---

[1] 牟宗三著，蔡仁厚輯：《人文講習錄》（臺北：臺灣學生書局，1996年）。

苦，吾個人之遭遇，在在皆足以使吾正視生命，從「非存在的」抽象領域，打倒到「存在的」具體領域。熊師的那原始生命之光輝與風姿，家國天下族類之感之強烈，實開吾生命之源而永有所嚮往而不至退墮之重大緣會。吾於此實體會了慧命之相續。熊師之生命實即一有光輝之慧命。當今之世，唯彼一人能直通黃帝堯舜以來之大生命而不隔。此大生命是民族生命與文化生命之合一。他是直頂著華族文化生命觀念方向所開闢的人生宇宙之本源而抒發其義理與情感。他的學問直下是人生的，同時也是宇宙的。(《生命的學問·我與熊十力先生》，頁149) [2]

說到我自己，實是病痛甚多，生命有駁雜。我的生活，有許多不足為訓，但就我們所處之時代，和我們擔負之使命言，人過於規行矩步，注重細節，亦見生命之拘束而推拓不開。現今之所需，是要有風力，要有凸顯之氣象，要表現觀念之方向，否則不足以言負擔。(《人文講習錄·師友之義與友道精神》，頁185)

由於我個人的遭遇，我正視我個人的存在的生命之艱難。由於國家的遭遇，我正視民族的存在的生命的艱難，我親切感到學風士習之墮落與鄙俗。我的生命的途徑必須暢達，民族生命的途徑必須暢達。(《生命的學問·我與熊十力先生》，頁145-146)

2　牟宗三著：《生命的學問·我與熊十力先生》(臺北：三民書局，2011年)。

我在一般社會人心的左右顛倒塌散中站住自己而明朗出來，是須要很大的苦鬥的。我的依據不是現實的任何一面，而是自己的國家，華族的文化生命。一切都有不是，而這個不能有不是，一切都可放棄、反對，而這個不能放棄，反對，我能撥開一切現實的牽連而直頂著這個文化生命之大流。(《五十自述‧客觀的悲情》，頁116)[3]

……我所肯定的，則是華族歷聖相承所表現的文化生命。不是文化的遺跡，是「滿腔子是惻隱之心，通體是德慧」的孔子所印證的既超越而又內在的生命之源，價值之源。(《五十自述‧客觀的悲情》，頁121)

吾之生命依據不在現實。現實一無所有矣。……吾所依據者華族之文化生命，孔孟之文化理想耳。(《五十自述‧客觀的悲情》，頁128)

二　牟先生評近代知識分子的生命形態

(一) 評價王國維

王國維是一代國學大師，晚年鑽研甲骨文，殷周史，於考古學上有貢獻。然沒有進入中國文化的底蘊，於西方文化生命的來龍去脈亦未能抓住其綱要。自己生命的途徑，中國文化生命的途徑，皆未能知之確，信之堅，遂鬱悶以終，自殺了事。……清末民初留下的學人就是那樣清客式的典雅，而於天人之際，

3　牟宗三著：《五十自述》(臺北：鵝湖出版社，1989年)。

古今之變，則一無器識。(《五十自述‧生命之離其自己的發展》，頁26)

(二) 評價梁啟超

梁任公是一代的風雲人物。戊戌政變，以及與蔡松坡合力討袁，都見他的風力，與風雲恢廓得開的才氣，然他的見識亦只是時代中橫剖面的政治變法之意識，立憲之意識，無論是就滿清帝國以立憲或是改中華民國後就五族共和以立憲。這自然是民主政治的意識，這是不錯的，然在中國要實現這個新政體，是要費大力的。這就要牽涉到文化生命的問題。他晚年感覺到徒政治之不足，要從講學起。因此他也成了一位國學大師，然因他的意識受滿清三百年的影響太深。光緒皇帝的知遇進入他的生命中，乾嘉的考據學風，他不知是中華民族生命歪曲後而來的文化生命之歪曲，他把它當作一個正面的統緒承繼於其生命中。他簡別不出這其中的委曲。這就使他的學問與意識蒙上了一層雲翳而封住了他。他接不上中國的學統，他通不了中國文化生命的底蘊。還是那考據的興趣，爭博雅的清客學人之意識，三代漢唐宋明儒的大業，他根本接不上。結果是一部清淺而庸俗的《歷史研究法》。他的講學與他的政治事業中所養成的政治意識根本通不起。由他的學問見他的器識，是卑下了，他的政治意識因此也孤離了。只能說他有抓住屬於政體的時代現象的聰明。他的天資以及聰明才智都是被動的發洩在時代的圈套中。他自己生命的途徑，中國文化生命的途徑，他根本無所知。(《五十自述‧生命之離其自己的發展》，頁26-27)

（三）新文化運動者的膚淺與擾亂

新文化運動這一個階段的那些人沒有甚麼頭腦，非常的膚淺，只會打倒孔家店，罵孔老夫子。孔子的名氣太大了，所以今天你能罵他幾句，明天你就成名了，就自以為代表一派思想。……說甚麼我是科學主義，我是主張民主自由，你們是反動、是落伍。可是你講科學，卻不懂科學，你主張自由民主，也不懂自由民主，只是靠著嘴巴講幾句門面話，討個便宜，以這討來的便宜便說自己是自成一派，代表一派思想。這不是很可憐嗎？不是個笑話嗎？而我們的社會卻是被這些笑話統治著。……第一階段的新文化運動，不成氣候，沒有一個光源，沒有一個思想家可站得住腳，卻都想要治國平天下，結果是擾亂天下。這不是很可悲嗎？（〈哲學的用處〉（講於1983年1月），見《時代與感受》，頁128）[4]

（四）民國以來的知識分子

……我一直就討厭那些沾沾自喜忘不了他那教授身分的一些教授們，一直就討厭那些以智識分子自居自矜，而其實一竅不通的近代秀才們之酸氣腐氣與驕氣，他們的心思膠著而且固定於他們的職業（咬文嚼字）。他們總忘不了他自己，他們鄙視一切其他生活形態。他們不能正視廣大的生活之海，不能正視生命之奧秘，人性的豐富，價值的豐富。他們僵化了他那乾枯的理智以自封，以自傲，然而實在是枯窘的，貧乏的，吊在半空中，……（《五十自述·在混沌中長成》，頁17）

4　牟宗三著：《時代與感受》（臺北：鵝湖出版社，1984年）。

……這時代的浮薄知識分子妄逞聰明，全不濟事。沒有一個是
有根的，沒有一個能對他自己的生命負責，對民族生命負責，
對國家負責，對文化負責，來說幾句有根有本的話。他們全是
無守的，亦全是無堅定的生根的義理信念的，只是浮薄的投機
取巧，互相耍著玩，來踐踏斲喪民族的生命。這就是我前面所
說的新式的人禍。(《五十自述‧生命之離其自己的發展》，頁
37)

……當時學哲學的人實在於中國文化生命之根以及西方文化生
命之根皆未接得上，只是漂浮在橫面的時尚中，在口耳之間襲
取一些零碎浮辭。他們的生命只是現實的，片段的，並沒有通
於文化生命之大流內而植根於其中。他們的聰明尚只在感覺狀
態中，庸俗而平面的知解狀態中，並沒有接上中西學術道術的
慧命。此不但學哲學的人如此，一般知識分子大抵皆然。所以
一切皆是游離飄蕩，毫無生命途徑可言。(《五十自述‧直覺的
解悟》，頁44)

……社會上一般人對於歷史文化的哲學也並無多大的知識與意
識，所以這方面並無真正的建樹與自覺可以作中流之砥
柱，……沒有人能從文化生命上了悟中華民族之演進，以認識
中國問題之所在，替自己民族找出生命之途徑。(《五十自述‧
架構的思辨》，頁64-65)

一般人只是停在平面的廣度的涉獵追逐的層面上。他們也知道
學問無限，也知道自己有所不能，有所不知。但他們的這個知
道只是屬於故實的、材料的、經驗的、知識的。……他們不承

認有德性義理的學問，他們也不知道人格價值是有層級的。……他們所知的，只是某人有的多少考據知識，學問有多博，這和某人有錢，某人有權有位，是一樣，都是外在的、量的，平面的。所以他們可以看不起聖人，可以詆諆程朱陸王。這種卑陋無知，庸俗浮薄，實在是一種墮落。這癥結，我知道得很清楚。因為他們始終未感覺到有深度的問題。他們只是廣度的增加或減少。只有德性義理的學問才有深度的發展。他們不承認這種學問，所以他們沒有深度發展的感覺。他們的生命永遠是乾枯的、僵化的，外在化於材料中而吊在半空裡，他們永不落在「存在的」現實上，所以他們永不會正視現實，只藏在他那教授的乾殼中以自鳴清高。實則全無器識，全不知學問為何物。（《五十自述・客觀的悲情》，頁87-88）

夫以中國知識分子皆歧出而乖離，真可謂闃其室，無人矣。誰是炎黃之子孫？誰是真實之中國人？誰來給華族與中原河山作主人？有誰能直通黃帝堯舜以來之大生命而不隔？皆陷落於軀殼、習氣，窒息以死，而為行尸走肉，為偶奇之存在。生命已不暢通矣。而自五四以來，復假借科學與民主以自毀其根，自塞其源，是則窒息不通而益增其睽隔也。……夫一民族衍變既久，積習既深，若復順其習而下委，則只成一團習氣之墮性。稍有文物度數之沾溉者，則又沾著陳跡而玩物喪志，不能通文化生命之源也。沾嗶吟哦於詩詞典籍者，則又習焉而不察，徒為其黏牙嚼舌之資具。有終生讀中國典籍而與其生命無交涉者。稍有穎悟者，亦能就眼前積習風光而略得旨趣，然而不能深入底蘊而通文化生命之源也。此為感性之欣趣，而非思想慧命、德性光輝之遙契。又有較為穎悟者，亦能稍通義理之源，

然而淺嘗捷取，不能資之深而左右逢源也。……故不能「大德敦化」也。此皆為積習所限，不能撥陳跡而通慧命，故不能開拓變化，為民族生命立道路。此非有大才大智大信，強烈之原始生命，固難語於華族之慧命也。然則當今之世，未有如熊師者也。(《五十自述‧客觀的悲情》，頁107-108)

數十年來，學問分門別類，以致經史子集在今天的國文系裡都不能講。經子義理歸諸哲學系，歷史歸諸史學系。集代表詞章，而真有文學天才的不能安於國文系作教授。國文系的傳統，只剩了小學，所謂詞章，也只剩了秘書的詞章，學問簡直不能說。……歷史系如只是考據，說不上了解歷史。哲學系的人，都有點小聰明，慣作理智的遊戲，他們對於天地間的事情，沒有一件能看得起，只是玩世不恭，故數十年來，哲學系裡亦出不了真正的思想家。因為他們缺乏文化意識，不肯向安身立命的學問上走，多只是乾枯的理智主義，虛無主義。古人講學，都重世道人心，最注意的，第一是做人，第二是以天下為己任，關心世風學風，關心世道人心，而今之哲學，只變成淺薄的遊戲的理智主義，所以在人生的根底上，都是黯淡的、灰色的。因為他們不能樹立起價值觀念，也不願接觸價值問題。故在此風氣下，欲望哲學系的人，對時代有擔當，亦不可能的。(《人文講習錄‧反魔道與灰色》，頁8)

三　慧命相續

接通慧命是一縱貫的意識。但是只著眼於歷史之陳跡或過往之事件者，則並接通不了慧命，甚至根本不知有慧命這會事，他

們也不承認「慧命」這個字有意義。如今之治歷史者，專以考據歷史之跡為能事，而且專以考據為史學，史學要排除任何程度的解析，如是者雖日治歷史，而並無歷史意識，亦更無文化意識。如司馬遷所說「究天人之際，通古今之變」，這種縱貫，方始真有歷史意識與文化意識者，如是方是真能由歷史之考究而接通慧命者。……所謂「通」者，必是在「事件」以外，能滲透引發這事件與貫穿事件的「精神實體」而後可能，而此精神實體卻即在「天人之際」處顯。所謂究天人之際即在透顯精神實體而深明乎精神發展之脈絡，這就是接上慧命了。（《五十自述・客觀的悲情》，頁104）

不能通過歷史陳跡而直透華族文化生命之源，不得謂接通華族之慧命。接不通慧命，不得謂為有本之學，其學亦不能大，不得謂為真實之中國人，其為中國人只是偶寄之習氣之存在。……不能接通慧命，不能為真實之中國人，吾華族即不能自盡其民族之性而創制建國。一個不能自盡其民族之性而創制建國的民族，是棄才也。（《五十自述・客觀的悲情》，頁105）

未有生命不通而可以有所建樹以自立者。……非直通文化生命之本源，不能立大信，昭慧命。（《五十自述・客觀的悲情》，頁107）

牟宗三先生對儒家道統之開擴
──為牟先生逝世二十周年而作

蔡仁厚

東海大學哲學系

一 聖王之統的原型

「道統」一詞之出現比較晚，大概要到韓愈和朱子才明確地提揭出來。但事實上，在《論語》、《孟子》書中，都早已有了意指明顯的文獻。

《論語‧堯曰篇》曰：

> 堯曰：「咨爾舜，天之曆數在爾躬。允執其中。四海困窮，天祿永終。」舜亦以命禹。

這段文獻，確定聖王之統是落實於「允執其中」。後來又演為十六個字：「人心惟危，道心惟微；惟精惟一，允執厥中。」並稱之為「十六字心傳」。這個說法，也是順理成章的論定。

中道，是天下人共同行走的康莊大道。這樣的大道，不同宗教信仰，不同文化系統，不同民族血統的人，都可以信從，可以行走其上而攜手並進。所以中道的實踐，是沒有教條、沒有強制、沒有禁忌的「和而不同」（雖不同而能和）的自由開放的方式。在這裡，開顯了

一個氣氛祥和的坦蕩蕩的生活天地。我們也可以說，這就是聖王之統的原型。

孔子繼往，亦開來，自二帝三王（堯、舜、禹、湯、文武）至周公而完成的「周文」，是順聖王的政教之迹而開出的生活規範。用現在的詞語來說，其主要的內容有二：

第一、是宗法的家長制：

其中含有王統（天子世系）、君統（諸侯世系）、大宗（百世不遷、永為宗家）、小宗（五世則遷，五服之外無親親）。政治上的宗法，隨朝代消泯，家族倫理上的宗法，則長遠運行於社會民間，至今不泯。

第二、等級的民主制（治權的民主）：

封侯建國，分土而治。（1）公侯伯子男之等級，循「親親之殺，尊賢之等」而定，以世襲為原則。（2）卿、大夫、士之職位，則依「用人惟才」（賢者在位，能者在職）的原則，不得世襲。此中含有「治權之民主」，故春秋大義，必譏世卿。[1]

以上二點，是順政教之機制而制訂。此之謂「據事制範」，是順二帝三王而凝成的「道之本統」（聖王之政規）。

二　孔子對道之本統的再開發

聖王之統，通稱道統。孔子所繼承的即是這個聖王之統（也即道之本統。）但孔子又不只是繼承道統而已，他還有新的開發。

周公依據夏商周三代政教之迹，以制訂聖王之政規（修德愛民、推行仁政王道），這是「王者盡制」的一面。這一面以二帝三王為標

---

[1] 按，世世為卿，違背用人惟才之公正原則。故孔子作《春秋》，特別對世世為卿之事，加以譏評。

準，所完成的是王者禮樂中的成人與人倫，是生活行為的形式規範。

到了孔子，乃反身上提而透顯形而上的仁義之心，給予周文以超越的解析與安立。即，超越「事」而從「理」上說。故曰：「人而不仁，如禮何？人而不仁，如樂何？」[2] 禮樂之事，立根於仁義之心。此之謂「攝事歸心」。亦可以說是「攝禮歸義，攝禮歸仁」[3] 這是對「道之本統」的再開發。這一面是「聖者盡倫」（倫，理也），以孔子為標準，所完成的是成德之教中的成人與人倫。是生命德性的自我實踐。

孔子為儒家之開山。儒之為儒，必須由「聖者盡倫」的成德之教（仁教）來規定。如此乃能確定儒家之教義與儒者生命之方向。成德之教，必通內外、通上下。孔子說「己立而立人，己達而達人。」[4] 由成己而成物，這是通內外。又說「下學而上達」[5]。上達天理，與天合德，這是通上下。通天人上下，通物我內外。這才是儒者生命智慧的大方向。故儒之為儒，不能（不宜）只從「王者盡制」的外部禮樂（禮教）來規定。更何況「禮教」的真正內涵是「禮」加上「樂」，所謂「禮別異，樂合同」[6] 禮與樂的精神，雖然相反而實相成。故儒家實兼禮與樂以為教化之內涵，並不偏於禮教或偏於樂教。近人評責儒家「禮教殺人」，此乃偏取流弊中之特例以為說，甚不允當。

---

2 見《論語・八佾篇》。

3 按，如果以「仁、義、禮」作為孔子的基本理論，則「忠恕、直、正名」乃可說是孔子的引申理論。由仁引申出「忠恕」，由義引申出「直」、由禮引申出「正名」。此意已見拙著見《孔孟荀哲學》（臺北，臺灣學生書局）卷上第三章，P.50-64，請參看。

4 見《論語・雍也篇》。

5 見《論語・憲問篇》。

6 見《荀子・樂論篇》。

三　宋儒闢佛老的文化意義

　　一般都說宋儒「闢佛老」。但事實上，宋儒中也有不少人與佛老二氏結為方外之交。這裡有個意思必須講明：凡是宗教信仰，皆理當予以尊重；但各教之基本教義及其生命之方向，則不可不辨。

　　道家老氏是根生土長的。但老氏始終不能取代孔子。即使魏晉玄學大盛之時，也只能說：道在老莊，聖必尊孔。佛教釋氏來自印度。而中華民族終於吸收了佛教，消化了佛教。一個民族能夠吸收而且消化一個外來的文化系統（一個大教），這在人類文化史上乃是獨一無二的特例，也是中華民族獨有的光榮。

　　從南北朝到隋唐，是佛教在中國大大光顯的時代，而當時的儒道二家則已消失其光輝。這對中國人來說，當然心有未甘。宋儒返本而通接了先秦儒家的懸命，把思想的領導權取回來。這就是宋儒闢佛老的文化意義。

　　在此可以看出，中國文化的道統在儒家。儒者有一個共同的特色，即：文化意識特別深厚，特別強烈。而佛老二氏的「無」的智慧和「空」的智慧，所開顯的人生之路，不同於儒聖「本天道為用」的生生之大道。因此不能積極地開出人文世界。而為中華民族擔綱作主的，終必歸於儒家。在此，可以證見「文化意識」之重要。

　　何謂文化意識？似乎很難具體說明。我們且先引述王船山的話：

> 有家而不忍家之毀，有國而不忍國之亡，有天下而不忍失其黎
> 民，有黎民而恐亂亡，有子孫而恐莫保之。

船山的話，正是本於他深厚而強烈的文化意識而說出來。這是他靈魂深處發出來的聲音，也是最能引發我們共鳴的一種聲音。它基本上就

是孔孟「不安不忍之心」的真實顯發。現在，我們可以這樣說：

> 不忍家國天下淪亡，不忍民族文化之統斷滅，而思有以保存
> 之、延續之，光大之的仁心悲懷，是之謂文化意識。

四　文化意識之開擴

　　一個人的生命原則、生命方向、生命途徑，是否真正與民族文化
生命和諧一致？他對儒家的學問能否到達相應的了解？這其中的關
鍵，既不關乎聰明，也不關乎知識，而在於他的生命是否有隔閡？他
的心靈是否別有所向？據此可知，「道統」非常重要。我們雖然不必
時時在口頭上掛著「道統」二字，但「道統意識」絕不可少。因為這
是我們安身立命的根基。傳統儒家「以天下為己任」的精神，以及它
「由內聖通外王」的方式，我們應如何來接續？來開擴？這是一個深
切的問題。

　　據今日看來，所謂經世致用，所謂外王事功，其實就是「現代
化」的問題，也即「民主、科學」的問題。當代新儒家認為，傳統的
外王必須有新的充實和開擴，必須把「民主、科學」看做是外王的內
容，而且視之為外王的新實踐。但亦須知，科學技術的發展，民主政
體的建國，不單是儒家學者的事，而是全中華民族的共同責任。大學
裡的每一個科系，都應該分擔不同的使命。知識雖然分門別類，而
「現代化」的目標則是共同的。在中華文化現代化的大旗幟下，民主
政體建國的完成，科學技術的發展，正就是儒家外王實踐的真實成
功。當代新儒家標舉的文化道路，是返本而開新，天地間不可能有無
本之新。沒有本根，何來枝葉花菓？凡從外面拾掇而來的物事，都是
和自己生命不相干的。不是根生土長的東西，絕不可能長久。西方的

近代文明，以「民主、科學」為主綱。這是文化中間層的東西，西方先有了，我們也要有。以前沒有，現在決定要有。但這不能從別人手中拿過來，必須每個民族自己去成就。你成就它，它才是你自己的，才是從民族文化生命中開擴出來的新內容。否則，便只是「稗販」而已。稗販而來的東西，既不是自己生產的，也不是自己創造的。當然更說不上是文化開新了。

五　當代新儒家的文化使命：三統並建

在這新世紀（21世紀）的開端，我們可以作一預言：確信儒家的智慧方向，可以成為人類文化思想的共識和主綱。何以故？簡而言之，是因為儒家有一個「時中」之道。

（1）時中的「中」，是不變的常道。大中至正，不偏不倚，而又無過無不及。這樣的道理，當然可以成為天下的大本、永恆的真理。

（2）時中的「時」，是應變的原則。《禮記》有言：「禮，時為大。」[7] 典章制度，生活規範，都是禮。禮以「時」為大，表示儒家之禮，並非一成不變，而可以應時而作，隨宜調整。

（3）時中之道雖是常道，但卻不是固定的。固定不變的中道，是死中，不是時中。只有順應時宜，日新又新，才能隨時變應以得時中。有了時中之道，便能守常以應變，萬古而常新。

新世紀的新儒學，仍將前有所承，後有所開。

首先，文化傳統中的「道統」（以儒家為代表的民族文化之統）

7　見《禮記・禮器篇》。

必須延續光大。這是承先、繼往。

其次，以希臘傳統為代表的知識之學，是「學統」之所在。（今按：中國以往所說的學統，實指聖賢之學。聖賢之學應該歸於道統。所以牟先生主張，「學統」二字應指知識之學，可以讓與希臘傳統使用。）儒家除了光大道統之外，還須反求諸己以疏通慧命，由德性主體開顯知性之用，發展科學以自本自根地開出「學統」。

復次，政治方面也有所謂「政統」。「政統」一詞，乃牟先生所創用。這是就人類歷史上的政治形態而說。無論東方西方，都經歷了「貴族政治」、「君主專制政治」這兩種政治形態。而十八世紀以來，西方漸次建立「民主政治」的形態，中國也從辛亥革命開始而走到這一步。可惜到現在仍未全面成功。

「道統、學統、政統」，可以概括人類文化的主要內容。每一個民族都必須自我實踐。而儒家所講的「內聖外王」，恰好可以概括這「新三統」。「道統」屬於內聖成德之教，「學統」、「政統」則屬於外王事功。

因此，新世紀的儒家，也仍然要繼續貫徹，來完成下列三大綱的文化使命。

（一）光大內聖成德之教，以重開「生命的學問」──這是每一個人都必須正視的「安身立命」的問題。

（二）調整民族文化心靈的表現形態。即，由「萬物一體，與物無對」轉換為「與物為對，主客對列」的認知形態，以開出知識之學──這是儒家外王學要求「開物成務」、「利用厚生」所必須具備的知識條件和技術條件。

（三）開出法制化的正道，以完成民主建國的大業──這是中國和各個民族共同的要求和莊嚴的奮鬥。

這三統三綱領的文化使命，如果在21世紀仍然無法全面成功，那

必是由於努力不夠，或努力的方式不夠完善，而絕不是綱領原則上出了什麼差池。因此，必須堅定信念，持續努力，以期達到圓滿的成功。古賢云：行者必至，為者必成。願共勉旃。

牟宗三先生論智的直覺與儒家哲學

唐端正

香港中文大學哲學系

　　儒家哲學是生命之學，其要在其本心本性自覺地作道德實踐，以徹底清澈其生命，其至高目標在於個人有限之生命中，取得無限而圓滿之意義。它是從道德實踐之純亦不已中，遙契天道之於穆不已，由是而建立起一道德的宗教，道德的形上學。然而，牟先生認為儒家要達到這一目的，必須肯定人有智的直覺。

　　要了解儒家系統之性格，牟先生認為最重要的是論語、孟子、中庸、易傳和大學五本書。論語講踐仁知天，孟子言盡心知性知天，中庸講天命之謂性，易傳講乾道變化、各正性命，都從主體之道德實踐，通極於客觀的天道。至於大學言明明德，只是光明的德行之意，並未說明德是我們本有的心性，故在由聖之學之義理方向為不確定。

　　現代人對以上五本書有兩種不中肯的態度和說法。其一認為儒家的學問只限於講道德的應然，而不牽涉到存在的實然。他們不喜歡中庸、易傳，認為這二書是宇宙論中心。這一說法主要是照著康德的道德哲學來講的。康德所謂的道德底形上學，講的是道德的先驗而純粹的那一部分，他把經驗的那一部分完全拿掉，對存在界一點都沒有講。中庸、易傳是涉及存在問題的，所以有些人就以為這是宇宙論中心。其二恰好和前一種說法相反。這些人不喜歡論語、孟子，因為他們的道德意識不夠，不喜歡講主體。

　　以上兩種說法牟先生認為都不得儒家之實。儒家重視主體，有人

以為講主體就沒有客體了。中國文化、東方文化都是從主體作起點。開主體並不是不要客體，儒家講心性的主體是和天道的客體通在一起的，這是東方文化一個最特殊的地方。儒家主要是由主體透射到客體，而且攝客歸主，把性天通而為一，由此而成道德的形上學。因此，儒家經典中代表主體的仁心善性，都是一普遍性的道、理，都可以看成是客觀的東西。而中庸、易傳所講的天道，也是通過窮神知化、致誠立誠等道德實踐講，故宇宙秩序即道德秩序，道德秩序即宇宙秩序。

講道德必須從主體講，西方哲學講道德都是從客體講，至康德，才打開主體之門。康德為道德律必須從自由意志上立根，所以他只講道德的形上學；不講形上學的道德學；只講道德的神學，不講神學的道德學。牟先生認為儒家哲學要通向西方哲學，只有通過康德一路。通過康德對道德的分解批判，才能使我們對儒家的道德哲學有深入而清晰的了解。牟先生在「智的直覺與中國哲學」一書的序裡說：「假若中國這一套之本義、實義，與深遠義能呈現出來，則我以為真能懂中國儒學者還是康德。」然而，牟先生在「心體與性體」的第一部綜論頁一六七中又說：「康德所佳構的道德真理，完全是一套空理論，這似乎非理性之所能安。不，簡直是悖理。」這究竟是怎麼一回事呢？我們可以通過牟先生對康德哲學的闡揚和批判，把康德的道德的形上學和儒家哲學的分際弄清楚。

康德哲學把一切對象劃分為感觸界的現象與純智界的物自體。現象是表象，知性把它們關涉到某物上去，而某物只是一超越的對象，我們實不知道某物是甚麼，它只為感觸直覺中的雜多的統一而服務。它不是知識底對象，它通過感覺與料密切連系於現象之雜多，以彰其使現象成為一對象之用。康德籠統地稱之為「某物Ｘ」或「超越的對象Ｘ」。牟先生認為康德對物自身一概念和「某物Ｘ」或「超越的對

象Ｘ」混濫在一起是不對的必須加以澄清。

　　牟先生認為物自體是自在體，（e-ject）根本不能為對象（ob-ject），即便勉強說為對象，亦是純智直覺底對象。而在純智直覺上，則是對象而亦非對象，即亦無對象義。它只是對象成為對象的超越根據。但作為對象成為對象的超越根據，是範疇底統一所表象的最為普遍的性相，說它通貫一切知識而為一「同一者」是恰當的。但超越根據是一邏輯的概念，是虛而非實，而物自體是有實義的個個自在物，如何能說它是在一切現象上的「同一者」呢？物自體與物之在其自己俱可有單數與雙數，則不能為「同一者」甚顯。故超越對象之為「某物」、或「某物一般」，實不同於物自體。此其一。

　　其次，超越對象不能與感覺與料分開。因為它是感覺與料成為對象底超越根據，它只能通過感覺與料而被思。若與感覺與料分離開，它再沒有別的東西可以讓我們通過之以去思它。但物自身則可以完全與感性分離開，它根本不能是知識的對象，它是不現於感性的自在物。超越的對象之非知識底對象，乃是因為它是一個原則，不是一個存在物。而物自體之非知識對象，及因它不顯現於吾人感性，它是一實物。

　　由範疇之超越的使用而思之的物自身，而轉為「某物一般」，這「某物一般」雖亦為理智物，而非感性物，但那是虛的，不能視為物自身的理智物。假定我們一旦知道範疇的使用從不能越過經驗底對象以外，則這種超越的使用是一種誤用。知其為誤用，則所謂「某物一般」之理智物，即消解而不存，所剩下的，只有物自身的理智物。

　　釐清了「物自身」與「對象一般」或「超越對象」後，牟先生認為「物自身」的意指，只需依其離開感性，不在一定的關係中說之即可。物自身不能以通過範疇之思說之。「對象一般」不可說為物自身，智的直覺只覺物自身，並不覺範疇所表示的「對象一般」。

「物自身」一詞有消極與積極兩義。一個東西，當抽去我們的感觸直覺覺之之模式時，這便是「物自身」的消極意義。如果我們理解它是一非感觸直覺底一個對象，如有一特種的直覺，才可知之，這便是「物自身」的積極意義。康德認為我們沒有這種特殊的直覺（智的直覺），甚至我們也不能理解它的可能性，故康德只取「物自身」一詞的消極意義。

牟先生以中國哲學為背景，認為我們不但可以理解智的直覺的可能，而且認為人類這有限存在實可有這種直覺，這是中西哲學最大的差異處。牟先生認為他與康德的差別，只在他不承認人有智的直覺，只能承認「物自身」一詞的消極意義，而牟先生則承認人可有智的直覺，因而亦承認「物自身」一詞的積極意義。

康德又認為與感觸物相對的理智物（智思物）有兩種：一是屬於對象自身（即物自身），一是不為感覺之對象，但只通過知性而被思為對象的其他何能的東西。這其他可能的東西究竟指甚麼呢？是否可指上帝、不滅的靈魂、以及自由意志呢？「物自身」是一廣泛的名詞，它可以到處應用，它可以應用於萬事萬物，亦可以應用於自我。作為物自身的自我，是一主體，是道德實踐所以可能的超越根據，我們究竟如何認識這個真實自我的呢？

通常我們認為這個真實自我或真實主體可由內部直覺他自己。但內部直覺只能及於心自己感應所呈現的心象，這只是那逐境而轉的生滅心象，那只是現象的我是個假我，而非有常住性的本體的真我。照康德的說法，我們只能內部地直覺它自己，但依感觸的內部直覺只能及於現象，故要消解人能認識真我的困難，必待智的直覺呈現才可能，要體認物自身的真實自我、真實主體，必須有一智的直覺。

牟先生在「智的直覺與中國哲學」一書之「自我謷定」一章中，認為我有三個面相：由統覺意識到的是單純的我在，依感覺直覺接觸

到的是現象，依智的直覺所證知的才是物自身的我。

　　知性底作用是思想。因為有直覺，即是有所思有所知。若無直覺，則是空思。空思不能成知識。知識是知性與感性（感觸直覺）合作底成果。知性是辨解的，而非直覺的。直覺是感觸的，而非理智的。知性只能思而不能供給雜多，所以它必須用概念去綜攝來自感性的雜多以成其思，這就顯出統覺的綜和統一底作用。統覺不是直覺的，而是概念的，這也就是辨解的。因此，由我思或統覺而意識到的我，只是一形式的我，邏輯的我、架構的我，真我是它後面的一個底子，一個支持者，它不是真我，真我和統覺的我兩者雖不一不異，不即不離，卻不是同層的同一物。說思考的我是一主體，不等於我是一自存的實有或本體，思考的我是一分析命題，真我是一綜和命題。要想決定思考的我（思維主體）為一本體，還須要有一點更多的東西，這更多的東西不能在純然的思想中被給與。此即須在直覺中被給與。思想外須有直覺。直覺只能或是感觸的，或是智的。康德認為吾人只能有感觸直覺，所以我只能如其為一現象而知之，而不能知道作為一在其自己之本體或實有的我，由思考的我直接推論它是一本體，是一種誤推。統覺的我之為一，與單純本體之為一，其意義並不相同。前一個一是思想主體之一，後一個一是單純本體之一。單純本體之為一，是不可以分、不可破、不是一由組合或結構而成的實體之一。而思想主體之為一，是邏輯的、形式的，亦很可能是由施設範疇以及先驗綜和而成的一個架構的假我。思維的實有只是一種思想，而不是一個直覺，它既非現象，亦非物自身，不能說它是一單純的本體，由之決定存在。只有由智的直覺所知我，才是超絕的真我，真實的存在。由於康德不承認人有智的直覺，則超絕的我便無從肯定。真我既不能肯定，人如何能承體起用作道德實踐？

　　以上牟先生辨「物自身」不是「某物一般」，它是實而非虛，我

們應取它積極的意義，而不應取消極的意義，真我必須由智的直覺體證，這作為本體的我或自由意志等其他東西，才能承體起用，作道德行為的基石。

康德以為道德法則一不能從經驗建立；二不能從範例引申；三不能從人性底特殊屬性、人類之特殊的自然特徵、脾性（性癖）、性好，以及自然的性向推演；四甚至亦不能從上帝底意志來建立。康德把私人幸福原則與道德感情俱視為後天的經驗原則。他把屬於他律性的一切道德原則、或屬於經驗的、由幸福原則而引出者、或由理性的圓滿原則而引出者，盡皆剔除，而唯由自由意志所發出的自律以觀道德法則，這些道德的定然命令，不為別的，只是理上義上應當如此，正如孟子說「見孺子將入於井，必有怵惕惻隱之心，非惡其聲而然也、非所以納交於孺子之父母也、非所以要譽於鄉黨朋友也。」於此康德所講的道德的定然命令，在顯露道德性當身之體上說，和儒家完全一致，牟先生贊曰：「可謂充其極矣」。

然而，康德雖然是西方哲學家中正式開始認識道德真理之本性的人，但他一面說自由意志是自主、自律、自由的實體，它是無條件的、絕對必然的，另一方面他又把自由意志歸屬於物自身式的睿智界對我們的理性完全隔絕，說它超出人類理性底力量之外，非人類理性所能辨識。最後，康德只好將自由意志和上帝與不滅的靈魂，都視為一個假定，一個設準。其實，自由意志既是無條件的，為甚麼還要通過理性去理解它、辨識它呢？這是很不恰當的思考方式，這表示康德對道德生命、道德真理未能透澈，未能正視道德真理與道德主體之實踐地、真實地呈現之義，由此可以看出康德的道德哲學之限度。

康德說自主自律的意志所自給的具有普遍妥當性的道德法則、定然命令是沒有任何感性的成分在內的，所以是純粹理性的。純粹理性如何能是實踐的呢？康德以為理性由之以成為實踐者，要靠興趣，但

興趣是感性的，純粹理性的道德法則如何與感性的興趣關聯起來，便成為不可解。

牟先生說：「純粹的實踐理性如何其自身就能是實踐的」問題，完全同於「人何以能直接感興趣於道德法則」的問題。康德把道德感、道德感情通通視為形而下的，感性的，而非理性的，這就對道德實踐所以可能成為不可理解。其實，道德感、道德心可以上下其講，上提可以是超越的本心，而非感性的習心。孟子說：「理義之悅我心，猶芻豢之悅我口」。這個悅理義的悅，是從超越的本心本情發出的，理義悅心，心亦悅理義，理義本來就可以有一個悅，悅理義的心與情必須是本心本情，自由意志自給法則，就是悅此法則，故這悅是一必然的呈現，「純粹的實踐理性如何能是實踐的」問題，根本就不是問題，因為純粹的實踐理性本來就帶著一個悅，一個興趣，因而它本身不只是一設準，必然的呈現，必然是實踐的。宋明儒所講的性體心體，自始即是在踐仁盡性的真實實踐的工夫中步步呈現的，這是通過證悟、澈悟、體會、體認等而知的德性之知，而不是隔絕一切經驗而徒為抽象的體認。儒家的踐仁盡性，無論是堯舜性之或湯武反之，無論是即本體是工夫，或即工夫便是本體那自由自主自律的意志，都是隨時在經驗中，而為有內容充實於其中的具體而普遍的呈現，這是儒者成德之教超過康德哲學之處。意志所直接決定的應當，因情感、興趣，即心之悅理義、發理義而成為實然。從本心仁體發悅，則自給法則即自悅法則，純粹理性其自身如何就能是實踐的問題，這是完全可以解明的事。

人類這有限的存在如何能有智的直覺呢？這關節就在道德。康德謂道德依無條件的定然命令而行，發此無條件的定然命令者，康德名曰自由意志，儒者則名曰本心仁體或良知性體，這是道德行為的超越根據。設想這仁體性體是一有限的概念，其本身既受限制，則其發布

的命令不能不受制約，因而無條件的命令便不可能。故發布無條件的
定然命令的仁體性體，其本質必須是無限的。當吾人就無條件的定然
命令而說意志為自由自律時，則它亦只能為因，不能為果，即是能制
約別的，而不為別的所制約，故自由意志與第一因完全相同。第一因
是絕對而無限，則自由意志亦必是絕對而無限。若天地間不能有兩個
絕對而無限的實體，則作為第一因的上帝和自由意志兩者，必為同一。
康德於自由意志外，肯定有一絕對存在曰上帝，而兩者又不同一，便
是不透之論。儒者講本心仁體、心體性體則十分透徹。本心仁體既絕
對而無限，則由之所發的直覺，自必是智的直覺。本心仁體既是絕對
而無限地普遍的，則它必然是涵蓋乾坤，為一切存在之源。故純亦不
已的性體，和於穆不已的道體是通而為一。於是宇宙秩序即道德秩序，
道德秩序即宇宙秩序。孟子所謂「萬物皆備於我矣，反身而誠，樂莫
大焉。」象山所謂「萬物森然於方寸之間，滿心而發，無非此理。」
陽明所謂「良知是造化的精靈，這些精靈生天生地，成鬼成帝，皆從
此出，真是與物無對。」則人可有智的直覺，不是很顯明嗎？

　　也許有人認為儒家說人類可有智的直覺，未免太狂妄了。牟先生
說：「若謂康德倒顯得謙遜，你所說的未免太狂大了。其實這不相
干；這不是謙遜與否的問題，乃是對於實踐理性是思辨地講還是實踐
地講之問題，是實踐理性如何能真實呈現的問題。茫然不知其來歷，
據淺陋為平實，視歧出者為謙遜，指其所不知者為狂大，此乃正是狂
妄之言。」

　　儒家德性之知，可隨康德名之曰智的直覺之知。此知合內外，不
是能所關係中認知地關聯的合，乃是隨超越的道德本心之遍體天下之
物而不遺為一體之所貫、一心之圓照，這是攝物歸心而為絕對的、
立體的、無外的、創生的合，這是萬皆備於我的合。嚴格講，亦無所
謂合，而只是由超越形限而來之仁心感通之不隔。若依明道之口吻

說，合就是二本，而這卻只是一本之無外。此非感性主體，亦非知性主體，而乃是圓照主體。此時萬物不以認知之對象之姿態出現，乃是以自在物之姿態出現。圓照之知，無所不知，而實無一知。其照點之，即創生之。它的直覺，只是此主體之自我活動，它不是被動的、接受的，它不是感觸直覺，不從見聞而發。此德性之知，亦曰天德良知。明道云：「良知良能，皆無所由，乃出于天，不繫於人。」中庸云：「自誠明謂之性，自明誠謂之教，誠則明矣，明則誠矣。」又云：「誠則形，形則著，著則明，明則動，動則變，變則化，唯天下至誠為能化。」明即誠體之朗潤遍照，遍潤即創生，誠明一體即窮盡本心性體之全蘊，亦即窮盡性與天道之全蘊。

上面說天德良知無所不知，而實一無所知，但天德良知非是隔離之抽象體，乃必由通天人、合內外、一大小而見其為具體而真實之用，故天德良知具體流行，雖不囿於見聞，亦不離乎見聞，聞見之知，亦只是天德良知之發用，亦可以說是天德良知之自我坎陷，聞見之知之所以小，乃由其不通極於天德良知，小即是人，大即是天。橫渠云：「天人異用，不足以言誠，天人異知，不足以盡明。」凡真能相應地體悟論孟中庸易傳所表示之道體、性體、心體、仁體、誠體、神體者，皆可有此義。

儒家把道體和性體一以貫之，則道體固然是生物不測的創生實體，良知心性亦為生天生地、神鬼神帝的精靈。康德所謂現象界之知，無法肯定真實之本體、物自身的存在，人的自由意志中也沒有智的直覺，因此只好把存在（真實的本體）交付給上帝，由上帝來保證真實的存在。儒家的道體和性體就是上帝，宇宙的創造、真實的存在是由道體和性體加以保證。通過良知善性的智的直覺的呈現，即可肯定真實的存在。如果說良知不牽涉到存在，只決定道德的是非，那麼存在交給誰呢？

中國哲學無論儒、道、佛都肯定道體是一創生的實體。儒家說道體的創生性是縱貫縱講，道家和佛家是縱貫橫講。儒的道體是縱貫地創生天地萬物。中庸說：「天地之道，可一言而盡也，其為物不貳，則其生物不測。」這和說「天命之謂性」，都是直貫地講創生天地萬物存在。道家的道體也能生萬物，老子說：「道生一，一生二，二生三，三生萬物。」莊子也說：「夫道，神鬼神帝，生天生地。」但道家講道的創生，不屬於實有型態，而屬於境界型態，它著重把一切人為、不自然的把持和操縱都去掉，讓萬物自生，便等於創生。佛教不肯定一切縱貫式創生實體，它不肯定上帝，不肯定梵天，也不肯定儒家的道體，但它還是指向究竟了義。它把創生實體轉化為佛性、法身，由佛性法身來保住萬法。因為圓佛必須即一切法而成佛，法的存在的必然性便因之而被保住。故儒、道、佛對宇宙之存在之創生性，雖有型態之不同，但都能對宇宙存在有所交代。而智的直覺在儒道佛三教中，便有三種型態，儒家是道德性的智的直覺，道家是藝術性的智的直覺，佛家是滅度性的智的直覺。

孔子的仁，孟子的性善，都是指我們道德的創造性。有這道德的創造性，才能連續不斷，生生不息地引發德行之純亦不已。德行的純亦不已是從性體的創造而來。道德實踐對已有的可以使之沒有，沒有的可以使之有，這就是創造。創造的最切意義，便在於道德的創造，它不服從自然因果律，只服從康德所謂的意志因果律。因此，道德的創造，不是生機主義的、生物學的生命之創造，亦不是宗教信仰的上帝創造，更不是文學家所歌頌的天才生命之創造，因為生物學和文學家的創造，都是自然生命的創造，而非精神生命之創造，上帝之創造若真落實了，還是道德的性體、心體之創造。

在儒家的傳統中，人當然有智的直覺，智的直覺就在性體、心體、道體、仁體這裡表現。智的直覺只有在道德的實踐中才能轉化出

來，在現實上是沒有的。從實踐的觀點看，並沒有定性眾生。人在現實上當然是有限的，但他雖有限而可無限，故眾生皆可成聖、成佛、成真人，由此可以講「不定原則」（principle of indeterminate）也可以有決定原則（principle of determinate）人皆可以成聖、成佛、成真人，這是決定的。儒道佛所謂悟道，就是要悟出智的直覺，見道，也就是要見這點。我們平常認為天地之化在一邊，德行之純亦不已在另一邊，其實德行之純亦不已就是天地之化，於穆不已的天地之化，就是道德的創造。這兩者是同一的。當智的直覺朗然呈現，清清楚楚地擺在那裡，就是見道，也就是康德所講的「上帝王國」。

牟先生在「中國哲學十九講」第十九講，頁四三七中說：「在西方哲學中，最能顯著地表現縱貫系統，並且還能開出主體的是康德，所以我們現在講儒家的學問，若要與西方哲學發生關聯，只有和康德哲學可以接頭。由這種接頭，便顯出問題來。所以中國哲學還可以往前發展。假如西方哲學以康德為中心，不以目前所表現的為滿足，還要往前發展一步，那就一定要有所調整，一定要看看中國哲學。」這是牟先生對康德哲學和儒家哲學深入了解後所得出的結論。

道統、圓教與根本惡說

楊祖漢

中央大學中國文學系

一　在當前情況下如何理解道統、學統、政統的意義

　　牟先生道統、學統、政統之說，為當代新儒學對於中國文化如何能開出科學與民主一大問題給出系統的見解，在〈略論道統、學統、政統〉一文中，牟先生有一段話很簡要的說明他所定義的道統與學統的不同：

> 說中國只有道統而無學統，此「學統」一名之提出，實為解答科學一問題而提出。說中國本有學統，這當然是真的。但為了彰顯科學之為學的意義以及其基本精神，遂把「學」之一詞限在科學一面，即「知識之學」；而中國本有之學的意義以及基本精神則限於「道」一面，亦即「德性之學」。如在科學一面說學統，則在「德性之學」一面自可說道統。此只是名詞意義之限定，只要聲明一句就夠了。本不至起誤會。這樣分限一下，說「中國只有道統而無學統」，當然可以。其事實就是沒有發展出科學。但科學亦是一種學，它有其本性與基本精神，而且源遠流長。它亦不能充當或代替德性之學。以學統名之，所以使人正視其本性與基本精神，亦所以限定其分位與層序，且所以彰「德性之學」之特殊也。故此若名曰學統，則中國

> 「德性之學」之傳統即名曰「道統」（西方道統在基督教）。此
> 只是名詞的分限。如離開此問題而泛言「學」，則雖是「道」
> 是「教」，亦可言「學」。[1]

牟先生以成德之教為道統，對此道統，在以往當然也有其學術論辯的
傳統，而牟先生對中國哲學以往的義理內容，尤其是宋明理學、魏晉
玄學、隋唐佛學這三個時期的中國哲學思想給出了可說是空前的清楚
詮釋，使中國哲學的義理以當代研究哲學的人所運用的哲學概念或哲
學系統來表達，這樣等於是復活了傳統中國哲學的智慧，使當代人能
夠相應而深入地了解及論辯傳統哲學的意涵。牟先生此一工作可說是
為傳統中國儒、道、佛三教的哲學涵義，建立了以哲學概念為主的理
論或知識系統。但牟先生並不就此使成德之教成為哲學系統上說學
統，而是就知識之學，尤其是科學知識來說學統。中國傳統重心性之
學，或以仁者與萬物為一體為嚮往的境界，這一種文化精神對於訓練
以主客對立的方式而產生科學知識，比較缺乏，牟先生以知識之學來
說學統，而學統與道統的區分，便表示了成德之教與科學知識的不
同，也表示了重視成德之教的傳統文化精神如果要產生系統性的知識
之學或科學知識，必須要做一番轉型。即要討論在傳統的重成德的文
化心靈中如何轉出知性主體，以開出重智的知識之學，成就科學知
識。而民主政治如果要從以往的政統中發展出來，也必須要加強重智
的精神，以建構根據制衡原則而給出的三權分立的政治架構。對於德
性主體如何轉而為知性主體，牟先生有良知的自我坎陷之說，這些牟
先生的說法當代已經長期探討，也引發了許多討論。如有認為現在客
觀的學術研究的心態與風氣已經養成，對於研究專門知識所需要的重

---

1 牟宗三：《生命的學問》（臺北：三民書局，1989年），頁60-61。

智的心態的養成已經不是難事；或可以說，對知識之學的研究，並不能同於以往發明道統的心情，即需要客觀冷靜，甚至價值中立的態度，這種區別現在學人已有共識。另外，海峽兩岸現在的科學研究工作不能說還不上軌道，雖然一流的大科學家仍然少見，但學者依循客觀的經驗科學的研究程序，逐步可以跟上先進國家的科技發展，也可以自力更新地給出許多新的科技發明。如果是這樣，則學統如何建立，及要從與物為一的德性心轉為與物有對的認知心的問題，是否還是我們現在要繼續討論的課題呢？是否仍然可以說學統還沒有建立？這似乎可以重新考慮的。當然現在的科學研究的成果多是跟著歐美的研究的後塵，亦步亦趨，重智的精神仍然有待加強；但通過近百年的科學的研究與發展，中國人的科學研究的態度，應該已經逐漸養成了。以前牟先生也說過，科學的研究不難，只要社會安定，以中國人的聰明加上勤奮努力，很快就可以有長足的發展。這是一個很正確的預見，如果可以這樣說，則科學的精神的如何開出，應該可以不必再討論了。即現在可能不需要再強調開出，而是要談如何進一步加強培養重智的精神，及如何讓重客觀研究、強調科學研究的學界共識，如何守住其分寸，而不流於泛科學主義，或科學一層論。似乎現在我們遭遇到的問題，是因太重視科學研究的精神與價值，壓抑了重德的人文精神。

至於民主政體的如何開出，即政統的問題，牟先生認為民主制度架構的建立也是認知主體的作用，故認知主體的開出或重智精神的培養成功，民主政體才能實現；就臺灣當前的情況來看，不可否認已可以依照中華民國憲法行憲成功，民主政體已經不可動搖。雖然當前的民主政治的現實情況並不如理想，但在民主法治已成為共識的情況下，雖然政爭不斷，但一般百姓日常的生活並未太受干擾，各種自由、人權得到明確保障，從政者與國人都能接受選舉投票最後的結

果，不因政權輪替而發生動亂，以此情況來看，也不能說民主政治還是遙不可及。因此，關於「政統」的問題，在臺灣當前的情況，好像已經有相當程度的建立。而臺灣現在的執政黨，可以說是延續了從辛亥革命以來為中國人追求民主政治的實現的傳統，一步步從軍政、訓政而憲政，達成了還政於民，實行憲政的預定目標。故中國人能否從傳統的君主專制，轉而為民主政體，這問題好像已經有了答案。在這一點上，臺灣人應該可以堂堂正正地說，從我們的政治現狀就可以證明中國人、中國文化是可以開出民主政治的。此一事實，即民主憲政的達成，可能如同勞思光先生所說，不必一定要通過內在的精神的轉化，從內而轉出民主精神，而從學習、模仿「從外而入」的方式，也可以培養人民去實行民主制度。當然，從內轉與從外入是不相衝突的，二者可相輔相成。

二　對於臺灣民主政治的缺失的反省

民主法治已經是普世的共識，近年為臺灣輿論所詬病的民主政治的亂象，其中的問題癥結，很可能不是執政者或人民不懂民主法治的理論及其運作方式，而是當政者太遷就民意，忽略了長遠的規劃，而臺灣人民則習慣於不尊重當政者，常以言論干擾已經得到多數選票授權的當政者，使他們瞻前顧後，不敢按照既定的政策、目標而去努力達成。民眾隨時提出批評的意見，而且群言淆亂；這種現象其實也是缺乏民主素養的表現。由於一時的民意往往凌駕於執政黨或立法院的多數黨的政見，而成為民粹政治，甚至操弄而成為族群對立或衝突；或由於對國家認同的分裂，而以民主選舉為手段來實現其改變體制的目的。於是，使得民主選舉的投票不只是選擇不同的政黨來執政，而

是要選擇不同的國家認同。[2]這就不是認知心或知性主體不挺立、不能開出的問題，而是從事政治活動的人，或參與民主政治選舉的人，他的行動實踐的目的的問題。臺灣有兩黨政治互相制衡的民主制度的形式，但現實上的兩黨的相互制衡是兩種意識形態的鬥爭。兩黨政治不能有良性的相互制衡，而成為兩種意識形態的鬥爭。近年網路上、報章上或電視上的的政論，往往是為了遂行自己的意識形態、國家認同，而對不同立場的言論或個人，做肆意的攻擊或抨擊，往往不正視對方的言論本身是否合理，或理據何在，就做出一面倒的攻擊，甚至謾罵。這好像是藉言論自由之名，來遂行排除異己之實，這固然可以說是民主素養的不足，但其實更是道德修養的不足。吾人可說，作為以往社會文化的核心或穩定的力量的儒、道、佛三教的傳統文化精神，沒有在民主法治的現代政治的活動中給出足夠的力量。以往的文化傳統所涵養成功的基本的做人的道理，不能「制約」民主政治的架構下的政治活動，使其不氾濫。所謂做人的道理如溫厚待人，即使意見不同也可以以禮相待、以謙讓自持，這些美德往往在不同的政見爭論下，為了達成自己一方的政治理想（其實可能只是要掌握政權，謀取現實利益），便可以隨意拋棄。當年牟先生說五四運動的流風影響下，造成了自由、民主觀念的氾濫，或造成了一種大浪漫，到處講民主、自由，而使得父兄不能教其子弟，老師不能教其學生。這種情況在最近的臺灣正是越演越烈。這種弊病，如上述並不是開出認知心所能解決的，認知心本來就在人的生命活動中隨時表現，而民主法治的精神的確也需要不斷地加強認知理性的培養。但在現代重智的客觀研究與民主法治已成共識的情況下，所缺的可能還是由傳統的道統，或儒、道、佛三教的所講習的廣義的德性之學所涵養的德性心。生命沒

2　最近連戰說：老百姓每次面對大選，就要面臨選擇國家的疑慮。他認為這樣老百姓非常不幸。（蘋果日報，2015年10月17日）這話是不錯的。

有足以立大本之道德精神作基礎，科學的研究、民主的政治衍生的弊端，是沒有辦法防堵的。商人利用科技的成果製作惡劣的食品，民主、自由與人權的觀念到處被濫用，大家都知道這是道德的問題。

最近我有一個思考，何以在現行的民主制度的運作下，臺灣會表現如此長期而且影響重大的民主亂象呢？這可能是人性中的弱點，或康德所講的根本惡藉民主自由的運作而表現。康德認為人性中本來潛存著一種容易接受受感性欲望影響的「傾向」，而且在人從事道德實踐或服膺義務時，由於義務意識是要排除感性欲求的作用的，於是這種潛存的順感性要求的傾向便會活起來，給出很大的影響力，使道德的實踐之存心成為不純粹的，舉例來說如在見孺子入井時，人當然會無條件地為了該救孺子而去行動，但在這一時候，這些被道德存心所壓制的、求滿足欲望的感性要求會起作用，也希望藉善的行動來達成感性的欲求，於是就會成為藉善行來滿足己私的行動的存心。這時行動的外表雖然仍然是善的，但所以給出行動的存心可能就保不住他的純粹性了。這一種徇感性欲望的要求而來的，要順著感性的欲求，而使行動的存心變成不純粹的生命傾向，在人決定行動的動機上，或自由決意上給出了作用。這一種人性中的弱點是普遍存在的，而往往在當人從事道德實踐時，這一種徇感性而來的傾向最容易起作用，故康德說人們從事道德實踐時是要面對隱藏在理性背後的敵對者，必須克服此一敵對者，人才能真正成為善人。我認為在現在的臺灣，人民並不是不懂民主制度要如何運作，而是不能面對在自以為從事正當的民主政治的活動時，藉該活動而實現自己個人的目的，或政黨中人為了實現其共同的政見時，順從自己的欲望而藉著表面的推行民主政治實現政治理想等美名，而讓自己的言語行為越出了正當的軌範，如上文所說的對不同政見者或思想觀念者肆意謾罵，不能待人以禮，對異己的意見惡意攻擊或故意歪曲別人的原意。（最近一向不受注意的鵝湖

同仁，也大受網民的攻擊。）這是可以讓人對民主政治失望的一種情況，如果這種情況不能改善，或甚至越演越烈，則我們如何可以說我們是中國人實現了民主政治的地方？有何顏面以此為號召？這是運用康德「根本惡」說來說明自由、民主何以會產生這些亂象。如果可以這樣說，則要解決臺灣目前的政治亂象，解除生活在這個地方的人民每逢民主選舉就要陷入紛擾不安的情況的痛苦，就不是要如何挺立知性主體、培養民主法治精神的問題，而還是要如何復興人的德性精神，挺立道德主體的問題。即是說，人如何成德這個問題還是必須時時強調的，而針對在民主政治的活動中，所容易暴露出來的人性弱點，必須加以切己的反省。

記得初認識牟先生，然後跟從他讀書的時候，當時中國大陸文革剛過，文革中種種令人難過的、殘暴的事情逐步公布；牟先生曾一再慨歎，中國人即使是鄉間不識字的老百姓，在傳統的文化孕育底下，都很通情達理，不為已甚，何以會有文革這種大災難出現？中華民族何以會落到如此悲慘的局面呢？他說真是不可思議。我想這問題也可以從上述的康德根本惡說來給出解釋。人的順著感性的欲求而以感性欲求為先的傾向，在要求自己大公無私，實現道德理想時容易被激發，而使感性要求自己遂行其私，甚至為了要遂行其私而越軌的要求，藉著行善的表面理由而不可收拾地併發，這是自以為是道德，卻是最不道德的表現。固然以後文革式的動亂，不太可能再發生，但這一種容易接受感性的欲求而做出越軌的行為的傾向，仍是必須要對治的。當前中國大陸政權的主政者也不是不了解政治制度必須改革，不改革不足以長治久安。[3] 從政的人都應能理解，沒有真正的反對黨存

3　如溫家寶曾一再強調現行的政治制度必須改革，趙紫陽的晚年談話也認為推行民主制度是中國的當務之急。

在，對於人性中的貪瀆的傾向或弱點，是對付不了的。故民主政治也已經是中國大陸人民與當政者的共識，那麼為什麼不早日推行民主制度呢？為什麼政治制度的改革還不能訂下日程呢？這裡是否也有在善的目的底下，接受了順著感性的欲求而不肯為所當為的情況呢？如果可以這樣說，則中國大陸民主政治的實施，內聖、成德的問題應該還是重點。

三 康德的根本惡說及人為善是從惡中走出之義

關於康德的有關說法，我想再討論一下。康德認為人的成德除了發揚人的為善的種子之外，對於潛伏在理性的後面的敵人，即使人為惡的傾向，必須加以克服。他認為人在受到感性的影響時，接受感性的要求而以感性的滿足為優先的傾向，就是為惡的根源，即這種明知人不必遷就感性欲望的要求，但卻習慣於隨順欲望（性好、偏好）的要求而以感性欲望的滿足為先，是出於「自由」的選擇的，即這種接受感性欲望的影響，而給出存心不純粹的行動，是出於人抉擇上的自由的，既然是出於抉擇上的自由，於是人便需要負責。如果為惡是純然出於感性的影響，而沒有自由的抉擇可講，則人的為惡就不必負責了。而這種在感性的影響下而接受之的意志，何以會發生？即人的意志的抉擇何以會在感性的影響下而維持不住道德理性的自主性，這是很不可思議的。這裡可以看到人的為惡的根源，是深微而不可測的。康德此說指出了人要求自己成德時，會面對一種為惡的傾向，而這種傾向是在人任何行動中都可能表現的，即在任何行動中所以會發生的存心，隨時都有這種順著性好而以感性欲望的滿足為優先的傾向的作用表現出來，好像人本來有病，而這種毛病的力量隨時會在我們決定要去行動的存心中發作，如果康德此說是對的，則我們就可以對於使

我們產生惡的原因，有一了解。這也就是說，我們找到了深藏在我們
生命中，藉賴著「理性」的自由的決定的作用而表現的惡根。由於人
有理性，所以才能按照原則來行事，而人究竟按照甚麼原則來行動
呢？是要為利呢？還是為義呢？要如何決定人是自由的，而人假如為
利來行義，就是顛倒了實踐的存心中的原則的次序，使利受義所規
範，變成了為了利來行義，此一次序的顛倒便是由為善轉而為為惡，
而這種一念之轉沒有理性的作用是不能達成的，故人性中的惡，是藉
賴著理性的作用來表現。康德此說給出了惡的對象是什麼的說明，找
到了惡的對象，我們就可以警覺，時時用功來對治之，於是成聖就成
為更可能的事。或不必說成聖，人通過了這種工夫努力，才可以過著
心安理得的生活。故康德此說對儒家成德之教應是很好的補充，也是
合於儒家成德之教的目的的。康德此說表示了人的為善是需要從惡中
走出來，因為我們生命中早已經有這種性情的軟弱存在，此意用形象
化的表達，就是我們生命中已經存在了有一惡者，這是基督教的講
法，我們不必承認把惡實體化的這種說法，但人性中可能真的有這種
與生俱來的在面對感性的引誘而要去做越軌的行為時的軟弱或傾向。
由於有這種傾向，而在受到感性欲望的引誘時，產生了本不願意去做
的行為。我們生命中是否本來就有這種軟弱或傾向存在呢？我覺得在
這個意義上思考，也可以看到基督教對人性的體會，其實可以參考。[4]

　　如本文開始所引牟先生之文所說，在西方的道統是基督教。基督
教在現代西方民主政治的活動中，是能維持其作為人生常道的力量
的，而中國的道統，儒家的心性之學則被認為與民主政治不相合，而
被排拒。故中國的道統不能如西方的道統，對民主政治的運作有其道
德上的制約。

4　以上關於「根本惡」的討論，主要見於康德《單純在理性限度內的宗教》書第一、
　　二章。

四　以圓教的義理對治根本惡

　　如上文所說的，康德所言之人性中的順著感性的要求而來的，要藉善的行動而滿足感性欲望之所求的傾向，這是所謂人性中的根本惡，此根本惡是人人都有的，而且是潛藏在人的理性的背後，藉著自由的決意而表現的。如果兩岸的政治現狀的問題都逃不了人性中的根本惡所起的作用，那麼要使中華大地、兩岸的政治都實現理想的民主政治，則要著力的應該不只是民主政治的理論說明，或民主素養的培育，而亦是要對付人性中的根本惡，這後者可能更為重要，這便要回到內聖學的問題上來。而且我認為，這根本惡藉以表現的可能條件，是由於為善，即由於行道德上的善要不顧甚至輕蔑感性的欲求，於是引發反彈，那麼如果能夠讓人在行善的時候泯除善惡的對立，即行善而不自以為是善的，則就可以減低因為善惡的對立，而引發根本惡的發用的機會。另外人的為善，不斷的努力追求理想，不斷的超越現實，這固然是很好的精神奮鬥，但在這一個情況下，容易引發理欲的對立，也容易引起對於異己者（或根據自己的道德判斷，認為比較缺乏價值者）給出了輕視，於是就會否定異己的議論，或對於不及己者作肆意的批評，甚至糟蹋。要對付這種由不斷追求超越理想而來的善惡對立的思考方式（或「成心」），或輕慢不及己者的態度，儒道佛三教的圓教正是對症之藥。如佛教天臺宗的五時八教的判教，給出了藏、通、別三教雖然不同，如果可以暢通決了、開權顯實，則任何佛說，任何教法都可以是佛的圓義的表達。十法界的三千法雖有高低、上下的不同，但也可以由任一法而通於其他法，所謂一念三千，佛法界的法可以在人間任何可能的存在情況來表現，故一切高低、上下種種不同的世間法，同樣有其最高價值的存在地位。我認為這一種圓教的說法是可以從根本上破除上文所說的根本惡所藉以起用的機會。即

是說圓教的說法可以讓人培養一種真正的「平正」的人生態度，即既能不斷超越向上，又能當下即是。人生可以努力爭取更高的價值理想的實現，人生可以表現的價值有其高低不同的等級，這種人應當不斷努力向上的精神，當然要肯定；而雖肯定要有這高低不同的價值的等級，又可以對一切存在的人生情況給出了全幅的肯定。如是既能夠啟發人精神作無限的超越，力求進步，而又能夠當下即是，肯定當前所屬的任何情境都可以是絕對價值的呈現，於是肯定了人生任何可能的情況，都可以有其存在的價值與意義，這就可以培養人的平正的態度。而這一種平正的人生態度不只是人成聖所需要達到的，民主制度的理想實現也需要這一種精神態度。以下試就此義再稍作說明。

依牟先生天臺宗之圓義，在儒道的思想中都是具備的，三教義理繁贖，本文不擬多論，只稍為提一下。儒家的圓教內容是根據感通不隔的仁心充分實現，而與萬物為一體。從程明道所說的當下立誠，於居處恭、執事敬與人忠的日常行為中，而見徹上徹下都是此誠之不可撑，又由此而證圓頓化境的「一本論」，即當下的活動就是天理的流行，而當下的活動本身絲毫可以不改，即不必更改人當前的任何情況，而可以就是天理的流行，或即事而表現無限的意義，如明道說：

> 嘗喻以心知天，猶居京師往長安，但知出西門便可到長安。此猶是言作兩處。若要誠實（《宋元學案》作「至誠」），只在京師，便是到長安，更不可別求長安。只心便是天，盡之便知性，知性便知天，一作性便是天。當處便認取，更不可外求。[5]

以心知天，這是人的理想，即希望透過個人的努力體現無限的天道。

---

5 《二程遺書》卷2上。

要做這一種追求，張橫渠說就譬如身在京師（汴京）而往長安，這一譬喻也十分恰當。但程明道認為人可以身在京師，就是在長安。即是說不離開當前的生活情況，當下就是天理的流行。人的生活頓時就是天理的流行，就是天人合一（或天人一本），或用牟先生的話說，即有限而無限。這是人生的終極理想，你可以對此做無限的追求，認為永遠都不可能完全實現，但也可以有當下即是，當下便是圓滿的理想之呈現的體會。這是表示上文所說的不離當前的活動，甚至當前的活動不必作絲毫的改變，就可以是天理流行。當然天理流行是要從立誠作為根本，人能立誠或誠實，當下就可以從體起用，將天道生化的作用、價值意義表現出來。而此立誠、表現天道的活動，在任何事上都可能，所以不是離開眼前的事，或換另外一種行為，或事情才可以表現天道。這是所謂「圓」而且「頓」。能體現仁心或立誠，當然是要有真切的覺悟才可能，這裡需要有極大的工夫；但工夫雖然不易，但一旦體現本心、仁體或誠體，就可於眼前任何事上呈現無限的意義。這樣就可以保證人生的各種活動、境遇，都有其體現天道的意義與價值，於是無限的價值意義與萬物為一體的創生性的道德的活動，是人人都可以「受用」的，所以說人人都可以受用，是因為這一意義與境界可以在人生任何當前的情況中體現。這種儒家式的圓教，保住了一切存在都可以是天道的呈現的事情，此便可以保證每一個人都可以與天道的生化流行不隔，都可以受用此仁心、誠體呈現的無限意義。明道的一本之論，經過牟先生的闡發，表達了儒家的圓教的義理。而我認為由明道的「一本論」給出了人人或任何人生的事情都可以表現天道，因而人人與天道的創造性的活動不隔的保證，這樣人生在不斷奮發努力與純淨化他自己的生命之同時，又有一當下即是，可以就任何情況而受用無限的意義與價值，這樣才能讓人有真正的安身立命之道。這裡含有對所有人的生命的感通不隔，希望一切人、事都是在理

上有必然的存在理由的存在。這有對人世間從深情厚意而來的全盤的
肯定。明道此一圓義在胡五峰的「天理人欲同體而異用，同行而異
情」及「性含天下之有」等說，有進一步表達。由於天理人欲是可以
即於同一事件而表現的，故只要人盡心知性，就可以就任何事件上表
現天理，即使是一般認為比較不好的事情，也同樣是天理可以實現的
地方。胡五峰曾以夫婦之道及眾人所有的種種情緒聖人也有，來說明
此義。

　　上述的圓頓的一本，與天理人欲同體而異用之說，與佛教天臺宗
的圓教，是相通的。天臺宗的判教理論認為佛是即九法界眾生而成
佛，一切法可以就是佛法，同一個法可以是法性法（即佛法），也可
以是無明法，所謂法性無住，無明即法性，無明無住，法性即無明。
這同於天理人欲同體而異用之說。而「一念三千」，三千法可以不
改，而就是佛法，這是對一切法的存在，連同法的存在的差別，全體
承認、保住，而此也同於上文所說的，要使一切人即於當前任何可能
的事情，都可以體現天道之意，而如此說，是要肯定每一個人都可以
受用最高意義的佛法、佛境界。這一每一個人都可以受用的要求，在
儒家是出於感通不隔的仁心，而在佛教，則是出於佛的悲願。在此要
求下一切眾生都要與佛有分，這樣才能滿足了佛之本懷。此對於三千
法及其差別（包括地獄、餓鬼、畜生等界，及這些法界所涵的艱難與
痛苦）的肯定，即所謂「存有論的圓」，意義是非常重大的。若不能
把一切法或人生的任何可能的遭遇的，全幅歸入佛境界、佛法身的範
圍，則佛法身便不能為每一個人都可受用，只是遠在天邊的理想。而
天臺判教理論中一方面區分了藏、通、別、圓四教的分別，但又認為
圓教是即於藏、通、別等教而表現的，所以圓教是第二序的，與種種
教法不隔的。當然藏、通、別等教需要暢通決了，才可以是圓教表現
的地方，但暢通決了並不改變了種種教法的本身的存在情況。在《法

華玄義》「約今已言本迹」處，表達了佛過去用弟子的形象來表現佛，現在則用老師的身分來表現佛之意，藉此例可以明白佛可以通過人生種種的不同職分、形象來表現，這很明白地表現了圓教義。天臺圓教表達了人生固然當該努力上進，而有藏、通、別、圓層級的不同，但無限意義的佛境界，也可以就在當前任何情況而體現，無限的向上的奮鬥與當下即是的馬上受用，兩個意思合理來才可以令人真正安身立命。

　　人要不斷地努力追求理想，不斷地善化現實地存在，這種理想性是必須維持的。但這一種求善的理想如上文所說，因道德理性對於感性欲望的排拒，而引發根本惡的作用。於是在肯定當然的理想而不斷地力求超越地同時，須要破除善惡的對待，又能承認一切存在的情況，其實都可以實現絕對價值。道家對於破除善惡的對待是非常擅長的。後來王學也強調為善去惡必須要以無善無惡的心情為基礎，如周海門所說為善去惡必悟無善無惡而始真，而由天臺宗圓教所給出的存有論，而為牟先生所闡發的「存有論的圓」之義，更能表現一切的表面有高低價值不同的事事物物，其實都可以是絕對價值的具體呈現的場所。如是，由追求理想而產生善惡對待的心理，就可以完全放下，這就可以堵住了根本惡發生作用的機會。

五　結語：從對治根本惡說明「四無說」可以是工夫

　　康德所說的根本惡，是對基督教的原罪說給出一個哲學的解釋，此一解釋不同於依基督教的教義而來的獨斷的說法，即並不說是從人類始祖犯罪而遺傳下來。這一種容易接受感性的影響，而以感性的滿足為先，使本來應該無條件為善的存心，轉成為有條件的，即為了感性滿足的緣故而做出表面是善的行為，甚至因為習慣了接受感性的這

種影響，而讓感性做主，作出越軌的行為。這種人性的弱點，或軟弱，固然是因為感性的影響，但也有接受這一種影響的自由決意的作用在。人何以故在理性的自由決意之作用中，給出了接受感性的要求而越軌之決定呢？即何以理性的作用會有如此的決定呢？康德說是很難解釋（不可思議）的。這好比是佛教《勝鬘夫人經》所說的「自性清淨心而有染污，難可了知」，不生滅成為生滅是「難可了知」的。依牟先生的解釋，這也不是真正難可了知，人的本心雖然是善的、自作主宰的，但人仍有感性，不能不受到影響。當然康德之意有更深微處，是說當人受到感性影響時，仍然是可以有自由以決定要不要順從感性的，而在此時，卻順從了感性。從這裡就可以體會到，有一種本已存在的以感性為先的「傾向」存在。故這是很深微的，這就是人性中的「根本惡」。而且因為此惡是藉為善而起作用的，這是「與善共居、與善俱存」的惡，此說則更是微妙。如果你不正視此根本惡的存在，不先去對付它，則人的為善是不確實的、根基不穩的。康德此說確是對於人性中的惡的存在給出了理性的說明，而不是只套用基督教聖經的說法，以說故事的方式獨斷地來說明惡。康德此一對根本惡的理性的說明，確表達了「單在理性限度內」之宗教之意。如果這一種對於惡的存在的說明是合理的，則我們對於此根本惡的存在，必須要加以對治。牟先生也說康德這種說法對於生之謂性的傳統，是一很好的補充。[6]如上文所說，由於此惡是因著人自覺地從事道德實踐、無條件地為善，而引發了感性的反彈，則如何在為善時去掉自以為善的想法，化掉善惡的對待，就可以堵住了感性因受善的無條件性的排拒而起反彈的機緣，故為善去惡必須要以無善無惡為究竟；則對於聖人的化境的說明或描述，所謂大而化之之謂聖（「化之」是化掉了

6　見《圓善論》第一章附錄。

「聖」的樣子，真正的聖人不能有聖人的樣子，這也等說為善而無善相，才是真正的為善），除了是對最高境界的描述外，也同時可以是一種工夫。即以對無善無惡的化境的體會，來對治根本惡。也只有能體會到化掉善惡對待的無善無惡的境界，才可以堵住感性藉人要求自己無條件地為善時，起來挑戰。這一挑戰，是康德所謂的「自然的辯證」。王龍溪的四無境界，依牟先生本來就是儒家圓教中所含的義理，故四無說也含上文所說的圓教義理可以給出的平正的人生態度，此人生態度再加上為善去惡而又同時無善無惡的領悟，當該是可以對治自然的辯證的。沒有了自然的辯證，即沒有了感性因為無條件為善而來的反彈，則人的為善就可以平順而自然，為善的存心也不會滑轉而成為不純粹。如果此說可通，則無善無惡的說法，不只是境界，也可以有工夫論的意義。如此則王龍溪所說的「四無」，便可以當作工夫看。他所說的「從『無』處立根基，即本體就是工夫」[7]，是可以說得通的。即是說我們要以最高境界的為善而其實無善可為，無善無惡的體會，來做為工夫，讓自己的生命呈現沒有善惡對待的情況。能夠有這一種體會，才可以讓為善去惡不會遭受感性的挑戰而**翻轉**。一旦**翻轉**了，便成為為善而自以為是善的，捨不掉這一個善，善就會變成不善，如老子所說「正復為奇，善復為妖」，周海門對此意有深入的闡述。而為善忘善，或為善要達到去掉善惡對待的境界，由於可以對付根本惡，所以也有工夫的意義，故以此最高的境界作為工夫之說，應是可以成立的，而且是必須的。要以這種對最高境界的體會來作工夫，才可以去掉我們生命中早已潛伏的敵人，而使人真正能超凡入聖。

7　王龍溪〈天泉證道記〉：「上根之人，悟得無善無惡心體，便從無處立根基，意與知物，皆從無生，一了百當，即本體便是工夫，易簡直截，更無剩欠，頓悟之學也。」（《王龍溪語錄》卷一）。

釋論劉宗周的「意」
在心體中的主宰義

陳敏華

新亞研究所

一　前言

　　本文旨在說明，宗周如何以一先驗綜和的思維模式，辯明「意」在心體中的主宰地位。[1]這一點，在儒家哲學中，有著不可替代的獨到貢獻。作者將對上述論題採批判的、解析的闡明，同時以宗周本人的話語、文獻作佐證，突顯他重視在先驗綜和的事實上分解立義的哲學進路，使我們了解「意」在心靈活動中的正確位置。

二　宗周以先驗綜和的思維詮釋《大學》的心、意、知、物

　　依西哲康德說：「因為當這問題是道德價值底問題時，我們所關切的，不是我們所見得到的行動，而是我們所見不到的那些行動之內部原理」。[2]我們很清楚宗周就是以一尋求「道德價值」的視點去理解

1　以上觀點見於盧雪崑先生論「五峰、蕺山系對象山、陽明系之補足」，詳見其著作：《孔子哲學傳統──理性文明與基礎哲學》第三章第四節，（臺北：里仁書局，2014年4月初版），頁414。由於有別於通行的說法，故拙文嘗試以此為基點，疏解當中涵蘊的義理。
2　牟宗三譯註，《康德的道德哲學》，（臺北：學生書局，1983年10月再版），頁34。

《大學》。在〈大學雜言〉的序文中，宗周云：

> 諸生講《大學》。一夕，偶思而得之，因謂諸生曰：《大學》一
> 篇是人道全譜。試思吾輩坐下只此一身，漸推開去，得家、
> 國、天下，漸約入來，得心、意、知。然此知是懸空起照，必
> 寄之於物，纔言物，而身與家、國、天下一齊都到面前，更無
> 欠剩。[3]

《大學》全篇均是研探人之為人的真正價值所在（人道全譜），我們
之能得家、國、天下（我們在經驗界見得到的行動的結果），同時
地，我們又可得心、意、知（按照了一些我們所見不到的內部原理而
來，因此是先驗的），靠的是「物」（宗周以「知」所寄者表述
「物」，故這個是「意知之物」）。以上引文最後云「纔言物，而身與
家、國、天下一齊都到面前」，是綜和了：內、外；先驗和經驗得來
的結論，因此「一齊都到面前」即不割裂，以一體視之的意思。

宗周這種先驗綜和的思維模式，在他有關詮釋《大學》的文獻中
俯拾即是，譬如在〈大學古記約義〉：

> 盈天地間皆物也。自其分者而觀之，天地萬物各一物也；自其
> 合者而觀之，天地萬物一物也，一物本無物也。無物者，理之
> 不物於物，為至善之體而統於吾心者也。雖不物於物，而不能
> 不顯於物：耳得之而成聲，目寓之而成色，莫非物也，則莫非
> 心也。……致吾心之聰明者，致吾心之良知也。良知之於物，

3　戴璉璋、吳光主編，《劉宗周全集（一）》，〈大學雜言〉（臺北：中央研究院中國文哲
　　研究所籌備處，1996年），頁767。

> 如鑑之於妍媸、衡之於高下、而規矩之於方圓也。鑑不離物而定妍媸，衡不離物而取高下，規矩不離物而起方圓，良知不離物而辨是非，一也。故曰：「致知在格物。」……心非內也，耳目非外也，物非粗也，無物之物非精也，即心即物，非心非物，此謂一以貫之。[4]

以上引文首先是宗周確定了天地萬物可以分、合來看，即是各一物或一物（即無物），重點在指出「無物者」，是「理之不物於物，為至善之體而統於吾心」，這就是康德說的那些行動之內部原理：吾心不受物的拘限，但借物而顯，物、我相通。其次，致吾心之聰明即致良知，顯道德義，也離不開物。最後是即心即物，非限於「只是心」或「只是物」，最後以「一」貫通。這與程明道的「仁者渾然與物同體」的觀點一致。

這種貫通，簡單而言，是以「超越」的觀點一併來說《大學》中的八條目，相關話語如下：

> 心中有意，意中有知，知中有物，物有身與家國天下……[5]

> 合心意知物，乃見此心之全體。更合身與家國天下，乃見此心之全量。今之言心者，舉一而廢八也。舉一而廢八，而心學歧。……[6]

---

4 戴璉璋、吳光主編，《劉宗周全集（一）》，〈大學古記約義‧格致〉（臺北：中央研究院中國文哲研究所籌備處，1996年），頁759-760。

5 戴璉璋、吳光主編：《劉宗周全集（二）》，〈語類十三‧學言中〉（臺北：中央研究院中國文哲研究所籌備處，1996年），頁491。

6 同註5，頁481。

　　心一也，合性而言，則曰仁，離性而言，則曰覺。……凡聖賢
　　言心，皆合八條目而言者也，或止合意知物言。惟《大學》列
　　在八目之中，而血脈仍是一貫，正是此心之全譜，又特表之曰
　　明德。[7]

　　心、意、知、物，總是至善中全副家當……[8]

　　八條目各自立義而血脈一貫，宗周定此為心之全體、全量及全
譜，當中標明：「凡聖賢言心，皆合八條目而言者也，或止合意知物
言」顯示「心」可表為「意知物」，這觀點很重要，因為宗周曾指出
「驅意於心外」會產生道德踐履上的謬誤，此謬誤將於下節詳論。總
而言之，「至善」中的全副家當只是「一」，當中分開在不同分際說
「心、意、知、物」，這也是凸出了超越意義上的「一體」的話語。
再如：

　　身者，天下國家之統體，而心又其體也。意則心之所以為心
　　也，知則意之所以為意也，物則知之所以為知也，體而體者
　　也。物無體，又即天下國家身心意知以為體，是之謂體用一
　　原、顯微無閒。又云：《大學》八條目，如常山之蛇，擊其首
　　則尾應，擊其尾則首應，擊其中則首尾皆應。[9]

　　心無體，以意為體；意無體，以知為體；知無體，以物為體。
　　物無用，以知為用；知無用，以意為用；意無用，以心為用。

7　戴璉璋、吳光主編：《劉宗周全集（二）》，〈語類十二・學言上〉，頁457。
8　戴璉璋、吳光主編：《劉宗周全集（二）》，〈語類十・良知說〉，頁373。
9　同註7，頁457。

此之謂體用一源，顯微無閒。[10]

以上用常山之蛇作了一個非常貼切的譬喻，《大學》的八條目不但首、尾相連呼應，即便是呈現出彰顯或隱微不同的狀態，也是以體用一源的方式來理解。依「意則心之所以為心」與「心無體，以意為體」及「意無用，以心為用」兩句，即明宗周旨意，若把「心」與「意」切割，則體用分離，「心」無法作為「意」的根據而失落實體義，而「意」無法落實「心」而失卻實踐義。因此，「心」與「意」實為一合相，同理，其他條目亦作如是觀，宗周就是用這種「體用一源，顯微無閒」的方式去詮釋《大學》。

三　「驅意於心外」會產生道德踐履上的謬誤

宗周重「意」，亦以「意根」名之，曾云：

> 《大學》之教，只要人知本。天下國家之本在身，身之本在心，心之本在意。意者，至善之所止也，而工夫則從格致始。正致其知止之知，而格其物有本末之物，歸於止至善云耳。格致者，誠意之功，功夫結在主意中，方為真功夫，如離卻意根一步，亦更無格致可言。故格致與誠意，二而一，一而二者也。知止而定、靜、安、慮、得，所謂知至而後意誠也。意誠則正心以上一以貫之矣。今必謂知止一節是一項工夫，致知又是一項工夫，則聖學斷不如是之支離，而古人之教，亦何至架屋疊床如是乎？[11]

---

10 戴璉璋、吳光主編：《劉宗周全集（二）》，〈語類十四・學言下〉，頁531。
11 同註7，頁458。

然則致知工夫，不是另一項，仍只就誠意中看出。如離卻意根一步，亦更無致知可言。[12]

宗周明言《大學》之教在「知本」，這個「本」由八條目層層探索，停在「意」處，成為「根源」，名其為「意根」，這肯定了他以「意體」為首出；又因其為「至善之所止」，這個「意根」遂有道德義，「至善」亦在這裏。因此，宗周順理再釐定「格物致知」義，致知之「知」應是「知止之知」，將「知」的認知義剝落，而是陽明的「良知」義，意思是吾人「至善」所停之處，「知」仍與「意」通。而「物」則是有「本末」者，不再限指「物」為經驗界的事物。如此，宗周遂下結論：格致與誠意通而為一，離卻意根無真功夫可言，可見「意根」一詞，寓意深遠，就如植物深藏之盤根，為一整株植物立足之根基，「意根」也為踐德之依據。他更肯定聖學絕不支離破碎，「知止」與「致知」無分別，只要於意誠後，則正心等諸關節即能貫通（意誠則正心以上一以貫之），這一點顯示宗周重建誠意學，為道德實踐工夫找對了一個發展的方向。

在宗周的〈語類十二・學言上〉中，有以下一條：

釋氏之學本心，吾儒之學亦本心，但吾儒自心而推之意與知，其工夫實地卻在格物，所以心與天通。釋氏言心便言覺，合下遺卻意，無意則無知，無知則無物。其所謂覺，亦只是虛空圓寂之覺，與吾儒體物之知不同；其所謂心，亦只是虛空圓寂之心，與吾儒盡物之心不同。[13]

---

12 同註10，頁525。

13 同註7，頁434。

　　以上宗周比較佛學與儒學之「本心」義，兩者本此「心」所達致的境地不同。首先儒者以格本末之物為真工夫，因此上下與天地同流，體所有物而不遺者，即在「知止之知」處，亦即在「意根」處，這就是以「良知本心」為本的路向，與上述「如離卻意根一步，亦更無致知可言」義理一致。至於釋氏所言是「虛空圓寂之心」，「虛空圓寂之覺」，當中並無如《大學》所言的「本」，因此無意、無知、無物，最終虛空圓寂處一體皆無，遑論其他，這就是佛、儒言「心」之異質異層最佳明證。

　　至於宗周再辨難陽明，是借陽明所理解的《大學》，作了另一個肯定自己對「意根」認可是確當的說明。陽明曾於〈答聶文蔚〉一文中說明他以「致良知」配對《大學》的義理，云：

> 夫「必有事焉」，只是「集義」，「集義」只是「致良知」。說「集義」，則一時未見頭腦，說「致良知」即當下便有實地步可用工。故區區專說「致良知」。隨時就事上致其良知，便是「格物」；著實去致良知，便是「誠意」；著實致其良知，而無一毫意、必、固、我，便是「正心」。著實致良心，則自無忘之病；無一毫意、必、固、我，則自無助之病。故說「格、致、誠、正」，則不必更說箇「忘、助」。[14]

　　陽明以「致良知」去解《大學》的格物、致知、誠意及正心四項工夫。隨時就事上致其良知，便是「格物」，這個說法與他在〈答顧東橋書〉中所言：「致吾心之良知者，致知也；事事物物皆得其理者，格物也」[15]是一致的，只是此處更強調「致良知」在踐履上的優

---

14 葉紹鈞點註：《傳習錄》（臺北：臺灣商務印書館，1967年），頁180-181。
15 同註14，頁113。

先性，隨時就事上用工夫。因此，《大學》的格物、致知、誠意及正
心四項，在陽明眼中，一統是「致良知」的起用而已，當中的心、
意、知與物，也是良知明覺觀照下的四項，這樣的理解未必不符《大
學》的本旨，但宗周在「意」處卻有另一重考慮，重點在：「著實去
致良知，便是『誠意』」，如果不能著實去致良知，那麼這個「意」是
否有機會為一不善者，需要由吾人著實去致良知後再轉為一善者？這
個未定位的「意」會直接影響心、知和物的本質內容，故此「誠意」
一項即成宗周辨難陽明的焦點。

　　茲再引陽明在《傳習錄》中，由黃以方所錄的一段話去了解上
論，云：

> 然至善者心之本體也。心之本體那有不善？如今要心正，本體
> 上何處用得功？必就心之發動處，纔可著力也。心之發動，不
> 能無不善，故須就此處著力，便是誠意。如一念發在好善上，
> 便實實落落去好善；一念發在惡惡上，便實實落落去惡惡。意
> 之所發既無不誠，則其本體如何有不正的？故欲正其心，在誠
> 其意。工夫到誠意，始有著落處。[16]

　　陽明規定「心之本體」為「至善」，那麼「正」的工夫要落在何
處呢？陽明即以心之發動一定要確保為「善」，以保障必為一合禮
者，故要求吾人在「心之發動處」著力，這便是誠意的工夫了。陽明
隨即以「一念發在好善上，便實實落落去好善；一念發在惡惡上，便
實實落落去惡惡」為例，以「念」之所發必實實落落去好善惡惡來確
保心之必正。在這裏應該引發了一些問題，包括：以心之發動處來說

16　同註14，頁261-262。

明「正」的著力點，隱然表示心之發動未必善才需「正」？還有，心之發動必關聯對象，而且好像有「好善」和「惡惡」兩個方向，這個「心」之本體卻純然就自身是「至善」的來定義，那麼顯而易見，「體」是一層，發動處又是另一層，體與用在這裏要如何掛勾呢？「故欲正其心，在誠其意」，但這個「意」又成了可發好善惡惡的「念」，就句意看來，「念」好像是「意」的別稱，在這裏，要釐清「意」和「念」嗎？

宗周於〈答史子復二〉中就有很清楚的提問：

> 竊嘗論之，據僕所窺，《大學》之道，誠意而已矣；陽明子之學，致良知而已矣。而陽明子亦曰：「大學之道，誠意而已矣。」凡以亟復古本，以破朱子之支離，則不得不遵古本以誠意為首傳之意而提倡之。至篇終乃曰：「致知焉盡之矣。」又鄭重之曰：「致知存乎心悟。」亦何怪後人有矛盾之疑乎？前之既重正心，而曰「眼中著不得金玉屑」，後之又尊致良知，而以知是知非為極則，於學問宗旨已是一了百當，又何取此稊稗雙行之種子而姑存之？而且力矯而誠之？誠其有善，固可斷然為君子；誠其有惡，豈不斷然為小人？卒乃授之知善知惡，而又為善而去惡，將置「《大學》之道，誠意而已矣」一語於何地乎？僕不敏，不足以窺王門宗旨，抑聊以存所疑，竊附於整菴、東橋二君子之後，倘陽明子而在，未必不有以告我也。[17]

宗周據陽明於〈大學古本序〉云：「《大學》之要，誠意而已矣。

---

17 戴璉璋、吳光主編，《劉宗周全集（三上）》，〈文編七・書（論學）・答史子復二〉，（臺北：中央研究院中國文哲研究所籌備處，1996年），頁455。

誠意之功，格物而已矣。誠意之極，止至善而已矣。止至善之則，致知而已矣。……乃若致知，則存乎心；悟致知焉，盡矣」[18]諸語，以他既贊同《大學》之道正是誠意，但又以「誠意」歸于「格物」，並以「致良知」為止于至善的大原則，這樣解《大學》，是為學宗旨上的不一致。

我們細察宗周的疑問，其實他預定了若干的前設：

（一）《大學》之道是「誠意」；陽明之學是「致良知」，二者不同。

（二）陽明恢復《大學》古本是想破朱子的支離，故不得不遵古本以誠意為首傳之意。

（三）陽明於〈大學古本序〉末以「乃若致知，則存乎心」為定案，無必要再尊「致良知」。

（四）「誠其有善，固可斷然為君子，誠其有惡，豈不斷然為小人？」一段，以反問句的形式，借「誠其有善為君子」推斷出「誠其有惡為小人」，藉此質疑陽明理解的「誠意」。

宗周批評陽明的這個觀點，在他晚年〔六十六歲〕所著的〈良知說〉中更形鮮明：

> 陽明子言良知，最有功於後學，然只是傳孟子教法，於《大學》之說，終有分合。〈古本序〉曰：「《大學》之道，誠意而已矣。誠意之功，格物而已矣。格物之極，止至善而已矣。止至善之則，致良知而已矣。」宛轉說來，頗傷氣脈。至龍溪所傳〈天泉問答〉，則曰：「無善無惡者心之體，有善有惡者意之動，知善知惡是良知，為善去惡是格物。」益增割裂矣。即所

---

18 〔明〕王守仁撰，吳光、錢明、董平、姚延福編校：《王陽明全集（上）》〈大學古本序〉（上海：上海古籍出版社，1992年12月第1版），頁242-243。

云良知，亦非究竟義也。[19]

　　宗周認為陽明求本心於良知，只傳了孟子的教法而已，在《大學》的格物致知義上是滑落了「良知本心」。他再次點明陽明以「致良知」來解《大學》的說法，說來宛轉又傷氣脈，即不能以工夫直達本體。陽明後學如王龍溪於〈天泉問答〉中提出有關「無善無惡心之體」的說法，宗周更肯定是支離破碎之言。

　　我們再參考宗周於〈證學雜解〉中的解答，可以更明白他的用心：

　　　夫陽明之「良知」，本以救晚近之支離，姑借《大學》以明之，未必盡《大學》之旨也。而後人專以言《大學》，使《大學》之旨晦；又借以通佛氏之玄覺，使陽明之旨復晦。又何怪其說愈詳而言愈厖，卒無以救詞章訓詁之錮習，而反之正乎？司世教者又起而言誠意之學，直以《大學》還《大學》耳。爭之者曰：「意，稗種也。」予曰：「嘉穀。」又曰：「意，枝族也。」予曰：「根荄。」是故知本所以知至也，知至所以知止也，知止之謂致良知，則陽明之本旨也，今之賊道者，非不知之患，而不致之患，不失之情識，則失之玄虛，皆坐不誠之病，而求之於意根者疏也。[20]

　　根據上一段引文：「夫陽明之『良知』，本以救晚近之支離，姑借《大學》以明之，未必盡《大學》之旨也」，可見宗周對陽明學的衡

---

19 戴璉璋、吳光主編：《劉宗周全集（二）》，〈語類十・說・良知說〉（臺北：中央研究院中國文哲研究所籌備處，1996年），頁372。

20 戴璉璋、吳光主編：《劉宗周全集（二）》，〈語類八・證學雜解〉（臺北：中央研究院中國文哲研究所籌備處，1996年），頁325。

定態度，他肯定陽明以「良知」救當世支離的學風，並了解陽明借《大學》去詮釋「致良知」的意圖，雖傷氣脈，未必盡《大學》的宗旨，但仍應該被允許的。但宗周間中又持相反的意見，包括堅執陽明於《大學》古本序末以「致知存乎心」為定案，無必要再尊「致良知」等觀點。

宗周所以有上述看似矛盾的意見，其實是想指出有些後學只以陽明觀點解《大學》，更甚者以玄覺配言「良知」，這樣《大學》的本旨必被矇混。宗周本人重「誠意」之學，並以嘉穀、根荄等植物必需之部分喻「意」，指出「意」就是本。宗周以己意表述陽明的「致良知」應是「知止」，「知止」由「知至」來，「知至」乃「知本」之謂。宗周評不諦陽明「致良知」義者，就病在「不致」、「不誠」，並對「意根」疏忽了。這個「意根」就是「知本」中的「本」，簡言之就是「意是根本」，故宗周解讀《大學》即在「意根」上下工夫。

其次，宗周既批評陽明只傳了孟子的教法，那麼由「意根」而來的另一重要課題，便是如何與「良知本心」掛勾了。這個「良知本心」一定要是孟子的四端之心才能配對「意」，否則「意根」只是虛名，「意」可能只在虛應事物，下陷於宗周所言之：「誠其有惡，斷然為小人」的境地。基於這個想法，宗周提示秦履思「致知」工夫的確義：

> 先生曰：「致知有二義：從橫說，在即此以通彼；從豎說，在由表以徹裏。人心未嘗無知，只是明一邊又暗一邊。若彷彿舉得全副，卻又只是明箇外一層，於透底處全在窣黑地，如此安得不用箇格物之功？」……曰：「此從本心判斷合如此，抑是講究見成物理如此？」先生曰：「講究物理合當如此，而吾遂如此，正是此心判斷處。不可謂離卻物理，另有本心

也。」……先生曰：「任君從本心看取得，但為學者說工夫處，須說箇物理。」[21]

宗周以橫說及豎說言「致知」的兩個取向，目的只在說明「致知」要通人、我、物（橫說的「致知」），在我處更要表裏一致（豎說的「致知」），故以「人心未嘗無知」、「從本心看取便得」標示本心的重要；另學者不能不面對真實的人生正是「明一邊又暗一邊」，這「暗一邊」由人的感性層而來，故需言「格物」工夫，但「格物」絕不是朱子所言的窮格「物之理」義，關鍵處仍在本心處，並且心、意是一才是宗周言《大學》「致知格物」的主旨。

至於宗周借陽明認可的「有善有惡意之動」一句中的「意」，再進行考量，點示「誠意」應和「知止」通，是一個突出「意根」於道德實踐上不可或缺的有力推論。其大要如下：

「有善有惡意之動，知善知惡知之良。」二語決不能相入，則知與意分明是兩事矣。將意先動而知隨之邪？抑知先主而意繼之邪？如意先動而知隨之，則知落後著，不得為良；如知先主而意繼之，則離照之下，安得更留鬼魅？若或驅意於心之外，獨以知與心，則法惟有除意，不當誠意矣。且自來經傳無有以意為心外者，求其說而不得，無乃即知即意乎？果即知即意，則知良意即良，更不待言。[22]

宗周認為「有善有惡意之動，知善知惡知之良」兩句的說法有

---

21 戴璉璋、吳光主編：《劉宗周全集（二）》，〈語類十一・問答・秦履思問致知之說〉（臺北：中央研究院中國文哲研究所籌備處，1996年），頁387-388。

22 同註10，頁527。

誤。首句是陽明「四句教」中的第二句，宗周認為要將當中的「意」和「知善知惡知之良」中的「知」的關係釐定清楚，因為「知」與「意」決不能分拆為兩事。理據為：意先動而知隨，則「知」不會是「良知」，它只隨「意」而有所作用，會失落道德的自決性；至於「知」先行作自決，那麼「意」無有作為，陷入離照的狀態，與良知（本心）脫勾，如此就算「知」作了判斷，但缺「意」的定然落實點（至善之地）為目的地。換言之，意先動就無良知可言，知先行就驅意於心外，兩說皆有弊端，故宗周斷言「即知即意」，則兩者俱良。

其實以上的話語，重點是：「驅意於心之外」在道德實踐上是不可行的，按「有善有惡意之動」若成立，為了迴避「有善有惡」這個經驗前題，最終只有「除意」的工夫，而無「誠意」的實功可言。因此宗周強調：

> 致知工夫不是另一項，仍只就誠意中看出。如離卻意根一步，亦更無致知可言。予嘗謂好善惡惡是良知，舍好善惡惡，別無所謂知善知惡者。好即是知好，惡即是知惡，非謂既知了善，方去好善，既知了惡，方去惡惡。審如此，亦安見其所謂良者？乃知知之與意，只是一合相，分不得精粗動靜。[23]

就「好善惡惡是良知」，「好即是知好，惡即是知惡」當下就將「知善知惡是良知」（陽明「四句教」中的第一句）補足了，因為「好善惡惡」是誠意，「知之」與「意」是一合相時，「知」即涵蘊「好善惡惡」，當下可致，無所謂「知了善，方去好善，既知了惡，方去惡惡」的先後問題，亦即「分不得精粗動靜」。

---

23 同註10，頁525。

盧雪崑先生對上論「知之」與「意」是一合相，有很清晰的說明：

> 依蕺山之洞識，「知之與意只是一合相。」（〈學言下〉）所謂
> 「知善知惡是良知」，就良知而言之「知善知惡」不能落在能
> 知與所知相對的知識論意義上理解，因知識論意義之「知」不
> 可能自身包含作用因，故無所謂「良」。惟獨「知藏於意」
> （〈學言上〉）「知」為意志因果性中的「知」，亦即知善即好
> 善，知惡即惡惡，此所言「知」具有創造及實現其客體的意志
> 因果性，故堪稱為「良知」。[24]

以知識論的視點去理解「良知」固然不切，重要的是，宗周（蕺山）
所確認的「知藏於意」，蘊含著意志因果性，這處當以西哲康德的理
路來疏解：

> 此所謂「意志」是這樣一種機能，即「或是去產生那相應於理
> 念的對象，或是去決定我們自己去實現這樣的對象（不管我們
> 的物理力量足夠不足夠），那就是說，去決定我們的因果性」
> 這樣的一種機能。[25]

據此來說，當「知之與意只是一合相」時，「知之」即是「意」，而這
個「知」當理解為一種機能，它能確當地保障了「知善知惡」即能實
現「好善惡惡」這個結果出來，這樣的一個「知」才是陽明的「良
知」。至於這種「因果性」，在《論語》中早有明示：「我欲仁，斯仁

---

24 盧雪崑著，《孔子哲學傳統-理性文明與基礎哲學》，（臺北：里仁書局，2014年4月1
日初版），頁479。

25 同註2，頁144。

至矣」（〈述而〉），「我欲」即「仁至」是肯定了我們有一種能力（又即是「意」），它是一種由自己下決定的能力，由此去保障「仁」必至，如此「因」所產生的「果」，對所有人而言，是行動的內部原理的真實呈現，而不受制於現實中我們有否足夠的力量去行動。

析論到這裏，即再以宗周在〈良知說〉的話語作一小結：

> 只因陽明將意字認壞，故不得不進而求良於知。仍將知字認粗，又不得不退而求精於心，種種矛盾，固已不待龍溪駁正，而知其非《大學》之本旨矣。[26]

將「意字認妥」應是宗周的為學宗旨，亦是本文想達致的目的。因著上述這種意志因果性的確立，我們可以理解《大學》的心、意、知、物為至善中的全體，而在這理路中，「意根」為本，居於首腦的地位毋庸置疑。

四 「意」在心體中的主宰義

宗周如何落實「心」與「意」的關係，在〈答董生心意十問〉中有若干回應頗能找到端倪，以下先合併三段問答來了解：

> 問：「心有無意時否？」
> 意者，心之所以為心也。止言心，則心只是徑寸虛體耳。著箇意字，方見下了定盤鍼，有子午可指。然定盤鍼與盤子，終是兩物。意之於心，只是虛體中一點精神，仍只是一箇心，本非

---

26 同註19，〈語類十・說・良知說〉（臺北：中央研究院中國文哲研究所籌備處，1996年），頁373。

滯於有也，安得而云無？[27]

問：「百姓日用不知之意，與聖人不思勉之意，有分別否？」
百姓日用不知，惟其定盤鍼時時做得主，所以日日用得著不知
之知，恍然誠體流露焉。故聖人知之，而與百姓同日用，則意
於是乎誠矣。誠無為，纏著思勉則不誠，不誠便非意之本體
矣。觀誠之為義，則益知意為心之主宰，不屬動念矣。[28]

問：「從心不踰，此時屬心用事，還屬意用事？」
此箇機緣，正是意中真消息，如定盤鍼在盤子中，隨盤子東西
南北，此鍼子只是向南也。聖人學問到此得淨淨地，並將盤子
打碎，鍼子拋棄。所以平日用無意功夫，方是至誠如神也。無
聲無臭，至矣乎！
此箇主宰，要它有，又要它無。惟聖人為能有，亦惟聖人為能
無。有而無，無而有，其為天下至妙至妙者乎！[29]

　　董生的第三問，問「心」有沒有缺乏「意」的時候？宗周明示所
謂「意」是「心之所以為心」的根據。單說「心」時，心只是一個虛
體〔案此處之「虛體」並非指「心」無實體義，而是「心」此時彷似
在一虛空的狀態，待「意」來充實之〕，有了「意」，便是有了精神，
如定盤鍼指出子午線一樣，但心仍是那一個，如未下鍼前那一個盤
子，故「心」不滯說定有或定無「意」。簡言之：心有「意」時，像

27 戴璉璋、吳光主編：《劉宗周全集（二）》，〈語類十一・問答・答董生心意十問〉
　　（臺北：中央研究院中國文哲研究所籌備處，1996年），頁397。
28 同上註，頁399-400。
29 同上註，頁400。

定盤鍼指出方向；心無「意」時，盤子仍在那裏，只是沒有指示方向。在這裏，我們會審視第二種情況，即心會有「無意」之時，此狀態並非不關涉道德範疇時才出現，恰切而言，是「意」未作用而矣，而不是無「意」的存在。董生此問，乃將心與意分拆為兩個獨立體來看，以「心」為主；宗周之答，則顯「意」為首出。

「聖人與我同類」（《孟子・告子上》），因此百姓日用而不知的「意」和聖人知之的「意」是同一者，這處說「定盤鍼時時做得主」是一項實事，對百姓與聖人都有效，宗周特以誠體流露來描述，最後推出「觀誠之為義」，「義」即合宜之事。上述的論析以孔子哲學為依據，聖人與我之所以「同」類，是同在彼此都有「意」這機能，它是時時做得主的定盤鍼，我們是在這種肯認下說「意」在心體有主宰性。

所以聖人最終能「從心不踰」，應是不桎梏於定盤鍼與盤子，「隨盤子東西南北，此鍼子只是向南」，毋須限說是「心」還是「意」起動，直指道德踐履便是（只是向南），宗周的回應是一環扣一環的。

以下為第五問，說出「意」為首出的另一個根據，即「意」為心之所存非所發：

> 問：「意屬已發，心屬未發否？」
>
> 人心之體，存發一機也。心無存發，意無存發也。蓋此心中一點虛靈不昧之主宰，嘗嘗存，亦嘗嘗發。所謂靜而未始淪於無，動而未始滯於有也。知此則知《中庸》之說矣。從前解《中庸》者，皆謬也。未發，以所存而言者也。蓋曰：自其所存者而言，一理渾然，雖無喜怒哀樂之相，而未始淪於無，是以謂之中；自其所發者而言，泛應曲當，雖有喜怒哀樂之情，而未始著於有，是以謂之和。可見中外只是一幾，中和只是一

理，絕不以前後際言也。[30]

上論以「心體是存發一機」立言，理據是按《中庸》來解說，所謂「未發」是以有所存來說，不是「無」；反之「所發」不著於「有」才確當。前者用《中庸》之話語是所謂「中」，後者是「和」，但絕不以時間發生的先後次序來分辨。

宗周既以意為首出，他極力反對朱子「以所發訓意」便如理了：

> 意者，心之所存，非所發也。朱子以所發訓意，非是。傳曰「如惡惡臭，如好好色」，言自中之好惡一於善而不二於惡。一於善而不二於惡，正見此心之存主有善而無惡也，惡得以所發言乎？如意為心之所發，將孰為所存乎？如心為所存，意為所發，是所發先於所存，豈大學知本之旨乎？[31]

宗周再借：「所謂誠其意者，毋自欺也。如惡惡臭，如好好色」（〈誠意章〉）之意來批評朱子規定「意」是心之所發的不恰當。宗周的理據在「如惡惡臭，如好好色」正見此「心」是一於善而不二於惡，即「心」的全幅內容是善而無惡，否則不能作出好惡的道德判斷，反過來假設，「心」的內容若有善有惡，則此「心」絕不是道德心，即不能作道德判斷了，所以宗周指出以所發（即有善有惡）來說明「意」，一則使「意」落於經驗義，同時亦使「心」喪失道德判斷能力。至於宗周反對「所發先於所存」，以其違反了《大學》的本旨，這說法則值得進一步探討。

---

30 同上註，頁398。

31 同註7，頁459。

宗周評胡敬齋先生之言：「心有專主之謂意」及朱子釋〈訓蒙詩〉：
「意是情專所主時」等只是「近」而未「盡」《大學》所示的「心」
義，可以進一步理解「意為心之主宰」的深意。他的論據如下：

> 胡敬齋先生曰：「心有專主之謂意。」朱子釋〈訓蒙詩〉曰：
> 「意是情專所主時。」近之。《大學章句》以心之所發言，恐
> 未然。愚謂敬齋亦近之，而未盡也。心有專主，蓋言有所專主
> 也。有所專主，仍是逐物心，即朱子情專所主之說。然讀《大
> 學》本傳，知惡惡臭，如好好色，方見得他專主精神只是善
> 也。意本如是，非誠之而後如是，意還其意之謂誠，乃知意者
> 心之主宰，非徒以專主言也。[32]

> 天，一也。自其主宰而言，謂之帝。心，一也。自其主宰而
> 言，謂之意。[33]

以上兩段明示「意為心之主宰」，意思就是：當我們肯認「心」是
「良知本心」時，是根據「意」而來一種的確定性（「意本如是」）即
是「至善」（「他專主精神只是善」）。如果沒有這種確定，我們就不能
說道德踐履是可能的。

牟宗三先生曾剖析「意還其意之謂誠」這種真實踐履功夫的特色：

> 吾人說良知是通透於天心仁體之全蘊的「既虛亦實」之本質，
> 而其首先呈現於人之心目中者，則為其虛德，即所謂「虛靈明

---

32 同註10，頁521-522。

33 同註10，頁522。

覺」者是。……雖說「自有天則」（此即其為實德，故云良知
之天理，良知即準則），然由虛與用，在其渾圓通化之中，天
則之「方」並不凸顯，並不挺拔，盡消化吞沒於「圓而神」之
用中，若無真實透徹工夫，站得住，把得穩，真至所謂仁精義
熟，則一霎而天則泯矣。……是以預防而對治此狂蕩，當然不
能從外在工夫之外縛上想。致良知本是內在的、先天的工夫。
然其特徵在虛用與圓神，故預防其弊，亦須內在地將其收攝於
「淵然貞定」之實體，而開出一仍是內在的、先天的工夫。此
即是歸顯于密，誠意之學之所由立。[34]

「淵然貞定」之實體是「良知本心」，是起定盤鍼作用的「意
體」，將此貞定下來便成一真正的道德實踐工夫，所據者便是「意」
早在恰切的位置上發揮作用。

宗周亦有配合《易》來言「主宰」義的話語：

> 心之主宰曰意，故意為心本，不是以意生心，故曰：「本」。猶
> 身裡言心，心為身本也。鄧定宇曰：「心是天，意是帝。」[35]

> 天穆然無為，而乾道所謂剛健中正，純粹以精，盡在「帝」中
> 見。心渾然無體，而心體所謂四端萬善，參天地而贊化育，盡
> 在「意」中見。離帝無所謂天者，離意無所謂心者。[36]

---

34 牟宗三：《宋明儒學的問題與發展》，〈劉蕺山誠意之學〉（臺北：聯經出版事業公
　　司，2003年7月初版），頁297-298。
35 同註10，頁528。
36 同註10，頁523。

「天，一也。自其主宰而言，謂之帝。心，一也。自其主宰而
言，謂之意。天有五帝，而分之為八節十二辰。故曰：『帝出
乎震……』即主宰即流行也。此正是體用一原，顯微無間處。
今以意為心之所發，亦無不可，言所發而所存在其中，終不可
以心為所存，意為所發。[37]

「意為心本」是宗周的立場，他取「天」「帝」作喻，即主宰即
流行，是想突出「心體」之參天地贊化育乃「意」之功。這一觀點為
「心性天一」作了一個很好的註腳，亦顯宗周秉承孟子的「盡心知性
知天」義。

五 總結

宗周藉以明志的四句，當中首兩句：「有善有惡者心之動，好善
惡惡者意之靜」，正好用來說明「意」在心靈活動中的正確位置，牟
宗三先生對此有極精闢的分析：

劉蕺山不先抽離地設一「無善無惡」之「心之體」，直就具體
的眼前呈現的動用之心而言心，此不是超越分解地說，而是現
象學地、描述地說。故直云「有善有惡者心之動」：心之關涉
於經驗而發心動念必隨經驗而歧出而分化，故有善惡之「兩
在」。……但是，心不能只是現象學地順經驗一面去看。它還
有超越的一面。這超越的一面也可以現象學地而且體性學地給
指點出來，反顯出來。這便是「好善惡惡意之靜」一句之所

---

37 同註10，頁522。

示。此好善惡惡之「善」不是經驗層上的「念」，它是超越的、先天的、道德判斷所自出的絕對自肯、純一無二的自肯、恆自淵然貞定的自肯，所以它是絕對地「善的意」，絕對地「善的自肯」。順這自肯而直接推出的或最原始的道德態度或道德決斷便就是這「好善惡惡」所表示的。[38]

　　宗周肯定意為心之所存，心有實體義，但亦會起用，故牟宗三先生的分別說是必需的，「心有實體義」是超越分解地說的「心」，「動用之心」是現象學地、描述地說的「心」。因發心動念關涉經驗，而心之動之善惡兩在不能離念，故念亦為善惡兩在。但超越地說的「心」，也可由現象學地而且體性學地表示之，所謂體性學，即能體現吾人之道德性之學問，而這套學問亦可在經驗界以現象方式呈現出來者，儒家之學問即是此種異質綜和的模式。宗周深得儒學精粹，並舉「心」的兩層意思，由好善惡惡的「意」緊扣「心」。綜括好善惡惡的「意」是有一絕對的自肯，亦因著意志的因果性，故為絕對地善。在這處，我們可以清楚地察照出宗周開端別起的新觀點：以意為首出，對「心體」而言有著絕對的主宰性。

---

38 牟宗三：《宋明儒學的問題與發展》，〈劉蕺山誠意之學〉（臺北：聯經出版事業公司，2003年7月初版），頁298-299。

牟宗三先生之道德形上學諸涵義
——宋明儒學之義理形態與工夫論

李瑞全

中央大學哲學研究所

引言：康德之道德的神學

　　牟師宗三先生申論宋明儒學的意義時指出儒學基本上是一「成德之教」，而此「成德之教」用現代的語言來說即是一「道德底哲學」（moral philosophy），更準確來說是一「道德的形上學」（moral metaphysics）。[1]此一借用是對康德的倫理學與哲學作一批判的提點，即，對康德倫理學中所提出的自由意志之自我立法予以說明和析論其意義與價值，但同時即對康德之限於「道德的神學」而提出批判，並進而展示儒學之超越康德之限制，而建立起「道德的形上學」之實義，由此以見出儒學和中國哲學所以不同於西方哲學，而亦有進於康德和西方哲學之處。因此，「道德的形上學」乃牟先生創造和借用康德的分解，意在通過康德以表明儒學的內容和勝義。

　　康德的倫理學建立了道德原則的超越的意義和不受限於自然因果性，而直由自由意志之自由因果性而立。道德法則不能經由後驗或經

---

[1] 牟先生對moral metaphysics與metaphysics of moral曾作一嚴格區分，前者譯為「道德的形上學」，是以道德的進路建立形上學。後者譯為「道德底上學」，是研究道德之形上意義的形上學。參見《心體學性體》第一冊（臺北：正中書局，1968年），頁135-136。

驗方式來建立,是因為經驗方法總不能達到道德原則所要求的普遍性,而我們的道德經驗所指向的對一切人都是無條件的道德義務的要求,即是道德原則之普遍性與超越意義。康德由道德義務之分析建立起道德原則或定然律令(categorical imperative),即顯示道德原則與道德義務之普遍要求與普遍法則性的意義,由此乃見出道德法則建立在自由意志之基礎上。反過來亦由道德法則而認知到自由意志之存在。基於現象與物自身的區分,由於在現象界只有自然因果性,而我們在認知上也只能認知現象界的事物,因此,自由意志乃屬於物自身界的存有,而我們不能通過感性知性來加以認知,因而對我們的知識系統而言,自由意志只是一設準(postulate)。雖然康德已一再表明此設準絲毫不影響自由意志之真實性,因為,道德法則是我們經驗中的一個理性事實(fact of reason),此理性事實涵蘊了自由之存在,因此,自由意志必為實有,此即一超乎現象界的物自身界的存有。但自由意志同時乃是我們生命所本具有,因此,康德證成了「人是兩界存有」的意義。此是康德由道德的分析建立起的道德哲學或道德之形上學的意義。

但康德再由道德法則與自由意志所進而建立的是「靈魂」與「上帝」之存在;靈魂不滅與全知全能全善的上帝都是是西方宗教下的概念,是神學的概念,而不是形上學意義的存有。因此,康德所成功的只是一「道德的神學」。康德經由深度的超越的分解而建立起道德的莊嚴而崇高的意義,實由此奠定西方文化中人之為人的價值而成為現代世界中政治哲學的核心價值所在,但卻沒有進至儒家之建立道德主體性即通於天地之神聖性,以完成「道德的形上學」的全部意義與內容[2]。牟先生認為康德之所以不能進一步完成「道德的形上學」是因

2　牟先生曾引述西者論康德之後的德國觀念論(German Idealism)。自菲希特、謝林以至黑格爾的發展,實與儒家之「道德的形上學」的發展相當,可說是發展康德打

為他達不到此中的境界：

> 他之所以達不到這境界，（一）、是因為他那步步分解建構的思
> 考方式限制住了他，他缺乏那原始而通透的具體的智慧；
> （二）、他無一個具體清澈、精誠惻怛的渾淪表現之圓而神的
> 聖人生命為其先在之矩矱。所以他只有停在步步分解建構的強
> 探力索之境了。可是他這步步分解強探力索地前進卻正是向儒
> 家這個智慧形態而趨的。[3]

康德有進於之前的經驗主義和理性主義的是通過超越分解所成的超越
哲學，康德的哲學把理性之超越意義發揮到高度的哲學思考。但由於
此一超越分解的籠罩性表現，康德也因此無法自我突破，而只限於分
解之中，只能建立道德的超越莊嚴意義，但不能進而在工夫上發揮自
由意志之實踐價值，康德亦未有儒者之工夫論與工夫實踐的表現，因
而未能完成道德形上學的偉構。[4]此一實踐上的體認與實現，中國傳
統是由孔子所渾淪地表現，此一聖人之道德人格表現是康德所意想的
宇宙意義的哲學家的具體實現。[5]此渾淪表現正見出分解論述之為有
限之處。康德自己或無意於實現為一位充盡自由意志之實踐意義的西

開自由意志而未能充其極的問題。參見《心體與性體》第一冊，頁139及其後之討
論。此非本文主旨，不在此深論。

3　《心體與性體》第一冊，頁139。

4　康德在其*Critique of Practical Reason*一書之"Methodology"部份實提過一簡單的實現
　　道德的方法，但方法實極為簡單，遠不足以言盡心盡性之義。詳論論請參見我之
　　「康德論意志」一文，該文現收於李瑞全著《當代新儒學之哲學開拓》（臺北：文
　　津出版社，1993年），頁74-89。

5　參見*Critique of Pure Reason* (London: MacMillan, 1933), pp.653ff。牟先生曾申論康德
　　此意，請參考《現象與物自身》（臺北：臺灣學生書局，1975年），頁455-496，特別
　　是頁462-465。

方哲學家,但作為道德法則之存有論根據的自由意志,實具有此一普
遍於宇宙存有之意義,此即是儒學最關心之盡心盡性之學。而宋明儒
學正是充分發展和展現此一盡心盡性之實踐哲學,並由此真正完成
「道德的形上學」。

一 道德形上學之三重意義與完成

學界周知牟先生以「道德的形上學」一詞綜述宋明儒學的內容,
但極少注意牟先生用此詞之確實涵意和具體的內容,更有顢頇地以所
謂「實踐的進路」籠統之言以論康德之「倫理學」,以至宋明儒學的
要義,而實只是表面的也是片面的說法,而實遠不能表達牟先生用此
詞之嚴謹意義與用法。茲先引牟先生所言以見此詞之意指。牟先生依
康德哲學而稱宋明儒學為「道德底哲學」即指出:

> 自宋明儒觀之,就道德論道德,其中心問題首在討論道德實踐
> 所以可能之先驗根據(或超越的根據),此即心性問題是也。
> 由此進而復討論實踐所以可能之主觀根據。宋明儒心性之學之
> 全部即是此兩問題。以宋明儒詞語說,前者是本體問題,後者
> 是工夫問題。[6]

道德本身之為如何,具有如何的真實性是道德實踐所依以而行,得而
為真實的道德價值的根據,也是道德實踐所要實現的真實意義。而這
一研究是朝向本體之思考。可說是道德的客觀面相,建立道德為客觀
真實的意義。而儒學的傳統是由心性以掌握此一道德真實性。心是從

---

6 《心體與性體》第一冊,頁8。

主體面說，性是從客體面說。因此，心性問題即在說明此道德之根據。而此根據必為先驗而超越者，可藉康德之分析而加以說明和證立。心之為主體面說即是一道德主體，道德之理即是此主體之主體性，即性體。此即是主體之道德實踐之所以可能之根據，此即宋明儒者工夫論所函蓋的內容，即是宋明儒所謂本體與工夫的問題。

> 由「成德之教」而來的「道德底哲學」既必含本體與工夫之兩面，而且在實體中有限即通無限，故其在本體一面所反省澈至之本體，即本心性體，必須是所謂「體物而不可遺」之無外者，頓時即須普而為「妙萬物而為言」者，不但只是吾人道德實踐之本體（根據），且亦須是宇宙生化之本體，一切存在之本體（根據）。此是由仁心之無外而說者，因而亦是「仁心無外」所必然函其是如此者。[7]

由於道德實踐所實現的是先驗而超越的本體，此本體之為先驗普遍即是一無限的主體性，即是即於天地萬物而無遺漏地為天地萬物之價值與本體。實現此本體意義的道德實踐之個體，即人，雖在現實上為一具體有限的存在，道德行動也只在特定具體的時空中實現，但所實現的本體之價值卻是無限者，因而，有限的生命在此即成就無限的道德價值，個體有限的生命也得以通於無限的價值。而此無限價值即為宇宙一切存有所具之價值，道德價值即通於一切存在，道德實踐即普而為宇宙萬物之道，而實踐此無限意義之主體同時即通於此道，由此得與天地萬物為一體。依孔子踐仁知天的典範而言，則此即是踐仁之仁心所至。故仁心之充極量亦是無限的主體價值與意義所在。牟先生在

此只直接引述孔子之「下學而上達」、「踐仁知天」以說明道德實踐之通於天道之客觀而絕對的價值，未作分解之論證，此步一在下文再進一步申論。

由孔子之典範，我們可以認知到道德實踐可以有多重存有論的意義。牟先生由此進而藉康德之分解以說明儒學的道德實踐所函的三重意義。康德的道德理性所開顯的自由意志自我立法，只是道德理性的一面，是第一重意義。但道德理性實不限於自身為超越的主體性，而為自由立法，而實有通過實踐而具有存有論上的普遍意義。牟先生認為此中有為道德理性之三重意義[8]。孔子之道德實踐正實現了此三重意義，因為孔子是「把那道德性之當然滲透至充其極而達至具體清澈精誠惻怛之圓而神之境」的人格典範。[9]牟先生認為宋明儒之大宗所根據的是先秦，特別是孔子的典範而來的詮釋，首先：

> （一）、他們皆能共契先秦儒家之原始智慧之所開發而依之為矩矱，即是說，那「達至具體清澈精誠惻怛之圓而神之境」原是先秦儒家「踐仁盡性」之教所已至，也是聖人「通體是仁心德慧」之所已函，他們不過能冥契此玄微，承接之並多方闡發之而已耳。[10]

孔子之表現是聖者的渾淪而完整的具體表現。孟子已進而打開其中的義理，《中庸》、《易傳》則擴展而見出孔子「踐仁知天」的一面。宋明儒學即自周濂溪默契道妙而彰顯先秦儒學的「道德底哲學」的內容，而更進一步的發煌。而這一「道德底哲學」具體展示出來即是

8　《心體與性體》第一冊，頁115及其後諸頁。

9　《心體與性體》第一冊，頁116。

10　《心體與性體》第一冊，頁116。

「道德的形上學」：

> （二）、這「具體清澈精誠惻怛之圓而神之境」，如果想把它拆開而明其義理之實指，便是在形而上（本體宇宙論）方面與在道德方面都是根據踐仁盡性，或更具體一點說，都是對應一個聖者的生命或人格而一起頓時即接觸到道德理性當身之嚴整而純粹的意義，（此是第一義），同時亦充其極，因宇宙的情懷，而達至其形而上的意義，（此是第二義），復同時即在踐仁盡性之工夫中而為具體的表現，自函凡道德的決斷皆是存在的；具有歷史性的、獨一而無二的決斷，亦是異地則皆然的決斷。[11]

依孔子之聖人境界所示，道德理性即可打開為三重意義。此三義即是「道德的形上學」的內容。第一義即由接觸到聖人之道德人格之意義而見出其實現道德之莊嚴而純粹的意義，即，所表現的道德義務乃是一無條件的自我命令。此道德命令之為純粹是它不依據任何的外緣的價值，而直是由道德心所發出的義務的自我要求，因而純粹是道德本心的自我律令。孔子在與門人宰我討論「三年之喪」時即充份表明了此一道德價值之意義。茲引《論語》作一簡要的說明：

> 宰我問三年之喪：「期已久矣。君子三年不為禮，禮必壞，三年不為樂，樂必崩；舊穀既沒，新穀既升，鑽燧改火，期可已矣。」子曰：「食夫稻，衣夫錦，於女安乎？」曰：「安。」「女安則為之。夫君子之居喪，食旨不甘，聞樂不樂，居處不安，故不為也。今女安則為之。」宰我出。子曰：「予之不仁

---

11 《心體與性體》第一冊，頁116-117。

也！子生三年，然後免於父母之懷。夫三年之喪，天下之通喪
也。予也有三年之愛於其父母乎！」（《論語・陽貨》17:21）

宰我是以社會之功效（禮崩樂壞）和自然之規律（存糧與鑽木取火）
來說明為父母守喪三年之喪禮應改為一年。但孔子顯然不以為「三年
之喪」之禮是根據社會功效或自然規律而來，而是由仁心之安不安而
訂。由此可見孔子是以仁心論仁。仁心之安不安是我們日常的生活中
所常有的對其他人之痛苦或死亡而有的不安不忍之感。此即生命之互
相的感通與結合之處。由此不安不忍之感通，故於人際關係之間有一
切社會規範之制訂。三年之喪即是一禮制。以仁心為守不守三年之喪
之禮，即是所謂「攝禮歸仁」之義。《論語》中更明確表達此義的是
「人如不仁如禮何？人而不仁如樂何？」（《論語・八佾》3:3）又如
子曰：「君子義以為質，禮以行之，遜以出之，信以成之，君子哉。」
（《論語・衛靈公》15:17）等說法，由此論述即可見孔子以一切社會
價值均出於人之仁心的要求。在孔子時代，禮樂即是古代一切社會體
制與規範的總名。孔子在此明顯是以禮（樂），如「三年之喪」，應依
據我們的「仁」或「仁心」而行，一切道德規範都不外是要表達此內
在的「仁心」的要求。如果出於其他的考量，都必是他律的道德。因
此，孔子所表現的正是一「自律道德的形態」。此自律道德出於吾人
之仁心的自我要求，因此，如果宰我對父母之死無此仁心之感動，則
孔子亦不能勉強他去守三年之喪，因為仁心是道德的根源也是一個人
自律的本義。但孔子亦必斥宰我對父母之死沒有感動是為「不仁」，
即缺乏與父母的生命之感通，對父母之死毫無不安不忍之感，並不符
合一般人之常情。

　　孟子對孔子之說法有一更直接的說明與發揮，即，以「不忍人之
心」來說明儒家的道德規範之根源。「不忍人之心」乃我們日常所常
自覺自動出現的道德意識，例如，子曰：「仁遠乎哉？我欲仁斯仁至

矣。」（《論語・學而》7:29）此即表明道德本心乃吾人日常生活中所自然而有，自然而發動的對事事物物的道德意識。此所謂「良心之躍動」。但此道德的感通不限於特定的對象，而是不可限地向一切人一切物而開展。由此開展而使人的「道德意識」可以推展到事事物物與天地萬物，以至全宇宙。此即是道德意識本自具備的感通於天地萬物之表現。此即是由道德實踐第一步證實道德之純粹性，亦由此顯見道德理性所具有的自律意義和道德法則的崇高以至高無上的地位。康德由此肯定人之為人的特質（humanity）是構成人之自身為目的，不可被視為純然的工具來對待，確立人的人性尊嚴。孟子亦有類似的「行一不義，殺一不辜以得天下，不為也」（《孟子・盡心》上7A:33），以及「所欲有甚於生者，所惡有甚於死者」（《孟子・告子》上6A:10），所標示的人之不可被視為純然的工具，與人的尊嚴不可侵犯之價值。凡此，皆是儒學所具備的道德法則與道德主體之仁心之崇高莊嚴的第一重意義。

二　如何證成道德本心之為性體與理體以涵蓋一切存有之義

　　道德之先驗和超越的價值出於道德的主體性，此主體性首先表現為仁心，故有「我欲仁斯仁至矣」（《論語・學而》7:29）之義。但如上所述，此仁心所發之道德命令即是仁，而仁乃是一切道德價值之根源。仁心之無限感通，不止於人間之同情共感而可以有客觀的社會政治體制與道德法則之建構，而此感通可以通達於一切生命。此如王陽明所說，人於所感到的動物之痛苦，仁心亦必呈現而無私地視如一體。仁心所對之生命，可推擴而及於植物以至一切有生命之物莫不如此。在仁心之普遍的道德要求之意義所及，即有保育其生而不欲其死

之不安不忍之表現。此即表示在仁者之自我的義務要求之中,都期期
能使物物得以生生不息,生而又生地繁衍無窮。此由聖人之宇宙情懷
具體地達到無限的生命價值的意義與創造。孔子由踐仁知天實已達到
一種聖人之宇宙情懷,由此可以見證人之可踐仁成聖而得體認天道:

> 子曰:莫我知也夫!子貢曰:何為其莫子之知也?」子曰:
> 「不怨天,不尤人。下學而上達,知我者其天乎!」(《論語・
> 憲問》14:37)

孔子所自述的聖人之情懷是一種「不怨天,不尤人」,只力求自己作
道德實踐,由此以上達天德,與天道相應和。此種聖人之情懷亦即是
聖人之境界。此境界即顯示人之生命雖有限而可達至無限的價值。儒
者由此而體認到人的生命可以與天合一,即通過道德的實踐而達到與
天合德。此時人所依以踐履的道德法則不但出於人之仁心,亦同時通
於天德和天理,所以孔子時又自況為天,以見證天之生生之德:

> 子曰:「吾欲無言。」子貢曰:「子如不言,則小子何述焉?」
> 子曰:「天何言哉?四時行焉,百物生焉,天何言哉?」(《論
> 語・陽貨》17:19)

孔子由道德實踐所體認的仁道與仁心即是運行在宇宙萬物之天理天
道,是使天地萬物生生不已的天心天道。因此,內在於吾人心中之仁
心即是天地之生生之德。使天地萬物生生不已,不但是一普遍的道德
要求,也是一切生命生物所以得以繁衍化育的天道。儒者是由生命中
的不安不忍之仁心以體認天地萬物在不斷生化繁衍中所呈現的宇宙生
化之道,此所以仁者參贊天地之化育的道德實踐,其中所實現的創造

即就宇宙之「妙萬物而為言」，即，就萬物之生化繁衍之處見出天道之創生意義，也由此以見天道之生生之德。因此，此主體之本心本性即通於天地萬物生化之理。人之性由天生，則萬物之性亦由天生，性體之無窮的德性意義即同時與天地萬物同源而同一。故《中庸》即有人之盡己性、盡人性、盡物性之參贊天地之化育之說。而孟子亦說：「萬物皆備於我矣，反身而誠，樂莫大焉。」（《孟子·盡心》上7A:4）此所以主觀的「性體」即具足具備宇宙創生之意義，在道德實踐中即體證天道之創造性、創生性。這即是道德理性之第二重意義。以下再藉孔子之表現作一說明。

　　儒學由仁心進至人性之說，固然是孔子實踐中所建立的進路，但《論語》中對「性」幾無所說，只有二段相關之文獻。第一段出自孔子之語：「性相近也，習相遠也」（《論語·陽貨》17:2），偏重教育之意義，並未涉及人性之存有與道德意義。第二段更不是孔子所說，而是紀錄子貢之贊歎之詞：

> 子貢曰：「夫子之文章，可得而聞也，夫子之言性與天道，不可得而聞也。」（《論語·公冶長》5:12）

此段紀錄反映在《論語》中確是實情，《論語》確只有兩段相關的紀錄。但也由於子貢此一感歎之詞，也證實了孔子實有說及性與天道之義，只是由於這兩方面均涉及深遠而超越意義之存有論之說，子貢雖有聽說，但卻自感不能掌握，不能如孔子言仁和體現仁之易於領會，因而有此感歎。孔子自謂「晚而好《易》」，而《易傳》所流傳下來孔子之解說，都多是通過仁義以證「天道」、「性」、「命」之義。子貢玄思不足，其他弟子更年少而難以接上孔子晚年之境界，故孔子有「予欲無言」之歎，但正顯示孔子實對「性」與「天道」有所教誨。如果

依日後孟子所提出之人性之說的義理意義來說,孔子所言之「性」必是以仁心所申論的先驗和超越的道德意義,此即無疑以「仁心說性」。而此所說之「性」必具備先驗而超越之意義,不是感性欲望之性,亦非後之儒者所區分的「氣質之性」,而必是屬形而上意義之「義理之性」。此所以,如以孔子言「仁心」為儒學要旨,由心體進而說性體之義,則孟子以「不忍人之心」說性,即「以心說性」之進路正是繼承孔子之學而以予以十字打開和推展之說。

孟子在儒學發展中最重要的貢獻之一是提出「性善」之說,奠立儒學論「性」之超越意義的宏旨。孟子雖然主張言性善,也針對告子「生之謂性」之說大力加以反駁批評,但孟子沒有直接申論人性之函義,而常是藉「不忍人之心」或「本心」以申論「人性」之意義,因此,孟子基本上是「以心說性」形態,而且是心性為一之說。孟子對於人性善最著名之說是以下一段:

> 孟子曰:「人皆有不忍人之心。先王有不忍人之心,斯有不忍人之政矣。以不忍人之心,行不忍人之政,治天下可運諸掌上。所以謂人皆有不忍人之心者,今人乍見孺子將入於井,皆有怵惕惻隱之心,非所以內交於孺子之父母也,非所以要譽於鄉黨朋友也,非惡其聲而然也。由是觀之,無惻隱之心,非人也,無羞惡之心,非人也,無辭讓之心,非人也,無是非之心,非人也。惻隱之心,仁之端也;羞惡之心,義之端也;辭讓之心,禮之端也;是非之心,智之端也。人之有是四端也,猶其有四體也。有是四端而自謂不能者,自賊者也;謂其君不能者,賊其君者也。凡有四端於我者,知皆擴而充之矣,若火之始然,泉之始達。苟能充之,足以保四海,苟不充之,不足以事父母。」(《孟子・公孫丑》上2A:6)

此段論述把孟子有關人性和工夫論，以至外王之學等論述都完整地表述出來。孟了此段以「孺子將入於井」為例論證性善，實極為確當，在此不暇詳論。[12]在此我們只要專注說明孟子此段文獻中所指的「不忍人之心」是在怵惕惻隱的表現之義。此一怵惕惻隱之心的躍動，乃先於一切行動之前，是我們對他人之生命所直接感到的不安不忍的內心的悸動，即道德意識之呈現。此道德意識是我們突然面臨一個無辜生命即將受到嚴重傷害（掉到深井之死亡）的不安不忍的內心的感應。此是一道德的感應，不是一般的恐懼或痛苦。因為，此一不忍人之心之動，即含有一內在的道德的義務的自我要求，即，要求我們去解除孺子將遭受到的嚴重的傷害。此是四無旁貸的無條件的自我要求。這一內在的感動是我們自覺要去承當解救孺子之危境的義務：如果不予以承當，我們即自感有愧於心，會有悔疚之產生。此即顯示它完全是一內在而且在第一時間即出現的自我的道德要求。此一要求同時蘊函它具有一種推動力，如果沒有其他或相反的動力，如情欲或其他道德義務之要求，我們即自覺和自動去完成它的命令。而此不忍人之心之動，即顯示它是仁之理。因此，不忍人之心不但是道德價值之根源，同時具有情，也是理，也是道德動力，因此，孟子此論可謂全面展示出儒學的道德哲學的內容。[13]

孟子基於心性之內在關係，因而提出「盡心知性知天」之說：

> 孟子曰：「盡其心者，知其性也。知其性，則知天矣。存其心，養其性，所以事天也。殀壽不貳，修身以俟之，所以立命也。」（《孟子・盡心》上7A:1）

---

12 詳論請參閱本人之《儒家道德規範根源論》（臺北：鵝湖出版社，2013年）第五章，頁190-198。

13 詳論請參閱《儒家道德規範根源論》第五章，頁189-246。

盡心知性即顯示性之內涵由心而顯，性之全部義蘊即在心之內，此即孟子「即心言性」的意義。然孟子更進而推展出「知性即知天」。如此，盡心即知天或天道。此即表示心之全部內容即是性與天道之內容，心之具體的道德感應即是性與天道之感應，即表示心同時具備超越性與普遍性。此不但顯示孟子之言性與天或天道是一道德的進路，建立起具備形而上意義之性、天，同時即證明心與性與天道為一之義。此即是由心之道德自立與道德根源之初義，證明心之具備超越與普遍意義。在客觀上所立的性體的意義，即指一切生命所具有的天生的價值，生生不已的表現，即是天道所創生的價值。此即牟先生所謂由聖人之體現，頓時即具備客觀普遍的宇宙論價值。

牟先生喜以明道之「一本論」代表宋明儒最圓熟的表現，而明道對於心體與性體之論述亦最深長而確當。明道即有順上引孟子之「萬物皆備於我矣」之說而有以下之申論：

> 「萬物皆備于我」不獨人爾，物皆然。都自這裡出去。只是物不能推，人則能推之。雖能推之，幾時添得一分？不能推之，幾時減得一分？百理俱在，平鋪放著，幾時道堯盡君道，添得些君道多，舜盡子道，添得些孝道多？元來依舊！（《二程全書》、《遺書》第二上、「二先生語」二上。呂與叔東見二先生語。未注明誰語。《宋元學案‧明道學案》列有此條，自係明道語無疑。）[14]

此處所謂「萬物皆備於我」是指天理，不但人有之，物亦皆有之。人與物在存有之存有論根據上相同，都是天理之生化的成果，都具有天

---

14 轉引自《心體與性體》第一冊，頁70。

理在內的真實存在。而人與物之不同主要是人能推擴此天理於事事物物上，而其他物類則不能。因而獨有人類能成就道德，此亦表示此天理之實義即是道德自身。明道在此強調此天理本客觀存在天地之間，並不因人類行動增減了一分一毫。但人類心性之特質是能夠依此天理所賦而行動，由此即可以推擴天理到事事物物上去，此即人之道德的創造。牟先生稱明道此解「萬物皆備於我」之義有兩重，一是「本體論地圓具」，此是人與萬物同具之理，但人類更有「道德實踐地彰顯之」之義，即人能夠通過道德實踐而呈現此天理於道德行為之中。此即由心、性之圓具普遍的存有意義與天理之創生性，具有普遍而超越的價值之外，更具有通過實踐而成為宇宙的實事實理的呈現。前者即道德理性之第二重意義，而由實踐以成具體的表現即是道德理性之「第三重意義」。

三　工夫實踐之重要性：孔子之道德典範意義

由仁心之具備道德之崇高而普遍超越的價值，而此充其極即達至形而上的意義，再由人之能推致於具體行動之中，即完成「道德的形上學」。此第三重意義寄托在道德主體的道德實踐之中。對於工夫之實踐方式如何能達至此充盡心體的表現，牟先生指出，唯孔子是能即就此道德的純粹性而渾淪地表現在日常行動之中，即孟子所謂「堯舜性之也」或《中庸》所謂「自誠明謂之性」的直由心體性體成就道德的行動，呈現心性天之超越而普遍的價值。此是即本體是工夫，即工夫是本體的聖人之實踐。而孟子以下都不免分解逆覺的方式來呈現，是之為「湯武反之也」或「自明誠謂之教」的實踐方式。但牟先生在此所述仍只就工夫實踐之基本形式而論，沒有進入細部說明實踐工夫之表現和其中所含有的困難。而此正是自明道以下，宋明儒者所全力

以赴的道德實踐的工夫論和通過工夫體現天理的價值於生命之中的努力。

聖人之實踐天理實無工夫可言。因為，聖人之心、性已達至「從心所欲不踰矩」，即不必思索逆覺即可達到體證天理。此所謂聖人「不思而得，不勉而中」，不假人力即呈現天理於具體的行動之中。故聖人實無工夫可言。但是聖人以下，縱使大賢似乎也還得要從事工夫，一般世俗民眾自然更須要努力從事工夫實踐，以成就為聖人。但是，此中實有一巨大的困難。因為，工夫是從不是聖人以進到聖人的境界的過程。而在未達到聖人境界之前，「人心」不免有許多不如理，不合理的意念，工夫即在化除此種種不良意念。但是，工夫必須在實踐中才能發動，但在實踐中，意念已發，其為是為非已定，心體之安不安都無濟於事，都無法改變已發和已決定的意念。縱使是逆覺體證之工夫都已落後著，無法達到先正意念而使之發為行動，以使行動為中節，為能表現天理。[15]聖人不用工夫，而凡夫則工夫用不上，似乎工夫在道德實踐上沒有任何功能！

然而，孔子亦必須從「踐仁成聖」，而孔子教人亦以踐仁而達到「下學而上達」，因此，工夫仍然是可能和有必要之實踐。如上所述，在行動之先，吾人總得先動意念，而意念有正有不正，此時吾人之仁心或良知即有所覺，而知吾人之意念是否為正。若意念純正，則我們不但立即自知，也即能本之以見諸行事，此即成就吾人之道德實踐。此中即有一逆覺體證的意義。逆覺即自知其為出自仁心或良知之無條件的命令，發而為行動即是仁心或道德本心或良知的呈現。如所發的念頭不善，則仁心或良知亦必知之，此一自覺即否定此一念頭，在此一自我否定之中，仁心或良知即發動而內在的呈現。吾人即依之

---

15 唐師君毅先生對宋明儒在工夫論上的困難有非常深刻和精到的論述，請參閱唐君毅先生著《中國哲學原論：原教篇》（香港：新亞研究所，1968年），頁557-562。

而轉化前此之不善之念為純粹的正念,並依此而發為行動,此行動即是一實現仁心良知的行動。此亦是一逆覺體證之行動。因此,道德實踐實為可能而且有實效。由此仁心良知為主,則所發之念頭亦必是出於仁心良知之無條命令,若日積月累,則每發而必為道德,意念宛若都直接出自仁心良知,日積月累,道德主體性之仁心良知直接起用,滿心而發,則行動可漸愈多出自正念,而少妄念雜思之扭曲,如是,日久心念自然而動,所發都無不中理,此則是日趨聖人之境的工夫。此工夫之能實踐即證成道德之真實性,而此中發動行為之心體與性體,自然成一徹上徹下的真實存在,而由此心體之呈現,具體地展現於孔子身上,道德本心即充盡發揮,極成性體與天理,道德的形上學即確立。

四 道德形上學之意義與推展

依以上之分析,康德所完成的第一步純是由道德法則之為一理性事實而見出自由意志之存在,以及自由意志之超越而普遍的意義。但此只為靜態的就道德法則之存在而言,儒者則更進而以生命之進程,通過工夫而體現自由意志之真實意義,即,儒者直以主體性之心體性體而充盡道德創造的全部意義,由此動態的實踐過程與境界之實現,以見出道德主體之無限價值與存有論的意義。因此,宋明儒學之有進於康德之道德底哲學之處是通過身體力行的道德實踐,實現道德本心之價值與理想,由此以成一通貫天人與天地萬物合而為一的境界。此即相當於康德所謂目的王國的實現,此即由立人極以通太極,生命至此乃可得真正的安頓,而無求於外。

牟先生在總結宋明儒之完成「道德的形上學」此一議題時說:

一、打通康德的那一層隔，而完成「道德的形上學」

二、「道德的形上學」之完成，在一切問題性的辯論以外以上
　　是有一個精誠的道德意識所貫注的原始而通透的直悟的。

三、這原始而通透的直悟是以儒聖的具體清澈精誠惻怛的圓而
　　神之境為根據，也可以說是聖人所開發的。這是一個絕大
　　的原始智慧，不是概念分解的事。[16]

換言之，「道德的形上學」正是要表明儒學如何超越而有進於康德之
處。此進於康德之處是由於儒者論道德實經由道德實踐工夫而立，由
此工夫而真實地接觸到道德的莊嚴意義與價值，由此精誠的道德意識
使人之生命通向具體實現超越而普遍的道德於人之生命。聖人之與天
合德乃是「以人體法」的呈現，即由聖人之具體的生命體認出此心體
與性體之普遍意義，而直通於天道之創生意義，打破人與天之隔絕，
使道德的進路不限於分解式的建構，而成功「仁者與天地萬物為一
體」之義。這是牟先生所成功的儒家之「道德的形上學」之論述。

　　由此我們可以見出，道德實踐之工夫在解悟宋明儒學的義理上的
重要性與必要性。儒學並不止是一哲學式的思辯的哲學，而實是一超
乎哲學思辯之「教」。牟先生與唐君毅先生都指出，此「教」是中國
先哲所論之超出康德與西方哲學之處。兩位先生之「教」是以《中
庸》之「修道之謂教」之義而立，「修道之謂教」即見出儒學之超出
哲學之處正是落實於使人能以道殉身，使人實現雖有限而可無限的價
值。而這正是由修身實踐工夫所到之生命境界的實現。此所以儒學與
中國哲學所以能讓人安身立命之處，並非西方哲學所能及。牟先生亦
指出，儒學之所以超越康德正是「教」之為「教」超越哲學之故。

---

16 《心體與性體》第一冊，頁189。

　　宋明儒之反省，讓我們看到實踐工夫之多樣化而各有不同，此中的爭議似紛擾不休。牟先生創分為三大系。唐先生則見出各大儒者之工夫論之繁富與互相出入之處。由於工夫與見道之密切相關，故儒學之論述不能只限於理論型態之區分，而必有由工夫以論諸家儒學之異同之處。在義理上，牟先生也指出在聖人境界之處，「即本體即工夫」，「即工夫即本體」，兩者實為一來回之圓環。事實上，以宋明儒之重視工夫之處，由工夫所關切的問題入手，或更能彰顯諸家之異同。由工夫論以說明儒者之本體論，是一合理的進路。此尚有待更進一步的發展。

論牟宗三先生的良知自我坎陷
──從道德到政治的轉折

梁奮程

中央大學哲學研究所

一　牟宗三先生良知自我坎陷概念之原初構想

　　牟先生反對傳統內聖通外王的方式，即反對以道德證成政治正當性。[1]他認為應該以曲通的方式開出新外王。牟先生為此在上世紀中提出良知自我坎陷概念，來說明儒學如何可以開出民主，即新外王。[2]

　　牟先生對良知自我坎陷概念的說明主要發表在他的外王三書，即《政道與治道》、《歷史哲學》與《道德的理想主義》中。在《歷史哲學》，牟先生主要是以「綜合的盡理精神」轉出「分解的盡理精神」來表達良知坎陷概念。而在《道德的理想主義》中，就表達為三統的轉出關係，這三統分別是：道統、政統與學統，學界將之稱為「三統並建」[3]。牟先生在《政道與治道》主要以「理性之運用表現」與

1　牟先生的這種立場與當代西方哲學家哈伯瑪斯（Jürgen Habermas）與羅爾斯（John Rawls）的後期學說一致，可謂他們兩人的先驅。

2　牟先生提出「良知自我坎陷」的目的除了說明民主外，也要說明科學，加起來就是新外王。

3　參閱楊澤波：《貢獻與終結：牟宗三儒學思想研究（第一卷坎陷論）》（上海：上海人民出版社，2014年），頁20。

「理性之架構表現」[4]這對概念說明良知自我坎陷。這對概念在政治上可代表著兩種人際之間的關係，中國擅長的「理性之運用表現」呈現「隸屬關係」，西方擅長的「理性之架構表現」則呈現「對列之局」。[5]牟先生認為要成就民主就必須從傳統的理性的運用表現轉為架構表現，有別於傳統內聖直接通外王，他稱這兩種理性表現之間的轉折為「曲通」或「逆」[6]，並主張在儒家這種轉折是一種辯證的發展，在這點創新上，就非傳統儒家思想可了解的或起碼沒有意識到這種轉折的必要性。這種關係的轉折他專名之為「自我坎陷」[7]。

牟先生主張的「曲通」表達的是內聖與民主政治（新外王）兩者之間的一種間接關係，「既獨立而又相關」的關係。[8]如果我們以道德推理（moral reasoning）來理解內聖，則民主的政治正當性（political legitimacy）的獨立性在於它並不從道德原則衍生出來，卻是道德理性要求下的結果，並不完全脫離道德推理。[9]牟先生對於道德推理與政治正當性之間的「既獨立而又相關」的關係在別的地方有別的表達方式，例如《道德的理想主義》中的三統並建說就以「道統」與「政

4　參閱牟宗三：《政道與治道》（臺北：臺灣學生書局，1987年），頁46。

5　中國政治表現的隸屬關係是：「聖君賢相的政體，君相對人民的關係猶如父母對於子女，子女不是父母的敵體。」牟宗三：《政道與治道》，頁52。

6　「但是從運用表現轉架構表現，既是一種曲通，便不能直接用邏輯推理來表明。曲通是以『轉折的突變』來規定，而轉折之所以為轉折，則因有一種『逆』的意義存在。」參閱牟宗三《政道與治道》，頁56-7。

7　參閱牟宗三《政道與治道》，頁59。

8　牟宗三：《政道與治道》，頁56。

9　「但此（民主）政體本身之全部卻為道德理性所要求，或者說，此政體之出現就是一個最高的或最大的道德價值之實現。此即表示欲實現此價值，道德理性不能不自其作用表現之形態中自我坎陷，讓開一步，而轉為觀解理性之架構表現。當人們內在於此架構表現中，遂見出政治有其獨立的意義，自成一獨立的境域，而暫時脫離了道德，似與道德不相干。」參閱牟宗三《政道與治道》，頁59。

統」的隸屬卻又獨立的關係來表達。[10]我們要了解牟先生說的「獨立」，可以用牟先生指出傳統內聖通外王的決定（determination）關係中的缺失來理解，牟先生認為內聖與外王的決定關係是一種很強的決定關係，他稱為「吞沒」。[11]在傳統儒家政治中，這種吞沒代表著政治正當性在於道德人格，而道德政治中展現的是道德關係，而不是政治關係，取得政治正當性的人就是「聖君賢相」，在道德關係下，上位者與人民都是道德存有而非政治存有，[12]具體而言就是「德風」與「德草」之間的關係，人民只是被化育的對象。人民如何可以從傳統政治的道德存有有「轉折的突變」是理解牟先生良知自我坎陷的關鍵，問題就在，如何從跳脫政治上的道德關係？以良知自我坎陷概念為代表的論證策略會以哪種方式出現？

二　西方版的良知自我坎陷？：哈伯瑪斯與羅爾斯的後期理論

我認為將當代西方哲學家羅爾斯（John Rawls）與哈伯瑪斯（Jürgen Habermas）的論爭脈絡拉進來考量，對如何理解良知自我坎陷說有一定的參考價值。簡言之，這兩位哲學家，特別是哈伯瑪斯，

---

10 「從君主專制的政治形態發展到民主政治的形態，何以是『道』之更進一步的客觀實現。此集團的政治實踐是隸屬於本源形態下，而亦有其獨立之特性、自身之關節。」牟宗三：《道德的理想主義》（臺北：臺灣學生書局，1992年），頁112。

11 「這即表示：客觀的政治實踐，在以往，亦是吞沒於聖賢人格的獨體形態中而為一聖君賢相之形態。（君主專制形態即是聖君賢相形態。）它沒有解放出來。它停在道德形態下，而未進至政治法律的形態。此中國所以未進至近代化的國家政治法律之故。」牟宗三：《道德的理想主義》，頁113。

12 牟先生這種關係決定存有或存在的想法可參閱牟宗三：《歷史哲學》（臺北：臺灣學生書局，1976年），頁190。

認為道德推理（moral reasoning）與政治推理（political reasoning）或政治正當性（political legitimacy）之間的關係是間接的關係。如果上節對良知自我坎陷的初步說明是正確，即牟宗三認為政治正當性（新外王）不該從道德（內聖）來理解或說明，則牟宗三的上世紀中開始主張的良知自我坎陷可說預示了後期哈伯瑪斯與羅爾斯的後期理論。以下先分別說明他們的後期理論。

根據當代學者費雷遜（James Gordon Finlayson）與費燕哈根（Fabian Freyenhagen）的研究，雖然羅爾斯與哈伯瑪斯對於「正義」或「公義」意義的理解有不同，[13]但是在羅爾斯 *Political Liberalism*（《政治自由主義》）出版之前，很多人把他的《公義論》（*A Theory of Justice*）理解為是一種道德理論，如此，就跟哈伯瑪斯的對話倫理學（Discourse Ethics）一樣，兩者都是關於正確行為的一般理論。相對的，不少論者認為哈伯瑪斯的對話倫理學其實是一種政治理論與民主正當性理論。這就是學界對羅爾斯《公義論》的道德解讀與對哈伯瑪斯對話倫理學的政治解讀。[14]但是到了哈伯瑪斯1992年出版 *Faktizität und Geltung*（《在事實與規範之間》），與羅爾斯1993年出版《政治自由主義》，他們都對各自的詮釋者有所回應。哈伯瑪斯開始接受道德正確性不足以奠基政治正當性，而羅爾斯藉著《政治自由主義》釐清其公平式公義（Justice as Fairness）的想法並非是道德理論。這時候，這兩種理論有一種合流的現象，它們都是民主正當性的理論，針對的是政治與法律的領域。兩者都承認在政治哲學中不能只是應用道

---

13 James Gordon Finlayson and Fabian Freyenhagen, "Introduction: The Habermas-Rawls Dispute—Analysis and Reevaluation," in *Habermas and Rawls: Disputing the Political*, ed. James Gordon Finlayson and Fabian Freyenhagen (New York: Routledge, 2011), p. 3.

14 James Gordon Finlayson and Fabian Freyenhagen, "Introduction: The Habermas-Rawls Dispute—Analysis and Reevaluation," pp. 3-5.

德理論於政治領域，雖然也否認道德原則與動機與政治領域並非無關，而正當性（legitimacy）才是他們理論的核心概念。[15]無論如何，哈伯瑪斯的轉向：從道德理論轉向政治哲學，以及後期羅爾斯的切割：把道德理論切離政治哲學都是值得注意的事件，尤其是在本文脈絡，可以與牟宗三的良知自我坎陷相互參照。

　　道德推理與政治推理（政治正當性）之間的關係是什麼？粗略而言，轉向後的哈伯瑪斯主張政治正當性不建立在道德基礎上，這意指正當的法律不能違反道德規範，即道德許可的限制（moral permissibility constraint），是說政治正當性有道德的預設（presuppositions）卻沒有道德的基礎（foundations），政治正當性依賴於道德卻不衍生自道德。[16]對哈伯瑪斯而言，最重要的民主原則是對話原則（discourse principle）（D），取決於對話中的種種證成，[17]作為道德原則的可普遍化原則相對而言只具有消極的功能，規範政治與法律不能違反道德原則。

　　至於羅爾斯，若問道德推理與政治推理之間的關係是什麼？這問題可轉為以下的問題：在多元社會中有著信奉不同宗教與道德的公民，他們如何可以共存？不會破壞穩定的公民社會？[18]羅爾斯認為這其中的關鍵在於，對公義想法的思考要脫離政治領域之外的道德與倫理價值，即公義是政治的概念而非形上學的概念。[19]雖然羅爾斯在這

---

15 James Gordon Finlayson and Fabian Freyenhagen, "Introduction: The Habermas-Rawls Dispute—Analysis and Reevaluation," p.7.

16 James Gordon Finlayson and Fabian Freyenhagen, "Introduction: The Habermas-Rawls Dispute—Analysis and Reevaluation," p. 12.

17 James Gordon Finlayson and Fabian Freyenhagen, "Introduction: The Habermas-Rawls Dispute—Analysis and Reevaluation," pp. 10-11.

18 James Gordon Finlayson and Fabian Freyenhagen, "Introduction: The Habermas-Rawls Dispute—Analysis and Reevaluation," p. 12.

19 James Gordon Finlayson and Fabian Freyenhagen, "Introduction: The Habermas-Rawls Dispute—Analysis and Reevaluation," p. 13.

時期還持續主張權利優先於善，但是他的這種想法應該可以濃縮為：政治價值優先於非政治價值。[20]

　　既然兩者都不認為道德原則證成政治正當性，那麼如何證成政治正當性？簡言之，對哈伯瑪斯而言，民主正當性來自兩頭馬車，一方面是正式的法律上的已經建立的議會程序，另一方面則是非正式的法律之外與制度外的程序，即公民社會中自由流通的論述，即政治正當性的證成就出現在對話的種種證成中。[21]而羅爾斯卻把最關鍵的證成放在「公共證成」（public justification）中，[22]即找出社會上是否有重疊共識（overlapping consensus）的事實存在，而不是如哈伯瑪斯般主張，通過公民對話為其政治的想法建立規範的基礎。我們就算找到了這種社會事實，它也僅僅確認了實際上人們有公平合作的基礎，卻對於人們背後不同的無所不包的（comprehensive）宗教或道德學說（doctrines）存而不論，從而形成一個和諧穩定的多元社會。

　　哈伯瑪斯與羅爾斯兩人的政治正當性證成方式是建立在哲學的證成（philosophical justification）與政治的證成（political justification）的區分下：[23]羅爾斯主張的其實是：[24]在政治哲學中，哲學證成就是政治證成，因為政治哲學的目的本質上就是實踐（practical）。這意謂著在政治哲學中，判斷哲學證成的標準，在於政治證成，即諸如在理性的政治審議過程中公民們接受他們的審議結果，而不在哲學專家。學

---

20 James Gordon Finlayson and Fabian Freyenhagen, "Introduction: The Habermas-Rawls Dispute—Analysis and Reevaluation," p. 15.

21 James Gordon Finlayson and Fabian Freyenhagen, "Introduction: The Habermas-Rawls Dispute—Analysis and Reevaluation," pp. 10-11

22 James Gordon Finlayson and Fabian Freyenhagen, "Introduction: The Habermas-Rawls Dispute—Analysis and Reevaluation," p. 17.

23 Anthony Simon Laden, "The Justice of Justification," p. 151.

24 Anthony Simon Laden, "The Justice of Justification," pp. 144-5.

者雷登（Anthony Simon Laden）認為羅爾斯可以這樣宣稱是基於他區分了無所不包的學說（comprehensive doctrinc）與政治想法（political conception），前者是哲學專家從事的領域，後者則是平等公民，即可公開面對面的人們，展示出其重疊共識與相互性（reciprocity），他們對政治正當性的看法是獨立的或是百搭的（freestanding），即不需要歸屬某一特定的道德或宗教學說，所以它的標準就不是哲學的標準，而是政治證成的標準。[25]羅爾斯可以有上述區分的理由在於社會上多元主義的事實（fact of pluralism）[26]，這事實讓羅爾斯主張政治哲學必須改變，無所不包的學說不能作為政治正當性的基礎，就算是有哲學證成，它也只能紆尊降貴，以政治證成為標準。

根據上述羅爾斯的證成標準，希斯（Joseph Heath）認為，哈伯瑪斯的理論也可合乎羅爾斯的標準，只要在它說明的政治正當性可以是百搭的。但是，究竟怎樣才算是一種百搭的政治正當性說明？[27]比較消極的說法是，這種政治正當性不能只是直接用道德哲學來說明。積極的說法就是涉及一個條件：在多種甚至衝突的無所不包學說盤據的社會中，這百搭的政治正當性是必要的，基於各種大學說都認為穩定的政治領域是必要的，其存在是一種價值。[28]

那麼根據上述的標準，哈伯瑪斯的理論看來也符合。首先，他的

---

25 根據哲學證成的標準，如果公民不同意哲學證成，就會對他們說：「這是對的，所以你們應該接受它。」但是根據政治證成，會說：「如果你們合理地行動，則它（政治想法）可以作為我們未來關於如何共同生活的對話之基礎。」參閱Anthony Simon Laden, "The Justice of Justification," p. 148.

26 Anthony Simon Laden, "The Justice of Justification," p. 150.

27 Joseph Heath, "Justice: Transcendental not Metaphysical," in *Habermas and Rawls: Disputing the Political*, ed. James Gordon Finlayson and Fabian Freyenhagen (New York: Routledge, 2011), p. 118.

28 Joseph Heath, "Justice: Transcendental not Metaphysical," p. 121.

決定行為正確性的理論核心原則，即普遍化原則（universalization principle）（U）不直接用到政治領域決定政治正當性，否則就是直接合併法律有效性與道德正確性，是一種前現代（premodern）的世界觀。[29]希斯認為哈伯瑪斯需要的不是（U）而是對話原則（D）:「行動規範只是對那些所有可能受影響的人都可能同意作為理性對話中的參與者有效」，這對話原則應用在政治與法律的領域。希斯認為這對話原則的重點在於各方都對對話原則沒太多爭議，這是基於政治行動的合理性在於行動者們相互證成各自行動的規則，不致於要說服對方接受其行動的目的，這也就無需涉及無所不包的學說的證成。[30]我們若說的更強些，對話原則它有其弱義的超越（weak transcendental）論述，即它作為某些人類社會的不可避免的預設存在，僅僅反映出社會公民溝通的對稱（symmetric）關係，即是要求理由與提供理由活動的參與者。[31]

另外，政治正當性除了需要對話原則外，也需要實在法（positive law）確立下來。而當然，實在法就不是繫屬於任何特定的無所不包的學說，這是羅爾斯意義下是百搭的。哈伯瑪斯的政治正當性就來自對話原則（D）與實在法這兩個元素的結合，是一種「建構的」（constructive）論述，皆無涉無所不包的學說。[32]如此一來，哈伯瑪斯的政治正當性論述就可以符合羅爾斯設下的標準。

---

29 Joseph Heath, "Justice: Transcendental not Metaphysical," p. 122.

30 Joseph Heath, "Justice: Transcendental not Metaphysical," p. 130.

31 對哈伯瑪斯的弱義超越論述之解釋可參閱Joseph Heath, "Justice: Transcendental not Metaphysical," pp. 123-4.

32 Joseph Heath, "Justice: Transcendental not Metaphysical," p. 132.

三 牟先生的政治證成

　　哈伯瑪斯主張他自己與羅爾斯之間的爭論只是家族糾紛，而就著他們是康德家族，牟先生也可以算是其中一份子，因為牟先生用康德來詮釋中國哲學是眾所週知的。他們三人似乎也可以共享一個真正的政治正當性論述的標準，否定柏拉圖的進路。[33]羅爾斯與哈伯瑪斯都共同認為道德哲學不應該應用到政治哲學中，其關鍵概念是獨立或百搭的政治正當性。而這種百搭的政治概念需要的條件在羅爾斯是作為公民的自由與平等的人們，在哈伯瑪斯卻是其弱義超越論述指陳的要求理由與提供理由活動中的參與者，對牟先生而言就是《政道與治道》中的對列之局。如果上述希斯替哈伯瑪斯辯護是成功的，則哈伯瑪斯的政治正當性論述可以完全符合羅爾斯的標準，那麼牟先生的哲學證成又是什麼呢？牟先生提出的良知自我坎陷是否可以成為一種證成方式？如果我們從雷登的論述入手，似乎可以替牟先生的論述找出符應羅爾斯標準的線索，基於羅爾斯主張，政治哲學的本質是實踐的，這種證成方式在羅爾斯就在於實際上的重疊共識，而我認為可在牟先生以下所說中找出其政治證成的線索：

> 我們不能只從結果上祇從散開的諸權利上，割截地看自由，這樣倒更不清楚，而上提以觀人之覺醒奮鬥，貫通地看自由，這樣倒更清楚。蓋民主政治並不是從天上掉下來的，各種權利之獲得也不是吃現成飯白送上門的。這是人的為理想正義而流血鬥爭才獲得的。這很明顯，自由必通著道德理性與人的自覺，

---

33 牟先生否定聖王可以漫越政治的限制。牟宗三：《政道與治道》（臺北：聯經出版事業公司，2003年），頁140。

這裡並沒有什麼抽象玄虛，也沒有什麼易引起爭辯的形而上學的理論。這是實踐上的定然事實。各種權利只是它的客觀化的成果而在民主政體中由憲法以保障之。人祇吃現成飯，忘掉前人的奮鬥，始祇停在觀解理性上，囿於政治學教授的立場，遂只割截地把自由下散而為諸權利，並以為一上通著講，便是抽象的玄虛，形而上學的無謂的爭論。這還不算，並以為一通著道德理性人的自覺講，便成為泛道德主義，有助於極權，這都是在割截下只知此面不知彼面為何事的偏面聯想，遂有此一往籠統抹殺之論。[34]

對牟先生而言，政治正當性的證成當然不在哲學家提供無所不包的學說，也不會在道德聖王提供其道德學說，而是人民的化被動為主動，不停滯在「羲皇上人」[35]的狀態中。在這樣理解下，人民才算是意識到自己是一個政治存有，而為政治成員，認為他們自己的善（good）應該得到正當的考量（due consideration）[36]這樣的轉折其實也可以在儒家的思想中找到其根源（source），如果我們回到孟子肯定的「人皆可以為堯舜」（《孟子‧告子下》），以此為原則，則足以發揮牟先生的意思。儒家文化以堯舜作為聖王，不只賦予道德的意涵，也賦予政治的意涵，人民除了在道德上都可以成就聖賢外，在政治地位上也賦予了同樣平等的地位。這意謂此「人皆可以為堯舜」原則是儒家的共源（co-originality）原則。[37]

---

34 牟宗三：《政道與治道》，頁60。

35 牟宗三：《道德的理想主義》，頁113。

36 作為政治社會成員的標準在於其善有沒有得到正當的考量的想法來自Joshua Cohen, "Is there a human right to democracy?" in *The egalitarian conscience. Essays in honor of G.A. Cohen*, ed. C. Sypnowich (Oxford: Oxford University Press, 2006), p. 237.

37 共源性（co-originality）的概念來自哈伯瑪斯，但是在本文卻作了儒家的解釋。

　　牟先生上述引文中主張的社會政治鬥爭（struggles）在共源性原則的架構下，無可避免的與儒家最原初的道德動力（motivation）[38]聯繫在一起。儒家的道德動力最早的論述出自孔子的不安之仁與孟子的不忍人之心。這種不安與不忍人的表現不只是侷限在親親與五倫關係中，而是社會全部成員遭受的不正義經驗上。這種不正義經驗其來源不在個別行動者的惡行，而在政治社會結構上。這也是為什麼牟先生在《歷史哲學》中主張政權無論寄託在個人（皇帝）還是家族（家天下）之上，無論是以德取還是馬上得天下都不能永遠不變，不是真正的定常者（constant）[39]，因為都繫屬具體個人。《政道與治道》進一步申論，[40]所謂的「政道」在於它是「靜態實有」[41]，所以不能屬於個人，即「天下者乃天下人之天下」，理當解釋為：「共同地有，或總持地有，而不能成為個別地有，或分別地有。」[42]這裡共同擁有政權，具體的表現當然就是牟先生希望中國文化可以開出的民主政治。那究竟怎麼才算是共同地有或總持地有？如果這不只是概念上，而是實際上共同地有，其意涵為何？在還沒有民主時代的中國，當然就只有透過流血鬥爭才有希望獲得的正義以及其制度的表現形式，即民主。

---

38 近年對儒家的道德動力的說明以李瑞全教授的說明最為周延，李教授用歌絲嘉的三條件說與知意情不分為座標說明儒家的規範根源之雙重性，即道德規範性之證成與道德動力。可參閱李瑞全：《儒家道德規範根源論》，（臺北：鵝湖出版社，2013年）。

39 牟宗三：《歷史哲學》，頁188。

40 參閱牟宗三：《政道與治道》，頁19-21。

41 牟宗三：《政道與治道》，頁5。

42 牟宗三：《政道與治道》，頁20。

大師眼中的大師

──牟宗三論徐復觀

黃兆強

東吳大學歷史學系

崇聖尊儒，精誠相感，鉅著自流徽，辣手文章辨義利；

闢邪顯正，憂患同經，讜言真警世，通身肝膽照天人。

一　前言

　　一代哲人、民主鬥士，當代／現代新儒家徐復觀先生（1903-1982）於一九八二年四月一日溘然長逝，舉世同悲。精誠相感，憂患同經凡四十載的摯友牟宗三先生（1909-1995）出席了告別式，做了報告，並假上面的輓聯以致其哀[1]。

　　徐先生的生平及學術上的表現，不少學者專家已有所闡述。本文主要是假借牟先生的兩篇文章[2]，以揭示在彼眼中，其老友是怎麼樣

1　牟宗三，〈悼念徐復觀先生〉，《聯合報》，1982年4月25日；又收入曹永洋等編，《徐復觀教授紀念文集》（臺北：時報文化出版事業公司，1984年），頁13-16（以下簡稱〈悼念文〉，全文僅1,000字；下文所引用的版本，以此時報版為準，惟頁碼從略。）；又收入牟宗三，《時代與感受》（臺北：鵝湖出版社，1986年），頁283-285。

2　其一為〈悼念文〉，另一為牟先生在東海大學的主題演講（發表於徐先生逝世十周年的「徐復觀學術思想國際研討會（1992年6月25-27日）」上）：〈徐復觀先生的學術思想〉（以下簡稱〈紀念文〉），收錄在《徐復觀學術思想國際研討會論文集》（臺中：東海大學編印，1992年12月）。全文約10,000字。〈紀念文〉又收入牟宗三，《牟

的一個人物；其學術性格及終極關懷之所在，亦頗可概見。也可以說意圖從一個側面以窺探徐先生這號人物。兩文章的發表人牟先生本人的性格，乃至其學術意趣，亦頗可隨而獲睹。

牟先生喜歡論述和品評人物。猶記得二十多年前假臺北市中央圖書館所舉辦的第二屆（一九九二年十二月十九至二十一日）當代新儒學國際學術會議上，一心思細密的學長私底下嘗有如下的統計：作為主題演講者的牟先生，他月旦、臧否了近現代中國學者二十六人。其實，同年（1992年）在紀念徐先生逝世十周年的東海大學研討會上，作為主講者的牟先生，亦月旦了不少中國近現代學術界的人物，如梁漱溟、胡適、陳寅恪、魯實先等等即其例；政界的人物，如蔣經國、毛澤東、鄧小平、周恩來等等，也是牟先生品評之列。如把提及（不刻意品評）的也算在內，那人數便更多了。如熊十力、錢穆、唐君毅、竺可楨（嘗擔任浙江大學校長）、翁文灝（前行政院長）、吳有訓（前中央大學校長）、李滌生、李政道、楊振寧、李遠哲、蔣介石、唐乃建等，牟先生的講詞中都提到他們的名字（其中「蔣介石」，文中作「蔣委員長」。）牟先生月旦人物雖多即興而發，但大皆有感而發，且恆言之有物，絕不流於無病呻吟。其實對披露、揭示民國以來學人的表現及學術界的情況，厥有功焉；絕不能以今日所謂「說八卦，道是非」視之。我們試從〈紀念文〉舉一例以概其餘。牟先生指出：

> （共產黨的浪漫），終於成為「肆無忌憚」，在神魔混雜之中，自由、平等、博愛，也被吞噬到裡面去了。這種情形，知識分子、學者名流，全都看不出來，看不清楚。連甚負時望的梁漱溟先生，也一樣看不清楚。（可見他們都比不上徐先生）。（〈紀念文〉，頁2）

宗三先生全集》（臺北：聯經出版事業公司，2003年），冊24，頁455-470。下文轉引此〈紀念文〉時，其頁碼依東海大學之版本為準。

上文既批評了共產黨，也批評了以梁漱溟為代表的民國初年迄一九三
〇、四〇年代的中國知識分子、學者名流；揭示了當年這些知識分子
及學者名流的幼稚無知。根據牟先生，惟徐先生異於是，可謂眾人皆
醉而彼獨醒。這對徐先生應該算是很高的一個評價。

二 「我一生感念徐先生」

這句話是牟先生在〈紀念文〉（頁10）中所說的。其實，一生感
念徐先生者，又何止牟先生一人呢？惟牟先生以一語而道破眾人心
聲，乃此語之可貴處。友朋輩外，晚輩或學生輩受徐先生恩惠者，指
不勝屈，不繁列舉。

針對牟先生之所以感念徐先生，以下分三方面做說明。首先說牟
先生的個人生活。牟先生說：「吾隻身流浪，居無定所，多蒙友人如徐
先生者照顧。」[3]；「吾離中大（按指：南京中央大學）後，一時無處
住，暫住徐先生藍家莊寓所。……南京撤退，吾由廣州至臺，暫住民
主評論社。……那時徐先生住臺中，吾到臺中亦常住徐先生家。」[4]
（〈悼念文〉）。除〈悼念文〉外，其他文字中，也有不少提及其個人
生活的[5]，其中《五十自述》中「客觀的悲情」一章尤其可反映牟先

---

3 一生中，牟先生的確得到不少師友的照顧、幫助，徐先生，其一而已。譬如從一九
三二年（23歲）到一九四九年（40歲），牟先生一直追隨熊十力先生，其中，恐至少
有七、八年親炙於熊先生的左右。一九三七年（28歲），抗戰軍興，又得到張遵驊先
生資助路費從湘衡走桂林。一九三九年（30歲），在昆明將近一年，生活無著，賴
張先生之資助渡日。一九四二年秋（33歲），由唐君毅先生介紹，應聘於成都華西大
學，是為牟先生獨立講學之始。一九四五年（36歲）得以任教於中央大學，恐亦係
唐先生推薦之結果。參〈牟宗三先生年譜〉，見http://bbs.gsr.org.tw/cgi-bin/view.cgi?
forum=36&topic=107。

4 引文中所提到的藍家莊寓所，蓋即徐先生負責的《學原》月刊社之社址所在地。據
該雜誌之封底，知其地址為南京藍家莊蘭園新十二號。

5 有關牟先生的生活或生平行誼，可參〈五十自述〉、〈學思年譜〉、〈國史擬傳〉，《牟
宗三先生全集》，冊32。

生「隻身流浪，居無定所」的實況。其中有云：

> 念自廣西以來，昆明一年，重慶一年，大理二年，北碚一年，
> 此五年間為吾最困扼之時，亦為抗戰最艱苦之時。國家之艱
> 苦，吾個人之遭遇，在在皆足以使吾正視生命，從「非存在
> 的」抽象領域，打落到「存在的」具體領域。[6]

　　除個人生活外，牟先生在其他方面，也常靠徐先生的幫忙始得以
瓦解紛爭、困擾。牟先生說：「……以上這些情況（按指：牟先生被
攻擊思想有問題等），是說明我們在臺灣的處境，初來十多年，是靠
徐先生護持的。」（〈紀念文〉，頁10）

　　再者，在護持中國文化方面，徐先生嘗充當唐、牟二先生的「護
法」。猶記得三十多年前在香港新亞研究所上牟先生課時，他指出唐
先生和他常為反中國文化／去中國文化者所攻訐，徐先生恆為文反
擊，充當他們的護法。〈悼念文〉即云：「吾與唐君毅先生許多有關於
中國文化之文字皆在《民主評論》發表。去障去蔽，抗禦謗議，皆徐
先生之力。」

　　「去障去蔽，抗禦謗議」，偏重在消極方面。此外，徐先生對中
國文化也作出正面、積極的貢獻。這方面，也就是筆者下文要說明的
牟先生感念徐先生的第三個方面。牟先生指出說：「徐先生這個人對
維護中國文化，維護這個命脈，功勞甚大。這是我親自切身的感受：
疏通致遠，功勞甚大。」（頁10）」又說：「他辦《民主評論》的時
候，唐先生文章最多，我的文章亦不少，而徐先生擔負的責任則是
『疏通致遠』。」（頁8）我看牟先生很看重「疏通致遠」。牟先生講到

6　牟宗三，《五十自述》（臺北：鵝湖出版社，1989），頁102。按：牟先生嘗在廣西教中
　　學（先後任教梧州中學、南寧中學），時為一九三八年。參上揭〈牟宗三先生年譜〉。

徐先生應用考據學的功夫來做學問時，也提到這個問題。這方面，下文再做處理。

現在先處理牟先生在〈悼念文〉中所提到的新亞書院。一九四九年，大陸政權易手，中國傳統文化蕩然無存！除臺灣外，中華文化在海外得以不絕如縷者，僅靠香港一地耳。此中由錢穆先生、唐君毅先生、張丕介先生（有「新亞三哲」之稱）等等所共同創辦的新亞書院，扮演著非常關鍵的角色。憶上課時，牟先生特別指出，錢、唐、張，乃新亞的三根支柱；新亞靠錢先生的大名，靠唐先生的文化理想，靠張先生的實幹。然而，再大的名氣，再崇高的理想，再強有力的實幹精神，說到最後，還是非財不行！牟先生指出說：「新亞書院初成，極度艱難，亦多賴《民主評論》社資助，此亦徐先生之力。」[7]（〈悼念文〉）個人認為，辦文化事業固然不可無文化理想。然而，文化事業在相當大的程度上是靠資金支撐才得以維持的；否則理想只有流於空談（理想也隨而成為空想、妄想、幻想）！當然，這個說法有

---

7 徐先生對新亞之資助，其管道蓋有二端。其一為《民主評論》多刊登錢、唐等先生的文章，並透過撰稿費從優的方式間接資助新亞。其二為錢先生一九五〇年冬從香港前往臺灣募款時，獲總統府辦公費項下撥發每月港幣三千元。這恐怕也源自徐先生背後之奔走運作。錢先生獲總統府辦公費三千元事，參錢穆，《八十憶雙親　師友雜憶合刊》（臺北：素書樓文教基金會，2000年），頁277；廖伯源，〈錢穆先生與新亞研究所〉，鮑紹霖、黃兆強、區志堅主編，《北學南移》（臺北：秀威資訊科技有限公司，2015年），文化卷，頁90。「稿費從優的方式」，今略述如下。宋敘五先生云：「當時這一班流亡在香港的，既是學者、又是作者的人，本身生活成問題，全靠《民主評論》的稿費，……茲以錢穆先生及唐君毅先生為例，他們二人，幾乎每期都有寫稿，有稿必登。而且，在無稿之時，可以『預支稿費』。預支稿費的數目（金額）是：錢穆先生每月一千（港元）；唐君毅先生，每月八百。如果熟悉當時生活水準的人，都可以知道：一千、八百，在當時可以令一個中等家庭，過著非常優裕的生活，……」筆者在香港土生土長。一九五〇年代初，一千港元的購買力，應相當於今天（2015年）約十萬港元吧（換言之，六十多年間，香港物價已上漲一百倍。）宋敘五，〈一九四九年前後，北學南移潮流中的張丕介先生與楊汝梅先生〉，上揭《北學南移》，學人卷II，頁24。

點「物質主義」的傾向，但現實就是現實，實無可奈何！在這個地方，便可看出徐先生對中國文化的貢獻。上引文中，牟先生說徐先生「維護中國文化，維護這個命脈，功勞甚大。」功勞甚大，當然包括在資金上支援新亞一端。

　　順便一說的是：說「文化理想」也好，說「文化精神」也罷，其背後則為「文化意識」。換言之，理想、精神，皆源自人之意識。數十年來，「新亞人」恆把「新亞精神」掛在嘴邊。牟先生一針見血地指出說：「所謂新亞精神實以《民主評論》之文化意識為背景。人不知此背景，新亞精神遂亦漫蕩而無歸矣。」[8]如眾所周知，《民主評

8　按：「新亞精神」一詞見諸新亞書院院長（校長）錢穆先生作詞之〈新亞校歌〉，此〈校歌〉蓋為「新亞精神」一詞最早出現之載體，譜曲者則為黃友棣先生。其詞曰：山巖巖，海深深，地博厚，天高明，人之尊，心之靈，廣大出胸襟，悠久見生成。珍重，珍重，這是我新亞精神！珍重，珍重，這是我新亞精神！　　十萬里，上下四方俯仰錦繡，五千載，今來古往一片光明，十萬萬（原作五萬萬）神明子孫，東海西海南海北海有聖人。珍重，珍重，這是我新亞精神！珍重，珍重，這是我新亞精神！　　手空空，無一物，路遙遙，無止境，亂離中，流浪裏，餓我體膚勞我精，艱險我奮進，困乏我多情，千斤擔子兩肩挑，趁青春結隊向前行。珍重，珍重，這是我新亞精神！珍重，珍重，這是我新亞精神！
（由於中國人口增加，歌詞原作「五萬萬神明子孫」，後被改為「十萬萬神明子孫」。）
按：歌詞共三闋，每一闋最後二句皆為「珍重，珍重，這是我新亞精神」。換言之，「新亞精神」一詞出現凡六次（按：錢先生〈校歌手稿〉原稿，「珍重，珍重，這是我新亞精神」，每闋僅出現一次。今每闋出現兩次而成為六句者，蓋基於音律之諧協，復隆重其事之考量耳。），其被重視之程度可知。
新亞創校諸元老及首一、二屆畢業生多有為文闡述「新亞精神」一者。即以「新亞精神」一詞作為文章題目之一部份者亦所在多有；今按撰文時間先後，開列如下：唐君毅，〈我所了解之新亞精神〉；錢穆，〈新亞精神〉；趙冰，〈勿忘新亞精神〉；吳俊升，〈新亞的精神〉；梅貽寶，〈雅禮精神與新亞精神〉；孫國棟，〈新亞簡史和新亞精神〉；唐端正，〈我所了解的新亞學風與新亞精神〉；余英時，〈為「新亞精神」進一新解〉；錢穆，〈參加中文大學與保持新亞的理想與精神〉；李祖法，〈新亞精神的未來與中文大學的方針〉。以上共十文。此外，雖不用「新亞精神」一詞，

論》之東主，徐先生也[9]。即此一端已可見徐先生對新亞的貢獻。牟先生固非新亞創辦人，但就文化理想而言，牟先生與創辦人之一的唐先生最為相契。所以新亞能夠辦出來並持續辦下來，也應當是牟先生所以要感念徐先生的一端。

上文分別從三方面（個人生活、文化護法、維護中國文化──以資助新亞書院為例）以說明牟先生感念徐先生的緣由。換言之，在公在私，牟先生都感念徐先生。

三　「這個人可以讀書、做學問」

這句話是熊十力先生對徐先生的判語，是牟先生抗戰期間看熊先生時，熊先生對牟先生說的[10]。眾所周知，熊先生自視甚高，不容易稱許人。說一介武夫（軍人）的徐先生能讀書、做學問，這是相當高的稱許。聽過這話後，牟先生對徐先生已然留下深刻印象，甚至可能企盼能與徐先生相交。不久機會到來了。〈悼念文〉說：「抗戰時期余在先師熊子貞先生家始識徐先生。」〈紀念文〉有更詳細的描繪，如下：

> 我和徐先生，是抗戰期在重慶認識。有一天，他來拜訪熊先生，穿一身軍裝，有一股精悍之氣。熊先生說，……這個人可

但其實是指新亞精神者，又計有張丕介〈武訓精神〉及沈亦珍〈立校精神〉二文。以上十二文均載新亞研究所編，《新亞教育》（香港：新亞研究所，1981年8月）。

9　背後的大金主則是蔣公。其籌辦的預算是港幣九萬元。參徐復觀，〈《民主評論》結束的話〉，徐復觀，《徐復觀文錄》（臺北：環宇出版社，1971年），冊四，頁174。

10　〈悼念文〉的語句是：「此人將來可以做學問。」〈紀念文〉用語稍異，而作：「這個人可以讀書。」（頁1）兩語句其實皆源自牟先生的記憶，而內容實際上是一樣的，可以讀書意謂可以做學問，是以不必細作區分。

以讀書。對一個軍人說這種話，很不平常，所以我留下很深的
印象。……對共產黨很有認識。他向蔣委員長建議，說中共雖
困在延安，但他們有所用心，不可輕看。同時他認為國民黨必
須改革，要注意民心向背，否則，社會基礎一旦挖空，就會垮
臺。……抗戰勝利，舉國歡騰，……整個國家不見任何凝聚與
開朗之象，也沒有直立在民族文化上立大信的器識。……以自
己的薪水辦《歷史與文化》[11]，而同時徐先生也獲得支助，創
辦《學原》雜誌。（頁1-2）

抗戰長達八年（1937年7月-1945年8月），即以一九三七年十一月遷都
重慶迄抗戰勝利為止來說，亦將近八年。那麼牟先生到底於抗戰期間
哪一年在重慶認識徐先生的呢？我們先說徐先生何時認識熊先生。徐
先生說：「大概是三十三年春，……這樣通過幾次信後，有一天
（熊）先生來信說我可以到金剛碑去看他。」[12]所以徐先生與熊先生
的第一次見面，大概是在民國三十三年（1944）春。此後，徐先生大
概經常拜訪熊先生。徐先生又說：「三十四年冬，（熊）先生到重慶候
船東下，住在我家裏。」[13]牟先生既說抗戰時期在熊先生家認識徐先
生，那麼大概便在一九四四年春天以後迄一九四五冬天熊先生赴徐先
生家住下來之前。

　　上引文又提到抗戰勝利後，牟、徐二先生分別辦《歷史與文化》[14]

---

11 有關以自己的薪水辦《歷史與文化》，牟先生〈哀悼唐君毅先生〉一文也有類似的
　　說法：「（抗戰）勝利後，在南京，我以我之薪水獨立辦《歷史與文化》雜誌，校對
　　付郵皆我自任。」〈哀唐文〉載馮愛群編，《唐君毅先生紀念集》（臺北：臺灣學生
　　書局，1979年），頁146-151。原載香港《明報月刊》，卷13，期3，1978年3月。

12 徐復觀，〈有關熊十力先生鱗片隻爪〉，《徐復觀文錄》（臺北：環宇出版社，1971
　　年），冊三，頁215-216。

13 〈有關熊十力先生鱗片隻爪〉，《徐復觀文錄》，冊三，頁221。

14 此刊物為一月刊，以經費短缺，出版了四期便停刊。參上揭〈牟宗三先生年譜〉，

及《學原》雜誌[15]。二雜誌刊行時日雖短暫，但在保存故有學統及弘揚中華傳統文化上，自有其不可磨滅的貢獻。

上引文又提到熊先生說徐先生可以讀書、做學問，但讀書、做學問，總要有個方向。牟先生一針見血指出說：「徐先生思想大體方向皆熊先生有以啟之也。」（〈悼念文〉）牟先生這句話是有根據的，且看徐先生本人的自道。先生說：

> 我決心扣學問之門的勇氣，是啟發自熊十力先生。對中國文化，從二十年的厭棄心理中轉變過來，因而多有一點認識，也是得自熊先生的啟示。第一次我穿軍服到北碚金剛碑勉仁書院看他時，請教應該讀什麼書。……「讀書是要先看出他的好

「民國三十六年條」；又可參盧雪崑等友人二〇〇五年五月所成立之「牟宗三哲學研究會」（http://www.mou-philosophy.org）所載錄的下文：〈儒哲牟宗三小記〉。

15 《學原》雜誌（Campus Scientiae）乃一月刊，前後出版二十多期。按：一九四七年五月徐先生以陸軍少將銜退役，乃與上海商務印書館合作，在南京創辦此雜誌。香港大學圖書館，「學原條」有如下資訊：「1947年5月在南京創刊，月刊。1949年1月出版至第2卷第9期後停刊。1950年1月在香港復刊，改為不定期出版，卷期續前。」據所開列之出版年份及期數，則如下：卷1，期1-6（1947），期7-12（1947-1948）；卷2，期1-9（1948-1949，期1出版日期為1948年5月16日）；卷3，期1-4（1950年1月-1951年4月）。其中卷2，期9出版於1949年1月。卷3，期1出版於1950年1月。卷3，期2出版於1950年10月。卷3，期3及期4（合刊）出版於1951年4月。卷1及卷2，售價為每冊國幣肆元。卷3各期均在香港出版，售價為港幣伍元，第2期及3/4期，則並有臺幣售價（臺幣拾元）。稿費第一卷為每千字，酬金二萬元至三萬元，第2卷第1期起，改為每千字金圓二元至三元。卷3期1（1950年1月1日）開始，稿費酬金為每千字港幣十元至十五元。微稿啟事有關文稿之字數，大抵每文字數以一萬字為宜，最長勿超過三萬字。又：1949年6月徐先生在香港出版《民主評論》卷1期1。1951年4月後《學原》雖停辦，但徐先生的「出版事業」，仍得以持續。而錢、唐等學者投稿以賺取稿費（即俗所謂賣文）之管道亦隨之而得以賡續下來。《民主評論》發行十七年（1966年8月15日出版最後一期）之後，便完全停刊。徐復觀，〈《民主評論》結束的話〉，《徐復觀文錄》（臺北：環宇出版社，1971年），冊四，頁173-178。

處，再批評他的壞處，……你這樣讀書，真太沒有出息！」這
一罵，罵得我這個陸軍少將目瞪口呆。……這對於我是起死回
生的一罵。恐怕對於一切聰明自負，但並沒有走進學問之門的
青年人，中年人，老年人，都是起死回生的一罵！[16]

熊先生對徐先生的一罵，真好比當頭棒喝。嚴師出高徒；教學生真的
不罵不行啊！徐、牟二先生在熊先生家認識後，便經常見面，但談些
甚麼問題呢？〈紀念文〉是有所說明的。牟先生說：

那段時期（蓋指抗戰勝利後在南京分別辦雜誌的時期），我和徐
先生常見面，常常談些文化思想的問題，徐先生很能契入，很
能理解。而時事種種，又引發了他要「從救國民黨來救中國」
的宏願。（國民黨的改造，便是徐先生首先提議的。）（頁2）[17]

上引文說到徐先生有意改造國民黨，這方面，下文有機會再談。
引文中說到兩人常談一些文化思想的問題。此外，兩人其實也談一些
西方哲學的問題。牟先生即明白的說，當他離開中央大學暫住徐先生
寓所時，「夜間無事，常與談一些西方哲學之源流。」（〈悼念文〉）徐
先生對西方文化、哲學之了解，恐怕此為相當重要之因緣。此外，可

---

16 徐復觀，〈我的讀書生活〉，上揭《徐復觀文錄》，冊三，頁171。
17 上引文「徐先生很能契入，很能理解」一語，有點像長輩評價晚輩的話。但如果我
們了解到牟先生素自負，且在當時的學術界已有一定的知名度及成就（民三十年出
版《邏輯典範》，三十一年任教成都華西大學，三十四年任教重慶中央大學（翌年
遷往南京，牟先生繼續任教），參上揭〈牟宗三先生年譜〉），而徐先生還只是個丘
八，既不在高等學府教書，又沒有寫過甚麼學術性的著作，則牟先生上述的評價，
已算是相當高的了。且此評價，乃出自牟先生晚年之口（牟先生晚年的成就當然遠
高於其民國三〇年代的成就），彼對徐先生當年的表現已有如此正面的肯定，更可
見在牟先生眼中，徐先生的理解力遠在一般人之上。

以補充說明的是，徐先生雖不懂英文，但年輕時（民國十九、二十年）以留學日本而掌握了日文作為了解西方歷史、文化的有效利器，且又非常關心世界各國大事（據悉，每日看八份報紙），所以對西方歷史、文化絕不陌生[18]。

徐先生對思想文化問題，「很能契入，很能理解」。這是上引文中牟先生明說的。然而，對「西方哲學之源流」（或寬泛一點說，對西方哲學）亦必然有所理解，否則如對牛彈琴，則以牟先生孤高耿介的個性來說，根本懶得跟你談，更不會經常跟你對談。然而，思想、文化、哲學等等問題，皆屬學術範圍內之事。徐先生所關注者，或所理解者，固不以此為限。牟先生獨具隻眼，指出說：「徐先生涉世深，生活面廣。觸處警悟，透闢過人。」（悼念文）這方面，就使得徐先生別異於當代／現代新儒家。其中第一代（梁漱溟、熊十力、方東美、馮友蘭、賀麟、馬一浮、張君勱）和第二代（徐復觀、唐君毅、牟宗三）的學者中，涉世深者計有梁漱溟、張君勱及徐先生三人，但以出入黨政軍三者來說，恐怕只有徐先生一人。牟先生以「涉世深，生活面廣」來描繪徐先生，蓋得其實。「風聲雨聲讀書聲，聲聲入耳；家事國事天下事，事事關心」（東林書院對聯），恐怕只有徐先生一人而已。

四 「篤信孔孟之道」、「篤信自由民主」

牟先生說：「徐先生篤信孔孟之道終必光暢於斯世，無人能毀；篤信自由民主為政治之常軌，無人能悖；痛斥極權專制徒害人以害

---

18 這方面可參看筆者下文：〈徐復觀先生與西方文化——見於《徐復觀文錄》中的西方文化資訊〉，發表於香港中文大學哲學系等等單位所舉辦之「當代新儒家與西方哲學——第九屆當代新儒學國際學術會議」（2011年12月5-7日）。

已，決不可久。」（〈悼念文〉）徐先生中年以後所以堅信孔孟之道，這固然得自熊先生之啟發。但牟先生也與有功焉。牟先生說：「勝利後在南京，教課之餘我常到徐先生那裡，跟他說：一定要把中國的智慧傳統要保得住，一方面也要正視西方的科學民主傳統。」（〈紀念文〉，頁4）「中國的智慧傳統」，不消說，當然以孔孟之道為主軸。由「中國的智慧傳統」，牟先生又講到「中學為體」的問題，並指出說：

> 所謂「中學為體」，是指孔孟之教講的，孔孟之教那個「體」當然不能直接產生科學，不要說直接產生不出科學，就連民主政治也產生不出來，這個意思，我們和唐先生、徐先生都可以看到的，也早已說明白了[19]。……我們認為，從孔孟之教到科學民主，不是直接的推演，要經過一番曲折，曲而後能達，不是直達。……可見產生科學民主政治的那個「體」，是另有所在的。（〈紀念文〉，頁5）

然而，「另有所在」，又在甚麼地方呢？牟先生繼續說：相對於中國以前講孔孟之道的那個「體」，乃至道家、佛教所講的這個往上通而不往下開的隸屬原則（Principle of Sub-ordination）[20]的一個體，西方的「體」與此絕異，因為「不管你是邏輯、數學、科學，或者是國家、

---

19 民主、科學與中國文化的關係的問題，徐、唐、牟三大師皆各自撰有不少文字予以闡發；合撰之文章（除徐、唐、牟外，還加上張君勱），其最具代性者，恐莫如發表於一九五八年的〈中國文化與世界〉一文（一般稱為〈中國文化宣言〉）。文章第八節「中國文化之發展與科學」、第九節「中國文化之發展與民主建國」便是特別針對相關問題的。文載唐君毅，《中華人文與當今世界》（臺北：臺灣學生書局，1975），下冊，頁865-929。

20 依牟先生意，過去中國人重視往上通，而往上通的第一關是隸屬原則。筆者按：所謂第一關，意指基礎。即必以隸屬原則為基礎始可往上通。

政治、法律，它後面的基本精神，和表現這個基本精神的基本原則，是對等並列的原則（Principle of Co-ordination）」，而不是中國文化素所看重的隸屬原則（〈紀念文〉，頁5-6）

筆者按：其實，中國人也不是完全不重視，或完全不講對等並列這個原則的。中國人固重視往上通以上契天道這個縱貫性質的隸屬原則；並本此以成就成德之教。簡言之，這可說是一條內聖之路。然而，內聖之路外，中國人亦同樣重視另一條路－外王之路、經世致用之路。經世致用之路，大要言之，可有兩端：一者，透過運用知識以造福百姓，其具體表現如農田水利方面之發明、建設是也；二者，透過當官從政以利群生，如政策上的種種興利除弊是也。然而，前者只成就科技，而後者的結果是幫忙了大皇帝鞏固其家天下！這與建構純學術的科學與推動政治民主化是有其性質上的差異的。換言之，過去的中國，科學與民主發展不出來。為甚麼發展不出來呢？原因是不具備相應條件。這個條件就是牟先生所說的：科學、民主等等「後面的基本精神，和表現這個基本精神的基本原則。」（〈紀念文〉，頁6）這個基本精神和表現這個基本精神的原則，就是對等並列的原則。而傳統中國所欠缺的，正是這個原則。其解決之道是：知性上重視科學、開出科學，政治上重視民主、開出民主；必須把這兩項與中國傳統素所重視的隸屬原則之成德之教，給予同樣的重視（一視同仁、平等對待），否則無以濟中國之窮！牟先生道統、學統、政統三統並建的理論蓋以「同樣重視」為基礎的（即預設了把三者一視同仁）。

牟先生又說：隸屬原則雖不能直接產生科學、民主，但「並不反對科學，不反對民主政治。」（〈紀念文〉，頁6）牟先生又再三申明此意而指出說：

我當時（筆者按：指抗戰勝利後在南京的數年）和徐先生談

的，主要就是提這個意思。了解中國生命的智慧方向，再了解真正的希臘精神。以前所謂中學為體的那個「體」，開不出科學民主，你要想開出，就必須先了解西方這個「體」。它這個「體」是對等並列之原則。那麼我們中國文化要怎樣從那個隸屬原則開出這個對等並列原則？道理其實是很容易懂的。在哲學理境上是可以講得通的，但必須費點思考。我常常把這個意思告訴徐先生，你要講中國文化，就要重視這個。只有這個正統，一個是中國文化的正統，一個是西方文化的正統，只有這兩個正統可以抵抗住馬克思的魔道。(〈紀念文〉，頁7)

一般來說，講中國文化，就講儒家，乃至擴大一點，講儒釋道三家就是了。但按照牟先生對徐先生的建議（當然，牟先生的相關論述，尚多見他處），我們獲悉：要講中國文化（即護持並弘揚中國文化），除必須依據中國固有的往上通的隸屬原則之外，還必須加上西方傳統素所重視的對等並列的原則。按：王安石嘗云：「讀經而已，則不足以知經」[21]；今人又恆謂：「借西學之光，以照我中學之晦」。牟先生，新儒家也。而「新」之所以為「新」，正以其能扣緊當前、當今（即所謂「新」）之需要，而作出相應之回應也。牟先生不以傳統中國之正統（即上所云之隸屬原則）為足，而必加上西方文化之正統（即上所云之對等並列原則）以補中國之不足。以此一端即可見作為新儒家的牟先生實深具返本開新之特色。其實，凡現代／當代新儒家莫不如是也。然則新儒家豈保守[22]耶？豈不知變通耶？

---

21 王安石，〈答曾子固書〉，《臨川先生文集》，卷73。

22 依唐先生，保守不一定不好。凡優良之傳統，保之、守之，又有甚麼不好呢？但這是題外話，這裡不作詳細討論。唐先生論「保守」之意義及價值，詳見〈說中華民族之花果飄零〉，收入《說中華民族之花果飄零》（臺北：三民書局，1976年），頁13-17。

牟先生又說：

> 徐先生晚年益信中國文化之不可泯。其在《華僑日報》所寫之
> 諸短文，篇篇精警，字字皆從實感中流出。有人提議當輯為文
> 集[23]。……讀此當知何為正，何為邪，何為本，何為末。……
> 天下事豈是耍花樣者所能成辦？（〈悼念文〉）

牟先生一輩子直來直往，從不假借[24]；老老實實，最討厭人矯飾虛
偽。一般人則反是，總是喜歡耍花樣。之所以「耍花樣」，就因為對
事事物物，無「真存實感」，無「存在之實感」。縱然能成事、辦事，
恐怕亦只是暫時性的成辦而已，非能恆久者。再者，所成辦者，恐怕

---

23 按：徐先生在《華僑日報》所發表的諸短文，於一九七一年已由臺北：環宇出版社
　彙輯成《徐復觀文錄》，共四冊。其後發表者，於一九八〇年代初則由時報文化出版
　事業公司彙輯成《徐復觀雜文》（含《徐復觀雜文續集》、《徐復觀最後雜文集》），
　共六冊。二〇〇一年，中央研究院文哲所籌備處又出版了《徐復觀雜文補編》，亦
　六冊。

24 牟先生直來直往，從不假借的性格，茲舉一例。學長翟志成先生撰有〈圓亭憶往
　錄〉一文。憶往的多則記錄中，其一說到唐先生代表新亞研究所宴請所中全體導師
　時，牟先生以同為導師的某君係「毫無氣節的反覆小人」，乃不出席宴會；大罵該
　人時，還捎帶上一句說唐先生「真有點鄉愿」，「怎麼還不把他從導師中除名？」云
　云。翟文載《多情六十年：新亞書院的過去、現在與未來》（香港：中文大學新亞
　書院，2009年），頁155。徐先生之處世表現，與牟先生不同。首先，兩人性格本不
　同。再者，牟先生一輩子讀書、做學問。據記憶，牟先生似乎只在新亞書院擔任過
　數年系主任而已（先是，一九四六至一九四七年嘗擔任南京中央大學哲學系主任，
　約一年）。其他行政，絕不沾邊。據云：擔任新亞系主任期間，所收到的公文，只
　瞄一眼。如為單面的，則背面用來寫字，如為雙面的，則隨手扔掉。反之，徐先生
　半輩子出入黨政軍，以少將退役，所參與之行政多矣。有時為了應世，讓事情辦得
　暢順一點，恐怕不得不曲從，乃至於妥協、敷衍。與徐先生相交五十年的胡秋原先
　生嘗云：「復觀兄有他認真的一面，也有他遊戲人間的一面」。蓋徐先生為了應世，
　不得不偶爾遊戲人間耳。胡秋原，〈回憶徐復觀先生〉，《徐復觀教授紀念文集》（臺
　北：時報文化出版事業公司，1984年），頁23、34。

亦只不過是雞毛蒜皮之瑣碎事、俗世事而已。身家性命、家國天下之
大事、要事，如果不具備本乎「苟利國家生死以，豈因禍福趨避之」
（林則徐句）的存在實感的偉大精神悉力以赴，那是絕不能成辦的。
一言以蔽之，做大事，必須以全幅生命來承擔，否則事必不濟。說到
「生命」，牟先生認為：

> 在〈偷運《聖經》的意義是什麼？〉一文[25]中，徐先生以「痛
> 切語表露了他自己的生命之定向。他有此定向主宰于心，故在
> 群疑搖撼之中掌（撐）住自己而不搖動，所謂臨大節而不可奪
> 者，豈偶然歟？徐先生乃斯世之英豪，他已盡了其鳴時代之艱
> 難與民生之疾苦之責任。」（〈悼念文〉）

　　牟先生所說的以「痛切語表露了他自己的生命之定向」，指的甚
麼呢？按：徐先生該文的重點是指斥中共以階級鬥爭等等技倆，「通
過龐大的、粗暴的組織力量，……把所有的人由文化而來的教養都剝
得光光的，使大家成為赤身露體的原始人。……不了解文化教養與科
技是同樣重要；而文化教養不是能從馬列主義乃至外國移植過來的，
必須求之于中國歷史積累之中。」原來徐先生所看重的是，中國人行
事做人必須本諸由中國歷史積累下來的「文化教養」；這種「文化教
養」是不能從外國移過來的。換言之，「文化教養必本諸一己民族之
歷史積累」，當係牟先生所說的徐先生「生命之定向」之所在。說到
「文化教養」，讓人想起牟先生〈哀悼唐君毅先生〉一文[26]中所說到的
「文化意識」。據牟先生，唐先生此意識特別強。竊以為徐先生亦差

---

25 載《華僑日報》，1981年10月28日；《鵝湖月刊》81期，1982年3月轉載；又載徐復
　觀，《徐復觀最後雜文集》（臺北：時報文化出版事業公司，1984年），頁120-124。
26 收錄於馮愛群編，《唐君毅先生紀念集》（臺北：臺灣學生書局，1979年），頁146-151。

可比肩。至於徐先生之篤信自由民主[27]，則更為其思想特色之所在。牟先生在悼唐文中，詠唐先生曰：「唐先生之繼承而弘揚此文化意識之內蘊是以其全幅生命之真性情頂上去，而存在地繼承而弘揚之。」《莊子・大宗師》云：「有真人始有真知。」個人近年得此啟發而產生如下一信念：「有真情性始有真學問。」徐、唐、牟三大師皆深具真性情者也。徐先生之篤信、據守及弘揚自由民主之精神，借用牟先生語，亦可謂「是以其全幅生命之真性情頂上去」的。按：徐先生論述、推崇自由民主可貴處之文章極多。縱使以見諸《學術與政治之間（甲乙集合訂本）》[28]者，即有數文。其中似以〈學術與政治之間〉、〈為什麼要反對自由主義〉、〈悲憤的抗議〉三文最足為代表。

上文說到「存在之實感」，我們不妨再看看牟先生怎麼說。牟先生指出：

> ……先為《中國人性論史》，後繼寫《兩漢思想史》，以及有關於西周春秋戰國時代發展關鍵之諸大文，疏通致遠，精闢入裏，且有存在之實感，皆不朽之傑作，非徒泛泛無謂之考據也。（〈悼念文〉）

文中「疏通致遠」乃就徐先生各著作之深具致用精神來說。「存在之實感」乃就徐先生個人生命之透入其著作、學問來說；簡言之，即針對生命與學問結合為一來說[29]。這是很不容易的，不是一般學人

---

27 學人論述徐先生對民主自由之歌頌者頗多，茲舉一例。韋政通：〈以傳統主義衛道，以自由主義論政──徐復觀先生的志業〉，中國論壇編委會主編，《知識分子與臺灣發展》（臺北：聯經出版公司，1989年）頁439-469。

28 香港：南山書屋，1977年。

29 憶徐先生嘗云：做學問，寫文章，撰著者與著作必須融合為一，所謂能所互交、主客合一；撰著者與著作不能離為二橛。徐先生大意如此，其確切用語，不復憶記。

（尤其學院派學人）可以做到的。近年來個人有些體會：做學問，有感、無感至為關鍵。臺灣近來常流行「有感」、「無感」這兩個名詞。譬如《遠見雜誌》（2011年2月24日）如下的一則文字：「近年來『有感』、『無感』瞬間爆紅，成為最夯的名詞。政府陸續公布各種數據，宣告景氣已經『有感』復甦，偏偏民眾的反應是『無感』」云云，便是一例。讀書、做學問更要有感，否則書讀不下去，學問也做不下去。退一步來說，縱使能讀下去，做下去，恐亦無大成就，甚至在過程中很痛苦。個人近年更有所體會：有感固然重要，但這種有感也頂多使你成為一學問家，一學者，甚至只是一學究。其於國計民生，無預也。因為這種感僅限於認知領域的，是知性範疇內之事；你必須超越這種感，即必須從這種感跳脫出去；進而與生命產生連繫，這種感才可以進到道德／德性的領域。「民吾同胞，物吾與也」（語出張載〈西銘〉），斯為「大感」、「真存實感」，此蓋牟先生所說的「存在之實感」。個人又有如下的體會：這個「存在之實感」與上文牟先生所說的「疏通致遠」，有極大的關係，兩者的關係是成正比的互動的。前者越強，則後者亦相應的越強，即越能通，越能遠。反之，亦然：越能疏通致遠，達乎「民吾同胞，物吾與也」的境界，則其人之「存在之實感」亦必隨之而越強[30]。其人亦隨之從小我進而成為大我；「天地與我並生，萬物與我為一」（《莊子・齊物論》）的境界，只能以發乎道德意識的「存在之實感」作為預設、作為基礎才可以達致的。

上文（註24）說到徐、牟二先生性格不同（至少不盡相同）。這

---

30 本文初稿完成後，嘗修函旅居美國的徐先生長女公子均琴女士，請彼指正。九月十五日徐女士覆函中有如下一語：「先父在考據中『理』、『勢』兼顧，因而能『疏通致遠』的功夫。」也許我們可以這麼說，具「存在之實感」的人始能真切地做到理、勢兼顧，而不流於一偏，更不會理、勢皆不顧。而理、勢兼顧便成就了疏通致遠的功夫；或至少構成了疏通致遠的必要條件，甚至是充份條件。

不光是筆者說的。牟先生早說過了。他說：

> 徐先生這個人很重感情，有時很激動，也不是很平的。但他現
> 實感特別強。我們這些人對於現實沒有什麼感覺，我們只對大
> 時代有一個問題在那裡，至於小地方是沒有什麼感覺，徐先生
> 感覺就很強。（〈悼念文〉，頁12）

上文的「我們」，除了牟先生本人自道外，我們至少可以加上唐先
生。二先生的表現和成就主要是偏重純學術方面（當然針對國家、文
化、時代等等大問題，兩先生還是撰寫了不少文字的。），徐先生異
於是。其十多冊雜文，只要稍一瀏覽其目錄，便可知徐先生是「風聲
雨聲讀書聲，聲聲入耳；家事國事天下事，事事關心」的。徐先生的
「現實感特別強」，究其由，個人認為乃緣自徐先生深具一「感憤之
心」。在短短千餘字的《徐復觀文錄》[31]的〈自序〉中，「感憤之心」
一詞竟出現了六次！「感憤之心」也者，乃對外物有所感而心中產生
義憤也，產生不平也。「不平則鳴」，十多冊雜文泰半即本乎義而發出
獅子吼的具體結晶也。

五　「非徒泛泛無謂之考據也」

　　上引牟先生文說到徐先生做學問是有「存在的實感」的，「非徒
泛泛無謂之考據也」。針對後者，我們可以再加以申說。牟先生說：
「其為考據也，必詳核史實，即事以窮理，通理以解事。」（〈悼念
文〉）換言之，考據的目的不光是為了了解事實之本身；而實在於透

---

31 徐復觀：《徐復觀文錄》（臺北：環宇出版社，1971年）。

過事實以明白道理。而道理又必以能夠致用為依歸，否則道理便流為
空理、虛理、玄理，於人生日用便無所裨益。是以通理（明白道理）
乃旨在了解，並進而解決具體人生之事事物物也。是事與理雙向互動
而通貫起來。考據之價值便由是得以發皇彰顯。依牟先生，徐先生之
考據，就是這種考據。牟先生又說：

> 他開始正式讀書，做學術研究，是從東海開始，代表作就是在
> 晚年寫的《兩漢思想史》。考證西周三百年一直下貫春秋戰國
> 時代，有幾篇很好的文章，是了不起的考證。大考證就是大文
> 章，只有徐先生能做得出來。
> 徐先生的考證是活的啦！不是現在一般唸歷史那種考證──為
> 考證而考證。（〈紀念文〉，頁10）

上引文中，牟先生沒有進一步說明甚麼是「為考證而考證」。其實，
「為考證而考證」，相當於「為學問而學問」；所以也不是毫無價值或
意義的。但為甚麼牟先生看不起這種做學問的態度呢？也許我們從牟
先生批評陳寅恪的幾句話，可以看出一點端倪。牟先生說：「要是站
在純粹學術立場講，考證得最有趣味的，最準確精密的，是陳寅恪先
生。但是陳寅恪先生那種學問與大局無關。」（〈紀念文〉頁10）這就
是說一般的歷史考證，儘管饒有趣味，準確精密如陳寅恪先生者，也
都與大局無關！那麼陳寅恪的考證／考據，是甚麼性質的考證／考據
呢？牟先生很斬截的指出說，「他這種人是公子型的學問家，公子型
的考據家」，牟先生自謂「很能欣賞」陳氏，但「天好[32]我也不稱
贊」，原因就是上文說過的，牟先生認定：「那種學問與大局無關。」

---

32 「天好」，當意謂「再好」；臺北聯經版《牟宗三先生全集》，冊24，頁466作「天資
好」，恐誤。

（以上引文俱見〈紀念文〉，頁10）即意謂陳寅恪所做的學問縱然再好，但始終與宇宙人生、家國天下、社會民生等等的問題全沾不上邊；缺乏知識分子該有的「民吾同胞，物吾與也」的使命感，所以只佩稱為「公子型的學問家、考據家」。徐先生甚至認為：「公子型的學問家，沒有真學問，只能談談掌故。」[33]

正因為牟先生的著眼點是放在「大局」上，所以疏通一（歷史）問題，便務求達到遠（即所謂致遠）的境界上。外於此者，便無足取了。然而，一般史家的考證正是這種考證，所以牟先生便很看不起這些史家[34]。與徐先生的考證相比，乃至與陳寅恪的考證相比，牟先生甚至指出說：

> 至於其他那些考據家大體是瞎考據，盲目的瞎考[35]！所以你真

---

33 走筆至此，讓筆者想起：如今紅透半邊天的國學大師國寶饒宗頤先生，猶記得三十多年前，牟先生上課時，稱其學問為「清客之學」。

34 這裡要做點補充，以免讀者誤會。牟先生看不起一般的史家，這是事實；但牟先生絕沒有看不起歷史學。〈紀念文〉恰好有一條資料可以佐證。牟先生說：「他（中興大學中文系李滌生先生）總要我來擔任文學院長。我說，當一個空頭院長有什麼用呢？你要想辦的話，一個院裡要有三個系，要有一個中文系，一個歷史系，一個英文系，……」（頁8）可知牟先生是很重視歷史學的。至於他老人家對歷史學家多所批評，譬如嘗批評香港中文大學歷史系講座教授ＸＸＸ先生，這恐怕與該先生的個人表現（政治傾向不穩定？）有一定的關係。換言之，牟先生絕不輕視歷史學，蓋歷史學作為深具人文價值的一門學術來說，牟先生怎麼會不重視呢？上文提到過民國三十六年牟先生嘗自費辦一月刊，其名稱即定為《歷史與文化》。即此一端已足見牟先生對歷史／歷史學之重視。

35 所謂「盲目的瞎考」，蓋指為考據而考據，如清人把考據本身視為做學問的終極目的，便是一顯例！其實這是清中葉學者迷失學問方向（致知方向）下的結果，其尤甚者，乃至流為文獻主義（textualism）；清初學風原不是這樣的。這方面，余英時嘗有深入探討。其相關論述，見於多處。最扼要的論述，或可參氏著，〈略論清代儒學的新動向——《論戴震與章學誠·自序》〉，余英時，《歷史與思想》（臺北：聯經出版事業公司，1976年），頁157-165。

> 正能找到考據家，有眼目，文章是活的，只有徐先生一個。我
> 自己不作這種工作，我沒有這方面的本事。[36]（〈紀念文〉，頁
> 11）

考據是否有關大局，牟先生又扣緊胡適的表現來做說明。牟先
生說：

> 這個地方（指是否與大局有關）就要看考據的份量，看考據的
> 價值。像胡適之先生那種考據是天好我也不稱贊的。你考據
> 《紅樓夢》，管他考證得怎麼好也沒有價值。[37]（〈紀念文〉，
> 頁11）

---

36 寫到這裡，讓我想起我平素對唐先生學問性格的一點看法。我經常認為唐先生的學
問是非常廣博的。就其專業來說，只要一翻其兩大冊的《哲學概論》，便驚嘆其學
問之廣博無涯涘了。然而，除哲學專業外，個人認為唐先生是很可以做考據文章，
而成為歷史考據大家的。只要稍一翻閱〈孔子誅少正卯傳說之形成〉一文，便當信
筆者所言非虛。該文撰寫於文革腥風血雨的一九七〇年代。文載香港《明報月
刊》，總九十八期，1974年2月；又收入氏著，《中華人文與當今世界》（臺北：臺灣
學生書局，1975年），下冊，頁739-759。文革時期，邪說暴行幾無日無之。就邪說
來說，如四人幫打手署名唐曉文的一文〈孔子殺少正卯說明了什麼〉，便是一例。
文載中國大陸官方喉舌報《人民日報》，一九七一年一月四日。唐（君毅）文考證
之嚴謹，即事以明理（無立理以限事），不必多說。其最要者乃發乎以正視聽而不
得不搦管為文的一種知識分子該有的使命感。換言之，即有為而作，而絕非「瞎考
據」！「爾曹身與名俱滅，不廢江河萬古流」。孔子在古今中外歷史上的成就與貢
獻，豈是你四人幫，以至其走狗，所可以污蔑得了的，真蚍蜉撼大樹而不自量了！
37 牟先生對胡適的學問，素來頗有微詞。茲舉一例。牟先生說：「胡適之先生宣傳杜
威，可是對於杜威，他並不了解。杜威那一套也不是很容易的，胡先生還達不到那
個程度，胡先生所了解的杜威只是『How we think』中的杜威，後來的著作他大概
都無興趣，或甚至根本沒讀。」牟宗三，〈談民國以來的大學哲學系〉，《時代與感
受》（臺北：鵝湖出版社，1976年），頁142。

然則為甚麼考據得再好都沒有價值呢？原因很簡單，因為考據之本身只是一工具、一手段。換言之，其本身是沒有甚麼價值的，或至少沒有終極價值。就紅學之考據來說，其目的應在於使讀者了解，或更能了解《紅樓夢》一書的內容，尤其作者的人生見解及該書的核心思想、精神而已。這好比「學苟知本／知道，則六經皆我註腳」可矣；苟已知本／知道，那又何必非考據不可呢！牟先生更非常自信的指出說：

> 我讀《紅樓夢》也不靠那個（指考據），我也不一定要了解你那個考證的真假，我一樣讀《紅樓夢》。究竟誰了解《紅樓夢》呢？還是我了解[38]。你考證那麼多有什麼用呢？（〈紀念文〉，頁11）

---

38 牟先生素自負，但不流於自誇。就《紅樓夢》一例來說，牟先生的表白也不算自誇，因為先生對《紅樓夢》是確有研究的。彼二十六歲時（1935）已撰文討論《紅樓夢》了，文章名〈《紅樓夢》悲劇之演成〉。其中第一節（全文共九節）第一段便批評胡適，說其〈《紅樓夢》考證〉一文（按：此文乃胡氏考據學方面成名之作，文成於一九二一年，時胡適三十歲；胡適被視為新紅學的開山祖師，即以此文故）「總是猜謎的工作，總是飽暖生閒事，望風捕影之談。」〈《紅樓夢》悲劇之演成〉收入牟宗三，《牟宗三先生全集》，冊26，頁1061-1088。上文說到牟先生批評陳寅恪的考據與大局無關。如考據流為「飽暖生閒事，望風捕影之談」，那當然更與大局沾不上邊了。換言之，從牟先生來看，胡適的考據更在陳寅恪之下。說到「猜謎」，讓筆者想起徐先生對潘重規先生紅學的批評。徐先生說：「潘重規先生《紅樓夢新解》的觀點，……勸他放棄這種沒有任何直接間接證據的觀點，……」。「沒有任何直接間接證據的觀點」所作成的所謂研究，與「猜謎」何以異？徐復觀，〈敬答中文大學紅樓夢研究小組汪立穎女士〉，《徐復觀雜文補編》，冊一，頁332。順帶一說，香港中文大學大概在一九六〇、七〇年代曾經成立了一個「《紅樓夢》研究小組」，專門針對《紅樓夢》下大功夫研究一番。唐先生對此頗不以為然。當然，以唐先生廣納百川的雅量，他豈會反對針對這部中國偉大小說進行研究呢？然而，唐先生指出說，不要把一點點小發明、小考據成果視為好比發明／發現一顆恆星同樣的偉大；否則便太超過了！人的精神、時間有限，把有限的生命花在小考據上，小問題上，那不是很不值得嗎？於身心性命何所裨益呢？

牟先生由陳寅恪、胡適的學問而進一步指出：「好多人不能算是一個
真正的讀書人，要在學問上有成就，不是很容易的。」（〈紀念文〉，
頁11）換言之，在牟先生眼中，只有唐、徐等人，才是真正有學問有
成就的讀書人，陳寅恪、胡適等人不與也[39]。

六 「只有徐先生出來寫文章」

徐先生素來敢言人所不敢言，能言人所不能言。牟先生悼念徐先
生，其輓聯如下兩句：「辣手文章辨義利」、「通身肝膽照天人」，便是
最好的寫照。〈紀念文〉更明白寫出：

> 共產黨當政以來，有兩件事是最不能為中華民族所原諒的，大
> 家沒有一個人講一句話，沒有一個人提出來，這個對嗎？中國
> 還有人嗎？那是什麼事呢？就是某一年日本鬼和中共建交之
> 後，跑到北平來向中國道歉，……（〈紀念文〉，頁12-13）

然而，接待這名日本人的鄧小平說：「你們對不起我們，我們也對不
起你們啊！」「我們也對不起你們」指的是什麼呢？根據牟先生，原
來指的是：「我們不應當把漢字傳給你們，不應當把儒教傳給你們。」
（〈紀念文〉，頁13）牟先生引述了鄧小平這話後，非常嚴厲的指斥鄧
小平說：

> 這是一個「人」說的話嗎？漢字傳給日本是我們傳的嗎？儒教

---

39 按：牟先生經常稱許唐先生，並感謝唐先生對他的提撕、啟迪。相關文字數見不一
　見，其見諸《五十自述·客觀的悲情》者即一例。

傳日本是我們傳的嗎？說這個話，真混蛋，不是人，這是活禽獸。但大家沒人說句話，只有徐先生出來寫文章罵！

針對鄧小平批評中國不該把漢字和孔孟之道傳給日本一事，徐先生的確如牟先生所說的，寫過文章罵鄧[40]。徐先生在〈鄧小平的嘴臉〉中說：

> 鄧在（1974年）六月五日會見以西園寺公一[41]為首的日本七人訪問團時作了一次範圍相當廣泛的談話，外電多有報導。……茲按照六月六日朝日新聞的報導加以繙譯。（鄧小平說：）「日本軍國主義的侵略，中國也很受到損害；但這是幾十年前的事情。對於這，中國卻在兩點上給了日本歷史的麻煩。一是漢字，另一是孔孟之道。特別是孔老二的思想，一千七百年間，影響到日本歷史的傳統，我覺得這是應當道歉的。」……說這種話的人的嘴臉，是一種什麼嘴臉，假定共產黨內，還有人承認自己是中國人，一定為鄧的這種嘴臉而感到羞慚無地。……它（按指：漢字和孔孟之道）對日本的好或不好，應由日本人自己判斷。……至於這位在日本人面前丟醜出相的「沙子」，接了周恩來的班以後，必定會昏天黑地一番，也可說是不言而喻的。但我們的國家將會怎麼樣呢？[42]

---

40 然而，是否真如牟先生所說：「大家沒人說句話，只有徐先生出來寫文章罵！」，這種說法似乎感性了一點，我們就不細考了。

41 西園寺公一（1906-1993）為日中友協創始人。

42 徐復觀，〈鄧小平的嘴臉〉，《徐復觀雜文集——論中共》（臺北：時報文化出版事業公司，1980年），頁96-100。

筆者要指出的是，上引語是鄧小平在一九七四年年中所說的話。按：
一九七三年二月在周恩來力薦和支持下，鄧小平從地方調回北京工
作。一九七四年初，周恩來病情惡化。年中，鄧小平代理周恩來主持
黨和政府的日常工作。同時，一九七四年初以江青為首的四人幫（背
後其實是毛澤東）發動批林批孔運動，致使鄧小平與四人幫的矛盾進
一步激化。這就是鄧小平會見西園寺公一講話時的背景。表面上，鄧
是大權在握，但其實他是水深火熱，危如累卵；隨時有巢覆命殞的危
險。因為實際的掌權者仍然是毛澤東啊！且在去中國化的文化大革命
及批林批孔運動進行得如火如荼的節骨眼上，鄧小平怎敢不迎合潮
流，且亦為了保命而不說一兩句去中國化的話呢？左批漢字，右批孔
夫子恐怕是不得不爾的作法。然而，毛澤東過世後不久，徐先生逐漸
獲悉真相，而對鄧小平產生了不一樣的看法。約在毛去世半年後，即
一九七七年三月十八日，徐先生所寫的〈一段往事〉一文頗可佐證。
文云：

> 我當時（按指中共十全代表大會之後，即 1973 年 8 月下旬之
> 後）以為鄧小平的復出，是毛要以鄧打周的策略，因此，我常
> 想到柳宗元的河間傳而寫了〈鄧小平的嘴臉〉的文章。後來發
> 現我對鄧的推測完全錯誤，時引以為愧。[43]

筆者要指出的是，鄧小平為漢字及孔孟之道之遠播日本而道歉，這道
歉之本身當然很不對，既丟臉又丟國格。牟先生痛批之，不視之為
人，而視為活禽獸，宜也。然而，衡諸當時的客觀形勢，除非鄧選擇
殉道，甘願自我犧牲，否則他不得不激烈地批判漢字和孔孟之道。筆

---

[43] 〈一段往事〉載《華僑日報》，1977 年 3 月 18 日；又收入《徐復觀雜文──論中共》
（臺北：時報文化出版事業公司，1980 年），頁 337。

者的意思是，要求一個出身於共產主義文化的一個唯物論者為儒家文化殉道，這種要求恐怕是太高了，蓋鄧絕對是一個「識時務者」，否則怎會在極其危殆險巇的政治鬥爭中而仍能三下三上成為一個萬年不倒翁呢？！徐先生比較務實，比較能夠從當事人所處的客觀境遇上給予同情的理解／諒解。這所以徐先生選擇了原諒，也選擇了自我承認錯誤。徐、牟的學術性格，乃至對現實考量之差異，或由此見其一斑。

要言之，相對來說，牟先生偏重在理上看問題，而徐先生則偏重在勢上；是以一為哲學家，另一則為史學家也。憶唐先生嘗云：事有大小，而理無大小（忘其出處）。意謂只要是理，則無所謂大小，而必須一體予以尊重、堅持。唐、牟學術性向近，而與徐稍遠，這又係一佐證。

牟先生嚴厲批評鄧小平後，又回過頭來批評毛澤東，指出當日本人去北平向毛澤東致歉而說日本「不應當打中國」時，毛澤東卻說：「你不來打中國，我們（中共）怎麼能起來呢？我們還要感謝你們才好！」牟先生轉述完毛澤東這話後，嚴厲的指斥說：

> 這種話是「人」說的嗎？說這種話的人不能算是人，不能取得原諒的，萬死不足以蔽其辜！照他這麼說，那麼你當初宣稱抗日，究竟是真抗日，還是假抗日呢？一旦當權，便連掩護作假都不作了，竟公開作漢奸了。在這個時候，誰說一句話呢？大家好像視為當然，只有徐先生出來寫文章罵！這是對的。……不管你是毛澤東也好，是鄧小平也好，你有天大的本事，也是痞子，無一可取，一無可觀。（以上引錄牟先生的話語，均見〈紀念文〉，頁13。）

上引文中，牟先生質疑毛澤東說：「你當初宣稱抗日，究竟是真抗

日，還是假抗日」的問題，據悉，網路上一直流傳一個說法：毛澤東
在一九三七年八月下旬的洛川會議（洛川，縣名，位於陝西省中部，
延安市南部）上發表了以下的言論：「一分抗日，二分應付，七分發
展，十分宣傳」。雖然這個說法的真實性，一直有人質疑，而認為毛
澤東不會說出這樣的話。我們似乎可以這樣說，縱然毛氏不至於這麼
說，但他只拿一分力氣來抗日，恐怕是假不了的。當時抗日的主力，
無論如何是由國民政府所領導的國軍來承擔吧。然而，近日看《中國
時報》（2015年8月29日，版 A14）），則使人產生了一點錯亂。記者陳
柏廷在〈陸學者：共產黨是抗戰中流砥柱〉一文中，報導說：「中國
社會科學院副院長李培林表示，『中國共產黨是抗日戰爭的中流砥
柱』。」顛倒歷史，莫此為甚[44]。然而，也許毛的粉絲們會文過飾非而
硬拗說：「毛主席神勇冠天下，他只出一分力量，便足以成為抗日的
中流砥柱。反觀你們的蔣委員長，其領導的所謂抗日主力，顢頇無
能，縱然出力十分，那抵得過毛主席的一分呢！」在這樣子的硬拗
下，「一分抗日」和「中流砥柱」，便無所謂矛盾了！毛的粉絲真厲
害。他們也許會說：「你產生精神錯亂，那是自找！與人何干？」

　　現在再回過頭來述說該名日本人（按：指日相田中角榮）道歉一
事。田中氏於一九七二年九月二十七日赴大赴訪問；嘗針對第二次世
界大戰日本優略中國向毛澤東道歉。據悉，毛澤東竟感謝日本侵華！

---

44 這讓人想起二百多年前法國思想家Voltaire（1694-1778）指控偽史家（虛構歷史、
　歪曲史事、顛倒是非黑白的史家；今天來說，也許可以稱為「冒牌史家」、「山寨史
　家」吧）的名言：「歷史是歷史學家對死者玩的一種把戲（playing tricks on the
　dead），是跟死者開玩笑。」其意謂，對這些偽史家來說，歷史早已過去了，你喜
　歡怎樣隨意地改造它，即你要怎麼說，也都是可以的！李培林真是這些偽史家的
　同路人和以上名言的實踐者了。其說法當時的國軍於何地呢？！你開的玩笑，也
　實在是太大了吧。對照傳聞中的「一分抗日」，其由「中流砥柱」所形成的反差，
　恐怕讓一般民眾如墮五里霧中、精神錯亂！

然而，毛氏當時果真感謝過日人之侵華嗎？撰文於二〇〇八年九月二十七日的一位名叫柏新的先生在〈毛澤東感謝日本侵華三十六周年〉一文中說：

> 毛澤東真有說過感謝日本侵華嗎？答案肯定有，而且不僅一次，起碼說過七次，這一點不容否認，因為連中共官方刊物都有記載（其後作者柏新列舉了七次的具體事跡；下文僅開列第七次，即牟先生所指責的一次）。至於一九七二年九月二十七日晚與日本首相田中角榮會面時，毛澤東感謝日本侵華。這是最嚴重最惡劣的一次，因為這是兩國最高領導人會面，堂堂中國國家主席竟向日本首相說出，這些出賣國家民族的話，令中國人民無地自容。不過，據筆者研究，中共官方文件迄今未有披露，……在一些海外英文網站，也有記載毛澤東接見田中首相時，感謝日本侵華的內容。例如
> "Mirrors of History" On a Sino-Japanese Moment and Some Antecedents, by Geremie R. Barmé，
> 網址：http://www.danwei.org/nationalism/mirrors_of_history.php
> 該文章提及毛澤東感謝日本侵華的內容如下：……毛主席說：「……我們要感謝日本，沒有日本侵略中國，我們就不可能取得國共合作，我們就不能得到發展，最後取得政權。……我們是有你們的幫助，今天才能在北京見你們。」當田中角榮就「日本侵華給中國人們添了很大麻煩」的說法進行解釋的時候，……毛主席說：「如果沒有日本侵華，也就沒有共產黨的勝利，更不會有今天的會談。……這就是歷史的辯證法嘛。」[45]。

---

45 柏新，〈毛澤東感謝日本侵華三十六周年〉一文，載以下網址：http://zh-tw.facebook.com/notes/58381066977/，2009年1月21日2:40。

李志綏所撰《毛澤東私人醫生回憶錄》亦有相關記載[46]。上面引文中，牟先生說：「大家好像視為當然，只有徐先生出來寫文章罵！」針對「道歉」一事，是不是只有徐先生寫文章罵毛澤東，筆者不敢肯定。但徐先生寫文章罵毛澤東，則確有其事。文章的題目是：〈毛澤東太過份了〉。該文的重點偏重於大罵毛氏對孔子學說的批評。徐先生說：

> 日本田中首角榮訪問北京時，於九月二十七日會見了毛澤東。田中回到日本後，透露出了一部份與毛見面的情形；其中有一點毛向田中「諄諄地說，中國古來之孔子學說，千萬不可信。」……毛澤東對田中的忠告，我感到太丟中國的國格。……[47]

然而，針對毛澤東感謝日本侵華（即牟先生所說的「打中國」）而間

---

46 臺北：時報文化出版事業公司，一九九四年，相關記載見該書頁543-544。按：李書是頗具爭議性的一本著作。一般來說，西方的中國問題專家對該書的評價相當高。然而，據中國「百度百科」的相關報導，李書出版後，撰文或撰書予以駁斥者大不乏人。如一九九七年，名流出版社便出版了由汪東興口述，裘之倬整理的名為《汪東興公開毛澤東私生活》一書。書中反駁李書，指其報導不實，惡意擊攻毛澤東。汪書又附錄了師哲、汪東興、葉子龍等一三五人簽名發表的一封題為〈辱華反共的醜態表演：我們對李志綏及其「回憶錄」的看法〉的公開信。此外，長期在毛澤東身邊工作的林克、徐濤、吳旭君亦撰有《歷史的真實》（北京：中央文獻出版社，1998年）一書以反駁李書。戚本禹（文革初期四人幫打手、中央文革小組「小三」成員之一；另外兩位成員是王力、關鋒）亦撰文反駁李志綏，其詳細出版資訊，從略。簡言之，李書的評價相當兩極化。大體來說，西方的中國問題專家比較持正面的態度。中國大陸人士，如汪、林、徐、吳和戚等人（皆某一程度上或生命中某一階段上的擁毛者？），大多持很負面的評價。

47 徐復觀，〈毛澤東太過了了〉，原載香港，《華僑日報》，1972年10月18日；收入《徐復觀雜文——論中共》（臺北：時報文化出版事業公司，1980年），頁58。

接幫忙了中共奪取得大陸政權的說法，徐先生未嘗破口大罵。何以故？難道徐先生不愛國？當然不是。筆者思索的結果是，徐先生，史家也。日本侵華確實幫忙了中共取得政權。這是歷史事實。毛澤東只是說出了符合歷史事實的內心話而已。當然，作為當時中國的最高領導人，這種話是不必說，不能說，也不該說的；尤其是當人家在官式訪問正式向你道歉之時！但非常了解毛澤東的個性的徐先生，他大概不會在這個地方對毛澤東懷抱有任何幻想，否則便流於天真了。這所以徐先生不批判，更不指斥（大罵、痛罵）毛澤東感謝日本之侵華。反之，孔子學說便不同了，豈是你毛澤東可以隨便批鬥的！徐先生說：

> 孔子是中國文化的骨幹。毛澤東要消滅中國文化的骨幹，怕它在鄰國留下一點根子，將來可能又從鄰國傳播了回來，影響到毛思想的千秋萬歲。其用心是如此而已。[48]

就徐先生來說，孔子學說是人類的永恆真理。「天不生仲尼，萬古如長夜」。這豈是你毛澤東思想可以比擬萬一的！你妄自尊大，不自量力，著意要用你的所謂戰無不勝的毛澤東思想來打壓，來鬥垮，而最後竟妄圖藉以取代既係中華文化之瑰寶，又係人類永恆真理的孔子學說！此猶蚍蜉撼大樹而已，其心可誅。在這個節骨眼上，徐先生焉得不劇論、痛罵毛澤東呢！

七　結論

本文除前言和本結論外，共計凡五節。每一節的題目都源自牟先

---

48 上揭〈毛澤東太過份了〉，頁59。

生一九八二年所撰之〈悼念文〉或一九九二年所撰之〈紀念文〉；換言之，所有題目都是牟先生本人所說的話。且除第二個題目：「這個人可以讀書、做學問」是牟先生轉述其業師熊十力先生的話外，其餘的題目—「我一生感念徐先生」、「篤信孔孟之道、篤信自由民主」、「非徒泛泛無謂之考據也」和「只有徐先生出來寫文章」，都是牟先生本人對徐先生所表達的個人感受或個人看法，其中「我一生感念徐先生」其實可視為係代表不少受過徐先生恩惠的友朋們所表達的共同心聲，非牟先生一人之心聲而已。至於其餘三個標題，則分別揭示、彰顯徐先生以下三個特點（一）對中西傳統中之道統、學統、政統（即牟先生恆言之三統）的終極關懷（此即徐先生「篤信」之所在）；（二）為文治學的方向—上文特別從考據學切入談起；（三）真理正義面前不屈不撓的雖千萬人吾往矣的大無畏精神。筆者從牟先生的兩篇文章中，綜括彼對徐先生的「評價」，大抵如上所述。其實，徐先生的生平、學術表現，乃至其終極關懷，不少學者專家已有所論述，或所謂已作過評價。然而，以上評價既出自精誠相感，憂患同經凡四十載，且對事事物物恆別具慧解卓識、眼光銳利無匹的老友牟先生之口，則其份量及意義，自然與一般學者專家僅憑依所謂客觀研究成果所作出之評價，有其天淵之別。又牟先生所述說者，皆信而有徵。上文筆者據徐先生本人的著作（含徐先生本人之自述）外，復參稽其他材料，乃得以一一佐證牟先生言之有物，絕非空言虛語。

其實，從評價中，也很可反映作評價的人（就這裡來說，指的是牟先生），其本人的個性、平素關注的面向，乃至其終極關懷之所在。這方面，我們試作論述如下。

牟先生平素喜歡月旦人物，但必言之有物，且恆扣緊大局、大問題而發；絕不能以「說八卦，道是非」定位之。以上〈悼念文〉及〈紀念文〉當可為證。兩文又揭示牟先生青年及壯年時嘗隻身流浪、

居無定所，但常得友人如徐先生者之照顧。說到徐先生之生命方向及終極關懷，牟先生指出徐先生篤信中國孔孟之道及西方之科學民主。其實這方面，不啻牟先生「夫子自道」。又牟先生恆以隸屬原則及對等並列原則，分別指稱中國及西方所追求或所呈現之精神本體。這方面，〈紀念文〉亦有所闡發。說到考據，牟先生特別指出，徐先生之考據與眾不同，蓋「其為考據也，必詳核史實，即事以窮理，通理以解事」，絕不為泛泛無謂之考據。要言之，考據以明理、窮理為終極旨趣。從牟先生論述徐先生之考據學，又透露了牟先生對考據最準確精密如陳寅恪者及其學問，雖很能欣賞，但未嘗稱讚。至於胡適對《紅夢樓》所作之考據，則牟先生更嗤之以鼻。最後可以一說的是，透過徐、牟二先生對毛澤東和鄧小平的看法，吾人可得一結論：徐先生立論的出發點似偏重在勢上，而牟先生則偏重在理上；是以一為史學家，而另一則為哲學家也。然而，史學也好，哲學也罷，皆同為人類文化之表現。所以當毛、鄧非理性地批判，甚至要打倒、鬥垮作為人類文化之一的中國文化（在日本人面前左批漢字，右批孔孟之道，甚至對漢文化之遠播日本表示歉意！）時，徐、牟二先生皆義憤填膺。徐先生以「丟國格」稱毛，牟先生則以「活禽獸」呼鄧！

　　說到「理」、「勢」的問題，我們也可以順帶說一下徐、唐、牟三家的異同。上引牟先生的話語中，有如下一語：「我們這些人對於現實沒有什麼感覺，我們只對大時代有一個問題在那裡，至於小地方是沒有什麼感覺，徐先生感覺就很強。」這裡的「我們」，可以說是泛稱；但也可以說是確有所指。個人認為這個「我們」，除包括說話者牟先生本人外，至少又可包括唐先生。因為唐先生對現實問題的關注度，並進一步藉文章以「鳴時代之艱難與民生之疾苦」（牟先生語，詳上文）方面的表現，肯定不如徐先生的積極、熱切，而比較與牟先生相近。所以牟先生所說的「我們」，筆者認為可以包括唐先生。當

然，若建立一光譜，則唐先生似乎居於徐、牟兩先生之間而稍偏於牟先生的一端。此所以牟先生乃哲學家，唐先生乃哲學家而兼哲學史家，而徐先生則思想家、思想史家、史學家也。此三先生學術專業性格之大較也。

八　附論

牟先生的〈悼念文〉和〈紀念文〉還提到其他頗值得關注的問題，譬如徐先生建議蔣公改造國民黨、徐先生與蔣經國之間可有的恩怨、魯實先教授罵徐先生等等的問題。今一併依次討論如次。

（一）國民黨改造問題

牟先生說：

> ……國民黨的改造是徐先生提議的。……這個改造的內幕究竟是什麼，我們不管，有多大的價值，我們也不管。不過改造是需要的，而改造的提議是徐先生提的。我們常常說，徐先生這種人，放在旁邊，你要是有什麼問題，你同他談談，他總是能頭頭是道，很分析性地，清清楚楚地給你一個眉目。這個眉目你可能不贊成，你也可能有另一種講法，但他總有中肯處。這種人需要保留在旁邊的。結果是不保留。你不保留，在徐先生來說也無所謂，乾脆作學問也很好。……（〈紀念文〉，頁11-12）

徐先生確實提議過改造國民黨。我們先看看徐先生到底怎麼說：

　　三十二年冬，決定由重慶回鄂東，隱居種田，希望能從已經可以預見的世變中逃避出去。但因偶然的機會，引起一種願望，想根據自己所得的一知半解的社會思想，和中國的社會現實，結合起來，把當時龐大而漸趨空虛老大的國民黨，改造成為一個以自耕農為基礎的民主政黨。[49]

　　有關徐先生改造國民黨的自白，也見諸〈垃圾箱外〉一文[50]。按：民國三十二年冬徐先生從延安返重慶後，嘗被當時擔任陸海空軍最高統帥軍事委員會委員長蔣介石接見兩次。接見時的談話（第一次接見便談了三十多分鐘）及其後的禮遇，使得徐先生改變了原先返鄂東老家種田的構想。上文「偶然的機會」，即指此[51]。

　　又：上引文中，牟先生說到不把徐先生保留在身旁、身邊的問題。這個說來話長。保不保留，恐怕與蔣公本人無太大的關係。大陸易手之際，蔣公似乎對大局及對人事，頗有點意興闌珊；身邊人的去留，蔣公已無暇或無心兼顧了。徐先生的去留，或與經國先生比較有關係。下文我們便來談談兩人的「恩怨」。

（二）徐先生與蔣經國

　　牟先生說：

49　徐復觀，〈文錄自序〉，《徐復觀文錄》（臺北：環宇出版社，1971年），頁1。

50　徐復觀，《徐復觀雜文──憶往事》（臺北：時報文化出版事業公司，1980年），頁36-37。

51　詳參徐復觀，〈末光碎影〉，《徐復觀雜文續集》（臺北：時報文化出版事業公司，1981年），頁343。有關改造國民黨的構想，全文倒數第二段亦有類似的說明，唯對於國民黨，不說「改造」，而稱為「整頓黨的組織」；見頁349。按：〈末光碎影〉一九八〇年四月五日原發表於《中國時報》，該日為蔣公逝世五週年紀念日。

當然，我們這位老朋友有時候也會發大脾氣，也有時候過分了
一點，晚年弄得不很好，這當然是個悲劇！譬如晚年得病後，
在臺大醫院過世，蔣經國先生下面一個人來看看都沒有，這也
是不應該的[52]。那時共產黨爭取他到廣州治病，徐先生不去，
還是到臺灣來。（〈紀念文〉，頁12）

我們先說「共產黨爭取他到廣州治病」一事。《在臺灣國學大師的
1949》的作者周為筠說：「1980年5月初，廖承志從美國治病回國途經
香港，與徐復觀晤談兩岸問題。廖承志代表中國政府向徐復觀伸出友
好的雙手，邀請他回大陸看看，但徐復觀考慮再三，由於種種不便而
婉言謝絕。」[53]這裡要說明兩點。首先徐與廖的見面，應在五月末，
「五月初」恐誤。李怡說：「（徐先生）告訴我們在一九八〇年五月二
十九日，廖承志去美國治病後經港返國，在香港與徐先生見面的經
過。」[54]其中說到徐先生向廖提出四點意見。然而，李怡在文章中，
與周為筠一樣，並沒有提到邀請徐先生赴廣州治病一事。這有兩個可
能性，其一是牟先生把廖氏本人赴美治病與彼邀請徐先生到大陸看
看，兩事混同起來，是以產生了廖邀徐赴大陸治病的說法。另一可能
性是，廖氏確曾提出赴大陸治病的邀請，但周、李在各自的著作中沒
有作出相應的記錄。按：徐先生一九八〇年八月二十二日在臺灣動過

---

52 二〇一五年九月二十日筆者與徐先生長公子武軍先生及新亞研究所多位同窗在臺北
　吉星餐廳飲廣東茶。席間筆者請教武軍先生這個問題。武軍先生說，經國先生於某
　次國民黨中常會中說到徐先生在臺大醫院逝世事。當日黨政要人致哀的花圈便擺滿
　臺大醫院太平間通路兩旁。換言之，就這件事來說，牟先生的記憶與事實頗有落差。
53 周為筠，《在臺灣國學大師的1949》（北京：金城出版社，2008年），第六章〈徐復
　觀：擎起這把香火的猛士〉。
54 李怡，〈《七十年代》怎麼樣呀？——回憶徐復觀先生〉，曹永洋等編，《徐復觀教授
　紀念集》（臺北：時報文化出版事業公司，1984年），頁76-78。

治胃癌的手術，把胃割了一半左右[55]。八月二十二日上距五月二十九日不足三個月；胃要割掉一半，則可知病情定必相當嚴重。由此推知5月底時，徐先生的病況已然不輕。是以徐先生面晤廖承志時，想必以健康為由而婉拒赴大陸看看的邀請。廖氏既提出赴大陸看看，則順便提出治病的建議，自是情理之可有、當有。

上引文中，牟先生又談到經國先生。牟先生並進一步說：

> 徐先生為什麼和蔣經國先生鬧得這麼不愉快呢？我也不知道。我曾問我們新亞研究所的老同學，據他說，因為周恩來死的時候，徐先生表現得太過份了。周恩來也不是好東西，你對周恩來那麼客氣幹什麼呢？這個也是不對的啦！還有一句話我也是聽說，我沒看見徐先生那一篇文章有這句話，他說：「大陸是傳妻，臺灣是傳子，傳子總比傳妻好一點！」有這篇文章嗎？你們諸位有沒有看到，我沒看到這篇文章。聽說蔣經國先生看到了，他傷心了。（〈紀念文〉，頁13）

這段話，筆者想處理三個問題，一是徐先生對周恩來的所謂「客氣」的問題，二是徐先生和經國先生鬧得不愉快的問題，三是傳子、傳妻問題。徐對周的「客氣」問題，我們先從徐先生對周的觀感談起。在〈悼念周恩來先生〉一文中，徐先生說：

> 一九四三年中共內部發動了整風運動，周大概在這年五、六月，返延安參加，常常到招待所來看我。和他談問題，他總是

---

55 黎漢基、曹永洋編，「徐武軍給均琴信」，《徐復觀家書集》（臺北：中央研究院中國文哲研究所籌備處，2001年），頁467。

通情達理，委曲盡致，決不侵犯到各人的基本立場。……總
之，當與他接觸時，除政治立場外，似乎還有一種共同的「人
的立場」的存在；這在共產黨員中，是不容易找到的。……在
批孔運動中，江青們以「巧偽人」來影射他，攻擊他；但在此
一影射攻擊中，可以推斷出，他在毛的驕傲橫決的權威下，實
盡了許多調停調護之力，使中共政權，能撐持下去。當我每想
到「調停頭白范純仁」的一句詩時，總為他難過[56]。

在〈周恩來逝世座談會〉一文中，徐對周的「客氣」更勝前文。茲僅
轉引數句如下：

> ……所以我反省淌眼淚的原因，我很坦白說，我之愛周恩來先
> 生，主要是就我對國家的希望，為自己國家的前途著想。……
> 他在人與人之間有真正的人情味，他個人生活相當嚴肅。在政
> 治中有真正的人情味，這是很少很少的。……最完滿的共產黨
> 員。他守著他共產黨的立場，但做人方面，很完滿，圓熟。[57]

相對於徐先生，牟先生一輩子直來直往，對人從不假借。你是共產黨
人，一切免談。周既係共產黨人，那必然被認定為「也不是好東
西」，然而，徐先生竟然以「客氣」待之，那當然被視為「表現得太
過份了」。至於第二個問題，即經國先生與徐先生鬧得不愉快的問
題，則其來有自，徐對周的「客氣」恐怕不是箇中原因，或至少不是
主因。按：徐先生與經國先生的接觸，應始於民三十六年（1947），

---

56 徐復觀，《徐復觀雜文補編》（臺北：中央研究院中國文哲研究所籌備處，2001），冊
　　五，頁385-386。
57 《徐復觀雜文補編》，冊五，頁390-394。

即徐先生建議蔣公成立一個「新組織」之時。其後,即一九四八年之後,徐先生與經國先生的接觸便更多。徐先生認為經國先生「對朋友熱情而富幽默感」,並進而感覺到「在我這一方面,漸漸對他發生了友誼」。筆者相信,在經國先生來說,當時也應該漸漸地對徐先生發生友誼的。然而,好景不常。徐先生的一席忠言,竟把友誼弄了個大**翻轉**。事緣民國三十八年初當蔣公決心改造國民黨而把重責大任交付給經國先生之時,徐先生卻說:

> (相關會議)第一次在上海湯恩伯先生公館裏開會,推定負責人,大家推谷正綱先生擔任書記,推經國先生擔任組織。我當時說:「目前以團結為第一。黨內有些部分對經國兄不滿意,所以我覺得暫時退後一步較好。」我的話,完全是為蔣公當時的處境著想而說的。對經國先生的才略,我此時已非常欽佩,決沒有半絲半毫的他意。[58]

然而,正所謂「言者無心,聽者有意」。在經國先生聽來,恐怕必以有「他意」解讀徐先生的話而感到很不是味道的。筆者認為兩人鬧得不愉快大概以此為關鍵。此外,或有其他原因,這裡就不擬細考了。無論如何,徐、蔣確實是有過不愉快的經驗,或所謂節過的。徐先生給兒女們的一封信當可為證。先生患癌症而考慮移居臺灣時,嘗於一九八〇年十一月四日給兒女們捎了一封信。信中說:「……所以我想決心離開香港。但住臺灣,第一,蔣某(按指經國先生)願不願

---

58 本段及上一段「」中之文字,皆見上揭〈垃圾箱外〉,頁37-44。徐先生的東海學生陳文華則有另一說法。他說國民黨改造名單沒有徐先生,且「要他再去向搞特務出身的蔣經國效忠,他丟不起這個臉。於是急流勇退,……」陳文華,〈徐復觀與胡蘭成唐君毅羅孚的奇緣〉,《亞洲週刊》電子雜誌,卷26,期5(2012年2月5日)。

意？」59「蔣某願不願意？」這一句話，已很可以看出蔣、徐間可有
的恩怨了。

　　至於「傳子、傳妻」問題，牟先生說不知道徐先生確有寫過相關
文章否？按：徐先生確曾為文討論過相關問題。此即〈毛澤東與斯大
林的同異之間〉一文。文章是用王世高的名義（按：王世高是師母的
名字）在一九七二年（時蔣、毛俱健在）發表的。文中有云：

> 在中國長期專制中，傳太子是大經，傳皇后是變局。蔣先生對
> 於蔣經國，出之長期培養之後，得之於從容揖讓之間，兩相比
> 較，我覺得蔣先生比毛澤東又偉大太多了。60

然而，〈毛澤東與斯大林的同異之間〉收入一九八〇年在臺灣出版的
《徐復觀雜文──論中共》一書時，上引文的語句全刪去，是以蔣經
國一九八八年逝世前是否有機會得以閱覽，實不無疑問。當然，如果
經國先生一直派人追踪、監視徐先生的一言一動，則徐文雖以王世高
的名義發表於香港的《明報》，恐怕還是逃不過經國先生的耳目的。
但筆者認為經國先生不會在這個地方費這麼大的力氣。然而，牟先生
說：「聽說蔣經國先生看到了，他傷心了。」如果真被經國先生看
到，其傷心是很可以理解的。讀者也許會產生疑惑說，上面的幾句話
不是很推崇蔣氏父子嗎？「大經」、「長期培養」、「從容揖讓」、「偉大
得多」，不都全是正面的稱述嗎？經國先生何傷心之有？然而，筆者
要指出的是，四大正面稱述，抵不過「長期專制」一語！在這個大

59　〈家書編號283〉，《徐復觀家書集》（臺北：中央研究院中國文哲研究所籌備處，
　　2001年），頁470。

60　王世高，〈毛澤東與斯大林的同異之間〉，《明報・集思錄》，1972年6月5日；又收入
　　《徐復觀雜文補編》（臺北，中央研究院中國文哲研究所籌備處，2001年），冊五，
　　頁292-293。

帽子下，所有稱述、推崇，或許恰恰成為最大的反諷而已。徐先生當時也許慮不及此[61]。後來（即1980年）《徐復觀雜文－論中共》由臺灣時報文化出版事業公司出版之前，是經過徐先生高足蕭欣義先生彙集、校勘，復經出版社楊乃藩社長過目，所有文章又「均經復觀先生親自整理」的。（詳參《徐復觀雜文・自序》及楊乃藩的〈跋〉文。）所以上引文之被刪掉，大概是徐先生本人的意思；蓋深思熟慮後，想到四大稱頌只會弄巧反拙，越描越黑而已。當然，之所以刪掉，也許未嘗沒有其他考量，如出於表示對經國先生的尊重，或為了多一事不如少一事，或為了不要增加幫忙出版該書的中國時報董事長余紀忠先生的困擾吧！

（三）魯實先罵徐先生

魯實先先生（1912-1977）在《史記》、文字學和曆算學方面皆有非凡的成就，徐先生恭維魯先生而認定這是「他的三絕」[62]。按：魯先生平素喜歡罵人。牟先生便慨乎言之。

> ……平常的時候，他們（按指東海大學的同仁）對徐先生多好
> 啊！天天跑到徐府去吃飯，說恭維話，等徐先生一旦不做系主
> 任，第二天就找魯實先出來罵，天天罵徐復觀。魯某人是徐先
> 生請來東海的，如今竟來罵徐先生。每天上課開頭五分鐘罵徐
> 復觀，下課再罵五分鐘，還是罵徐復觀，他說「我非要把徐復
> 觀罵走不可」。你看這不是人心大變嗎？（〈紀念文〉，頁8）

---

61 當然，也有可能是根本不予理會，因為謳歌和宣揚民主（含與父子世襲為對反的民主選舉制度），乃徐先生畢生所追求者。

62 徐復觀，〈悼魯實先教授〉，上揭《徐復觀雜文——憶往事》，頁197。

按：魯先生去世後，徐先生嘗為文悼念之[63]。文中全看不出徐先生懷有甚麼怨氣。當然，縱然有怨氣也不會寫在悼念的文章上。然而，若真有怨氣，則悼念文章根本可以不寫。所以筆者起初懷疑是不是牟先生記錯了，或所謂張冠李戴？那麼誰是「張」呢？筆者懷疑是梁容若（1904-1997）。然而，根據自稱迄魯實先之卒而二十八年來一直與魯實先維持親若父子的師生情誼的逯耀東先生，則有如下的記載：

> 罵人是實先師很難改的脾氣。但他罵人也有一定範圍的，凡批評孔子者罵，凡學不實而欺世盜名者罵。不過有時也會一時感情激動罵出了範圍。我說，也許你罵的都該罵，只有某先生不該你罵，他不僅很尊重孔子，而且也有實學，更重要是人家把你請到東海去的，人得飲水思源，他斜著眼看著我說：「罵都罵過了，怎麼辦？」「怎麼辦？寫信去道歉呀，」……第二天實先師來到我服務的書店，告訴我昨晚已寫了道歉信，今早掛號限時寄出。某先生也是性情中人，後來他們又和好如初了。不久前，某先生返國，他們還把盞歡敘呢。[64]

上引文中逯先生所說的「某先生」，很明顯，指的就是徐先生。（徐先生當時仍健在，逯耀東以「某先生」稱呼之，蓋以此。）根據該文，魯先生確實是罵過徐先生。換言之，逯文可證牟先生不誤。魯先生罵徐先生雖確係事實，但是否如牟先生所說的，徐先生一旦不做系主

---

63 此即上揭〈悼魯實先教授〉一文，見《徐復觀雜文──憶往事》，頁195-198。

64 逯耀東，〈一盞孤燈──悼實先師〉，《中國時報》，1977年12月30日；又載魯實先先生治喪委員會編輯，《魯實先先生逝世百日紀念哀思錄》（臺北：洙泗出版社，1978年）又可參陳廖安，〈魯實先先生論著與徐復觀先生的翰墨錄〉，《徐復觀全集‧追懷》（北京：九州出版社，2014年），頁266-267。《追懷》一書乃《徐復觀全集》背後推手徐先生長公子武軍教授所贈，特此致謝。

任，魯先生便被人找來天天罵徐先生，上課罵，下課又罵呢？這裡便不細究了[65]。稍可補充的是，筆者草擬本文的過程中，嘗修函均琴女士，請教有關徐、牟交往事宜[66]。均琴女士的回信（二〇一五年八月二十五日）[67]附有如下一語：「魯實先教授去世時，先父曾經嘆息若是有安定的家庭生活，魯教授該是可以多活許多年的。」徐先生器量大，且明辨是非，魯先生罵他的事兒早已拋諸腦後，且反過來關心其生活、年壽了[68]！又：徐先生辭世後，逯先生嘗撰〈今年上元──遙祭

---

65 筆者在閱讀逯文之前，嘗於二〇一五年八月下旬修函徐先生長女公子均琴女士，以確認上、下課皆大罵徐先生的人到底是魯實先，還是梁容若。均琴女士翌日（八月二十九日）覆我信，信中說：「……先父知道魯實先教授是沒有心機的人，容易受人煽動。始終珍惜，愛護魯先生的才華。」此外，又把逯耀東先生悼念徐先生的〈今年上元──遙祭徐復觀老伯〉一文傳送過來給我。其中有關魯罵徐及後來兩人和好如初的情節，如同〈一盞孤燈──悼實先師〉，不贅。稍可作點補充的是，文中還記錄了魯先生當年流落香港而得到徐先生幫忙乃可在《民主評論》賣文章一事。〈今年上元──遙祭徐復觀老伯〉收入《徐復觀教授紀念文集》（臺北：時報文化出版事業公司，1984年），頁137-140。

66 不數日，均琴女士回信。其相關內容如下：「印象中，當年在東海大學，先父跟牟伯伯經常相互串門子。我們小孩在後面聽得到他們在客廳意氣飛揚的聊天。但是對他們談的內容因為自己佔不上邊而沒有什麼印象。只記得一點零碎的閒話。先父（跟先父的老友涂壽眉伯伯）覺得牟伯伯需要有一個安穩的家，正常的生活起居。對牟伯伯的婚事非常關心，盡力促成。他們對朋友『正常的生活起居』很重視。……很抱歉只記得這點「閒話」。很後悔先母在世時，沒有跟她多談談各方面的往事。」組織家庭並過正常的家庭生活，人之大倫繫焉。儒家對此尤其關注。均琴女士的所謂「零碎閒話」，正可充份反映徐先生儒家性格的一斑。

67 上文註六十四所指的是另一信；讀者不可混。

68 二〇一七年六月二十三日東海大學嘗舉辦以下活動：「徐復觀教授學術講座」授權暨成立大會。會中派發了由徐先生家屬印製的《凱風自南》一小手冊。手冊編者輯錄了徐先生離臺後，師母寫給徐先生的一封信。有關徐、魯的情誼，則有如下的記載：「……昨天晚上接魯實先，先生打電話說他今天要到我家來一趟，我說很歡迎。今天九點多來了，拿來一本西安半坡的書來，另一本因正付印等等印完後再還來，又再一本關於淮南子的什麼書，他說曾還你。他說你忘了，叫我找找，你把書名告訴我。他主要的來意，和我談了一些話，他是真誠的愛護你的，他說他要寫信

徐復觀老伯〉一文以致其哀。其中記錄了徐先生在逯先生面前稱讚魯
先生的一句話,附錄於此:「魯實先寫古文,臺灣第一。」然則可見
徐先生對魯先生的稱譽,又不以「三絕」為囿限了。按:魯先生能詩
善文,嘗撰〈題贈徐復觀先生〉五律一首,頗可見徐先生之性情及學
問所在,茲轉錄如下:

> 徐子才無敵,驚人獨出群。譚鋒摧百代,筆陣掃千軍。
> 肇理歸心性,傳經厭子雲,末流吾道器,於此見斯文。[69]

徐、魯之相互欣賞、稱譽,於此可見一斑。在〈紀念文〉的文末,牟
先生說:「今天拉雜地說了我個人和徐先生的關係,你從這些地方就
可以了解,可以透入徐先生學術方面的成就。」(〈紀念文〉,頁13)
孟子說:「頌其詩,讀其書,不知其人,可乎?是以論其世也。」
(《孟子・萬章下》)牟先生蓋深得孟子之旨:藉著描繪徐先生的生平
(尤其含牟先生本人與徐先生關係的種種描述),以使聽受者了解、
透入「徐先生學術方面的成就」;然則其用意亦可謂既深且遠矣。

給你的,你若回他的信時,你該說謝謝他對我談話的好意,他說的什麼等我當面告
訴你,寫起來太麻煩,但我聽了他講話我難過了很久。……」手冊編者針對上引
文,嘗下一按語:「魯先生是性情中人,在東海大學教書時有陣子受人慫恿與先父
疏離,從這段信中可見事後魯先生與先父情誼如故。」二〇一七年七月七日,均琴
女士從美國來信,指出說:「……很慚愧沒有早點把先母留下的信稿仔細過目。否
則『凱風自南』裡先母記載的魯實先先生造訪的誠意,是可以為你書中提到的魯先
生與先父間的情誼作定論的。」按:均琴女士所說到的「書」,乃指拙著《政治中
當然有道德問題——徐復觀政治思想管窺》(臺北:臺灣學生書局,2016年)。拙著
中提到徐、魯情誼的,見頁570-573。
69 陳廖安,上揭〈魯實先先生論著與徐復觀先生的翰墨錄〉,頁269。

儒學與新儒學的分野
——從牟宗三的《周易》觀再析孔子易學

毛炳生

華梵大學東方人文思想研究所

一　前言

　　筆者曾於民國一〇二年（2013）六月的《新亞學報》上發表了一篇題為〈新儒學發展三階段論〉的論文，以戰國末期（或謂漢初）成書的《易傳》為第一階段，宋明理學為第二階段，民國成立後迄今為第三階段。文中並論述孔子（前551-前479）思想的哲學成分少，不足以稱為哲學。研究儒家哲學的人，通常都會把源頭上溯至孔子、孟子（前390-前305）；孔孟的確為儒家哲學的發端者，但以西方哲學「愛智」的角度來說，孔孟的「哲學」還在原始狀態，並無嚴密的系統性，只是根苗，與其稱為哲學，毋寧稱為思想。就思想方面說，孔孟的思想是十分成熟的，毫不原始，往後學者儘管再怎麼研究發展，也無法脫離他們的基本內容。思想屬於行的問題，哲學屬於知的問題，實在不宜混為一談。「儒家哲學」一詞是民初梁啟超（1873-1929）所創，但他對這個新詞其實並不滿意；因為他也感知到儒家思想是一種道術，強調的是實踐，而非「愛智」。作為儒學或新儒學的源頭，孔子的思想到底有多少哲學成分，本文擬透過當代新儒家牟宗三（1909-1995）的《周易》觀，再作深層的剖析。

二 牟宗三的《周易》觀

　　資料顯示，新儒學是從《易傳》發展出來的。新儒學的第二階段宋明理學，北宋部分，理學的奠基者北宋五子——周敦頤（1017-1073）、張載（1020-1077）、邵雍（1012-1077）、程顥（1032-1085）、程頤（1033-1107）等，他們的學術思想無不與《易傳》有關。魏·王弼（226-249）所傳《周易注》，就《周易》文本部分來說，是一部叢書，內含《周易》與《易傳》。漢人以為傳是解經的，《易傳》十篇是孔子作，是經的羽翼，故又稱《十翼》。《十翼》附經之後，《周易》便成為一部叢書。程頤作《易傳》，所解的《周易》即是這部叢書，尤其是對《十翼》的闡發，他更是不遺餘力，對日後儒者與宋明理學的影響十分深遠。當代新儒家學者如馬一浮（1883-1967）、熊十力（1885-1968）、唐君毅（1909-1978）、牟宗三諸先生，莫不研讀過程頤《易傳》，對程頤易學思想應有一定程度的認識與瞭解（儘管是誤解與偏解）。牟先生的易學著作有兩本：一本是《周易的自然哲學與道德函義》，自稱作於北京大學學生時代，時年二十四歲，原書名是《從周易方面研究中國之玄學及道德哲學》，改易書名後於民國七十七年（1988）交由臺北文津出版社印行。另一本是《周易哲學演講錄》，分兩部分，前二十一講係在新亞研究所一九九二年的授課錄音資料；後九講是一九七三年的授課錄音資料，由其弟子盧雪崑教授整理成書，於民國九十二年（2003）交由臺北聯經出版社出版。本文即針對這兩本著作略探牟先生的《周易》觀。

　　《周易的自然哲學與道德函義》不是一本解讀《周易》卦爻辭的著作，從其原書名即知，是研究中國玄學與道德哲學的。作者也說：「吾非專解析《周易》本文者」（〈自序〉一），而是「當作中國的一種形而上學看」（〈重印誌言〉）；本書的價值，「在整理漢易並介述胡

煦與焦循之易學」。（同前）儘管如此，作者對《周易》的觀念仍有所說明，見於該書的〈自序〉一、〈自序〉二與〈導言〉。

見於〈自序〉一。牟認為《周易》含二哲學系統，一屬玄學、一屬道德哲學。除此之外，《周易》尚有三種科學觀念：一、數理的、二、物理的、三、純客觀的。作者並透過對西方哲學與科學演進的簡單陳述，認為古希臘時期科學與哲學不離，哲學家同時也是科學家，他們的思想是從科學產生的，同時也產生哲學。迄今西方科學界仍接受上述三大科學觀念的支配。換句話說，即科學為思想與哲學的骨幹。作者的用意，是企圖以這種觀念套用於《周易》，建立中國的玄學與道德哲學的科學基礎。

但作者說本書的價值之一，是整理「漢易」；因此在實質上，作者乃以漢易為基礎而論述漢人的玄學，而非《周易》的玄學。《周易》的玄學，僅在卦爻象數中蘊藏著，在周代並無發展。在〈重印誌言〉中，作者即自我表白謂：「于《易經》，吾當時所能理解而感興趣的就是通過卦爻象數以觀氣化這種中國式的自然哲學（生成哲學）。」玄學蘊藏於卦爻象數中，而所謂玄學即自然哲學（生成哲學）。而將卦爻象數配合氣化解析玄學的，是西漢人的事，即孟喜（生卒年不詳）、京房（漢元帝時人）等人的易學。作者也說：「我以為解析世界的起於漢，邏輯地、系統地述敘也起於漢。科學的開始，哲學的發端亦始於漢。」（〈導言〉）至於儒家的道德形上學，作者說「並非吾當時所能了解，且亦根本不了解」。作者日後梳理儒家的道德形上學，是從《易傳》開始的，換句話說，當時作者對《易傳》也「根本不了解」。所以他所稱的「道德函義」，也並非儒家道德的形而上哲學。而道德的形而上哲學在《周易》中，跟玄學一樣，是蘊藏在卦爻象數中的。《周易》的原始作用在於卜筮，卜筮是一種預測術。它根據卦爻象數所求得的卦象，用以預測和解答關係人的疑惑。卜筮

結果與關係人的道德行為並無關聯性。將道德行為納入因果關係而預測吉凶，是日後易學的發展，所謂義理易學即由此產生。準此，《周易》本身實未具備此種功能與目的，與其說《周易》含道德哲學系統，毋寧說《周易》含道德哲學的種子。玄學也應作如是觀。

〈自序〉二主要在論述象數與義理並無衝突。作者列舉《周易·繫辭傳》十二條有關「象」的論述，認為：象的意思為方法上的取象之象及法象之象，並非西方哲學上所謂「現象論」之象。法象者，垂象取法之義，乃由取象之象引申而出。有象方可見，有所見即可取法而成器。如無「像似」、「類比」之用，則〈繫辭〉所說的「通神明之德，類萬物之情」即無法做到。作者強調象是「運用言語之必具，不可忘不能忘也」。言下之意，即反對王弼的「忘象論」。至於數，作者認為數就是序、就是理，它顯示出關係和次第，是「物界之條理」。無數即理序不顯，同異莫辨，次第不分，關係不明。「象為思想所取，數為物界所具」，「象之所以可能，唯由物界之有數也」。即謂象數是一體的，不可取此捨彼，或取彼捨此。概括言之，義理不離象數，象數也不離義理，三者並無衝突。

此外，牟在〈導言〉中認為，《周易》所含的觀念很多，包括玄學、物理、倫理、五行、天文、律曆、數學等，是一部集大成的書。作者認為這本書富於調和性，能把不同的概念統馭在陰陽原則之下。

《周易哲學演講錄》後半部是牟先生六十四歲時所講，前半部是高齡八十三所講，其間相隔了十九年。這兩部所講的，依據的主要文本其實不在《周易》，而在《易傳》，前半部講《易傳》，後半部講《易傳》中的〈繫辭傳〉。本書如正名為《易傳哲學演講錄》更為適當。本文梳理牟先生的《周易》觀，主要利用前半部的內容作出歸納。

本書第一講題為「《易傳》──儒家的玄思」，標題即開宗明義地揭示出所根據的文本是《易傳》。牟認為儒家的玄思要通過《易傳》

了解。而《易傳》中「幾」的觀念與《周易》相應，儒家的玄思也是從「幾」字全部展開的。牟認為，「幾」是從象數啟發出來的觀念，所以易理不能離開象數。尤須一提的是，不管《易傳》的作者是否孔子，牟肯定《易傳》出自孔門，代表孔門義理。儒家的玄思與道家的玄思不同，就在這個「幾」字上。何謂「幾」？牟說：「《易傳》：『幾者，動之微，吉之先見者也。』幾就是要動還未動的時候。」[1]他在第二講進一步指出，「幾」屬於氣化，是動態的。中國人講氣化，就是自然造化，「這一套叫做中國式的自然哲學」。[2]牟說，在撰寫《周易的自然哲學與道德函義》的年代，他並不了解儒家的道德形而上學，也不了解道家的玄理。他只是通過卦爻象數以觀氣化這種中國式的自然哲學（生成哲學）。由是可知，《周易哲學演講錄》與《周易的自然哲學與道德函義》在內容上並無關係。但詳讀《周易哲學演講錄》，內容其實就是以「通過卦爻象數以觀氣化這種中國式的自然哲學」為基礎，再往上提出「儒家的道德形而上學」，兩者的理路是前後一貫的。「自然哲學」即形而上學。牟在前書以卦爻象數看，在後書則以《易傳》的文本看，認為儒家的道德形而上學就在《易傳》。這個態度的轉變無疑是受了宋代理學家與民初以來新儒家的影響；而其中程頤即是主要的人物。程頤說：「予所傳者，辭也。」（〈易傳序〉）牟也是針對「辭」來闡發儒家的道德形而上學的。兩人不同的地方，在於著書態度和目的，程頤係針對整部《周易》作全面性地展開文本上的疏解，目的在於對國家治平之道提出一套行事方針；而牟則擷取《易傳》中認為有「玄思」的部分作出梳理，完成一個儒家道德形而上學的學術系統。程頤之學主要是思想的、實踐的，政治的，

1　《周易哲學演講錄》，頁15至16。作者所引《易傳》，是〈繫辭傳下〉第五章。前有「子曰」一語，應為孔子之語。

2　前揭書，頁17。第二講，〈幾──採取最開始最具體最動態的觀點看事情〉。

屬於儒者之業；牟則是哲學的、知識的，屬於學者之學。牟在〈繫辭〉中點出「幾」字，往上，扣著卜筮有預測的、微妙的、神秘的感應作用，以《周易》為源頭；往下，展開儒家玄思的闡述，發展出一套學術系統來。幾，是一個通上通下的關鍵概念。牟能在《易傳》千言萬語中抽點出來，可謂卓識。

　　牟在第三講至第七講中逐步分析指出，乾坤分別代表兩個原則，即創生原則與終成原則。並認為儒家道德形而上學的義理規模都在〈乾象〉。「大哉乾元，萬物資始」，是個本體宇宙論，含有創造性原則。卦辭「元亨利貞」是創造的過程，隱藏著另一原則，這個原則是保聚原則（即終成原則）。「乾卦代表創造性原則，是綱領。在綱領下，終成原則就在裡面完成萬物之為萬物」。而〈乾象〉的「天行健，君子以自強不息」，是「從實踐生活上講，取證於人的實踐生活」。[3]〈文言傳〉：「夫大人者，與天地合其德，與日月合其明，與四時合其序，與鬼神合其吉凶。」「大人」就是聖人，牟認為這幾句話是「人修養的最高境界」。而「先天而天弗違，後天而奉天時」，這兩句話則是儒家道德形上學的綱領。「先天」是超越的意思，「先天地看，聖人的生命全體是德性生命。但聖人還是個人，所以還要說『後天而奉天時』……即遵守天時，不能違背自然趨勢。」這兩句話是兼顧兩面，「一定要兼顧超越與內在兩面，……儒家的全部真理，道德的形而上學就在這裡面。」[4]「《易經》的哲學就是終始哲學，重視一個終始過程。」[5]有始必有終，〈坤〉即象徵終。但終不是終止，而是終成。〈坤〉代表終成原則，成就萬物，由此而萬物生生不滅。〈坤象〉：「坤厚載物，德合无疆；含弘光大，品物咸亨。」牟說：「這幾

3　前揭書，頁35至39。第五講，〈乾象的義理——儒家的道德形上學〉。
4　前揭書，頁45至46。第六講，〈先天而天弗違，後天而奉天時〉。
5　前揭書，頁47。第七講，〈道德實踐是法坤〉

句話很好，是智慧的言語。……君子的道德修養就是法坤，中國文化的綱領就是尊乾而法坤。君子變化氣質，作道德修養總要以厚德載物為標準，不厚就是薄，薄不行。乾代表創造原則，坤代表終成原則，兩個原則都不得了。」[6]

綜合來看，牟先生年輕時論述中國的形而上學，乃由《周易》的卦爻象數發其端，中年後再因《易傳》文辭的啟發，進而將儒家道德與形而上學聯結起來，建立其儒家道德形而上學的學術系統。儒家道德與形而上學的聯結關鍵在《易傳》，由此可知，個人提出的新儒學從《易傳》開始，立論點是沒有問題的。牟認為《易傳》代表孔門義理，而身為始祖人物的孔子到底有多少形而上學的哲學，是值得再深入探討與詳細分析的。

三 《十翼》與帛書《易傳》中的「子曰」問題

要了解孔子的易學，必須從《易傳》入手。王弼所傳《易傳》漢人稱為《十翼》，雖稱十篇，其實只有七篇。分別是〈彖〉上下、〈象〉上下、〈繫辭〉上下、〈文言〉、〈說卦〉、〈序卦〉與〈雜卦〉。唐·孔穎達（574-648）以為，因經分上下，所以〈彖〉、〈象〉、〈繫辭〉也分上下；這是「鄭學之徒，並同此說，故今亦依之」。[7]不管幾篇，歷來學者研究孔子與《周易》的關係，皆以孔書為主，並參考南宋·朱熹（1130-1200）《周易本義》整理過的本子。但自一九七三年湖南長沙馬王堆三號漢墓出土，發現帛書《易傳》之後，情況即有所改變。據大陸學者廖名春教授（1956-）整理所得，共釋出六篇文

6　前揭書，頁52。
7　唐·孔穎達：《周易正義》（臺北：藝文印書館，1973年），卷1〈論夫子《十翼》〉，頁7。

字，約一萬六千餘言，雖然仍有部分殘缺，但已可知其大要。[8]其中除〈繫辭〉見於《十翼》而內容大同小異外，其餘〈二三子〉、〈易之義〉（又稱〈衷〉）、〈要〉、〈繆和〉與〈昭力〉等五篇，都是新資料，極具參考價值。本文即透過《十翼》與帛書《易傳》，綜合探究孔子的易學。[9]本文的立場是，縱使《易傳》非孔子親作，但其中所引「子曰」部分，皆為弟子引述的孔子語。

　　《十翼》中有〈繫辭〉，帛書《易傳》也有〈繫辭〉，據廖教授釋文，列在第二篇。以朱熹《周易本義》的本子校讀，可知帛書〈繫辭〉多假借字、異體字，而句式、用詞偶有不同，反映出兩種版本的〈繫辭〉都曾經過刪改與修飾。〈繫上〉部分，帛書〈繫辭〉主要缺第九章「天數五、地數五」與「大衍之數」二節共一八九字。〈繫上〉保持較完整，而所缺第九章內容主要係記錄成卦方法，可能抄寫的人認為與義理無關，因而略去。[10]〈繫下〉部分，缺文較多，也較凌亂。主要缺第六、七、八、九、十及十一章。第五章缺三則「子曰」，其中兩則見於〈要〉[11]，第十章可能也見於〈要〉的首段，但由於這部

8　本文所引帛書《易傳》資料，主要摘自廖名春教授的釋文，括號內容為筆者所加。廖《帛書易傳初探》及《帛書周易論集》二書均附釋文，兩相參閱，文字略有異同，本文在引用時會互相參酌。同時，為避免打字困擾，一般的通假字皆改用今字。前書（簡稱《初探》，臺北：文史哲出版社，1998年。後書簡稱《論集》，上海：古籍出版社，2008年）。

9　為免混淆，王弼所傳《易傳》，本文稱為《十翼》；帛書出土者則逕稱帛書《易傳》。

10　其實這兩節仍跟義理有關，所載成卦之法，經十八變而成卦，由此才能啟發孔子說：「知變化之道者，其知神之所為乎？」如刪去這一節，孔子的言論便懸空而難以理解，故實不宜刪。

11　所缺三則「子曰」為「危者安其位者也……《易》曰：『其亡其亡，繫于苞桑』。」「德薄而位尊……言不勝其任也。」這兩則見於〈要〉。「知幾其神乎……吉之先見者也。」則不見於〈要〉。

分缺文太多，只能靠零星的存文推測。[12]第八、九兩章部分見於〈易之義〉，文字稍異。[13]以《周易本義》為準，〈繫上〉錄得「子曰」十四條；〈繫下〉十條，共二十四條。而在〈繫下〉第五章通為「子曰」之語，其中有兩條缺「子曰」二字，依文例應該存在，疑為漏抄所致，宜補回。[14]所以總數實應為二十六條。這二十六條主要分兩部分，一部份泛論易道，共六條；一部份為申論爻辭義理，共二十條。

《十翼》中的〈文言〉主要在申論〈乾〉〈坤〉二卦爻辭，在〈乾〉卦有「子曰」六條，分別申論〈乾〉的六爻爻辭。〈坤〉卦〈文言〉雖然沒有「子曰」二子，觀其內容，應為孔子弟子綜合孔子之意寫成，可能也雜有個人之意，可視為孔門義理，不列入「子曰」條。小計《十翼》中的〈繫辭〉與〈文言〉，共錄得「子曰」三十二條。

至於帛書《易傳》部分，除〈繫辭〉外，第一篇是〈二三子〉。內容全是弟子問《易》，而孔子回答之語，性質與《論語》相同，屬語錄體。據釋文，共計二六七一字。其中四八九字無法辨認，是為缺文。而廖教授據上下文義，補了一八四字。筆者錄得「孔子曰」三十七條。其中二十九條明載「孔子曰」三字，有二條缺「孔子」二字，獨留「曰」字，依文例，應補回「孔子」二字。而另有八條有缺文，經廖所補。二三子問《易》有三條，一問「龍之德」，一問人君是否

---

12 廖補文：「……〔兼三才而兩之，故〕六；六者非〔它也，三才之道也〕。……道〔有變動，故曰〕爻；有等，〔故曰物〕……」據此，則前面所缺文字，應含〈繫下〉第十章「《易》之為書也，廣大悉備，有天道焉，有人道焉，有地道焉」等語；而後段必含「物相雜，故曰文。文不當，故吉凶生焉」等語。

13 如第八章「《易》之為書也不可遠，為道屢遷」，〈易之義〉作「《易》之為書也難前，為道就遷」；「唯變所適」作「唯變所次」……。第九章「《易》之為書也原始要終以為質也」，〈易之義〉作「《易》之義贊始，□終以為質」；「則思過半矣」，作「而說過半矣」……。

14 〈繫下〉第五章缺略「子曰」的兩條分別是申〈噬嗑·上九〉與〈損·六三〉爻辭。

會「至於飢」，一問何以「聖人之口不箴」。孔子除分別回答外，並引用各卦爻辭申論其他義理，由弟子輯錄，類似筆記。內容有論治道者、有論事理者、有論品德者。

帛書《易傳》第三篇為〈易之義〉。〈易之義〉又名〈衷〉。「衷」字原附於文末，並有「二千」字樣，應指字數，即〈易之義〉有二千字。而「衷」字，廖以為人名。古書編制之例，以篇章首二、三字為篇名，「易之義」即為該篇首三字（除「子曰」外），故宜用作篇名，不宜用「衷」字。〈易之義〉非問答體，篇首即用「子曰」開頭，似為弟子記錄乃師授《易》的筆記，共計二十一條。依內容看可分兩部分，一部份泛論易道，另一部份為爻辭申論。而其中有一節「子曰」說：「〔昔者聖人之作《易》也，幽〕贊於神明而生占也……，數往者順，知來者逆，故《易》達數也。」[15]這一節與〈說卦〉前三章文字稍異而大同。換句話說，〈說卦〉前三章乃為孔子語，今本〈說卦〉為孔門後學整理，刪除「子曰」二字，再摻入與占筮有關的現成資料而組成。推測抄寫人之意，似乎是為了要躲避當時秦統一之後的禁書之禍。

第四篇為〈要〉。「要」字原也是附於文末，並有「千六百冊八」五字。依〈易之義〉的抄寫文例，「要」可能也是人名，[16]「千六百冊八」應為該篇字數。由於〈要〉的篇首即有缺文達三十七字之多（廖已補後七字），無法用篇首二三字作為篇名，於是取末字「要」，退而求其次的作法可以理解，也有可能。〈要〉可分三段。第一段缺文甚多，全段共計八三五字，缺文達五一二字。所缺文字多在前段，後段

---

15 〔〕內文字是廖所補缺文。

16 廖以為「要」為「摘要」之意，與〈衷〉的思考方向不同。筆者以為，如「衷」為人名，「要」也可能是人名；如「要」為摘要之意，則「衷」便不宜作人名看。衷也可能是「中」的借字。〈易之義〉載「子曰」：「萬物之義，不剛則不能動；不能動則无功，恆動而弗中則〔亡，此剛〕之失也。」明顯有「中」的思想。

較為完整，可以分辨內容，多為帛書〈繫下〉第五章所缺文字，存「夫子曰」四條（含廖所補兩條）。第二段為孔子與子貢的對話。子貢質疑乃師「老而好《易》」的作法不當，孔子提出辯解。這段記錄一方面成為史遷記載孔子「晚而喜《易》」的地下鐵證，一方面能充分反映孔子晚年思想轉變的心路歷程與易學方法，十分珍貴。這一段記錄「夫子曰」一條，「子曰」三條。第三段記錄孔子「繇《易》」，並對〈損〉〈益〉二卦提出的新觀點，認為《易》「有天道」、「有地道」、「有人道」，而「損益之道，足以觀天地之變而君者之事已」。這一段缺文甚少，十分完整，將於下文詳論。

第五篇為〈繆和〉。篇首即以「繆和問於先生曰」開始，可以確知「繆和」為人名；文末亦有「繆和」二字。除了繆和三問於「先生」外，這篇還記錄了呂昌五問、吳孟二問、莊但、張射、李羊各一問，孔子均一一作答。文中出現「子曰」二十八條、「孔子曰」一條，共二十九條。廖認為〈繆和〉的「先生」與「子」不是孔子，而是「歐陽修所謂的講師之言」；筆者並不同意這種觀點。廖在〈帛書繆和、昭力簡說〉一文中的觀點還包括：〈繆和〉、〈昭力〉這兩篇很少提到孔子，其思想具有較強的綜合性，具有戰國末期學術的特點；其中有由「天道」推「人道」的內容，是儒家與黃老思想的交雜；而釋「謙德」時，又揉合了儒道兩家思想。[17]這些理由似乎不夠堅實，很容易被推翻。一、文中「先生」二字為師長之意。《論語・為政》即有「有事弟子服其勞；有酒食，先生饌」之語。「弟子」與「先生」對舉，可知「先生」就是師長。「先生」還有一層含義，就是其人必為老者，也是晚輩對長者的敬稱。孔子周遊列國後返魯，其時已六十八歲，已是一位老者。〈繆和〉載：「繆和問於先生曰：『吾年歲

---

17 廖名春：《初探》，頁21至30。

猷（猶）少，……』」由此可知在年齡上繆和與孔子有極大的差距。他可能初入孔門，交情尚淺，所以不用較親暱的「夫子」稱呼孔子，而用較客氣的「先生」。〈繆和〉中「子曰」應是「孔子曰」之省，共二十八條。如果推斷沒錯，就無須每條再加「孔」字；而「少提到孔子」的說法便不能成立了。比較突兀的是文中只有一條「孔子曰」，可能是抄寫人不小心誤加，「孔」應是衍文，依文例該刪去。而由此亦可順勢推知，在抄寫人心目中，已認知「子」即為孔子，否則不會誤加「孔」字而是加入另一姓氏，如曾子、有子之類。二、自孔子論《易》之德義後，這種學風似乎並不被某些弟子如子貢等所接受，沒有受到重視。曾子（前505-前436）、子思（前483-前402）、孟子一系即沒有傳承這一學風，戰國末期的荀子（前313-前238）也不依《易》立說。前文提到孔子晚年既有逐卦「繇《易》」之事，則《易》六十四卦三百八十四爻的爻辭大致都經孔子閱讀、思考，並可能著於竹帛。孔子在「繇《易》」之餘，跟弟子討論是極有可能之事。〈繆和〉篇對爻辭有很多以政治為主的開創性說法，語氣堅定，似非當時弟子所能及，出自孔子的可能性較高。孔子死後，弟子也只能夠在孔子易學的基礎上引申發揮。如在哲理上的提升與推衍，或加入一些孔子身後的歷史，或加入有關卜筮的成說。這些言論都不冠上「子曰」二字，如〈繫辭〉中沒有「子曰」的部分，都可視為這類作品。三、由天道推人道，正是孔子晚年思想的轉變，從上述〈要〉篇中孔子論〈損〉〈益〉二卦即知。這種轉變跟黃老思想無關，孔子生命的最後二年，已進入戰國時代，這時黃老思想應尚未形成，充其量只有老子思想，但其時老子出關潛居，他的思想應尚未流行。孔子曾向老子問禮，對老子思想應有相當程度的了解。[18]天道是老子的觀察

---

18 司馬遷《史記》在〈老子韓非列傳〉中記載，孔子曾用「龍」來比喻老子，由此可見他對老子的景仰。孔子不是一個逢迎的人，不了解老子的思想，他是不會這樣說的。

對象與思想來源，觀察對象與思想來源並不能侷限於某個學派才有，而某個學派不能有。我們分辨學派的性質是以「主義論」為依歸，而不採「方法論」。老子觀天道的結果，提出「無」、「有」的概念，主張清靜無為。而孔子不從「無」、「有」解釋天道，卻也主張「無為」，但他兩人的「無為」內涵是不同的，不能因為孔子也主張「無為」，因而片面認定他揉合了老子思想。孔子晚而好《易》，固然在於「觀其德義」，但他申論〈損〉〈益〉二卦時，卻是從「四時之變」來講的；四時就是春夏秋冬。孔子說：「《易》有天道焉，而不可以日月星辰盡稱也，故為之陰陽；有地道焉，不可以水火金土木盡稱也，故律之以剛柔；有人道焉，不可以父子君臣夫婦先後盡稱也，故為之以上下；有四時之變焉，不可以萬物盡稱也，故為之八卦。故《易》之為書也，一類不足以極之，變以備其情者也。」這幾句話孔子分明將天地人三極之道統括在《易》內，是孔子由天道推人道的證據。廖既然承認這一段話是孔子的實錄，便不能不承認孔子晚年也有觀天道而推人道的傾向。其實，在〈繆和〉中孔子所提到的天道：「凡天之道壹陰壹陽，壹短壹長，壹晦壹明」，都是自然現象，也是人類共同的經驗。換句話說，是形而下的，不是形而上的，並沒有老子透視式的哲學思維。如果經驗界的認知都不屬於形而上，則孔子的天道論都是形而下的，不能與老子思想等同視之。孔子觀天道而推人道的做法，如果有黃老思想的痕跡，也可視為黃老思想的源頭；日後的黃老思想是從這一源頭上發展出來的。而接著這幾句話後說「人道九（仇）之」，[19] 然後引述了六則史例證明這個道理。孔子意謂人道與天道同具有這種正反相對與互動的自然現象，基本上沒有太多哲理思考，仍是

---

19 九，廖以為即「仇」字。《論集》內的釋文中作「呇」，與去水部的「沿」字近似，筆者曾疑即「沿」字。見《新亞學報》31卷上（2013年6月）〈新儒學發展三階段論〉，頁264。新亞研究所六十周年所慶特刊。

思想而非哲學。由《論語》的內容來看,孔子思想的哲學成分少,論政治、講修德的成分多;而不管《十翼》還是帛書《易傳》,以其中「子曰」等語來看,也可以得出相同的結論。以哲學的態度探討儒家思想,應是日後儒家學術的發展。

另外,大陸學者王化平先生(1976-)《帛書易傳研究》一書,也贊同廖的說法,認為〈繆和〉、〈昭力〉中的「子曰」不是孔子。他列出五點理由佐證其說:一、在《論語》等資料中學生很少直稱孔子為「先生」;二、「子」是當時對男子的尊稱;三、〈繆和〉所記載的越王(前520-前465)滅吳與魏文侯(前?-前396)的事蹟發生在孔子歿後;四、繆和、呂昌的言論有明顯的戰國特色;五、〈繆和〉中的「孔子曰」,丁四新(1969-)先生認為是衍文。[20]

以上五點理由,第一點太牽強,不能因為《論語》等資料很少有弟子直稱孔子為「先生」即否定〈繆和〉、〈昭力〉中的「子曰」不是孔子。以「先生」稱孔子,的確不見於《論語》,而《論語》是孔子弟子、再傳弟子嚴謹選材與編撰的作品,文字經過剪裁與修飾。如稱錄孔子之語統一編定為「子曰」,稱其他師長則冠以姓氏,如曾子、有子之類。[21]相較之下,其他個別弟子所作的筆記便沒有這麼嚴謹。繆和、昭力用「先生」尊稱孔子,前文已述,在彼此的年齡差距與身分上並無不妥。第二點王先生認為「子」是當時對男人的尊稱,而所引據的資料為《墨子》。細讀他所引錄的四條資料,都不能用來作為〈繆和〉、〈昭力〉中「子曰」不是孔子的證據。姑轉引一條如下再作說明:

---

20 王化平《帛書易傳研究》(成都:巴蜀書社,2007年)頁214-216。

21 《論語》中,只有曾子、有子稱為「子」,程頤即據此認定《論語》為曾子、有子的弟子所輯錄。

> 子墨子曰：「昔者堯舜有茅茨者，且以為禮，且以為
> 樂。……」程繁曰：「子曰：『聖王無樂。』此亦樂也。若之何
> 其謂『聖王無樂』也？」（〈三辯〉）[22]

這是一節墨子與程繁的對話。程繁當面質疑墨子「聖王無樂」的說
法，其中的「子曰」，猶言今語的「你說」。如果考量到程繁是墨子的
弟子的話，「子曰」就是「老師說」。「子」是發話人程繁對墨子的尊
稱，這是第二人稱的直述語句而非第三人稱的旁述語句。《論語》所
稱的「子曰」則是第三人稱的旁述語句。王先生所錄的其餘三條對
話，都是這種形式。而〈繆和〉、〈昭力〉中的「子曰」，跟《論語》
一樣，是第三人稱的旁述語。以兩種不同性質的陳述語句作為類比，
是反映出王先生對〈繆和〉、〈昭力〉本文的誤解。第三點提到越王滅
吳與魏文侯的事跡是孔子身後的事。這些歷史是記錄在〈繆和〉的最
後一段。這一段以《易》證史（或稱以史證《易》），共記錄了六則史
事，每則之末均引《易》某卦爻辭作結，但沒有再作申論。這一大段
明顯不是孔子語，也沒有「子曰」二字，應該是弟子的補充，附錄於
〈繆和〉篇後。這可視為孔門易學的發展。《四庫全書》館臣所謂易
學有「兩派六宗」，義理派的「史事宗」即可在這裡找到源頭。王先
生還提到孔子釋〈困〉卦時，曾引用到「越王困於會稽」的事跡。考
越王句踐被吳困在會稽之事發生於魯哀公元年（前494），孔子時年五
十八歲，正客居衛國，困吳事件並沒有超出孔子的生卒年範圍，這段
話為孔子語，該無問題。至於第五點丁四新先生以為「孔」是衍文，
筆者也認為是衍文。前文已有所說明，這一衍文正好佐證了「子曰」
的「子」即為孔子。

---

22 同注20。並參酌張純一：《墨子集解》（臺北：文史哲出版社，1971年）。

　　帛書《易傳》第六篇為〈昭力〉。文末有「昭力、六千」四字。
〈昭力〉篇首即為「昭力問曰」，可知昭力為人名。而「六千」為字
數。廖以為這六千字是包括〈繆和〉的，是兩篇字數的總和。又說這
兩篇是一體的，「猶如一篇文章的上下兩篇」。[23]〈昭力〉計有「子曰」
九條，它與〈繆和〉既為一體，所以〈昭力〉的「子」字也應指孔
子。昭力三問，一問《易》是否有「卿大夫之義」；二問《易》是否
有「國君之義」；三問《易》是否還有其他義理。孔子皆一一回答。

　　總計帛書《易傳》五篇，共錄得孔子語剛好為一百條，加上《十
翼》中的三十二條，總數為一百三十二條。本文即根據這一百三十二
條「子曰」，探討孔子的易學。

四　孔子晚年喜《易》的再考察

　　孔子晚年喜《易》之說，始見於西漢・司馬遷（前145-86）《史
記》。〈孔子世家〉載：「孔子晚而喜《易》，序〈彖〉、〈繫〉、〈象〉、
〈說卦〉、〈文言〉。讀《易》韋編三絕。曰：『假我數年若是，我於
《易》則彬彬矣。』」[24]「喜《易》」一語，與〈要〉作「夫子老而好
《易》」意思相同。〈要〉又接著說「居則在席，行則在囊」，間接也
證明了「韋編三絕」的記載，信而有徵。至於「序」字，前文已說通
「敘」，音同通假。序有敘述、次第之意，即〈彖〉、〈繫〉、〈象〉、
〈說卦〉、〈文言〉，孔子都依次第逐一敘述。史遷肯定了〈彖〉、

---

23 廖名春：《初探》，頁21。

24 《史記》記述孔子晚年喜《易》的地方有二，另一處在〈田敬仲世家〉，但史遷只
　　是在篇末的贊語中一筆帶過。又：「序〈彖〉、〈繫〉、〈象〉、〈說卦〉、〈文言〉」一
　　語，歷來共有四種解讀，因無關孔子曾否讀《易》的認同問題，本文採戴璉璋《易
　　傳之形成及其思想》一書的說法（臺北：文津出版社，1989年），頁3。

〈繫〉、〈象〉、〈說卦〉、〈文言〉等內容與孔子的關係。孔子曾自稱「述而不作」，序字也符合孔子的說法。文中缺〈序卦〉與〈雜卦〉。唐・張守節（生卒年不詳）《史記正義》說：「序，《易》〈序卦〉也。」[25]把序字作〈序卦〉解；如此一來，序是名詞，整句便缺乏動詞，語意難通。守節忽略了語法上的問題，似乎只是望文生解，不足為訓。[26]文中缺〈序卦〉與〈雜卦〉，即表示所謂《十翼》，當時史遷的認知，只有《八翼》。如果再考慮到《易傳》在當時尚未附經，〈彖〉、〈繫〉、〈象〉不分上下，其實只得《五翼》罷了。自〈彖〉、〈繫〉、〈象〉附經之後，才各分上下。到了東漢末年，鄭玄（127-200）之徒又將〈序卦〉與〈雜卦〉加入，便湊成「十」數。

〈孔子世家〉所載的孔子語與《論語》不同。〈述而〉：「加我數年，五十以學《易》，可以無大過矣。」[27]其中主要缺「五十」與「學」三字。下一句所表達的學《易》結果「無大過」〈世家〉卻作「彬彬」。這兩句話所傳達的意思完全不同。再以《論語》來看，這句話歷代注家也有不同的解讀。前賢探述甚多，本文不擬再參與細節上的討論，只提出個人看法。基本上，個人同意李學勤（1933-）、廖名春兩位教授的觀點。「學易」二字，自唐・陸德明（550-630）《經傳釋文》提出「易」魯讀「亦」之後，有以「學」字斷句，「亦」從下

25　（日）瀧川龜太郎《史記會注考證・孔子世家》（臺北：洪氏出版社，1986年），頁760。

26　《漢書・儒林傳》：「孔子……蓋晚而好《易》，讀之，緯編三絕，而為之傳。」句中「讀」與「為」都作動詞用，與《史記》的「序」字相應。張守節自作新解，卻沒有根據，清人崔述已疑之，曰：「〈世家〉之文，本不分明。或以序為〈序卦〉，而以前『序《書》傳』之文例之，又似序述之義。」見《崔東壁遺書》（臺北：河洛圖書出版社，1975年）第2冊，《洙泗考信錄》卷3，頁40。

27　《四書》為家傳戶曉之書，引文據故宮「寒泉資料庫」，再參各家，故僅列篇名，亦可免繁瑣之累。

讀的說法。而據李教授考證所得，以為「易」與「亦」在上古音韻部不同，前者在錫部，後者在鐸部。西漢以後兩字才開始讀音接近。[28]《經傳釋文》的說法既與先秦時代的實際情況不符，原來的「易」字是確實可信的。臺灣的黃沛榮教授（1945-）更進一步指出，「魯讀」只是傳本的異文問題，不是注音問題；並在李的論證基礎上，提出四點理由，論證孔子確曾讀《易》。[29]至於「學易」的「學」字，廖以為是「孔子自己的謙稱」，[30]固然也是可信的；但筆者想補充一點意見。「學《易》」同時也表示孔子認真的態度與之前不同。《易》本筮書，〈要〉記錄了子貢轉述孔子「它日」（猶言往日）的話說：「德行亡者，神靈之趨；知謀遠者，卜筮之祭。」又「子曰」：「君子德行焉求福，故祭祀而寡也；仁義焉求吉，故卜筮而希也。」這兩句話都充分表明了孔子對卜筮的態度，一向都是不重視的，所以，對卦爻辭未有深刻認識之前，只當它是筮書而已，當然不會仔細閱讀。學則表示態度認真。〈要〉篇還說：「孔子繇《易》至於〈損〉〈益〉一卦，未嘗不廢書而嘆。」這「繇《易》」二字，即透露出孔子對卦爻辭曾反覆閱讀的訊息；而「未尚（嘗）」二字，也反映出孔子繇《易》後確有深切的思考與體會。這種認真的態度就是「學」。[31]〈為政〉：「子曰：

---

28 李學勤：《周易經傳溯源》（北京：中國社會科學出版社，2007年），〈「五十以學易」問題考辨〉頁48至62。

29 黃沛榮：《易學乾坤》（臺北：大安出版社，1998年）。黃曾將《論語》「加我數年五十以學易可以無大過矣」一語，歸納前人之說，共列出七種讀法。詳參氏著其中〈孔子與周易經傳之關係〉一文，頁165至174。

30 廖名春：《周易經傳與易學史新論》（濟南：齊魯書社，2001年），頁151。按：以「學易」為孔子謙稱，此說已見於程樹德《論語集釋》（北京：中華書局，2008年）卷14，頁471。

31 孔子讀〈損〉〈益〉二卦的事，分別見於《淮南子·人間訓》、《說苑·敬慎》與《孔子家語·六本》，但解說的義理內容不同，這反映出可能是孔子在不同時間針對不同弟子所說的話，因材施教。「未尚」二字即間接證明了這一點。

『學而不思則罔，思而不學則殆。』」強調學思並重，正是孔子自身的寫照。孔子不但「學」，而且「思」，所以才會「序〈彖〉、〈繫〉、〈象〉、〈說卦〉、〈文言〉」。因此，〈世家〉的「假我數年若是」一語中的「若是」，宜理解為「像這樣認真研讀和繇《易》的話」，整句話的意思就豁然開朗。此外，筆者擬將〈述而〉與〈世家〉這兩句話的研讀心得，再提出一些想法，以供參考。

〈述而〉「加我數年」的「加」字，〈世家〉作「假」，多數學者以為二字通假，個人也同意這種說法。問題是：「加」通「假」還是「假」通「加」？如果是「加」通「假」，則原文應作「假」，成為假設複句；如果是「假」通「加」，則原文應作「加」，則是條件複句。〈述而〉作「加」，宜為正字，〈孔子世家〉作「假」屬於借字。《論語》編撰嚴謹，也少用假借字；帛書跟它正好相反，而史遷也常用假借字。如果這種看法正確，則〈述而〉的「加」為正字，就是「增加」的意思，[32]孔子此語可以用肯定的條件複句理解而非必為假設複句。[33]而〈世家〉的「假」字，既是「加」的借字，也宜作「增加」理解。整句意思是：再給我數年時間像這樣認真地研讀，我的易學便「彬彬」有成了。「彬彬」一詞也見於〈雍也〉：「子曰：『質勝文則野，文勝質則史。文質彬彬，然後君子。』」孔子認為質勝文，文勝質，雖各有所長，也各有所短；則「彬彬」之意即為適中，恰到好處。文是文章，質是內涵。在「學《易》」來說，就是「序〈彖〉、〈繫〉、〈象〉、〈說卦〉、〈文言〉」，能再給他幾年的時間研讀與闡述，成就便更完美無缺了。孔子在六十八歲自衛返魯後即潛心教學與研

---

32 程樹德引《論語集說》：「加，增也。」《論語集釋》卷14，頁473。

33 廖認為是假設句。「五十以學易」是虛擬條件，「無大過」也是假設結果。其說可通，但必須在「加我數年」之前加上「如」字或「假」字，方能構成假設複句。古文用字省略，或有此意。廖說見《初探》，頁167。

究，七十三歲便離開人世。前後不足五年，既刪《詩》《書》與正樂修史，復「學《易》」而「序〈彖〉、〈繫〉、〈象〉、〈說卦〉、〈文言〉」，時間甚短，而工程浩大，加上暮年的健康想必也不比壯年，體力日衰，用功更少。自知時不我與，於是在講學或與弟子閒談之間，有感而發，而被記錄下來。類似的話他可能跟弟子講了不止一次，因而才有〈述而〉的另一說法。「加」有增加的意思，同時也隱含了如果的意思，兩說是可以並存的。

　　至於〈述而〉的「五十」一語，歷代注家也有兩種見解。歸納來說，有人認為五十即五十歲；有人則以「五」一讀、「十」一讀，即五年或十年之意。主張為五十歲的，又有兩種看法。一種以為孔子在講這句話的時候為四十五、六歲前後；另一看法認為是在孔子六十八歲自衛返魯之後的追述。史遷將「假我數年」一語繫於孔子返魯之後，顯然認定是晚年之語。廖曾詳加論證，確認其符合歷史。筆者也肯定他的論證。我們既同意史遷將「假我數年」這句話繫於孔子自衛返魯之後，就必認為「加我數年」也是在這段時期所說的。這兩句話的前一分句意思完全相同，而後一分句也與學《易》有關。那麼，「五十以學《易》」與「無大過」又如何連結呢？廖不願推測，個人則甚有興趣探究孔子晚年學《易》的心境。孔子所說的「五十」，宜作約數理解，不是實數。孔子在〈為政〉自述其為學歷程時說：「吾十有五而志於學，三十而立，四十而不惑，五十而知天命，六十而耳順，七十而從心所欲，不踰矩。」句中除了「十有五」是較為落實的歲數外，其他數字都是約數，不可能是實數，這從事理的推測可知。一個人的成就和思想不可能非必達到「十」的整歲才會有所改變。所以在理解孔子這句話的時候，宜在三十、四十、五十、六十等數字上加一「前」或「後」字。筆者認為，加一「前」字較為恰當。因為孔子七十二歲卒，如果加一「後」字，似乎太晚，加一「前」字，則各

句一貫，義理較佳。孔子於三十歲前已名動公卿，[34]是三十前而立，不是三十。因此，「五十」宜作「五十前」理解，也不必落實幾歲。如從「五十前」理解，再翻查孔子的事蹟，五十歲那年是魯定公八年（前502），次年孔子五十一歲，開始從政，歷任中都宰、司空與大司寇。他為了要讓三家大夫回歸周禮，策劃了一場「墮三都」行動，但功敗垂成，因而結束了他的政治生涯。那年孔子五十四歲，執政前後四年。次年（魯定公十三年，前497）他離開魯國，歷十四年而返（魯哀公十一年，前484）。[35]途中經歷了多次劫難，如在衛國遭譖，怕獲罪而匆匆離去；在適陳時，由於他貌似陽貨，被匡人圍困了五天；前往宋國時又被司馬桓魋追殺於大樹下，幾乎喪命；最後一次在陳蔡絕糧，連子路（前542-前480）也受不了，直呼：「君子亦有窮乎！」孔子被人笑是「喪家之犬」，他也含笑接受了。這些深刻的經歷對孔子來說都是犯了「大過」而後造成的。在晚年經過深刻反省之後，認為能於五十歲前認真「學《易》」，多了幾年的工夫，日後這些事情都不會發生的，包括那四年的從政生涯在內。[36]為甚麼會如此推論呢？這是反覆閱讀孔子對「龍」的闡述，並參酌個人人生歷練所得到的體會。

　　帛書第一篇〈二三子〉即記錄了孔子有關龍的論述：

　　　　二三子問曰：「《易》屢稱於龍，龍之德何如？」孔子曰：「龍
　　　　大矣！龍形遷叚，賓于帝，現神聖之德也。高尚行虖星辰日月

34　《史記·孔子世家》記載，孔子於三十歲那年，齊景公與晏嬰至魯國訪問，曾會見孔子。如果孔子在三十歲前寂寂無名，齊景公又怎會知道有這號人物。

35　本文有關孔子的生平事蹟，除參考《史記》外，還有錢穆《孔子傳》（臺北：東大圖書公司，1991年）。

36　近讀林義正：《周易、春秋的詮釋原理與應用》（臺北：臺灣大學，2010年），發現林亦持相同論點。見該書頁114。

而不眺，能陽也，下綸窮深淵而不沫，能陰也。上則風雨奉
之，下綸則有天□□□。窮乎深淵則魚蛟先後之，水流之物莫
不隨從。陵處則靁神養之，風雨辟鄉，鳥守弗干。」

曰：「龍大矣！龍既能雲變，有能蛇變，有能魚變昆[37]蟲，唯
所欲化，而不失本刑，神能之至也。□□□□□□□□□□□□
焉，有弗能察也。知者不能察其變，辯者不能察其義，至巧不
能贏其文，□者〔不〕能察□也。成非焉，化昆蟲，神貴之容
也，天下之貴物也。」

曰：「龍大矣！龍之剛德也，曰和□□□易□和。爵之曰君
子：戒事敬合，精白柔和，而不諱賢。爵之曰夫子，或大或
小，其方一也。」[38]

　　這三段話雖然不能完全理解，但據能辨識的部分已足知梗概。龍
是上古動物，《易》〈乾〉卦六爻辭、〈坤·上九〉爻辭都以龍為喻，
可見當時爻辭作者是看過龍的，也知道龍的習性。《左傳》裡也有討
論龍的記載。魯昭公二十九年秋（前513，孔子時年三十九歲）「龍見
于絳郊」（杜注：絳，晉國都），魏獻子向晉太史蔡墨詢問龍的故事。
蔡墨引〈乾〉〈坤〉二卦與龍有關的爻辭，認為當時的人「若不朝夕
見，誰能物之」[39]，證明古有豢龍之官。由孔子對龍的論述，可見他
也是了解龍的。〈二三子〉篇孔子三用「龍大矣」開頭，對龍讚美有
加。孔子又說牠是「天下之貴物」，「神能之至也」。讚美之辭已到了

---

37 昆字，廖釋文作二虫，或認作「丘」，或認作「正」（征）。本文不涉該詞釋義，姑
　　從廖本。
38 第三節引文標點筆者與廖教授不同，故解讀也不同。廖作「龍大矣。龍之剛德也，
　　曰和□□□易□和，爵之曰君子。戒事敬合，精白柔和，而不諱賢，爵之曰夫子。
　　或大或小，亓方一也。」
39 楊伯峻：《春秋左傳注》：「物，謂述其形。」（北京：中華書局，2011年），頁1503。

無可復加的地步。龍之德「剛」，孔子以「君子」稱美牠。「方」，指
行為方正。「或大或小，其方一也」，意謂不管大龍小龍，牠們都行事
方正，值得讓人學習，所以又稱龍為「夫子」。孔子曾向老子問禮，
事後對老子的讚嘆也以龍為喻，被史遷記載於〈老子韓非列傳〉。篇
末贊語說：「老子，隱君子也。」龍能在天上飛，像鳥；能在地上
行，像蛇；又能在水裡游，像魚。但他最大的德行，是知進知退；尤
其是隱的功夫，更為孔子所嚮往。他在〈乾文言〉中回答弟子問「初
九曰潛龍勿用何謂也」時說：

> 龍德而隱者也。不易乎世，不成乎名，遁世无悶。不見是而无
> 悶，樂則行之，憂則違之。確乎其不可拔，潛龍也。

〈八佾〉：「子曰：『君子無所爭。』」所以能「遁世无悶」。符合自己
的理念就做（樂則行之），違反就不做（憂則違之）。龍能有這種「不
可拔」的確定性，所以稱為「潛龍」。〈二三子〉篇也有一段孔子與弟
子談到「潛龍」的對話。孔子說：

> 龍寢矣而不陽，時窒矣而不出，可謂寢矣。大人安佚矣而不
> 朝，識厭在廷，[40]亦猶龍之寢也。

「寢」即寢字。寢龍就是睡龍、臥龍。睡而不起，臥而不出，即為潛
隱之意。「陽」與揚通假，意為飛揚。「大人」指朝中「以道事君，不

---

[40] 識，廖於《論集》作「言苟」。丁四新、汪奇超〈馬王堆帛書二三子疑難字句釋
讀〉以為即「苟」字。又：無厂部的「厭」字與「燕」（宴）字通假，「廷」與
「庭」同。《周易研究》，2013年4期。

可則止」的大臣,不是一般的具臣。[41]這類大臣不願進朝,寧願在家睡臥,過些安逸的生活。為甚麼呢?因為他已知朝廷之事不可為了（時窒）,與其跟朝中士大夫周旋,毋寧賦閒在家（識厭在廷）。「龍寢」是比喻的說法。孔子如能在五十歲前「學《易》」,領悟到「潛龍勿用」的道理,體察時勢,還會答應魯定公（前?-前468）擔任中都宰嗎?〈易之義〉又載孔子的話說:

　　《易》曰:「潛龍勿用。」其義潛情,勿使之謂也。

「勿使」即「勿用」,這正是孔子晚年的心境,也是孔子歷經了十八年政治與流浪歲月後的生活所換來的深切體悟。這種體悟,在他蹭蹬的生涯中尚未領會。途中遇到長沮、桀溺,仍有「鳥獸不可與同羣」（〈微子〉）之意。直至他六十八歲返魯前後,才有所感觸;返魯後在修魯史之餘,與《易》結下不解之緣。[42]「五十以學《易》」的這番話,豈是隨便說說而已。凡有改革時弊抱負的有識之士,在使命感驅使之下從政,幾經歷練之後,通常都會發現事與願違,徒勞無功。這種深切的感受,不是一般書齋學者所能理解的。孔子晚年回顧自己的人生歷程,說「五十而知天命」,這個天命之「命」,不是命運之意,而是使命。[43]由於使命感的驅使,他毅然從政,施展抱負,最後卻落

---

41 具臣,語見《論語・先進》。季然子向孔子詢問子路、冉求是否大臣,孔子回答他,這兩個人只是「具臣」而已。孔子認為,「以道事君,不可則止」,方能稱為大臣。

42 《左傳》裡共有二十一則筮例,孔子修魯史,或許也讀過相關記載。從這些筮例中,隱約可見到了春秋後期,士大夫已普遍讀《易》,而且有以爻辭論政德的趨向。孔子可能是受此啟發才認真讀《易》的。〈要〉記載孔子語說:「我觀其德義耳也。」「觀其德義」,與當時的學術風氣相應。孔子承繼了這種學風,發揮卦爻辭的德義,奠定了義理易學的基礎。孔子開平民教育之先河,部分弟子也接續了這個方向,儒理易學也因此在日後得到發展,以致走上哲理之路,成為新儒學。

43 毛炳生:〈從牟宗三《圓善論》看孔孟命觀〉,《孔孟學報》90期（2012年9月28日）。

得去國懷鄉的下場，顛沛流離了十四年。孔子又說：「七十而從心所欲，不逾矩。」所謂「從心所欲」，不就是「樂則行之，憂則違之」的潛龍心境嗎？這種心境，與他晚年喜《易》的原因有很大的關係。

五　孔子的《周易》觀與解讀方法

孔子藉《周易》發揮德義，與當時的文化趨勢有關。根據《左傳》的資料顯示，春秋時代士大夫藉《周易》卦爻辭議論事理的事例，越到春秋後期便越多。[44]《周易》本是筮書，原屬於王室治國或行事問卜的工具，具有神聖的地位，向來備受治國者所重視，士大夫藉《周易》卦爻辭申論事理，甚至作為諫書之用，多少會發揮一些說服力，因此風氣漸開。但士大夫畢竟不是學術研究者，他們只是在情況有需要時才會引用《周易》，這與引《詩》、《書》的本意是相同的，他們沒有全面性地在學術上開發六十四卦三百八十四爻爻辭義理的想法。孔子在六十八歲返魯以前也沒有這種想法；直至他六十八歲返魯後不再從政，只想專心整理古籍與教育弟子，在《春秋》編撰的同時，對《周易》也產生愛好，因而逐卦「繇《易》」，並經常跟學生討論卦爻辭義理。於是，《周易》的學術地位被提高了，甚至被後人推崇為群經之首。孔子的這番改變，曾引起子貢質疑，以為他「重過矣」（〈要〉）。儘管孔子的回答是「我後其祝卜矣，我觀其德義耳也」（同前），但仍得不到子貢的認同與接受。也因此孔子慨乎言之地說：「後世之士疑丘者，或以《易》乎？」綜觀〈要〉篇所載，孔子之所以晚年喜《易》，是由於對它的認知有了新的看法。換句話說，他對《周易》的觀念改變了。這些觀念包括：

---

44 毛炳生：〈春秋時代的易學發展——從《左傳》筮例考察〉，《新亞論叢》15期（2014年12月）。

（一）在內容上，「《尚書》多閼矣，[45]《周易》未失也，且有
　　　古之遺言焉」；

（二）在功能上，《易》可令「剛者使知懼，柔者使知剛；愚
　　　人為而不忘，漸人為而去詐」；[46]

（三）《易》之所以興起的原因，在於「文王仁，不得其志以
　　　成其慮。紂乃无道，文王作，諱而避咎，然後《易》始
　　　興也」。

孔子將《尚書》與《周易》對舉，認為《尚書》「多閼」而《周易》
「未失」。「閼」為壅塞；壅塞則不通。孔子意謂《尚書》義理，多有
不通的地方，而《周易》則無，而且又有「古之遺言」。有關《尚
書》的論述，〈繫辭〉也有類似的紀錄。〈繫上〉引「子曰」：「《書》
不盡言，言不盡意。」（第十二章）綜合這兩句話來看，孔子是說
《尚書》多有不通的地方，很多話也沒有說清楚，義理並不完備，而
《周易》便沒有這些缺失。〈繫上〉接著再引「子曰」：「聖人立象以
盡意，設卦以盡情偽，繫辭焉以盡其言，變而通之以盡利，鼓之舞之
以盡神。」話中一連用了五個「盡」字，正好用來引證孔子在〈要〉
中「未失」的說法。至於「有古之遺言」，廖以為即文王（前1152-前
1056）之遺言。他以為第三點「文王作」一語即為文王作《易》，所
謂「遺言」當指周文王之道。[47]但細讀前後文意，「文王作」應是文王
「起」之意，不是文王作《易》。〈繫下〉：「包犧氏沒，神農氏
作。……神農氏沒，黃帝、堯、舜氏作。」（第二章）這兩個「作」

---

45 閼，帛書原字為缺「方」部的「於」字，據廖〈帛書《要》試釋〉一文，即「於」
　　字，也是閼的本字。
46 帛書「漸」字，偏旁的水部作人部；「詐」字，從言從作。
47 廖名春〈從帛書《要》論孔子易學觀的轉變〉，《初探》，頁174。

字，都作「起」解，即興起。所以「文王作」也宜解讀為文王興起。史遷〈周本紀〉說文王在羑里時，「益《易》之八卦為六十四卦」，即所謂「演《易》」之事，但並沒有提及卦爻辭的撰作。據民初學者研究，爻辭有文王後所發生的事，[48]文王無法預知，可知「演《易》」所指，是由八卦互相重疊而增至六十四卦，不是作卦爻辭。「文王作」要扣著前一句「紂乃无道」與後一句「諱而避咎」貫通來理解。意謂因紂王的「无道」，文王才會崛起。他深怕紂王猜忌，所以「諱而避咎」。而這種「諱而避咎」的智慧，就是在他「演《易》」時被啟發出來的。武王建國後，由於《易》與文王扯上關係，地位被提高了，得到周王室的重視，成為王室卜筮的工具，所以孔子說：「然後《易》始興也。」孔子從來沒有說過文王作卦爻辭的事。〈繫下〉：「《易》之興也，其于中古乎？作《易》者，其有憂患乎？」（第七章）又說：「《易》之興也，其當殷之末世，周之盛德邪？當文王與紂之事邪？是故其辭危。」（第十一章）這兩段話，都沒有說文王作《易》，只點出《易》興起的時代與卦爻辭具有憂患意識的背景；文中雖無「子曰」二字，卻與〈要〉的「子曰」意思相同。文王因「仁」而興，紂王因「无道」而亡，關鍵在於「盛德」的有無，即孔子強調的「仁」；所謂「无道」亦即沒有仁道。《易》可以啟發人們的智慧，又有國家興亡的道理存在，因此值得「絲《易》」。這是孔子對《易》的觀念，由不重視而轉為喜好的一個主要因素。

　　另一個因素是《易》還有「剛者使知瞿，柔者使知剛；愚人為而不忘，漸人為而去詐」的教誡功能。「剛、柔、愚」指人的材質，「剛、柔」兼指人的性格，「漸」則指人的虛情假意。性格剛的人容

---

48 如顧頡剛〈周易卦爻辭中的故事〉、余永梁〈易卦爻辭的時代及其作者〉等文都有
　考證，詳見《古史辨》，不贅。

易流於過強，柔的人容易流於過弱，剛柔適中，就是中道；中道正是
《十翼》的核心思想。至於「愚人」讀後（為）是否能「不忘」，「漸
人」是否能「去詐」，這是孔子的期許，並非必然。《易》可以作為一
部倫理道德的教科書用，藉以達到這個教育願景。《易》既然有這麼
多好處，重視修齊治平的孔子，豈無大書特書之理？這是他在編撰
《春秋》外的一個重要使命。刪《詩》正《樂》，屬於文化整理的層
面；編魯史與「繇《易》」，卻是孔子政治理想的寄託。孔子既有「後
世之士疑丘者，或以《易》乎」之疑，復有「知我者，其惟《春秋》
乎！罪我者，其惟《春秋》乎」（《孟子·滕文公下》）之嘆，這兩段
話不宜視為巧合，以為孔子隨便發發牢騷而已。

「《周易》未失」、「有古之遺言」，是孔子對《易》在內容上的肯
定。「遺言」當指卦爻辭，「未失」即〈繫辭〉所謂「冒天下之道」。
換句話說，《易》的卦爻辭涵蓋了天地間一切道理。孔子將這些道理
概括為天道、地道與人道論述。〈要〉記孔子繇〈損〉〈益〉二卦時，
對《易》作以下闡釋：

> 《易》有天道焉，而不可以日月星辰盡稱也，故為之陰陽；有
> 地道焉，不可以水火金土木盡稱也，故為之柔剛；有人道焉，
> 不可以父子君臣夫婦先後盡稱也，故為之上下；有四時之變
> 焉，不可以萬物盡稱也，故為之以八卦。

這與〈說卦〉「立天之道曰陰與陽，立地之道曰柔與剛，立人之道曰
仁與義」（第二章）的說法相當一致，可說是一個總綱。上下互動的
人道，不外是仁與義。孔子將天道的運作，抽象化為陰陽（夜與日）
交替；地道的運作，抽象化為剛柔互動；人道的運作，抽象化為上下
對待的仁義；四時的運作，用八卦互相激盪來呈現它的變化。這是孔

子對《周易》思想上的提升。陰陽交替的規律是天道，剛柔強弱的道理是地道，上下對待的仁義為人道。以八卦呈現四時之變，人們即可透過《易》的象與卦爻辭了解這些互動與變化的法則而作出因應之道，天人合德。孔子接著說：

> 故《易》之為書也，一類不足以極之，變以備其情者也。故謂之《易》有君道焉，五官六府不足盡稱之，五正之事不足以至之，而《詩》《書》《禮》《樂》不□百篇，難以致之。不問於古法，不可順以辭令，不可求以志善。能者綜一求之，所謂「得一而君畢」者，此之謂也。〈損〉〈益〉之道，足以觀得失矣。」

孔子認為，《易》以「變」論事，不宜用「一類」來歸類屬性。這種特質是《詩》、《書》、《禮》、《樂》所沒有的。《詩》、《書》、《禮》、《樂》只是「一類」，而《易》卻能「冒天下之道」，是人君亟需要了解與掌握的。「《易》有君道焉」，理由在此。「得一而君畢」，觀前有「所謂」一詞，疑為古語。這個「一」字，應指易道而言。意謂人君如能領會到這個易道，萬變不離其宗旨，一理即能貫通百理，就懂得為君之道了。在〈昭力〉一文中，孔子回答昭力之問時，認為《易》除了有論及「國君之義」外，尚有「卿大夫之義」。而〈旅〉有「商夫之義」，〈无孟〉（无妄）有「邑途之義」、有「戎夫之義」，〈歸妹〉「良月幾望」有「處女之義」。[49]由此可見《易》「冒天下之道」，孔子是確信不疑的。

---

49 〈歸妹・六五〉爻辭：「月幾望」，帛書《周易》作「日月既望」。望為滿月，指農曆每月的十五日，與日無關，故知「日」為衍文。孔子「良月幾望」又與傳本、帛書本不同。「良月」意即滿月，傳本省「良」字，而意思不悖。

　　至於孔子對《周易》的解讀方法，歸納言之，約有三種：（一）解釋事理；（二）借題發揮；（三）藉辭證理。茲再逐一析述如下：

（一）解釋事理

　　所謂解釋事理，是針對爻辭所說的事情，解釋它的道理所在。如〈乾·九三〉爻辭「君子終日乾乾，夕惕若，厲无咎」，孔子在〈二三子〉中解釋說：

> 此言君子務時，時至而動，□□□□□，屈力以成功，亦日中而不止，時年窒而淹。君子之務時，猶馳驅也。故曰「君子終日鍵鍵」。時盡而止之以置身，置身而靜，故曰「夕沂若，厲无咎」。

孔子引文與傳本稍異。「乾乾」與「鍵鍵」音同通假，〈乾〉，帛書作〈鍵〉。乾乾，高亨注：「勤勉努力。」[50]與孔子之意相合。而「夕惕」，〈二三子〉作「夕沂」。沂，廖以為即「析」字，與惕古音音義皆同，作休息解。[51]孔子這段話在解釋「君子終日乾乾」與「夕沂」之所以「无咎」的道理。該動還是該靜，都要看「時」。時至而動，時盡而靜。

（二）借題發揮

　　在解釋事理的基礎上，再進一步發揮義理。如在〈乾文言〉中，孔子對〈乾·九三〉爻辭不再作解釋，而是申論。他說：

---

50 高亨：《周易大傳今注》（濟南：齊魯書社，1988年），頁57。

51 廖名春：《周易經傳與易學史新論·周易乾坤兩卦卦爻辭新解》（濟南：齊魯書社，2001年）頁5-7。

> 君子進德脩業。忠信，所以進德也；脩辭立其誠，所以居業
> 也。知至至之，可與幾也；知終終之，可與存義也。是故居上
> 位而不驕，在下位而不憂；故乾乾，因其時而惕，雖危无咎矣。

這段話，孔子不再解說「君子終日鍵鍵」與「夕沂」的道理，而是在前述的基礎上再申論事理，提出更進一層的說法，認為君子應「進德脩業」，然後講出一番道理來。這種做法，就是借題發揮。借題發揮，難免會「郢書燕說」。

「郢書燕說」出自《韓非子‧外儲說左上》。作者韓非（前280-前233）的本意在於笑人穿鑿附會，扭曲原意。這種作法，不能為聖人避諱，儒家的始作俑者似乎是孔子。站在學術研究的所謂客觀論上，穿鑿附會，扭曲原意固不可取；但在申論義理，借題發揮上，確有它的實用價值。朱熹說：「（《易》）本來只是卜筮，聖人為之辭以曉人，便說許多道理在上。」[52]清人紀昀（1724-1805）說：「是不必然，亦不必不然；郢書燕說，固未為無益。」[53]由於孔子「述而不作」，當他在講論義理的時候，如何陳述論證就是一大問題。他「信而好古」，一方面透過編撰魯史，利用所謂「微言大義」的方式，對歷史人物作出褒貶；另一方面又從《易》的卦爻辭論證事理。在《易》來說，孔子「繫《易》」，旨在發揮卦爻辭的「德義」，不是在解釋卦爻辭的「本義」，這一立場需要分別清楚。換句話說，孔子是要從中講道理，不是作本文研究。了解這一個論述背景，對他的穿鑿附會，曲解原意的做法便不會苛責了。

孔子易學的郢書燕說也有兩種，一種是藉卦名論天道，再申論人

---

52 宋‧黎德剛：《朱子語類》卷65（北京：中華書局，2007年），頁1607。

53 清‧紀昀：《閱微草堂筆記》卷4（杭州：浙江古籍出版社，2010年），〈灤陽消夏錄四〉，頁54。

事。如上引〈要〉「孔子緣《易》至於〈損〉〈益〉一卦，未尚不廢書而嘆」一段，他即從天道的遞變立說：

> 〈益〉之為卦也，春以授夏之時也，萬物之所出也，長日之所至也，產之室也，故曰益（夏）。授（損）者，秋以授冬之時也，萬物之所老衰也，長〔夕〕之所至也，故曰產（損）。[54]

廖以為，所謂「長日」、「長夕」，即二十四節氣中的夏至與冬至。[55]明顯地，孔子將〈損〉〈益〉二卦作四時的遞變與植物的生長與老衰，來說明天道循環與萬物跟天道相應的道理。由這些道理引用至人事上，人道也要跟著天道相應，以作為行事的依據。所以他接著說：「損益之道，足以觀天地之變，而君者之事已。」再如在〈二三子〉中釋〈謙〉：

> 吉，謙也；凶，驕也。天亂驕而成謙，地徹驕而實謙，鬼神禍福謙，人惡驕而好〔謙〕。[56]

這段話後半部分也見於〈謙・彖〉，文字略有不同：

> 天道虧盈而益謙，地道變盈而流謙，鬼神害盈而福謙，人道惡盈而好謙。

---

54 廖在〈帛書《要》試釋〉一文中，認為「故曰益」的「益」字應為「夏」字。「授者」的「授」字有作「損」字者，亦誤。「授者」，應作「〈損〉之為卦也」。因不涉本文討論範圍，姑存而不論。《初探》，頁141。

55 同前注。

56 謙，帛書作嗛。「鬼神禍福謙」句，依前後文法句式，宜作「鬼神禍驕而福謙」。疑為抄寫人漏抄二字所致。

這句話主要將「盈」字改為「驕」字，盈，滿也；驕，傲也。文字稍異，立意大致相同。[57]由卦名推至天道，再藉天道申論人事，天人合德，成為孔子易學的中心德目。

另一種方式是藉爻辭申論人事。如〈中孚·九二〉爻辭「鳴鶴在陰，其子和之；我有好爵，吾與爾靡之。」[58]這段爻辭，高亨以為主旨在於「比喻貴族父子世襲其爵位」。[59]孔子則說：

> 君子居其室，出其言善，則千里之外應之，況其近者乎？居其室，出其言不善，則千里之外違之，況其近者乎？言出乎身，加乎民；行發乎近，見乎遠。言行，君子之樞機。樞機之發，榮辱之主也。言行，君子之所以動天地也，可不慎乎？」（〈繫上·第八章〉）

由父子關係說成君臣關係，強調「君子」言行的重要性。〈繆和〉有吳孟之問，也問到這段爻辭，孔子回答說：

> 夫《易》，聖君之所尊也。……夫鶴□□□□□者所獨擅也，道之所見也，故曰「在陰」。君者，人之父母也；人者，君之子也。君發號出令，以死力應之，故曰「其子和之」。「我有好爵，吾與爾贏之」者，夫爵祿在君，在人，君不徒□（使），臣不〔徒忠。聖君之使〕其人也，欣焉而欲利之。忠臣之事其君也，歡然而欲明之。歡欣交通，此聖王之所以君天下也。故

---

57 帛書改盈為驕，或許是避諱漢惠帝之名。漢惠帝名盈之，字滿。如果屬實，則〈二三子〉抄寫於漢惠帝時代。所疑僅供參考。

58 〈中孚〉，帛書作〈中復〉或〈中覆〉。九二爻辭中，「靡」帛書作「贏」。

59 高亨：《周易大傳今注》卷4，頁480。

《易》曰：「鳴鶴陰，其子和之；我又好爵，吾與爾靡之。」其此之謂乎？[60]

這番解說，孔子將原借代為酒的「爵」（本義為酒杯）說成「爵祿」的爵；將「鶴鳴在陰」說成「君發號出令」，而「其子和之」說成臣子「以死力應之」，很明顯都是郢書燕說。孔子的用意在於申論君臣相待之道。國君要謀求臣子的福利，給予爵祿，臣子才會盡忠。而忠臣之事君，要樂於讓人君能分辨事理（明），上下交心，才會使天下治平。這是聖王君臨天下的道理。日後孟子提出臣子（大人）要「格君心之非」，與孔子的理是念完全相同的。

（三）藉辭證理

辭，即卦爻辭。孔子對卦爻辭不作詮釋，只是引用卦爻辭作結語。〈繫下〉：

子曰：「小人不恥不仁，不畏不義，不見利不動，不威不懲。小懲而大誡，此小人之福也。《易》曰：『屨校滅趾，无咎。』此之謂也。」（第五章）

「屨校滅趾，无咎。」是〈噬嗑·初九〉爻辭。朱熹《周易本義》以為孔子在「釋」〈噬嗑·初九〉爻辭。實則孔子是在以〈噬嗑·初九〉爻辭證明一個道理，那就是面對小人犯小錯的時候，便要施加刑罰，避免他們犯更大的錯。所以「小懲而大誡」是「小人之福」。孔子在說明這番道理後，再引〈噬嗑·初九〉爻辭證明這個道理，「无

---

60 此段文字，改採廖教授《論集》釋文。此文與《初探》所載文字稍異。

咎」就是福氣。所謂「有古之遺言」，即卦爻辭所遺下的古訓。又
〈要〉載「夫子曰」：

> 顏氏之子，其庶幾乎？見幾，又不善，未嘗弗知；知之，未嘗
> 復行之。《易》曰：「不遠復，无祗悔，元吉。」

「顏氏之子」即顏淵（前521-前481）。在《論語》中，孔子曾讚美他
有「不遷怒、不貳過」（〈雍也〉）的美德，「未嘗復行之」即為「不貳
過」之意。這一段話也見於〈繫下・第五章〉，文字稍異，而意思全
同。孔子先說顏淵的德行，再引〈復・初九〉爻辭肯定這種德行是
「元吉」的。《周易》向為王室所重，引用卦爻辭作結論，既具說服
力，又可證明「吾道不孤」，不正是「德不孤，必有鄰」（〈里仁〉）的
另一註腳？

六 結論

綜合前節所述，可知孔子的易學思想處處留心治國之道與人生修
養，屬於義理之學，而不是愛智的哲學。春秋後期，士大夫論述《周
易》的方向主要是透過卦爻辭闡明事理，風氣漸開。孔子處於這個時
代，即受著這種風氣的影響；加上他後半生的人生歷練直接對他產生
催化作用，於是與《周易》結下不解之緣。孔子認為《周易》有「古
之遺言」，取其德義可以作為教誡之用，這是他晚年好《易》的真實
理由。由於孔子「繇《易》」，部分弟子再加以發揚，使得《周易》的
地位提升，在漢代，從卜筮之書搖身一變成為群經之首，思想之源。
所謂義理派易學，實由孔子種其根，發其端。

孔子解讀《周易》的方法有三，即透過《周易》的卦爻辭或解釋

事理，或借題發揮，或藉辭證理。這些方法都跟哲學無關，尤其是不涉及日後新儒家所稱的形而上學，只是純粹地以經驗的觀察所得提出論述和主張。孔子關心的是治國之道，晚年念茲在茲，他對卦爻辭的解釋無不落實於人事。《易傳》是孔門之作，代表孔門義理，已是不爭的事實。孔門弟子在孔子易學的基礎上，進一步申論宇宙生成的自然哲學，配合孔子的道德思想，於是成為新儒學的發端。北宋程頤的《易傳》即闡發其中義理，成為新儒學第二階段的主要人物之一。牟宗三受到程頤及民初新儒家學者等人的啟發，亦透過《易傳》闡發儒家道德形而上學的哲理，並梳理出一套學術系統來。牟從孔子提出的「幾」字作為起點，逐步演繹出新概念，並以《易傳》中的〈乾〉〈坤〉二〈象〉建立起儒家宇宙觀的本體論與生成論的體系，作為道德形而上學的骨幹，開創新說。儒學與新儒學的分野，同時也可以從這個「幾」字得到啟發，看出端倪。

從「幾」及「知幾」看牟宗三先生的易學

周國良

香港樹仁大學中國語言文學系

一　引言

　　透過對傳統中國思想作適切的理解和詮釋，返本開新，展示中國哲學當前之意義與價值，可說是目前研究中國哲學之專家學者，念茲在茲的首要工作。在這方面，牟宗三先生畢生的研究，無論概念的詮釋、系統的分判、以至思想的開展，都有重要的建樹。

　　《周易》在傳統典籍中，稱群經之首，亦為中國哲學思想始源之一。然而回顧牟先生豐碩的著作，除卻早年之《周易的自然哲學與道德函義》，因成書在思想尚未定形之少壯階段，暫且不論之外，[1]若著眼於中年以後，思想發皇成熟之成文著述來看，從《才性與玄理》、《心體與性體》，以至收官之作的《圓善論》，平觀諸書，其內容直接討論《周易》，又或闡述其中義蘊的文字並不算多。質實而言，《周易》的討論，只佔上述諸書之部份章節，又或只在討論別的思想家時，間接有所言及。[2]

1　據牟先生在此書之〈重印誌言〉所述：「此書完稿于民國廿一年……此書只是吾之學思之開端起步，故只能算是青年不成熟之作品」。見《周易的自然哲學與道德函義》（臺北：文津出版社，1978年），頁1及5。

2　牟先生對《易》學之闡述，可見於《才性與玄理》，論王弼《易》學之史迹，管輅

　　然則，從這現象看，是否意味牟先生在思想成熟後，對《周易》並未著意有計劃展開整全的，體系性的探研。又或者甚至可以說，對《周易》未有提出相應的整體看法。過往研究牟先生《易》學的學者，較多著眼於牟先生的少作，側重探討牟先生提出的《周易》之自然哲學思想，又或者就牟先生對漢象數《易》、清焦循及胡煦《易》學之闡釋，施以評議。[3] 然而，其實在牟先生晚年非正式成文，由學生整理講課錄音而成的講課稿：《周易哲學演講錄》及《〈原始的型範〉第二部份〈周易〉大義－先秦哲學演講錄》[4]，當中對《周易》之思想就有精要的剖析。事實上，牟先生講課稿雖然本身屬非正式成文之立說，若仔細研讀，會發現內裡有不少重要的訊息，可藉以發掘並了解牟先生對《周易》的看法。

　　就如在《周易大義》中，牟先生就明白指出《周易》最重要的觀

───────────────

之術數，以及王弼之玄理《易》學部份，（臺北：學生書局，1978年10月修訂4版），頁84-127。另見《心體與性體》（臺北，正中書局，1979年12月3版）第1冊，第1部第5章：〈對於葉水心「總述講學大旨之衡定」〉之第九節：〈《易傳》與周張二程〉，以及第2部第1章，論周濂溪部份，頁297-344。

3　相關的論述，參見：

　　(一) 王興國：〈論牟宗三哲學中的易學研究〉，見http://big.hi138.com/zhexue/guoxue/
　　　　200604/85933.asp#.VfjKE9-qp;

　　(二) 陳明彪：〈牟宗三的漢代易學觀述評〉，見http://www.huamulan.tw/data/content/
　　　　978-986-6449-05-5_c.pdf；

　　(三) 程林：〈牟宗三對胡煦易學思想的發掘〉，《孔子研究》第4期，2006年；

　　(四) 林忠軍：〈漢代易學的解構與重建——論牟宗三對鄭玄易學的哲學解釋〉，《易
　　　　學源流與現代闡釋》，頁415-433；

　　(五) 岑溢成：〈焦循《當位失道圖》牟釋述補〉，《中國哲學之重建論文集》（臺北，
　　　　文津出版社，1995年12月），頁245-254。

4　牟宗三主講，盧雪崑錄音整理：《周易哲學演講錄》，（臺北：聯經出版事業公司，2003年7月初版）。牟宗三主講，盧雪崑整理：《〈原始的型範〉第二部份〈周易〉大義——先秦哲學演講錄》（下文省稱《周易大義》），見《鵝湖月刊》第32卷第7期頁3-9、第8期頁1-7，及第9期頁2-9。

念，就是「幾」。[5]其次，在《周易哲學演講錄》，他亦有「幾是最重要的，幾是具體的……周濂溪體會這個幾體會得最好」之看法。[6]眾所周知，《周易》原初是占卜的紀錄，經整理後方成為具有六十四卦的經文，再經《易傳》的解說和詮釋，更成為具有深刻哲學義蘊的一部奇書。由於《周易》本身乃由占卜而來，而在占卜中，無論龜卜、卦卜、蓍卜，跟「幾」均有極密切的關係。所謂洞悉先機，占卜最重要的就是要「知幾」。

然則，究竟牟先生是基於什麼理據，認為「幾」是《周易》最重要的觀念？他如何看待和理解「幾」？這種看法背後，究竟有什麼《易》學意義？本文就是以「幾」為切入點，據牟先生的講課紀錄為主要文獻，再結合他的其他相關著述，尤其是他對濂溪言「幾」之詮釋，嘗試透過圍繞「幾」為核心之討論，從而進一步綜合探討牟先生的《易》學觀。

二　「幾」的提出及本文的探究方法

在《周易》，〈經〉本身之卦、爻辭並未有提及「幾」這個觀念，「幾」的出現是分別在《易傳》之〈文言〉、〈繫辭〉上及〈繫辭〉下之三段文字，其原文如下：

> 九三曰「君子終日乾乾、夕惕若厲，无咎」，何謂也？子曰：
> 「君子進德脩業。忠信所以進德也。脩辭立其誠，所以居業也。
> 知至至之，可與幾也，知終終之，可與存義也。是故居上位而

5　見《周易大義》，《鵝湖月刊》第32卷第7期，頁8。
6　見《周易哲學演講錄》，頁149。

不驕，在下位而不憂。故乾乾因其時而惕，雖危无咎矣。」[7]
夫易，聖人之所以極深而研幾也。唯深也，故能通天下之志。
唯幾也，故能成天下之務。唯神也，故不疾而速，不行而至。
子曰：「易有聖人之道四焉」者，此之謂也。[8]
子曰：「知幾其神乎？君子上交不諂，下交不瀆，其知幾乎？
幾者，動之微，吉之先見者也。君子見幾而作，不俟終日。
《易》曰：『介于石，不終日，貞吉。』介如石焉，寧用終
日，斷可識矣，君子知微知彰，知柔知剛，萬夫之望。」[9]

綜合三段文字，初步看，據「幾者，動之微。吉凶之先見也」，「幾」
乃指在占筮中，吾人依卦爻變化所呈現的徵象或徵兆，對尚未發生或
預期會出現之事所作的一種理解或體會。此就是「知幾」，可對吾人
因應此徵兆，對所作行為之吉凶，有一種預測或判斷。換言之，
「幾」作為能啟示一個現象出現，一件事件發生，又或者變化最初階
段的那一點端倪，只是剛萌動，還沒有彰顯出來，其本身仍是十分隱
微。要能「知幾」並不容易，故有所謂「知微知彰」及「知幾其神」
的說法。

　　因是，「幾」的作用對了解易理，又或占卜本身，乃顯得十分重
要。它並不是憑空說的先見、先知，而是問卜者憑藉其個人的一種直
觀，對未來之事作出的一種非科學或非經驗歸納的認知。[10]而且，「知
幾」的知，不單純是一種時間上的先知、先見，更是對事情的吉凶禍

7　見王弼注，孔穎達疏，十三經注疏整理委員會整理：〈乾文言〉，《周易正義（十三
　　經注疏）》，（北京：北京大學出版社，2000年12月第1版），頁18。
8　見〈繫辭上〉，同上揭書，頁336。
9　見〈繫辭下〉，同上揭書，頁364。
10　同註4，頁8。

福的一種事先的知曉，可作為吾人行事趨吉避凶的指引，故又有君子「見幾而作，不俟終日」的實踐智慧。

牟先生在《周易大義》主要就是扣緊《易傳》的義蘊，而提出他的看法，而尤為重要的，他明言在《易傳》之後，在宋儒中，尤其周濂溪在《通書》，以「幾」為首出，再結合「誠」、「神」、「幾」三者關係的詮釋，最能揭示「幾」及《易》理的精義。[11]而事實上，牟先生之論「幾」，綜合其成文及不成文之著述，主要就是透過分解濂溪之釋「幾」而立說的。

要知道，從《易傳》提出「幾」，到宋代的周濂溪，上下數千年，其中《易》學家層出不窮，知名的詮釋者甚眾，而《易》學之流派亦屢有更替。由是，本文要恰當了解牟先生為何認為「幾」是《周易》最重要的觀念？本文除重點探討濂溪對「幾」之了解，以及牟先生對濂溪釋「幾」之評價外，《易》學史中關於「幾」之詮釋，其演變之迹亦不能忽略。進一步說，這是一個圍繞「幾」而展開之「觀念詮釋史」的問題。由是，本文透過「幾」探討牟先生的《易》學觀，這不單純是一個觀念的了解及詮釋的問題，背後其實更涉及觀念詮釋的歷史發展及流變之問題。故一定要扣緊詮釋演變之脈絡，探尋「幾」之意義的演變，才能突顯牟先生的《易》學觀在《易》學研究中之意義。因是，為更能彰顯「幾」之意義及詮釋的發展及變化，本文採取歷史發展的角度，從《易傳》對「幾」之界定為始，以《易》學演變的重要階段為經，具代表性《易》學家之詮釋的比對為緯，從而突顯牟先生對「幾」這個觀念的理解，以及其《易》學觀的獨特意義。

至於本文分析的框架，會援用牟先生在《才性與玄理》提出之

11　見《周義大義》，《鵝湖月刊》第32卷第8期，頁1。

「治《易》三系」之看法。依牟先生，由先秦以降，綜括治《易》之流變，大體可區別為三系：

> （一）管輅之術數系：此為「善易者不論易」，不疏解經文，無章句。此可曰「經外別傳」。
>
> （二）漢易之象數系：此按陰陽災異為底子，以爻象互體注經文，有章句。此亦可曰「經外別傳」而附會於經者。此系下開清之兩易家：一曰胡煦，二曰焦循。
>
> （三）「以傳解經」之義理系：此有兩系：一曰王弼之玄理，二曰宋儒之性理。[12]

牟先生三系之區別，側重從《易》學研究角度的差異上立說，然而其中亦大致可勾勒《易》學發展之史迹。在《易傳》之後，先繼以漢代之象數一系，接著為魏晉之際的術數系及王弼開宗之義理系，再下為有宋一代之義理系，最後清代復返象數。牟先生思想成熟後之成文著述，較側重探研「以傳解經」之義理《易》，而「經外別傳」之術數系及象數系，相對討論不多。本文將以上述的分系及演變為框架，以漢象數《易》為始，宋義理《易》之濂溪為終，依次開展對「幾」之分析及探究。

三 象數《易》及術數《易》對「幾」之理解

（一）象數《易》

在現存的《易》學著作中，漢象數《易》學之論著大多散佚，各

---

12 見《才性與玄理》，牟宗三：（臺北：臺灣學生書局，1978年10月修訂4版），頁89。

家之疏解及詮釋常以《周易集解》保存較完整，其中以虞翻的《易》注保留最多，餘者均零散不存。而綜合《集解》所載之各家《易》注，對「幾」有所疏解的資料，事實並不算多。在未討論虞氏看法之前，先看另兩家的注釋：

> 夫易，聖人之所以極深而研幾也。
> 荀爽曰：謂伏羲畫卦，窮極易幽深；文王繫辭，研盡易幾微者也。[13]

此乃荀氏對「極深而研幾」的解釋，「幾微」與「幽深」對稱，表示伏羲所畫卦爻，蘊含之《易》理深遠幽微，而《易》理潛藏之「幾」，亦隱微幽深，需藉文王見解透闢之繫辭，方能展露。依〈繫辭〉上原文，「幾」為名詞，應實有所指。然而，荀氏之註解，則把「幾」轉稱為「幾微」，以形容《易》理本身，至於「幾」本身所指，卻未有進一步具體說明。

> 其知幾乎！
> 侯果曰：上謂五侯，下謂凡庶。君子上交不至諂媚，下交不至瀆慢，悔吝無從而生，豈非知微者乎。[14]

於此，侯氏以「知微」疏解「知幾」，意謂「幾」本身隱微幽深。而知幾之所以為知幾，依侯氏之解，乃指解卦者，能透過上下卦之交互

---

13 見李道平撰，潘雨廷點校：《周易集解纂疏》（北京：中華書局，1994年3月第1版），頁593。（凡下文引錄《周易》及相關疏釋之文字，粗體字為《周易》原文，其餘為疏釋。）
14 同上揭書，頁649。

或互動作用，從而體悟《易》理。「上謂五侯，下謂凡庶」乃發揮〈繫辭〉上「列貴賤者存乎位」之說，漢象數《易》之京房，就以爻位配官爵，六爻各有貴賤等級之位。[15]

綜合荀氏及侯氏對「幾」之疏釋，二者不約而同皆以隱微幽深釋「幾」，而對「幾」本身，二者基本均視為描狀《易》理之形容詞。「幾」大體可視為顯露《易》理之徵象，但「幾」為何能預示吉凶，則未有觸及。

虞翻為東漢象數《易》學之巨子，其學涵消息、卦氣、卦變、互體、旁通、升降等說，可謂集兩漢象數《易》之大成。據現存散佚不全的資料，虞氏對〈文言〉〈乾九三〉並無注，而對「幾」的疏釋，只見於〈繫辭〉上及、〈繫辭〉下之兩段文字：

> 夫易，聖人之所以極深而研幾也。唯深也，故能通天下之志。
> 深「謂幽贊神明」。「無有遠近幽深，遂知來物」，故「通天下之志」，謂蓍也。
> 唯幾也，故能成天下之務。
> 務，事也。謂《易》研幾開物，故「成天下之務」，謂卦者也。
> 唯神也，故不疾而速，不行而至。〈繫辭〉上
> 神謂易也，謂日月斗在天。日行一度，月行十三度，從天西轉，故「不疾而速」。星「寂然不動」，隨天右周，「感而遂通」，故「不行而至」者也。[16]

依《易傳》之文氣脈絡看，唯深、唯幾、唯神對舉，三者均屬形容

---

15 參見屈萬里：《先秦漢魏易例述評》（臺北：台灣學生書局，1981年10月3版）。
16 同註12揭書，頁593及594。

詞，表示《易》理或《易》用之神妙幽遠。而虞氏之疏解亦採三層次或三階段，依次解唯深、唯幾、唯神，但較奇怪的是，唯深、唯神均扣緊「深」、「神」作解，唯獨解「幾」，不從因上說，卻改由果上的「務」立論。

「深」主要表示《易》道神明，能不論時間之遠近，窮究物事之幽深，知曉未來物事的情狀，故能通達天下人的心志。從占卜的流程來看，這屬於運算著草，而卦尚未成象的階段，故「謂著也」。而「神」，虞氏則運用漢代天文學星宿運轉之知識作解，以揭示《易》理之「不疾而速，不行而至」的神用，此則為卦體以外，《易》理與自然之天相符應的第三階段。至於「幾」則屬第二階段，據「能成天下之務」作解，務即物事，而「研幾開物」，說的是研《易》者，若對《易》理有所體會，能領悟隱微幽深之「幾」，當能進而成天下之事務。這階段，屬卦已成的階段。總括而言，比對於「深」和「神」，虞氏解「幾」不從形容詞切入，而從實語詞的「務」入手，乃強調「幾」對行事或成事的重要性。尤其強調在第二階段，能研《易》而有所體會，領悟隱微幽深之「幾」的重要性。

> 子曰：知幾其神乎？
> 「幾」，謂陽也，陽在〈復〉初稱「幾」，此謂〈豫〉四也。惡〈鼎〉四折足，故以此次。言〈豫〉四知幾而反〈復〉初也。
> 君子上交不諂，下交不瀆，
> 〈豫〉二謂四也。四失位諂瀆。上謂交五。五貴，震為笑言。笑且言，諂也，故「上交不諂」。下謂交三，坎為瀆，故「下交不瀆」。欲其〈復〉初得正元吉，故「其知幾乎」。
> 其知幾乎？幾者，動之微，吉之先見者也。
> 陽見初成震，故「動之微」。復初元吉，吉之先見者也。

> 君子見幾而作，不俟終日。易曰：『介于石，不終日，貞
> 吉。』介如石焉，寧用終日，斷可識矣，君子知微知彰，知柔
> 知剛，萬夫之望。〈繫辭〉下[17]

虞氏疏解的特點是扣緊卦體及卦象，並綜合了漢象數《易》學，尤其
是卦變、互體和消息卦的理論。據〈繫辭〉上，原文主要是圍繞
〈豫〉卦及卦之六二爻辭「介于石，不終日，貞吉」而立論。然而虞
氏除〈豫〉卦外，在疏解中更引入了〈復〉卦，這主要是基於卦變
說。卦變乃虞氏《易》學的重要主張之一，依卦變成例，凡一陽五陰
之卦，皆自復卦而變。而〈豫〉卦☷☳與〈復〉卦☷☳之卦體同為五陰一
陽，處於〈復〉卦初位之陽爻上往四爻之位，而相應地，四位之陰爻
下來至初爻之位，則便由〈復〉卦變成〈豫〉卦。依此理路，則
〈豫〉卦之九四爻利於回復到初爻之位。

故虞氏稱「幾，謂陽也。陽在〈復〉初稱幾，此謂豫四也」，
「復」於此指〈復〉卦，而〈豫〉四則指〈豫〉卦之九四陽爻。單就
「幾，謂陽也」，「幾」究竟指陽爻本身，抑或指陰陽之陽，其實並不
明確。然而「陽在〈復〉初稱幾」，則明確表示當陽爻或陽出現在
〈復〉卦初爻的位置，這就是「幾」。而「此謂〈豫〉四也」，乃表示
〈豫〉之九四陽爻本為失位，宜降至與其有相應關係的初爻之位以當
位得正，這才是得「元吉」之道。故此，九四之陽爻回復到初爻的位
置，乃從〈豫〉卦變成〈復〉卦，亦即虞氏所指的「言〈豫〉四知
幾，而反〈復〉初也」，以及「欲其〈復〉初得正元吉，故『其知幾
乎』」的意思。而「知幾」就是指能察識其中關係，由失位失正，而
復歸於當位當正。

---

17 同上揭書，頁648至650。

　　至於「知幾」之所以為神乎，則可從「陽見初成震，故『動之微』」，再結合「消息卦」的理論說明。「陽見初成震」之震，乃指〈復〉卦之下卦，因〈復〉卦之卦體，上〈坤〉下〈震〉。而〈豫〉九四陽爻下往初爻之位，除卻乃〈復〉之初九外，同時亦即〈震〉之初爻。虞氏由〈復〉轉從〈震〉立說，乃一方面強調動之義，震本有動之意思，而另一方面，動之微，亦強調初爻處於卦之萌始位置，相對於二至上爻，較為隱微難見，故此震動之兆頭或徵兆，隱微幽深，非「知幾其神」不能發見。

　　依「消息卦」，〈復〉卦乃十二「消息卦」之始卦，屬十一月，而十二消息卦代表一年十二個月的陰陽消長。息為生長，消為消退之意。前六卦從〈復〉至〈乾〉為陽之「息」，所以稱為「息卦」，也可稱為「陽卦」。[18]〈復〉卦一陽五陰，陽爻居初位，虞氏以〈復〉卦之初九陽爻解「幾」，正體現陰陽之消長變化，陽氣經由十月之〈坤〉卦轉向十一月之〈復〉卦，再從〈復〉卦轉換至〈乾〉卦之始。換言之，虞氏這種詮釋顯然是強調「幾」也可以視作一種展示陰陽相消長的徵兆或契機。

　　再者，「豫二，謂四也。四失位詔瀆。上謂交五，五貴；震為笑言，笑言且詔也，故「上交不詔」。下謂交三，坎為瀆，故「下交不瀆」。」一節，虞氏主要援引「互體」立說。[19]〈豫〉二，謂四也，乃〈豫〉卦六二爻「介于石，不終日，貞吉」，其中「介于石」之石乃基於〈豫〉卦二三四爻，下互成〈艮〉，而〈艮〉有石之象。至於「四失位詔瀆。上謂交五...下謂交三，坎為瀆」乃解釋四爻上與五爻，以及下與三爻之關係，其中〈豫〉卦上卦四五上爻為〈震〉，〈震〉卦有「笑言」之逸象，故有震為笑言，笑言且詔也，故「上交

18　同注14揭書，頁78至82。

19　同上揭書，頁98。

不瀆」之說。至於〈豫〉卦三四五爻上互為〈坎〉，坎有溝瀆之象，故有坎為瀆，故「下交不瀆」之說。上述疏解，因與「幾」及「知幾」無直接關聯，不擬詳論。

> 子曰：顏氏之子，其殆庶幾乎！
>
> 幾者，神妙也。顏子知微，故「殆庶幾」。孔子曰：「回也，其庶幾乎」！
>
> 有不善，未嘗不知。
>
> 復以自知。老子曰：自知者明。
>
> 知之，未嘗復行也。
>
> 謂「顏回不遷怒，不貳過」。「己復禮，天下歸仁」。
>
> 《易》曰：「不遠復，無祗悔，元吉。」〈繫辭〉下[20]

最後，虞氏藉孔子對顏淵「其殆庶幾乎！有不善，未嘗不知。知之，未嘗復行也」之評語，點出顏子之所以能「知幾」，乃因其能「知微」，而「幾」本身幽深隱微，神妙莫測，要知之實不易也。虞氏以顏子之行誼，解說「幾」之神妙，對後世頗有型範作用，歷代之研《易》者，基本都著眼於顏子之行誼，從而解說「知幾」之義蘊。

(二) 術數《易》

管輅三國時魏人，其學根據《易》占之智，並結合許多方技之術，故稱「術數《易》」。一般論《易》學之發展，管氏之地位並不十分顯要，而牟先生認為管輅對《易》之理解，具本身之特色，乃自成一套，可稱為「經外別傳」，其研《易》之進路，可與象數及義理，

---

20 同註12揭書，頁651及652。

鼎足而為三系。[21]

　　管氏對《周易》經傳之本文並無疏解，亦無章句，其學說乃據《易》理向外發揮而成。現存管輅生平之事迹，主要見《三國志・管輅傳》及其別傳，其著作有《易林》、《風角》、《鳥鳴》、《仰觀星書》三十餘卷，今均已不傳。至於輅傳多載管氏論《易》之事迹，著眼於管氏以《易》為據，運用術數之技所從事之占例為主，頗能顯出其占算之神妙，但關乎其《易》學之論釋，則片言隻語，不成系統。故凡有關管氏據《易》理而發揮之理論或見解，實難以窺見全貌。

　　雖則如此，然依傳所述，其術數之特色，透過如「披神圖、步三光、明災異、運蓍龜、決狐疑」，大體可推知其旨趣乃在透過八卦爻象之術數，以算占、天象、預言、命理、風水、占夢為能事，達致所謂「步天元、推陰陽、探玄虛、極幽明，然後覽道無窮」之目的。所謂步天元、推陰陽，又或步三光、明災異、運蓍龜、決狐疑，其中步與推、步與運皆是一種方術或術數。牟先生稱此種術數之技之為「步運之術」，即透過步推或步運之術一方面上通神化，一方面下連事物，以達致一種預測的確知。具體而言，此步運之術乃從因應陰陽感應之變出發，進而憑藉某些象徵性的符語，如陰陽五行，卦爻的變化，蓍龜或人的面相及氣色，所綜合而成的一種對未知之事的預測。

　　然則，管氏此種步運之術與《易傳》所言之「幾」有何關係？牟先生指出管氏之術，作為一種預測術，可直觀陰陽感應具體之「幾」，從而形成對未來有一種直覺的感知。此種感知非機械的推斷，而是象徵的直感。換言之，管輅之術數，亦可言「知幾其神乎」與「極深而研幾」，唯此種對「幾」之了解，並無道德意義，純為占筮者全賴其心智之明與感覺之銳，而構成一種十分個人化的，不輕易

21　同註11。

透露，純以直觀而形成的一種對具體形變的感應之「幾」。[22]

（三）小結

綜合漢象數《易》對「幾」之討論。首先，荀爽及侯果視「幾」為描狀《易》理之形容詞，隱微幽深，但對「幾」本身之屬性及作用則未有作更深入之探討。換言之，「幾」在二者的論述中，並未成為具有多層次義蘊之《易》學概念。

至於虞翻之論「幾」，因其研《易》之性格及進路所限，偏重從象數及卦象釋「幾」。例如他就初爻之位，以陽解釋「幾」為「動之微」，又或視「幾」為展示陰陽相消長的徵兆或契機。由是，「知幾」乃指能察識一卦中各爻之相互關係，由失位失正，而復歸於當位、當正之能力，並從而推延至人事，稱「幾」對吾人行事或成事能起一定之作用，並由此而預測吉凶。再者，「幾」本身由於隱微幽深，非「知幾其神」不能發見，由此而初步意識到「神」，但「神」之具體作用尚未有深入探研。進一步說，虞氏遊移於綜合或折中各種不同象數義例，於詮釋上之紛歧，其疏解對「幾」並未能形成一致統合而整全的看法。

最後管輅之術數《易》，因屬經外別傳，對「幾」並未有成文之疏解。而由管氏之步運術，大抵可推知管氏視「知幾」為一種在占算過程中，憑個人心智之明與感覺之銳，純以直觀形成，對未來有一種直覺感應或感知，可預測吉凶禍福之能力。

總括而言，象數《易》及術數《易》，基本視「幾」為對行事吉凶禍福的一種事先的知曉或推測，其本身隱微幽深，而吾人能「知

---

22 以上關於管輅術數易之闡述，參見牟宗三：《才性與玄理》（臺北：臺灣學生書局，1978年10月修訂4版），頁89至99。

幾」乃因其中有「神」之作用，可說已初步奠定了日後《易》學家研「幾」之基本進路。然而，「幾」能否透過吾人之道德實踐或修養接近，「幾」與吾人之主體有什麼關係？又或者「幾」是否具有道德意義？這些較深入的問題，則尚未意識到，有待後來者以繼之。

四　玄理《易》對幾的理解

（一）王、韓之論幾

王弼為魏晉《易》學之大家，為開啟義理《易》之宗師，其《易》學從玄理出發，盡掃漢象數《易》繁瑣之風，回歸潔靜精微之《易》思。其注除卦、爻辭外，論《易傳》只及〈文言〉、〈彖〉及〈象〉，至於〈說卦〉、〈雜卦〉、〈序卦〉及〈繫辭〉上、下，均由韓康伯補注完成。由是，王弼對「幾」之正面論說並不算多。然而，於《論語釋疑》（輯佚），就孔子在〈述而〉篇言學《易》一語之疏解，王弼卻高度肯定「幾」在《易》之地位。

> 子曰：「加我數年，五十以學《易》，可以無大過矣。」
> 《易》以幾、神為教。顏淵庶幾有過而改，然則窮神研幾可以無過。明易道深妙，戒過明訓，微言精粹，熟習然後也。[23]

於此，王弼除「幾」之外，亦點出「神」之重要性，可惜對「幾」、「研幾」，以及「神」之作用，並未有更深入之討論。以下先就其《易》注，討論跟「幾」有關之爻辭的疏解。

---

23 見王弼著，樓宇烈校釋：《王弼集校釋》下冊（北京：中華書局，1980年8月第1版），頁624。

〈乾〉九三，君子終日乾乾，夕惕若厲，无咎。

處下體之極，居上體之下，在不中之位，履重剛之險。上不在天，未可以安其尊也；下不在田，未可以寧其居也。純脩下道，則居上之德廢；純脩上道，則處下之禮曠。故終日乾乾，至于夕惕猶若厲也。居上不驕，在下不憂，因時而惕，不失其幾，雖危而勞，可以无咎。[24]

〈繫辭〉下有所謂「三多凶」之說法，意指三爻的位置不上不下，頗為尷尬，處境相當不利。[25]而王弼就是扣緊九三處下體之上，上體之下，當位而不中的位置，而指出應以「居上不驕，在下不憂，因時而惕，不失其幾，雖危而勞」的應對之道。強調吾人行事，應因應時地，有所警惕，而不失其所「當位而應」之契機。

〈觀〉六三，觀我生，進退。

〈象〉曰：觀我生，進退，未失道也。

處進退之時，以觀進退之幾，未失道也。[26]

於此，「進退之幾」之「幾」可引伸有時機、機會或契機之意。若結合上節論〈乾〉九三「不失其幾」之「幾」，兩者之所指大體相近。然而「幾」本身潛隱不露，要如何才可不失機，當然要因時而惕，這則涉及主體的修養或智慧。但主體之修養或智慧當如何，或應如何達

---

24 見王弼撰，樓宇烈校釋：《周易注》（北京：中華書局，2011年6月第1版），頁1及2。

25 見〈繫辭〉下：「三與五同功而異位，三多凶，五多功，貴賤之等也。其柔危，其剛勝邪？」，王弼注，孔穎達疏，十三經注疏整理委員會整理：《周易正義（十三經注疏）》（北京：北京大學出版社，2000年12月第1版），頁374。

26 同上揭書，頁111。

致,卻未有進一步說明。

> 〈乾〉,〈文言〉
>
> 九三曰:知至至之可與幾也,知終終之可與存義也。
>
> 處一體之極,是至也。居一卦之盡,是終也。處事之至而不犯
> 咎,知至者也,故可與成務矣。處終而能全其終,知終者也。
> 夫進物之速者,義不若利;存物之終者,利不及義。故「靡不
> 有初,鮮克有終」。夫可與存義者,其唯知終者乎![27]

此處王弼的疏釋,乃上承對〈乾〉九三處下體之上的思路,而進一步
分解成兩面。「處一體之極」,從知至角度,強調能察知此契機而能開
物成務;「居一卦之盡」,從知終角度,強調行事要知終而能有所成
全,方是合宜之道。疏釋雖未有提及「幾」,但仍能間接對「幾」的
義蘊,有所揭示。

由於王弼對〈繫辭〉上無注,以下即據韓康伯之注,作補充說明:

> 夫易,聖人之所以極深而研幾也。唯深也,故能通天下之志。
> 唯幾也,故能成天下之務。
>
> 極未形之理則曰深,適動微之會則曰幾。[28]

韓氏以「極未形之理則曰深,適動微之會則曰幾」詮釋「幾」,意謂
《易》所蘊含之道理,乃聖人志在窮盡參透者,然《易》理本身幽深
未形,難以把捉,當理介乎有形而未形之際,其動處於此隱微之會的

---

27 同上揭書,頁4。
28 同上揭書,頁355。

時刻，這就是「幾」。韓氏這種了解，再結合以下〈繫辭下〉的疏釋，就更為顯明。

> 幾者動之微，吉之先見者也
>
> 幾者，去无入有。理而无形，不可以名尋，不可以形覩也。唯神也不疾而速，感而遂通，故能朗然玄昭，鑒於未形也。合抱之木，起於毫末，吉凶之彰，始於微兆，故為吉之先見也。[29]

> 君子知微知彰，知柔知剛，萬夫之望。
>
> 此知幾其神乎？[30]

韓氏直截以「去无入有。理而无形，不可以名尋，不可以形覩也」，疏解「幾者動之微」，強調《易》理本身處於有無之間，難以名狀，未見形迹。而「幾」就是「理」處於無形有形之間，去無入有，變化稍微初露端倪的那一刻。唯有吾人能臻乎神化之境，透過玄智之照覽，方可察知其於未形。而吾人能否趨吉避凶，乃繫於能否體悟此隱微之「幾」，故謂「吉之先見者也」。而基於「幾」幽深隱微，韓氏便即就以「知幾」解「君子知微知彰」，並點出在「知幾」背後，需有神妙之智，方可成就。

> 子曰：顏氏之子，其殆庶幾乎？有不善未嘗不知，知之未嘗復行也。
>
> 在理則昧，造形而悟，顏子之分也，失之於幾，故有不善。得

---

29 同上揭書，頁368
30 同上註。

> 之於二，不遠而復，故知之未嘗復行也。[31]

韓氏在此繼而就孔子論顏淵，指出顏子之所以會有「失之於幾，故有不善」，皆因「幾」在理則昧。而反之，「得之於二」，表示若顏子能持守〈豫〉九二爻「介于石」之道，定當能「知幾」，造形而悟，不遠而復。然而，究竟顏子之所以能應「幾」而有所啟悟，其主因在於智慧，還是道德修養？韓氏並未有說明白，然而依其思路，則應著重智慧方面。

綜上所述，韓氏之疏解，觀其強調從「无」入手，以「理而未形者，不可以名尋，不可以形睹」疏解「幾」，以玄智鑑察《易》理變化之幾兆。明顯是以王弼之玄理為底子，去除象數的一種詮釋理路，可謂下開義理《易》學。而尤需特別指出的是，其解「知幾其神乎」，偏重智慧的作用，而完全忽略了道德修養在其中可能發揮的作用。

（二）孔穎達之論幾

在王、韓之玄理派義理《易》之後，宋義理《易》尚未出現之際，尚有孔穎達為過渡。孔氏之《周易正義》以王、韓注為底本，對《易》理之闡釋有所補充或匡正。而一般論孔氏之《易》學特色，大抵視為折中象數及義理，而稍偏重於義理。其實，孔氏對「幾」之疏釋，其見解細密處，亦有進於王、韓。以下先從其對「幾」之界定開始，依次略述其解：

> 夫易，聖人之所以極深而研幾也。唯深也，故能通天下之志。
> 唯幾也，故能成天下之務。

---

31 同上註。

「夫易聖人之所以極深而研幾也」者，言易道弘大，故聖人用之，所以窮極幽深，而研覈幾微也。「極深」者，則前經初一節云：「君子將有為，將有行，問焉而以言，其受命如響，無有遠近幽深」，是極深也。「研幾」者，上經次節云「參伍以變，錯綜其數，通其變，遂成天地之文；極其數，以定天下之象」，是研幾也。「唯深也，故能通天下之志」者，聖人用易道以極深，故聖人德深也，故能通天下之志意，即是前經上節「問焉而以言，其受命如響」，「遂知來物」，是通天下之志也。「唯幾也，故能成天下之務」者，聖人用易道以研幾，故聖人知事之幾微，是前經次節「參伍以變，錯綜其數，通其變，遂成天地之文」是也。幾者離无入有，是有初之微。以能知有初之微。則能興行其事，故能成天下之事務也。[32]

孔氏對「幾」之理解，從「幾者離无入有，是有初之微」看，基本乃依韓康伯「幾者，去无入有，理而无形」之思路。然而孔氏卻特別扣緊「研幾」，轉從「易數」切入，作進一步詮釋。尤其他援引〈繫辭〉上第十章「參伍以變，錯綜其數，通其變，遂成天地之文；極其數，以定天下之象」，透過《易》數之運算變化，以釋何謂「研幾」。雖然，對於《易》數變化與事之幾微之個中關係，孔氏之解說並未算透切明白。然而，其疏解之理路，玄理與《易》數互用，折中漢象數《易》及王、韓義理《易》之意味，可謂彰彰明甚。

九三曰：「君子終日乾乾，夕惕若厲，无咎」。何謂也？子曰：「君子進德脩業。忠信所以進德也，脩辭立其誠，所以居業

---

32 見王弼注，孔穎達疏，十三經注疏整理委員會整理：《周易正義（十三經注疏）》（北京：北京大學出版社，2000年12月第1版），頁335-336。

也。知至至之，可與幾也，知終終之，可與存義也。是故居上位而不驕，在下位而不憂，故乾乾因其時而惕，雖危无咎矣。」

「知至至之，可與幾」者，九三處一體之極，方至上卦之下，是「至」也。既居上卦之下，而不兇咎，是「知至」也。既能知是將至，則是識幾知理，可與共論幾事。幾者，去无入有，有理而未形之時。此九三既知時節將至，知理欲到，可與共營幾也。「知終終之，可與存義」者，居一體之盡，而全其終竟，是「知終」也。既能知此終竟，是終盡之時，可與保存其義。義者宜也，保全其位，不有失喪，於事得宜。九三既能知其自全，故可存義。然九三唯是一爻，或使之欲進知幾也，或使之欲退存義也。一進一退，其意不同，以九三處進退之時，若可進則進，可退則退，兩意並行。[33]

依上文，從「幾者，去无入有，理而无形」，已知孔氏之疏解乃依韓康伯之思理而來，而此處為〈乾〉九三〈文言〉之疏解，據「此九三既知時節將至，知理欲到，可與共營幾也」，可見孔氏更側重從「時間」上言「幾」，強調「因時而惕」以及「既知時節將至，知理欲到，可與共營幾也」所蘊含的以時「應幾」或「營幾」之道。其次，孔氏亦有「九三處一體之極，方至上卦之下，是『至』也。既居上卦之下，而不兇咎，是『知至』也」，以及「然九三唯是一爻，或使之欲進知幾也，或使之欲退存義也」的說法，此乃據爻位而發之立論，著重爻位對詮釋卦義的作用。然則，綜上所述，初步看來，是否表示孔氏之疏解，除折中漢象數《易》及王、韓義理《易》之功外，並無

---

33 同上註，頁18-19。

多大新意在？以下再看孔氏對〈繫辭〉下之疏解。

> 幾者，動之微。吉之先見者也。
>
> 此釋「幾」之義也。幾，微也。是已動之微，動謂心動、事
> 動。初動之時，其理未著，唯纖微而已。若其已著之後，則心
> 事顯露，不得為幾。若未動之前，又寂然頓无，兼亦不得稱幾
> 也。幾是離无入有，在有无之際，故云「動之微」也。若事著
> 之後乃成為吉，此幾在吉之先，豫前已見，故云「吉之先見者
> 也」。此直云吉不云兇者，凡豫前知幾，皆向吉而背兇，違兇
> 而就吉，無復有兇，故特云吉也。。[34]

據：「幾，微也。是已動之微」，以及「幾是離无入有，在有無之際」
的描述來看，正如上文分析，孔氏對「幾」之疏解，跟韓康伯並無分
別。然而孔氏與韓氏及前代《易》學家較大的差異，卻在於嘗試把
「幾微」的過程分成三個階段來看，並首度揭櫫「心」之作用，以解
說「心動」與「幾動」的關係。首先，易理之萌動或顯露，本身甚為
隱微。在《易》理未動之前，寂然頓无，纖微難識，此際「幾」根本
尚未出現，不得稱「幾」，此為最初階段。至於《易》理已著，萌發
之後，心事完全顯露，契幾已過，亦不得稱為「幾」，此為「事動」，
屬最末階段。因是，唯有在《易》理「離无入有，在有无之際」，介
乎萌動而又尚未真正萌動，處於有无之際，方可真正稱之為「幾」，
此乃「心動」，為居中階段。此以「心動」解「幾動」的詮釋，可說
開啟了從主體一面接近「幾」的思路，對宋儒從心、性方面談「幾」
有一定影響。

---

34 同上註，頁363。

> 君子見幾而作，不俟終日。《易》曰：『介於石，不終日，貞
> 吉。』介如石焉，寧用終日，斷可識矣。

「君子見幾而作，不俟終日」者，言君子既見事之幾微，則須
動作而應之，不得待終其日。言赴幾之速也。「《易》曰：介于
石，不終日，貞吉」者，此〈豫〉之六二辭也。得位居中，故
守介如石，見幾則動，不待終其一日也。[35]

> 君子知微知彰，知柔知剛，萬夫之望。

知幾之人，既知其始，又知其末，是合於神道，故為萬夫所瞻
望也。萬夫舉大略而言。若知幾合神，則為天下之主，何直只
云萬夫而已，此知幾其神乎者也。[36]

最末兩節疏解，前者孔氏扣緊〈豫〉卦六二爻居中得位，尤其著眼於
「守志耿介，如石不動」，以詮釋君子「見幾而作，不俟終日」，突顯
道德修養對知幾的重要性。至於後者則點出吾人之所以能「知幾」，
乃主要在於能「合於神道」。

（三）小結

由於王弼注《易》重點不在《繫辭傳》，對「幾」之討論較為簡
要，所論不多。但已體會「幾」對理解《易》之重要性，而其強調
「因時而惕」，點出時間對「知幾」之重要，可謂下啟伊川側重從
「卦時」解《易》之進路。復次，王氏亦初步指出「知幾」與主體之
修養有關，雖則此修為究竟屬道德或智慧，並未有言明，但亦初步開
啟了從主體了解「幾」及「知幾」的思路。

---

35 同上註，頁364。
36 同上註

對「幾」本身之性格開始有較具體的界定，成為一個獨立的哲學概念，乃韓康伯之功。韓氏理解「幾」為理處於有形无形之間，去无入有，變化稍微初露端倪的那一刻，可說奠定了日後對「幾」的基本了解。吾人之所以能體悟隱微之「幾」，乃繫於修為能臻乎神化之境，而其個中關鍵，從王氏及韓氏玄理之底子來看，尤為著重於智慧，而未有關注道德之作用。至於「神」，則王、韓只是點出其作用，但對「神」與主體之關係，則未有進一步之分解。

最後，孔穎達論「幾」，雖較著重折中象數與義理，然其見解有進於王、韓者，主要有兩端。其一，孔氏首倡以「心動」釋「知幾」，明確打開了從主體接近或詮釋「幾」之理路。其二，透過「守志耿介，如石不動」，點出道德修養的重要性，強調不從智慧切入，突顯道德與「知幾」的關係，開啟宋代《易》從主體道德實踐角度，以詮釋「幾」及「知幾」之可能。

五　宋代義理《易》對幾的理解

（一）胡瑗之《周易口義》

有宋一代之大儒，均對《周易》甚感興趣，宋初之胡瑗、周敦頤、張載、程頤，均有研《易》之著作。基於牟先生特別看重濂溪對「幾」之體會，故本節會先行討論胡瑗、程頤及張載之相關論釋，而把濂溪置於稍後部份。依《易》學史之一般意見，多認為宋初義理《易》，當以程頤最具代表性，其理解亦最為精當。然而伊川解《易》，其體例頗受王弼影響，所解除卦、爻辭外，《易傳》只及〈文言〉、〈彖〉及〈象〉，〈繫辭〉則僅見於《河南程氏經說》之〈易說〉，然而其討論較為簡略，未算整全。而伊川跟王弼相異者，乃在〈序卦〉之處理。伊川頗重視〈序卦〉所述六十四卦之卦序，並把

〈序卦〉全文，分別置於疏解各卦之開端，以助說明各卦順序之理。
有見於伊川對〈繫辭〉之疏解較為簡略，由是，究竟他對〈繫辭〉中
之「幾」，有何看法？伊川在《語錄》曾有「《易》有百餘家。難為偏
觀。如素未讀，不曉文義，且須看王弼、胡先生、荊公三家」之看
法。[37]胡先生就是胡瑗，為宋代理學醞釀期的重要人物，與孫復、石
介並稱宋初三先生，注有《周易口義》。而伊川早年亦曾問學於胡
瑗，故以下先據《周易口義》，辨析胡氏對「幾」有何了解，並探討
其看法，對伊川以及宋儒是否有影響。

> 知至至之，可與幾也。
>
> 幾者，有理而未形之謂也。[38]

> 夫易，聖人之所以極深而研幾也。
>
> 此以下又明聖人作易之道，極窮幽隱，識照幾先而作其易者
> 也。深者則謂未有其理，未見其形，而聖人極深其用者也；幾
> 則謂有其理，未形則謂之幾也，言聖人作易以極其有理未形之
> 幾也。[39]

> 唯幾也，故能成天下之務。
>
> 幾者是有理未形之謂也。夫君子之人欲極天下之務，必先博學
> 之、審問之、慎思之、明辨之、篤行之，既能如是，則雖天下

---

37 見程顥、程頤著，王孝魚點校：《二程集》第1冊（北京：中華書局，1981年第1
　版），頁248。

38 見胡瑗：〈周易口義〉，楊軍主編：《十八名家解周易》第5輯（長春：長春出版社，
　2009年，1月第1版），頁272。

39 同上揭書，頁446。

之務，萬事之微盡可見矣，所謂知至知終者是也。[40]

綜上三則〈繫辭〉的疏解，胡氏對「幾」之理解，大抵與韓康伯及孔穎達的看法相近，可謂上承二者而來，均是從「有理而未形」解釋「幾」。然而其所了解〈易〉理之理，究竟屬「玄理」或為另一種意義之理，則單純就「有理而未形」，實難以判定。

> 子曰：知幾其神乎，君子上交不諂，下交不瀆，其知幾乎！
> 夫君子之人有先幾之識，深思遠慮，凡有所施為，必能極未形之理，未萌之兆者也。既未形之理，未萌之兆皆先知之，是其知如神之妙用而通於靈也。
> 「君子上交不諂」者，夫常常之人凡於有權位之人，則必行苟諛佞媚，甘言巧語以求其說，以求其進，是故君子之人知其諂諛佞媚之道不可以求進，是以守其正，自潔其身，切問近思，博聞強識，待時而動，不以邪佞之道以求其進，不以甘言巧語以說其上也。
> 「下交不瀆，其知幾乎」者，夫常常之人凡見其下交之人，必以強暴之性，苟悅之道以瀆亂於下，是故君子之人凡居上位，雖於下交亦以中正之道，至正之德以待於下，未嘗敢以柔邪苟媚之道以瀆亂於下者也。言如此之人，既上交不諂，下交不瀆，又極於未形之理，未萌之兆，是知幾之人也。[41]

從對「知幾其神」之疏解，可見胡氏對「幾」之看法基本承接上文。

---

40 同上註。
41 同上揭書，頁465至466。

而比諸上文，尤有進者，主要在於解釋君子之所以能「知幾」，乃繫於能「上交不諂，下交不瀆」。而要做到「上交不諂，下交不瀆」，胡氏明白指出這全賴於君子在道德實踐所下的功夫。此即指上交能做到「守其正，自潔其身，切問近思，博聞強識，待時而動，不以邪佞之道以求其進，不以甘言巧語以說其上也」；下交則「以中正之道，至正之德以待於下，未嘗敢以柔邪苟媚之道以瀆亂於下者也」。此觀點，可說是自漢象數《易》及魏晉義理《易》以降，首度從道德實踐及君子成德的角度來詮釋「知幾」，應算是一重要的突破。當然，這只是點出道德實踐的作用，然而道德或成德的內在根據，胡氏在此似乎尚未有進一步切實思考及明確提出。其次，就「夫君子……既未形之理，未萌之兆皆先知之，是其知如神之妙用而通於靈也」，胡氏雖然對「神」的性質及作用未有更深入討論，但已明白表示「知幾」之所以可能，乃在於君子「其知如神」，點出「神」與「幾」的緊密關係。

> 幾者動之微，吉之先見者也。
> 言人知其有理未形之事，極其禍福萌兆之來，則於動靜之間，戒其微小之事，動得其道則吉，動失其道則凶，是以從其吉而背其凶，去無道而就有道，是幾者吉之先見者也。[42]

> 君子見幾而作，不俟終日。
> 君子之人既知未形之理，慎其微小之事，夫如是，則吉凶之變，不俟終日之間而可以明見矣。[43]

---

42 同上揭書，頁466。
43 同上揭書，頁466。

君子知微知彰

此已下至「無祗悔元吉」為一節，以解〈復〉卦初九之辭也。
言君子之人凡所施為動作之間，必慎其微小之事。夫微者亦是
幾微之事，有理未形者也，唯君子之人，凡所動靜，凡有思
慮，吉凶之兆，禍福之理，未萌之前而已知之，既知之，則捨
其凶而趨其吉，此是知微也。既知其微，逆知禍福，雖有其
理，未有其形，更不可使彰露顯然而著聞於外，如此是知彰
也。[44]

此三節疏解，對君子「知幾」，不約而同，皆透過「戒其微小」、「慎
其微小」，特別強調戒慎之道，以說明君子要怎樣才可見「幾」。並從
而解說「從其吉而背其凶，去無道而就有道，達致吉之先見」，以及
「夫如是，則吉凶之變，不俟終日之間而可以明見矣」所隱含之義
蘊。析言之，這主要是補充上節所言道德實踐及修養功夫的重要性。
然而，君子之道德實踐，究竟應如何具體呈現？且看下一節之疏釋。

易曰：「不遠復，無祗悔，元吉。」

此是〈復〉卦初九之爻辭。夫〈復〉之初九以陽之德居〈復〉
之初，當群陰用事之時，獨以一陽而反於地下，以萌生萬物，
是〈復〉之初九而來復之速者也。亦猶賢人君子得天之性，凡
思慮之間亦有不善之事，則能早辨之，明其心、復其性，使過
惡不形於外，所行之事皆合於中道。自古聖賢之中，惟顏氏之
子知有不善未嘗不速改之，以復於善道，故三千徒中惟此顏子
一人而已。故孔子特稱舉之曰：不遠復，無祗悔者，惟顏子一

---

44 同上揭書，頁466。

人而已。[45]

胡氏此節更以顏子之德行，「知有不善未嘗不速改之，以復於善道，故三千徒中惟此顏子一人而已」，以舉證道德修養對「知幾」之重要。具體而言，顏子之所以能復於善道，乃在於「得天之性…明其心、復其性，使過惡不形於外，所行之事皆合於中道」。進一步說，胡氏此疏除能展現〈復〉卦初九爻「不遠復，無祇悔，元吉」所述君子修德以知幾之義蘊外，最有意義者，乃在於明白指出心和性在道德實踐中的地位，已初步表示心、性可作為道德踐履之內在根據。

> 唯神也，故不疾而速，不行而至。
> 夫大易之道，極深研幾，無思無為，寂然不動，能通天下之志，能定天下之務，是其功如神，不疾而速，不行而至者也。[46]

最後尚需補充一點，除論「幾」及君子修德以「知幾」外，胡氏亦首度以「無思無為，寂然不動」以描述「知幾其神」之主體。雖則此描述，乃針對《易》道本身，抑或表示「知幾」者內心之主體，尚未有更深入的分解。然而，胡氏此解，可謂下啟周濂溪據之以疏解《易》理之源。

（二）伊川之《易程傳》

伊川論《易》之功主要在《周易程氏傳》，其中與「幾」有關之文字主要在〈文言〉，故以下先討論伊川在〈文言〉的看法。其次，

---

45 同上揭書，頁467。
46 同上揭書，頁447。

伊川在其他各卦的疏解，亦有引用「幾」以闡釋卦爻之義蘊，尤其以〈豫〉卦六二爻辭的闡釋為最主要，下文將次依分述，首先為〈文言〉。

> 三居下之上，而君德已著，將何為哉？唯進德脩業而已。內積忠信，所以進德也。擇言篤志，所以居業也。知至至之，致知也。求知所至而後至之，知之在先，故可與幾，所謂「始條理者知之事也」。知終終之，力行也。既知所終，則力進而終之，守之在後，故可與存義，所謂「終條理者聖之事也」此學之始終也。君子之學如是，故知處上下之道而无驕憂，不懈而知懼，雖在危地而无咎也。[47]

此處，伊川以「知之在先，故可與幾」，從側面解「幾」，強調知至之所以為知至，其重點固然在於能致知，然而能致知，更重要的是「知之在先」，此在先的就是「幾」。換言之，「知幾」就是要能察知事物變化的契機，若能知之在先，繼之於「處上下之道而無驕憂，不懈而知懼」，行事定能有始有終，處危而無咎。接著，為伊川在疏釋有運用「幾」作解之卦爻辭，其中較能呈顯伊川看法之討論。

> 〈遯〉：亨，小利貞。
> 遯者，陰長陽消，君子遯藏之時也。君子退藏以伸其道，道不屈則為亨，故遯所以有亨也。在事，亦有由遯避而亨者。雖小人道長之時，君子知幾退避，固善也。然事有不齊，與時消

---

47 見程頤撰，王孝魚點校：《周易程氏傳》（北京：中華書局，2011年5月第1版），頁7。

息，无必同也。陰柔方長，而未至於甚盛，君子尚有遲遲致力
之道，不可大貞，而尚利小貞也。[48]

〈遯〉卦卦義重在潛藏，尤其在小人得勢時，君子更須懂得「知幾退
避」，退藏以伸其道。此外，「然事有不齊，與時消息」，伊川對
「幾」之了解，側重從時間立說，意味「知幾」，亦需「知時」。

〈蹇〉，初六，往蹇，來譽。

六居〈蹇〉之初，往進則益入於蹇，往蹇也。當蹇之時，以陰
柔无援而進，其蹇可知。來者，對往之辭，上進則為往，不進
則為來。止而不進，是有見幾知時之美，來則有譽也。

〈象〉曰：往蹇來譽，宜待也。

方蹇之初，進則益蹇，時之未可進也，故宜見幾而止以待時，
可行而後行也。[49]

〈蹇〉卦〈艮〉下〈坎〉上，艱險在前，有險阻難困難之意。程子釋
初六爻辭及〈小象傳〉，皆強調要「知幾」，必須「知時」及「待
時」。此種著重從時間的角度，以詮釋《易》理之隱微處，實乃伊川
《易》學的一大特色。在《語錄》中，伊川便曾云：「看《易》且要
知時，凡六爻人人有用」[50]，故「知幾」與「知時」有密切關係，自
有其理在。

　　由於伊川對〈繫辭〉之疏釋頗簡略，其中對有關「幾」之章節，
亦無討論。由是要了解伊川對「幾」之看法，不得不從卦、爻辭的疏

---

48 同上揭書，頁187。
49 同上揭書，頁221。
50 同註37，頁249。

釋入手。除上文之〈遯〉卦及〈蹇〉卦外,對「幾」之疏解,其最為整全者,首推〈豫〉卦六二爻的疏解:

> 〈豫〉,六二,介如石,不終日,貞吉。
>
> 如二,可謂見幾而作者也。夫子因二之見幾,而極言知幾之道,曰:「知幾其神乎!君子上交不諂,下交不瀆,其知幾乎!幾者動之微、吉之先見者也。君子見幾而作,不俟終日。易曰:『介于石,不終日,貞吉。』介如石焉,寧用終日,斷可識矣。君子知微知彰,知柔知剛,萬夫之望。」夫見事之幾微者,其神妙矣乎!君子上交不至於諂,下交不至於瀆者,蓋知幾也。不知幾,則至於過而不已。交於上以恭巽,故過則為諂;交於下以和易,故過則為瀆。君子見於幾微,故不至於過也。所謂幾者,始動之微也,吉凶之端可先見未著者也。[51]

伊川於此以「幾者,始動之微也,吉凶之端可先見未著者也」界定「幾」,從「始動之微」、「吉凶之端」,「先見未著」這三方面來看,他對「幾」之把握,基本與胡瑗一致。而「夫見事之幾微者,其神妙矣乎」,亦能指出「神」與「知幾」之微有緊密之關係。最後,「如二,可謂見幾而作者也。夫子因二之見幾,而極言知幾之道」,可見伊川言「知幾」乃對應六二爻「其介如石」之道德實踐而立論。綜合而論,雖則伊川乃義理《易》學之大家,然而其對「幾」之了解,扼要中見平實,持平而論,實無明顯勝於胡瑗之處。

最末,在未開展對濂溪之討論前,復引另一宋代《易》學大家,張載對「幾」之看法,以作補充及比對。張載論《易》可見於《橫渠

---

51 同上揭書,頁93。

易說》，以下為其主要觀點：

> 幾者，動之微，吉之先見者也。
>
> 幾知者象見而未形者也，形則涉乎明，不待神而後知也。「吉之先見」云者，順性命則所見皆吉也。
>
> 觀其幾者，善之幾也，惡不可謂之幾。如曰「幾者動之微，吉之先見」，亦止言吉爾。且如孝弟仁之本亦可以言幾，造端乎夫婦亦可以言幾，親親而尊賢亦可以為幾，就親親尊賢而求之又有幾焉。又如言不誠其身，不悅於親，亦是幾處。苟要入德，必始於知幾。[52]

橫渠以「象見而未形」釋「幾」，基本依循前人之理解，然而「順性命則所見皆吉也」，以及「苟要入德，必始於知幾」，則明確指出知幾必須落實於道德實踐，而要成就德行，亦必以「知幾」為始。因是，「觀其幾者，善之幾也，惡不可謂之幾」，橫渠從善惡之區別上，取一步點出「幾」具有道德價值意義，而非純粹為一中性義，指涉「動之微」的契機。而更重要者，「順性命則所見皆吉也」，更可見橫渠已初步意識到性命可作為「知幾」之所以可能的內在道德根據。

> 子曰：顏氏之子，其殆庶幾乎。有不善未嘗不知，知之未嘗復行也。
>
> 知德為至當而不忘至之，可見吉善於微也。蓋欲善不舍，則善雖微必知之。不誠於善者，惡能為有為無，雖終身由之不知其

---

52 見張載：《橫渠易說》，《張載集》（北京：中華書局，1978年8月第1版），頁221-222。

道，烏足與幾乎！顏子心不違仁，故不善未嘗不知，其致一也。[53]

此節，就「不誠於善者，惡能為有為無，雖終身由之不知其道，烏足與幾乎！」對顏子德行之闡釋來看，最重要者，乃初次指出「誠」對「知幾」所起的作用。橫渠對「誠」雖未有展開更入的討論，但此與濂溪透過「誠」來了解「幾」之思路，可謂不謀而合。

（三）小結

綜合宋初之義理《易》學，伊川有「未有不得於辭而能通其意者也。至微者理也，至著者象也。體用一源，顯微無間」之說，重易理而輕占筮。[54]其注解之精到處，尤在於對人事之發揮及實踐方面，要求對每一卦之義蘊，能闡釋至透闢精微。因是，伊川對「幾」之疏釋，反而並未有太注意，只強調從時間立說，指出「知幾」必須要「知時」及「待時」。至於「知幾」與道德之關係，伊川已有覺察，然尚未明確反溯至道德之內在根據。

反之，胡瑗對「幾」之理解，從「有理而未形」以釋「幾」之體會，雖是上承前人之看法，但在其他方面，卻較伊川更為整全而立體。首先，關於「知幾」，胡氏指出乃繫於能「上交不諂，下交不瀆」，「戒其微小」，「慎其微小」，表示這全賴於君子道德實踐之功夫。這可說是首次明確從道德實踐及君子成德之角度來詮釋「知幾」，應算是一重要的突破。而尤為要緊者，胡氏更有「得天之性…明其心、復其性，使過惡不形於外，所行之事皆合於中道」之說，已

---

53 同上揭書，頁223。
54 同註43，頁1。

初步點出心與性可作為道德或成德之內在根據。至於「神」方面，就「夫君子…既未形之理，未萌之兆皆先知之，是其知如神之妙用而通於靈也」，胡氏已明白表示「神」與「幾」存在緊密關係，而且更提出以「無思無為，寂然不動」以描述「知幾」背後之主體及其神用。

最後，橫渠言「苟要入德，必始於知幾」以及「觀其幾者，善之幾也，惡不可謂之幾」，明白指出「知幾」必須落實於道德實踐，「幾」乃具有道德價值意義，而非純粹為一中性義，指涉「動之微」的契機。而值得注意者，乃橫渠首度揭示「誠」對「知幾」所起的作用。

六　《通書》言誠、神、幾

濂溪研《易》有別於胡瑗、伊川及橫渠，他對《周易》經傳並無直接的疏解，其詮釋主要是扣緊《周易》之重要觀念，透過一己之解說與會通，而成一家之言。而關於「幾」的闡述，則以《通書》最為要緊。

濂溪言「幾」，其特點是跟「誠」及「神」合論。「神」來自「知幾其神」，乃描述「知幾」之神妙，至於「誠」本身並非《周易》的概念，乃來自《中庸》。然則，為何此三者為密不可分？牟先生從《易》理上，對此有以下的說法：

> 在占卜中，「幾」的觀念最顯明。不管是龜卜、卦卜、著卜，最重要是當下知幾。你占卜，你來問的時候要誠……，「誠」的觀念就出來了。假定你抱著開玩笑的態度來問，那不靈的。……龜殼、著草都是死東西，是外部的東西，要靠卜問的人內部的誠，在這個情形下，幾與誠合而為一，當下就起神用。……「幾」不是擺在眼前可以感覺到的，所以，要知幾才能神。

　　　「知幾」就象徵你的生命潔靜精微，象徵你的生命在誠、神的
　　狀態中。[55]

初步看來，在三者之中，「幾」屬外部的，是占卜中藉卦爻辭而透露
之事物變化的契機。「誠」則屬內部的，乃問卜者內心的誠摯，而占
卜者「知幾」之如何可能，則全賴「誠」、「神」、「幾」三者在其中之
互動作用。由是，濂溪圍繞此三者而言「幾」，乃有其《易》理之內
在必然性。以下即據此框架，依次申述濂溪論誠、神、幾。

　　　〈聖第四〉寂然不動者，誠也；感而遂通者，神也；動而未
　　形、有無之間者，幾也。誠精故明，神應故妙，幾微故幽。
　　誠、神、幾，曰聖人。[56]

首先，濂溪承〈繫辭〉「幾者，動之微」之說法，繼而藉「動而未
形、有無之間者」及「幾微故幽」以詮釋「幾」。指出當問卜之際，
問卜者感而遂通而將有所行動，在這個「動而未形，有無之間」之關
鍵時刻就是「幾」。此「幾」本身隱微幽深，問卜者必須誠精所至，
才有可能意識或洞察。由是，單就對「幾」本身性質之理解而言，濂
溪之看法，其實跟過往魏晉玄理《易》，以至宋初同時之《易》學
家，並沒有太大差異，均是從「有理而未形，有無之間」解釋
「幾」。

　　然而，需要特別指出者，乃在於濂溪更著意把「幾」從外在的徵
象扭轉過來，回到卜問者內心，強調要從主體內在「寂然不動」之

---

55 同註5，頁8-9。

56 見周敦頤著，陳克明點校：《通書》，《周敦頤集》（北京：中華書局，1990年5月第1
　　版），頁16-17。

「誠」，透過「感而遂通」之「神」，再結合外在之「幾」，扣緊三者之關係及相互作用來立論。然則，「誠」作為內在的主體，究竟具有什麼特質？

從文獻上看，「誠」最早出現，首推《孟子》〈離婁上〉「誠者，天之道，思誠者，人之道。」其後，在《中庸》，便更有「誠者，天之道也，誠之者，人之道也。誠者，不勉而中，不思而得，從容中道，聖人也；誠之者，擇善而固執之者也」之說法。

從哲學觀念之發展來看，「誠」在《孟子》，並不是最重要的概念，只是初步指出「誠」乃天道之性質，而思誠，則是吾人道德踐履應有之態度。至於在《中庸》，「誠」除可表示吾人內在主體之性質外，則可進一步提升，以指謂天道之性質。天道與誠之性質並無分別，然若吾人如不能直下體現天道，而須後天之修養工夫以恢復之，這就是「誠之者」，亦即「人之道」。換言之，吾人在道德實踐中能體現「誠」，也就即是在吾人主體中能體現天道，使外在的天道與吾人內在之「誠」，二者合而為一。濂溪就是具有此形上智慧，扣緊「誠」可作為天道人道相貫通的關鍵，進而把《中庸》的「誠」會通《易傳》的「乾」。

〈誠上第一〉誠者，聖人之本。「大哉乾元，萬物資始」，誠之源也。「乾道變化，各正性命」，誠斯立焉。[57]

「誠」從字面上看，具真實無妄之義，為形容語。依《易傳》，乾道或天道以創生為內容。從本體論來看，「乾」乃天地萬物之根源，而從宇宙論來看，其變化則成就了吾人之性命，亦是吾人得以存在之理

由。此處濂溪以「誠」釋「乾」，實則就是把「誠」從形容詞轉為實體字，一方面可指謂內在之道德主體，一方面亦可以指謂超越之天道。換言之，天之道以「誠」為體，人之道以「誠」為工夫。濂溪以《中庸》之「誠」解說《易傳》之「乾」，可謂若合符節，此為儒家形上智慧之同一思路。濂溪之所以能默契道妙，乃在於能把握住此關鍵。

上文透過《易傳》與《中庸》在義理上之相通性，闡釋濂溪為何能以「誠」為實體，藉以會通「乾」所指謂之天道。而誠體本身寂然不動，究竟它又怎樣可以與「幾」發生關係。

> 〈誠幾德第三〉誠，無為；幾，善惡。德：愛曰仁，宜曰義，理曰禮，通曰智，守曰信。性焉、安焉之謂聖。復焉、執焉之謂賢。發微不可見，充周不可窮之謂神。[58]

在此，無為乃描述語，表示誠體在寂然不動之狀態，其本身無造作、無臆計。然而，當「誠」有所感發，其本身由寂然不動而醞釀有所作為，這便開始觸及到「幾」，有或善或惡的可能。原初〈繫辭〉下言：「幾者，動之微。吉之先見者也」，已明示「幾」與吉凶有一定關係。誠體本身雖無為，然而當吾人感於物而有所動，其動之「幾」或端倪，在主體即將有所作為，而又尚未有所行動之關鍵時刻，則未必能保持純一，無絲毫差異之分化，有或善或惡之分歧，而有善或惡之差別，由此便可更有吉凶之分判。進一步說，吾人行動之「幾」，若能不為感性物欲所影響，純粹因順誠體而動者為善為吉。反之，不順應誠體，為感性左右，則便為惡為凶。而順承誠體而動，則吾人之道德實踐皆可由此生出，故誠體實乃道德創造及踐履之源，具有道德意

---

58 同上揭書，頁15-16。

義，乃吾人道德所以可能之內在根據。

於此，濂溪跟前代研《易》者最大之區別，乃在於不強調從對事情吉凶禍福之一種事先的知曉，以及作吾人行事趨吉避凶指引之角度來詮釋「幾」。此態度只偏重從行事之吉凶禍福，或外在之事成與否來了解「幾」。反之，濂溪從外扭轉至內，強調從吾人即將行事或即將有所作為之發端處，即從主體之意念剛萌發感動處，要求能有所克制，保持主體之純正無雜，使「幾」之發動有善而無惡，行事合乎道德，便自然有吉而無凶。

此中，尤為重要者，乃關乎「誠」如何在「幾」上起作用，亦即「知幾」如何可能之問題。而由「知幾」，更可引伸至「發微不可見，充周不可窮」，以及「知幾其神」所表示之「神」。由是，以下即討論濂溪如何論「誠」之神用。

〈思第九〉洪範曰：「思曰睿，睿作聖。」無思，本也；思通，用也。幾動於彼，誠動於此。無思而無不通，為聖人。不思，則不能通微；不睿，則不能無不通。是則無不通，生於通微，通微，生於思。故思者，聖功之本，而吉凶之幾也。易曰：「君子見幾而作，不俟終日。」睿也。又曰：「知幾其神乎！」聖也。[59]

誠體之神用乃透過「幾」與「誠」之關係而彰顯，其具體表現則落在「思」上。「幾動於彼，誠動於此」，即表示「幾」剛萌動，誠體之思即隨之而應於上。「誠動於此」是從內在主體之「思」上說，是積極而言的，至於「幾動於彼」卻是言「思」在「幾」上用，是化除幾之

---

59 同上揭書，頁20-21。

惡，是消極一面的。換言之，誠體之動於此，而照臨乎彼之「幾」之動，這就是「思」或「知幾」之「通微」的作用。「通微」即表示要能通貫「幾」之微，因在動之微處，或吉或凶，或善或惡，皆由此出。

　　析言之，幾動是現象，即從其為外在之現象來看，屬於經驗層。而「知幾」之知，通微之「思」，則屬內在及超越層，是誠體之神用。此處之「知」與「思」，乃道德實踐意義，而非成就經驗知識之「知」或「思」。「思」之作用落在「幾」上，以彰顯誠體之真實性。具體而言，「思」之對象就是「幾善惡」之幾，「動而未形，有無之間者」之幾，以及「幾者動之微，吉凶之先見者也」之幾。因是，思之作用全在「幾」上，而「思」，並不只是一種靜觀的知，而是一種化凶為吉，化惡為善之實踐功夫。「思」之目的，就是要徹底轉化「幾」，使之純然順應誠體而動，而無半點物欲之夾雜。

　　最後，「知幾其神乎」所表示之神用，乃扣緊「誠」在「知幾」所體現之「思」而得以彰顯。濂溪言「感而遂通，神也」就是表示，誠體一方面能徹底清澈自家之性命，常保持自身之清明，一方面當有所萌動感發，便即順誠體之純善，當下因應及通貫「動之微」處，使行動不至陷於邪而為惡。此在動之微處所顯之「知幾」之作用，就是濂溪所言之「誠精故明，神應故妙」之神用。

　　綜上所述，濂溪扣緊誠、神、幾三者之相互關係以釋「幾」，其最大之洞見及貢獻主要有三方面：（一）濂溪跟過往《易》學家，尤其漢象數《易》學家之最大分別，乃在於不強調原初《易經》「占卜以知吉凶」的傳統；反之，重視內在德性主體及道德踐履，從「知幾」、「審幾」，以至「慎幾」的角度來釋「幾」。此乃從外在之問卜，逆覺至內在德性主體之大扭轉。（二）比對於玄理《易》學，王、韓言「智慧」，孔穎達言「心動」以釋「知幾」之如何可能，此種進路大抵已初步意識到主體之作用，並泛泛以之體會「幾」之意義。而濂

溪之異於王、韓及孔氏，乃在於他能更為鞭闢入裏，明澈採取從德性內在主體之進路，以詮釋「幾」之意義及作用。（三）對宋初諸儒之義理《易》學而言，在胡瑗、伊川、橫渠均主張從道德踐履角度言「幾」之背景下，濂溪對德性主體之體會尤為清晰透闢，提出以「誠體」為主導概念，以體會及闡述「幾」之作用及意義。

七　結語

回顧前文所述，從漢象數《易》至宋義理《易》，綜合兩階段對「幾」詮釋之發展及演變來看，牟先生何以獨稱「濂溪體會這個幾體會得最好」，而且何以他對「幾」之理解，亦主要透過濂溪之釋「幾」而提出。牟先生在《心體與性體》有以下的說法：

> 知幾其神……經過濂溪思之通微而至無不通之道德實踐的意義，其義比一般人初見所想之意義為深刻而積極。它不只是察事變之幾而知之于幾先。能察事變之幾而知之于幾先，固亦是神，但濂溪之此言知幾之神有一種道德的通化之意，不只是旁觀之照察，故是相應誠體寂感之神而亦為「充周不可窮」之神也。「君子見幾而作不俟終日」即是「纔動即覺，纔動即化」之義，亦是道德的通化之義……若只解為知幾避禍，則淺而陋矣。此正是自私，焉得能為誠體之神？故濂溪之言思，言知幾，而謂為「聖功之本」，此乃正是不失其道德踐履上之通化之義者。[60]

可見牟先生之所以高度肯定濂溪，並非平白無故，乃有其《易》理上

---

60 見牟宗三：《心體與性體》（臺北：正中書局，1979年12月3版），頁342。

深刻之理據。尤其濂溪對「思」與「知幾」之理解，能扣緊道德踐履
上通化之義，而指出「知幾」為「聖功之本」。事實上，牟先生對
「幾」之理解，基本乃藉濂溪之釋「幾」而顯示。質而言之，濂溪對
「幾」之理解，亦即牟先生對「幾」之理解，二者無基本之差別。

如是，以濂溪釋「幾」之看法為據，牟先生何以稱「幾」為最重
要的觀念。從誠、神、幾三者之相互關係看，牟先生指出「幾就涵著
誠與神」。其次，「知幾就象徵你的生命潔靜精微，象徵你的生命在
誠、神的狀態中」。於此，「幾」可說是一個關鍵，從「幾」內轉，可
以逆覺至「誠體」，通達內在德性主體之根源。而誠體之所以能「知
幾」，乃在於誠體本身潔靜精微，其發動持存在「神」的狀態中。故
此，若能緊扣「幾」，從道德意義以釋幾、誠、神三者，《易》理在道
德實踐方面之義理與奧妙，乃可藉此得以全幅展現。[61]

然則，牟先生對「幾」的此種看法，在《易》學研究中，有什麼
意義？而且，透過「幾」之理解，可以發見牟先生抱有那一種《易》
學觀。以下，從《易》學發展流變之迹上看，可透過牟先生的三個不
同層面的抉擇，嘗試說明。

（一）占卜／道德的抉擇

《易經》本為卜筮之辭，而占卜就要看重「幾」，此為一般之見
解。然而，孔子於《論語》曾曰：「南人有言曰：『人而無〈恆〉，不
可以作巫醫。』善夫！」「不恆其德，或承之羞。」子曰：「不占而已
矣」。而荀子亦曰：「善為《易》者不占」。[62] 在此，孔子指出吾人研

---

61 此處牟先生對「幾」之闡釋，參見《心體與性體》（臺北，正中書局，1979年12月3
   版），頁331-344。

62 見何晏注，邢昺疏，十三經注疏整理委員會整理：《論語》〈子路〉，《論語注疏》
   （北京：北京大學出版社，2000年12月第1版），頁203。另見王先謙：《荀子》〈大
   略〉，《荀子集解》（北京：中華書局，1988年9月第1版），頁507。

《易》，應重視〈恆〉卦之義蘊對道德實踐之提醒作用，而不必重視卜問之結果。至於荀子則更不強調占卜，而只重視《易》理之體會和發揮。故此，孔子及荀子均是從義理，尤其從道德方面來體會《易》理的。因是，牟先生從「道德」意義，而非「卜問」意義來體會「幾」，可說乃遠承孔子及荀子研《易》之態度。而「幾」實為道德踐履上善惡之分判點及發動處，而「知幾」並不是趨吉避凶之智慧，而是誠體作為德性主體所起之心知之明及潔靜精微之神用，具有積極之道德意義。此「棄」占卜術數，而「揚」道德踐履之抉擇，使《易》從原初純為卜筮紀錄之書，透過德性主體作用之闡發，提升為具有多層次哲學意義，並蘊含儒家「道德形上學」之典籍。

（二）象數《易》／義理《易》的抉擇

從對「幾」之論述來看，牟先生基本乃採取義理《易》之角度來理解「幾」的。除早年之少作外，牟先生在思想發皇成熟後，對《易》之討論，曾論及管輅術數意義之「幾」，但由於此「幾」並無道德意義，故牟先生只從《易》學發展之迹的角度而對之有所介述，卻未有更深入的討論。而在義理《易》方面，牟先生討論王弼之《易》學，亦未有闡釋王弼如何言「幾」。至於宋義理《易》，則牟先生則只根據濂溪之論「幾」而立說，其他胡瑗、伊川、橫渠雖為《易》學大家，然而牟先生卻基本沒有觸及他們對《易》學之看法。由此可見，牟先生在「取義理捨象數」之原則下，在義理《易》之中，獨重濂溪之言「幾」，其用意實彰彰明甚。至於牟先生少作時期，對漢及清象數《易》之研究，則可說具有對象數《易》之整理及介述的學術意義，然而若從思想成熟後之整體《易》學觀來看，則此實非牟先生研《易》之志趣所在。

(三)〈經〉／〈傳〉的抉擇

從文獻研究之進路來看,《周易》之研究既以〈經〉、〈傳〉為探究對象,〈經〉、〈傳〉合論可謂順理成章,此亦為歷代絕大部份《易》學家之進路。然從成書之過程來看,〈經〉出現在先,〈傳〉成書在後。故經民初「古史辨」之學術討論,重考據之研《易》者,乃有〈經〉不受〈傳〉約束,甚至有二者必須分別研究,以還《易經》本來面目之主張出現。[63]然而牟先生之研究,則基本只從《易傳》切入,至於《易經》之卦、爻辭,卻甚少有所闡述。即使有,亦是以《易傳》之義理為底子,順及對卦、辭之內容,施以說明而已。此現象,即使在牟先生之少作,在象數《易》之探究中,亦是主要涉及漢儒及清儒之詮釋理路的檢討及介述,而較少涉及對《易經》本文卦爻、辭之疏解。事實上,「幾」就只是《易傳》之觀念,在《易經》之卦、爻辭中,就完全就沒有提及到「幾」。當然,在占卜之《易》理中,「幾」之作用十分重要。更且,牟先生對宋初《易》學的討論獨重濂溪,而未及胡瑗、伊川、橫渠,蓋諸位之中,惟濂溪論《易》只側重以〈傳〉立論,餘三者則均對〈經〉有所闡釋。於此,亦可見牟先生對〈經〉、〈傳〉研究態度之簡別。再者,牟先生講課稿對《周易》之討論,就基本是扣緊《易傳》,尤其是〈繫辭〉、〈文言〉之內容而解說的,可見牟先生之《易》學,乃是以《易傳》之義理為矩矱而開出,故其《易》學乃純粹「以傳解經」之義理《易》。

經上述三種抉擇之分疏,牟先生之《易》學觀,乃建基於一己的詮釋角度,以及哲學觀而開出的,可說別開生面。從易《學》發展之

---

63 持上述主張之易學研究者,可以高亨及李鏡池為代表,其說可見高著《周易雜論》、《周易古經今注》、《周易古經通說》,以上三書收於《高亨著作集林》第一卷,北京,清華大學出版社,2004年,第1版。以及李著《周易探源》(北京:中華書局,1978年3月第1版)。

泳來看，牟先生乃從「成德」，而非「占筮」角度來理解《周易》，並以《易傳》為首出之研究文獻，其詮釋進路「重義理而輕象數」，並重視從道德踐履角度了解《易》理。因是，質而言之，牟先生之《易》學，乃以其「儒家道德形上學」之思想為根本，所通貫及融攝之一套義理《易》學。最後，本文再援引牟先生的一段文字以為總結：

> 悟解易經者最忌迂、巫、妖、妄。迂者愚痴無解固無論矣。易本有象數義，而漢人象數則多巫氣。易本卜筮之書，而後之醫卜星相依附易經而行則術也，此是別支，非可以之為主。近人則附會者更多，如以相對論、創世紀等等附會之，則皆妖也。禮記經解云：「潔靜精微易教也」。又云「易之失賊」。此相應易之本性而言者。易傳解經皆「潔靜精微」之言，此是孔門之義理。吾人悟解易經應以此為準。[64]

---

64 此文出自牟先生為弟子范良光著《易傳道德的形上學》之序言，見《易傳道德的形上學》（臺北：臺灣商務印書館，1982年5月初版），頁1。按此序並未收入聯經出版社刊行之《牟宗三先生全集》。

論孔子哲學傳統包含的圓善學說

盧雪崑

新亞研究所

引言

　　我們知道，牟宗三先生以其哲學家之強力的創造性，標舉天臺圓教之獨特模式為準，[1] 據之建構出通儒釋道三家而成立的中國式「圓善論」的宏大系統。[2] 不過，我們或許仍可提出，牟先生的中國式「圓善論」既以天臺圓教為準，其中「圓善」一詞之義根本不同於西方哲學傳統，也不同於康德所論。現在，我們可嘗試通過康德來說明孔子哲學傳統包含的圓善說，則必須首先扼要指出牟先生創立的「圓善論」與康德圓善學說的根本不同點：

（一）終極關心不同，牟先生的「圓善論」所依據的圓教宗旨在：儒聖、真人、佛之圓境。亦即先生說：「指導人通過實踐以純潔化人之生命而至其極者為教。」[3] 而康德圓善學說宗旨在：每一個人成就自身為道德者，以使圓善成為世界之終極目的，並

1　牟先生說：「但圓教之觀念即非易明者。此則西方哲學所無有也，儒、道兩家亦不全備也。唯佛家天臺宗彰顯之，此是其最大的貢獻。」（牟宗三著《圓善論》，臺北：臺灣學生書局，1985，〈序言〉，頁 ii）

2　請讀牟先生著《心體與性體》、《佛性與般若》、《現象與物自身》、《圓善論》。

3　牟宗三著《圓善論》，〈序言〉，頁 x、ii。牟先生全句是：「凡足以啟發人之理性並指導人通過實踐以純潔化人之生命而至其極者為教。」愚意以為，佛家不必涉及「啟發人之理性」，而道家則不必涉及道德理性。故冒昧對先生語作刪減。

且，人應當致力於圓善之實現於現實世界。此即通過「仁者，人也」，「人能弘道」而實現世界大同。也就是以創造道德世界為終極關懷。

（二）依天臺圓教之義，牟先生解釋「德」：「將某種東西通過實踐而實有諸己謂之『得』。如此得之而純潔化人之感性生命便是『德』。」[4]無疑，如此言「德」，適用於一般而言之德性、品德。但如此言「德」，顯然不同康德及儒家所言「道德」之義。康德說：「道德就是行為之關聯於意志自律，也就是說，關聯於藉意志之格準而成為可能的普遍立法。」（Gr 4:439）「道德在一切行為對於立法的聯繫中，惟有通過這種聯繫，一個目的王國始為可能。」（Gr 4:434）此即孟子言「仁義禮智根於心」，（《孟子・盡心章句上》）「由仁義行，非行仁義也」。（《孟子・離婁章句上》）

（三）佛家乃為非存有而奮鬥者，（牟宗三先生語）即使發展至天臺圓教言「佛法身即九法界而成佛」，「涅槃法身德是就三千世間法而為法身德」，可說保住一切法，但仍只是消極地說的「保住」，依天臺圓教所言「德福一致」只是詭譎相即之一致，[5]個人圓修下達致「神聖生命」呈現，存在面之福即隨之。[6]此根本不同康德及儒家所論道德主體創造存在，並由之論通過創造道德的世界而實現道德與幸福之綜和。

（四）說法上，圓教之圓說是無諍法，用牟先生的話說：「它是非分

4　牟宗三著《圓善論》，頁269-270。

5　如牟先生指出：圓教所成的「德福一致」的必然是詭譎的必然，「詭譎的必然亦可以說為是德福同體，依而復即，德當體即是福，福當體即是德。」（牟宗三著《圓善論》，頁279）

6　牟宗三著《圓善論》，頁278。

解地,即詭譎地說」,「開決了亦即消化了一切權教而無說以說者,無立以立者。」[7] 或由般若智之作用言一切法融通淘汰而歸於實相,「即所謂一法不立,一切法不可得;點空說法。」[8] 但依康德及儒家,人類有著同一種理性,(MS 6:207)「心之所同然者何也?謂理也,義也。」(《孟子‧告子章句上》)故義理能夠在人中間普遍傳通。圓善學說不必以非分解方式說始得可謂之「圓」。

(五)最後,天臺圓教既不包含真正意義的道德(自律道德),也不涉及道德創造義之存在,可以說,既無關於獨立的自然概念領域,也無關於獨立的自由概念領域,因此也就無所謂兩獨立領域之先驗綜和問題,也就是並無處理德福之先驗綜和如何可能的問題。

　　無疑,牟宗三先生作為一位創造性的哲學家,其傑出貢獻早已為世人所肯認。我們絕非要質疑先生之慧識與洞見。之所以嘗試通過康德批判哲學來展示孔子哲學傳統的圓善說,實在由於多年來研讀康德,有感於學界之於康德圓善學說之概論恐怕與康德本人之旨義有相當距離。從眾多的哲學概論書中,我們總能見到種種關於康德以上帝保障德福一致的說法,而諸如此類說法又總是以基督教信仰中人格化的造物主的「上帝」來解讀康德,致使康德的圓善學說在讀者眼中成為情識泛濫之「戲論」。康德整全的圓善學說被解釋成一個乞求神恩來分派幸福的戲論,如此一來,人們眼前就出現一個極為天真可笑的康德形象,如黑格爾所嘲諷的,一個顛三倒四的、偽裝的,製造「整個的一窩無思想的矛盾」的老學究。漢學界依照外國康德專家「幸福

7　牟宗三著《圓善論》,頁277。
8　牟宗三著《圓善論》,頁278。

分配論」、「神恩論」等說法來理解康德的圓善學說，難免令人大感困惑。[9]

現在，我們擺脫所謂上帝分配幸福的「圓善」戲論，回到作為理性的理想之圓善概念，以及通貫於康德整全哲學體系而確立的圓善學說，以見「圓善」之為理性本性的目的——終極目的，在「人」的整個類之意志自由的活動之不已進程中趨向完全得到發展，也就是說，圓善之理想即是：在「人」的整個類中，培育每一個人自由地運用身上的理性的自然稟賦，以致力在世界上創造出「一個作為由於我們的參與而可能的圓善的世界」。康德在〈論通常的說法：這在理論上可能是正確的，但在實踐上是行不通的〉（Über den Gemeinspruch: Das mag in der Theorierichtigsein, taugtabernichtfür die Praxis, 1793）一文中說：

> 一種由於純粹理性所提出的，把一切目的全都置於一條原則之下的終極目的的需要（一個作為由於我們的參與而可能的圓善的世界），是為產生一個客體（圓善）而擴展到對形式的法則的遵循之外的無私的意志的需要。……在這裡，人依照與神明的類比來思想自己。」（KGS 8:280）

明乎此，則我們實在沒有理由將康德的圓善學說與通俗的因果報應說相提並論。並且，我們可以回到康德的圓善學說之整體脈絡，並

9　牟宗三先生就被這種講法困惑，故說：「因為人之德與有關於其『存在』（即物理的自然）的福既不能相諧一，何以與人絕異的神智神意就能超越而外在地使之相諧一，這是很難索解的。」（牟宗三著《圓善論》，頁239-240）又說：「若說這是神的事，祂自能使你的德福相配稱，你只要信祂祈禱祂就可以了。若如此，這等於未說明。」（同前揭書頁-240-241）

通過孔子哲學傳統中相對應的智慧作相互說明。論文篇幅所限，下面只作出條列式的概述。[10]

一　關於德行和幸福之先驗綜和之可能性的問題

康德在《實踐理性批判》中，「純粹理性在決定圓善概念時的辯證論」那一章中指出：「希臘各學派從來未能解決它們關於圓善的實踐的可能性的問題。」（KpV 5:126）原因在：「它們不承認德行和幸福是圓善的兩個不同的要素。」（KpV 5:111）也就是說，它們都是採用了割棄其中一個要素的方法。[11] 如康德本人提出：《實踐理性批判》之分析部已經論明，「幸福和道德是圓善的兩個在種類上完全不同的要素。」（KpV 5:112）這兩種不同的要素之結合就不能被分析地認識到，而是先驗的，在實踐上是必然的。（KpV 5:113）何謂「實踐上是必然的」？康德解釋說：「在最高的對我們而言是實踐的，也就是因我們的意志而成為現實的善中，德行和幸福被思為必然地相結合。」（KpV 5:113）「通過意志自由產生圓善，這是先驗地（在道德上）必然的。」（KpV 5:113）據此可知，圓善是由人自身之意志自由所產生。依孔子哲學傳統，就是：「明明德」，以「止於至善」。通過「盡心」，即本心之擴充不已而致力「天下平」之理想的道德世界之實現。

儘管在第一個批判裡，康德就提出「圓善」連同其條件，但在那

10　詳論可參考本人有關論文。

11　康德說：「伊壁鳩魯學派說：意識到自己導向幸福的格準，這就是德行；斯多噶學派說：意識到自己的德行，這就是幸福。」（KpV 5:111）「斯多噶學派主張德行就是整個圓善，幸福只不過是對擁有德行的意識，屬於主體的狀態。伊壁鳩魯學派主張幸福就是整個圓善，德行只不過是謀求幸福這個格準的形式，……。」（KpV 5:112）

裡畢竟只是作為純然理念而提出，必須進至《實踐理性批判》，通過
對純粹實踐理性的法則，也就是對道德法則作出闡釋，從而對意志自
由作出成功推證，圓善之概念才得以決定地建立起來。[12] 此即康德
說：「道德法則作為至上的條件已經包含在圓善的概念裡面。」（KpV
5:109）「惟有道德法則必須被看作是使圓善及其實現或促進成為客體
的根據。」（KpV 5:109）「道德法則要求在一個世界裡可能的圓善實
存。」（KpV 5:134）也就是說，「道德法則首先自己得到證明，並且
被證明有正當的理由作為直接的意志決定根據」之後，圓善這客體才
可能「作為對象向先驗決定的意志表象出來」。（KpV 5:64）

　　同樣，依孔子哲學傳統，本心之天理為首出，每一個人依循根於
本心之天理而行，成就自己為道德的實存，同時致力於「天下平」之
實現於世界上。依照孟子，「本心」即人之「大體」，是人成就自身為
道德的實存，以及實現世界為道德的世界的創造實體。另一方面，孟
子亦兼論人之「小體」，孟子曰：「人之於身也，兼所愛。兼所愛，則
兼所養也。無尺寸之膚不愛焉，則無尺寸之膚不養也。所以考其善不
善者，豈有他哉？於己取之而已矣。體有貴賤，有小大。無以小害
大，無以賤害貴。養其小者為小人，養其大者為大人。」（《孟子‧告
子章句上》）依此，我們可以說，德行和幸福的結合，表現在孟子言
大體與小體的結合。孟子說：「生，亦我所欲也；義，亦我所欲也，
二者不可得兼，舍生而取義者也。」（《孟子‧告子章句上》）：「先立
乎其大者，則其小者弗能奪也。」（《孟子‧告子章句上》）此即康德
提出：如果德行和幸福在一個人格中共同構成對圓善的擁有，此中
「幸福」，「是在任何時候都以道德上的合乎法則的行為為前提條
件。」（KpV 5:111）因此，只有在實踐的原理中，德行和作為德行的

---

12 詳論見拙著《康德的自由學說》第六章「自由與純粹實踐理性之客體」。

後果而與德行相配稱的幸福之間,「一種自然的和必要的結合至少可以思想為可能的。」(KpV 5:119)「與此相反,謀求幸福的原理不能夠產生德性。」(KpV 5:119)

孟子與康德都肯定幸福有其獨立意義,幸福構成圓善的第二個要素,儘管是在一種「隸屬的關係」中,(KpV 5:119)亦即:幸福以道德為前提條件。《大學》亦云:「德潤身,富潤屋。」橫渠〈西銘〉云:「富貴福澤將厚吾生也,貧賤憂戚庸玉汝於成也。」既然人一方面依自然法則而實存,此即作為小體,那麼,成為幸福的,這必然是每一個人的要求,「因而也是他的意欲機能的一個不可避免的決定根據。」(KpV 5:25)這種要求涉及「他的意欲機能的材質」的需要,「由此他為了對自己的狀態感到滿意而需要的東西就得到了決定。」(KpV 5:25)儘管另一方面,人依道德法則而實存,此即作為大體,他認識到自身人格性之尊嚴,亦即認識到自己真正的自我是自立普遍法則自己遵循法則的道德主體。

二　關於德行和幸福在現實上遠不一致

從超感觸的觀點論「大體」,而從感觸的觀點論「小體」,就此而論,二者並行不悖;但本心之天理實行之結果落在感觸界,就必然要對「小體」有影響,在這個地方,自然就對按照道德法則的因果性設置障礙或促進。(KU 5:195)此所以康德明確指出:存心的德性作為原因,而與作為感觸界中的結果的幸福之結合,「在一個僅僅是感觸的客體的自然中永遠只是偶然地發生的,而且不能達到圓善。」(KpV 5:115)此即孟子說:「求之有道,得之有命,是求無益于得也,求在外者也。」(《孟子‧盡心章句上》)「莫非命也,順受其正。」幸福乃「得之有命」之事,故云:「殀壽不貳,修身以俟之,

所以立命也。」（同上）莫非命也，順受其正。此與德行「求有益于
得也，求在我者也」完全不同。孔子說：「富與貴是人之所欲也，不
以其道得之，不處也；貧與賤是人之所惡也，不以其道得之，不去
也。」（里仁第四）又說：「富而可求也，雖執鞭之士，吾亦為之。如
不可求，從吾所好。」（述而第七）朱注云：「楊氏曰：『君子非惡富
貴而不求，以其在天，無可求之道也。』」（朱熹《四書集注》）又，子
夏曰：「商聞之矣：蓋聞之夫子。死生有命，富貴在天。命稟於有生
之初，非今所能移；天莫之為而為，非我所能必，但當順受而已。」
（顏淵第十二）

　　「死生有命，富貴在天」，表明幸福之得失不在人自身的掌握中，
有德者並非不追求幸福，而是不能為求福而違背天理天道。幸福之屬
於「命」，可見現實上，德行與幸福是遠不一致的。事實上，只要我
們避免那種望文生義、支離割裂之病，「無復向語言文字上生葛藤。」
（蕺山〈中庸首章說〉）則不難見出，德福一致的問題在圓善學說中作
為「引子」而提出，但「圓善」之為理性的理想，其哲學原理並非關
涉現實上如何與德合比例地分配福的問題，而是關於「終極目的（自
然的合目的性與自由的合目的性諧合）在世界上實現如何可能的問題。

三　依照純然的自然進程，德福一致是無法指望的

　　我們有必要提醒，作為圓善學說之「引子」而提出的「德福一
致」的先驗綜和命題，是在實踐的原理中考論的，儘管最初提出「德
福一致」的討論是從一般而言的幸福因德而獲得公平分配的問題開
始，但只要關於這個問題之意識是與理性相關，它就與通俗的心理學
意義的因果報應說根本不同。

　　學者們在檢討康德「德福一致」命題之時，將討論的焦點置放於

現實上幸福之分配如何與德行合比例的問題，完全離開了康德本人的論題。我們可以指出，康德早在《純粹理性批判》之「超越的方法論」第二章第二節「圓善理想作為純粹理性最後目的之決定根據」中，就表示：「一個與道德相結合成正比的幸福的系統」可以設想為必然的，那是「在一個道德的世界里」，在道德的世界里，有理性者在道德原則的指導下「本身就會是其自己的、同時也是別人的持久福祉的創造者」。（A809/B837）這「道德的世界」的實現依據這樣的條件：「即每一個人都做他應當做的。」（A810/B838）此即表示，如果每一個人都依其純粹實踐理性自立之普遍法則而行，則人創造德福一致的道德世界。

孟子說：「有天爵者，有人爵者。仁義忠信，樂善不倦，此天爵也；公卿大夫，此人爵也。古之人修其天爵，而人爵從之。今之人修其天爵，以要人爵；既得人爵，而棄其天爵，則惑之甚者也，終亦必亡而已矣。」（《孟子・告子章句上》）此中所言「古之人修其天爵，而人爵從之」，可以說是表示一個德福一致的道德世界。但現實上，「人修其天爵，以要人爵」，「此之謂失其本心」。「放其心而不知求」，「則其違禽獸不遠矣。」（《孟子・告子章句上》）人皆有四端之心，本心之天理在人心，萬古一日。但人卻並非總是依照本心之天理而行。這就是康德如實指出：「人的本性雖然高貴」，但同時卻太軟弱。人作為一個同時具有感性生命的有理性者，「就他為完全滿足自己的狀況所需要的東西而言，它總是依待的，所以，他總是不能完全去除依賴於物理條件的意欲和性好，不會自發地與源泉完全不同的道德法則一致。」（KpV 5:84）純粹理性的實踐使用不像腳的使用那樣，憑著經常練習就自動發生。（KpV 5:162）

孔子曰：「鳳鳥不至，河不出圖，吾已矣夫！」（《論語・子罕第九》）「道不行，乘桴浮於海。」（《論語・公冶長第五》）「道之將行也

與？命也。道之將廢也與？命也。」(《論語‧憲問第十四》) 人類社會之現實狀況可知矣。毋寧說,「圓善」之提出是針對人以及人的整個類所處的道德狀態的不完滿性,甚至只是停在粗糙階段。純粹實踐理性是人的心靈中在意欲機能中立法的機能,也就是孟子所言「本心」,人皆有之。純粹實踐理性獨自「給予(人)一條我們名之為德性法則的普遍法則」。(KpV 5:31) 也就是本心獨自頒布天理,天理根於每一個人的本心,不需要被教成。如康德批判地揭明:一旦我們為自己擬定了意志之格準,我們就直接意識到道德法則,[13]正是道德法則自身首先呈現(darbietet)給我們,(KpV 5:29)「所以道德法則就逕直導致(führt)自由概念。」(KpV 5:30) 此即:意志自由藉著道德法則呈現出來。亦即:人直接意識到天理,本心藉著天理而呈現出來。正因著純粹實踐理性(本心)是人的心靈的超感觸的機能,它單獨自身決定的意志產生純粹實踐理性的對象(圓善)並促成其成為現實,正是理性提出的終極目的(圓善)之實現,使意志自由充極擴展至一個道德的目的論。亦即:本心之擴充就包含於盡心之不已進程而達致「至善」之追求。據此可知,圓善是理性的理想,其在世界上之實現的條件是:每一個人都依循道德法則而行。但是,現實上,人可以於天理視而不見、於良心之呼聲聽而不聞,儘管天理、良心在人終究不能泯滅。如孟子說,人總有夜氣存的時候。[14]但現實的狀況,並不是每一個人任何時候都遵循道德法則而行,即使一個人自己嚴格地

---

13 康德說:「由此可見,自由和無條件的實踐法則是相互引導(weisen)也相互返回(zurück)的。」(KpV 5:29) 這就表示說,「自由」與「無條件的實踐法則」二者在實踐之事中是同一回事,因此,只要證明其一為真,另一亦同時為真。

14 孟子曰:「雖存乎人者,豈無仁義之心哉?其所以放其良心者,亦猶斧斤之于木也,旦旦而伐之,可以為美乎?其日夜之所息,平旦之氣,其好惡与人相近也者几希,則其旦晝之所為,有梏亡之矣。梏之反覆,則其夜气不足以存;夜气不足以存,則其違禽獸不遠矣。人見其禽獸也,而以為未嘗有才焉者,是豈人之情也哉?」

依從道德法則以為其行為的格準，但他不能預計他人也必如此，並且也不能預期自然方面將有助於他對於幸福的期望。（Gr 4:438-439）正因此，康德提出：「德福一致」及「圓善」作為理性的理想，依照純然的自然進程是無法指望達到的。

四　圓善的理想及其在世界上實現

依康德《實踐理性批判》論明，圓善之概念建基於意志自由及其自立的道德法則之上。[15]「圓善總是一個道德地決定的意志的必然的最高的目的，是實踐理性的一個真正的客體。」（KpV 5:115）道德法則導致圓善的第一和主要的部分，「亦即德性的必然完備性」，「就導致了不朽的設準。」（KpV 5:124）並且，道德法則導致圓善的第二個元素的可能性，「也就是與德性相配稱的幸福的可能性」，也就是說，導向「上帝的實存」的設準。（KpV 5:124）

依孔子哲學傳統，我們可以指出，「德性的必然完備性」，也就是「文王之德之純」，（《詩·周頌·維天之命》）「至誠盡性」，（《中庸》）孔子說：「七十而從心所欲，不踰矩。」（《論語·為政第二》）孟子揭明本心之天理乃是道德之超越根據，於「盡心」之不已進程知性、知天，此即表示「盡心」之進程趨向「德性的必然完備性」。象山、陽明更正式揭明「心即理」，象山云：「心之體甚大，若能盡我之心，便與天同。」（《象山全集》卷三五，〈語錄〉下）陽明言「本心

---

15 儘管如我們已論及，早在寫作第一批判之時，康德已經對「圓善概念」包含的諸涵義有所提點，不過，在那個批判裡，圓善只是首先作為理念而提出，必須進至《實踐理性批判》，圓善之概念才得以決定地建立起來，據此，它不再限於「只是理念」，而是通過實踐理性之批判證明了它的客觀實在性，亦即闡明：「圓善」成為現實的可能性和必然性。

良知之天理」，云：「擴充之極，至於盡性知天，亦不過致吾心之良知
而已。」(《傳習錄》中，〈答顧東橋書〉，第136條) 皆顯示道德法則
導致「德性的必然完備性」之義。

並且，依孔子哲學傳統，「幸福」作為道德的效果，並沒有落入
二律背反之圈套來討論。也就是說，並沒有把「幸福」作為德性的酬
報或因果報應夾雜到道德哲學中討論。究其實，所謂「德福一致」命
題引起純粹實踐理性的二律背反，是西方哲學自古希臘始即困擾著哲
學家的難題，康德之所以要關注這個問題完全是因為該二律背反打擊
到「道德和幸福按照一條普遍的法則相結合」的客觀實在性。[16]
(KpV 5:124) 也就是說它打擊到圓善的可能性。如康德指出：無論
是古代的哲學家還是近代的哲學家，都誤以為：「能夠在此生中（在
感觸界中）發現了與德性有完全適當的比例的幸福，或者能夠勸說人
們，說意識到了這種幸福。」(KpV 5:124) 但在孔子哲學傳統中，從
來就沒有落到感觸界中立論，宣稱德福之間有一種合比例的關係。依
孔子傳統，感觸界中的存在並不是人的惟一實存方式，本心並不是被
視為感觸界中的因果性，道德不是指行為規範、品德修養而言，而是
本心（仁）作為創造本身，造就人自身以及世界為合道德目的的存
在，亦即創造自身為道德的實存，同時創造世界為德福結合的道德的
世界。本心（仁）的創造性就體現於以「圓善理想」為原型的創造活
動中。依孔子哲學傳統，道德是成己成身之事，同時是「為萬世開太
平」之事。

---

16 康德指出，在純粹實踐理性的二律背反中，「第一個命題，即對幸福的追求產生出
　有德性的存心的一個根據，是絕對錯誤的；但第二個命題，即德性的存心必然地產
　生幸福，則並不是絕對錯誤的，而是僅僅就德性的存心被視為感觸界中的因果性的
　形式而言，因而當我把感觸界中的存在當做有理性者的惟一實存方式時，才是錯誤
　的，因而只是有條件地錯誤的。」(KpV 5:114)

　　哲學意義的圓善學說研究的是作為理性的理想的「圓善」，其造就及促成成為意志的真正客體的客觀根據在人自身的純粹實踐理性中。依孔子哲學傳統，造就及促成「圓善」就是本心（仁）。康德說：「純粹實踐理性必須把圓善必然地表現為可能的，因為它的一個命令就是為產生圓善而作出一切可能的貢獻。」（KpV 5:119）純粹實踐理性的這個命令，亦即道德法則的命令，據之，康德指出：道德法則就是圓善及其實現或促進的客觀根據。依孔子哲學傳統，本心之天理就是實現或促進圓善的客觀根據。孟子曰：「凡有四端于我者，知皆擴而充之矣，若火之始然，泉之始達。苟能充之，足以保四海；苟不充之，不足以事父母。」（《孟子・公孫丑章句上》）五峰曰：「六君子盡心者也，故能立天下之大本。」（〈知言〉）陽明曰：「心盡而家以齊，國以治，天下以平。」（《王文成公全書》卷七，〈重修山陰縣學記・乙酉〉）「盡心」即盡本心之天理之命令，自修身、齊家、治國、平天下，實乃實現或促進圓善的不已之進程。

　　就道德法則乃是圓善及其實現或促進的客觀根據而論，圓善的客觀根據「首先就直接在我們的力量中」。（KpV 5:119）此外，康德論及就主體遵循其客觀的然而實踐的法則而言能力不足所需要的補償，據此，康德提出上帝和心靈不朽兩個理念是圓善的條件，那是僅僅就主觀而言的兩個條件，「而不是就客體而言被認識到的必然性。」（KpV 5:11）

　　我們可以指出，依孔子哲學傳統，也就是依據孟子「盡心則知性知天」所展開的思路中，也能夠見出其中有類似康德所論「就主觀而言的條件」的思維。如蕺山說：「此心在人亦與之無始無終，不以生存，不以死亡。故曰：堯、舜其心至今在。」（《劉子全書》卷之十，〈學言上〉）所言「心」，「不以生存，不以死亡」，可以說與康德設定

「心靈不朽」有異曲同工之妙。[17] 橫渠也有說：「知死之不亡者，可與言性矣。」（《正蒙‧太和篇》）本書第三章論橫渠言「成性」已申論，橫渠從「心能盡性」，（《正蒙‧誠明篇》）言「成性」，「成性」就是在「盡心」中成。橫渠《正蒙》言「成性而後聖」、（〈神化篇〉）「成性之謂聖」、（〈中正篇〉）「成性聖矣」，（〈大易篇〉）可知其言「成性」意指充盡地實現性，而性之充盡實現乃「盡心」之不已進程。此即也可以說：知死之不亡者，可與言「心」。

　　「心」不以生死論存亡，並非意謂肯斷有獨立於軀體之外的「心靈實體」，不可以西方哲學中那種於人死後脫離軀殼而獨存的「不滅的靈魂」視之。恰切地理解，可以藉康德圓善學說中所論「心靈不朽」來說明。圓善的第一和主要的部分，即「最高的善」，（KpV 5:119「亦即德性的必然完備性」，「只有在一種永恆中才能完全得到解決，這就導致了不朽的設準。」（KpV 5:124）「不朽」之為純粹實踐理性之設準，意謂它是一種理論上不可證明的命題，[18] 但「它不可

---

17 依康德所論，在由道德法則決定的意志中，「存心（Gesinnungen）完全切合道德法則是圓善的至上的條件」，（KpV 5:122）「亦即德性的必然完備性」，（KpV 5:124）「它只有在一個向著那完全的切合性無窮地前進中才能夠見及」，「這種無窮地前進只有以延續的實存之無限和這同一有理性者之人格性（人們名之為心靈不朽）為前提條件才是可能的。這樣，圓善只有以心靈不朽為前提條件才在實踐上是可能的；從而，與道德法則不可分離地相聯結的這種心靈不朽，是純粹實踐理性的一個設準（所謂設準，我理解的是一種理論的、但本身不可證明的命題，它不可分離地附屬於無條件有效的先驗實踐法則）。」（KpV 5:122）

18 因為「理念」在其自身而言不能在直觀中有任何展現，「從而也不能有其可能性的任何理論的證明。」（KU 5:468）依康德批判地揭示：「作為實踐的成素概念，就不以並不位於理性自身中，而必須從別處，也就是從感性中得來的直觀形式（空間和時間）為根據，而是以在理性中因而是在思維機能自身中給予的一個純粹的意志之形式為根據。」（KpV 5:65-66）據此，康德說：「諸先驗的實踐的概念在與自由之最高原則的聯繫中立刻成為一些認識，而並不需要等待直觀以便去獲得意義。」（KpV 5:66）

分離地附屬於無條件有效的先驗實踐法則」。（KpV 5:122）橫渠所言
「知死之不亡者，可與言性」；蕺山所言「此心」，「不以生存，不以
死亡」，也不是作為理論上可證明的命題，而是就與天理（也就是
「無條件有效的先驗實踐法則」）不可分離地相聯結的「本心」、「盡
心以成性」而言之「性」而論。

康德還提出，上帝的理念是「由道德法則來決定的意志」的必然
客體（圓善）的第二個元素（也就是與德性切合的幸福的可能性）的
條件。（KpV 5:4）關於這個「上帝存在」的設準在康德學界中引起的
誤解及爭論恐怕令一般學子望而生畏，[19] 現在，我們撇除諸多文字上
的葛藤，擱置因信仰問題或思維習慣誘發的諸多所謂「康德難題」，
同樣可以揭明：孔子哲學傳統中言「天」與康德所論「上帝」作為圓
善的條件之間有著可交互說明的共通點。在這篇短文裡，我們只能簡
括的述說：

康德身處一個有著漫長的中世紀基督教哲學及神權統治的西方傳
統中。用羅易斯的話說，中世紀基督教「是一種權威的宗教」，「具有
教皇職位的這種權威是制度性的、中央集權的、近乎絕對的。」[20]它
是「一種救贖的宗教」，「一種教義的宗教」，需要由教會教導的信仰
和教條。[21]「它是一種神父的宗教，神父們具有佈施天恩之工具的唯
一權威。」[22]在這種傳統中，「道德哲學確實屈從於教會權威」，[23]

---

19 關於「上帝存在」的設準，詳論參見拙著《物自身與智思物——康德的形而上學》，
   頁253-268。

20 John Rawls, *Lectures on The History of Moeal Philosophy*, Harvard University Press,
   2000, p.6. 中譯見：羅爾斯著，張國清譯，《道德哲學史講演錄》（臺北：左岸文化，
   2004，頁60）。

21 John Rawls, *Lectures on The History of Moeal Philosophy*, p.6. 中譯頁60。

22 John Rawls, *Lectures on The History of Moeal Philosophy*, p.6. 中譯頁60。

23 John Rawls, *Lectures on The History of Moeal Philosophy,* p.6. 中譯頁60。

「教會教義把道德義務和責任看做是依賴於神聖法的東西。它們是上帝頒布之法律的結果。」[24]假若我們以為康德所論「上帝」無非是追隨這種傳統的說法，那麼，根本就沒有與中國哲學中所言「天」相通之可能可言。

我們可以指出，儘管夏商古文化就像人類所有一切古代文明那樣表現出人對外在的不可知力量（上帝和鬼神）的依賴性，但同時已顯示出人自身主動性的意識。進至周初，周文化重德之意識越強烈，通過「文王之德」表現出來，並配之以天。《詩・周頌・維天之命》云：「維天之命於穆不已，文王之德之純。」夏文化中「天」有至上者之意味，亦即將人世間一切德、善、敘典、秩禮、常度，皆歸源於天。就此而言，我們可以說，這種意義的「天」是以擬人化的方式表現的，包含一種擬人觀。但我們找不到證據說這種擬人化在夏文化中的表現超出心理學意義而具有與基督教啟示神學中的一元神（上帝）相同的「獨斷的神人同形同性論」。而充其量只能說是象徵的擬人觀，援用康德的話說，在象徵的擬人觀中，「不是把我們思維經驗的對象所憑藉的任何特性就其自身而言加給最高者。」（Proleg 4:357）說及「上帝」、「天」、「天命」，根本並非意謂一個人格神及其在人間的代表掌控著人的行為及人類社會活動，因此，在中華民族的文化大傳統中，根本沒有出現過制度性的、中央集權的、近乎絕對的教皇權威，也沒有作為佈施天恩之工具的唯一權威的教士階層，以及由教會宣布為無條件的規章和教條。毋寧說，在華夏文明中，一種象徵的擬人觀中的「上帝」、「天」，根本的作用是人自身行為正當性或社會權力之至上權威的保證。

孔子吸收古文明中表示道德性、法則性、正義性之為必然與絕對而言「天」，並自覺地以道德為根基，奠定和創發了一種「仁者，人

---

24 John Rawls, *Lectures on The History of Moeal Philosophy*, p.6. 中譯頁61。

也」、「人能弘道」、「踐仁知天」的哲學傳統。現在,我們需要說明:
孔子哲學及其傳統的理性本性之特質如何與其所論「天」是一致的。
這個地方可以援用康德關於「上帝」之說明。當然,值得再次提醒,
我們所理解的康德「上帝觀」根本上就是基督教「上帝觀」的徹底
顛覆。

　　我們可以指出,依孔子哲學傳統,「踐仁知天」、「盡心知性知
天」,並不以「天」作為天理的前提,而是把對「天」的信念建立在
天理上。此即康德提出,一個最高者(上帝)之存在的信念只能建立
在道德法則上。惟獨康德通過批判,去除「上帝的概念」中的「神人
同形同性論」的東西,把它完全建立在「與我們在道德上的關聯」,
(Rel 6:182)亦即「與我們的以自身為根據的義務決定的聯繫上」。
(Rel 6:183)據此,「理性憑藉其道德的原則首先產生出上帝的概
念。」(KU 5:447)我們始可以依照康德確立的「上帝的概念」來考
量孔子哲學傳統所言「天」之哲學涵意。

　　依孔子哲學傳統,並無離開本心、仁而言一個外在的有其獨立意
志的睿智的「天」。「天」的決定意義建立在與人的踐仁、盡心、由仁
義行的聯繫上。此即可與康德提出「上帝的概念」完全建立在「與我
們在道德上的關聯」、「理性憑藉其道德的原則首先產生出上帝的概
念」之義相通。孟子言「盡心知性知天」,「天」之決定意義必須通過
「盡心」(即道德心之擴充不已,亦即道德踐履進程之不已)而得知。
孟子這裡所言「心」是合超越義之心體與「心」之內在(即在經驗
中)表現而論,「心」之必然性、絕對性即是「天」,超越而言不能有
兩個創造實體。然若內在地,亦即就「心」之活動必定亦於經驗界中
展現而觀,則「心」與「天」有必須區分開來考量的各自獨立之意義。
此即孟子於「盡其心者,知其性也,知其性,則知天矣」之後,接著
說:「存其心,養其性,所以事天也。殀壽不貳,修身以俟之,所以

立命也。」(《孟子‧盡心章句上》)「事天」表示現實道德踐履之進程中，人必須在「存心，養性」的工夫中遵奉「天」。而「立命」則是於超越而言之「盡心知性知天」之後，補充經驗地言之的限制義。

誠然，若無人的本心天理，「天」從何取得其決定的意義呢？然而，若人心不是除超越的心體義之外，同時有著經驗的性格，豈不只須言「心」，又何需另又言「天」呢？明乎此，則可領會何以依康德所論，理性所以產生「上帝的概念」，完全是為著實踐主體本身是神聖的，理性的理想是神聖的，而現實的人卻不那麼神聖，人總不可避免地帶著感性生命的限制。同樣，我們可以說，人以其本心天理，並循天理而行，以顯人自身之尊嚴，另一方面，人又時時處處顯露自身在遵守道德法則上的軟弱性；人能弘道的理想顯人自身之崇高，然人的歷史進程總是曲折坎坷。正為此，天之尊有獨立意義，儘管「天之尊」歸根究底無非是本心之道德創造性本有之尊嚴與崇高。

道德者生命之強度也就在理想與現實之間的張力中見出，此在孔子身上表現得極為強烈。此見於孔子常有慨嘆。《論語》記載：「顏淵死。子曰：『噫！天喪予！天喪予！』」(〈先進第十一〉)「伯牛有疾，子問之，自牖執其手，曰：『亡之，命矣夫！斯人也而有斯疾也！斯人也而有斯疾也！』」(〈雍也第六〉)慨嘆人生無常，而有德者竟早喪、患不治之疾而亡。更多慨嘆道之不行，曰：「道不行，乘桴浮於海。」(《論語‧公冶長第五》)「鳳鳥不至，河不出圖，吾已矣夫！」(《論語‧子罕第九》)「道之將行也與，命也；道之將廢也與，命也。」(《論語‧憲問第十四》)「莫我知也夫！」(同上)又，司馬遷撰《史記‧孔子世家》記載：「子曰：『弗乎弗乎，君子病沒世而名不稱焉。吾道不行矣，吾何以自見於後世哉？』」可見孔子「志於道」(《論語‧述而第七》)，其志極堅，而感慨「道不行」之情亦極深。

王道之大同世界，乃踐仁弘道之終極目標，此可以說就是康德所

言「最好的世界」，又名為「目的王國」。此即三代理想的大同社會。孔子五十後為魯國中都宰，至大司寇，「四方皆則之」。[25] 季桓子受齊女樂，怠於政事，孔子遂行，時年五十六。孔子去魯凡十四歲，其間四處漂泊，遭匡人圍捕，桓魋加害，厄於陳蔡。自嘲曰「似喪家之犬」。[26] 所為何事？求王道實現於世也，「蓋其天地萬物一體之仁疾痛迫切」，不容已也。

依循康德批判哲學來考量，可以指出：我們通過道德進路確立「天」的概念，就是以本心天理的絕對無條件的必然性表象「天」，而並非要把「道德的根據推給上天」。[27] 用康德的話說，「天」的概念之確立並不是「為了德性而必要的」，（KU 5:451）相反，「它是由於德性而必要的。」（KU 5:451）本心是「人能弘道」的客觀根據，此客觀根據「首先就直接在我們的力量中」。（KpV 5:119）本心之天理是實現及促進「人能弘道」的動力法則。我們根據本心、天理包含的普遍必然性、絕對無條件的律令來確立「天」的概念，可以說，「天」是就主觀而言的條件，「而不是就客體而言被認識到的必然性。」（KpV 5:11）也就是說，「天」是由於道德之要求而確立，並不能誤解為「天」是道德的根據。我們只能說，若人沒有道德，則根本不能產生「天」的決定的概念，但不能說沒有「天」的概念，則沒有道德。

另一方面，正如康德強調，「上帝」作為純粹的理性信仰有其「理性的必要性」，這種理性的必要性雖然是「主觀的」，「但卻是真實而又無條件的。」（KpV 5:11）並且，這種主觀的「必要性」其所

---

25 語見：司馬遷：《史記‧孔子世家》。
26 語見：司馬遷：《史記‧孔子世家》。
27 楊澤波教授認為儒家「以天論德」，「將道德的根據推給上天」，（楊澤波著《牟宗三三系論論衡》，上海：復旦大學出版社，2006年，頁119）「天道作為性體的來源」，「天道是性體的原因」。（同上揭書，頁103）

由之而產生的決定根據是「客觀的」，因為它產生自道德法則。同樣，「天」作為根源於本心天理的道德信念，是「真實而又無條件的」。「天」是人自立天理，循天理而行而言的一種「必要的認定」。即康德說：「只是就主體遵循其客觀的實踐的法則而言的一種必要的認定。」（KpV 5:11）但必須注意，我們指出「天」不能是任何直觀的對象，它離開與道德之關聯則無客觀實在性，此並不等同把「天」虛位化。因為在孔子哲學傳統中，「天」如康德所論「上帝」，並非其所由之而產生的根據也是主觀的、「基於性好的需要」，不是想像力的理想，更不是為一己幸福而假想，不能輕率地視之為情識的作用。

總而言之，「盡心知性知天」、「踐仁知天」即表示道德之踐履是以「人能弘道」、「平治天下」為終極目的。孔孟哲學包含著對世界道德目的之終極關懷，而根本上不同只關注個人彼岸終極依託的各種歷史性的信仰。就其以實現統天地萬物而為言的宇宙秩序為一個道德世界為終極目的而言，我們可以說，孔子哲學傳統有著與康德所論「圓善」理想有共同處；而就其於弘道（即致力於在世界上實現「圓善」）的歷程中對承當種種人力不可避免的限制與命運而言，亦可說與康德所論「圓善」的條件有相通處。

孔、孟哲學傳統所言之「天」

郭俊泉

新亞研究所

一 問題之提出：論形上實體義的天

對於先秦儒家所言的「天」，當代不少學者以形上實體義的天以理解之。形上實體義之天，是指在經驗世界以外有一個客觀存在之實體以為世界的根據。唐君毅先生、牟宗三先生則有以此義之天理解孔孟之天之意。

唐君毅先生就孔子之天有如下之說：「因孔子雖未明言天之為人格神，亦未嘗否認《詩》《書》所傳之天為人格神之說；而孔子言『知我者其天乎』，亦可涵視天為一有知之人格神之意。即孔子之天非一人格神，亦仍可為人所敬畏之一真實之精神的生命的無限的存在。以人物有其生命與精神，則生人物之天，不得為一無生命非精神之存在。天所生之人物無窮，則天不能為有限之存在。」[1] 此外，有關孟子之天，唐先生則認為「在順心之相續表現，以自默識此心如何興起生長之性，而知其所自本自原之天。」[2] 唐先生以「真實之精神的生命的無限的存在」來理解孔子之天，並認為孟子則以天為心性之本原，此本原亦似是一個客觀存在的實體。

另一方面，牟宗三先生指出「孔子雖未說天是一『形而上的實

---

1 唐君毅：《中國哲學原論：原道篇一》（臺北：臺灣學生書局，2004年），頁133。
2 唐君毅：《中國哲學原論：原道篇一》（臺北：臺灣學生書局，2004年），頁246。

體』（Metaphysical reality），然『天何言哉？四時行焉，百物生焉。天何言哉』！實亦未嘗不涵蘊此意味。『維天之命，於穆不已』，難說孔子未讀此詩句，亦難說其不契此詩句。」[3] 牟先生亦舉中庸之視天為「為物不貳、生物不測」之創生實體，並指「此種以『形而上的實體』視天雖就孔子推進一步，然亦未始非孔子之意所函與所許。」[4]「從理上說，它（天）是形上實體。從情上說，它是人格神。而孔子的超越遙契，則似乎偏重後者。」[5] 有關孟子之天，牟先生表示「盡心知性知天，順心性說，則此處之『天』顯然是『實體』義的天，即所謂以理言的天」，並且是「創生實體」，「『天』是客觀地、本體宇宙地言之，心性則是主觀地、道德實踐地言之。」[6] 牟先生明確地視孔孟之天涵有「形而上的實體」及「創生實體」之意。

牟宗三先生以「形而上的實體」或「創生實體」理解孔孟以至先秦儒家的天，是緊扣著道德所以可能的根據而作的一個肯斷。依牟先生的意思，整個儒家包括先秦儒家以至宋明儒，皆是一「內聖之學」或「成德之教」，「成德」的最高目標是成「聖」、「仁者」及「大人」，而其真實的意思則是使個人有限的生命達致「無限而圓滿之意義」。[7] 在儒家的傳統中，道德實踐所以可能的先驗根據，皆歸結到心性的問題，這一方面的討論屬於「道德底哲學」的範圍。[8] 另一方面，牟先生亦指出，「成德之教」同時即涵有一「道德的形上學」之意思，這不同於「道德底哲學」，後者是說明道德的先驗本性，而前者是「涉及一切存在而為言者」，而「道德的形上學」是「由道德的

3　牟宗三：《心體與性體》第一冊（臺北：正中書局，1996年），頁22。
4　牟宗三：《心體與性體》第一冊（臺北：正中書局，1996年），頁22。
5　牟宗三：《中國哲學的特質》（臺北：臺灣學生書局，1994年），頁48-49。
6　牟宗三：《心體與性體》第一冊（臺北：正中書局，1996年），頁27。
7　牟宗三：《心體與性體》第一冊（臺北：正中書局，1996年），頁6。
8　牟宗三：《心體與性體》第一冊（臺北：正中書局，1996年），頁8。

進路來接近形上學，或形上學之由道德的進路而證成者」，「非如西方希臘傳統所傳的空頭的或純知解的形上學之純為外在者然」。[9] 牟先生之意，是指出西方希臘傳統皆是以一空頭的、外在的、純思想的（純知解的）本體作為存在的根據，相反，儒家以「形而上的實體」作為存在的根據是透過人之道德實踐而得以「證成」其為實而不虛。就此牟先生有以下進一步的論述。

「成德之教」或「內聖之學」的終極目標是成聖、成仁者、成大人，然聖者之「仁心之感通乃原則上不能劃定其界限者，此即函其向絕對普遍性趨之申展」，[10] 此即仁心必通於天地萬物以申展其絕對普遍性，及其極也，聖者之內容與境界便是「『大而化之之謂聖』，是『與天地合其德，與日月合其明，與四時合其序，與鬼神合其吉凶，先天而天弗違，後天而奉天時』，是於吾人有限之個體生命中直下能取得一永恆而無限之意義，故其所體悟之超越實體、道體、仁體、心體、性體、於穆不已之體，不能不『體物而不遺』，『妙萬物而為言』，蓋聖心無外故也」。[11] 牟先生表示由於「聖（仁）心無外」，聖者仁心的申展以充其極，必「體物而不遺」以達於天地、日月、四時及鬼神，故此道德的先驗根據「直接地是吾人之性體，同時即通『於穆不已』之實體而為一」，性體「開道德行為之純亦不已」，同時即「洞澈宇宙生化之不息」。[12] 總而言之，「就統天地萬物而為其體而言，曰形而上的實體（道體 Metaphysical reality），此則是能起宇宙生化之『創造實體』；就具于個體之中而為其體言，則曰『性體』，此則是能起道德創造之『創造實體』，而由人能自覺地作道德實踐以證實

9　牟宗三：《心體與性體》第一冊（臺北：正中書局，1996年），頁9。
10　牟宗三：《心體與性體》第一冊（臺北：正中書局，1996年），頁22。
11　牟宗三：《心體與性體》第二冊（臺北：正中書局，1996年），頁252。
12　牟宗三：《心體與性體》第一冊（臺北：正中書局，1996年），頁37。

之」。[13] 雖分言形而上的實體及性體，牟先生一直強調兩者通而為一。

　　牟宗三先生是極具深刻哲學洞見及富創造性的哲學家，他費八年之心血，完成三冊《心體與性體》，加上《從陸象山到劉蕺山》共四大冊的巨著，開啟了當代研究宋明理學（包括先秦儒學）之新一頁，而當中一個劃時代的貢獻便是以「成德之教」所開出的「道德底哲學」及「道德的形而上學」所成的規模，不但接上了先秦儒家及宋明儒的真義，亦為當代儒家哲學研究立下了一個里程碑，不論學者們對「成德之教」中的「道德底哲學」及「道德的形而上學」持有贊同或反對的見解，皆不能繞過牟先生所立的義理規模，而必須回應牟先生所提出的論述。

　　本文對於牟先生之「道德的形而上學」，即由道德的實踐以證成一形而上學的系統，對此系統規模是贊同的，並認為這是先秦儒及宋明儒所共同意涵的，即道德實踐必徹上徹下以包含天地萬物為一體，並通貫整個創生過程而為言的。不過，對於牟先生就「道德的形而上學」的證明進路，本文則擬提出一些商榷，並且擬就這涉及存在的先驗根據而又客觀地實存之形而上的實體是否包含在孔孟之天的意思之中，作出進一步的探討。

　　牟先生所言的形而上的實體，亦曰「於穆不已」或「天命不已」的實體。兩者皆出自《詩經・周頌・維天之命》之「維天之命，於穆不已」。穆，深遠也。[14] 深遠可引申為深奧不測，表示這形上的創生實體不為吾人所認識，即吾人對之並沒有經驗的認識。對於這不為人所認識的實體，孔、孟以至先秦儒家學說的思想中是否真的具有這種實體的意思呢？孔子嘗言「知之為知之，不知為不知，是知也」（《論

---

13 牟宗三：《心體與性體》第一冊（臺北：正中書局，1996年），頁40。
14 宋・朱熹：《四書章句集注・中庸章句》（北京：中華書局，1983年），頁35。

語‧為政》），既云不知為不知，孔子是否真的肯定一個不為我們所認識的形上實體的客觀存在呢？此外，孔子亦言「人能弘道，非道弘人」（《論語‧衛靈公》），道是要靠人去弘揚的，並不是有一客觀實存的道去弘揚人，既然孔子如此理解道，又是否會肯斷創生實體的實存？

對於這形上實體的理解及證明，牟先生指作為宇宙生化之先驗根據的創生實體，與創造道德的性體，二者是通而為一的，即透過道德實踐所實現的道德世界便是真實的世界，故「宇宙秩序即是道德秩序，道德秩序即是宇宙秩序」。[15] 依上列的引文，牟先生指道德創造的心性，由於仁心無外，故在實現一道德世界時，便同時即通於「於穆不已」的創生實體。在牟先生而言，這「同時即通於」的關係似乎是一自明的命題，未有作深入的進一步說明。但是，吾人是否可追問，這由道德的心性，透過聖人對天地萬物的感通「同時即通於」創生實體的論證，當中是否可再作進一步的闡釋？牟先生對西方哲學所言的實體（Reality），指出大體或自知識論之路入，或自宇宙論之路入，或自本體論（存有論）之路入，或自生物學之路入，或自實用論之路入，或自獨斷的，純分析的形上學之路入，然皆不是「扣緊儒者之作為道德實踐之根據、能起道德之創造之『性體』之觀念」而言創生實體。[16] 故此，牟先生批評西方哲學以「空頭的或純知解的形上學純為外在者」。但是，透過道德實踐實現一道德世界，從而肯定一客觀實存的形上實體，這一步的「跳躍」，是否就可避免對一「空頭的純為外在者」的一種獨斷呢？這似乎仍有可討論的空間。

　　子貢曰：「夫子之文章，可得而聞也；夫子之言性與天道，不可得而聞也。」（《論語‧公冶長》）

---

15 牟宗三：《心體與性體》第一冊（臺北：正中書局，1996年），頁37。
16 牟宗三：《心體與性體》第一冊（臺北：正中書局，1996年），頁38。

　　孔子之於性與天道雖罕言之，並不表示孔子對其不重視，相反，孔子實對之懷有敬畏之情及崇高之尊重。不過，孔子並不是把它作為在經驗中可認識的對象以表述之，而是在踐仁或道德實踐中以肯定及實現之。對此，牟宗三先生有如下之言：

> 性與天道是客觀的自存潛存，一個聖哲的生命常是不在這裡費其智測的，這也不是智測所能盡者。因此孔子⋯⋯從智測而歸于德行，即歸于踐仁行道，道德的健行。⋯⋯性與天道是自存潛存，是客觀的，實體性的，第一序的存有，⋯⋯。他的心思是向踐仁表現其德行，不是向「存有」而表現其智測。他沒有以智測入于「存有」之幽，乃是以德行而開出了價值之明，開出了真實生命之光。⋯⋯在德性生命之朗潤（仁）與朗照（智）中，生死晝夜通而為一，內外物我一體咸寧。它澈盡超越的存有與內在的存有之全蘊，而使它不再是自存與潛存，它們一起彰顯而挺立，朗現而貞定。這一切都不是智測與穿鑿，故不言性與天道，而性與天道盡在其中矣。[17]

　　對於上面牟先生的引文，我們可把其中的意思歸納為兩點。第一點是牟先生把性與天道理解為「客觀的自存潛存」及「實體性的、第一序的存有」。第二點指出了孔子沒有對性與天道「費其智測」，「這也不是智測所能盡」，而「歸於德行，歸於踐仁」。聖者在其「德性生命之朗潤與朗照中」，以澈盡「存有」之全蘊，使之「彰顯而挺立，朗現而貞定」。簡言之，聖人是透過踐仁以把握「存有」，即性與天道。
　　我們首先對第二點作討論。牟先生指出孔子透過踐仁以達至性與

---

17 牟宗三：《心體與性體》第一冊（臺北：正中書局，1996年），頁219-220。

天道，這是相當深刻而富哲學意味的。我們亦可以孔子之言「下學而上達」（《論語·憲問》），以證聖人之重視踐仁，來上達於天之意。超越的性與天道當然不能由智測以盡其底蘊，但透過踐仁，即道德實踐，卻能肯定及實現性與天道。

我們可嘗試透過康德的批判哲學，[18] 對「下學而上達」作出說明。依康德的批判考論，「自由的理念是超感觸者的惟一概念，通過自由在自然中可能的結果而（憑借在這個概念中所思維的因果性）在自然中證明了自己的客觀實在性，並由此而使另外兩個超感觸者之理念（上帝和不朽）與自然相連繫及所有這三個概念彼此相聯結為一個宗教成為可能；因此，我們在自身中擁有一條原則（道德原則），它有能力把我們裏面的超感者的理念，但由此也把我們之外的超感者的理念，決定成一種認識，哪怕只是在實踐意圖中可能的認識。」（KU 5:474）[19] 康德指出：「惟有這一個理念（自由）的對象是事實物（Tatsachen），並且必須被歸入 scibilia〔可知之事〕。」（KU 5:468）另一方面，「這一被命令的結果（圓善），連同其可能性的那些我們惟一能思維的條件，也就是說，上帝存在及心靈不朽，都是信仰之事（res fidei），而且是所有對象中惟一能夠被如此稱謂的對象」，（KU 5:469）並且是「一種對於我們來說在實踐方面有客觀實在性的理念」。（KU 5:469）

---

18 牟先生在其眾多討論儒家的著作中，皆有不少引用康德批判哲學的觀點以對儒學作闡釋。此外，吾師盧雪崑先生就引入康德哲學之思維方式以考察儒家哲學所言之「天」，亦作過不少研究工作並發表著作。故此，本文亦會嘗試借用康德之學說，以對先秦典籍之「天」作解說。本文對康德譯文的引用，主要是參考李秋零先生主編的《康德著作全集》第四卷及第五卷（北京：人民大學出版社，2005年及2006年）。

19 KU為康德所著《判斷力批判》（Kritik der Urteilskraft）之縮略語，在縮略語之後的阿拉伯數字分別為《康德著作全集》的卷數及頁數，下同。

　　依康德所論，意志自由的實存是由於我們自立道德原則這一事實，即「在我們自身中擁有一條道德原則」，而得到肯定，即自由是「事實物」。由於自由的實存，另外三個超感觸者，即圓善、上帝存在及心靈不朽，我們才可在實踐的意圖中決定這三個超感觸者的一種認識。因著自由之為「事實物」，圓善、上帝存在及心靈不朽都是「信仰之事」，而有「實踐方面的客觀實在性」。信仰之事是作為人之理想而信仰之，這作為人之理想對人之實踐意圖是有促進的作用，故有實踐的客觀實在性。分別言之，圓善是道德法則所規定的客體，而上帝存在及心靈不朽則是圓善之「可能性的那些我們唯一能思維的條件」。孔子之言性與天道，與康德所論的圓善、上帝及不朽，皆是超感觸的、超越的，屬於同一層次的問題。故此，牟先生指孔子透過踐仁以把握性與天道，與康德所言由自由的實存而肯定圓善、上帝與不朽有實踐的客觀實在性，兩者皆是由道德實踐進一步以對超感觸的東西作出說明，其進路是相同的。這實踐的進路亦是唯一的進路以對超感觸的東西作出有效的說明及認識。

　　讓我們回頭再討論由上述牟先生引文中所歸納的第一點，即性與天道是「客觀的自存潛存」及「實體性的、第一序的存有」。牟先生一方面認為性與天道是不能由智測所能理解，但另一方面，卻表示性與天道是客觀的、實體性的及第一序的存在。雖然其所言的性與天道是客觀的、實體性的及第一序的存在，仍是緊扣著踐仁而言，但從康德所論，只有意志自由是「事實物」，圓善、上帝及不朽皆是「信仰事物」。作為信仰事物，我們只能在實踐中肯定其客觀實在性，但卻不能跨越實踐之實在性的界限而對其實存作出肯定，以至有任何理論的認識。

　　對此，康德表示上帝之理念因著其作為圓善可能之條件而被賦予實在性，但這實在性「永遠只是在與道德法則的履踐的關係中（不是

為了任何思辨的目的）被賦予的」。（KpV 5:138）[20] 為實現圓善之故
而設定上帝存在也決不是要求「超出經驗之外去假定一個的新客
體」。（KpV 5:135）康德一直堅持：「完全從純然的概念出發來認識這
個東西的實存，這是絕對不可能的。」（KpV 5:139）

康德在其《判斷力批判》亦表示：「它（圓善）就是純粹理性的
純然信仰的東西，與它一起的還有上帝和不朽，它們是我們按照我們
的（人類的）理性的性狀惟有在其下才能思維我們的自由的合法則應
用的那種效果之可能性的條件。但是，在信仰的東西中的視之為真是
純粹實踐方面的視之為真，也就是說，是一種道德的確信，它不為理
論上的純粹理性的認識證明任何東西。」（KU 5:470）對於作為圓善
的兩個條件的信仰的東西（上帝和不朽），就它們的「存在和性狀來
說，作為理論的認識模式，就既不成為真知（Wissen）也不成為意
見，而只是在實踐的，並且為了我們理性的道德使用而要求如此的聯
繫中的純然的接受（Annahme）。」（KU 5:470）

牟先生對孔子之言性與天道的理解，雖已能夠指出其由踐仁以上
達於天之意，但對性與天道卻仍理解為「客觀的、實體性的及第一序
的存有」，則似乎超出了如康德所言的實踐之實在性的界限，即超出
了「我們理性的道德使用而要求如此的聯繫中的純然的接受」之外，
而對性與天道之「存在和性狀」提出了理論的認識。康德一直強調，
「完全從純然的概念來認識一個東西的實存是絕對不可能的」。雖然
由實踐的意圖我們可以對超感觸者肯定其客觀實在性，但無論此客觀
實在性推得多麼遠，我們也永不可對這些超感觸者的「存在和性狀」
有任何理論的認識，而只能是一種道德的確信和信仰。意志自由是事

---

20 KpV為康德所著《實踐理性批判》（Kritk der praktischen Vernunft）之縮略語，在縮
　略語之後的阿拉伯數字分別為《康德著作全集》的卷數及頁數，下同。

實物，因為它透過道德實踐所產生的結果存在於經驗之中，故意志自由根據其結果在經驗之中的客觀有效性而為事實之物。但是，圓善、上帝存在及心靈不朽對自然界是沒有因果性的，故只能是道德的確信和信仰。

此外，對於牟先生提出的形上實體及性體兩者的關係，似乎亦可有進一步追問的地方。牟先生指出高高在上的天道是超越的（Transcendent），其貫注到人身，便內在於人而為人的性，故天道又是內在的（Immanent）。[21] 牟先生於他處亦以「月印萬川」之比喻，指出「實只有一個月亮，並無萬個月亮」，故「是一而非多，是同而非異」。[22] 牟先生亦嘗云「『天』是客觀地、本體宇宙論地言之，心性是主觀地、道德實踐地言之」[23]。總以上之說法，牟先生是十分強調形上實體之天道與性體是一而非異，只是依論述分際之不同而有客觀地而言之生化創造的實體，及主觀地說作為道德創造的性體。另一方面，牟先生雖然十分強調兩者是通而為一，同是又強調吾人所不能認識的形上實體是「處於『自存狀態』」及「只停滯於『潛存』（Potential or Latent）的狀態」，「須要人的踐仁工夫去充顯與恢弘」。[24] 如此，創生實體與性體究竟是二還是一，牟先生的解說似乎仍不是十分明確。如果兩者是一，何由在可作道德創造的性體之上，再另立一生化創造的形上實體？如兩者有異，則兩者之不同之處是什麼？而此一與性體有不同意義的「自存」、「潛存」的形上實體與自然的世界或天造地設的天地萬物的關係為何？如二者有不同之處，是否又會導致有「二

---

21 牟宗三：《中國哲學的特質》（臺北：臺灣學生書局，1994年），頁30。
22 牟宗三：《中國哲學的特質》（臺北：臺灣學生書局，1994年），頁80。
23 牟宗三：《心體與性體》第一冊（臺北：正中書局，1996年），頁27。
24 牟宗三：《中國哲學的特質》（臺北：臺灣學生書局，1994年），頁58。

本」或「兩個路頭」之嫌呢？[25]

　　牟先生所言之先秦儒家已有道德的形而上學的意思，即由道德創造以肯定一形而上的實體，但這道德的形而上學是在一哲學思想發展的脈絡中表現出來的。牟先生認為孔子雖沒有明言天是形而上的實體，但「未嘗不函蘊此意味」，而對於「維天之命，於穆不已」，亦「難說其不契此詩句」，故以形而上的實體視天為孔子推進一步之說，「未始非孔子意之所函與所許」，此「亦不礙其對于天之崇敬與尊奉」。[26] 另一方面，對於孟子所言的「盡心、知性、知天」，牟先生指「語句上似表示心性與天尚有一點距離，本心即性，而心性似不必即天」，但是這心性與天的距離，是「可被撤銷」的，因為「心之絕對普遍性」以及「心性之內容的意義同于天處」。[27] 依上所示，牟宗三先生認為孔孟仍未明確說到心性與形上實體之天通而為一，這意思要發展至《中庸》及《易傳》才充分的表達出來。

　　牟先生指《中庸》實函有「性體與道體或天命實體通而為一」之意，這是由「孟子之自道德自覺上實踐地說性」及「心性向絕對普遍性申展之義」，並「依一形而上的洞悟滲透，充其極」，而有性體與天命實體通而為一之提升，而這一步之提升，是與孟子相呼應，而「圓滿地展示出」。[28] 及至《易傳》所言的「乾道變化，各正性命」（《易傳・乾・彖》），牟先生指出由中庸的提升，不但性體與天道實體通而

---

25 牟宗三先生很重視程明道所言的「一本」，並言「中體、性體、誠體、敬體、直體，乃至心體、神體、易體、仁體，與夫寂感真幾、純亦不已、於穆不已之實體皆一也。而天理實體亦不外此。直下只是一體之直貫，一體之沛然不禦，更無內外彼此之可分。此即為圓頓之一本。」（牟宗三：《心體與性體》第二冊，臺北：正中書局，1996年，頁110）此即指主觀言的心體、性體，與客觀言之創生實體，兩個體皆是同一實體，故是「一本」。

26 牟宗三：《心體與性體》第一冊（臺北：正中書局，1996年），頁22。

27 牟宗三：《心體與性體》第一冊（臺北：正中書局，1996年），頁27。

28 牟宗三：《心體與性體》第一冊（臺北：正中書局，1996年），頁31。

為一，而且直接由上面斷定：「天命實體之下貫于個體而具于個體（流注于個體）即是性」，天命不已的實體之命令作用不已，命至何處即作用至何處，即流注至何處，「流注于個體即為個體之性」。[29] 牟先生之意是「天道性命相貫通」在先秦儒家雖是一共同的意識，[30] 但此意識是在一思想發展的過程中展現出來，孔孟之心性與天未有明確表達出通而為一意，即孔子之踐仁知天、孟子之盡心知性知天，未能達至「澈盡而圓滿」[31]，必進至《中庸》之性體與道體通而為一，以及由《易傳》所意涵之「從上面由道體說性體」，才是「最後之圓成」。[32] 牟先生所建立的道德的形而上學，不單有形上實體之意，而且認為必須「澈至《中庸》、《易傳》之境，始有客觀地自天道建立性體之一義」，而這才是儒家發展至圓滿而澈盡者。[33]

由於牟先生肯定一作為宇宙生化的創生實體之形而上的實體，故亦認為必須進至由這絕對的形上實體下貫至人以為人之性體，才是道德形而上學最圓滿的意思。但是，由於本文並不認為形而上的實體是客觀存在，故亦並不認同先秦儒家是由孔孟發展至《中庸》、《易傳》才是儒學之最高峰。本文之立論是以天作為道德實踐中的信仰，並由本心之充其極以表象之，天之設定，是要吾人在對天之崇敬及尊奉中致力實踐道德，以至創造一道德的世界，這道德世界同時是一真實的世界，這才是天之確義。

---

29 牟宗三：《心體與性體》第一冊（臺北：正中書局，1996年），頁31。

30 「天道性命相貫通」是牟先生據張橫渠之言「天所性者通極於道，氣之昏明不足以蔽之；天所命者通極於性，遇之吉凶不足以戕之」（宋·張載：《張載集》，北京：中華書局，1978年，頁21）而說的，意指性體及天命實體通而為一。此外，牟先生亦有言指「道德形上學的內容就是天道性命相通而為一」。（牟宗三主講，盧雪崑錄音整理：《周易哲學演講錄》，臺北：聯經出版事業公司，2003年，頁37）

31 牟宗三：《心體與性體》第一冊（臺北：正中書局，1996年），頁552。

32 牟宗三：《心體與性體》第一冊（臺北：正中書局，1996年），頁35。

33 牟宗三：《心體與性體》第一冊（臺北：正中書局，1996年），頁552。

二 論孟子言「心」包含創造實體義

　　孟子嘗言「仁，人心也」，(《孟子・告子上》) 這「心」之意並不是指「物交物則引之而已」(《孟子・告子上》之心，即受經驗事物而決定的心，而是「仁義禮智根於心」(《孟子・盡心上》) 的心，即此心是超越的並且是「仁義禮智」的根據，即是人可表現「仁義禮智」之德性之根據。這作為「仁義禮智」之根據的心，其作用則是訂立「理」，孟子曰：「心之所同然者何也？謂理也，義也」。(《孟子・告子上》) 孟子以「理」及「義」釋「心之所同然」，便是指人之心可普遍地表現出來的就是「理」，是「義」。理者，可有規律、法則之意，義者，則有應然、應當之意，故兩者合起來便可理解為「應然的法則」或「道德的法則」。[34] 故孟子所指的仁之根據之心，便是能自立道德法則的心。這「理」或道德法則是不依經驗世界的對象為其根據，是獨立不依自然世界的因果性，而只依心之普遍立法機能為其根據，這便如康德所言：「一個有理性者要麼根本不能把主觀的實踐的原則，亦即格準同時思量為普遍的法則，要麼他就必須同意，依據使自己適合普遍立法的那個純然的形式，單獨自身就成為實踐的。」(KpV 5:27) 這亦如孟子所言：「生，亦我所欲也；義，亦我所欲也，二者不可得兼，舍生而取義者也。」(《孟子・告子上》) 孟子便是透過這能自立道德法則的心，而進一步言性，言天。

---

34 對於「心之所同然者」，牟宗三先生表示「此心覺本身之同能作此肯定之肯定活動之普遍性，亦是嚴格的普遍性。此種心覺當然是超越的義理之心──純理性的心；而其所肯定的理義 (當為「義理」──引者註) 亦不由外至，而是自內出，即此超越的義理之心之所自發者──此即是康德所說的意志之自律性，立法性，亦即是象山所說的『心即理』，王陽明所說的『良知之天理』。」(牟宗三：《圓善論》，臺北：臺灣學生書局，1996年，頁30) 李明輝先生對此亦有相近的理解，他說：「依孟子之見，道德主體 (本心) 所規定的道德法則必然有絕對的普遍性。」(李明輝：《儒家與康德》，臺北：聯經出版事業公司，1990年，頁60)。

孟子曰：「盡其心者，知其性也。知其性，則知天矣。」（《孟
子‧盡心上》）

孟子之云「盡心」，是指心之操存以使心成其為心，而所操存
者，即是心所自立的道德法則，操存之以使道德法則持存於心以為道
德行為的根據。由心之操存以充盡心之為心，孟子便由此而言「知
性」，這所言的「知」，並不不是指一般而言的認知或認識，一般所謂
的認識是認識外在的客體，即以外在經驗的對象為認識的對象，而孟
子所言的「知」是實踐的「知」。實踐的「知」並不是認識外物，而
是認識由充盡人之本心而作道德實踐所表現之德性，這便是孟子所指
的「性」，亦即是以本心為根據所表現出來的仁義禮智之道德性。這
道德性同時便是人之實存之性或人之超感觸的本性。

康德所言的道德法則就是「只依你同時意願它成為一個普遍法則
的那個格準而行動」。（Gr 4:421）[35] 道德法則只是那具有「普遍立
法」的純然形式的法則，並不是依據任何材質的法則，故道德法則沒
有具體內容，而只具法則性、普遍性。人之為人的本性便是人在道德
法則之下的實存，而道德法則是本心（自由意志）所自立的法則，這
便是孟子所言「仁，人心也」及「仁者，人也」之實義。仁者就是在
人心所立的天理（道德法則）之下人之為人的實存。由人之道德實踐
而實現人之本性，同時即是實現一作為天地萬物在道德法則下的實存
之道德世界。由於道德法則作為客觀性的「理」就包含在主體性的
「心」，這「本心之天理」之實踐，就是「主、客先驗地綜和的事
實」。[36] 故此，人之「盡心」就是實踐道德法則，把主體性的「心」

---

35 Gr為康德所著《道德形而上學的基礎》（Grundlegung zur Metaphysik der Sitten）之縮
  略語，在縮略語之後的阿拉伯數字分別為《康德著作全集》的卷數及頁數，下同。
36 參見盧雪崑：《孔子哲學傳統──理性文明與基礎》（臺北：里仁書局，2014年），
  頁163-164。

所立的客觀性的「理」實踐出來，以實現人之實存及萬物之實存，故「知性」之知是透過實現或創造的過程中（亦即是在先驗綜和的過程中）以知之，知之即創造之，同時即在創造中以知之。故孟子於此所言的知，不是我們一般所謂認識外在對象之知。我們認識及盡力實踐本心自立的道德法則，同時便認識由之而創發之主、客先驗地綜和的道德人格及道德世界。

由於由本心所立的道德法則是獨立於自然原因性而具絕對普遍必然性，故由充盡本心表現的「性」亦是具絕對的價值而為人之分定之性及天地萬物之性，即人是先驗地必然要以實現這「性」。就此，孟子有言曰：「君子所性，雖大行不加，雖窮居不損焉，分定故也。」（《孟子・盡心上》）所以，孟子之「性」並不是一自存的、外在於本心的客體，而是人之分定以實現己身的實存。

依康德所論，因著意志具有自由的特性而產生道德法則，並由此為我們先驗地規定著一個終極目的，這就是圓善，即「德行和幸福被設想為必然地結合在一起」。（KpV 5:113）由此，康德進而指出：「如果這個世界的事物作為在其實存上有所依賴的存在者而需要一個按照目的來行動的至上原因的話，那麼，人就是創造的終極目的（so ist der Mensch der Schöpfung Endzweck）。」（KU 5:435）「必須由我們來實現的最高的終極目的，就是我們唯一因此而能夠使我們配稱為創造的終極目的的東西，是對於我們來說在實踐方面有客觀實在性的一個理念。」（KU 5:469）這樣，康德就達致一個道德的目的論，這道德目的論「關涉到我們人作為與世界中的其他物相連繫的生物，而我們的道德法則又對我們造成規準（Vorschrift），使我們考慮世界中這些其他物的評判中，要麼把它們作為目的，要麼作為這樣的一些對象，在與它們的關聯中我們自己是終極目的。」（KU 5:447）這透過道德的人作為創造的終極目的，並由之而把天地萬物皆目的論地置於人所立的道德法則之下而連結成道德的世界，便是天地萬物之為天地萬物

之性，亦如孔子所言之「天下歸仁」（《論語・顏淵》）及孟子之言「萬物皆備於我」（《孟子・盡心上》）之意。這道德世界作為天地萬物之為天地萬物的實存，我們由此可設想一創造的實體「天」作為道德世界的根據。究其實，由於「本心之天理」，這作為道德法則（法則）下所成的道德世界之根據的「天」，其實義便是本心之充其極，由此我們可達致一結論：本心就是創發世界的真正實體。[37]

三　孟子言「天之所與我者」與《中庸》言「天命之謂性」

就著「天之所與我者」，唐君毅先生表示「孟子言人之心性，固言此為天之所以與我者，即言其有其所自來之本原是名為天。」[38] 雖然唐先生並沒有明言此天為天神或上帝，[39] 但他仍有把這天視為外在實存之意。

---

37 這由本心作為世界的真實本體而言的「心、性、天是一」之道德的形而上學，是受盧雪崑先生啟發而來的理解。盧先生指出：「就每一個人的意志自由（仁、本心）來看這道德主體，它就是『心』，就這道德主體就是人的實存定分而論，即可名為『性』，從這道德主體充其極而為一個道德世界的創造本源而言，它可被標舉於每一個人之上而為一個道德世界的『創造實體』，這實體可名曰『天』。」（盧雪崑：《孔子哲學傳統——理性文明與基礎》，臺北：里仁書局，2014年，頁167）依盧先生之說，心、性及天皆是人之道德主體，亦即是人之本心，只是由於言說的分際不同，才有心、性及天三個不同的說法，並不意指有三個不同的東西，故謂「心、性、天是一」。

38 唐君毅：《中國哲學原論：原道篇一》（臺北：臺灣學生書局，2004年），頁244。

39 唐君毅先生指：「今謂此天為自然為天神或上帝，皆無不可。……然此皆非要點所在。人亦可各自有其神學與形而上學之說。當知此類之說，初皆原自人之推論想像，或人自以為獨得之啟示。此中，人之種種想像推論與啟示，互不相同，永相辯爭，即見其說之無定。」（唐君毅：《中國哲學原論：原道篇一》，臺北：臺灣學生書局，2004年，頁244）雖然唐先生指這作為心性之本源的天並不能有確定之說，但唐先生仍有把這天視為外在實存之意，只是不同學說對其有不同的理解，故無定說。

其他學者亦有以外在實存之天作為孔孟心性之根源之說。楊澤波先生表示孟子之引《詩經》「天生烝民，有物有則，民之秉彝，好是懿德」，（《孟子・告子上》）以及其言「天之所與我者」和「盡心知性知天」，皆「清楚表明了孟子的確是在有意為性善尋找終極原因，直至最後將這個原因歸結到了天，將天作為性善的形上根據。」[40] 楊先生並指自孟子以天作為性善的根源，儒家的道德形上學之閘門便打開了，並「成為一個共同的無法避免的思想取向了。」[41] 故此，《中庸》亦順著這個路子之發展，而有「天命之謂性」之言。楊先生所理解的「天命之謂性」，是以天論性、以天說性說命之意，即以「德性之天解釋道德的來源」，並稱之為「以天論德」。[42]

朱子就《中庸》的「天命之謂性」，有如下的注釋：

命，猶令也。性，即理也。天以陰陽五行化生萬物，氣以成形，而理亦賦焉，猶命令也。於是人物之生，因各得其所賦之理，以為健順五常之德，所謂性也。[43]

據朱子之意，命即令，而性即理。以命為令，即天與命分為二，天為主詞，命為謂詞，即天所命的便是性（理）。萬物（包括人）據氣以成形，而理賦於其中焉，這便如天所命令於萬物而使各得其理。參考朱子對「盡心知性知天」的注，天是理之所從出，如要知理，則要格物窮理。[44] 朱子之意是理屬於外在於人之物，故此，我們可知朱子所言的天亦為一外在於人之天而賦物以理。

徐復觀先生認為孔孟的哲學主要是談道德，雖亦有言及天，但只

40 楊澤波：《牟宗三三系論論衡》（上海：復旦大學出版社，2006年），頁117。

41 楊澤波：《牟宗三三系論論衡》（上海：復旦大學出版社，2006年），頁117-118。

42 楊澤波：《牟宗三三系論論衡》（上海：復旦大學出版社，2006年），頁118-119。

43 宋・朱熹：《四書章句集注・中庸章句》（北京：中華書局，1983年），頁17。

44 宋・朱熹：《四書章句集注・孟子集注》（北京：中華書局，1983年），頁349。

表道德的超經驗的性格，[45] 或只是本心在無限展現的過程中所擬議的名稱。[46] 徐先生並不認為孔孟哲學涵有一套涉及存在的形上學，而天於孔孟的學說中亦沒有實義。即使徐先生對孔孟哲學抱持以上的理解，但對於《中庸》的「天命之謂性」，徐先生卻視此天為一外在的實存而「命」人以性。他說：「『天命之謂性』，決非僅只於是把已經失墜了的古代宗教的天人關係，在道德基礎之上，與以重建；更重要的是：使人感覺到，自己的性，是由天所命，與天有內在的關連；因而人與天，乃至萬物與天，是同質的，因而也是平等的。」[47] 徐先生認為人之性是由天所命，並由此表明人與外在的天是同質的，即同具無限而崇高的價值。[48] 徐先生認為，「天命之謂性」是子思回應孔子之「性與天道」所提出的回答，[49] 即「孔子所證知的天道與性關係，乃是『性由天所命』的關係」，並指這句說話是在子思之前，「根本不曾出現過的驚天動地的一句話。」[50] 由此可知，徐先生主張性與天道的關係，要到子思作《中庸》時才有突破性的理解，即性由天所命，於此，我們可看到徐先生理解的命為命令，此解與朱子的理解相近。[51]

唐君毅先生對於《中庸》之「天命之謂性」，指出是「直接溯人性之原於天命，人性乃上承天命而來」，「以見人性之宇宙之意義與形而上之意義，乃謂『思知人不可不知天』」，並表示《中庸》的思想，

45　徐復觀：《中國人性論史：先秦篇》，臺北：臺灣商務印書館，1999年，頁86。

46　徐復觀：《中國人性論史：先秦篇》，臺北：臺灣商務印書館，1999年，頁181。

47　徐復觀：《中國人性論史：先秦篇》，臺北：臺灣商務印書館，1999年，頁117-118。

48　徐復觀：《中國人性論史：先秦篇》，臺北：臺灣商務印書館，1999年，頁118。

49　在學術界一片疑古之風之下，徐先生曾就《中庸》之成書問題作研究，並舉出五證，以證其是出於子思，即是其成書乃在孟子之前。（徐復觀：《中國人性論史：先秦篇》，臺北：臺灣商務印書館，1999年，頁103）

50　徐復觀：《中國人性論史：先秦篇》，臺北：臺灣商務印書館，1999年，頁117。

51　此論參見盧雪崑：《孔子哲學傳統──理性文明與基礎》，臺北：里仁書局，2014年，頁193。

「兼通性德與天德人道與天道之本體之誠所生之思想」。[52] 據唐先生對《中庸》所抱持的看法，人性乃承於作為一外在實存之體之天命而為其本源，以給與人性宇宙及形上之意義。

關於「天命之謂性」之「天命」，牟宗三先生認為表面上或字面上，這「天命」的第一種講法是指「定然的、無條件的（unconditional）、先天的、固有的（intrinsic, innate）」，[53] 故整句的意思是「天定如此即叫做性」。[54] 不過，牟先生認為這種講法，並「不能盡『天命之謂性』一語的全蘊，亦不合古人說此語的涵義」，[55] 必須進至第二種的講法。牟先生說：「『天命之謂性』不能直解為『於穆不已』之天命實體即叫做性，然『天所命而定然如此』之性，如進一步看其『內容的意義』，亦實涵此義。……而此亦即形成客觀地從本體宇宙論的立場說性之義。」[56] 他又說：「《中庸》、《易傳》直下無內無外，劈頭即以『於穆不已』之天命實體展示天道為一形而上的創生實體，並由此實體說性體。」[57] 依牟先生之意，「天命之謂性」已含有從外在天命實體以說性體之意。

當代學術界一個主流的看法，是認為先秦儒家學說中的「天」、「天命」等，其義皆是指表一外在實存的形上實體，但是，正如本文第一節所欲提出的，這是否合乎孔、孟哲學傳統之原意呢？

參考本文第一節之討論，我們可藉康德對超感觸者的說明，以對孔孟之天作進一步的討論。康德揭明「自由」是「事實物」，故自由是實存，我們對另外三個超感觸者，即圓善、上帝及不朽，才可在實

---

52 唐君毅：《中國哲學原論：導論篇》（臺北：臺灣學生書局，2004年），頁150。

53 牟宗三：《中國哲學的特質》（臺北：臺灣學生書局，1994年），頁74。

54 牟宗三：《心體與性體》第一冊（臺北：正中書局，1996年），頁29。

55 牟宗三：《中國哲學的特質》（臺北：臺灣學生書局，1994年），頁74。

56 牟宗三：《心體與性體》第一冊（臺北：正中書局，1996年），頁30。

57 牟宗三：《心體與性體》第二冊（臺北：正中書局，1996年），頁508。

踐的意圖中決定對它們的一種認識，故因著自由之為「事實物」，另外三個超感觸者因而稱為「信仰之事」，「信仰之事」只是思維的東西並具有實踐的客觀實在性。[58] 參考康德說明超感觸者的進路，我們可指孔孟之「天」是因著「本心」的實存而為「信仰之事」，但是信仰之事只是思維的東西，是思想之物，並不能由此而推論出它們的實存。就此，康德強調，設定信仰之事決不是要求「超出經驗之外去假定一個新的客體」，（KpV 5:135）並強調「完全縱純然的概念出發來認識這個東西的實存，這是絕不可能的。」（KpV 5:139）

孟子言「盡心知性知天」，是由心說到天，此與康德的見解是相同的，即由「本心」的實存而推論到作為人之信仰或確信之事的「天」，但並不需要推論到「天」之實存，我們綜觀《孟子》一書，亦沒有以「天」為實際存在之言說。同樣，在《論語》中，孔子亦沒有以天作為形而上實體的意思。孔子云：「知之為知之，不知為不知，是知也」，（《論語‧為政》），亦云：「天何言哉」，（《論語‧陽貨》）對於不是作為經驗的對象而被言說或被知的天，孔子似不會對之作「能知其實存」的肯定或肯斷。但是，如我們把孔孟之天理解為如康德所言的「信仰之事」，以作為人所分定要實現的人格性及道德世界的超越的根據，並促進人之道德實踐，則似乎可較合孔孟所言之天的意思。

熊十力先生指出：「天者，無待之稱。」[59] 對於「天命之謂性」，他說：「『無聲無臭曰天』以其為萬物之統體而言也」。[60] 熊先生亦言：「按道字，或云天道，或單名曰道，今略舉《論語》、《大易》、《大戴

---

58 參考本文第一節。

59 熊十力：《讀經示要》上冊（臺北：明文書局，1999年），頁20。

60 熊十力：《讀經示要》上冊（臺北：明文書局，1999年），頁27。

禮》、《中庸》互相證明，則道之恆常義，自可見。」[61] 從熊先生的意思可見，他未有把天實化為一形上實體，而只把天之意思表象為「無待之稱」、「無聲無臭」、「萬物之統體」及「恆常義」。故此，這形上的「天」只是一思想的東西以象徵恆常、絕對之意思，並不代表實存的形上實體。「用康德的說話，它只是軌約原則、綜體之理念」，[62] 理念者，即思想的東西，不代表實存。依熊十力先生之意，如把天實化為一形上實體，以為「最上之本源。以命為天之發用，……如此說者，則天命性道，便有本支之別，層級之判。而所謂天者，將與宗教家之上帝無別矣。經文置『之謂』二字，正顯即義。」[63] 經文之「之謂」二字，正是沒有把天實化之意，而只是一個名稱。

明末劉蕺山有言：「天即理之別名，此理生生不息處即是命。以為別有蒼蒼之天、諄諄之命者，非也。」[64] 蕺山亦於〈學言中〉有云：「天者，萬物之總名，非與物為君也。道者，萬器之總名，非與器為體也。性者，萬形之總名，非與形為偶也。」[65] 依蕺山之意，並不是在世界之外「別有」一個蒼蒼之天之實存以諄諄地命，而天只是萬物的「總名」，即是萬物之綜體的一個名稱，不是在萬物之外的一個主宰（君）。「總名」實只表對天作為思維之物之描述，只是一個名稱，並不意指天之實存。

如天並不是形上實體，則我們不應把「天命之謂性」之「命」理

---

61 熊十力：《讀經示要》上冊（臺北：明文書局，1999年），頁20。

62 參見盧雪崑：《孔子哲學傳統──理性文明與基礎》（臺北：里仁書局，2014年），頁196。

63 熊十力：《讀經示要》上冊（臺北：明文書局，1999年），頁28。

64 明・劉宗周：〈中庸首章說〉，戴璉璋、吳光主編，《劉宗周全集》第二冊（臺北：中央研究院中國文哲研究所籌備處，1997年），頁350-351。

65 明・劉宗周：〈學言中〉，戴璉璋、吳光主編，《劉宗周全集》第二冊（臺北：中央研究院中國文哲研究所籌備處，1997年），頁480。

解為命令之意，熊十力先生云：「『流行曰命』從其賦物而言也」，[66]
盧雪崑先生表示：「『命』從『流行』、『賦物』而言，意思是並不實指
什麼命令在下達。」[67] 所以，「天命之謂性」並不是如部份學者們所
理解，由形上實體的天作為性體的本源或根據。盧先生說，「天命之
謂性」的意思無非是：「恆常不易的，亦即必然的（凡『必然的』乃
以『天』字表徵之）分定（『命』作實存之決定解），即叫做
『性』。」[68] 此解甚是。我們不需要形上實體的天作為我們道德心性
的根源，但我們知道我們必然地要充分實現我們道德的分定，這就是
「性」，並表之以「天命」。

四　論「從上而下」與「從下至上」兩種進路的說明

牟宗三先生就先秦儒家的發展，有如下之言：

> 大抵先秦後期儒家通過《中庸》之性體與道體通而為一，必進
> 而從上面由道體說性體也。此即是《易傳》之階段，此是最後
> 之圓成，故直下從『實體』處說也。此亦當作圓滿之發展看，
> 不當視作與《論》《孟》相反之兩途。蓋《論》《孟》亦總有一
> 客觀地、超越地言之之『天』也。……此只是一道德意識之充
> 其極，故只是一「道德的形上學」也。先秦儒家如此相承相呼
> 應，而至此最後之圓滿，宋明儒即就此圓滿亦存在地呼應之，

---

66 熊十力：《讀經示要》上冊（臺北：明文書局，1999年），頁27。

67 參見盧雪崑：《孔子哲學傳統──理性文明與基礎》（臺北：里仁書局，2014年），
頁196。

68 參見盧雪崑：《孔子哲學傳統──理性文明與基礎》（臺北：里仁書局，2014年），
頁197。

> 而直下通而一之也：仁與天為一，心性與天為一，性體與道體為一，最終由道體說性體，道體與性體仍是一。[69]

　　由以上引文及前文所討論，可知牟先生是認為孔孟之天是形而上的實體，這實體是「客觀地、超越地」而言的。謂其客觀的是由於天是外在於人之實體，言其超越的是因為天不在經驗之中故言超越的或形上的。但牟先生表示孔孟之天雖已有「客觀地、超越地言之之『天』」之意，仍未能澈盡道德的形而上學的全幅意涵，必須進至「《中庸》之性體與道體通而為一」，以及《易傳》之「從上面由道體說性體」，才是道德的形而上學的「圓滿之發展」，並在此意義下，以言道體與性體為一，心性與天為一。

　　對於此「由上而下」的進路所理解的道德的形而上學，牟先生於另一處有如下的論述：

> 不但性體與天命實體上通而為一，而且直下由上面斷定：天命實體之下貫于個體而具于個體（流注于個體）即是性。『於穆不已』即是『天』此實體之命令作用之不已，即不已地起作用。此不已地起命令作用之實體命至何處即是作用至何處，作用至何處即是流注至何處。流注于個體即為個體之性。[70]

　　牟先生所理解的道德的形而上學之最圓熟的發展，是由上面「於穆不已」的天命實體不已地起作用，以下貫（流注）到人（個體）便成為人之性。依牟先生之意，此性是以理言的性，亦是「本心即性」

---

69 牟宗三：《心體與性體》第一冊（臺北：正中書局，1996年），頁35。
70 牟宗三：《心體與性體》第一冊（臺北：正中書局，1996年），頁31。

之性。[71]

　　據牟先生的意思，整個儒家包括先秦儒家以至宋明儒，皆是一
「內聖之學」或「成德之教」，「成德」的最高目標是成「聖」、「仁
者」及「大人」，而其真實的意思則是使個人有限的生命達致「無限
而圓滿之意義」。[72] 在儒家的傳統中，道德實踐所以可能的先驗根
據，皆歸結到心性的問題，這一方面的討論屬於「道德底哲學」的範
圍。[73] 另一方面，牟先生亦指出，「成德之教」同時即涵有一「道德
的形上學」之意思，這不同於「道德底哲學」，後者是說明道德的先
驗本性，而前者是「涉及一切存在而為言者」，而「道德的形上學」
是「由道德的進路來接近形上學，或形上學之由道德的進路而證成
者」。[74] 牟先所言的「成德之教」，同時包含有「道德底哲學」及「道
德的形上學」兩層意思。

　　這由道德的進路來接近，或形上學之由道德的進路所證成之「道
德的形而上學」，即由道德以涉及存在的進路，是如何理解呢？就
此，牟宗三先生有如下的意思：

　　　　內聖之學之道德實踐是以成聖為終極，而聖之內容與境界則是
　　　　「大而化之之謂聖」，是「與天地合其德，與日月合其明，與
　　　　四時合其序，與鬼神合其吉凶，先天而天弗違，後天而奉天
　　　　時」，是于吾人有限之個體生命中直下能取得一永恆而無限之
　　　　意義，故其所體悟之超越實體、道體、仁體、心體、性體、於

71 牟宗三：《心體與性體》第一冊（臺北：正中書局，1996年），頁29。
72 牟宗三：《心體與性體》第一冊（臺北：正中書局，1996年），頁6。
73 牟宗三：《心體與性體》第一冊（臺北：正中書局，1996年），頁8。
74 牟宗三：《心體與性體》第一冊（臺北：正中書局，1996年），頁9。

穆于己之體，不能不「體物而不遺」，「妙萬物而為言」，蓋聖
心無外故也。[75]

牟先生指出聖者之「仁心之感通乃原則上不能劃定其界限，此即
函其向絕對普遍性趨之申展」，[76] 故聖心仁心無外，必通於天地萬物
以申展其絕對普遍性，及其極也，必「體物而不遺」以達於天地、日
月、四時及鬼神，故此道德的先驗根據一方面「直接地是吾人之性
體，同時即通『於穆不已』之實體而為一」，性體「開道德行為之純
亦不已」，同時即「洞澈宇宙生化之不息」。[77]

牟先生所提出的「心體、性體不能不體物而不遺、妙萬物而為
言」、「吾人之性體同時即通於穆不已之實體而為一」以及「性體開道
德行為之純亦不已同時即洞澈宇宙生化之不息」等，當中有關心體、
性體的表現，以及其與「於穆不已」的天命實體之間的關係，牟先生
分別用了「不能不體物、妙萬物」、「同時即通於」及「同時即洞澈」
等用字。這「心體、性體『同時即通於』天命實體」的說法，是牟先
生所構建其所理解的「道德的形而上學」一個重要的命題。這個命題
是建基於兩個對於孔孟以至《中庸》《易傳》之天的說法：第一個說
法為先秦儒學之天是一客觀實存之天命實體，第二個說法是天命實體
下貫（流注）到人而為人之心、性，即「客觀地自天道建立性體」。[78]

對於天命實體之實存問題，我們在上一節已作討論，並指天在孔
孟的傳統中，是一個道德的確信或信仰，是我們要充分實現己身的道
德分定時所必須要的設定。道德的確信或信仰，只是我們思維的東

75 牟宗三：《心體與性體》第二冊（臺北：正中書局，1996年），頁252。

76 牟宗三：《心體與性體》第一冊（臺北：正中書局，1996年），頁23。

77 牟宗三：《心體與性體》第一冊（臺北：正中書局，1996年），頁37。

78 牟宗三：《心體與性體》第一冊（臺北：正中書局，1996年），頁552。

西，如我們從思想之物推論到此物的實存，便是超出了我們認識機能的界限而構成了虛幻之物。

對於第二種說法，即由上面的天命實體下貫（流注）到人而為人之性，這亦可有值得商榷的地方。牟先生的這個說法，似乎反映了他是以主、客二分的思維模式理解孔孟之心、性及天。他把心、性歸屬於主體而天則為客體一邊，由於主體之心、性之道德實踐之能力，是由於客體的天命實體所下貫或流注到人而成其為人之心、性，故人之道德實踐不單是實現人之道德人格，亦「同時即」體物而不遺，並「同時即達於」天地、日月、四時及鬼神而合其德、合其明、合其序及合其吉凶，這便是牟先生所言曰：「天之創生過程亦是一道德秩序也。此即函著說宇宙秩序即是道德秩序，道德秩序即是宇宙秩序也。……心性之道德創造即是天道之創造性。」[79] 這是由於天命實體與性體，就其「內容的意義」而言，[80] 兩者是相同的，牟先生說：「就其統天地萬物而為其體言，曰形而上的實體（道體 Metaphysical reality），此則是能起宇宙生化之『創生實體』；就其具于於個體之中而為其體言，則曰『性體』，此則是能起道德創造之『創造實體』，而由人能自覺地作道德實踐以證實之」。[81] 牟先生進一步云：「心即是『道德的本心』。此本心即吾人之性。如以性為首出，則此本心即是彰著性之所以為性者。」[82] 故此，依牟先生之意，客觀的天命實體即是就人之主體而言的性體、心體，故主體的道德實踐，同時便是客體的最高之天命實體的宇宙生化之創造。這便是牟先生所理解「心、性、天是一」的規模，主體的心、性同時即等同於客體的天命實體。

---

79 牟宗三：《圓善論》（臺北：臺灣學生書局，1996年），頁137。

80 牟宗三：《心體與性體》第一冊（臺北：正中書局，1996年），頁30。

81 牟宗三：《心體與性體》第一冊（臺北：正中書局，1996年），頁40。

82 牟宗三：《心體與性體》第一冊（臺北：正中書局，1996年），頁41。

　　對於「道德創造同時即通於萬物的創造」這一道德的形而上學的義理，本文是同意的，這亦是牟先生對當代儒學的重大貢獻，使儒學重新接上孔孟哲學傳統及宋明儒學的智慧。但是，透過天命實體下貫於個體而成個體之心體、性體，這一由上而下的說明方法，本文則抱有懷疑的立場。我們於上節已討論了對天命實體肯定其實存是超出人之認識機能的界限，我們於此暫且退一步，假設天命實體是實存的，再看看由上而下的「天命實體下貫說」是否有值得商確的地方。

　　客觀而實存的天命實體是屬於超感觸的，即不是我們可認識的經驗的對象。對於我們不能有認識的天命實體，我們如何可以知道天命實體的「下貫」？這「下貫」的過程和作用似乎同樣是超出我們的認識機能而不能對其構成決定的認識，故我們更加不能指客體的天命實體下貫而為人之主體之性。所以，一個我們沒有認識的天命實體，它起著我們亦不能有認識的「下貫」的作用，而形成我們的心、性，即道德實踐的能力，對於這樣的一個論述，究其實，似乎是沒有說明什麼。如我們進一步說，由於這天命實體的下貫，而使我們主體的心、性，同時即具有實現客體世界的能力，這就更加難以成立，因為這是對於我們不能認識的東西賦與了實際內容。

　　我們可以清楚知道己身實踐道德的能力，即我們可清楚知道我們可以自我遵循自身訂立的道德法則，這便如孔子所言「為仁由己，而由人乎哉」（《論語·顏淵》）、「我欲仁，斯仁至矣」（（《論語·述而》），以及孟子之言「思則得之」（《孟子·告子上》）及「求則得之」（《孟子·盡子上》）之意。所以，對於我們可清楚意識到的道德實踐之能力，我們沒有必要於其上指出是「透過天命實體之下貫」以形成之。此外，我們也不需要由客體的天命實體下貫而為主體的心、性，即我們不用透過「由客觀的天道建立心體、性體」，才可說道德創造即是創生創造。

　　正如本文所擬論證，「心、性、天是一」是先驗綜和地一的過程，這是由於本心所訂立的道德法則，即「本心之天理」是由主體所立，同時透過普遍立法的形式而具普遍必然性，並由之決定人及萬物在天理之下的實存而成就作為終極目的的道德世界。這是通過人之把既主亦客的天理先驗綜和地實現於經驗世界中，而實現的道德世界。因此，我們才可以構成一道德形上之天的概念，並據之作為道德世界的根據，這「由下而上」的對道德的形而上學的說明進路，才似乎是孟子「盡心知性知天」之真義。

　　本文並不是對牟宗三先生以「道德的形而上學」理解先秦及宋明儒的規模表示不同意。牟先生以其富深刻睿智的哲學洞見及具創造性的哲學心靈，以自律道德上達至道德的形而上學的義理規模，從新疏理中華民族的儒學傳統，其功勞及貢獻是劃時代的。可是牟先生以其「天命實體」的實存及「由客觀的天命實體建立主觀的心、性」的說明進路所構建的「道德的形而上學」卻一直招致經驗論者、懷疑論者及邏輯實證論者的批評，[83] 這主要是由於天命實體的「實存」及「由

83　楊澤波先生指出，心是道德創生的真正主體，這能夠理解及接受，但卻質疑在這之上還有一個實體，「既是一種實體，為什麼又說它是『形式地說』、『虛籠之總說』呢？……既然它是『形式地說』、『虛籠之總說』，這一實體之『實』又表現在何處呢？」並對創生實體「與其所創生的萬物在時間上是一種什麼的關係」提出疑問。楊先生繼而提出其個人的見解，指儒家之天道只是「借天為說」，其所言的「借」，只是對傳統的一種借用，「有着極強的歷史必然性」，因為只是「借」，故天不是形而上的創生實體，亦不是仁的真正根據。（楊澤波：《牟宗三三系論論衡》，上海：復旦大學出版社，2006年，頁154-155）此外，馮耀明先生亦以其分析哲學的觀點對牟宗三先生之道德的形而上學作出批評。對於牟先生所言天道是「超越的」，而天道貫注到人而為人之心性，故天道亦是「內在的」，馮先生認為有關論述是「自相矛盾」的，依馮先生之意，「『超越』含有『外在』的意思，凡『超越』者自不能也是『內在』的」，並以「圓而且方」的比喻反映「超越內在說」之「自相矛盾」處。（馮耀明：《超越內在的迷思：從分析哲學觀點看當代新儒家》，香港：中文大學出版社，2003年，頁195-196）

客觀的天命實體建立主觀的心、性」，皆已超出人類的認識界限而為言，而由於這些批評，亦可能動搖了「道德的形而上學」的根基。「本心之天理」實現於經驗世界，便即是一主、客先驗綜和的過程以實現道德世界的理想，從而可肯定一形上的「天」作為道德世界的超越根據，這便可回應經驗論者、懷疑論者及邏輯實證論者的批評。由於我們不用肯定超出我們認識的天命實體的「實存」及「由客觀的天命實體建立主觀的心、性」，只需肯定天理在每個人之本心便可，而這是每個人皆可清楚知道的。此外，這「由下而上」的說明方式，亦似乎較符合孔孟傳統的「下學上達」及「盡心知性知天」之本意，並可對「道德的形而上學」提供了較穩固的說明。

蕺山言「性」的哲學涵義[1]

黃世明

香港浸會大學宗教及哲學系

引言

　　蕺山是明末最後一位理學家。誠如牟宗三先生所言，蕺山「亦是為此學作見証者，殊不易也，不能不令人起欽敬之心。」[2]蕺山作為理學家中之殿軍，按其子劉汋所言，其哲學之一大貢獻乃在於「按先儒言道分析者，至先生悉統而一之」。茲引其文如下：

> 按先儒言道分析者，至先生悉統而一之。先儒心與性對，先生曰：「性者心之性。」性與情對，先生曰：「情者性之情。」心統性情，先生曰：「心之性情。」分人欲為人心，天理為道心，先生曰：「心只有人心，道心者人心之所以為心。」分性為氣質義理，先生曰：「性只有氣質，義理者氣質之所以為性。」未發為靜，已發為動，先生曰：「存發只是一機，動靜只是一理。」推之，存心致知，聞見德性之知，莫不歸之於一。[3]

1　本文於會議後亦刊登於《鵝湖學誌》第五十八期（2017），頁73-100。本人謹此感謝《鵝湖學誌》同意本文同時收錄於會議論文集。
2　牟宗三：《從陸象山到劉蕺山》（上海：上海古籍出版社，2001年），頁328。
3　劉汋：《蕺山年譜》，《劉子全書・卷之四十上、下》。

　　另一方面，在《從陸象山到劉蕺山》中，牟先生則認為蕺山哲學「乃乘王學之流弊而起者」，貢獻在於其「更端別起」：「歸顯於密」將「心學之顯教歸於慎獨之密教」，以「直下堵住那種流弊」。[4] 依牟先生，在蕺山哲學中「歸顯於密」乃經過兩步而成：「將良知之顯教歸於『意根最微』之密教」、「將心體之顯教復歸於性體之密教」[5]，而其要旨則可歸結為「以心著性，歸顯於密」[6]。

　　「以心著性」乃牟先生從蕺山哲學歸結出之要旨，然而「以心著性」一說卻並非出自蕺山。在《心體與性體》〈綜論〉部，牟先生論五峰哲學時有如下說法：

　　五峰則先心性分設，正式言心之形著義，以心著性而成性，以明心性之所以一。[7]

　　這是牟先生在書中首次提出「以心著性」一說。牟先生後來以五峰、蕺山為一系，並以「以心著性」概括五峰和蕺山哲學中「心」與「性」之關係：

　　五峰蕺山系：此承由濂溪、橫渠、而至於明道之圓教模型（一本義）而開出。此系客觀地講性體，以中庸易傳為主，主觀地講心體，以論孟為主。特提出「以心著性」義以明心性所以為一之實以及一本圓教所以為圓之實。于工夫則重「逆覺體證」。[8]

4　詳見牟宗三：《從陸象山到劉蕺山》（上海：上海古籍出版社，2001年），頁314至316。篇幅所限，本文不會直接討論王學流弊之問題。

5　牟宗三：《從陸象山到劉蕺山》（上海：上海古籍出版社，2001年），頁316。

6　牟宗三：《從陸象山到劉蕺山》（上海：上海古籍出版社，2001年），頁320。

7　牟宗三：《心體與性體》，第一冊（臺北：正中書局，1999年），頁46。

8　牟宗三：《心體與性體》，第一冊（臺北：正中書局，1999年），頁49。本文旨在闡明蕺山言「性」之意義，因此不會討論牟先生對五峰哲學的詮釋。業師盧雪崑先生

　　在《從陸象山到劉蕺山》論蕺山哲學時，牟先生就嘗試根據蕺山言「即心離心總見此心之妙」[9]揭示「以心著性」在蕺山哲學中的意義：

> 「即心離心總見此心之妙」即見此心之形著作用也。「而心之與性不可以分合言」即最後總歸是一也。然既有即心離心，則亦可以分合言。「即心」即合，「離心」即分。然此分合只是為的「先作心性之分設，以便明其形著之關係以及自覺與超自覺之關係」之過程中的方便之言，而最真實的洞見實在那最後不可以分合言而總歸是一也。[10]

　　從引文可見，雖然蕺山在同一段文字中明言「心之與性不可以分合言」，牟先生卻認為蕺山言「即心」、「離心」正是「以分合言」，並認為這是「見此心之形著作用」必需的方便之言。牟先生如是明言「以心著性」須「以分合言」而「先作心性之分設」，並以「以心著性」為蕺山哲學之要旨。然而，筆者將在本文論明，蕺山在其著述中不僅一再強調「心之與性不可以分合言」之旨，更多次申述「不可以分合言」之理由及「以分合言」之弊病。因此，姑勿論牟先生所論是否優於蕺山，我們仍可以質疑「以心著性」說是否能準確地總結蕺山哲學之要旨。

　　誠然，此前亦有學者對牟先生「以心著性」一說提出商榷，亦有唐君毅先生不重「心性分設」及「性體」之客觀義[11]。楊祖漢先生就

在《孔子哲學傳統》中有詳細討論。盧雪崑：《孔子哲學傳統》（臺北：里仁書局，2014年），頁489-500。

9　見劉蕺山：《劉子全書》卷之十一，〈學言中〉。筆者將在以下章節再討論蕺山該段文字。

10　牟宗三：《從陸象山到劉蕺山》（上海：上海古籍出版社，2001年），頁317。

11　可參考陳榮灼：〈論唐君毅與牟宗三對劉蕺山之解釋〉《鵝湖學誌》第四十三期（2009），頁71-94；楊祖漢：〈論蕺山是否屬「以心著性」之型態〉《鵝湖學誌》第

曾撰文重新審視蕺山是否屬「以心著性」之型態：

> 性體之意義固是須從心中看出，但那可能是離心無性，若要言
> 性，只可於心中見之之義，而非先肯定一客觀實有之性體，而
> 由心之活動以形著之。[12]

按楊先生的分析：

> 但細察蕺山意，他是從「心之所以為心」言性，即作為大本、
> 客觀根據之性，離開心是無法得知的。要論性，欲體會性體之
> 意義，必須即心以見之。所謂「性體要從心體看出」。恐怕不
> 是說「以心著性」，而是認本心之活動便是性。即比較而言，
> 心之義較重，而性之義較輕。言心，則性便在其中。甚至性是
> 「別名」、「虛名」。[13]

另一方面，業師盧雪崑先生在其專著中亦曾仔細審視蕺山之文
本，並對「以心著性」一說提出質疑：

> 明乎此，我們實在找不到理由認為蕺山先從客觀面的天、道建
> 立形而上的實體，然後以主觀面的本心、仁去彰著而證實之。

三十九期（2007），頁35。原文可見唐君毅：《中國哲學原論原教篇》（臺北：臺灣
學生書局，1990年），第十八章。唐君毅之說大抵以「情」及「意」的純粹性為
本，對「性」不甚重視，本文篇幅所限，因此恕不兼論唐君毅之說法。

12 楊祖漢：〈論蕺山是否屬「以心著性」之型態〉《鵝湖學誌》第三十九期（2007），
頁38。

13 楊祖漢：〈論蕺山是否屬「以心著性」之型態〉《鵝湖學誌》第三十九期（2007），
頁59。

相反，蕺山正是承續孔孟言本心、仁之即主即客，也就是既根於人的主體，同時藉著主體稟具之普遍必然性，及絕對意義，而論性體、道體之客觀實在性。事實上，如果我們能放棄主觀、客觀兩糾之的思維模式，則不會有種種誤解之生起。[14]

雖然楊先生和盧先生皆對牟先生「以心著性」一說提出異議，從以上引文卻可窺見兩位之說法之不同。楊先生認為蕺山「認本心之活動便是性」；盧先生則認為蕺山「藉著主體稟具之普遍必然性」論「性」。楊先生認為蕺山中「性」是「別名」、「虛名」；盧先生則認為蕺山中的「性」既指「主體稟具之普遍必然性」而言，則亦不是虛說[15]。本文雖以闡明蕺山之原意為主旨，但在討論中亦會援引楊先生和盧先生的說法作比較，並嘗試說明何以盧先生的說法較楊先生的準確和可取，亦更接近牟先生對儒家哲學的根源洞見。

牟先生一生致力於儒家哲學之研究，其創闢性洞見乃在於揭明儒家圓融智慧中蘊含的「道德底形上學」及「道德的形上學」。按牟先生，「道德底形上學」既討論道德實踐所以可能之先驗根據（即「心性」之問題），亦討論實踐之下手問題[16]，然其本旨實不離「意志自律」這一點根源洞見，因此本文間或以「意志自律」代替「道德底形上學」一詞，以明牟先生之洞見所在。「意志自律」說明道德之先驗本性，「道德的形上學」則進而基於本心之創造性確立一形上學，「乃涉及一切存在而為言者」，「不但只是吾人道德實踐之本體（根據），且亦須是宇宙生化之本體，一切存在之本體（根據）。」[17]明乎此，則

---

14 盧雪崑：《孔子哲學傳統》（臺北：里仁書局，2014年），頁503。

15 參見盧雪崑：《孔子哲學傳統》（臺北：里仁書局，2014年），頁503。

16 詳見牟宗三：《心體與性體》第一冊（臺北：正中書局，1999年），頁8。

17 詳見牟宗三：《心體與性體》第一冊（臺北：正中書局，1999年），頁8-9。

可知牟先生提出「意志自律」及「道德的形上學」兩大創闢性洞見，不僅將儒家之圓融智慧確立為一如理如實的「道德哲學」[18]，更明確地將儒家學說區別於一切主張「意志他律」或「思辨的形上學」的哲學流派。[19]

依此，雖然牟先生以「以心著性」概括蕺山哲學中「心」與「性」關係，然由於前文所述之疑點，本文不會一開始即以「以心著性」概括其言「心」與「性」關係。筆者將根據牟先生「意志自律」及「道德的形上學」之洞見，重新審視蕺山哲學之文本，探究其言「性」之原義實義，論明蕺山言「性」在牟先生所揭示之儒家道德哲學中的全部意涵。筆者將在以下章節論明，蕺山言「性」不僅能把握「意志自律」所闡明本心為唯一創造實體之本旨，更能如理地揭示出基於此創造實體而開展出之「道德的形上學」之弘規，並以其先驗綜和之觀點闡述「心」、「性」、「理」、「氣」之關係。誠如盧雪崑先生所言，蕺山哲學實是對象山、陽明一系之補足[20]，而堪以擔當牟先生所言「為此學作見証者」之重任。

一　「自心言性」：「性者心之性也」

自孟子從「四端之心」揭明「性善」起，儒家言「性」就不曾落入西方哲學的思維模式，以為可以用思辨的進路確立「本質」。

---

18 牟宗三：《心體與性體》，第一冊（臺北：正中書局，1999年），頁8。

19 誠然，歷史中亦有儒家學者主張「意志他律」或「思辨的形上學」，牟先生在其著作中皆會加以判別，或甚至剔除不論。為行文方便，本文所論儒家學說之核心弘規皆依牟先生「意志自律」及「道德的形上學」之洞見為準。筆者認為牟先生之洞見實乃傳承自孔孟，唯問題牽涉甚深且廣，本文不處理。

20 見盧雪崑：《孔子哲學傳統》，第3章第4節〈五峰、蕺山系對象山、陽明系之補足〉（臺北：里仁書局，2014年），頁412-422。

事實上，倘若從思辨的進路思考存有論意義的「本質」，則只可能有兩個方式：單單以經驗中的現象為「本質」（如告子言「生之謂性」）；或設定一「超離者」為現象之根據而言「本質」。前者缺乏哲學意義，只著眼於現象的多樣性而不及其形而上的根據，因此亦不足以言「性」或「本質」；後者則缺乏客觀實在性，以為僅僅從思辨理性的形而上要求就可以決定「超離者」的實在性，但事實上我們卻未能依此進路對「超離者」的意義置一辭。

跟思辨形而上學不同，孟子「自心言性」是道德形而上學的進路，是從「良知」言本心之立法性，從「良能」言本心不受感性條件決定的高級意欲機能，以揭示本心之為道德創造實體，並從其客觀的、道德的存有性而言「性」。就本心之機能而言，「性」固然有其先驗之必然性；然而，本心之機能卻同時要在經驗中實踐以獲得實在性。因此，在道德形而上學的進路中，「性」實不只是「本質」之問題，更是在實踐中自我置定之問題。同理，孟子言「盡心知性知天」中的「知」，亦不是理論認識的「知」，即並非意指有一超離的「性」或「天」待我們去認識。誠如盧雪崑先生所言，「必然者謂之天道，必然之分定謂之性」[21]，「性」和「天」都是在合「良知」、「良能」而言的本心「知皆擴而充之」中見，屬實踐認識的「知」。依盧雪崑先生，「性」就是「心之所以為心」的「必然之分定」，所以「性」是在本心的自形自著中得以成就；因此，「性」甚至不可以說是先於本心而有，而待本心去彰著之：

> ……依蕺山，並非以「心」去形著自存潛存之「性」；相反，「性」之名只能因心之「官」之本質作用而立。心體自形自

---

21 盧雪崑：《孔子哲學傳統》（臺北：里仁書局，2014年），頁491。

著，而性體亦於心體自形自著中成。[22]

依盧先生對蕺山之詮釋，「以心著性」實未能準確把握蕺山之要旨。依蕺山，「性」之第一義就是「性者，心之性也」，當中並無任何以「性」為「自存潛存」的意思：

> 夫性因心而名者也。盈天地間，一性也，而在人則專以心言，性者，心之性也。心之所同然者，理也。生而有此理之謂性，非性為心之理也。[23]

這段引文摘自蕺山〈原旨・原性〉篇立論之始，其義確立了蕺山哲學「自心言性」之本旨。從引文可見，蕺山一開始即明確指出「夫性因心而名者也」，並闡明其意義：就「心」之「生而有此同然之理」而言，亦即就其客觀的、道德的存有性而言，可有名曰「性」。此義通於孟子所言「仁義禮智根於心」、「分定故也」的意思，是「自心言性」的進路。依此，蕺山雖分言「心」、「性」二詞，唯其目的為分解立義，以闡明「心」之所以「心」之存有性，卻並非在本心創造實體以外另立「性體」。如盧雪崑先生指出，「分解地立義乃是必要的哲學證明……孟子就有對心、性作確當的分解立義，分解立義並不妨礙超越地說只肯斷唯一的實體。」[24]蕺山承孟子分解立義「自心言性」，實乃就同一本心創造實體立言。因此，蕺山哲學中之「心」、「性」關係，似乎從一開始就不是如牟先生所言「乃是一形著之關

---

22 盧雪崑：《孔子哲學傳統》（臺北：里仁書局，2014年），頁519。

23 劉蕺山：《劉子全書》卷之七，〈原旨・原性〉。

24 盧雪崑：《孔子哲學傳統》（臺北：里仁書局，2014年），頁509。

係，亦是一自覺與超自覺之關係」[25]而須「先作心性之分設」[26]。

就同一段引文，楊祖漢先生雖亦同意「蕺山言性，並不視其為可離心而言之客觀實有」，但卻認為引文中「性即心之活動」、「所謂理即是心之同然之『活動』」、「此同然之活動，便是性」[27]，則似乎有添加了蕺山原文沒有表達的意思。楊先生的闡釋雖亦有其意義，但「心」、「性」之關係之首要義似乎並不在「活動」，而在「活動」之根據之同一實體。倘若只關注同然之「活動」，而忽視其所以同然之「心之所同然者」，則或許會落於蕺山所言「求覺於覺」[28]之弊，而始終失落了「性」的真實意義。

因此，筆者認為盧先生的詮釋比較可取，蕺山原意是以「心」、「性」二詞指表同一實體，而專以「性」字表明其客觀的、道德的存有性。「自心言性」之義既明，則蕺山言「心之與性不可以分合言」之義亦明：

> 性情之德，有即心而見者，有離心而見者。即心而言，則寂然
> 不動，感而遂通，當喜而喜，當怒而怒，哀樂亦然。由中道
> 和，有前後際，而實非判然分為二時。離心而言，則維天於
> 穆，一氣流行，自喜而樂，自樂而怒，自怒而哀，自哀而復
> 喜。由中道和，有顯微際，而亦非截然分為兩在。然即心、離
> 心，總見此心之妙，而心之與性不可以分合言也。[29]

---

25 牟宗三：《從陸象山到劉蕺山》（上海：上海古籍出版社，2001年），頁316。

26 牟宗三：《從陸象山到劉蕺山》（上海：上海古籍出版社，2001年），頁317。

27 楊祖漢：〈論蕺山是否屬「以心著性」之型態〉《鵝湖學誌》第三十九期（2007），頁49。

28 劉蕺山：《劉子全書》卷之六，〈證學雜解‧解十二〉。下文將再討論相關引文。

29 劉蕺山：《劉子全書》卷之十一，〈學言中〉。

引文中「即心」、「離心」之說，不論按前文所引「自心言性」之本旨，抑或依據這段引文之內容，亦不應理解為存有論地分設「心」、「性」為兩個實體，而仍應以分解立義理解。盧雪崑先生對這段引文就有闡釋如下：

> 蕺山言「即心」、「離心」，是就同一「心」而作超越分解之分言。恐怕不能視之為存有論地作出心、性分設。否則很難解明如何可說：「即心離心，總見此心之妙，而心之與性不可以分合言也。」愚意以為，「離心」之「離」是超越分解而言的「抽離」。也就是說，分隔開來考量，純然就「心」之超越義而言，「則維天於穆，一氣流行」，而非意謂「超離」於「心」之外另有一「天命流行之體」。[30]

蕺山有必要在其哲學論述中分言「心」、「性」二詞並分解立義，此義下之「分言」和「心之與性不可以分合言也」中之「分合言」明顯不同。「分言」「心」、「性」二詞並分解立義，其「分」是分其詞、分其義，其詞其義所指點的依然是同一個本心創造實體，就其為同一實體而言本來就沒有所謂「分」，亦自沒有言「合」之必要。誠如蕺山所言，「是孟子明以心言性也，而後之人必曰心是心，性是性，一之不可，二之不得。」[31]「以分合言」實是「後之人」未能把握分解立義之意義，將其中不同之意義視為不同實體，才有「一之不可，二之不得」之弊病，其病實不在孟子分解立義「以心言性」。

既然分解立義實為必要，則在分言「心」、「性」之哲學論述中，

---

30 盧雪崑：《孔子哲學傳統》（臺北：里仁書局，2014年），頁520。
31 劉蕺山：《劉子全書》卷之七，〈原旨·原性〉。

更應隨時恰切地指出「性者，心之性也」[32]之事實，以避免學者有「心是心，性是性」之誤解。蕺山在其論述中就多有強調，茲引例子如下：

> 此性之所以為上，而心其形之者與？即形而觀，無不上也；離心而觀，上在何處？懸想而已。[33]

> 惟天下無心外之性，所以天下無心外之理也。[34]

> 凡所云性，只是心之性，決不得心與性對。[35]

> 水與受水者終是兩事，性與心可分兩事乎？予謂水，心也。而清者其性也。有時而濁，未離乎清也。相近者也。其終錮於濁，則習之罪也。[36]

> 蓋性命本無定名，合而言之，皆心也。自其權籍而言則曰命，故嘗能為耳目口鼻君。自其體蘊而言則曰性，故可合天人、齊聖凡，而歸於一……惟提起心字，則性命各有條理，令人一一推諉不得。此孟子道性善本旨也。後之言性者離心而言之，離之弗能離，則曰一而二，二而一，愈玄愈遠。離性言命亦然。[37]

---

32 劉蕺山：《劉子全書》卷之七，〈原旨・原性〉。
33 劉蕺山：《劉子全書》卷之七，〈原旨・原性〉。
34 劉蕺山：《劉子全書》卷之七，〈原旨・原學中〉。
35 劉蕺山：《劉子全書》卷之十二，〈學言下〉。
36 劉蕺山：《劉子全書》卷之十二，〈學言下〉。
37 劉蕺山：《劉子全書》卷之十二，〈學言下〉。

性無性，道無道，理無理，何也？蓋有心而後有性，有氣而後有道，有事而後有理。故性者心之性，道者氣之道，理者事之理也。[38]

然必有心而後有性之名，有父子而後有仁之名，有君臣而後有義之名。[39]

事實上，綜合本節所論即可知，蕺山承孟子言「自心言性」之義，在其〈原旨・原性〉篇立論之始即已然確立：「夫性因心而名者也。盈天地間，一性也，而在人則專以心言，性者，心之性也。心之所同然者，理也。生而有此理之謂性，非性為心之理也。」[40]然而，我們或者可以再問：為什麼不可以單以「心」言說本心創造實體，而要進一步如此分解立義「自心言性」？有關這個問題，蕺山亦有解答：

由知覺，有心之名。心本不諱言覺。但一忌莽蕩，一忌籠統。籠統則無體，莽蕩則無用。斯二者皆求覺於覺，而未嘗好學以誠之，容有或失之似是者，仍歸之不覺而已。學以明理，而去其蔽，則體物不遺，物各付物，物物得所，有何二者之病？故曰：「好智不好學，其蔽也賊。」[41]

依蕺山之見，「心」之名本來就由知覺而有，但若僅以「知覺」言本心之為創造實體，則似乎對其體、其用都未是最充分的說明，而

---

38 劉蕺山：《劉子全書》卷之十三，〈會錄〉。
39 劉蕺山：《劉子全書》卷之十三，〈會錄〉。
40 劉蕺山：《劉子全書》卷之七，〈原旨・原性〉。
41 劉蕺山：《劉子全書》卷之六，〈證學雜解・解十二〉。

或會流於莽蕩、籠統,「或失之似是者」。因此,蕺山言「自心言性」以指點「心之所以為心」之客觀的、道德的存有性,以免於莽蕩、籠統之弊病,如此則亦「不諱言覺」:

> 心一也,合性而言則曰仁,離性而言則曰覺。覺則仁之親切痛癢處,然不可以覺為仁,正謂不可以心為性也。[42]

　　蕺山明言「心一也」,則可以明白文中「合性而言」、「離性而言」實是「合」其義、「離」其義之意。「合性而言」,即「自心言性」而言,則能見到本心創造實體「仁」之為「心之所以為心」之根據。「離性而言」,即單以「心」義言,則曰「覺」,唯從其「覺」卻依然可以見到「仁之親切痛癢處」。至此,「自心言性」既明既立,則蕺山似亦可以同意楊祖漢先生所言「心之活動的意義,或活動所顯的條理,便即是性」,然而似乎仍以蕺山言「性者心之理也,心以氣言,而性其條理也」[43]更為準確。事實上,蕺山在文中亦不忘提醒,雖然「自心言性」中「心」、「性」皆指點同一本心創造實體,卻不可以「以心為性」,因「覺」和「仁」之義畢竟不同。因此,就哲學說明而言,筆者認為盧先生的進路更貼近蕺山之原意。

二　「氣質義理只是一性」:「義理者氣質之本然,乃所以為性也」

　　如筆者在引文指出,牟先生之創闢性洞見乃在於揭明儒家圓融智慧中蘊含的「意志自律」及「道德的形上學」。依牟先生,「意志自

---

42 劉蕺山:《劉子全書》卷之十,〈學言上〉。
43 劉蕺山:《劉子全書》卷之十九,〈論學‧復沈石臣進士〉。下文會詳細討論。

律」說明道德之先驗本性，「道德的形上學」則進而基於本心之創造性確立一形上學，「乃涉及一切存在而為言者」，「不但只是吾人道德實踐之本體（根據），且亦須是宇宙生化之本體，一切存在之本體（根據）。」[44]

戴山承孟子「自心言性」，誠然是從自由領域立言，確立了本心仁體作為道德創造實體的客觀實在性，從而闡明了人作為德性物種的稟賦之「必然之分定」而名之曰「性」。因此，戴山「自心言性」已然確立了牟先生所言「意志自律」所涵道德之先驗本性之本旨。然而，戴山在其〈原性〉篇中，對「性」的闡發卻更有進於「自心言性」的進路，並最終確立了其「道德的形上學」之弘規。

如前文所論，本心仁體為道德創造實體，從道德形而上學的進路即可從其客觀的、道德的存有性而言「性」。然而，「性」不可以被理解為僅僅是人的「內在道德性」。孟子言「盡心知性知天」，戴山言「盈天地間，一性也」[45]，道德創造實體既不受感性條件決定，則其存有性亦自不受感性條件所限，而實具有絕對的普遍性、遍在性。孟子、戴山「自心言性」之進路皆是「在人則專以心言」[46]，其義在「先立乎其大者」，先確立本心之為道德創造實體之意義。然而我們不能忘記，人作為德性物種之「必然之分定」，其「先立乎其大者」之意義是在「則其小者不能奪也」，其存有性必然是就統天地萬物之創造性而言，而不能單以人的「內在道德性」為「性」。

為闡明此義，戴山在〈原旨・原性〉篇就進一步以先驗綜和之觀點，合自由領域和自然領域立言，以揭示本心創造實體之存有性為牟

---

44 詳見牟宗三：《心體與性體》，第一冊（臺北：正中書局，1999年），頁8-9。

45 劉蕺山：《劉子全書》卷之七，〈原旨・原性〉。

46 劉蕺山：《劉子全書》卷之七，〈原旨・原性〉。

先生所言「宇宙生化之本體，一切存在之本體（根據）」[47]之意義：

> 盈天地間，一氣而已矣，氣聚而有形，形載而有質，質具而有體，體列而有官，官呈而性著焉。於是有仁義禮智之名。[48]

　　「盈天地間，一氣而已矣，氣聚而有形」，可見「氣」屬自然哲學之概念，是就天地萬物之先驗根據而言。天地萬物的先驗根據實不能為二，蕺山從上文所言「盈天地間，一性也」進至「盈天地間，一氣而已矣」，可知其言「氣」、「性」亦實不能為二。「氣」和「性」之所以不二，從以上引文中蕺山言「氣」、「形」、「質」、「體」、「官」以至「性」的進路可知。「氣」、「形」、「質」屬純粹自然哲學的概念，然而從「質具而有體」開始，則已然從純粹的自然哲學轉到一種目的論的表述，即從自然之為自然反思其目的，方能言「體」、言「官」、言「性」。而且，依「氣」、「形」、「質」以至「體」、「官」、「性」這種進路，「體」、「官」、「性」之義實不應特指「大體」、「心之官則思」及「自心言性」之「性」，卻亦應包括「小體」、「耳目之官」及自「自然之質」言之「自然之性」。明乎此，則可知蕺山言「盈天地間，一性也」，事實上就是以先驗綜和的觀點，在同一個目的論下合自由領域和自然領域而言「一性」。值得注意的是，「氣」、「形」、「質」、「體」、「官」、「性」雖始於自然哲學義的「氣」，而且當中的「性」是合自由領域和自然領域而言「一性」，然而誠如蕺山言「夫性因心而名者也」[49]，「一性」始終只能「一於心」，其目的論必然是道德的目的論，其形上學亦必然是「道德的形上學」。

---

47 詳見牟宗三：《心體與性體》第一冊（臺北：正中書局，1999年），頁8-9。
48 劉蕺山：《劉子全書》卷之七，〈原旨·原性〉。
49 劉蕺山：《劉子全書》卷之七，〈原旨·原性〉。

　　針對以上的引文，學者或會不同意筆者之詮釋，以為蕺山在引文中言「氣」、「性」不二中之「性」，是只具自然哲學意義的「氣質之性」而無關「自心言性」之「義理之性」。然而，蕺山就明文反對分別「氣質之性」及「義理之性」之說：

　　　　凡言性者，皆指氣質而言也。或曰：有氣質之性、有義理之性。亦非也。盈天地間，止有氣質之性，更無義理之性，如曰氣質之理即是，豈可曰義理之理乎？[50]

　　蕺山明言「凡言性者，皆指氣質而言也」，可知前文所論「自心言性」的意義，實際上亦不能離「氣質」而言。蕺山「自心言性」，乃因「夫性因心而名者也……心之所同然者，理也。生而有此理之謂性，非性為心之理也。」[51]本心「生而有此理之謂性」是「道德的形上學」之大本，然而誠於牟先生所言：「道德的形上學」乃「涉及一切存在而為言者」[52]，此大本終究是指涉天地萬物之存有性的先驗根據而為「氣質之性」、「氣質之理」。究其實，蕺山「自心言性」實乃指點當中存有性之條理之大本，唯其之為條理，亦只能是天地萬物之存有性之條理之意。明乎此，則不難理解蕺山何以言「盈天地間，止有氣質之性，更無義理之性，如曰氣質之理即是，豈可曰義理之理乎？」

　　依此，在「性不離氣」、「性氣不二」之前提下，實又應以「性」字指點當中之條理，所以蕺山在其〈中庸首章說〉中亦有論及「氣質之性」之說：

---

50 劉蕺山：《劉子全書》卷之十一，〈學言中〉。
51 劉蕺山：《劉子全書》卷之七，〈原旨・原性〉。
52 詳見牟宗三：《心體與性體》第一冊（臺北：正中書局，1999年），頁8-9。

> 須知性只是氣質之性，而義理者，氣質之本然，乃所以為性
> 也。人只是人心，而道者，人之所當然，乃所以為心也。人心
> 道心，只是一心；氣質義理，只是一性。[53]

　　如蕺山所言，「氣質義理，只是一性」，就如「人心道心，只是一
心」。「人心」是以先驗綜和的事實言「心」，是合自由和自然領域而
言；「道者，人之所當然」，是純粹在自由領域立言，是「心」「所以
為心也」。同理，「氣質」是以先驗綜和的事實言天地萬物的先驗根
據，是合自由和自然領域而言。然而從本心主宰之道德創造下統天地
萬物而言，即純粹就自由領域而言，則「於是有仁義禮智之名」。

　　從以上引文可知，蕺山從先驗綜和之觀點言「心」、「性」、
「氣」、「理」等義之關係，其立言始終是本於道德形上學之本旨，卻
絕不是「思辨的形上學」之進路。誠如盧雪崑先生所言：

> 蕺山言「性」不止於超越義立論，他不僅遵循孟子「盡心知性
> 知天」之道德形上學之進路論「心」、「性」及二者關係……蕺
> 山學包含有屬於自然哲學範圍的理氣論，我們也可以指出，其
> 學說中也包含有自氣化之根據而言之「性」。二者本來可並行
> 不悖，我們不必忌諱就自然哲學論「氣」、「物」，更不必誤以
> 之為凡論及「氣」、「物」則是「氣本論」、「唯物論」而背離孔
> 孟義理。[54]

　　事實上，蕺山哲學雖有屬於自然哲學範圍的理氣論，然而其中條

---

53 劉蕺山：《劉子全書》卷之二，〈中庸首章說〉。
54 盧雪崑：《孔子哲學傳統》，臺北：里仁書局，2014年，頁517。

理之「理」，從來就只有「自心言性」、本心「生而有此理之謂性」之「理」：

> 或問：理為氣之理，乃先儒謂「理生氣」，何居？曰：有是氣，方有是理。無是氣，則理於何麗？但既有是理，則此理尊而無上，遂足以為氣之主宰，氣若其所從出者。非理能生氣也。[55]

在這段引文中，蕺山明言「既有是理，則此理尊而無上，遂足以為氣之主宰」，可知蕺山之「理氣論」始終以本心創造實體之「理」為「氣」之主宰，卻無「氣本論」、「唯物論」之意思，亦符合前文所述蕺山之「一性」論。明乎此，則不必如部分大陸學者般，視蕺山之「氣」僅僅為物質性的根源，並以為其言「『氣』不僅是天地萬物本原，而且是產生精神性的『理』的根源」，進而定位蕺山為「元氣本體論」、「氣一元論」等[56]。蕺山採取先驗綜和之觀點，實不可能同意任何物質、精神二分之說。另一方面，更不用如東方朔先生所說，以為蕺山這「是將形上之理移至形下之氣來說明」的「一種嘗試」[57]，蓋蕺山亦不會同意「理」、「氣」之別為形上形下之別，先驗綜和之觀點更不是「一種嘗試」而已。

蕺山之子劉汋嘗言「按先儒言道分析者，至先生悉統而一之」[58]，

---

55 劉蕺山：《劉子全書》卷之十一，〈學言中〉。

56 對大陸學者之評論引自楊祖漢，〈論蕺山是否屬「以心著性」之型態〉《鵝湖學誌》第三十九期（2007），頁35。大陸學者原文可見侯外廬，邱漢生，張豈之主編，《宋明理學史》（下）（北京：人民出版社，1987年），頁611-612。

57 東方朔：《劉宗周評傳》，南京：南京大學，1998年，頁96-97。

58 劉汋：《蕺山年譜》，《劉子全書‧卷之四十上、下》。

並引蕺山言曰：「性只有氣質，義理者氣質之所以為性。」[59]可見劉汋實能把握其父從先驗綜和之觀點言「性」之意義，而並非如牟先生注這段文字時所言：「劉汋非能知其父者也。」[60]事實上，盧雪崑先生就指出，先驗綜和之觀點本來就可見於承自孔孟之哲學傳統：

> 孔子言「下學而上達」（《論語・憲問第十四》）、踐仁知天。孟子言養小體無以害大體、盡心知性知天、「上下與天地同流」。橫渠言「合兩」、「兼體無累」。明道言「道亦器，器亦道」、「一本」。象山言「心即理」。陽明言「心即天」（《王文成公全書》卷六，〈答季明德・丙戌〉）、「萬物一體之仁」（《傳習錄》中，〈答顧東橋書〉，第141條）、「身、心、意、知、物是一件」。（《傳習錄》下，第179條）在在見出先驗綜和的思維模式。[61]

如盧雪崑先生所言，孟子除「自心言性」外，亦以先驗綜和之觀點言「盡心知性知天」。「心」作為道德創造實體既不受感性條件決定，則在「盡心」的過程中所成就之「性」亦是不受感性條件所限、「盈天地間，一性也」的「一性」，既是己之「性」亦是天地萬物之「性」。此義亦和前段引文中蕺山所論「性」、「氣」之關係吻合。「盈天地間，一性也」、「盈天地間，一氣而已矣」，雖然「性」、「氣」皆是天地萬物先驗根據之意思，然而如前文所論，蕺山從先驗綜和之觀點立言之形上學，實是一「道德的形上學」。

茲再引蕺山一段言「氣」與「理」之關係：

59 劉汋：《蕺山年譜》，《劉子全書・卷之四十上、下》。

60 牟宗三：《從陸象山到劉蕺山》（上海：上海古籍出版社，2001年），頁321。

61 盧雪崑：《孔子哲學傳統》（臺北：里仁書局，2014年），頁422。

> 理只是氣之理，斷然不在氣先，不在氣外。知此則知道心即人
> 心之本心，義理之性即氣質之本性。[62]

　　「氣之理」依然是上文所言「氣序」、「元氣」。蕺山之所以在多處反覆強調「理只是氣之理」的意思，乃是回應「必曰理自理，氣自氣」的謬誤，並確立「氣質之性」即「義理之性」而為「一性」的意義，以避免「性學之所以晦」。

三　「以心之氣言性」：「心以氣言，而性其條理也」

　　「性只是氣質之性，而義理者，氣質之本然，乃所以為性也」[63]，則此「氣質之本然」之「氣質之性」就不僅僅是一自然領域之概念，亦不僅僅是一自由領域之概念，卻是從先驗綜和之觀點、合自由和自然而言萬物存有性之根據。「氣質之性」之為萬物存有性之根據，乃在其義理，乃「因心而名者也」[64]。反過來說，則亦可說：「心」之為創造實體，其創造性實見於其合自由和自然領域而言之先驗綜和作用，而堪為萬物存有性之根據。明乎此，則可知何以蕺山還有「心以氣言」及「以心之氣言性」之說法。茲先引「心以氣言」之說法如下：

> 性者心之理也，心以氣言，而性其條理也，離心無性，離氣無理，雖謂氣即性，性即氣，猶二之也。[65]

　　值得指出的是，蕺山在引文中所論「離心」之「離」，明顯是「離

---

62 劉蕺山：《劉子全書》卷之十，〈學言中〉。

63 劉蕺山：《劉子全書》卷之二，〈中庸首章說〉。

64 劉蕺山：《劉子全書》卷之七，〈原旨·原性〉。

65 劉蕺山：《劉子全書》卷之十九，〈論學·復沈石臣進士〉。

開」的意思，而不是前文所論「然即心、離心，總見此心之妙」[66]一語中，「離心」所含分解立義之意思。事實上，唯有經過分解立義論明「心」純粹性，才能進一步論明「心」在其先驗綜知作用中展示之創造性創造性。為了強調「氣質之性」本於「心」之意義，蕺山亦有以「元氣」這個概念說「氣」之所以為「氣」的先驗根據，並再次明言其「效靈於心」：

> 孟子曰：「我善養浩然之氣。」浩然之氣即天地生生之氣，人得之為元氣，而效靈於心，則清虛不滓，卷舒動靜，惟時之適，不見其所為浩然者。及夫道義之用，彰而充塞之體，見浩然與天地同流。[67]

「浩然之氣即天地生生之氣，人得之為元氣」。單就「天地生生」而言稱「氣」，「人得之」則稱為「元氣」。依蕺山先驗綜和的進路，「元氣」亦不是在「氣」之外另有一「元氣」，卻是從本心主宰之道德創造下統天地萬物而言「氣」之所以為「氣」的先驗根據，所以說「人得之為元氣」。「人得之」者，是「必然之分定」之意，亦即「天命之性」之意，所以「元氣」亦即「一性」之「性」。依此，孟子言「我善養浩然之氣」，事實上就是「養其性」的意思，而始終得歸其主宰於「存其心」。

> 心，生而已矣。心生而為陽，生生為陰，生生不已，為四端，為萬善。[68]

66 劉蕺山：《劉子全書》卷之十一，〈學言中〉。
67 劉蕺山：《劉子全書》卷之八，〈說‧養氣說〉。
68 劉蕺山：《劉子全書》卷之二，〈易衍〉第四章。

本心為唯一的道德創造實體，「善養浩然之氣」，就是「存其心」、「效靈於心」，亦即存其「為四端，為萬善」之本心仁體，如此方堪以為「天地生生之氣」而為天地萬物氣化現象之先驗根據。明乎此，則可知蕺山為何亦有「以心之氣言性」的說法：

> 是孟子明以心言性也。而後之人必曰心是心，性是性，一之不可，二之不得，又展轉和會之不得，無乃遁已乎？至《中庸》，則直以喜怒哀樂逗出中和之名，言天命之性即此而在也，此非有異指也。惻隱之心，喜之變也；羞惡之心，怒之變也；辭讓之心，樂之變也；是非之心，哀之變也。是子思子又明以心之氣言性也。子曰「性相近也」，此其所本也。而後之人必曰理自理，氣自氣，一之不可，二之不得，又展轉和會之不得，無乃遁已乎？嗚呼！嗚呼！此性學之所以晦也！[69]

「性相近也」，「此其所本也」，所以孟子「以心言性」及子思子「以心之氣言性」皆是「一性」。有關這一層意義，前文已經論明。蕺山在這段引文中指出，「後之人必曰心是心，性是性，一之不可，二之不得」，所以不能準確把握「以心言性」的意義；「後之人必曰理自理，氣自氣，一之不可，二之不得」，所以不能準確把握「以心之氣言性」的意義。從本文的討論可知，就「以心言性」而言，所謂「一之不可，二之不得」，是因為後之人每以思辨理性的形而上要求先設一「超離者」「性」，所以與「心」「一之不可」；同時卻又不能對這「超離者」「性」置一辭，所以「二之不得」。就「以心之氣言性」而言，所謂「一之不可，二之不得」，卻是因為後之人不明「理」和

---

69 劉蕺山：《劉子全書》卷之七，〈原旨・原性〉。

「氣」先驗綜和的事實。有關「理」和「氣」的關係，蕺山亦有以下說法：

> 喜怒哀樂即仁義禮智之別名，以氣而言，曰喜怒哀樂；以理而言，曰仁義禮智是也。理非氣不著，故《中庸》以四者指性體。而其所謂中，即性之德也。[70]

「心之所同然者，理也。生而有此理之謂性，非性為心之理也。」[71]「理非氣不著」，即「心之所同然者」「非氣不著」。「心之所同然者」「非氣不著」，因為「同然者」不是作為一「超離者」而在外，卻是內在於經驗中的使用而「著」於「氣」，並從其客觀必然性、法則性而言「同然」而言「理」。因此，如蕺山言：「喜、怒、哀、樂雖錯綜其文，實以氣序而言。」[72]「喜怒哀樂」實以「氣序」言，即從其展現的法則性而言，方可以說「喜怒哀樂即仁義禮智之別名」。「氣序」與「氣」非二，卻是「氣」之所以為「氣」的先驗根據，所以亦即上文提及的「人得之為元氣」。

要闡明「一性」的含義，蕺山亦在多處反覆論述《中庸》「以心之氣言性」意義。茲再引〈證學雜解〉一段如下：

> 子思子從喜怒哀樂之中和指點天命之性，而率性之道即在其中，分明天地一元流行氣象。所謂「不識不知，順帝之則」，全不涉人分上。此言性第一義也。至孟子，因當時言性紛紛，不得不以善字標宗旨，單向心地覺處指點出粹然至善之理，曰

---

70 劉蕺山：《劉子全書》卷之二，〈易衍〉第七章。
71 劉蕺山：《劉子全書》卷之七，〈原旨·原性〉。
72 劉蕺山：《劉子全書》卷之十，〈學言上〉。

惻隱、羞惡、辭讓、是非，全是人道邊事，最有功於學者。雖
四者之心未始非喜怒哀樂所化，然已落面目一班，直指之為仁
義禮智名色，去人生而靜之體遠矣。學者從孟子之教盡其心以
知性而知天，庶於未發時氣象少有承當。今乃謂喜怒哀樂為粗
幾，而必求之義理之性，豈知性者乎？[73]

　　「喜怒哀樂」既可稱為「氣」，從其展現的法則性，蕺山稱之為
「氣序」、「元氣」，《中庸》則稱之為「喜怒哀樂之中和」，則亦是指
點「天命之性」，亦即蕺山反覆強調的「一性」。如前文所論，在先驗
綜和的觀點下，「一性」本就是「氣質之性」。然而誠如蕺山所言，孟
子有見於「當時言性紛紛」，所以「不得不以善字標宗旨」而先「自
心言性」，從自由領域的觀點確立了本心仁體作為道德創造實體的客
觀實在性，從而闡明了人作為德性物種的稟賦的「必然之分定」而言
「性」。孟子這種道德形而上學的進路，自有「先立乎其大者」的意
義，但同時亦不能忽略合「先立乎其大者」、「其小者弗能奪也」而言
的先驗綜和的意義，否則就會如蕺山所言，以為「其大者」為一
「性」，「其小者」卻是另一「性」，落入「一之不可，二之不得」的
境地，而令「性學」晦。如蕺山在上面這段引文所言，當中的重要問
題見於「今乃謂喜怒哀樂為粗幾，而必求之義理之性」。之所以「謂
喜怒哀樂為粗幾」，卻是不理解「理非氣不著」的意義，缺乏蕺山先
驗綜和的思考維度，結果令「性」與「氣質」流於支離。筆者相信倘
若跟隨本文之思路，自「自心言性」起，再闡明蕺山「氣」、「性」不
二的意義，再從蕺山言「氣序」、「元氣」理解《中庸》「自心之氣言
性」的涵義，則應該可以把握從孟子純粹道德形而上學的進路言
「性」到蕺山從先驗綜和的觀點言「一性」的哲學意義。

---

73 劉蕺山：《劉子全書》卷之六，〈證學雜解・解十九〉。

論牟宗三對「哲學語言」的理解
──從《名理論》的翻譯來看

韓曉華

香港中文大學哲學系

凡我們所不能說者，我們必須在沉默中略過。

——維特根什坦[1]

「可說」有分解地可說與非分解地可說。

——牟宗三[2]

一　引言：為甚麼牟宗三先生要翻譯《名理論》？

在牟宗三先生的學術生命裏，西方哲學的經典翻譯是他專注於學術研究以外的重要工作。依牟宗三先生的說法，他做翻譯工作的主要目的在於「消化」，他曾言：

> 翻譯並非易事，要有充分的從容時間。……我翻譯《第一批

1　維特根什坦著，牟宗三譯：《名理論》，《牟宗三先生全集》第17冊（臺北：聯經出版事業有限公司，2003年），頁107。

2　牟宗三：〈中譯者之言〉，維特根什坦著《名理論》，《牟宗三先生全集》第17冊，頁17。

判》後，寫了一部書叫做《現象與物自身》，那一部書就是消
化《第一批判》的。還寫了一部《圓善論》，《圓善論》是消化
《第二批判》的書。這個《第三批判》我現在翻譯出來的；我
寫了很長的一篇文章，這就是消化這個《審美批判》。[3]

　　至於牟宗三先生自言的「消化」實是他一貫地對於經典詮釋的態
度，即：先以客觀了解（包括「知性」及「理性」兩方面），再從主
觀的生命相應來作確解及鑒別。[4]牟宗三先生所抱持著這樣的經典詮

3　牟宗三：〈學思・譯著〉，《時代與感受續編》，《牟宗三先生全集》第24冊，頁443-
444。

4　牟宗三曾就對宋明理學的經典詮釋說：「姑就宋、明六百年中彼體道諸大儒所留之
語言文字視作一期學術先客觀了解之，……意義釐清而確定之，曰知性之了解。會
而通之，得其系統之原委，曰理性之了解。……理性之了解亦非只客觀了解而已，
要能融納于生命中方為真實，且亦須有相應之生命為其基點，否則未有能通解古人
之語意而得其原委者也。」（牟宗三：〈序〉，《心體與性體》第一冊，《牟宗三先生
全集》第5冊，頁5-6）牟宗三先生也曾以文字、邏輯與見表明其經典詮釋的要求，
其說：「有三個標準，一個是文字，一個是邏輯，還有一個是『見』（insight）。我們
要了解古人必須通過文字來了解，而古人所用的文字儘管在某些地方不夠清楚，他
那文字本身是ambiguous，但也並不是所有地方通通都是ambiguous，那你就不能亂
講。另外還有一點要注意的，你即使文字通了，可是如果你的『見』不夠，那你光
是懂得文字未必就能真正懂得古人的思想。」（牟宗三：《中國哲學十九講》，《牟宗
三先生全集》第29冊，頁71）依此，客觀了解（「知性」與「理性」）與主觀的生
命相應，正是牟宗三先生對經典詮釋的基本態度。鄭宗義老師曾以知識、思辨與感
觸來論說牟宗三先生的中國哲學研究之方法論，此以知識、思辨與感觸即本文所言
的客觀了解與主觀的生命相應，見鄭宗義：〈知識、思辨與感觸──試從中國哲學
研究論牟宗三先生的方法論觀點〉，鄭宗義：《儒學、哲學與現代世界》，石家莊
市：河北人民出版社，2010年，頁65-88。當然，上述論述的客觀了解與主觀的生命
相應之經典詮釋方法，牟宗三先生並未有特別就其譯著而立論，然而，依據下文的
分析，則不難發現牟宗三先生那獨特的「翻譯」觀其實亦沿用著他的經典詮釋方
法，只是詮釋的經典對象由中國古代經典轉換成西方哲學的經典而已，牟宗三先生
更曾表明其「翻譯」的本懷，其言：「真切地譯就是真切地講習。能真切地譯與講
習始能把康德的義理吸收到中國來，予以消化而充實自己。」（牟宗三：〈序〉，《智
的直覺與中國哲學》，《牟宗三先生全集》第20冊，頁6）。

釋態度，在其翻譯康德的三大批判時也說得明白，其言：

> 康德學是哲學，而哲學仍須哲學地處理之。康德學原始要終之
> 全部系統雖在基督教傳統制約下完成，然而其最後之總歸向卻
> 近於儒家，擴大言之，近於中國儒釋道三教傳統所昭顯之格
> 範。故吾可謂內在於康德學本身予以重新消化與重鑄而得成為
> 善紹者將在中國出現。此將為相應之消化。有人譏吾所講者決
> 非康德學，然是否康德學，是否相應或不相應，決非欺詐無實
> 之輩所可妄言。[5]

正在於牟宗三先生持著「哲學地」處理康德的《純粹理性之批
判》的翻譯，其目的即並不止於「翻譯」，[6]更在於依中國傳統智慧
「重新消化與重鑄」西方哲學經典中的智慧傳統。[7]如是，牟宗三先
生作翻譯所言及的「消化」之實義即有二：一者是以客觀了解（「知

5　牟宗三：〈譯者之言〉，《康德「純粹理性之批判」》（上），《牟宗三先生全集》第13
　冊，頁19。

6　對於「翻譯」，牟宗三先生直指「翻譯並非易事」，並非主要說自己的語言理解能力
　或語文翻譯能力的問題，而是重點在於牟宗三先生個人對於翻譯的嚴格要求，尤其
　是概念層面的要求，以《名理論》來說，朱建民先生指出：「牟先生在文字表達上
　刻意採用直譯法，並隨處添加案語以疏解之。」（朱建民：〈《名理論》全集本編校
　說明〉，牟宗三譯《名理論》，《牟宗三先生全集》第17冊，頁1）牟宗三先生這種
　「直譯」及「隨處添加案語」的翻譯方式正是其對於經典理解與詮釋的基本態度，
　也正由於這種態度而形成牟宗三先生自言的「翻譯並非易事」，蓋因「翻譯」已變
　成義理上的分判與詮釋。

7　牟宗三先生嘗言：「讀者讀《現象與物自身》，可解吾如何依中國傳統智慧消化《第
　一批判》；讀《圓善論》，可解吾如何依中國傳統智慧消化《第二批判》；讀此〈商
　榷〉長文，可解吾如何依中國傳統智慧消化《第三批判》。了解中西兩智慧傳統並非
　易事，此需要時間慢慢來。吾一生無他務，今已八十四。如吾對中華民族甚至對人
　類稍有貢獻，即吾能依中國智慧傳統會通康德並消化康德。」（牟宗三：〈譯者之
　言〉（上），《康德「判斷力之批判」》（上），《牟宗三先生全集》第16冊，頁7-8）。

性」與「理性」)」與主觀的生命相應的詮釋態度，對相關的西方哲學
經典作出相應的重構；二者是依中國傳統智慧消化並重鑄個人的哲學
思想。換言之，牟宗三先生的翻譯工作的主要目的即在於對西方哲學
的經典作出具有相應的理解並統攝於其自身的哲學思考之中。

　　至此，上述所言牟宗三先生對翻譯一事的討論都主要依據他對於
康德三大批判的翻譯而言。然而，牟宗三先生在晚年也翻譯了維特根
什坦（L. Wittgenstein, 1889-1951，又譯維根斯坦、維特根斯坦）的
《名理論》（*Tractatus logico-philosophicus*，又譯邏輯哲學論）。[8]依上
文所說，牟宗三先生對西方經典的翻譯工作主要的目的是「消化」，
究竟牟宗三先生翻譯維特根什坦《名理論》所「消化」的是甚麼呢？
蔡仁厚先生曾經指出：「先生在《認識心之批判》出版三十年後擬予
以重印之時，特將維氏之《名理論》譯出以為導引。於此，正見先生
學術心靈之綿穆不已，與哲學思理之圓密融貫。同時，這一步前後之
呼應，亦表示先生在融攝康德之外，對另一系西哲思想（萊布尼茲與
羅素邏輯分析一套）之吸納與消化。」[9]這樣的說法與牟宗三先生在
《名理論》的〈中譯者之言〉所說的相應地符合。[10]然而，本文卻認

8　由於本文主要以牟宗三先生的譯著《名理論》為分析對象，著重的是牟宗三先生對
　　《名理論》內容的詮釋，是以本文所引用的譯文（包括譯名）主要依循牟宗三先生
　　的譯本為要，如譯L. Wittgenstein為維特根什坦，而非現在學界普遍通譯的維根斯坦
　　或維特根斯坦。
9　蔡仁厚：〈學行紀要〉，《牟宗三先生學思年譜》，《牟宗三先生全集》第32冊，頁71-
　　72。
10　牟宗三自言：「我今譯此書是因為我要重印我的《認識心之批判》一書。《認識心之
　　批判》之寫成正是處於羅素與維氏學頂盛之時，其目的是想以康德之思路來消融彼
　　二人之成就，雖然我當時並未透徹了解康德。我當時只了解知性之邏輯性格，並未
　　了解知性之存有論的性格，而此後者卻正是康德學之拱心石，而吾之《認識心之批
　　判》亦正是知性之邏輯性格之充分展現。知性之邏輯性格有如許可說者正以維氏書
　　之故也，或至少由維氏書而激起，激起已，兼以融攝羅素而扭轉之，故有如許可說
　　也。」（牟宗三譯：《名理論》，《牟宗三先生全集》第17冊，頁4）。

為牟宗三先生翻譯《名理論》所「消化」的並不止於把邏輯分析一套的思考融攝於其對康德思想的重鑄，也觸及牟宗三先生對於「哲學語言」（philosophical language）的理解，[11]尤其是牟宗三先以「分解地說」與「非分解地說」來重新釐定維特根什坦的「可說」與「不可說」的界限劃分，此一「分解地說」與「非分解地說」的區分更是涉及牟宗三先生論說其「兩層存有論」或「哲學」觀之是否可能的問題，甚至能透現出牟宗三先所作的經典詮釋方案之可能的根據。依此，本文的問題意識即在於從牟宗三先生對《名理論》的翻譯與「消化」，梳理牟宗三先生對「哲學語言」的理解，再從而窺探牟宗三先

---

11 本文的問題意識即大膽地認為牟宗三先生翻譯《名理論》具有不止於融攝於其對康德思想的重鑄的意義，更涉及牟宗三先生自身的哲學思想系統的意義，這種大膽的假設建於兩項觀察：其一，從牟宗三先生的學思年譜來看，他翻譯《名理論》完稿於一九八六年，是時牟宗三先生已出版了《智的直覺與中國哲學》（1971）、《現象與物自身》（1975）及《圓善論》（1985）等「消化」康德哲學思想之著作，並已翻譯出版了《康德的道德哲學》（1982）、《康德純粹理性之批判》（1983）等「疏解」康德哲學思想之著作，依此背景來看，牟宗三先生翻譯維特根什坦《名理論》乃是本於其已吸收並消化康德哲學之後，即其哲學思想的完成型態之後。既然牟宗三先生對於「翻譯」的理解乃是「義理上的分判與詮釋」，則《名理論》的「翻譯」實是涉及牟宗三的哲學思想完成型態的某一特定面向（即「哲學語言」的理解）；其二，牟宗三先生在《名理論》的〈中譯者之言〉中以「分解地可說」與「非分解地可說」來重新釐定「可說」與「不可說」的意義，這正是牟宗三先生表達個人對於「哲學語言」的理解之論述。在這兩項觀察之下，本文認為牟宗三先生翻譯《名理論》所「消化」的思考已觸及牟宗三先生對於「哲學語言」的理解，更是涉及牟宗三先生哲學系統（「兩層存有論」）的建構問題。下文的討論即針對於此。另外，吳明老師曾經述說其〈言意之辨與魏晉名理〉一文實引發了牟宗三先生對《名理論》的翻譯，表達對語言哲學的關注，其言：「這篇論文（按：〈言意之辨與魏晉名理〉）格外的意義是：觸發牟宗三先生對語言哲學和美學目的論的關注。先生隨即著手翻譯維特根斯坦的《名理論》，晚年更把康德的《判斷力之批判》全部譯出。」（吳甿：《玄理與性理》〈序論〉，香港：經要文化出版有限公司，2002年，無頁碼）這可以說牟宗三先生翻譯《名理論》是有著對語言哲學關注的動機。

生哲學思想的兩大重要工作（哲學思想和哲學詮釋）的意義。[12]本文

---

12 首先，「分解地說」與「非分解地說」即牟宗三先生提出的「分別說與非分別說」
的不同表達，本文對於牟宗三先生使用「分解地說與非分解地說」及「分別說與非
分別說」的理解，僅作為同義詞的交互使用。至於「分解地說與非分解地說」或
「分別說與非分別說」這組概念是牟宗三先生從《般若經》的思想詮釋而來，然
而，依牟宗三先生的使用及說法，此「分解地說」與「非分解地說」的區分甚至適
用於整體人類的思考歷程，彼曾言：「分別說與非分別說，這個問題，西方哲學並
未考慮過，它是從佛教啟發出來的。……分別說與非分別說是佛教的詞語，或稱差
別說與非差別說，若用現代西方的說法，則是分解地說與非分解地說。提到這個問
題，我覺得人類的思考歷程，大體都可以概括在分別說與非分別說之下。」（牟宗
三：《中國哲學十九講》，《牟宗三先生全集》第29冊，頁331-332）而在《名理論》
的〈中譯者之言〉，牟宗三先生即以此「分解地說」與「非分解地說」來疏解維特
根什坦的「可說」與「不可說」。其次，對於牟宗三先生的「分別說」與「非分別
說」的區分與使用，徐波先生曾經指出：「牟宗三在甄別何者為圓、何者為不圓的
問題上，有著一套自成系統的評判標準。而在這一評判標準之中，《佛性與般若》
中首先提出的『分別說』與『非分別說』是最為基礎的一步，也是其圓教思想的核
心所在。」（徐波：〈牟宗三「分別說」與「非分別說」辨析──兼與馮耀明先生商
榷〉，載於《東吳哲學學報》第30期，2014年8月，頁86）徐波先生該文的主要目的
是梳解並補充牟宗三先生使用「分別說」與「非分別說」作為理解佛教思想的理論
效力。與此不同，本文則從牟宗三先生對「分別說」與「非分別說」這一對概念的
使用，揭示牟宗三先生對於「哲學語言」之可能理解，討論的重點並不是牟宗三先
生對於「分別說」與「非分別說」作為理解佛教思想的理論効力問題，或是依於佛
教思想來討論牟宗三先生對於「分別說與非分別說」詮釋與使用的問題。然而，本
文對於牟宗三先生使用「分別說」與「非分別說」的討論亦多參考徐波先生的論
文，特此注明。再者，對於牟宗三先生的「哲學語言」之使用問題，蕭振聲先生曾
指出：「道德形上學所獲得的評價之所以如此兩極化，撇除一些學派因素或情感成
分不論，筆者認為這可能與牟先生的表達方式稍見特殊、以及『以道德為進路說明
天地萬物之存在』此一立場看似悖理有關。這些問題即使沒有導致對道德形上學的
誤解，最少亦在某程度上構成了學人在進行討論時的阻滯或盲點。本文的目的，就
是試圖對牟宗三先生的哲學用語作一番分析與釐清的工作，由此對其道德形上學立
一新詮。」（蕭振聲：〈牟宗三道德形上學新詮〉，載於《中正漢學研究》第24期，
2014年12月，頁98）蕭振聲先生該文的主要工作是對牟宗三先生在建構「道德形上
學」中的關鍵「哲學語言」之使用作出釐清，如「創造」、「物」、「存在」等，從而
為牟宗三先生的「道德形上學」作出「新詮」。與此不同，本文則從牟宗三先生對
「分別說」與「非分別說」這一對概念的使用，揭示牟宗三先生對於「哲學語言」

嘗試分作三部分來討論：一，維特根什坦論「可說」與「不可說」；二，牟宗三先生對「可說」與「不可說」的重新釐定；三，論牟宗三先生對「哲學語言」的理解及其哲學意涵。

二 維特根什坦論「可說」與「不可說」

「可說」及「不可說」的劃分可以說是維特根什坦於《名理論》的重要工作。維特根什坦在《名理論》的正文指出：「凡我們所不能說者，我們必須在沉默中略過。」（7）[13]更在〈序文〉中明確地說明這一句話作為全書綜括的說話之意義，其言：「本書之目的是想對于思想劃一界限，或寧這樣說，即：不是對于思想劃一界限，而是對于『思想之表示』劃一界限。因為要想對于思想能夠劃一界限，我們定須去找出『界限之兩邊』為可思的（即定須能夠去思那不能被思者）。……因此，那只有在語言中，界限始能被劃出，而那放在界限之其他一邊者將只是無意義。」[14]換言之，「可說」與「不可說」的劃分即是以「語言」的可被理解、可被思考作為要義，至於分析「語言」的可被理解、可被思考或不可被理解、不可被思考之判別，在

之可能理解，討論的重點並不是牟宗三先生對於個別的「哲學語言」的使用問題，與蕭振聲先生該文的論旨不同，卻同樣地是以牟宗三先生的「哲學語言」作研究對象，本文的論述亦多參考蕭振聲先生的論文，特此注明。

13 "What can be said at all can be said clearly; and whereof one cannot speak thereof one must be silent." L. Wittgenstein, C.K. Ogden tran.,*Tractatus logico-philosophicus*, New York: Barnes & Noble Books, 2003, P.157；維特根什坦著，牟宗三譯：《名理論》，《牟宗三先生全集》第17冊，頁107。

14 L. Wittgenstein, *Tractatus logico-philosophicus*, 頁3；《名理論》，頁2）。為了行文的方便，除個別具討論問題的引文外，下文對於《名理論》的引文則只列明編號而不再以註腳方式列明出處。

《名理論》中即是對「命題」（Proposition）[15]的分析，透過對「命題」的分析，維特根什坦區別出「可說」的「有意義的命題」、「缺乏意義的命題」和「不可說」的「無意義的命題」。然而，在「可說」與「不可說」的區分以外，究竟維特根什坦的說法有沒有「自我推翻」的問題呢？即是說，《名理論》所作出「可說」與「不可說」區分的設準，其自身是否也是「不可說」呢？對於這問題的討論實是涉及《名理論》內的「梯子問題」。下文即以「可說」與「不可說」的區分、「梯子問題」來討論《名理論》內的「可說」與「不可說」。

（一）「可說」與「不可說」的區分

依《名理論》，對於「語言」的批判分析實即是對「命題」的分析。維特根什坦曾指出：「弗雷格說：『命題是名字。』羅素說：『命題對應於複合物。』二者都是錯的。『命題是複合物的名字』的說法則尤為錯誤。」[16]究竟維特根什坦所言的「命題」是甚麼意思呢？對他而言，所謂「命題」即是表達思想內容（事實）的基本單位。維特根什坦說：「在一命題中，一思想找到一種表示可為感官所覺知。」（3.1）並說：「我們使用一個（說的或寫的）命題之可覺知的符號作為一可能情況之投影。投影法就是去思維命題之意義。」（3.11）換言之，「命題」的意義在於它能以「命題符號」（Propositional sign）組合來「投影」出「事實」。維特根什坦又言：「如果我們想像一個由空間對象而組成的命題符（例如桌子、椅子、書），而不是一個由書寫的符號而組成的命題符，則一命題之本質是很清楚地被看見的。既

---

15 維特根什坦曾指出：「全部命題之綜集就是語言。」（4.001）（*Tractatus logico-philosophicus*, P.37；《名理論》，頁19）。

16 維特根斯坦著，陳啟偉譯《邏輯筆記》，涂紀亮主編：《維特根斯坦全集》第1卷（石家莊市：河北教育出版社，2002年），頁9。

如此，則這些事物之空間的排列將即表示命題之意義。」（3.1431）
依此，「命題」即是被書寫符號（「語言」）所代表的思想內容，即是
說，「命題」的意義在於它既是「語言」，又是「思想」的內容，更是
「世界」的「事實」之「投影」，這可以說是在《名理論》中所討論
的「命題」，實是以世界、思想和語言的一個「三重結構」所形成的
意義理論，此即《名理論》中著名的「意義的圖像論」（The picture
theory of meaning）。在《名理論》內「可說」與「不可說」的區分即
本於「意義的圖像理論」所判別。那麼，何以「意義的圖像理論」可
以劃分出「可說」與「不可說」的界線呢？此源於維特根什坦對於世
界、思想與語言的獨特看法及其間的「三重結構」之關係說明。

　　先說《名理論》內「世界」、「思想」與「語言」的意思。在《名
理論》的1至2.063節詳細地說明了維特根什坦所說的「世界」，其
言：「世界是『事實』之綜集，不是『物』之綜集。」（1.1）又言：
「一件事情（一事物之狀態）是對象（事物）底一種結合。」
（2.01）[17]重點地說，「世界」的最基本單位即是「基本事實」（原子
事實），而「對象」即是不可再區分的基本原子。在《名理論》的2.1

---

17 牟宗三先生的《名理論》是據皮亞斯（D. F. Pears）的英譯本「state of affairs」而把
　德文「Sachverhalt」譯作「事情（一事物之狀態）」。然而，韓林合先生則指出以
　「state of affairs」來翻譯「Sachverhalte」，則至少未能明確地表現出維特根什坦使用
　「Sachverhalte」來傳達原子性意義，而且，以「atomic fact」翻譯「Sachverhalte」
　也是維特根什坦所默許的，即奧格登（C. K. Ogden）的英譯本是經過維特根什坦親
　自的檢閱後才出版。依此，韓林合說：「為了一方面充分地強調維特根斯坦欲用
　"Sachverhalt"傳達的那種原子性意義，另一方面照顧到他在不同的語境下對其所做
　的不盡相同的使用，我選擇了我上面的做法：用「基本事實」（elementary fact）和
　「基本事態」（elementary situation）這兩個不同但密切相關的詞來翻譯"Sachverhalt"
　這同一個德語詞。」（韓林合：《〈邏輯哲學論〉研究（修訂、完整版）》，北京市：
　商務印書館，2007年，頁43-44）本文認同韓林合先生的說法，即僅以「事情」或
　「事物之狀態」並未能突顯維特根什坦所表達的原子性意思，是以本文將以「基本
　事實」或「原子事實」來討論維特根什坦對「世界」的想法。

至3.05節已仔細地闡明了維特根什坦所言的「思想」，他說：「事實之一邏輯的圖像是一思想。」（3）又說：「在一圖象中，圖像之成素是對象之代表。」（2.131）扼要言之，「思想」的最基本單位即是「邏輯圖像」，[18]而「邏輯圖像」即是由代表「對象」的成素所組成。在《名理論》的3.1至4.0641節則詳細地展示了維特根什坦所說的「語言」，其言：「全部命題之綜集就是語言」（4.001）又言：「在一命題中，一名字是一對象之代表。」（3.22）簡要來說，「語言」的最基本的單位即是「基本命題」，而基本命題即是由代表「對象」的名稱所組成。由此可見，在《名理論》中的「世界」、「思想」與「語言」皆有由一個共同的結構形式所組成，即「世界」（或「思想」、或「語言」）由最基本的單位（即「基本事實」、或「邏輯圖像」、或「命題」）所組成，而這些最基本的單位卻也同樣地由不可再區分的基本原子成素所組合而成（即「對象」，或「代表對象的成素」、或「名稱」），這種獨特的共同結構形式，即構成了《名理論》內「世界」、「思想」與「語言」的「三重結構」之關係。

再說《名理論》內「世界」、「思想」與「語言」之關係。《名理

---

18 所謂「邏輯圖像」，維特根什坦說：「一圖像，其圖畫性的形式是邏輯形式者，便名曰一邏輯圖像。」（2.181）那麼，甚麼是「邏輯形式」呢？依《名理論》可作兩個層面的詮釋：其一，「邏輯形式」即是從從邏輯的可能性作為組合的關係形式，維特根什坦說：「一圖像呈現邏輯空間中的一個情況，即呈現事情之存在與不存在。」（2.11），此即從操作的層面而說「邏輯形式」，如此，「邏輯圖像」即是表明由「對象」的成素所組成邏輯可能性之關係；其二，「邏輯形式」是「不可說」的，維特根什坦明言：「命題能表象全部實在，但它們卻不能表象那種東西，即：『它們所必須與實在共同有之，有之以便能去表象實在』的那種東西，即邏輯形式那種東西──它們不能表象邏輯形式。要想能夠去表象邏輯形式，我們定須能夠去把我們自己與命題安置于邏輯外的某處，即是說，安置于世界外的某處。」（4.12）此即從本質意義的層面而說「邏輯形式」，這就涉及維特根什坦在《名理論》中的「梯子問題」，下文將再討論。

論》內「世界」、「思想」與「語言」是一種「三重結構」之關係，即：「世界」與「思想」、「思想」與「語言」及三者的共同邏輯結構（common logical structure）的關係。從「世界」與「思想」之關係來看，「思想」即是重現我們所觀察到的「世界」，是以「思想」中的「邏輯圖像」即是「世界」之中的「基本事實」的表象，維特根什坦即言：「一圖像是實在之一模胎（model）。」（2.12）又說：「圖畫性的關係（摹擬的關係）以『圖像底成素』與『事物』間之交互關係而組成。」（2.1514）又言：「任何圖像，不管是什麼形式，所必須和實在共同有之的那個東西便是邏輯形式，即實在底形式。任何圖像要想無論如何能夠正確地或不正確地去描畫實在，它便必須和實在共同有那邏輯形式，即實在底形式。」（2.18）從「思想」與「語言」之關係來說，「語言」即是能夠投射或表達我們內在的「思想」，是以「語言」中的「基本命題」即是「思想」之中的「邏輯圖像」的投射或表達，維特根什坦曾說：「在一個命題中，一思想能依以下的方式而被表示，即：命題符底成素相應於思想底對象。」（3.2）「在一命題中，一思想找到一種表示可為感取所覺知。」（3.1）「我們使用一個（說的或寫的）命題之可覺知的符號作為一可能情況之投影。投影法就是去思維命題之意義。」（3.11）從「世界」與「思想」之關係及「思想」與「語言」之關係來說，則維特根什坦推論著三者具有共同的邏輯形式（common logical form）之關係，此關係的結構如下：「思想」中的「邏輯圖像」即是「世界」的「基本事實」之可能性，「語言」的「基本命題」即是「思想」的「邏輯圖像」。換言之，「世界」、「思想」與「語言」共同的邏輯形式即是共同具有確定的組合方式而成，維特根什坦指出：「在一事情中，對象互相間立于一決定性的關係中。」（2.031）又說：「那構成一『命題符』者即是這事實即：命題符之成素（字）在命題符中互相處于一決定關係中。一命題

符是一事實。」（3.14）這種「決定性的關係」（Definite way）即是邏輯形式的關係。如此，「基本事實」以邏輯形式的關係組合「對象」；「邏輯圖像」以描繪的方式組合出「基本事實」中的邏輯形式之關係；「基本命題」即是以投射的方式表達出「邏輯圖像」中的邏輯形式之關係。

這樣，對於「語言」的「命題」（基木命題）分析就能夠完全地描述「世界」，維特根什坦說：「事實之一邏輯的圖像是一思想。」（3）又說：「真的思想之綜集是世界之一圖像。」（3.01）又說：「如果一切真的元素命題已被給予，則結果便是對于世界作成一完整的描述。世界是因著給出一切元素命題，並加上其中那個是真的那個是假的，而完整地被描述。」（4.26）所謂的「意義的圖像論」即是透過「邏輯的圖像」的邏輯形式來釐清「語言」的「命題」（基木命題）之意義。依此，維特根什坦遂可以區分「可說」與「不可說」，甚至「可想」與「不可想」（即思想之可否表達）。所謂「可說」，即是能夠被分析的「命題」（具有真的或假的意義），即「命題表象事情之存在與不存在」（4.1）；所謂「不可說」即是不能夠被分析的「命題」（缺乏具有真的或假的意義）。這亦即是維特根什坦在《名理論》的序言上所說：「本書之目的是想對于思想劃一界限，或寧這樣說，即：不是對于思想劃一界限，而是對于『思想之表示』劃一界限。因為要想對于思想能夠劃一界限，我們定須去找出『界限之兩邊』為可思的（即定須能夠去思那不能被思者）。……因此，那只有在語言中，界限如能被劃出，而那放在界限之其他一邊者將只是無意義。」[19]結果，維特根什坦更可以區分出三種命題：「可說」的「有意義的命題」、「缺乏意義的命題」和「不可說」的「無意義的命題」。

---

19 維特根什坦著，牟宗三譯：《名理論》，《牟宗三先生全集》第17冊，頁21。

　　所謂「可說」的「有意義的命題」和「缺乏意義的命題」，前者即「自然科學」，即「真的命題之綜體就是自然科學之全部（或說自然科學之全集）」（4.11）；後者即「邏輯」，即「一般命題皆表示它們所說的是什麼。套套邏輯與矛盾則表示它們一無所說。一套套邏輯無真假條件，因為它們是無條件地真的。而一矛盾則是沒有條件可依以為真。套套邏輯與矛盾缺乏意義（缺乏一特定的實質）。……但是，套套邏輯與矛盾並不是『無意義的』」（4.461-4.4611）。[20] 所謂「不可說」的「無意義的命題」即是指倫理學、形上學或宗教等，即「如果茲存有任何『實有價值』的價值，則它必須處于那發生者以及那是如此這般之實情者（如此存在者）之全部範圍之外。……因此，說到茲存有道德之命題，這亦是不可能的。命題不能表示有什麼較高尚的東西。……顯然道德不能被表述（被言詮）。道德是超越的。（道德與審美是一會事）」（6.41-6.421）[21] 至此，維特根什坦即已清晰地劃分了

20　維特根什坦以「缺乏意義」（without sense）與「無意義」（senseless）來區別「套套邏輯與矛盾」與「不可說」的命題，其中的要義在於「套套邏輯與矛盾」具有邏輯形式，即「套套邏輯」必然地為邏輯地真；「矛盾」則必然地為邏輯地假，所謂「缺乏意義」僅在於沒有對應於「事實」的內容，卻仍然具有邏輯形式的意義，這是「缺乏意義」的意思。然而，「不可說」的命題卻是沒有邏輯地真與假的意義，這是「無意義」的意思，亦即是後來邏輯實證論等人常常說形上學命題是「連假也不是」的意思。

21　關於「命題不能表示有什麼較高尚的東西」（6.42），韓林合先生指出：「這裏所謂『高超的事項』（按：即牟宗三先生所譯的「較高尚的東西」）是指處於世界之外的所有事項──神秘的事項或倫理意志、審美情感、絕對的善、絕對的美等等」（韓林合：《《邏輯哲學論》研究（修訂、完整版）》，頁764）所謂「較高尚的東西」（anything higher）在《名理論》的6.42一節中雖僅言及道德的命題，但是從6.421及《名理論》中的其他論題上，則實是指「不可說」的部分，如此，則本文認同韓林合先生說此節的「較高尚的東西」即是「世界之外的所有事項」，即倫理學、形上學或宗教等。

「可說」與「不可說」。[22]

（二）「梯子問題」

維特根什坦以「命題」分析而作出「可說」與「不可說」的區分，似乎已經完成了《名理論》的任務。然而，相關於《名理論》所使用的「哲學語言」來說，則仍然遺留下問題，即：究竟在《名理論》所使用的「語言」（命題分析）是「可說」的還是「不可說」的呢？維特根什坦曾自言：

> 我所說以上命題以下的樣式足以充作使事物明白的一種說明，即：任何人，他若了解我，他最後將確認我的那些命題為無意義，當他已使用它們作為階梯向上攀登以越過它們時。（如普通所謂在向上攀登已越過梯子後，他必須捨棄那梯子。）他必須超離這些命題，如是，他將會正確地看世界。（6.54）

維特根什坦用「梯子」作為比喻他在《名理論》的「命題」分析，更直言此一「命題」分析的表達其實只是「梯子」，攀登過後便必須捨棄。問題是：《名理論》中的「命題」分析雖然可以當作梯子後便捨棄，但《名理論》中的「命題」分析是否就是「無意義」呢？與維特根什坦的另一句結論：「凡我們所不能說者，我們必須在沉默

---

22 關於維特根什坦對於「可說」與「不可說」的區分依然有許多的理論上的技術問題需要多作釐清，如「世界」、「命題」、「名稱」、「對象」等概念的分析。然而，本文的目的僅在於扼要地提出維氏對「可說」與「不可說」區分的要義，即「意義的圖像論」，並以此來比較牟宗三先生以「分解地說」與「非分解地說」區分所作的重新釐定，是以本文並不會鉅細無遺地討論《名理論》的論題，相關的研究可參考：韓林合：《《邏輯哲學論》研究（修訂、完整版）》，或李國山：《言說與沉默：維特根斯坦《邏輯哲學論》中的命題學說》（天津市：南開大學出版社，2004年）。

中略過。」（7）兩者並列來看，似乎《名理論》中的「命題」分析也是「無意義」，也是必須「捨棄」的。這就是一種「自我推翻」的問題，亦即是《名理論》中的「梯子問題」。[23]

　　然而，依維特根什坦在《名理論》中對「哲學」或「邏輯形式」等討論，則「哲學」或「邏輯形式」等雖然是「不可說」的「無意義的命題」，但卻可以「呈現」（displaying）或「顯示」（show）出來，此即是維特根什坦在《名理論》中建構的「顯示理論」（The theory of showing）。維特根什坦說：「哲學意在思想之邏輯的釐清。哲學不是一地主張，但只是一種活動。一哲學作品本質說來是以說明而構成。哲學並不以『哲學的命題』為結果，但只以『命題之釐清』為結果。」（4.112）又說：「哲學將因著清楚地呈現（displaying）那能被

---

23 維特根什坦在《名理論》中的「梯子問題」不同於一般「語言層次」的混淆問題（即混淆「對象語言」與「後設語言」的區分），維氏在（6.54）中直接指出在《名理論》中的命題為無意義，即維氏在《名理論》中「命題」分析，如此，「梯子問題」實是一種「自我推翻」的問題。另外，對於《名理論》的「梯子問題」至少具有兩種不同的詮釋意見：其一，是「攀爬梯子」，即認為維特根什坦在《名理論》提出的「命題」分析是嘗試說那不可說的而只能顯示的命題，它們具有「啟發性的無意義」（illuminating nonsense），由它們的幫助下人們才能獲得正確的邏輯觀點，導引人們認清世界的本質、善與惡的超克、獨我論的意義等。持這樣想法的有Max Black和P.M.S. Hacker。其二，是「拋棄梯子」，即認為維特根什坦在《名理論》提出的「命題」分析同樣地嘗試說那不可說而只能顯示的命題，但在顯示過後則必須放棄「我們的確談論著實在的特徵或實在的邏輯形式」的想法，自覺地認出《名理論》提出的「命題」分析其實亦只是「全然的無意義」（plain nonsense），《名理論》的要義僅在於其序言和最後的兩個論題。持這樣想法的有F.P. Ramsey和C. Diamond。兩者的分別或爭論（按：P.M.S. Hacker和C. Diamond確實引發過一場相關的學術爭論）的要義，實是源於兩者對於「維特根什坦哲學」的詮釋取向，即詮釋《名理論》乃「維特根什坦哲學」作為「治療哲學疾病」，或「哲學邏輯真理」之表達，以「哲學邏輯真理」來說，則詮釋《名理論》為「「攀爬梯子」；以「治療哲學疾病」來說，則詮釋《名理論》為「拋棄梯子」。相關的討論可參考：Alice Crary and Ruppert Read ed., *The New Wittgenstein*, London and New York, 2000. 或林益光：《維根斯坦的梯子、世界和沉默》（臺北：東吳大學碩士論文，2005年）。

說者而指表那不能被說者。」（4.115）換言之，假如《名理論》是一部「哲學作品」，則它的本質上即在於從事一種「命題的釐清」之工作，在此一「命題的釐清」過程中即「呈現」了「哲學作品」的本質。而維特根什坦在《名理論》的〈序文〉已表明：「此書處理一些哲學問題，而且我相信它表明了這些哲學問題所以被提出之理由乃是因為我們的語言底邏輯已被誤解故。」[24]如是，《名理論》作為一部「哲學作品」，則它的作用（尤其是指「命題」分析的內容）即在於以「命題的釐清」方式來「顯示」「哲學問題」的解決方案。依此而言，「梯子問題」即是表明《名理論》所具有的「哲學」意義就在於它「呈現」了解決「哲學問題」的方案，它並沒有對應於「事實」內容的「缺乏意義」，卻是僅具有邏輯形式的「顯示」意義。米建國先生曾整合了維特根什坦的「顯示理論」作為「哲學」所具有的意義：「哲學做為顯示不可說者，主要是在於顯示語言的限制（the limits of language），而這個顯示的工作，是建基於一切可說的語言之上。透過顯示語言的限制，我們可以顯示出語言形式或邏輯的特徵，我們也可顯示『世界中的事實、思想中的圖像、和語言中的語句』之間的共同邏輯形式，『世界、思想、和語言』之間的共同邏輯結構，『世界、事實、與事物』的存在，最後也顯示出邏輯空間中的一切可能性。」[25]

　　至於《名理論》的「顯示理論」是要解決甚麼的「哲學問題」呢？維特根什坦說：「他必須超離這些命題，如是，他將會正確地看世界。」（6.54）換言之，維特根什坦所說的「哲學問題」即是「應當如何正確地看世界？」或「世界是甚麼？」的問題，而《名理論》即從「意義的圖像論」而區分「可說」與「不可說」，以「顯示」的

---

24 維特根什坦著，牟宗三譯：《名理論》，《牟宗三先生全集》第17冊，頁21。

25 米建國：〈世界、思想、和語言：維根斯坦的「論叢之梯」〉，載於氏著《意義、真理與信念：語言哲學論文集》（臺北市：學富文化事業公司，2004年），頁62-63。

方式為「世界」劃出「可說」（可想）與「不可說」（不可想）的界線，從而讓人可以「正確地看世界」，即「世界」是具有「可說」與「不可說」的兩部分。這樣，《名理論》即可以為「應當如何正確地看世界？」或「世界是甚麼？」這樣的「哲學」問題提出（顯示）一個獨特的解決方案，即以《名理論》的理論具有「梯子」的形式意義，理解「可說」的「世界」之部分，才能「顯示」出「不可說」的「世界」之部分，「超離」了《名理論》的「命題」分析才能「正確地看世界」。

三　牟宗三先生對「可說」與「不可說」的重新釐定

牟宗三先生對於維特根什坦在《名理論》內的「可說」與「不可說」之詮釋，究竟是否符合維特根什坦的解說呢？又牟宗三先生是本於甚麼理解之下以「分解地說」與「非分解地說」對《名理論》內的「可說」與「不可說」作出重新釐定呢？簡要來說，牟宗三先生對於維特根什坦的「可說」與「不可說」，他在〈中譯者之言〉提出了批判式的釐清，重新界定「可說」的意思，並以「分解地可說」與「非分解地可說」對「哲學語言」作重新釐定，其中涉及的討論可分別從兩道問題來思考：一，牟宗三先生如何以「分解地可說」來重新釐定維特根什坦的「可說」呢？二，牟宗三先生為何會以「非分解地說」來取替維特根什坦的「不可說」（或「顯示理論」）呢？這是本節所要處理的問題。[26]

---

26 牟宗三先生對於維特根什坦《名理論》的處理，有著兩個重要的步驟：其一，從「邏輯之哲學」（「名理論」）來理解《名理論》，即牟宗三先生在〈中譯者之言〉中對 *Tractatus logico-philosophicus* 的書名之分析，從而衡定《名理論》乃是一本講「邏輯之哲學」的書，「其最大的貢獻在講套套邏輯與矛盾，此正是邏輯本性之正

（一）「分解地可說」與「可說」

　　牟宗三先生對於維特根什坦「可說」的質疑是本於「邏輯形式」是否「只能被展示」的問題。維特根什坦說：「凡只能被顯示者不能被說。」（4.1212）又說：「命題不能表象邏輯形式：邏輯形式反映于命題中。」（4.121）換言之，「邏輯形式」即只能被展示而不能被說出。然而，牟宗三先生指出：「它（按：邏輯形式）既可以符式來展示，似乎是可說。但既只可被展示而不能被表述（被陳述），似乎又不可說。……不可說者理性形式非事件故。可說者以其可為符式所展示故。然則可說者只限于自然科學之命題為過狹矣。」[27]何以牟宗三先生認為《名理論》中的「可說」限於作為「自然科學之命題」是「過狹」呢？

文，一切對於邏輯形式之洞悟與妙語皆源于此。」（牟宗三：〈中譯者之言〉，《名理論》，頁6）依此，牟宗三先生即說出自己翻譯《名理論》的工作是要將此書的「邏輯之本性」置於《認識心之批判》一書的系統之中，牟宗三先生明言：「吾今順其講套套邏輯而進一步了解邏輯之本性，重解邏輯之系統，如吾《認識心之批判》中所說。」（牟宗三：〈中譯者之言〉，《名理論》，頁6）這是牟宗三先生翻譯《名理論》文本之意義；其二，從「哲學問題」來理解《名理論》，即牟宗三先生在〈譯者之言〉中對「可說與不可說」的重新釐定部分。對於《名理論》以「邏輯之本性」中所旁及的「哲學問題」，牟宗三先生表明並不滿意，認為僅算是「消極地觸及」，其言：「至于其講世界，講事實，講命題，講圖像，涉及知識，消極地觸及哲學問題，因而劃定可說與不可說之範圍，把超絕形上學一概歸于不可說而置于默然不說之域，凡此等等皆非邏輯本性之研究之主文，乃是因著知識命題而消極地觸及者。」（牟宗三：〈中譯者之言〉，《名理論》，頁6）如是，牟宗三先生認為《名理論》僅是「消極地」觸及「哲學問題」而劃定「可說」與「不可說」，此實未能「積極地」涉及「哲學問題」，是以牟宗三先生即從「分解地說」與「非分解地說」來重新釐定「可說」與「不可說」，並「積極地」以此來討論「超絕形上學」等「哲學問題」，而非依從維特根什坦僅「消極地」把「超絕形上學」等「哲學問題」置於「不可說」。這是牟宗三先生在《名理論》的〈譯者之言〉重新釐定「可說」與「不可說」之意義，亦是牟宗三先生表達其對「哲學語言」的理解之論述。

27 牟宗三：〈中譯者之言〉，《名理論》，頁8。

　　首先，牟宗三先生指出所謂「可說」即「只有時空中的經驗事件始可說」，而「可說者可陳述之為一命題」，是以「可陳述之為一命題者為科學知識」。[28]維特根什坦曾說：「那是如此之實情者（即是說是一事實者）是『事情』之存在。」（2）又說：「真的命題之綜體就是自然科學之全部。」（4.11）但是，在《名理論》的「可說」與「不可說」區分中並不止於「自然科學之命題」為「可說」，「可說」至少還可以區分為「有意義的命題」和「缺乏意義的命題」，前者即「自然科學」；後者即「邏輯」。換言之，牟宗三先生在〈中譯者之言〉所言的「可說」並非完全依據《名理論》的說法來討論，他對於《名理論》所言的「可說」是從「事件」作為理解的基礎。維特根什坦明言：「世界是『事實』之綜集，不是『物』之綜集。」（1.1）又說：「邏輯空間中之『事實』即是所謂世界。」（1.13）維特根什坦所講的「事實」至少具有兩層意義，一者是「事實」是實際發生的事情，即具有「時間空間」的經驗性質之「事實」；二者是「事實」的結構是由「基本事實」（「原子事實」）在「邏輯空間」中所組成，即具有「邏輯空間」的形式性質之「事實」。所謂「邏輯空間」即是從「基本事實」的存在與否來說，維特根什坦說：「事情之存在與不存在便是實在。（我們也名事情之存在曰積極的事實，而名其不存在曰消極的事實。）」（2.06）依此，「邏輯空間」即有區別於「時間空間」的經驗性質。牟宗三先生以具有時空性質的經驗之「事件」來詮釋維特根什坦的「可說」，即指出「可說」僅是「有意義的命題」，自然地認為這樣的「可說」是「過狹」。至於牟宗三先生何以不以具有「邏輯空間」性質的形式之「事實」來討論「可說」？這可理解為維特根什坦關乎「邏輯形式」僅為可「展示」的說法之考慮，這正是牟宗三先

---

28 牟宗三：〈中譯者之言〉，《名理論》，頁8。

生認為維特根什坦的「可說」為「過狹」的另一個理由。

其次，牟宗三先生指出「可說」並不止於「經驗事件」的「可陳述之命題」，從「辨解歷程」中「可拉開」之「純粹者」亦是「可說」。維特根什坦曾說：「命題不能表象邏輯形式：邏輯形式反映于命題中。凡語言中找到其反映者，語言便不能表象之。……命題展示（display）實在之邏輯形式。」（4.121）「邏輯形式」為「不可說」的理由在於它不可能以自己（「邏輯形式」）來表述自己（「邏輯形式」），否則，「邏輯形式」只會是自相矛盾或無窮倒退的表述。[29]維特

---

[29] 關於「邏輯形式」為「不可說」的討論，羅素（B. Russell, 1872-1970）在《名理論》的〈導言〉曾說：「正如維特根什坦所說，每個語言都有一個結構。在這個語言中並不能對其中的結構作出任何陳述，但卻可以存在著另一個語言來處理這個語言（first language）的結構，而這另一個語言又可以具有一個新的結構。語言的這種等級系統或許是沒有極限的。」（L. Wittgenstein, C.K. Ogden tran., *Tractatus logico-philosophicus*, xxxiii-xxxiv）換言之，羅素是企圖用「語言層次」（「對象語言」與「後設語言」的區分）的方式來處理《名理論》中「邏輯形式」為「不可說」的問題。然而，依《名理論》的說法：「這樣，一個命題"fa"顯示對象a依此命題之意義而出現。兩個命題"fa"與"ga"顯示同一對象既在"fa"中被說及，又在"ga"中被說及，即在它們兩者中被說及。……如果兩個命題互相矛盾，則它們的結構即顯示其為互相矛盾；如果兩個命題中之此命題隨另一命題而來，則亦是它們的結構顯示為如此。依此類推，其他皆然。」（4.1211）即是說，以「語言層次」的方式來處理「邏輯形式」為「不可說」的問題，只會產生自相矛盾或無窮後退的問題。不過，究竟「邏輯形式」是否真的「不可說」呢？維特根什坦在後期的《哲學研究》中已經表明對這種『『邏輯形式』為『不可說』』的論述作最根本的批判，即「邏輯形式」並沒有神秘的地方，它的意義僅在於它的使用，他說：「思想被一個光暈環繞。——它的本質，邏輯，展示一種秩序，實際上是世界的先驗秩序：即可能性的秩序。這種秩序必須是世界和思想共有的。但這種秩序似乎必須是十分簡單的。它先於一切經驗，必須貫穿一切經驗；不允許任何經驗的迷霧或不確定影響它——它必須似乎是最純粹的晶體。……我們處在幻覺之中，以為我們的探討中特殊的、深奧的、實質性的東西在於它企圖抓住語言無以倫比的實質，即存在於命題概念、字詞、證明、真理、經驗等等之間的秩序。這種秩序是一種超秩序，可以說存在於超概念之間，可是當然，如果『語言』、『經驗』、『世界』這些詞有用處，它們一定像『桌子』、『燈』、『門』這些詞一樣卑微。」（維特根斯坦著，湯潮、范光棣譯：《哲

根什坦明確地說：「要想能夠表象邏輯形式，我們定須能夠去把我們自己與同命題安置于邏輯外的某處，即是說，安置于世界外的某處。」（4.12）既然「邏輯形式」只能安置於「世界」之外，則表述「邏輯形式」的命題並不能表象事情的存在或不存在，缺乏真或假的意義，故劃分為「不可說」。然而，牟宗三先生卻不認同「邏輯形式」為「不可說」，即使「邏輯形式」並不等同於「套套邏輯」，而「套套邏輯」乃是「可說」的「缺乏意義的命題」，牟宗三先生仍然認為「邏輯形式」也是「可說」的。牟宗三先生指出：「理性形式之所以可以符式展示，蓋以其雖非一事件，然卻必須在辨解歷程（discursive process）中呈現。無辨解歷程亦無四根本原則，亦無理則，即不能有推斷，便無邏輯。」[30]換言之，「理性形式」在於「辨解歷程」中仍然是「可說」，所謂「辨解歷程」亦即「思解運行的邏輯歷程」，牟宗三先生曾言：「由思解運行而識純理之展布，固亦由之而識展布之步位。然當脫離思解運行而觀此展布之純理，則其展布之步位即無時間性，以其非事故。故其展布只為邏輯之展布，而非事實之展布。其展布之歷程亦為邏輯歷程，而非事實歷程。故其步位亦為邏輯步位，而非時間段落。譬如一純粹而形式之推演系統中之步位即為邏輯步位，其歷程亦為邏輯歷程。」[31]由於牟宗三先生認為「邏輯」並不是一「推演形式以系統化之指示法」或「命題自身之結構」，而

學研究》，北京市：生活・讀書・新知三聯書店，1992年，第一部分，第97節，頁62）。當然，對《名理論》作出最根本又最激烈性的評論其實就是維特根什坦本人，他就曾在石里克（Schlick）的那本《名理論》扉頁上寫上：「（這書）一句話都是一種病態的表現。」（轉錄於冼景炬：〈維根斯坦與現代分析哲學〉，載於《新亞學術集刊》第九期，1989年，頁46）。

30 牟宗三：〈中譯者之言〉，《名理論》，頁8-9。另外，依牟宗三先生的論述脈絡，其所言的「理性形式」實即指《名理論》中的「邏輯形式」。

31 牟宗三：《認識心之批判》（上），《牟宗三先生全集》第18冊，頁165。

是「推理自己之結構」之學，即邏輯的解析並不是為了意指於外向的「潛存的共理」作依歸，反之，乃可以意指於內在的「邏輯之理」而收攝於「知性主體」，是以「邏輯」作為「推理自己之結構」之學，仍然可以透過「即用顯體」的方式來辨識「邏輯」之自性。牟宗三先生曾言：「吾今由邏輯系統之意指的解析以明邏輯之何所是，則須先『即用顯體』以識邏輯之自性，……即用顯體以識邏輯之自性為『推理自己』，則此推理自己所示者即『純理』也。此理不是有『存有』意義之『潛存之共理』，而是『邏輯之理』，故不能歧出而外陳，只能回向而內攝：內攝於『知性之主體』。」[32] 依此，從牟宗三先生對於「邏輯系統」的解析來看，至少有兩點可以辨明其言「可說者只限于自然科學之命題為過狹」的理由：

其一，所謂「辨解歷程」即是「思解運行的邏輯歷程」，此「思解運行的邏輯歷程」的實義亦即《名理論》中具有「邏輯空間」性質的形式之「事實」。維特根什坦固然認為此「邏輯空間」性質的形式之「事實」為「可說」，即僅是「缺乏意義的命題」而已。然而，牟宗三先生卻認為此「思解運行的邏輯歷程」的「可說」是在於「純粹而形式之推演系統中之步位即為邏輯步位」，此即以形式的程序步驟作為「可說」之依據，與《名理論》中以具有「邏輯空間」性質的形式為「可說」之依據實有不同之處，《名理論》的「邏輯空間」性質之形式僅為邏輯的可能性作立論，而牟宗三先生以形式的程序步驟來說則包括了邏輯的可能性與形式的程序步驟，實是比較《名理論》的說法更為廣延。如此，牟宗三先生即具有理由認為《名理論》中的「可說」是「過狹」。

其二，維特根什坦認「不可說」的乃是潛存於此「邏輯空間」性

---

32 牟宗三：《認識心之批判》（上），《牟宗三先生全集》第18冊，頁146。

質的形式之「事實」中的「邏輯形式」；然而，牟宗三先生卻認為從「思解運行的邏輯歷程」仍然可以「拉開」並「可說」其中的「純粹者」（即「邏輯形式」），即在形式之「事實」中的「邏輯形式」也是「可說」的。兩者差別的關鍵在於對「邏輯系統」的不同理解。維特根什坦認為「邏輯系統」的意義在於：「邏輯並不是一套主張，但只是世界底一個映像。」（6.13）「邏輯中之命題描繪『世界之鷹架』（Scaffolding of the world），或寧說它們表象『世界之鷹架』。它們沒有主題（Subject-matter）。它們預設名字有意指，並預設元素命題有意義；而那就是它們之與世界相連繫。顯然，有關于世界的某種什麼事必須為這事實，即：『某些符式之結合（其本質包含著一決定性格之領有）是套套邏輯』，這事實所指示。此點含有決定性的意義。」即是說，「邏輯系統」的意義在於能反映「世界」；相對地，牟宗三先生是有意識地指出自己對於「邏輯系統」的意義之思考與維特根什坦是有差別的，他指出：「依維氏，邏輯並非一推演系統，只為推演法則之一部，或只為如何將推演形式以系統化之指示法。」[33] 這種「指示法」所導致的問題即在於認為每一「邏輯系統」皆在表示一「潛存世界」，牟宗三先生直言：「由『命題自身之結構』處想其意指，遂歧出而有『潛存世界』之說。以為每一命題結構，雖在形式系統中，只是一個命題形式或架子，然若論其意指，則必表示一潛存之共理。（潛存云者，可能而不必實現之謂。）每一成文系統既是由命題而組成，故每一成文的邏輯系統，皆表示一潛存世界。此實歧出外指之論。直視命題結構所表示之『形式』為一『存有之形式』。」[34] 與此不同，牟宗三先生對於「邏輯系統」的意義之反思是從「推理自己之結

---

33 牟宗三：《認識心之批判》（上），《牟宗三先生全集》第18冊，頁143。
34 牟宗三：《認識心之批判》（上），《牟宗三先生全集》第18冊，頁142。

構」來想，所謂「推理自己之結構」，即「不是有特殊內容之推理，即不是關於什麼之推理。故就純邏輯自己言，每一成文系統皆是表示推理自己。故邏輯學可定為研究『推理自己之結構』之學。」[35]牟宗三先生依此進路來思考「邏輯系統」的意義具有三個步驟：（一）釐定「邏輯」與「邏輯學」之區別，「邏輯是一，而成文的邏輯系統是多」[36]，「邏輯與邏輯學不同，亦與成文系不同。邏輯是推理自己，邏輯學是研究此推理自己。……成文系統實不是邏輯，而只是顯示邏輯者。」[37]（二）「邏輯」中的「邏輯之理」當具有其自身獨立的研究意義，「既言推理自己，此中自亦有『理』，但此理既非知識對象之理，亦非形上之理，總之非『存有之理』，此只是一個如何從前提過轉結論之一『邏輯之理』，只是推理自己之『邏輯之理』當該有其自身獨立之意義。此而有其自身獨立之意義，則邏輯系統，如其向外指陳一潛存世界為其意指，實不如收回來而回歸於推理自己以為其意指。此為第一步收攝。」[38]（三）以「即用顯體」的方式來指示出「邏輯之理」乃是一「純理」，此「純理」實是內攝於「知性主體」，「即，就各種成文系統之用之一無所說而唯顯推理自己，即以此推理自己為邏輯之自性，為邏輯之體。是以作為『如何』之虛用之指示法實即『推理自己』之映現。」[39]「吾人既將四超越原則與邏輯概念俱予以超越的解析，如是，則邏輯之絕對性與先天性乃至其理性上之必然性與定然性俱得而證明。如是，則邏輯唯是『純理自己』，而每一成文系統則是表示此『純理自己』。純理不空掛，必內宿於『知性主體』：此之

---

35 牟宗三：《認識心之批判》（上），《牟宗三先生全集》第18冊，頁141。

36 牟宗三：《認識心之批判》（上），《牟宗三先生全集》第18冊，頁136。

37 牟宗三：《認識心之批判》（上），《牟宗三先生全集》第18冊，頁142。

38 牟宗三：《認識心之批判》（上），《牟宗三先生全集》第18冊，頁143。

39 牟宗三：《認識心之批判》（上），《牟宗三先生全集》第18冊，頁146。

謂顯於理解（知性）而歸於理解。由此以明知性主體為一『超越的客觀而邏輯的我』。」[40]依此，「邏輯系統」作為「推理自己之結構」，其意義實是顯明「知性主體」為一「超越的客觀而邏輯的我」。至此，牟宗三先生言「可說者只限于自然科學之命題為過狹」的根本關鍵即在於從《名理論》中認為「不可說」的「邏輯形式」，在牟宗三先生對於「邏輯系統」的解析之下，仍然是可以用「即用顯體」的方式證明為「可說」，反來過說，此「即用顯體」的方式也可以說明「思解運行的邏輯歷程」（「辨解歷程」）乃是「可說」的依據。如此，牟宗三先生即反向地認為《名理論》中的「可說」是「過狹」。

由此可見，牟宗三先生認為「可說者只限于自然科學之命題為過狹」乃依於「經驗事件」、「辨解歷程」、「邏輯形式」（「理性形式」）等的概念分析，從而指出僅以具有時空性質的經驗之「事件」為「可說」；或僅具有邏輯可能性質的形式之「事件」為「可說」；或潛存於此「邏輯空間」性質的形式之「事實」中的「邏輯形式」為「不可說」，三者皆是把「可說者只限于自然科學之命題」的「過狹」之表現。在牟宗三先生重新釐定「可說」之中，「理性形式」的「辨解歷程」至為關鍵，牟宗三先生嘗言：「凡可以拉開而成一歷程者皆可說。」[41]換言之，此「歷程」作為一種純粹形式的程序步驟（或「邏輯之步位」）即是「可說」的憑據，即以純粹形式的程序步驟作為「即用顯體」的可能方法。依此，牟宗三先生更逐步引伸出「數學」[42]、

40 牟宗三：《認識心之批判》（上），《牟宗三先生全集》第18冊，頁162。

41 牟宗三：〈中譯者之言〉，《名理論》，頁9。

42 牟宗三先生嘗言：「數學之可說亦同邏輯之可說。」（牟宗三：〈中譯者之言〉，《名理論》，頁9）雖然在《名理論》的〈中譯者之言〉並沒有多作討論，但在《認識心之批判》中則同樣以「純理之開展」（「辨解歷程」）來賦予具有「純理之外在化」及「播弄成間架」之意義，其言：「播弄步位符，因步位符即是數，則步位符即目的，故目光注於此，因而為數學。……步位符即是數，自身為目的，為必然，為定

「實踐理性之道德學」及「凡可被置于關聯中者」皆為「可說」。

　　從「實踐理性之道德學」作為「可說」來講，牟宗三先生指出：「道德之為可說惟在分解地展示一自由意志所發之定然命令。定然命令為形式，此亦須被展示，由道德應當而被展示。（非如邏輯形式由套套邏輯而被展示）。但是此形式之于自由意志。自由意志即在與定然命令之關聯中而被說及，因亦為『被說及』之可說。」[43]依《名理論》，道德與審美皆是「不可說」的，理由是相關於道德或審美的「命題」缺乏具有真的或假的意義。然而，牟宗三先生則認為「可說」的關鍵並不在於「具有真的或假的意義」，即「可說」不能只是俱有時空性質的經驗之「事件」。從「辨解歷程」來看，牟宗三先生指出：「道德行為亦須拉開而在一意志因果關係中呈現。……既是因果，自然亦可拉開而成一歷程，此曰實踐理性之辨解歷程，非思辨理性之辨解歷程。」[44]如此，則至少純粹形式的程序步驟中可以「即用顯體」的方式來「可說」道德行為中的「自由意志」，此一「可說」並不是直接的論說，而是以展示或呈現的方式來說，故曰：「被說及」的「可說」，或「被可說」。

然，不可變，乃主而非客故終於為數學。……數是步位之外在化，序是步位序之外在化。故終可云：數學實為純理之外在化。此謂自內轉外之歷程。……數學最逼近於純理，然而不即是純理，但有純理性。」（牟宗三：《認識心之批判》（上），《牟宗三先生全集》第18冊，頁172）相對地說，維特根什坦說：「數學是一邏輯方法。數學中之命題是等式（equations），因而它們是假偽命題（擬似命題 pseudo-propositions，似之而非也）。」（6.2）又說：「一數學中之命題並不表示一思想。」（6.21）又說：「世界底邏輯，因著邏輯中之命題而被展示于套套邏輯之中者，是因著數學而被展示于等式中。」（6.22）即是說，數學命題的「可說」，僅在於數學命題具有可以顯示世界的邏輯性質。明顯地，牟宗三先生所說「數學之可說亦同邏輯之可說」與《名理論》中的取態是不同的，是以牟宗三先生在《名理論》的〈中譯者之言〉特意重新釐定數學之「可說」，其意義從「辨解歷程」作開展而定。

43 牟宗三：〈中譯者之言〉，《名理論》，頁10。
44 牟宗三：〈中譯者之言〉，《名理論》，頁9。

　　從「凡可被置于關聯中者」為「可說」來講，牟宗三先生指出：「凡積極地可說者即能清楚地（限定地）被說；凡消極地可說者不能限定地清楚地被說，但不能因此即為不清楚地被說者。它是不限定清楚地被說者，它是智的直覺地清楚地被說者，是證悟地被說者。」[45] 既然「自由意志」是可以「被可說」，則「上帝」、「道」及「無限心」皆是為「被可說」者，理由在於「自由意志」、「上帝」、「道」及「無限心」等皆可置於一「關聯」的狀況下而呈現。然而，此一「關聯」的狀況並不是從具有時空性質的經驗之「事件」，如此，牟宗三先生提出「積極地」、「限定地」與「消極地」、「不能限定地」的「可被說」之區別，能「積極地」、「限定地」的「可被說」者，即是具有時空性質的經驗之「事件」；只能「消極地」、「不能限定地」的「可被說」者，即僅能於「超越的關聯」中而被呈現。[46]既然只能在「超越的關聯」中而被呈現，則其中的「自由意志」、「上帝」、「道」及「無限心」等便不能依於具有時空性質的經驗之「事件」以概念的界定作出為認識的途徑，只能從「逆覺體證」的方式作「悟入」。[47]如

---

45 牟宗三：〈中譯者之言〉，《名理論》，頁10。

46 關於「超越的關聯」，可借牟宗三先生對於「無限智心」乃「超越而內在」的說法來理解，其言：「分解地言之，它（按：無限智心）有絕對普遍性，越在每一人每一物之上，而又非感性經驗所能及，故為超越的；但它又為一切人物之體，故又為內在的。」（牟宗三：《圓善論》，《牟宗三先生全集》第23冊，頁330）依此，所謂「超越」即具有「絕對普遍性」及「非感性經驗所能及」的兩個要點。以「超越的關聯」來說，則此一「關聯」即以「絕對普遍性」及「非感性經驗所能及」作特質作理解。另外，關於「超越而內在」或牟宗三先生的「超越」義，學界已多所討論，本文重點在於揭示牟宗三先生對於「哲學語言」之可能理解，對此不多作討論，相關的討論可參考：劉保禧：《隱匿的對話：牟宗三與海德格論有限與超越》的〈第五章　超越：天道與界域〉（香港中文大學博士論文，2012年，頁199-249）。

47 關於「逆覺體證」，牟宗三先生曾指出：「致良知底致字，在此致中即含有警覺底意思，而即以警覺開始其致。警覺亦名曰『逆覺』，即隨其呈露反而自覺地意識及之，不令其滑過。故逆覺中即含有一種肯認或體證，此名曰『逆覺體證』。此體證

此，「自由意志」、「上帝」、「道」及「無限心」等即使不能「積極
地」、「限定地」的「可被說」，卻仍然能夠從「超越的關聯」中得以
證悟地「可被說」，也由於此「超越的關聯」也是屬於「辨解歷程」
之中，是以「凡可被置于關聯中者」即是「分解地可說」，只是這一
「分解地可說」只是一「消極的」、「不能限定地」的「可被說」。

　　簡言之，牟宗三先生對於「可說」的重新釐定，主要的工作即在
於以「辨解歷程」來作為「可說」的關鍵，是以牟宗三先生言「可
說」即以「分解地可說」作定位。然而，從「即用顯體」作為「可被
說」的呈現方式來看，牟宗三先生對於「可說」的重新釐定，與《名
理論》中的「顯示理論」所作的理論效力上並沒有太大的差別，即同
樣地以界定「可說」（或分解地可說）的部分，從而呈現「不可說」
（或證悟地被說）的部分。[48]至此，牟宗三先生即提出了「非分解地
可說」來討論《名理論》中的「不可說」問題。

（二）「非分解地可說」與「顯示理論」

　　牟宗三先生曾清楚地指出：「『可說』有分解地可說與非分解地可
說。」[49]從上一節的討論來看，維特根什坦雖然在《名理論》中表示

是在其於日常生活中隨時呈露而體證，故此體證亦曰『內在的逆覺體證』，言其即
日常生活而不隔離，此有別於隔離者，隔離者則名曰『超越的逆覺體證』。不隔離
者是儒家實踐底然之則，隔離者則是一時之權機。」（牟宗三：《從陸象山到劉蕺
山》，《牟宗三先生全集》第8冊，頁189）。

48 單獨地看牟宗三先生以「分解地可說」來重新釐定《名理論》的「可說」，則可以
發現牟宗三先生確實以《認識心之批判》中的知識論概念來重新釐定《名理論》的
理論，即牟宗三先生實以《認識心之批判》融攝維特根什坦的邏輯分析之理論。然
而，牟宗三先生對「可說」與「不可說」的重新釐定卻不止於「分解地可說」一部
分，更進一步論及「非分解地可說」，而這部分也正是牟宗三先生認為「哲學語
言」具有「積極地」討論「超絕形上學」等「哲學問題」之可能根據。

49 牟宗三：〈中譯者之言〉，《名理論》，頁17。

出「凡我們所不能說者，我們必須在沉默中略過」（7）的講法，但是，他也提出「顯示理論」來處理「不可說」的「世界」之部分，即《名理論》作為一具有「哲學語言」的哲學作品，卻可以「顯示」出那「不可說」的「世界」之部分，「超離」了《名理論》的「命題」分析即能「正確地看世界」。雖然牟宗三先生並沒有討論《名理論》中的「顯示理論」的問題，但是，從他對於《名理論》「因著論知識命題而消極地解及者（按：哲學問題）」的批評來看，則「顯示理論」仍然是他所不能完全接受的。至此，牟宗三先生遂提出「非分解地可說」。

牟宗三先生說：「然則實踐理性中有無非分解地說的呢？曰有。凡此中非分解地說者皆是啟發語言或指點語言。……**本體之圓教中的關于圓滿的體現**之語言為非分解地說者。」[50]究竟「非分解地可說」具有何種的特性呢？所謂「啟發語言或指點語言」又是否不能作理性或概念的分析呢？

首先，牟宗三先生指出「非分解地說」乃是以「圓教中圓滿的體現」為背景所作的語言。牟宗三先生曾說：「判教以圓教為究極。凡聖人之所說為教，一般言之，凡能啟發人之理性，使人運用其理性從事于道德的實踐，或解脫的實踐，或純淨化或聖潔化其生命之實踐，以達至最高的理想之境者為教。圓教即是圓滿之教。圓者滿義，無虛欺謂之教。凡未達至此圓滿之境者皆是方便之權說，即對機而指點地，對治地，或偏面有局限地姑如此說，非如理之實說。」[51]換言之，所謂「圓教中圓滿的體現」，即是牟宗三先生的「圓教」思想中達至「最高理想之境」，或「徹悟」，而相關於此「圓教中圓滿的體

---

50 牟宗三：〈中譯者之言〉，《名理論》，頁11。
51 牟宗三：《圓善論》，《牟宗三先生全集》第23冊，頁260。

現」所作的語言，即「非分解地可說」，牟宗三先生更以三教的言說作為「非分解地可說」的示例：「三千在理同名無明，三千果成咸稱常樂」（佛教）、「實相無相，所謂無相，即是如相」（佛教）、「俄而有無矣，而未知有無之果孰有孰無也」（道家）、「體用顯微只是一機，心意知物渾是一事」（儒家）、「無心之心其藏密，無意之意其應圓，無知之知其體寂，無物之物其用神」（儒家）。從這些「非分解地可說」的示例來看，不難發現它們所在語言表達上似乎都陷於「自相矛盾」的境況，然而，牟宗三先生卻指出：「非分解地說者雖指點不可說，然並非不清楚，亦並非不理性，乃只是玄同地說，詭譎地說。凡詭譎地說者是詭譎地清楚的。」[52]即是說，「非分解地可說」只是具有「詭譎」的表達形式，卻並非「不理性」或「不清楚」。何以「非分解地可說」能夠既是「詭譎地說」又能「理性」、「清楚」呢？牟宗三先生指出：「詭譎地說者概念無所當，用之即須撥之，撥之以顯示如相之謂也。……凡詭譎地說者是一遮顯之歷程。此一歷程不能成為構造的平鋪者，因此，它總須詭譎地被棄掉，及一旦被棄掉，則圓教的圓滿中之如體便圓滿地朗然呈現，此則是一體平鋪，全體是迹，亦全體是冥，即全體是『如』也。」[53]依此，「非分解地可說」作為相關於「圓教中圓滿的體現」之語言，它能夠是「理性」與「清楚」的理據是在於它乃是處身於「一遮顯之歷程」，即從「圓教中圓滿的體現」所作的語言來看，「非分解地可說」僅是作為理解或朗現「圓教中圓滿的體現」的語言而已，此即是「凡此中非分解地說者皆是啟發語言或指點語言」的意思，是以「非分解地可說」雖然並沒有受概念的限定，但從這「一遮顯之歷程」中卻仍然是「理性」及「清楚」的。

52　牟宗三：〈中譯者之言〉，《名理論》，頁12。
53　牟宗三：〈中譯者之言〉，《名理論》，頁12。

　　其次，雖然牟宗三先生已清楚地指出「非分解地可說」的意思，但從《名理論》的思想與詮釋來看，則至少仍有兩道問題可問：其一，「非分解地可說」作為具有「指點不可說」的作用，與「分解地可說」具有怎樣的關係呢？其二，又「非分解地可說」既然是「總須詭譎地被棄掉」，則它與《名理論》中的「梯子問題」（或「顯示理論」）又有何差別呢？前者是牟宗三先生對於「分解地可說」與「非分解地可說」的合理使用問題；後者則是牟宗三先生重新釐定「不可說」的理論根據問題。

　　先說前者，對於「分解地可說」與「非分解地可說」之關係，馮耀明先生曾透過「辯證的詭辭」或「詭譎的相即」的仔細分析來批判牟宗三先生提出的「分解地可說」與「非分解地可說」（或「分別說」與「非分別說」）之區分，對於「非分解地可說」即「詭譎地說」，他指出：「非分別說的詭辭只是一種修辭的方式，不是一種必不可少的表達或表示主體真理的言說方式。這一種語文行為也可以和其他非語文行為一樣，具有同一種警策或引發的功能。」[54]對於「詭譎的『即』義」或「非分解方式下的『即』義」[55]，他指出：「『玄義』之『即』是『詭譎的相即』，常識意義之『即』是『分解的相即』，二者之相關處在哪裏呢？若用某一中介詞語來說明二者之關係，此中介詞語是分解的還是非分解的用語呢？若為非分解的用語，我們仍然需要有另一詞語來說明此中介詞與『非分解的相即』之關係，此問題仍會無窮地延續下去。若中介詞為分解的用語，則『詭譎的相即』與『分解的相即』之關係要成功地被分解的中介詞加以說明，必須預設

54　馮耀明：《「超越內在」的迷思：從分析哲學觀點看當代新儒學》（香港：香港中文大學出版社，2003年），頁37。

55　對於「詭譎的『即』義」或「非分解方式下的『即』義」，牟宗三在《圓善論》中有仔細的論述，詳見牟宗三：《圓善論》，《牟宗三先生全集》第23冊，頁266-268。

『詭譎的相即』可用概念分解的方式來理解及分析，因而『非分別說』便變成『分別說』了。」[56]依此來說，「分解地可說」與「非分解地可說」之關係似乎是處於一個兩難的局面，即「非分解地可說」要麼只是一種修辭的方式，要麼只成為不可理解的言說。然而，依牟宗三先生解釋「詭譎地說」其實是「是一遮顯之歷程。此一歷程不能成為構造的平鋪者」，即「分解地可說」與「非分解地可說」之關係並不是從理論的同一層次（構造的平鋪）來說，乃是以一種不同的層次（立體的歷程）作為理解的關鍵，而馮耀明先生的批評要點卻是把「分解地可說」與「非分解地可說」的關係置於一種「同一層次」（構造的平鋪），把兩者的關係僅認定為「詭譎的」表達方式與否，或能否使用理性的分析。如此，則馮耀明先生的批評似乎是「不相干」的。那麼，究竟「分解地可說」與「非分解地可說」是一種怎樣的關係呢？借用分析哲學的用語來說，則兩者可以說是「知道什麼」（Knowing-that）與「知道怎樣」（Knowing-how）的分別。[57]所謂「知道什麼」是指概念性知識的認知活動；所謂「知道怎樣」則是指技術性知識的認知活動。以游泳、滑雪或書法等技能性活動的掌握為例，這些技能固然不能僅僅透過語言概念就能夠掌握，但是，對於已掌握了相當技能的人來說，他們還是可以通過「知道什麼」的方式來指點或教授其他人掌握這些技能，而其他人也可以透過「知道什麼」的方式來學習或領悟其中的竅門。不過，透過「知道什麼」的學習也並不能保證能夠學懂其中的技能，而從已學懂當中的技能者來說，那

---

56 馮耀明：《「超越內在」的迷思：從分析哲學觀點看當代新儒學》，頁89。

57 「知道什麼」（Knowing-that）與「知道怎樣」（Knowing-how）的區分出於萊爾（G.Ryle, 1900-1976）的《心的概念》（*The concept of mind*）一書，借用「知道什麼」與「知道怎樣」來討論「分解地可說」與「非分解地可說」，則是參考徐波先生著〈牟宗三「分別說」與「非分別說」辨析——兼與馮耀明先生商榷〉一文。

些「知道什麼」的方式則是可以棄掉或至少不是必要的。以「知道怎樣」來類比於「非分解地可說」來看，則「非分解地可說」即是「圓教中的關於圓滿的體現道者」（真理的當握者）以「分解地可說」的方法「指點不可說」，然而，這種「指點」卻是具有「詭譎」的性質，即其中「分解地可說」使用的概念卻並非固定不移，甚至透過否定的方式來達至「指點不可說」的果效，是以牟宗三先生表明：「詭譎地說者概念無所當，用之即須撥之，撥之以顯示如相之謂也。」[58]如此來說，「分解地可說」與「非分解地可說」之關係，即是對應於「圓教中圓滿的體現」中一種不同層次的表達方式。

再說後者，「梯子問題」最重要是表明《名理論》中「可說」與「不可說」的劃分僅是讓人可以「正確地看世界」的「梯子」，「在向上攀登已越過梯子後，他必須捨棄那梯子。」（6.54）相近地，牟宗三先生曾指出「非分解地說」也是具有這種「捨棄那梯子」的作用，他說：「它總須詭譎地被棄掉，及一旦被棄掉，則圓教的圓滿中之如體便圓滿地朗然呈現，此則是一體平鋪，全體是迹，亦全體是冥，即全體是『如』也。」[59]那麼，究竟牟宗三先生的「非分解地說」與《名理論》中的「梯子問題」有何差別呢？簡要來說，牟宗三先生的「非分解地可說」與《名理論》的「梯子問題」最大的區別是對待「不可說」的問題。依《名理論》，「梯子問題」是以「顯示理論」作為解決方案，以「可說」的界限來顯示出「不可說」的部分，從而整全地「正確地看世界」，「不可說」的仍然是神秘的，處於「世界」之外的，亦只能由此而間接地觸及哲學問題，即把形上學等的討論一律置於「不可說」。然而，牟宗三先生的「非分解地可說」雖然只是「指

---

58 牟宗三：〈中譯者之言〉，《名理論》，頁12。
59 牟宗三：〈中譯者之言〉，《名理論》，頁12。

點不可說」，但並不認為「不可說」就是「一往不可說的」，甚至指出「非分解地可說」其實是「可說而不可說，不可說而可說的」[60]。所謂「可說而不可說」即是指從「分解地可說」來看「世界存在」、「世界底意義」、「價值，善，美」以及「生命底意義」等則是「不可說」的；而所謂「不可說而可說」則是指從「非分解地可說」來看，這些「不可說」的其實仍然是「可說」，其中的關鍵在於「非分解地可說」並非以「概念限定」作為表達的要點，而是從「啟發」或「指點」作為表達的目的，所要「啟發」或「指點」正是達至「圓教中圓滿的體現」之可能（即「悟入」）。對於「非分解地可說」可作為「詭譎地被棄掉」，理由不在於從「非分解地可說」來劃分「不可說」，相反地，「非分解地可說」作為「啟發」或「指點」達至「圓教中圓滿的體現」為目的，在完成「遮顯之歷程」後，則此「非分解地可說」也可以「詭譎地被棄掉」或至少是不必要的了。討論至此，則可以發現牟宗三先生提出「非分解地可說」即是以「啟發」或「指點」的語言功能來說明「不可說」，如此，即是重新釐定《名理論》中「不可說」的其實也是「不可說而可說」。

至此，牟宗三先生析論「非分解地可說」為「啟發語言或指點語言」後，即以「分解地可說」與「非分解地可說」來重新釐定「可說」與「不可說」，把《名理論》中的「不可說」取消，而對「可說」重新定性為「分解地可說」與「非分解地可說」。其中的劃分如下圖表所示：

---

60 牟宗三：〈中譯者之言〉，《名理論》，頁15。

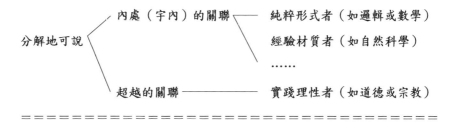

非分解地可說── 實踐理性中圓教之圓滿體現者

四　牟宗三先生對「哲學語言」的理解及其哲學意涵

　　從上文的討論而見，牟宗三先生以「分解地可說」與「非分解地可說」來重新釐定《名理論》中的「可說」與「不可說」之區分，自有其清晰與言之成理的精彩之處。本文認為：透過牟宗三先生對《名理論》中「可說」與「不可說」的重新釐定，則可以發現其對於「哲學語言」的理解，從而展現出牟宗三先生哲學思想體系的關鍵處。如此，本文其中一個思考的問題是：為何牟宗三先生要以「分解地可說」與「非分解地可說」重新釐定《名理論》「可說」與「不可說」呢？這可以從牟宗三先生對於「哲學語言」的理解來說起，牟宗三先生曾在批評分析哲學中對「哲學語言」的問題有過簡要的討論，他說：「或則你說我們現在說的話是哲學語言（philosophical language），但這也是我們的生活，我們總得用它，你能說它不是普通語言（ordinary language）？那什麼是普通語言呢？這是很難劃界限的，既然難以劃分，那又為什麼一定要限定在此呢？好比你說『上帝』，這到底是不是屬於普通語言的範疇呢？所以我們對某些層次的語言，不可以存著偏見，輕易就把它化掉；必須完全敞開地加以分析，才能

確實把握住真正的意涵。」[61]換言之，牟宗三先生並沒有別標舉「哲
學語言」具有特別不同於「普通語言」之處，相反地，對「哲學語
言」的理解則理應置於相關的語言脈絡或層次，「完全敞開地加以分
析」。依此來說，牟宗三先生以「分解地可說」與「非分解地可說」
來取消《名理論》中的「不可說」，則緣於他對「哲學語言」的理
解。這一步的理解，一方面表明了牟宗三先生不同意《名理論》把
「倫理學、形上學或宗教等」劃分為「不可說」；另一方面也說明了
牟宗三先生自己的「分解地可說」與「非分解地可說」的「哲學語
言」使用需要還原於牟宗三先生的哲學思想中來論說，以問題的方式
來說，即：何以在牟宗三先生的哲學思想中，有必要對提出「分解地
可說」與「非分解地可說」的區分呢？本文認為牟宗三先生這一「哲
學語言」的使用即在於他「哲學原型」（「兩層存有論」）的思想架構
與經典詮釋有關。

（一）「可學」作為「可說」理由

牟宗三先生曾在《現象與物自身》提出「兩層存有論」作為「哲
學原型」的思想，其言：

> 依此，我們只有兩層存有論：對物自身而言本體界的存有論；
> 對現象而言現象界的存有論。前者亦日無執的存有論，「無
> 執」是相應「自由的無限心」（依陽明日知體明覺）而言。後
> 者亦日執的存有論，「執」是相應「識心之執」而言。[62]

---

61 牟宗三：《中國哲學十九講》，《牟宗三先生全集》第29冊，頁342。
62 牟宗三：《現象與物自身》，《牟宗三先生全集》第21冊，頁40。

我們依聖人底盈教所決定的哲學原型不過就是兩層存有論：執
的存有論與無執的存有論，並通過此兩層存有論而為一整一系
統。此是決定哲學原型底唯一真正途徑。[63]

如果哲學原型可由聖人底生命而朗現，而吾人亦依聖人底朗現
而規定此原型，則此原型是具體地存在的。如果它是具體地存
在的，則它亦是可學的。不過它之為可學雖可類比於數學，而
與數學不同。因為數學是形式的科學，而此卻是「內容的真
理」，即「把一切知識關聯到人類理性底本質目的上之學」。因
此，在此，學必須是「覺悟」義。「學者覺也」。學者以自家真
誠心與聖人底生命，以及與依聖人底朗現而規定的哲學原型，
存在地相呼應相感通之謂也。假定吾人以兩層存有論攝一切哲
學知識，則在「學」字底此義之下去學時，雖即使是歷史的，
亦同時即是理性的，雖暫時是經院式的，亦最終是宇宙性的。[64]

　　「兩層存有論」作為牟宗三先生哲學思想的一個基本架構，自有
其精彩的學理深度。[65]牟宗三先生的「兩層存有論」最重要的是區分
了屬於「現象界」（執的存有論）與「本體界」（無執的存有論），並

63　牟宗三：《現象與物自身》，《牟宗三先生全集》第21冊，頁482。

64　牟宗三：《現象與物自身》，《牟宗三先生全集》第21冊，頁483。

65　李瑞全先生曾說：「最能全面而又能表現中國哲學現代化的第三期儒學可以牟宗三
　　先生的兩層存有論為代表。我們可以此系統來展示中國哲學現代化所達至的學理深
　　度：一方面繼承熊十力先生之光大儒學的學統，融會儒、釋、道三家的義理，一方
　　面吸收西方自康德以來的哲學、知識論、邏輯數理哲學的學統，鎔鑄為通貫中西哲
　　學的兩層存有論的龐大體系，其結構與西方任何大哲學家的體系比較都毫不遜
　　色。」李瑞全：《儒家道德規範根源論》（新北市：鵝湖月刊社，2013年），頁269-
　　270。

以「一心開二門」作為一個具有普遍性的共同模型，以心學傳統意義的「心」（知覺明體）來詮釋「智的直覺」，使得「智的直覺」（「心」）既是感性亦是理性，既通於仁亦貫於智，一「心」之執與不執即可通於現象與物自身兩個領域。[66]牟宗三先生更認為這樣的「兩層存有論」即是「哲學原型」。所謂「哲學原型」即是一客觀而共認的，具有普遍而必然的哲學系統。康德（I. Kant, 1724-1804）說：「哲學從不能被學習，除只依歷史的樣式去學；就那有關於理性者而言，我們至多能學著去作哲學的思考。……哲學是一切哲學知識底系統。如果我們理解哲學為估計一切從事於哲學活動的嘗試的基型（原型），又如果這個基型是可用來對于每一主觀哲學作出估計（主觀哲學底結構常是千差萬別的，而且是可更變的），則此基型必須客觀地來視之。這樣地視之，則哲學只是一可能學問底理念，此理念在現實上是無處可存在的。」[67]換言之，在康德來說的「哲學原型」似乎只是一個可接近而並不存在的觀念，然而，牟宗三先生卻說指出「哲學原型」已經「朗現」，尤其是依循康德的「宇宙性的概念」之「哲學」，即「哲學是把一切知識關聯於人類理性底本質目的之學」，更由此「哲學原型」可以被表象於「理想的哲學家」之中。牟宗三先生則指出此「理想的哲學家」即是孔子，他說：「真能人化那個被思議為宇宙性哲學的那個人就是聖人；而這個聖人當該是孔子，因為他的智慧方向是正盈之教，而亦符合康德所說的『把一切知識關聯於人類理

---

66 關於牟宗三先生的「兩層存有論」，無論是毀與譽的言論，學術界已作過多方多層次的不同討論，本文對於「兩層存有論」的論述僅屬於介紹性質，目的在於討論牟宗三先生認為「兩層存有論」作為「哲學原型」的「可學」問題，其中即涉及「非分解地可說」的必要性，是以本文對「兩層存有論」不作詳細討論。

67 I. Kant, P. Guyer & A. W. Wood tran. *Critique of Pure Reason*, Cambridge University Press, p.694.（A838/B866）中譯則引自牟宗三：《現象與物自身》，《牟宗三先生全集》第21冊，頁474。

性底本質目的』的那個哲學，即哲學原型的哲學。如果依古希臘的意
義，哲學家指『道德家』而言，則康德所說的『理想的哲學家』亦當
該是指孔子。」[68]換言之，「哲學原型」既然能夠從「聖人」中「朗
現」，則表示此「哲學原型」是「可學」的，只是，此「可學」卻不
同於形式科學的「可學」，而是以「覺悟」義作為「可覺」的「內容
真理」，此「覺悟」義「可學」即與聖人的生命與「哲學原型」存在
地相呼應相感通為要義。至此，牟宗三先生提出的「分解地可說」與
「非分解地可說」的意義即在於此「哲學原型」之「可學」上。

　　作為「可學」的「哲學原型」，其「可學」的意義在於「覺悟」。
然而，究竟怎樣可以得到「覺悟」而「可學」呢？牟宗三先生在論述
「哲學原型」時並沒有多作論述，反之，他在論述「覺悟」義的
「學」時，則反覆論述「覺悟」在「學」的可能，他說：「假定吾人
以兩層存有論攝一切哲學知識，則在『學』字底此義之下去學時，雖
即使是歷史的，亦同時即是理性的，雖暫時是經院式的，亦最終是宇
宙性的。……學即是通過歷史的哲學事實而啟發自己的理性生命，因
此，隨時是學，隨時即是覺，而不只是模倣也。因為兩層立法原是我
們的理性之所本有，原是我們的無限心之所必有的展現，因此，學哲
學即是覺悟此兩層立法之全部系統而使之在我生命中如如朗現。」[69]
依此，「覺悟」義「可學」則至少可以從「歷史的哲學事實」作為入
手。回到「分解地可說」與「非分解地可說」的區分來看，牟宗三先
生在重新釐定《名理論》的「可說」與「不可說」時，屢屢強調維特
根什坦所規定的「可說」是「太狹」或「過狹」，[70]其實，由「覺悟」

---

68 牟宗三：《現象與物自身》，《牟宗三先生全集》第21冊，頁479-480。

69 牟宗三：《現象與物自身》，《牟宗三先生全集》第21冊，頁483。

70 牟宗三先生言：「然則可說者只限于自然科學之命題為過狹矣。」（牟宗三：〈中譯
　　者之言〉，《名理論》，頁8）又說：「他的『可說』底規定太狹，他只有表達科學知

義的「可學」可以從「歷史的哲學事實」為入手來說，維特根什坦所劃分的「可說」與「不可說」是直接地否定了牟宗三先生這一「覺悟」義的「可學」，即形上學、道德倫理或美學皆為「不可說」，則根本不能言說「歷史的哲學事實」，即使是「可說」亦僅能言說「歷史的事實」而已。如此，則牟宗三先生在其「兩層存有論」（「哲學原型」）的構想中必然地需要否定維特根什坦的「可說」與「不可說」。依牟宗三先生對「可說」與「不可說」的重新釐定，則「超絕形上學中的語言都是啟發語言或指點語言。凡屬康德所說智思界者皆屬啟發語言中事」。如此，作為「歷史的哲學事實」的「超絕形上學」或康德的智思界論說，皆是可以從「非分解地說」的方式成為「不可說而可說」，而「非分解地可說」的「可說」之意義即在於能「啟發自己的理性生命」，由此而「覺悟此兩層立法之全部系統而使之在我生命中如如朗現」。

　　從這一點來看，則可以至少得出兩項「可說」的理由：一，牟宗三先生翻譯維特根什坦的《名理論》，並對其中的「可說」與「不可說」作重新釐定的意義，其實不止融攝維特根什坦的邏輯分析之理論於《認識心之批判》的知識論思想架構，更重要的是在牟宗三先生成熟的思想體系（「兩層存有論」）中不可不面對《名理論》中「不可說」的挑戰。尤其是當牟宗三先生以「分解地可說」與「非分解地可說」來重新釐定「可說」與「不可說」時，把「不可說」取消，如此則可以表明「哲學原型」的「可學」即具有「可說」之意義。二，從「哲學語言」的解理來看，「非分解地可說」具有的「指點」或「啟發」意義，並不是如分析哲學進路的言語行為理論（speech act

---

識的語言，如是，形上學便完全屬乎不能言說的範圍，因為它裏面的那些命題不能有任何知識的意義，因而也是一些似是而非的命題，不能認作是命題。」（牟宗三：〈中譯者之言〉，《名理論》，頁16）。

theory）中的「義蘊」（implicatures）概念，[71]即以為「指點」或「啟發」僅以語用學的層面來表述某些「言外之意」；「非分解地可說」所具有的「指點」或「啟發」作用乃是以「啟發自己的理性生命」或「覺悟此兩層立法之全部系統」為要義。從牟宗三先生對於後期維特根什坦的評論來看，則更可以發現牟宗三先生所反對的並不止於規定「可說」是「太狹」或「過狹」，他說：「有些人說後期的維根斯坦已經有這種開朗的氣象，他承認每一種語言都有它的意義；此種看法，比他早期的思想較為開朗、寬容。如此一來，他們也承認教徒在祈禱上帝時，『上帝』本身有其意義，而不只是一個毫無意義的詞語。但維根斯坦只是寬容地承認，他並沒有積極地對宗教作正面的建立。而康德卻因為他的僕人相信上帝，才把上帝的存在救住了；『上帝』對他的僕人而言，就是屬於普通語言，是僕人每天生活必定用到的詞語。康德對於宗教的態度是：他不但是承認宗教，而且還要進一步從學問或理性上肯定宗教、建立宗教。」[72]換言之，牟宗三先生對於「哲學語言」的理解，一方面認為「哲學語言」仍然是「普通語言」，在理解上不能脫離語用的脈絡，或隨便判斷為其中的意義；另一方面更認為可以「完全敞開地加以分析，才能確實把握住真正的意涵」，至此，所謂「完全敞開加以分析」即不限於理解「哲學語言」作為「普通語言」的概念層面，更在理論上應當以「啟發自己的理性

---

71 言語行為理論中的「義蘊」概念是由格賴斯（H.P. Grice, 1913-1988）在〈*Logic and Conversation*〉（H. P. Grice, Studies in the way of word, Harvard University Press, 1989, p.22-40.）一文中所提出，所謂「義蘊」是一個語用學的概念，「義蘊」與「說出」（say）是相對的，所謂「說出」是一個語義學的概念，意即一句話由詞語意義及句子結構所決定的那部分的語義內容，而相對的「義蘊」概念正是非由詞語意義及句子結構所決定一句話的內容，由此，我們可以簡單地說「義蘊」即是「言外之意」的意思。

72 牟宗三：《中國哲學十九講》，《牟宗三先生全集》第29冊，頁343-344。

生命」或「覺悟此兩層立法之全部系統」來看待「哲學語言」背後所具有「指點」或「啟發」意義。

(二)「詮釋」作為「可說」的理由

除此之外，牟宗三先生又特別指出「哲學原型」之「可學」是「存在地相呼應相感通」，[73]這種「存在地相呼感相感通」是牟宗三先生在經典詮釋時常常提及的，他說：

> 了解有感性之了解，有知性之了解，有理之了解。彷彿一一，望文生義，曰感性之了解。意義釐清而確定之，曰知性之了解。會而通之，得其系統之原委，曰理性之了解。……理性之了解亦非只客觀了解而已，要能融納于生命中方為真實，且亦須有相應之生命為其基點，否則未有能通解古人之語意而得其原委者也。[74]

> 吾愧不能如康德，四無傍依，獨立運思，直就理性之建構性以抒發其批判的哲學；吾只能誦數古人已有之慧解，思索以通之，然而亦不期然而竟達至消融康德之境使之百尺竿頭再進一步。於以見概念之分解、邏輯之建構，與歷史地「誦數以貫之，思索以通之」（荀子語）兩者間之絕異者可趨一自然之諧和。……知識與思辨而外，又謂必有感觸而後可以為人。感觸大者為大人，感觸小者為小人。曠觀千古，稱感觸最大者為孔

---

73 牟宗三先生說：「學者以自家真誠心與聖人底生命，以及與依聖人底朗現而規定的哲學原型，存在地相呼應相感通之謂也。」（牟宗三：《現象與物自身》，《牟宗三先生全集》第21冊，頁483）。

74 牟宗三：《心體與性體》第1冊，《牟宗三先生全集》第5冊，頁5-6。

　　子與釋迦。知識、思辨、感觸三者備而實智開，此正合希臘人
　　視哲學為受智慧愛學問之古義，亦合一切聖教之實義。[75]

　　依此，牟宗三先生的經典詮釋觀可分成知識、思辨與感觸等三個
條件，知識即是文獻的掌握；思辨即是從理性之認知來了文獻義理；
感觸則是要求解釋者本身對於經典背後透出的生命智慧有一存在的感
應與契合。[76]然而，作為經典詮釋的一步之「存在地相呼感相感通」
或「感觸」是如何可能呢？鄭宗義先生曾從三方面來展示「感觸」的
實義：一，生命的感觸作為理解的條件是主觀的；二，感觸既是理解
的主觀條件，則反過來也可以說感觸是能左右理解的一種限制；三，
「感觸」並不應視之為一同情理解原則，感觸有著期望通過名言的了
解而把詮釋者的生命提升至理性之境，即把理解由方法論的層面轉入
存有論的層面。[77]「感觸」作為經典詮釋的一步，一方面推動著詮釋
者向經典追問其所蘊藏的感觸信念；另一方面亦限制著詮釋者通過尋
求體會經典所蘊藏的感觸信念觸動自己。至此，「感觸」的可能即是
通過經典（尤其是中國哲學）中記錄學人自我生命轉化的體驗語、勸

75　牟宗三：《圓善論》，《牟宗三先生全集》第23冊，頁15-16。

76　鄭宗義老師曾論述牟宗三先生研究中國哲學的方法論，即：知識、思辨與感觸三個
　　條件。（鄭宗義：〈知識、思辨與感觸——試從中國哲學研究論牟宗三先生的方法論
　　觀點〉，鄭宗義：《儒學、哲學與現代世界》，頁65-88）在另文，他更曾直言此三個
　　條件即牟宗三先生的經典詮釋觀，其言：「順著〈知〉（按：〈知識、思辨與感
　　觸——試從中國哲學研究論牟宗三先生的方法論觀點〉）文進一步申說那三個條件
　　同時即是牟先生對經典詮釋的看法。因為在一個意義下，哲學思考的發展根本就離
　　不開對經典的詮釋，這於中國哲學而言尤其如此。眾所周知，過去中國學術思想不
　　管是傳承或創新大都憑藉對經典的注釋疏解進行。」（鄭宗義：〈論牟宗三先生的經
　　典詮釋觀：以先秦道家為例〉，鄭宗義：《儒學、哲學與現代世界》，頁89）。

77　鄭宗義：〈知識、思辨與感觸——試從中國哲學研究論牟宗三先生的方法論觀點〉，
　　鄭宗義：《儒學、哲學與現代世界》，頁81-86。

勉實踐的工夫語，或具有教導脈絡的指點語、啟發語及警誡語等，讓詮釋者能依此而有所觸動。

回到「分解地可說」與「非分解地可說」的討論，作為經典詮釋中的「感觸」或「存在地相呼感相感通」的可能某程度上正是依賴於「非分解地可說」所具有的「指點」或「啟發」作用，理由在於經典中的感觸信念每每就是說明「世界存在」，說明「世界的意義」，說明價值、善、美以及生命的意義，這些作為可透過經典而能夠被感觸者，即以「非分解地可說」作為「不可說而可說」。從這一點來看，則牟宗三先生的經典詮釋觀，實可以作為「分解地可說」與「非分解地可說」的「可說」之理由。換言之，從牟宗三先生的經典詮釋觀來說，假如依於維特根什坦所劃分的「可說」與「不可說」，則直接地否定了牟宗三先生那可被「感觸」或「存在地相呼感相感通」的可能，職是之故，牟宗三先生的經典詮釋觀，在理論上應當以「分解地可說」與「非分解地可說」來取消《名理論》中的「不可說」，從而肯定經典中的感觸信念具有能夠被感觸的可能──「非分解地可說」。

五　結語：牟宗三先生融攝《名理論》的「哲學語言」觀之必要

總的來說，牟宗三先生對《名理論》中「可說」與「不可說」的區分作出了重新釐定。對於「可說」，牟宗三先生以「辨解歷程」（即「思解運行的邏輯歷程」）來作為「可說」的關鍵，「可說」的實義為「分解地可說」，解決了「可說者只限于自然科學之命題為過狹」的問題，更把「實踐理性之道德學」及「凡可被置于關聯中者」皆列為「可說」（準確地說，即從「即用顯體」而作為「可被說」）。對於「不可說」，牟宗三先生指出「非分解地可說」實相關於「圓教中圓

滿的體現」之語言,「非分解地可說」具有「啟發」或「指點」的語言功能以達至「圓教中圓滿的體現」為目的,在完成「遮顯之歷程」後,則此「非分解地可說」也可以「詭譎地被棄掉」或至少是不必要的了。如此,以「分解地可說」與「非分解地可說」來重新釐定「可說」與「不可說」,即是把《名理論》中的「不可說」取消,而把「可說」重新定性為「分解地可說」與「非分解地可說」。這一步的重新釐定別具意義,即牟宗三先生翻譯《名理論》所「消化」的是「可說」與「不可說」的「哲學語言」觀,牟宗三先生分別從「分解地可說」(《認識心之批判》的知識論架構融攝維特根什坦的邏輯分析之理論)及「非分解地可說」(指點「不可說」的「實踐理性中圓教之圓滿體現者」)把「可說」與「不可說」重新釐定,展示出他對「哲學語言」的理解,即「哲學語言」理應置於相關的語言脈絡或層次,並「完全敞開地加以分析」。

　　另外,從牟宗三先生的「哲學」觀與經典詮釋觀來看,他的「分解地可說」與「非分解地可說」實是必然地需要融攝《名理論》之「哲學語言」觀。分而言之,從牟宗三先生的「哲學原型」之「可學」(覺悟義)說,必然地涉及「可說」,否則,依《名理論》而把形上學、道德倫理或美學皆納入為「不可說」,則「哲學原型」之「可學」變成無從憑藉,無有所學。從牟宗三先生的經典詮釋觀之「感觸」,也必然地涉及「可說」,否則,依《名理論》而對經典的感觸信念只能「沉默中略過」,則「感觸」亦變成無有依據或可能。合而言之,牟宗三先生翻譯維特根什坦的《名理論》並以「分解地可說」與「非分解地可說」來重新釐定「可說」與「不可說」,實是具有一理論上的必要性,即在牟宗三先生的思想架構中必然地不容許《名理論》中的「可說」與「不可說」之區分。於是,牟宗三先生翻譯及重新釐定「可說」與「不可說」中,即融攝《名理論》的「哲學語言」

觀於其「分解地可說」與「非分解地可說」之中。

最後，本文認為牟宗三先生翻譯維特根什坦的《名理論》，雖然翻譯的緣起或動機有不同的說法，但是，從牟宗三先生以「分解地可說」與「非分解地可說」來重新釐定《名理論》的「可說」與「不可說」來看，則牟宗三先生的翻譯《名理論》，至少可以看作是牟宗三先生表述其對「哲學語言」的理解。從本文的論述中更可以發現，《名理論》的翻譯作為牟宗三先生較被忽略的出版著作，實則自有它所能補足牟宗三先生思想架構中的「哲學語言」之理解部分。

耿寧的陽明早、晚期良知說的檢討

黃敏浩

香港科技大學人文學部

一　陽明早、晚期良知說

　　耿寧（Iso Kern）是當代西方重要的現象學哲學家，也是漢學家，對中國哲學（尤其是陽明學）也有研究。在他的陽明學研究中，曾提出王陽明的良知說有著早、晚期的變化。本文擬就此說作一檢討。

　　首先，有關陽明思想的演變，陽明弟子錢德洪曾有一段扼要的敘述：

> 先生（筆者按指陽明）之學凡三變，其為教也亦三變。少之
> 時，馳騁於辭章；已而出入二氏；繼乃居夷處困，豁然有得於
> 聖賢之旨。是三變而至道也。居貴陽時，首與學者為知行合一
> 之說；自滁陽後，多教學者靜坐；江右以來，始單提致良知三
> 字，直指本體，令學者言下有悟。是教亦三變也。[1]

1　錢德洪，〈刻文錄序說〉，見王陽明，《王陽明全集（新編本）》第6冊（杭州市：浙江古籍出版社，2010年）冊六，頁2088。敘述陽明思想演變的文字也見於黃宗羲《明儒學案》（臺北市：世界書局，1973年），頁75。黃宗羲的敘述本於王龍溪〈滁陽會語〉，見王畿，《王龍溪全集》第1冊（臺北市：華文書局，1970年），頁168-172。這三種敘述之間的異同曾引起學者的討論，但因與本文的題旨無關，茲不贅。可參考劉述先，〈論王陽明的最後定見〉，收入氏著，《儒家思想意涵之現代闡釋論集》（臺北市：中央研究院中國文哲研究所籌備處，2000年），頁47-71。

這便是有名的陽明學三變、教三變的說法,而為學界至今所基本同意的。現在,已知陽明提出致良知教在一五二一年五十歲時,但耿寧卻發現,其實陽明在此之前(早至一五一二年)已在使用良知的術語。[2]這使耿寧產生了疑惑:為何陽明在之前已在使用良知概念教導學生,卻在後來才說找到了良知一詞代表自己的思想?耿寧認為,問題的答案在於陽明的良知概念實經歷前後的變化。前期的良知概念是指向善的秉性、動力或意念,後期的是指對善、惡意念的自知。[3]如果耿寧此說屬實,則傳統下來所謂陽明學三變、教三變的說法便需要修正,蓋在教三變的過程中,陽明不只在教法上有改變,他在思想上(即在對良知的理解上)也經歷一重進展或變化。耿寧的觀察表面上或許言之成理,但我們對此是不能同意的。

我們且看看耿寧是引用陽明哪些文字來代表所謂陽明早期的良知概念的:

> 又曰:知是心之本體,心自然會知。見父自然知孝,見兄自然知弟……。見孺子入井,自然知惻隱……。此便是良知,不假外求。[4]

---

2 耿寧似乎認為陽明始提致良知教是在一五一九至一五二〇年,而非如傳統的說法是在一五二一年(這是《陽明年譜》的說法)。這應該是參考了一些學者的考證認為陽明強調致良知教應在一五二〇年前後而來的理解。可參考陳來:《有無之境——王陽明哲學的精神》(北京市:北京大學出版社,2006年),頁149-153。本文與此課題沒有直接關係,是以在文中不加細辨。

3 耿寧,〈論王陽明「良知」概念的演變及其雙義性〉,見氏著,倪梁康編,倪梁康等譯,《心的現象——耿寧心性現象學研究文集》(北京市:商務印書館,2012年),頁168-169、182。

4 耿寧,〈論王陽明「良知」概念的演變及其雙義性〉,《心的現象》,頁171。這段話源於王陽明《傳習錄》上卷,8條。按編號據陳榮捷,《王陽明傳習錄詳註集評》(臺北市:臺灣學生書局,1983年),下同。

> 惟乾問，知如何是心之本體？先生曰：知是理之靈處。就其主
> 宰處說，便謂之心。就其稟賦處說，便謂之性。孩提之童無不
> 知愛其親，無不知敬其兄。只是這個靈能不為私欲遮隔，充拓
> 得盡，便完完是他本體。[5]

再看看他所謂陽明晚期良知概念的文字：

> ……指其主宰處言之，謂之心；指心發動處，謂之意；指意之
> 靈明處，謂之知。[6]

> 爾那一點良知，是爾自家底準則。爾意念著處，他是便知是，
> 非便知非。更瞞他一些不得。爾只要不欺他，實實落落依著他
> 做去，善便存，惡便去。這裏何等穩當快樂。[7]

> 意與良知，當分別明白。凡應物起念處，皆謂之意。意則有
> 是，有非。能知得意之是與非者，則謂之良知。[8]

在有關所謂早期良知概念的文字中，（良）知被解作「理之靈處」，與
晚期良知概念的文字中的「意之靈明處謂之知」，同樣是以良知為一
個靈。早期的所謂知孝知弟、知愛知敬、知惻隱，是指良知之知孝、
弟、愛、敬、惻隱之為是，知不孝、不弟、不愛、不敬、不惻隱之為

5　同上，頁172。這段話源於王陽明《傳習錄》上卷，118條。
6　同上，頁179。這段話源於王陽明《傳習錄》下卷，201條。
7　同上，頁181。這段話源於王陽明《傳習錄》下卷，206條。
8　同上，頁183。這段話源於王陽明，《王陽明全集（新編本）》，冊一，〈答魏師說〉，
　　頁231。

非。此與晚期的所謂知是知非、知得意之是與非的良知，畢竟是同一意思。再配合以上兩節的分析，我們實在看不出早、晚（或前、後）期文字所呈現的良知的意思畢竟有何差別。明乎此，我們便可理解耿寧從他的兩期良知說引申而來的另一個疑惑：他發現早期良知概念的含義仍可見於晚期，這種混淆造成了理解陽明良知論述的困難。[9]他舉例說在早期良知的說法如「意之本體便是知」[10]、「心之靈明是知」[11]也可見於陽明晚期的論述如「……而心之虛靈明覺，即所謂本然之良知也。……有知而後有意，無知則無意矣。知非意之體乎？」[12]此中「心之虛靈明覺，即所謂本然之良知」猶「心之靈明是知」，「知非意之體乎」猶「意之本體便是知」，似乎真的是早期概念亦見於晚期而可造成混擾及理解上的困難。然而，實際上，我們認為這個疑惑本就不成其為疑惑，因為陽明的良知概念本來就沒有早、晚期的變化。耿寧的疑惑足以反過來證明其兩期良知說之不適當。

二　晚期良知說的出現及檢討

耿寧的兩期良知說的另一個重點，是他認為陽明晚期良知說的提出，是要回答一個問題。用耿寧的話，這個

> ……在1519/1520年之前的幾年裏變得日益重要的問題是，作為具體的個人如何能夠在他的每一具體情況下將他的私（惡）

9　耿寧，〈論王陽明「良知」概念的演變及其雙義性〉，見氏著，《心的現象》，頁185。

10　耿寧，〈論王陽明「良知」概念的演變及其雙義性〉，《心的現象》，頁184。這句話源於王陽明《傳習錄》上卷，6條。

11　同上。這句話源於王陽明《傳習錄》上卷，78條。

12　同上，頁185-186。這段話源於王陽明《傳習錄》中卷，137條。

意從他的向善的傾向或「誠意」中區別出來。[13]

這也就是上文說過的人如何能夠判斷自己意念之道德品格，即自己意念之善或惡之問題。關於此說，我們認為，陽明在所謂早期與晚期之間有否受到這個問題的困擾，耿寧似乎沒有十足的證據證明為有。這問題固然是重要的問題，且是根本問題。若陽明曾面對之，此問題決非遲至所謂晚期之前才變得日益重要，而應是從開始便顯得重要。要說面對而解決之，陽明至遲應在龍場悟道時已解決了。眾所周知，陽明在1508年三十七歲有龍場一悟，一切人生的根本問題渙然冰釋，此悟對陽明日後的學問與事業有著決定性的影響。如果說陽明在悟道時仍未解決如何覺知意念之或善或惡之根本問題，此將大大削弱龍場悟道在陽明生命中之意義與價值。

至此，對耿寧認為陽明的良知概念有著早、晚期變化的兩期良知說，我們的立場已十分清楚。然而，我們仍未回答耿寧那原初的問題，即：為何陽明在之前已在使用良知概念教導學生，卻在後來才說找到了良知一詞代表自己的思想？

首先，與此相關的，林月惠同意耿寧所謂早、晚或前、後期的期間陽明思想曾經歷變化，但她認為這並不是良知概念的前、後變化。她說：

> ……陽明1519-1521年的思想轉折，意味著陽明隨其對《大學》理解的深入，克服朱子的「格物致知」，使其「良知」概念逐步深化而確立，最終取得其理論與實踐的樞紐地位。但這思想演變，並不表示陽明良知概念有前後期的不同或雙義性。

---

13 同上，頁174。

因為若如耿寧所言，就很難解釋，為何陽明1521年確立新的良
知概念後，還繼續使用前期的良知概念。[14]

林月惠看到了兩期良知說之不可通，但她仍然承認陽明思想在這期間
的確經過前後的改變，只是此改變不能從良知本身說，而應從陽明如
何克服朱子《大學》「格物致知」的思想上說。落實地說，此改變實
具體呈現在陽明〈大學古本序〉之三易其稿。她援引陽明撰於1518年
的〈大學古本〉原序云：

> 《大學》之教，誠意而已矣。誠意之功，格物而已矣。誠意之
> 及，止至善而已矣。……是故不本於誠意，而徒以格物者，謂
> 之支。不事於格物，而徒以誠意者，謂之虛。支與虛，其於至
> 善也遠矣。[15]

而1524年的〈大學古本〉改序的定本云：

> 《大學》之教，誠意而已矣。誠意之功，格物而已矣。誠意之
> 及，止至善而已矣。止至善之則，致知而已矣。……是故不務
> 於誠意，而徒以格物者，謂之支。不事於格物，而徒以誠意
> 者，謂之虛。不本於致知，而徒以格物誠意者，謂之妄。支與
> 虛與妄，其於至善也遠矣。……乃若致知，則存乎心悟。致知
> 焉，盡矣。[16]

---

14 林月惠，〈陽明語陽明後學的「良知」概念──從耿寧〈論王陽明良知概念的演變
　　及其雙義性〉談起〉，收入紹興市人民政府及浙江省社會科學院，《紀念王陽明逝世
　　485周年學術研討會論文集》（2014年），頁209。
15 同上，頁208。原文見王陽明：《王陽明全集（新編本）》第5冊，頁1571。
16 同上。原文見王陽明：《王陽明全集（新編本）》第1冊，頁258-259。

比較〈大學古本〉原序及改序，我們發現陽明本來以「誠意」為《大學》的主導觀念，後來則以「致知」為主導觀念。蓋誠意格物，當中的意是意念，物是事物，皆屬經驗的；而致知的知是良知，是超越的。致知實較誠意格物更能突顯那超越的常主，在工夫上亦顯示一主腦而可以持循。陽明以致知代替誠意而成為他心目中《大學》的主導觀念，實標誌著「致（良）知」在陽明思想中的地位的提升，提升而至一樞紐的地位。林月惠似乎認為，所謂良知的早、晚期變化，其實並不是良知概念內容的變化，而是良知概念逐步深入而確立其主導地位的變化。我們認為，林月惠此說實得之。須知，即使耿寧亦嘗引述陽明下面一段話：

> 吾良知二字，自龍場以後，便已不出此意，只是點此二字不
> 出。於學者言，費卻多少辭說。今幸見出此意，一語之下，洞
> 見全體，真是痛快！[17]

如果我們能正視此語，便知陽明「自龍場以後，便已不出此意」，也就是說，陽明自1508年龍場一悟以後，其思想便已大抵定下來了。他使用致知或良知術語，從來都是相同的意思。及至1519-1521年間，通過對自己思想更深入的體會，遂鄭重地正視良知一語，以之為自己思想的代表而提出致良知教。這當中確有一轉折，但此轉折只是良知概念之顯題化，不必如耿寧所解釋的是良知意義的轉變。如是，我們便可解答耿寧那原初的問題，而不必接受其解釋。

　　不過，林月惠仍認為此轉折是一「思想演變」。我們認為，要說思想演變，此只能是教化思想上的演變，或乾脆說是教法的演變，因

---

17 耿寧，〈論王陽明「良知」概念的演變及其雙義性〉，《心的現象》，頁167-168。

為這期間陽明容或對良知乃至自己思想有更深的體會，卻沒有任何思想上的重要轉變。如此理解，便完全符合傳統下來陽明學三變、教三變的主張。陽明一直使用良知術語，到後來始提致良知教，成為他的學說宗旨，正是他的教法從二變至三變的體現。

耿寧認為陽明的良知概念曾經歷早、晚期的變化。我們檢討其說，認為他所謂早、晚期的良知概念均與陽明良知說的原意不完全相應，而所謂良知概念的前後變化也不符事實。雖然如此，這並不表示耿寧的陽明學詮釋便完全沒有意義。我們發現，耿寧的早期良知說，所謂向善的動力、德性的萌芽，雖不合陽明的原意，卻正符合朱子解釋四端之端為端緒的含義，其觀點亦接近陽明後學劉師泉。他的晚期良知說，雖以良知類同於自證分而誤置良知，卻能指出作為本原意識的道德意識的良知在整體生活中的根源意義，此則完全符合儒家的基本精神。至於良知概念的前後變化，雖不合乎事實，卻由此而提出了有意義的問題而加強吾人對陽明教三變的理解。這些都顯示一位具有西方哲學（現象學）背景的學者逐漸深入了解中國哲學（陽明學）的具體成果。成果不必盡如人意，但耿寧的文字所反映對陽明學的誠懇態度卻令吾人尊重。我們歡迎耿寧的態度，并期望耿寧能繼續深入陽明學的堂奧，以現象學的方式把它清晰地呈現，讓我們可以看到由此產生的中西哲學交流的更豐碩的成果。

論牟宗三先生的老子詮釋
——「境界形態形上學」說述評

劉桂標

香港人文學會

概述

　　牟宗三先生講老子哲學的主要著作，為其有關道家哲學（準確來說是魏晉玄學）的重要著述——《才性與玄理》。至於他的另外兩部討論到老子哲學或道家哲學的著述——依次為《老子〈道德經〉講演錄》及《中國哲學十九講》，一來都是課堂錄音整理稿，學術性有所不及；二來都是寫於《才性與玄理》出版之後，主要引伸該書的義理，其重要性不及前書。故此，如非必要，本文不擬討論。

　　另外，與一般學者討論老子不同，牟先生的《才性與玄理》並非直接討論《老子》，而是通過講魏晉玄學家王弼的《老子注》講《老子》；因此，嚴格來說，這裏說的牟先生的老子詮釋其實是牟先生通過王弼老學對老子哲學的詮釋。

　　還有，牟先生的老子詮釋的內容其實很豐富，而且有許多地方很有見地，例如將無與有稱為道的雙重性格，對道體義有很全面和深入的理解；又例如，發展了胡適對「自然」的本義為自己如此的了解，將後者理解為精神自由的意思；又例如以王弼的名號與稱謂的區別來解釋可道之道與不可道之道的區分等等。由於篇幅所限，現將討論範圍收窄到主要講牟先生的境界形態形上學的學說。

一　牟先生的「不生之生」觀念及「境界形態形上學」的觀點

　　自古至今，絕大多數學者將老子講的道，視為有創生意義的實有或形上實體。[1]然而，牟先生卻獨排眾議，首次提出老子的道並非客觀的（筆者以為，可稱為客體的）實有，而是主觀的（可稱為主體的）境界。以下我們會對其學說及其理據加以說明。

　　牟先生在《才性與玄理》一書的第五章討論王弼的老子觀，該章分為五節，首四節講王弼老學的本體論的體悟，最後一節講宇宙體的體悟。依筆者的理解，前者主要講道體本身（可稱為「道體」），雖然此道體最後只是一形上姿態而非實有，而後者講其發用流行（可稱為「德用」），雖然這種發用流行最後仍只是形上姿態。牟先生在第二節講到道體的三種本性（主宰性、常存性及先在性）時，便說明這些本性並非一客觀的形上實有的本性，而是主觀的人生實踐的境界。他說：

> 道非實物，以沖虛為性。其為萬物之宗主，非以「實物」之方式而為宗主，亦非以「有意主之」之方式而為宗主，乃即以「沖虛無物，不主之主」之方式，而為萬物之宗主。沖虛者，無適無莫，無為無造，自然之妙用也。虛妙於一切形物之先，而不自知其為主也。此即為「不主之主」。……[2]

1　單以當代來說，袁保新先生的《老子哲學之詮釋與重建》（臺北市：文津出版社，1991年）就指出，當代具學術地位的知名學者中，馮友蘭、方東美、徐復觀及唐君毅諸先生都主張老子的道是實有或形上實體，見該書頁135。劉笑敢先生的《老子──年代新考與思想新詮》（臺北市：東大圖書公司，1997年）一書，更以為絕大多數華人學者的觀點皆如此，見該書頁184。

2　見牟宗三先生著《才性與玄理》（臺北市：臺灣學生書局，1983年4版），頁140；下引用該書只列書名及頁數。

又，沖虛玄德之萬物之宗主，亦非客觀地置定一存有型之實體名曰沖虛玄德，以為宗主。若如此解，則又實物化而為不虛不玄矣。是又名以定之者矣。此沖虛玄德之為宗主實非「存有型」，而乃「境界型」者。蓋必本主觀修證，（致虛守靜之修證），所證之沖虛之境界，即由此沖虛之境界，而起沖虛之觀照。此為主觀修證所證之沖虛之無外之客觀地或絕對地廣被。此沖虛玄德之「內容的意義」完全由主觀修證而證實。非是客觀地對於一實體之理論的觀想。故其無外之客觀的廣被，絕對的廣被，乃即以此所親切證實之沖虛而虛靈一切，明通一切，即如此說為萬物之宗主。此為境界形態之宗主，境界形態之體，非存有形態之宗主，存有形態之體也。……³

上兩段文字講道的主宰性非實有形態而是境界形態。以下兩段則接著講道的常存性與先在性也如此：

道之常存性與先在性亦如此解。其永存而不可變者，即無所存之存也。有所存，則存而不存矣。抑亦非「存有形態」之存也，而乃朗然玄冥之絕對之「境界形態」之存也。似存而非存，似非存而實存，超乎存與不存之存也。不以挫銳而損，不以解紛而勞，不以和光而汙其體，不以同塵而渝其真。此即沖虛玄德之永存也。其先在性亦是境界形態也。大象暢，大音至，生生無限量，聲聲不相礙，則即沖虛玄德之在一切形物之先矣。此非「存有形態」之先在也。此非邏輯原則之先在，亦非範疇之先在，亦非存有形態的形上實體之先在，而乃開源暢

---

3 《才性與玄理》，頁141。

流，沖虛玄德之明通一切，故為一切形物之本，而其本身非任
一形物也。[4]

由以上引文可見，牟先生對老子講的道體的本性，作出了與別不
同的了解：道的體性，並不是客觀的形上實有的本性，而只是主觀的
實踐境界。

以上是講本體論的體悟時的說法，在第五節講宇宙論的體悟時，
牟先生再指出老子講道體的創生，也只是主體的修證而非超越客體的
發用流行。他說：

> 「道生之」者，只是開其源，暢其流，讓物自生也。此是消極
> 意義的生，故亦曰「無生之生」也。然則道之生萬物，既非柏
> 拉圖之「造物主」之製造，亦非耶教之上帝之創造，且亦非儒
> 家仁體之生化。總之，它不是一能生能造之實體。它只是不塞
> 不禁，暢開萬物「自生自濟」之源之沖虛玄德。而沖虛玄德只
> 是一種境界。故道之實現性只是境界形態之實現性，其為實現
> 原理亦只是境界形態之實現原理。非實有形態之實體之為「實
> 現原理」也。故表示「道生之」的那些宇宙論的語句，實非積
> 極的宇宙論之語句，而乃是消極的，只表示一種靜觀之貌似的
> 宇宙論語句。此種宇宙月之語句，吾名之曰「不著之宇宙
> 論」。「不著」者，不是客觀地施以積極之分解與構造之謂也。
> 而道之為體為本，亦不是施以分析而客觀地肯定之之存有形態
> 之實體也。故其生成萬物，亦不是能生能成之實體之生成也。
> 故生者，成者，化者，皆歸於物之自生自成，自定自化，要者

---

4 《才性與玄理》，頁142-143。

　　在暢其源也。此種「不著之宇宙論」，亦可曰「觀照之宇宙
　　論」。然則，物無體乎？曰：無客觀的存有形態之體，而卻有
　　主觀的境界形態之體。沖虛玄德即體也。[5]

　　從以上的引文可見，牟先生以為老子講道的創生性是「無生之
生」（在他處他稱為「不生之生」），也即是消極意義的創生（牟先生
引伸王弼的用語，只是「不塞不禁」而讓萬物「自生自濟」），並非形
上實體的發用，而是價值主體的修證。

　　總而言之，牟先生以為老子講的道，並非客觀的形上實體，而是
主觀的人生境界，是一種形上姿態；故此所謂道之體性，所謂道之發
用流行，實無其事，有的只是人在作價值實踐時的純粹觀照的境界。

二　牟先生在文本上及義理上的理據

（一）文本上的理據

　　牟先生對老子學的判定，不是隨意提出的，而是有其理據的，筆
者嘗試歸納為文本上的理據及義理上的理據兩類。其實，兩類理據不
能完全分割開，因為解釋文本，也須對文本的義理有所理解；故此，
這個區分只是側重文本的義及側重文本義理的引伸發揮的不同。我
們先說前項。

　　牟先生的主要文本上的理據，是《老子》第十章及王弼注：

　　生之，

　　【注】不塞其原也。

5　《才性與玄理》，頁162。

畜之。

【注】不禁其性也。

生而不有，為而不恃，長而不宰，是謂玄德。

【注】不塞其原，則物自生，何功之有。不禁其性，則物自濟，何為之恃。物自長足，不吾宰成，有德無生，非玄如何。凡言玄德，皆有德而不知其主，出乎幽冥。

牟先生在第二節引用此章經文及王注，並作出以下解釋：

有「不塞其源，不禁其性，不吾宰成」之沖虛玄德，則物自然而生，自然而濟，自然而長足。此即沖虛玄德之妙用也。而即以此德為萬物之宗主，則即「不主之主」也。窺王注意，「有德無主，非玄而何」，此「無主」是指此德之無主言。無主，言此德無使之如此者，即不知其所以然而然也。無主使之然，不知其所以然而然，故其為德即「玄德」。「凡言玄德，皆有德而不知其主，出乎幽冥」，此重解「其德無主」之意也。此「有德而不知其主」之玄德，其主物而為物之宗，亦是「不主之主」也。「有德無主」是解「玄」字義。此注眉目不甚顯，須如此分疏始明。實則經文甚顯豁，可如此解：「生而不有」，即是無心之生。無心之生，則暢其源，物自生，都任置之，非吾所得而有也。「為而不恃」，即是無為之為。無為之為，則「虛而不屈，動而愈出」，功自成濟，非吾所得而恃也。（前句言「不有」，此句言「不恃」是「不恃功」。王注混不分明。）「長而不宰」即是不主之主。不主之主，則雖首出庶物，而無宰治之施。生，為，長，皆指道言。即於道之「生而不有，為而不恃，長而不宰」，見其沖虛妙有之玄德。如此，已甚圓

足，不煩辭費。而王注則歧出不切，隱曲不明。而籠統大意，似亦得之。[6]

據此，牟先生以為王弼以「不塞其源，不禁其性，不吾宰成」來說明道的創生，這就是上述所說的「不生之生」義，是沖虛玄德的妙用，也是對道的創生義的消極的表述，而不是正面肯定道是形上實體，而只是肯定道是主觀的人生境界。

還有，牟先生在第五節引用第五十一章及王弼注並加解釋；然而，此章關鍵語句與第四章全同，故此，有學者以為第四章經文其實是第五十一章經文的錯簡重出[7]。另外，王弼注本章也頗簡略，沒有詳細補充，而牟先生的詮釋大抵意思與上一段引文重複，故筆者不擬徵引。

（二）義理上的理據

除了文本上的理據外，牟先生亦提出了義理上的理據。如上所述，筆者所謂「義理上的理據」，其實並不與上一項「文本上的理據」對立，因為對老子的合理詮釋，總不能完全沒有文本上的依據，否則，其立論只是某人理解老子的觀點而不是老子自身的觀點。故此，義理上的理據可指牟先生自己全盤消化了老子及道家的學說後，不依於老子文本字面上的意思，而是探究其內裏的、深層的意思，並用牟先生自己的說話加以表述。

他說：

---

6 《才性與玄理》，頁140-141。

7 例如，陳鼓應先生持此說，並引馬叙倫及嚴復說以為證，見其所著《老子今注今譯》（臺北市：臺灣商務印書館，2006年），頁112。

老子之道，本是由遮而顯，故況之曰「無」。他首先見到人間之大弊在有為，在造作，在干涉，在騷擾，在亂出主意，在亂動手腳，故有適，有莫，有主，有宰，故虛妄盤結，觸途成滯。其弊總在「有為」，「有執」也。故二十九章：「為者敗之，執者失之」。注云：「萬物以自然為性，故可因而不可為也，可通而不可執也。物有常性，而造為之，故必敗也。物有往來，而執之，故必失矣」。而六十四章則云：「為者敗之，執者失之。是以聖人無為，故無敗，無執，故無失」。是故遮者即遮此為與執也。「無」先作動詞看，則無者即無此為與執也。無為無執，無執適無莫，無主無宰，則暢通矣。（暢通即萬物自定自化，自生自成）。由此諸動詞之無所顯之沖虛玄德之境即曰道，曰自然，而亦可即以名詞之「無」稱之。依道家，此沖虛玄德之「無」，不能再自正面表示之以是什麼，即不能再實之以某物。如實之以上帝，或實之以仁，皆非老子之所欲也。他以為道只由遮所顯之「無」來瞭解即已足。外此再不能有所說，亦不必有所說。說之，即是有為有造。惟此沖虛之無始是絕對超然之本體，而且是徹底的境界形態之本體。[8]

　　牟先生以為，老子的道原來是經由否定而反顯出來的主觀的人生境界，而要否定的，是人世間的任意妄為或即造作（有為、有執），故道只是人的否定任意妄為或即不造作（無為、無執）的觀照而並非指一客觀的形上實體。揆其意思，「無為」在理論上較「道」為優先，故在老子講道的關鍵語詞——「無」的詞性上，原本是動詞（表示「無為」這一實踐活動的意思），反照出的主體的沖虛玄德的境

8　《才性與玄理》，頁162-163。

界，才將「無」轉化成名詞以作表示。看來，牟先生以為老子以「無」況道，主要意思是要表示道並非客觀實有而是主觀境界。

另外，在《中國哲學十九講》裏，牟先生對上述的說法作出了進一步的補充。他說：

> 「無為」對著「有為」而發，老子反對有為，為什麼呢？這就由於他的特殊機緣（particular occasion）而然，要扣緊「對周文疲弊而發」這句話來了解。有為就是造作。照道家看，一有造作就不自然、不自在，就有虛偽。造作很像英文的 artificial 人工造作。無為主要就是對此而發。他的特殊機緣是周文疲弊。周公所造的禮樂典章制度，到春秋戰國時代，貴族的生命墮落腐敗，都只成了空架了，是窒息我們生命的桎梏。因此周文的禮樂典章制度都成了外在的（external），形式的（formal），如此沒有真生命的禮樂就是造作的、虛偽的、外在的、形式化的，這些聯想通通出現。任何禮節儀式，假定你一眼看它是外在的，那麼它完全就是個沒有用的空架子。只有外在的、在我們生命中沒有根的、不能內在化的，才可以束縛我們；若是從生命發出來的，就不是束縛。道家就是這樣把周文看成束縛，因為凡是外在的、形式的空架子，都是屬於造作有為的東西，對我們生命的自由自在而言都是束縛桎梏，在這個情形之下，老子才提出「無為」這個觀念來。[9]

這裏，牟先生以為老子的「無為」是針對周文疲弊的問題而提出的，因為周代的禮樂典章制度崩壞，成為徒具形式的空文，這是「有

9　牟宗三：《中國哲學十九講》（臺北市：臺灣學生書局，1983年），頁89。

為」，故以「無為」來加以對治。依此，「無為」成為了老子講道的首出觀念。

除了上述的義理上的理據外，牟先生在比較與會通儒、道兩家時提出的一種觀點，也可視為他以為老子的道並非實有的理據。[10]在《才性與玄理》中，他說：

> 老子之「絕聖棄智，絕仁棄義」，實非否定聖智仁義，而乃藉「守母以存子」之方式，「反其形」以存之也。……「守母存子」之方向，即「正言若反」之方式，亦即「辯證詭辭」之方式。惟藉此詭辭之方式以保存聖智仁義，是一種作用之保存，並非自實體上肯定之。而聖智仁義亦只是功，而不是功之母。儒者並不認為如此即滿足。如孔子之仁，並不只是「功」，而亦是實體。仁之在經驗中曲曲折折之表現是功，但其不安，不忍，悱惻之感之心是體。踐仁之最高境界是聖。踐仁以至聖，固亦可無適無莫，無為無執，無意必固我，此亦是沖虛之德。老子所說之無、一、自然、玄、遠、深、微、諸形式物性，固亦皆可有之，然皆成為仁體之屬生，或踐仁至聖之境界之屬性。固不只是沖虛之無為本，而是以仁體為本也。此是自實體上肯定仁智，固不只是用之保存也。此是儒道之本質的差異。[11]

在《中國哲學十九講》中，牟先生有一段說話與此段雷同，而更為精簡：

---

10 鄭宗義先生在〈論牟宗三先生的經典詮釋觀：以先秦道家為例〉（國立中央大學文學院出版《人文學報》第24期（2001年12月），頁371-405）一文，甚至認為這方面的理據最為關鍵。

11 《才性與玄理》，頁163-164。

儒家對聖、智、仁、義有正面的分析，有正面肯定、原則上肯定，這就是屬於實有層上的。聖人立教，最高的概念是仁，仁是生道，擴大到最高峰，仁是生生不息之道。仁是道德上的觀念，因此也是實有層上的觀念，以仁做本體，這個本體是實有層上本體的意義。可是道家道的有、無雙重性，其中那個無性不能說是仁，不能特殊化而為仁。道家以無為本體，這是從作用上透示出來的，不能加以特殊化。無本來是從作用上透顯出來的，就拿這個作用上透顯出來的無，作實有層上的本，這兩層合在一起，沒有分別。這是道家的形態。儒家則有實有層和作用層的分別……。[12]

據上述兩段文字清楚見到牟先生的意思，他說儒家正面從道德（聖、智、仁、義）的角度講道，而唯有道德屬實有層，故其講的道是實有；最後，牟先生斷定儒家兼有實有形態與境界形態兩種形上學。然而，道家只是從主觀的人生境界講道，而不是正面從道德的角度講道，由於缺乏道德的討論，故其講的道並非實有，只是一形上姿態；最後，牟先生肯斷道家只是境界形態形上學，欠缺了實有形態形上學。

三　對牟先生老子詮釋的評論

牟先生對老子的獨特的觀點發表後，可說在老學學界上甚為轟動，影響極大，因為有些學者接受了他的觀點，甚至有學者以為，其學說令當代老子詮釋分化成兩大陣營——將老子的道看成是客觀實有

---

12 《中國哲學十九講》，頁136。

的一派與將其視作主觀境界的一派[13]。

筆者並不以為上述說法是錯誤，只是這種說法不夠精確。理由是：其一，牟先生自己的著述中，其實明白地表述了境界形態形上學與實有形態形上學根本並不對立，他自己就以為儒家就兼有這兩種形態。其二，如本文開首所述，由傳統至現代，絕大多數學者認為老子的道具實有義，而且，他們多數人也了解到道的實有義同時也是主體修證可達到的境界。他們沒有用「境界形態」一語，但他們將老子講的道視為與道德價值相關，可以包容此詞的主要涵義。故此，若說當代老學有分化，更準確的說法，是區分為以下兩派——一、主流派，以為老子的道兼具實有義和境界義，古今多數學者都持此看法；二、非主流派，以為老子的道只有境界義，由牟先生開創此派觀點，有一些他的弟子、追隨者及少數其他學者認同這種看法。

如果上述了解不差，那麼，我們評論牟先生的老學觀點，重要的問題反而不是：老子的道有否主觀境界涵義？因為筆者相信很少人否定它有此義；更重要的問題是：以為老子的道只具主觀境界義而不具客觀實有義是否合理？筆者以下主要從這方面評論牟先生的學說。

（一）牟說限制一：與《老子》文本肯定道具實有義相違

如就牟先生提出的文本上的理據來思考，我們可以說，他的說法是難以成立的。原因是：若我們仔細閱讀《老子》全書，則不難看到，老子講的道並沒有牟先生所謂的「不生之生」義，是純粹消極的表述之意；相反，他清楚明白表示道是形上實有，並且有創生意義。這方面的經文其實有許多，如以下各段：

---

13 例如，袁保新先生以為當代老學分化為客觀實有的詮釋形態及主觀境界的詮釋形態，見《老子哲學之詮釋與重建》，頁135。

> 無名，天地之始；有名，萬物之母。（《老子》第一章）

筆者案（以下簡稱「案」）：「無名」指不可道的天道，是天地之始，也即是宇宙萬物的存在根源的意思，明顯具實有義。

> 道沖而用之，或不盈。淵兮，似萬物之宗。挫其銳，解其紛，和其光，同其塵。湛兮，似或存。吾不知誰之子，象帝之先。（《老子》第四章）

案：牟先生將此章理解為道的主宰性、恒存性及先在性很正確，但若不附以王弼注及牟先生的疏解，根本不可能讀出這裏講的道的實在性只是一形上姿態，最後沒有實在性。

> 道之為物，惟恍惟惚。惚兮恍兮，其中有象；恍兮惚兮，其中有物；窈兮冥兮，其中有精；其精甚真，其中有信。（《老子》第二十一章）

案：這裏說道是恍惚的，只是說它沒有經驗的形體而並非不存在，相反，老子肯定它是真實的（有精、甚真、有信）。

> 有物混成，先天地生。寂兮寥兮，獨立而不改，周行而不殆，可以為天地母。（《老子》第二十五章）

案：這裏說明道的先在性、獨立性、永恒性，並且明白指出它是天地萬物的存在根源（為天地母）。

> 道生一，一生二，二生三，三生萬物。（《老子》第四十二章）

案：這裏，一、二、三指什麼，是另一學術課題，本文不必深究；經文大抵指道的創生歷程由簡單到複雜。故此，省略歷程來說，老子明白講出道生萬物。

> 道生之，德畜之，物形之，器成之。是以萬物莫不尊道而貴德。（《老子》第五十一章）

案：這裏，亦明白講出道生萬物之意。

　　總而言之，《老子》原文講道是形上實體，是萬物的根源，是十分清楚和明白的；若不加上牟先生個人的許多原文以外的詮釋，根本不可能讀出原來老子想講的，是道根本不是客觀的形上實體，只是個人的實踐境界的意思。有人或許為牟先生辯護，說研究經典不能只依字面意思。我以為這個辯護頗難成立，因為這種不依文本字面意思的詮釋，須有一條件，就是不能與許多文本的字面意思相矛盾。然而，牟先生的詮釋正有此問題，他說道並非實有，與老子文本的許多字面說法——道是實有正相矛盾；這樣的詮釋，其實不是合理的詮釋。試設想，老子很多時候表述出來的是 A，但原來他心中想講的是非 A，除非我們預設老子的表達能力很有問題，或者證明他基於某種理由要故意說許多反話，否則，這種說法能成立的可能性是很低的。

（二）牟說限制二：王弼注沒有說明道非實有

　　有人或許不同意筆者上面的說法，說牟先生其實也有堅實的文本上的理據，就是牟先生所引用的《老子》經文及王弼注釋，即第十章

及王注（上文筆者已交待出牟先生引用第五十一章經文由於雷同第十章，故可略去）。這樣的說法其實難以成立，因為，若《老子》經文真的有一章講道非實有，那麼，我們不能以此否定其他許多章節的說法，我們更合理的說法是這一章的說法與其他各章有衝突，而依一般的理解，我們應以其他許多章節的說法為標準，故此不應以一章否定其他各章的共同觀點，而是相反用各章共同觀點修正該章觀點。更何況，老子在這一章根本沒說過與其他各章有衝突的說話。

　　《老子》第十章原文（如前所述第五十一章相關經文是相同的）講的是道的創生性，「生之」指其創生萬物，「畜之」指其實現萬物的本性。至於「生而不有，為而不恃，長而不宰」，是指這種創生性無礙於萬物（在這裏可理解為特指人）的自主性，因為道只是萬物的存在的根源，但萬物（人）是否自由自主，則還須看其是否有自覺和努力；故此，道的創生性與人的自主性並無衝突，而單從道的角度講，道就是生成而不佔有，活動而不自恃，使萬物生長而不完全主宰它們。

　　王弼將此章的宗旨說成是「不塞其原、不禁其性、不吾宰成」之義，這並非老子文本的本義而只是其引伸義。故此，上述意思，如果說有牟先生講的是對道的實有義的否定的意思，那麼，這種說法也只是王弼的意思而不是老子的意思，我們不應將前者的意思混同後者。[14]

　　其實，我們若再進一步分析王弼的老子詮釋，他根本就沒有說道並非實有。原因是：

　　第一，王弼在其注釋《老子》其他各章時，根本就沒有提到道體並非實有或近似的說法；故此，就算第十章注真的有如此說法，則我們應該用其他各章的注修正此注，而不是單以

---

14 有不少學者曾批評牟先生的老子詮釋混同了王弼與老子觀點，例如，唐君毅先生就明白指出牟先生將兩者等同，但事實上王弼之旨不同於老子之旨，見其所著《中國哲學原論・原道篇》二，頁354-355。

此注否定其他各章的注。

第二，我們若仔細看原注，其實看不到它有牟先生說的道並非實
有之意。原來經文講的，是道的創生、養育萬物（生之，
畜之），並不妨礙萬物（特指人）的自主性，故此，這種
生不是經驗意義的生，因為後者一般有完全決定的意思，
如樹生果、火生熱等等。但道生萬物，卻能讓物有其自由
自主性，故並非完全決定的意思，故說「生而不有，為而
不恃，長而不宰」。故此，一義下我們雖可說這種生（及
畜）是「無（不）生之生」，然而，這只表示這種生並非
一般意義的生，而不是表示這種生根本不是生，或表示消
極的生的意思。至於王弼的注釋，其實能謹守老子本義，
從道的方面說道之生是「不塞其原，不禁其性，不吾宰
成」，是一種非決定意義的創生；從萬物方面說是「自
生、自濟、自長足」，有其自由自主性。由此可見，道的
創生可同時讓物有自主性，完全沒有表示道沒有生的作
用，沒有表示道非實有。

因是之故，牟先生解釋王注講「不生之生」沒有問題，但由此進
一步說這是對道的創生的消極的表述，從而否定道是實有，是一種有
問題的理解。

（三）牟說限制三：牟先生以為「無為」理論上優先於「道」並不合理

上面兩項是評論牟先生老子學的文本上（文本本義）的理據，這
裏開始評論其義理上的理據。

如上文所述，牟先生引伸老子沒有說明，但其著述蘊涵的一種意
思來作為其否定道的實有性的理據，就是老子的「無為」在理論上較

「道」為優先,故「無」首先是動詞,是主體的實踐活動,而「道」則是「無」的轉化,這時才成名詞,是由人到達無為境界而觀照出來形上學的姿態,但卻非實有。

筆者以為,牟先生的說法不但沒有文本上的支持,而且與文本相衝突。

第一,《老子》又名《道德經》,其以「道」名經,「道」是形上實有,「德」是其發用流行,道的首要性是十分明顯的。另外,筆者嘗試以文本作統計,「道」出現了七十六次,其同義語「天」更多達九十二次(但其中有小部分用法並非指道,而是物理世界意義的天),遠較「無為」的十次多,故說後者較前者優先在文本上是難有說服力的。[15]

第二,筆者同意「無為」是消極概念,但絕非表示道非實體,而是表示道可通過人的不造作,或即不任意妄為來表現。所以,無為可理解為人不應依於人的真實本性或價值本性以外的事物去行動,亦即人的行動不應被其他事物決定,這種意思,可稱為「消極意義的自由」或簡稱為「消極自由」。

另一方面,老子沒有說道的表現,唯無為一種消極方式;它還可以積極方式來表現,這就是「自然」這一積極概念。「自然」的意思,誠如牟先生所說,古義或即老子本義是「自己如此」,而非「大自然」或「物理世界」、「經驗世界」的意思。故此,筆者以為「自然」可理解為人依於自己真實本性或價值本性去行動,亦即人的行動是由自己決定(漢語的「自由」就是這個意思,即自己是自己行動的原因),這種意思,可稱為「積極意義的自由」或簡稱為「積極自由」。

---

15 筆者這項統計,是以電子文本為據,但對此文本沒有作嚴格校對;然而,由於統計數字的懸殊,相信對結果沒有影響。

　　據此可見，無為與自然俱為道的表現方式，只是消極與積極方式上有不同。故此，自然與無為，可說是道的兩輪，不可或缺。明乎此，我們就不難以解為何老子講道，有時以自然與之相提並論。如以下兩章：

　　　　人法地，地法天，天法道，道法自然。（《老子》第二十五章）

案：依筆者之見，「人法地，地法天，天法道」可理解為人通過法地、法天而最終法道，即人以道為法，即人以道為其存在根據；「道法自然」則指道以自然為法，即道以人的自然（積極自由）的價值實踐為其實現根據。

　　　　道之尊，德之貴，夫莫之命而常自然。（《老子》第五十一章）

案：依筆以為，這句的意思是：「命」就是命限，指人的被決定。道與德（形上實有的本體及其發用）的價值（尊貴），可通過人的不被決定（莫之命），或即人的自己決定自己（自然）來實現。

　　在上述引文中，筆者認為「命」是被決定之意，也就是「為」，即人不依於真實本性、價值本性而依於其他事物的造作（任意妄為），故「莫之命」即「無為」。由此可見，老子甚至將「自然」與「無為」在實現道這一義下視為同義。

　　經文有一處更明白指出「自然」與「無為」一義下是同義的：

　　　　是以聖人欲不欲，不貴難得之貨，學不學，復眾人之所過，以
　　　　輔萬物自然而不敢為。（《老子》第六十四章）

案：「不敢為」更明顯是「無為」的意思，這裏「自然」與「無為」相提並論，俱是實現道的方式（聖人欲不欲、學不學的實現道的方式），可見其同義性。

如果上面筆者所言不差，那麼，我們就可以看到，無為只是實現道的一種方式──消極方式，它不是道的唯一方式，也即它不排斥實現道的另一方式──積極方式，即自然。故此，牟先生說「老子之道，本是由遮而顯，故況之曰『無』」、「『無』先作動詞看」、「『無』，不能再自正面表示之以是什麼，即不能再實之以某物，……是徹底的境界形態之本體」云云，只是他自己個人的想法，據《老子》哲學義理來看，是難以成立的。

至於他說「無為」是針對周文疲弊而發的，筆者以為這說法不算錯，因為周文疲弊起碼是老子「無為」思想興起的原因之一。然而，我們不能因此推論說「無為」觀念及道家思想唯一起源在於針對周文疲弊，或以此為其興起的最主要原因。因為，哲學思想起源可以很複雜，若將一派大哲學，如道家、儒家等思想歸結為單一原因或唯一最重要原因，這種對哲學思想起源的解釋不免過於簡單化。

況且，就算事實如此，即周文疲弊是道家思想的唯一或最主要原因，而無為是針對其所發，那麼，只證明「無為」觀念在歷史上的優先性，但由此不能推論「無為」觀念在哲學義理上優先於「道」的觀念，因為歷史原因不等於哲學前提。如前所述不差，則道是形上實體，無為是其實現方式，在哲學理論上依然是道優先於無為。無為在歷史上的優先性並不能否定道的實有義；因為在理論上，我們可說老子因著無為的境界而體驗到作為價值根源的道的存在，而不必因此說人們體驗到道並不存在，只是一形上姿態。

（四）牟說限制四：牟先生以是否肯定實有判分儒道有其偏頗處

如前所述，牟先生以為道家的道並非實體，其中一種理據是以儒、道義理分判而成的，即：儒家正面從道德講道，而道德屬實有層，故其講的道是實有；而道家沒有正面從道德講道，故其講的道不是實有而只是一形上姿態。

筆者以為這種說法有偏頗的地方。

凡價值必有其存在根源，後者可稱為一形上實體。然而，價值並非只有一種，譬如說，單只道德價值一種。從牟先生的儒道判教觀點來看，他似乎認定終極來說，唯有道德一種價值，而且，後者只能由儒家講到，其他中西哲學都講不到。這種說法有兩方面的問題：

其一，是否定了道德價值以外的價值。依常識的觀點，儒家與道家的主要不同，是前者以講道德為主，後者以講自由為主。如果我們同意自由也是價值的話，則沒有理由說唯有道德才是價值，更進一步來說是唯有講道德才能肯定形上實有。當然，進一步來說，價值甚至不限於講道德與自由，譬如說，佛教主要講解脫，這也屬於價值。若將價值終極來說只限於道德價值，則道、佛講的價值只有牟先生說的消極的意義，即只是去除講道德阻礙的價值，但她們主要講的價值本身並非價值。牟先生這種對價值的看法──「只有道德價值才是價值，其他價值不是價值，或者只有消極意義的價值」，沒有任何嚴格的證成，是難以令人接受的。

其二，是認為了唯有儒家才能講道德價值。我們這裏不說其他中西大宗教、大哲學的觀點而單講道家。即使道家以講自由為主，但她也有講及道德，雖則她講道德可說不及儒家那麼全面和深入。譬如說，老子很重視慈的觀念，他甚至以為是人生三種最寶貴東西（三

寶）之首：

> 我有三寶，持而保之：一曰慈，二曰儉，三曰不敢為天下先。
> （《老子》第六十七章）

案：「慈」即仁或即愛，只是符號不同，意思並無不同。

另外，老子甚至與儒家一樣，講仁和愛：

> 與善仁。（《老子》第八章）

案：這裏講仁，看不到與儒家講仁有很大的分別。

> 愛民治國，能無智乎？（《老子》第十章）

案：這裏講愛，看不到與儒家講愛有很大的分別。

有人可能不同意筆者的說法，因為老子一些說法反對講仁、義，如以下數章：

> 大道廢，有仁義；智慧出，有大偽；六親不和，有孝慈。（《老子》第十九章）
>
> 絕聖棄智，民利百倍；絕仁棄義，民復孝慈。（《老子》第十八章）
>
> 上德不德，是以有德；下德不失德，是以無德。上德無為而無以為；下德無為而有以為。上仁為之而無以為；上義為之而有以為。上禮為之而莫之應，則攘臂而扔之。故失道而后德，失德而后仁，失仁而后義，失義而后禮。（《老子》第三十八章）

　　這裏，老子講的「仁、義」（以及「聖、智」）等觀念，應特指儒家所講的道德觀念。當時，老子對儒家的了解很可能有誤解，以為是不合乎人性的、純粹世俗道德規範（即後來有負面意義的禮教，特指僵化的道德規範）。因此，上述的經文，其實都可以解釋為：否定了老子所誤解的儒家講的仁、義等觀念（造作的、僵化的道德觀念）後，真正的仁、義或道德等觀念（第十八章稱為「孝慈」，第三十八章稱為「上德」，都是些沒有造作的真道德）就可以出現。但這樣的說法，只是反對僵化的道德觀念，而並非反對真正的道德觀念。

　　進而言之，我們甚至可說，老子不單不反對道德，而且也重視道德。他重視的是非僵化的、合乎人的真實本性的道德。這樣看來，儒道的分別，很可能只是在講道德時，儒家比道家講得較全面和深入，並非道家不講道德。故此，牟先生以為道家不講道德（或說不正面講道德），由此更進一步說道家不能建立道的實有性，這種說法是難以成立的。

　　總而言之，以牟先生作儒道分判（甚至進一步作中西宗教與哲學的分判，如判分儒釋道三教等）時講的價值的意義，最後只限於儒家一家所講的道德價值，對其他學派的價值都加以排斥，或者說他們只有消極意義的價值，這種判教觀點，可說是一種儒家至上的觀點，有相當大的排他性。筆者相信，許多道家、佛教及其他宗教、哲學學派學者若了解他的判教背後這種看法，其實是難以接受的。

（五）牟說限制五：牟先生否定老子的道的實有義會令道家義理會流於虛無主義與主觀主義

　　自傳統至今，絕大多數學者都同意，中國哲學的主流兩家──儒家與道家，都是正面講超越而客觀的道（又名為「天」、「天道」、「太極」等），這種觀點，到牟先生提出其老子詮釋後，才有所改變，道

是否具實有義才在一些學者心中，成為有爭議性的問題。然而，傳統以來，為什麼會有肯定道的存在的說法？筆者以為，主要理據有二：

首先，道具超越的實在性，這才能說明價值的實在性，因為後者是通過人的價值實踐活動才能成就。但價值實踐不能限於經驗領域，即純粹人的軀體活動，因為這些活動本身，可以沒有價值，甚至有的是負面的價值。例如，當我們說人進行孝的行為時，我們並非指粹純合乎一般人的道德規範的軀體行為，即一般的孝行，因為後者，若違反了道所涵有的道德原則，則可以變得沒有價值或有負價值。如表面的孝行只是為了得到別人的稱讚，甚至只是為了要獨吞父母的遺產等。故此，我們體驗到的價值，其實是超越而真實的價值本身，也就是道的本體。

否定道的超越的實在性，結果是單從經驗層面講價值，但如上一段所言，純粹經驗層面的反省，其實是不能對價值有所肯定的。故此，到最後，這種對價值的觀點就會變成虛無主義，即根本無法肯定價值的存在。

其次，道具客觀的有效性，這才能說明價值的普遍性，因為若只限於經驗層面，人無法判斷價值的客觀性，因為在這個層面，人的價值判斷會因人、因時、因地而異，沒有普遍性，沒有普遍性就等同說並非真理，這有違我們對價值的體驗。因此，肯定道的存在，也就說明了價值的客觀有效性。

如果對此加以否定，那麼，價值只成為人的主觀判斷，對一切價值會陷於主觀主義。吾人所體驗的價值便無從說起，最後，人世間變成了沒有價值的世界。

基於上述所說，講價值的哲學觀點，就不能不承認道的存在，否則就流於虛無主義與主觀主義。如果道家真的如牟先生所說，其所講的道只是純粹主觀的實踐境界，而沒有相應的道為其根據，那麼道家

思想也就流於於虛無主義與主觀主義，難以為人所接受。

有人或許以為，依牟先生的說法，道家只是消極講價值，並非不講價值，而後者其實是儒家所講的聖、智、仁、義等道德價值。然而，若這樣說，則如上一項筆者所言，變成了揚儒抑道的儒家至上觀。因為道家不講儒家所講的聖、智、仁、義等道德價值，故其本身不能講實有，她須依附於儒家才能講實有。這麼一來，道家變成了儒家的附庸，她的價值，變成只是使人明白儒家的道德，清除了了解其道德的障礙。如上所言，這樣具有排他性的儒、道分判，相信道家思想家是極難接受的。

四　牟說的貢獻：境界形態形上學說別具意義和價值

筆者以為，即使牟先生的境界形態形上學說有以上所說種種限制，然而，他對於中國哲學研究來說，仍有著重要的意義和價值。最主要的，是以較地道的中國哲學用語來判別中西哲學中的形上學學說。

由近現代開始，中西哲學有著較傳統密切的接觸和交流，比較與會通兩者的學說也越來越多，而牟先生的中西哲學比較與會通觀點，在這方面公認是最重要的觀點之一。不過，牟先生的主要用語，往往是應用或轉化西方哲學或康德哲學的用語。例如，以西方哲學一般用語來說，牟先生說西方哲學是本體論（ontology）、宇宙論（cosmology）區分開，而中國哲學則是融合形態，可稱為「本體－宇宙論」（ontological cosmology）。又例如，以康德哲學用語及其變形來說，西方主流哲學是思辯的形上學（speculative metaphysics），中國主流哲學則是道德的形上學（moral metaphysics）等。這些用語與說法，令中西哲學的比較與會通學說的水平大為提升，但卻有側重於使用西方哲學用語的不足。

由牟先生使用境界形態形上學的用語後，中西哲學的區分，可以用較地道，或較具中國特色的用語來講中西哲學會通，因為「境界」一詞是傳統中國哲學用語。以此用語來說明中國哲學的特質，較用西方哲學用語準確，也較容易讓中國哲學研究者把握。當然，使用此用語來作中西哲學會通，則須因應上述牟先生說法的限制而有所調節。我們可說，西方主流哲學只是實有形態形上學，如柏拉圖的設計神論或基督教的有神論等；而中國主流哲學則是兼有實有形態與境界形態的形上學，因為中國哲學所講的客觀的形上實有，是通過主觀的人生境界而體驗的，離開後者，前者根本不能成立，因為它不是如西方主流哲學那樣通過對經驗世界的思辯而成立的。

還有，撇除了上述有限制的道家唯有境界形態形上學的說法，牟先生對老子講的「道」的涵義，依文本進行了仔細的疏理，在本體論體悟方面分析出道的雙重性格——有與無，以及主宰性、常存性與先在性；在宇宙論體悟方面分析出道的生成性、實現性等等，可說全面而深入，有許多發前人所未發的真知灼見。這方面的貢獻是相當巨大的，我們必須予以肯定。

以唐君毅先生的道之六義說修正及融攝牟先生的觀點

如筆者上文評論牟先生的觀點不差，則他的觀點，其實有不少限制，雖亦有其一些貢獻。就其限制處，我們宜加修正；就其貢獻處，我們宜以更完備的觀點加以融攝。個人以為，唐君毅先生的學說——老子的道具六義說，可作為修正及融攝牟先生觀點的主要依據。

首先，唐君毅先生自覺其與牟先生觀點相異，並且說明其自己的觀點可融攝牟先生的觀點。他說：

> 友人牟宗三才性與玄理，論王弼之注老子，唯是依於修道者之沖虛所呈之境界是也。但此德乃原於道，亦宜本道以言德。又

王弼之旨是否即老子之本旨，乃別一問題。吾前論老子文中，已詳及王弼注老之未得老子意。王弼沿人心之能體此客觀萬物說，或自人心之境界說之問題；有老子之道，是否當只偏自虛無，或兼自實有說之問題；再有老子之言道，是否有各層面之意義，或只具一層面之意義之問題。吾前論老子之道，有各層面之意義，乃由見老子文句言道者，確有層面之分，若視為皆在一層面，則此諸文句難通之故。至老子之道，畢竟可否自客觀萬物說，尤為問題之一焦點。若可連客觀萬物說，則可有物之道、地之道、天之道、人心所體之道、與道自身之層面之分。若不能自客觀萬物說，則道只是一道，此道具體之天地萬物，亦只對一能超越於具體天地萬物之上之心而呈現。此道亦非具體事物之有，而亦必先無具體事物之有，而後呈現。故老子言道之義，亦只當由虛無之道家思想，更可循不同方向而發展，而為老子書者，亦初未必自覺此中有多方向發展之可能。[16]

這裏，他批評了牟先生所講的道只是主觀境界之說，這種說法只是王弼的觀點而不必是老子的觀點。他以為，牟先生說的這種境界，對應的是道體的發用（即德），最後源於道體本身（即道），故此，牟先生言人生境界，應以道體為根源（本道以言德），亦即應承認道的客觀實有義。下文進一步說，老子的道，其實有不同的層面，涵有種種不同的意義，了解這些意義，才能對道的涵義有充分的了解。

筆者很認同唐先生的說法，因此，以下嘗試以他的著名的道之六義說修正及融攝牟先生的觀點。

---

16 見唐君毅先生著《中國哲學原論・原道篇》第二冊（臺北市：臺灣學生書局，1986年），頁354-355。

　　以唐先生的觀點修正牟先生的觀點，是較為容易的事情，因為如筆者之前的評論，以及上引唐先生的說所言，牟先生主要的問題，是不承認道的實有義，這種說法由於有上文所述種種問題，故此，必須予以糾正，即必須在肯定老子的道是主觀的境界外，同時是客觀的實有。

　　至於融攝方面，我們先略述唐先生的道之六義說，然後嘗試將牟先生說的境界義融攝其中。唐先生講道之六義，見其氏著《中國哲學原論‧導論篇》（下面簡稱《導論篇》），唐先生所講的道之六義及其所舉證的《老子》原文，其主要文字如下：

1 道之第一義──虛理之道

　　唐先生說：

> 今按老子書中所謂道之第一義，為略同於今所謂自然律則，宇宙原理，或萬物之共同之理者。（《導論篇》，頁350）

　　唐先生所舉證的老子原文：

> 天之道，其猶張弓歟？高者抑之，下者舉之，有餘者損之，不足者補之。天之道，損有餘而補不足。（《老子》第七十七章）

2 道之第二義──形上道體

　　唐先生說：

> 老子書所謂道之第二義，則為明顯的指一實有之存在者，或一形而上之存在的實體或實理者。（《導論篇》，頁352）

唐先生所舉證的老子原文：

> 有物混成，先天地生。寂兮寥兮，獨立而不改，周行而不殆，
> 可以為天地母。吾不知其名，字之曰道。（《老子》第二十五章）

3 道之第三義──道相之道

唐先生說：

> 老子書中第三義之道，乃以第二義之實體義之道之相為道。第
> 二義之實體義之實體義之道，為物本始或本母之道體，此第三
> 義之道，則可簡名之為道相。（此相為佛家之名辭，然其義正
> 與老子之所謂象或大象，無大殊別）此道相初即道體之相。
> （《導論篇》，頁354）

唐先生所舉證的老子原文：

> 反者道之動，弱者道之用。天下萬物生於有，有生於無。（《老
> 子》第四十章）
> 吾不知其名，字之曰道，強為之名曰大。大曰逝，逝曰遠，遠
> 曰反。（《老子》第二十五章）

4 道之第四義──同德之道

唐先生說：

> 老子書中所謂道之第四義，為同於德之義者。老子書中，道德
> 二名，本有分別。……則德為人物之各得之以自生或自循

者。……然自另一義，則道之能生物而畜物，亦為道之德，……道之反物而順物，亦為道之玄德……。要之，老子之言德，或就人物之得於道者說，或就道之反物而生物、畜物、順物等處說，此皆為連道與人物之關係而說者。此即道德二名之別也。(《導論篇》，頁358)

唐先生所舉證的老子原文：

上德不德，是以有德；下德不失德，是以無德。(《老子》第三十八章)

玄德深矣，遠矣，與物反矣，然后乃至大順。(《老子》第六十五章)

生而不有，為而不恃，長而不宰。是為玄德。(《老子》第十章)

5 道之第五義──修德之道及其他生活之道

唐先生說：

老子書中之道之第五義，為人欲求具有同於道之玄德，而求有德時，其修德積德之方，及其他生活上自處人之術，政治軍事上之治國用兵之道。此義之道，就其本身而言，乃低於上述之德之一層面之道，亦即純屬於應用上之道。如今所謂修養方法，生活方式，或處世應務之術之類，簡言之，即人之生活之道也。(《導論篇》，頁360)

唐先生所舉證的老子原文：

> 上士聞道，勤而行之；中士聞道，若存若亡；下士聞道，大笑
> 之。不笑不足以為道。(《老子》第四十一章)

6 道之第六義──事物及心境人格狀態之道

唐先生說：

> 老子書中所謂道之第六義，為指一種事物之狀態，或一種人心
> 境或人格狀態，而以「道」之一名，為此事物狀態或心境、人
> 格狀態之狀辭。(《導論篇》，頁361-362)

唐先生所舉證的老子原文：

> 上善若水。水善利萬物而不爭，居眾人之所惡，故幾於道。
> (《老子》第八章)

（六）道之六義的綜論及其與牟先生對道的體悟的融合

依唐先生，上述道之六義可用最高義貫起來，後者即是當中的第
二義──形上道體義，因為其他各項涵義皆虛而不實，唯有此義實而
不虛。

另外，唐先生以為：一、形上實體的證立不可視作科學的假設，
因為不能經驗地加以說明或解釋。二、形上實體的證立也不可視作信
仰的對象，因為可以憑人的智慧加以把握而非單憑信心接受。三、它
又不可視作一般理性的原則，因為不能加以邏輯的證明。依此，唯有
憑人的直覺才可證立；故此，最後須通過價值工夫加以體證。

筆者以為，唐先生說道的實有義須通過價值工夫加以體證，此說可與牟先生說道是主觀境界互為表裏。因為道作為形上實有，並非如主流西方哲學那裏，是完全獨立於價值實踐的實有，經過抽象的思辯（訴諸經驗事實及邏輯思考）而達致；而是相應於價值實踐的形上實有，經過具體的實踐，通過反身而誠才能把握，故在此義下，客觀的道可說同時是主觀的境界。後者，依牟先生的《才性與玄理》，可區分為本體論的體悟，主要體悟的，是道的第二義——形上實體義；以及宇宙論的體悟，主要體悟的，是道的其他五義——虛理之道、道相之道、同德之道、修德之道、人物狀態之道。

至於上述道的六義，筆者以為可作如下解釋：

道之第一義——虛理之道，即道體的普遍的規律或原理；可以名詞表述。

道之第二義——形上道體，即道體作為形而上的實體本身；可以名詞表述。

道之第三義——道相之道，即道體的外在的或現象的屬性；可以形容詞表述。

道之第四義——同德之道，即道體的內在的或精神的屬性；可以形容詞表述。

道之第五義——修德之道，即道體的呈現或活動方法；可以動詞表述。

道之第六義——人物狀態之道，即道體的實現狀態；可以副詞表述。

第二義是道體本身，其他則是道體的發用流行或其所顯的相狀等，包括道體的理（原理，即第一義）、性（德性，即第四義）、相（表相，即第三義）、用（發用，即第五義），以及態（狀態，即第六義），一義下俱附屬於道體。故此，第二義是最高義，並且可貫通其

他五義。

至於牟先生在《才性與玄理》一書中所講的道的種種涵義，其實可以上述六義來加以融攝：牟先生講道的本體論體悟時說的道的無與有的雙重性格（可稱為無性與有性），以及主宰性、常存性、先在性等，可收攝於唐先生講的道的第二義——形上道體，因為這些涵義是就道體的本性（可統稱為存在性）來說的。至於牟先生講道的宇宙論體悟時說的道的生成性、實現性，則繫於道體的發用流行，亦即德用（道的實現），可令它顯現為理、性、相、用及態，故可收攝於其他五義中去。

總而言之，牟先生的老子詮釋雖有其限制，但亦有其重要的貢獻；故此，若以唐先生的道之六義說加以修正與貫通，則可以去蕪存菁，成為當代老子詮釋一重要的模式，大大裨益日後的老學研究。

平等性與人權

王培光

香港城市大學中文及歷史學系

一　牟宗三先生所說的平等性

　　近年來，人權話題越來越熾熱。牟宗三先生很早就論析人權。在上一世紀六十年代，牟先生在《理性之內容的表現與外延的表現》一文中詳細闡發人權與平等性的關係，指出人權源於平等性。[1] 一九五八年，他和徐復觀、張君勱與唐君毅三位先生共同發表《為中國文化敬告世界人士》宣言，其中提到人格平等。[2] 聯合國的《世界人權宣言》共二八九三字，提及平等一詞十一次之多（編者：《世界人權宣言》見「香港人權監察人權人權教育慈善基金網頁：〈hkhrm.org.hk/database/1a1.html〉」。《世界人權宣言》開端的序言第一句就說：「對人類家庭所有成員的固有尊嚴及其平等的和不移的權利的承認，乃是世界自由、正義與和平的基礎。」這第一句話馬上就說到人的平等與人的權利。平等和人權的關係是十分密切的。《世界人權宣言》沒有說明人生而平等的理由。西方人多信仰基督教，相信上帝面前人人平等。很多西方哲學家倡言人生而平等。對有基督教信仰的人與認識西方哲學的人來說，人生而平等這信念是彰彰明甚的。牟先生指出中國

1　牟宗三：《政道與治道》（臺北市：廣文書局，1974年），頁129-162。

2　牟宗三、徐復觀、張君勱與唐君毅：《為中國文化敬告世界人士》宣言，載唐君毅《說中華民族之花果飄零》（臺北市：三民書局，2002年），頁165。

心性之學可以開出平等和人權的觀念。他比對中國心性之學、基督教信仰和西方哲學,揭櫫中國心性之說與西方平等人權之說,互有長短。揚長補短,必須對兩方面的學說兼蓄並收,同時切實踐履。

平等與人權都是來自西方的觀念。牟先生引用黑格爾之言來說明這兩個觀念:「當宗教是一較高之領域,一切人在其中光明其自己時,法律前之平等(人格底權利及財產底權利),每一階級皆可獲得。(黑氏「歷史哲學」,英譯本頁一四七)」。他說:「黑氏此段所論,即是在西方,『在上帝面前人人平等』一語之所示。」[3]在西方,多數人信仰基督教。聖經記載:「上帝照自己的形像創造了人」[4]。聖經又記載:「上帝用地上的塵土造人,把生命的氣吹進他的鼻孔,他就成為有生命的人。」[5]那就是說,上帝以泥土按自己的形象捏造人,最後向泥巴吹一口氣,人就有生命了。人人都秉承神的形象與一口氣,因而對基督教信徒而言,人人平等可說是不證自明的。

牟先生再引黑格爾之言:「道德的尊嚴存在於每一階級。構成那人們必須在其自身而且經自身以有之者」[6]他進而評論此句:

> 然此所說的『道德的尊嚴』仍是虛位義,外延義,與宗教予人以『絕對的價值』同,尚未能達到實位義,內容義的境地,如中國『心性之學』之所至。其所說『人們必須在其自身而且經其自身以有之』,此在康德,黑格爾重視『絕對主體性』之哲學中,固已幾近於實位義與內容義,然在文化上看,一般的意識方向上看,仍是以虛位義外延義為主脈。[7]

---

3 同上註,頁148。

4 《聖經》現代中文譯本,〈創世紀〉1:27。

5 《聖經》現代中文譯本,〈創世紀〉2:7。

6 同註1,頁148。

7 同註1,頁150-1。

　　黑格爾所說「道德的尊嚴」是外延義，而中國心性之學是內容義。牟先生以外延義與內容義的區別，來判分黑格爾之說和中國的心性之學。內容義詳細說來是理性之內容的表現，而外延義是理性之外延的表現。下文對這兩種不同表現展開解說。

二　理性之內容的表現與理性之外延的表現

　　牟先生借用邏輯中概念的內容與外延之別，說明理性之內容的表現與理性之外延的表現的不同。牟先生說：

> 中國儒家政治思想全幅是「理性之內容的表現」，此所謂「內容」是方法上的借用，不是言理性之內容也。即言表現理性，有是內容地表現之，有是外延地表現之。在政治上表現理性，而是內容地表現之，是說對政治一概念本身既沒有客觀地表現其理性，以成就此概念之自性，復沒有在具備客觀的內容與外延之政治概念自性下以表現其理性，而單就生活實體上事理之當然，自「仁者德治」之措施與運用上，以表現其理性，故為「理性之內容的表現」。[8]

　　在政治上，理性之內容的表現是仁者德治。人下學而上達，修身齊家，治國平天下。內聖而外王是儒家的理想。因此，堯舜禪讓，就是讓仁者以德治理天下。儒家思想有天下為公的理想，但沒有進一步開出平等與人權的觀念。堯舜之後的世襲制度並非天下為公，而是天下為家。儒家說湯武革命，順天應人。孟子說：「聞誅一夫紂矣，未

8　同註1，頁143-4。

聞弒君也。」（《梁惠王下》）有紂這樣殘暴的君主，天與人皆怒，當然要革除暴君了。朝代如此更迭，都必須流血革命。然而在政權交替上，建基于平等觀念的民主政制不用流血革命。在西方，平等觀念與人權觀念可以由理性之外延的表現開出。牟先生討論理性之外延的表現怎樣開出平等的觀念時，引用黑格爾所論：人皆有一「絕對的價值」：

> 一切人皆因宗教而可有一「絕對的價值」。所謂「絕對的價值」，意即每一人皆因宗教而為一獨立自足的『精神的存在』，因皆可進入「神聖之域」而為一「精神的存在」。此是絕對的人格價值，不是世俗的富貴之外在的，相對的地位價值。這是直接穿過了俗世的現實階級之差別而直透到人的為一精神存在之權利上的平等。這是越過了人的現實限制而直觀其背後的「超越的平等」，因與一超越實體的關係而來的「超越的平等性」。這「超越的平等性」之肯定，是人類解放其自己，衝破階級的限制，實現其俗世地位權利之平等，以及創造其文化，抒發其理想之最根源之精神動力。這肯定有不同的形態：在西方是基督教的形態，如適所述；在中國是儒家的形態，孟子「所謂良貴」；在印度，其正宗的婆羅門教，如黑格爾所觀察，便不顯此義，但卻見之於佛教所宣稱的「一切眾生皆有佛性」。[9]

　　黑格爾說的「絕對的價值」是人的尊嚴之性，儒家謂之善性，佛家謂之佛性。牟先生進一步引孟子之言解釋良貴。孟子說：「仁義忠

9　同註1，頁149。

信，樂善不倦，此天爵也。」又說：「欲貴者，人之同心也。人人有貴於己者弗思耳。人之所貴者，非良貴也。趙孟之所貴，趙孟能賤之。」（《孟子》〈告子上〉）此孟子所說的天爵，即是尊嚴之性。人保有擴充這個尊嚴之性，是其他人所不能奪去的。至于人爵，這人間高貴的地位，趙孟給你，趙孟可以隨時奪去。牟先生說：「良貴即是康德所說的尊嚴，是一內在而固有的絕對價值。」[10]尊嚴之性，人人皆有，故此人人平等。尊嚴之性即善性。孟子的性善論，人人都耳熟能詳了。牟先生在這篇文章沒有提到道家，對佛教也只提了一句話。現在嘗試申明道家與佛教的平等之說如下。

三 儒道佛三家學說蘊含的平等性

儒、道、佛三家思想都認為人人平等。人權的根源就來自這個人人平等的信念上。牟先生引孟子良貴之說，闡述了平等性。孟子性善論源於孔子。孔子說：「我欲仁，斯仁至矣。」（《論語》〈述而篇〉）那就是說我要愛人助人，就可以愛人助人。其中已經透露了人性善良的思想。後來，孟子進而說：「人無有不善。」（《孟子》〈告子上〉）人發揮其善性，可以成為聖人，故此孟子說：「人皆可以為堯舜。」（《孟子》〈告子下〉）那就是說人人皆可為聖人，人人平等。儒家思想不斷發展，孔子說仁義，孟子倡性善，到了中庸更邁進一步把人的善性歸源於天。中庸說「天命之謂性。」（《四書・中庸》）這句話就強調人的善性是由上天賦予的。儒家先說天賦人性，人性皆善。有善性的人類是人人平等的，故此人權應該平等。這個思路從天賦人性，進而說到天賦人權。這與從上帝的信仰說到天賦人權的思路很不一樣。

---

10 牟宗三：《圓善論》（臺北市：臺灣學生書局，1985年），頁12-19。

　　莊子內七篇沒有用到「性」字。不過莊子強調「德」。莊子的德充符的一段話，清楚說明人人皆有尊貴之德。這尊貴之德比身體還重要。原文如下：

> 魯有兀者叔山無趾，踵見仲尼。仲尼曰：「子不謹，前既犯患若是矣，雖今來，何及矣？」無趾曰：「吾唯不知務而輕用吾身，吾是以亡足。今吾來也，猶有尊足者存，吾是以務全之也。夫天無不覆，地無不載，吾以夫子為天地，安知夫子之猶若是也！」孔子曰：「丘則陋矣！夫子胡不入乎？請講以所聞。」無趾出。孔子曰：「弟子勉之！夫無趾，兀者也，猶務學以複補前行之惡，而況全德之人乎？」（《莊子》〈德充符〉）

　　上引「尊足者」意即比足還尊貴的事物。這事物指的是比足還尊貴的「德」。這段故事中，孔子責怪叔山無趾不謹慎而斷足。這是從外形論斷人，過份重視四肢身體之全。叔山無趾回應說，有事物比足更尊貴，那就是德，我向你求教，是希望保全此德。莊子重視德。這比四肢身體更為尊貴的「德」正是人人平等的依據。《莊子·德充符》提到另一個斷足的人王駘。王駘能夠「游心於德之和」，其德甚高，已有「萬物皆一」的境界。他看斷足好像掉了一塊泥土一樣。他也是個重德多於身的真人。《莊子》〈德充符〉還說到申徒嘉，他也是一個斷足的人。他強調他與子產以德相交，所謂「遊於形骸之內」，期待子產和他都重視人的內在之德；因而批評子產輕視他身有殘缺是錯的。莊子指出，人有內在之德，不希驥世間外物，不依附外在事物，無所期待。人修德至極，可以成為至人、神人與聖人，故莊子說：「至人無己、神人無功、聖人無名。」（《莊子》〈逍遙遊〉）放下自己、事功與名聞才是逍遙的境界。莊子指出人能發揮其德，都有可

能成為至人、神人與聖人。人人都有這個能力，人人都是平等的。

佛家思想強調眾生平等，以下所引《大般涅槃經》與《壇經》兩處經文都說得分明。《大般涅槃經》說：「一切眾生皆有佛性。以是性故斷無量億諸煩惱結。」（〈如來性品第四之四〉）這句話強調由于人有佛性，故此能夠斷除一切煩惱。牟先生在《圓善論》中引《大般涅槃經》：「佛言：善男子。我者即是如來藏義。一切眾生悉有佛性，即是我義。如是我義，從本已來，常為無量煩惱所覆。是故眾生不能得見。」（〈如來性品第四之四〉）牟先生進而指出：「此佛性義是所以成為佛之性能或超越根據之義。」[11]即是說人人有成佛的根性。《壇經》說「我心自有佛，自佛是真佛。」這說明人心自有佛性。清楚點出人人的佛性相同，則是以下禪宗五祖和六祖的對話：「祖言：『汝是嶺南人，又是獦獠，若為堪作佛？』慧能曰：『人雖有南北，佛性本無南北，獦獠身與和尚不同，佛性有何差別？』」（《壇經》）這段經文是說人人的佛性沒有差異，人人皆有成佛的本性，都有成佛的可能，故此人人平等。儒家有人人皆可成為聖人的信念，道家有人人皆可成為真人的信念，佛家則有人人皆可成佛的信念，故此當然把人人看成平等。

在儒、道、佛的信念下，人人皆可成為聖人、人人皆可成為真人、人人皆可成佛，故此人人都是平等的。這是從人皆有善性、真心、佛性來說明人皆平等。成聖、成佛與成真人的本性是與生俱來的，故此人生而平等。這從道德方面來說人是平等的。那就是就人的德性潛能而言，人是平等的。如果不從道德方面來看，人是毫不平等的。就相貌而言，人有美有醜，何來平等？就智慧而言，有的人聰明有的人愚笨，何來平等？然而從人有向善的可能性來說，是可以說人是平等的。打個比方，一個又醜又笨的駝背的人，可以有很高的德

---

11 牟宗三：《圓善論·第四章：大涅槃經之佛性義》（臺北市：臺灣學生書局，1993年），頁191。

性。這個駝背的人犧牲了自己，救了許多又聰明又美麗的人的生命。這許多聰明美麗的人應該跪謝這個駝背的人，感戴其大恩，感念其崇高的德性。其人即使醜笨，其崇高德性絲毫不減損。

四　西方理性之外延的表現

　　牟先生從宗教與哲學兩方面說人的平等性。首先從宗教觀點來說：

> 此超越平等性之外延的表現必函著對於階級限制之衝破，爭取現實存在上的權利之平等。此即黑格爾所說：「當宗教是一較高之領域，一切人在其中光明其自己時，法律前之平等，（人格底權利及財產底權利），每『階級皆可獲得』。人，不但因宗教而為一精神的存在，有一絕對的價值，有一超越的平等，且須為一實際的存在，有一實際權利上的平等。[12]

　　這段從宗教觀點來說，人生而平等。西方人多數信仰基督教，相信上帝造人。人都是上帝按自己的形像造的，都秉承上帝的一口氣，有了生命，成為精神的存在，都是平等的，故此應有平等的權利。在基督教盛行之前，許多哲學家並不認為人人平等。古希臘哲學家主張自由民與自由民之間才有平等，自由民和奴隸之間並無平等可言。亞里斯多德的論述沒有討論「人生而平等」這個問題。對這個問題，斯多葛派主張人是生而平等的。西元前四世紀，斯多葛派強調人和神共同具有理性。不論人的出身、種族、財富與社會地位有什麼高低差別，人都是從神流溢出來的一部分，都是神的兒女，都是平等的。牟

---

12 同註1，頁151。

先生說：

> 人，當作一個為普遍理性所規定的存在看，大家都是一樣的，
> 無分貴賤，都可度其合理的生活。在自然法所規定的人之自處
> 與對他人之關係上，即自然法所規定的人們間相互的權利與義
> 務上，（這不是階級間的政治意義的權利義務），人類都是平等
> 的。這當然也是「超越的平等性」，這是由普遍的理性所達到
> 的。[13]

古希臘哲學家僅主張自由民之間的平等。然而西塞羅從理性來論析平
等不限於自由民之間。他指出，自由民和奴隸是平等的、本邦人和外
邦人是平等的。西塞羅是斯多葛派巴內修的學生，接受了斯多葛派人
類自然平等的基本觀點。他劃分兩個平等層次，即人類自然平等和法
律面前人人平等兩層次。就人類自然平等這個層次而言，西塞羅認為
萬物中，唯獨人有理性，那獨一無二的理性使我們超越於其它動物。
毫無疑問，人類都具有理性，是自然平等的。他不僅說明人在自然狀
態中的平等，進而倡言在國家狀態中，在法律面前，人人平等。他
說：「人們始終在求索的就是在法律面前享有平等的權利。因為凡是
權利，就應當人人共用，否則就不能算是權利。」[14]西塞羅的平等法
律觀奠定了近代資產階級的「天賦人權」說。牟先生也從理性來說明
人的平等：

> 人也為這普遍的理性所貫徹。遵循這普遍的理性而生活就是遵
> 循「自然」而生活這就是「自然法」一名之所由立。自然法即

---

13 同註1，頁153。
14 西塞羅：《精神的超越》（長春市：吉林大學出版社），頁148。

「上帝之法」。人，當作一個為普遍理性所規定的存在看，大
家都是一樣的，無分貴賤，都可度其合理的生活。在自然法所
規定的人之自處與對他人之關係上，即自然法所規定的人們間
相互的權利與義務上，（這不是階級間的政治意義的權利義
務），人類都是平等的。這當然也是「超越的平等性」，這是由
普遍的理性所達到的。斯多亞派的哲人由形而上的普遍理性而
達到了聖者的德量之大，這是從理上開出的。後來的耶穌則是
由宗教之情達到了聖者之大，這是從心上開出的。故凡論文化
發展史者皆以斯多亞派的哲學為羅馬人接受基督教之先河。這
兩者合起來，為「超越的平等性」建立了堅強的基礎。[15]

　　牟先生說的斯多亞派即斯多葛派，為 Stoic 的一名二譯。這段話
就從宗教與哲學兩方面說人的平等性。在宗教之情上，信仰神者敬畏
神，上帝面前，人人匍匐，人人平等。在哲學之理上，人人皆有理
性，人皆平等。因此一方面，有基督教信念的人，有儒家信念的人，
有道家信念的人，有佛家信念的人，都相信人的平等性。基督教以及
一些宗教，如下文論說的伊斯蘭教，還有儒、道、佛三家都有一個共
通要旨，即確認人的平等性。這是一方面。另一方面，認為人人皆有
理性的人，也會主張人有平等性。

　　基督教之外，伊斯蘭教也有人人平等的觀念。《古蘭經》說安拉
是這樣創造人的：「我確已創造了你們，先用泥土，繼用一小滴精
液，繼用一塊凝血，繼用完整的和不完整的肉團，以便我對你們闡明
（道理）。」（22章：5節）這就說明人都秉承安拉的特質，人與人是
相互平等的。穆罕默德平等對待他人，主人和奴隸平等。穆罕默德
「與窮人常坐，與貧民同吃；……穆聖常去聖門弟子的園林中，他不

---

15 同註1，頁153。

為窮人的貧窮而鄙薄他們；他不為帝王的權勢而懼怕他們；他不分彼此，一律號召他們走向安拉之道。」[16]。伊斯蘭教的平等觀念在「烏瑪」中得以實現。穆罕默德在六二二年在麥迪那建立「烏瑪」。烏瑪意為「公社」。它是穆罕默德建立的國家基層社會組織。葛壯指出「烏瑪」中的穆斯林成員彼此視同手足，社會地位相互平等，沒有貧富貴賤之分。[17]古蘭經說：「通道者、猶太教徒、基督教徒、拜星教徒，凡信真主和末日，並且行善的，將來在主那裡必得享受自己的報酬，他們將來沒有恐懼，也不憂愁。」[18]這一節強調通道行善，都可以在主裡得報酬，進入樂園，故此每個人都是平等的。

然而基督教與伊斯蘭教堅信的人人平等的觀念，後來被等級森嚴的教會體制破壞了。直至十七世紀以後，自然法及社會契約的思想開始湧現，奠定了人生而平等的理論的基礎。霍布斯認為，人與人自然地平等，即身心兩方面能力的平等。這並非說，所有人生而有相同的體力和同等智力。人在身心方面顯然生而不平等，每個人身心方面的稟賦各不相同。然而霍布斯同時認為，在自然狀態中，即人人在互相抗戰的狀態中，人人具備相同的互相傷害的能力，體力最弱者也可以通過密謀或者聯合他人而殺死體力最強者。[19]因此人人具有平等的權利。

洛克認為，自然狀態是「和平、友善、互助互保的狀態」。洛克的樂觀觀點與霍布斯很不同。洛克主張人人都有自然權利，人人都有

16　安薩裡（Ghazzali）張維真譯：《聖學復節精義》（上冊）（商務印書館，2001年），頁392。

17　葛壯：〈簡析伊斯蘭教的平等觀〉，《華東師範大學學報（哲學社會科學版）》，2009年第3期，頁24-27。

18　馬堅譯：《古蘭經》第2章62節（北京市：中國社會科學出版社，1981年）。

19　霍布斯（Thomas Hobbes）黎思復、黎廷弼譯：《利維坦》（Leviathan）（北京市：商務印書館，1985年），頁92。

責任保護自己的權利、並必須尊重他人擁有同等的權利。洛克相信，所有人都擁有對自己和自由的同等自然權利。洛克描繪的自然狀態是一種平等的狀態，「在這種狀態中，所有權力和管轄權都是互惠互利的，沒有一個人享有比別人更多的權力。明顯不過的是：同種類和同等級的生物既然毫無差別地生而有一切相同的自然優點，相同的身心功能，那麼彼此就應該平等，沒有從屬或受制關係。」[20]這就說明在自然狀態中，人人平等。

　　盧梭也認為自然狀態是和諧的。在自然狀態中，人人享有平等的權利。人與人之間本來都是平等的。盧梭指出，實際上，一些人完善化了，一些人變壞了，分別獲得了一些不來自天性或好或壞的性質。此外，一些人長期沒有改變，停留在原始狀態。這就是人與人之間不平等的起源。他譴責社會中的不平等。不平等是一種墮落。社會文明不為人類帶來幸福，只會使人喪失自然本性。文明促成了人類的不平等。盧梭主張人民組成政府，人民與政府訂立社會契約。契約中，「在公民之間確立了這樣的一種平等，以致他們大家全部遵守同樣的條件並且全部應該享有同樣的權利。」[21]上述霍布斯、洛克與盧梭宣揚人人平等的觀念，「平等、自由、博愛」成了法國大革命的口號。他們為現代社會運動和革命，建立了人人平等的思想基礎。人人平等不是說人人相同，或人人得到同等的待遇。平等的含意是，在人與人千差萬別的表面背後，人應該都有理性，人應該都享有同樣的尊嚴。

　　康德從人可以在道德上自我作主來說明說明人的平等性。康德道德哲學發展了三個定然律令（categorical imperatives）。以下第二條定然律令的焦點在不可以把人當做手段，而要把人當作目的。

---

20 洛克著，葉啓芳、瞿菊農譯：《政府論下篇》，（北京市：商務印書館，1979年），頁9。

21 盧梭著，何兆武譯：《社會契約論》，（北京市：商務印書館，1979年），頁44。

你應當這樣行動，即在每一情形中，你總得把「人之為人」之
人，不管是你自己人格中的人之為人之人抑或是任何別人人格
中的人之為人之人，當作一目的來看待，決不可只當作一工具
來看待。[22]

如果人人都是目的，則人人都是平等的。這是一個方面。這由於
康德主張：人可以遵循定然律令，有遵循定然律令的能力，故此人有
能力視人人為目的，進而平等對待所有人。另一個方面，從人具備這
種能力來說，也能說明人是平等的。以下的定然律令從人人都是目的
進一步推論世界是個目的王國：「行為時，要把自己想像成一個目的
王國中的成員！」人可以遵循理性，尊重那些普遍的法則如定然律令
等。康德認為，如果所有的人都能遵循理性，就會產生一個理性的人
類社會──目的王國。上述兩個定然律令蘊含了人類普遍平等的意
義。康德主張人人平等。

五　平等性的應然與實然

綜上所述，對儒家而言，人人皆有向善的潛能，人人平等，殆無
異議。對道家而言，人都有比身體更貴重的內在之德，也是人人平
等。對佛家而言，人人心中自有佛，人人都具佛性，亦為人人平等。
對基督教而言，人都秉承上帝的一口氣；在上帝面前，人人平等。對
伊斯蘭教而言，人由安拉的血肉造成，故此人人平等。儒、道、佛三
家之說，基督教和伊斯蘭教之言，都指出人人平等。這三家兩教都是
在信仰上，確立人的平等性。人有其中之一的信仰，都不會對人的平

---

22 康德著，牟宗三譯：《康德道德哲學》（臺北市：臺灣學生書局，1985年），頁66-67。

等性置疑。

　　如果一個人，沒有什麼信仰可以使他確定人的平等性。那麼，上述斯多葛派、洛克、盧梭、康德或黑格爾的論說都有可能讓他認識到人作為理性存在，在人與人之間相互的權利與義務上，人人平等。

　　如果一個人，既沒有甚麼平等性的信仰，又不認為人是理性的存在。他不承認人的平等性。如果這些人不會想得到不平等待遇，遭受不平等的歧視和傷害；就只好採用霍布斯的辦法，為了避免彼此傷害，甚至戰爭，互相訂立契約，將自己的權利讓給國家。由國家規定人民的平等與權利。

　　以上從道理上論說平等性的應當如此。這個應然，言之成理；可是實然上，仍然可以有人認為自己最為優越，是最強者，足以駕馭萬民，奴役眾生，從而一遂私欲。歷史上有許許多多的暴君。這些暴君不仁不義，孟子痛斥暴君：「賊仁者，謂之賊；賊義者，謂之殘。殘賊之人，謂之一夫。聞誅一夫紂矣，未聞弒君也」（《梁惠王》下）。這個實然，已被歷史上的無數革命打破，不平等待人，殘民以逞的統治都不長久。從政治歷史的長河來看，又在思想史的演化來說，人的平等性既是應然，亦是實然。

六　西方人權必須列舉

　　西方的人權學說，把人權一條一條地列舉出來。儒家仁愛德治之中，己立立人，己達達人，當然讓人人的權利一一得以成就，那就不用列舉了。牟先生說：

　　　　就「達成存在的生命個體之事理所應有者」言，人民的「各適
　　　　其性，各遂其生」，以完成其自己，是天經地義的。凡「適其

性」,「遂其生」上所應有的,所需要的,皆須予以步定與尊
重。這裡沒有禁忌,沒有戒律。這是全幅敞開的承認,不須要
列舉訂定,亦無去檢擇選取。所以沒有權利義務的觀念,也無
所謂自由平等的爭取,更無所謂人權列舉的清單。照中國一般
人的觀念看來,(不必限於儒家的政治思想),凡適其性,遂其
生上所應有,所需要的東西,如財產、信仰、居處、思想、言
論、出版、結社,等等,怎麼還須一條一條列舉呢?列舉,就
是有舉到與舉不到。在西方,有階級,有特權,人民須從階級
限制中解放,須爭取,爭取一點是一點,故須列舉。故有權利
觀念。其權利是在爭取中逐步訂定出現的。然在中國,則就實
際生活一起全部敞開而承認之,何須列舉?故無權利之觀念。[23]

在中國心性之學中,在德治裡面,親親而仁民,如禮記禮運篇所
說:「老有所終,幼有所長。男有分,女有歸。鰥寡孤獨廢疾者皆有
所養」。這就正是上面所引牟先生說的「人民的各適其性,各遂其
生,以完成其自己,是天經地義的」,故此不必一條一條列出甚麼甚
麼權利。然而,西方並非採取心性之學的進路。西方從理性之外延表
現來建立人人平等的基礎,因而牟先生說:「因為是依階級集團方式
而爭取,故須一條一條地簽定;而由逐條簽定而得之權利與自由,以
及所謂權利上之平等,進而至於主權之問題,以及政府組織中權利之
分配與限制等,一是皆為形式概念。」[24]《世界人權宣言》就一條一
條地列出人權。《世界人權宣言》第一條為總綱,其後隨而從五方面
論說人的平等的權利。第一條說:「人人生而自由,在尊嚴和權利上

---

23 同註1,頁130。
24 同註1,頁156。

一律平等。他們賦有理性和良心，並應以兄弟關係的精神相對待。」
這一條第一句強調人的平等權利。第二句就指出平等的依據是人有理
性和良心，人們彼此如兄弟關係般平等。這一條是個總綱。以後就分
別列出人在法律方面、審訊方面、婚姻方面、政治參與方面與教育方
面都有平等的權利。

　　第七條談到人在法律之前有平等的權利：「法律之前人人平等，
並有權享受法律的平等保護，不受任何歧視。人人有權享受平等保
護，以免受違反本宣言的任何歧視行為以及煽動這種歧視的任何行為
之害。」

　　第十條談到人人在審訊時有平等的權利：「人人完全平等地有權
由一個獨立而無偏倚的法庭進行公正的和公開的審訊，以確定他的權
利和義務並判定對他提出的任何刑事指控。」

　　第十六條說明人在婚姻方面的平等權利：「（一）成年男女，不受
種族、國籍或宗教的任何限制有權婚嫁和成立家庭。他們在婚姻方
面，在結婚期間和在解除婚約時，應有平等的權利。」

　　第二十一條講論人在政治參與方面的平等權利：「（一）人人有直
接或通過自由選擇的代表參與治理本國的權利。（二）人人有平等機
會參加本國公務的權利。（三）人民的意志是政府權力的基礎；這一
意志應以定期的和真正的選舉予以表現，而選舉應依據普遍和平等的
投票權，並以不記名投票或相當的自由投票程式進行。」

　　第二十六條闡述人在教育方面的平等權利，而教育要培養人對人
權的尊重：「（一）人人都有受教育的權利，教育應當免費，至少在初
級和基本階段應如此。初級教育應屬義務性質。技術和職業教育應普
遍設立。高等教育應根據成績而對一切人平等開放。（二）教育的目
的在於充分發展人的個性並加強對人權和基本自由的尊重。教育應促
進各國、各種族或各宗教集團間的瞭解、容忍和友誼，並應促進聯合

國維護和平的各項活動。（三）父母對其子女所應受的教育的種類，有優先選擇的權利。」

七　結語：民主制度建立於平等觀念之上

　　牟先生會通中西學說，從兩方面予以論析。一方面就中國學說而言，是心性的下學而上達；一方面就西方學說而言，是由人的平等性而確立人權法治制度。真正的會通必須貫徹兩方面的實踐。儒家下學而上達，可以與天合德。上文引孟子說：「人皆可以為堯舜。」《孟子》〈告子下〉，而荀子說：「塗之人皆可以為禹。」《荀子》〈性惡〉。即是說人人皆有潛能可以成為聖人。這是從道德上說，人人有成聖成賢的平等性。牟先生說的平等性就是《為中國文化敬告世界人士》宣言中提到的人格平等。一九五八年，牟宗三、徐復觀、張君勱與唐君毅四位先生共同發表該宣言，宣言說：「道德上之天下為公、人格平等之思想，必然當發展至民主制度之肯定。」[25]人格平等是民主政治的根源。正是由於中國的心性之學可以開出平等與人權的觀念，新儒家諸先生數十年以來都堅信中國必能建立民主政制。民主政制已然在臺灣確立了。五四運動以來，多數知識分子都認為儒家思想妨礙中國民主發展，顯然錯了。上述諸位先生在宣言中宏揚他們堅定的信念：「民主憲政，意即成為中國文化中之道德精神自身發展之所要求。今日中國之民主建國，乃中國歷史文化發展至今之一大事業，而必當求其成功者其最深理由，亦即在此。」[26]臺灣已然建立了民主政制，大陸民主政制的建立亦然可期。先師志業尚未成功，同志仍須努力！

25　同註2，頁165。

26　同註2，頁166。

聖人理想，哲人運思

——法譯《牟宗三：中國哲學的特質》導言論介

岑詠芳

法國法蘭西學院漢學研究所

一　前言

　　法譯《牟宗三：中國哲學的特質》（*Mou Zongsan: Spécificités de la philosophie chinoise*）乃於二〇〇三年由巴黎雄鹿（Cerf）出版，這是法國首次翻譯牟先生的專集[1]，由卡梅納洛維奇（Ivan P. KAMENAOVIĆ, 1948-）[2]和牧柯（Jean-Claude PASTOR）[3]合譯。法國高等社會科學研究院（Ecole des Hautes Etudes en Sciences Sociales）教授杜瑞爾（Joel Thoraval, 1950-）[4]為此書撰寫了一篇長達七十頁的導言：《聖人理

1　早在1983年，法國巴黎高等師範學院（ENS）的狄梅敖（J-F. Di Meglio）於《遠東遠西》（*Extreme-Orient, Extreme-Occident*）第3期，以〈天命之謂性——根據牟宗三的詮釋〉，曾對該書的7-9章發表了一讀書札記。

2　卡氏乃巴黎索邦大學遠東研究中心（Centre de Recherche sur l'Extrême Orient de Paris Sorbonne）成員。他已出版的譯作還有：《呂氏春秋》、《潛夫論》和《荀子》等。

3　牧柯是法國波爾都大學（Université Bordeaux Montaigne-Bordeaux 3）講師（編者按：此講師地位與港臺講師地位不同）。著作有法譯《莊子內七篇》（1990）；《王夫之〈思問錄〉閱讀心得》（Eléments pour une lecture du Siwenlu Neipian de）Wang Fuzhi（*1619-1692*）（2010），巴黎友豐。

4　杜瑞爾於1978年在巴黎高等師範學院博士畢業，曾任法國駐華大使館文化參贊，及法國駐香港領事館文化顧問；此外，曾擔任法國高等社會科學研究院當代中國研究中心主任，並在東京大學哲學中心、香港中文大學哲學系和中國社科院哲學系任客

想，哲人運思》（Idéal du Sage, Stratégie du Philosophie）；透過牟宗三先生的各種著作，將先生的時代感受、學思歷程與及對中國文化的終極關懷等等，分五大段落闡析：

一、個人生命與文化命運；

二、沉思現代性；

三、儒家思想之新重讀；

四、從康德而來之理據；

五、從佛學繞回來的義理。

本文不打算在這兒對這五大段落作詳細的介紹，這將留待日後全面翻譯工作完成後再討論。而希望先嘗試把重心放在杜瑞爾於〈結論〉一章所提出的幾點問題，來與大家共同思考。

導言開首一段，作者說，若要了解牟先生的學問，必須「能充分欣賞這套思想內的那種抱負，與那種非尋常的耐力。」而且「是需要設身於產生這套思想的作者的生活狀態裡。」並強調說：「這位作者長久處於孤寂，以自己的方式，分擔著同時代的中國知識分子的悲慘命運。」

杜瑞爾將牟先生一生志業的重點，放在「哲學地說」，以及「生命」與「架構」之間的角力這層次上：

> 牟宗三所佔的地位，既是邊緣同時又是核心。如果從中國甚或臺灣社會和政治的影響上看，他屬於邊緣；但如果從哲學的領域上看，他無疑是核心的。事實上，牟宗三以無與倫比的功力，將現代儒學成為可以哲學地說，這是一種既重要，同時也

座教授。他傳攻近現代思想史，人類學。對牟宗三思想研究，發表了好幾篇有分量的論文。

是問題討論的關鍵。

他認為：

> 十九世紀西方人所認為的儒學，是指在舊帝制下一種非常不一
> 樣的實況：合法的政治施行，乃集中在皇帝一人身上，然而承
> 擔這個任務的，則是一群爵位顯赫的高官，他們是士大夫的精
> 英，傳承了保證人與天的規律那永恆不息的最後準則，並將這
> 種支配社會生活的處方再實施於他的家庭與團體之中。理想言
> 之，一個共同的禮教，通過士大夫這樣精萃的人作媒介，起碼
> 確保了不同階層的部份人士的融合。

而「帝制瓦解之後，我們從零碎的、混雜的現狀，政治的理念，知識
份子的言論，或者生活的行為，而分辨出今天那些儒家學者。他們以
西方術語的意義，來轉化成哲學語言，這應該被視為當代儒學眾多變
應的其中一種。」

接著的一段話，是杜瑞爾將以六十多頁的篇幅，分五大段詳述牟
先生學思歷程之前，明確表示他所思考的重心：

> 以下篇幅，我不打算全面呈現牟宗三所提出的學術傳統，而是
> 嘗試對儒學本身，以及對講座裡所引出的幾個主要的命題作一
> 綜述。在對牟宗三那深具抱負的哲學工作的動機肯定其價值的
> 同時，我們要叩問這套思想的現代性；還有對它如何得以實施
> 的那複雜的運思更感興趣。是什麼的歷史需求（文化的，同時
> 是切身的）而激起這樣的事業？一套既是依存儒學，又是依存
> 邏輯實證論；既依存佛學，又依存德國的唯心主義這麼宏觀的

　　　　思想歷程，究竟回應的是什麼需求？面對的又是什麼樣的困境？

現就其〈結論〉內容，透過他對牟先生學問思想的建構方向的質疑與同情，以一窺法國學者面對當代新儒家思想時的某些回應。現將〈結論〉全文翻譯如下。

二　〈結論〉全文（翻譯初稿）：

　　內戰甫始，牟宗三避難於臺灣。面對家國道德與政治的淪亡，遂尋求走出這個危機的途徑。他於是建立了一個「思想系統」，一個循著他特有的生命途徑而建立的思想體系。

　　但這股不朽的意志，將儒學作為「生命的學問」，不論在國家方面，還是個人方面，一種介乎「生命」與「架構」之間的緊張狀態同樣穿透他整套哲學。

　　我們是否應該只限於見到他那對傳統中國的實踐教誨忠心不二，又對西方形式邏輯、辯證的，或批判哲學構成的唯心論這些不同形態的系統的深情不斷，二者之間背道而馳所反映出的緊張狀態？抑或應該承認他對某些不可能的新術語的思考這種大膽而艱巨的試圖，就像那位在康德之後並且反對康德，喜歡「自由系統」這種弔詭工作的席林（Schelling）？

　　事實上，對這種思維方式「認真對待」，拒絕把它簡化成單一的思想層面，接受服從它那些問題裡的困迫，首先對傳統儒學「成為哲學」提出詰問：既對本身前所未聞的問題予以重視，努力說出這新的哲學範疇，試圖於此分辨出解決問題的軌跡……。

　　新儒家思想能夠引起對當代哲學的反思，我們根據牟宗三的學說，可以將其綜合為三點成果：

首先，讓哲學原來的使命重獲生機，就像呈現在西方那樣子：超過了康德所說的「經院哲學概念」，而以辨明系統思想的運作為首要，將其根源的與及被哲人的道德理想人格化的「宇宙概念」重新理出。中國的哲學對這種道德使命的堅守，更甚於那些「理性的藝人或工匠」，譬如那些分析哲學的專業者。

其次，牟宗三提出以雙重的存有論為原則，使其超越了西方文化的限度，讓平凡的生命能過渡到聖人的超驗層面。這不單對道德力量予以闡明，同時更將道德推動到最高境界。「執的存有論」能體會日常經驗，還體會科學與技術，且更道出曾被擯棄了的「無執的存有論」中合理性的區分。而正是後者能夠保留中國傳統的重要貢獻。

最後，哲學自身的反思，可以在對傳統重新思考中尋找到與其相應的方式，譬如「圓教」中的「系統而無系統相」，可以容許對一個系統反思的精密性，以及對玄思超越的可能性的結合。

重讀儒家的經典、對照康德的思想、梳理佛家的概念這三個程序，以比較和綜合的手法（融合與判教），可以指出中國哲學的現在與未來的綱領的特質；它同時代表了「我們這個時代哲學的任務……」。

然而，為了更好觀察這綱領意義的可能性，這無疑亦是為了鞏固哲學語言的地位，是否更要詰問：那是一個什麼樣子的語言陳述？

運用佛學固然可以充分闡明「覺」的最高境界，不讓理性觀念簡約成一種公設。但這種過度的運作，如果我們繼續承認理性的批判有絕對性，這不也是更清楚地強調，承認它所付出的哲學的代價？換言之，對哲人的反思，和對「覺者」或聖人的昇華境界，應該如何思考

二者之間的關係？

　　最艱難之處，乃涉及思辨語言的範疇，和精神狀態之間的關係的可能條件。如果學佛修行於此提供了最明確的榜樣，以及最能達成對智慧全面的追求，非知識上的，亦非行為上的，而是一種最終極的境界，得以乾淨利落地對其哲學的詮釋提出問題。事實上很難將通往解脫或「覺悟」的進階，想像成一個辯證必需的表現，尤其當後者被說成「形而上」的時候。……般若，最高的智慧，沒有禪定的修行，還能起作用嗎？只有通過禪定，才能次第解開七情六慾的束縛。沒有禪定，我們還能夠拿康德的程式把玩說：般若是空，沒有般若，禪定便是盲目……？在智慧觀照之道上，解悟的進展，不能與修行之道，即自我完成之道的進展分開。便是這個最後層次，讓我們希望找到「動力」，但我們不在理據的脈絡方面，卻在康德的理性主義裡面埋怨它缺乏動力，這不是矛盾嗎？就是這心理精神的活動，這充滿含義的「功夫」，便是生存狀態的依據，自然不能挑起任何「理論的自反性」，和「任何道德的討論」。

　　然而，牟宗三介紹天臺宗「存有」的主張，為了滿足於哲學系統的需要，必須把其身體與精神的根基的原來解釋割斷與根絕。Edward Conze 不無諷刺地說：一種像佛教救世的學說成為「哲學」時，它的知識內容便為局外人解釋，於是便會無可避免地付出失去其實體的代價。當不單止聆聽者，就連講話人自己也承認是局外人，心思放在經文的「客觀」了解上，這時候，我們面對的會是怎麼樣的情況？

　　但我們不會對這種做法就此妄下結論，尤其它只是將佛法等同於廣義的媒介用途。不過，準確地點出其所處的位置，以及指出哲學介入的限度還是必需的。原則上，如果不排除儒家聖人亦是哲人，則應該承認這兩個角色之間的距離，以及承認二者有不同的「語言遊戲」。

　　關於理性的闡明和生活的狀態之間的關係，它首要的難題是：很

明顯地，這兒所提出的是「身體」的問題，不是對客觀的反省，亦非單純的對先決理論的應用，而是一個超越知識的特殊方法。此外，次要的但亦值得闡明的問題是「主觀」的作用。

對於後者，或者可以用語言的跡象來說明。我們常被牟宗三選擇「超越」一詞來翻譯康德的 "transcendant" 與 "transcendantal" 這兩個不同概念而感不安。認為這是故意地對自民國以來所建立的用法提出異議。但我們不應該太輕易地強調指出他所作的解釋，是既不遵守康德的文字，亦不遵守其精神，甚至喪失了超越的反省，和有限性的思維等批判主義的基本意義。而應該肯定這種做法的邏輯性，不然便是它的合理性。牟宗三的哲學，乃意欲在康德的語言方式上提出問題，儘管其形式是康德的，但其實不同於「後康德」，且到底根本是「非康德的」。

此乃對於「成聖」的可能條件，或對於感悟的或「覺悟」的「超越根據」，即是說：「成佛」的超越根據...的反省。為了這個境界能付諸想像和實現，於是有存有論的條件，並以他的方式，致力於對「圓教」雙重存有論的描述。然而，這些條件，還有陳述的內容，並非菩薩或聖人方面自省的對象；它更多是來自哲學家的反省，將其概念隔遠地運用到一個獨特的經驗上。它求助於超越的用途，多過超越的主體……。就像牟宗三所選擇的，在康德內容裡不被接受的這種雙重闡明的用語，他的雙重存有論，與「單一的精神」的思想核心正相反。

西方的道德意識，如果被評為太抽象和太形式化，就應該對「心」一詞重新思考。這「精神的根源」，與阿里士多德的「我」一樣，本身就是一個主體。牟宗三所展開的理論系統，乃就「無限心」之角度來思考，是對逐步消除自我的過程的詳細闡述。然而，黑格爾絕對知識的資源，雖然有著可感知的魅力，卻由於實踐的、不是我們所了解的思辨的理想的變更，於此便不能被採用。哲學理論上的

「我」（費希特的哲學我）與這無限心是何者關係？圓教能否停在單純的理論上，抑或從某種意義上，應該與說圓教這個人結合？

　　叔本華在他的傳記裡，曾自問是否對自己所說的「良好的意識」有所認知？論戰最多，一而再的指責，反對牟宗三及其學派的是：「這些教授的生活方式，在某些程度上，真能反映聖賢的實踐理念嗎？」如果辨認出這種懷疑，是來自對牟宗三堅持對「生命的學問」這一學說，那麼我們可以肯定這些出自人身攻擊的理據是低俗的。無論如何，重要的非難，應該出自哲學的規則；還有，如果對無限心和哲學主題二者之間的關係，缺乏了清晰的批判，便會造成某些近代的懷疑主義。事實上，除了對我們認為與生俱來有超越經驗的那些智者，或對保留到今天部分的有時又費解的文獻裡的傳道者起作用外，哲學詮釋又能對什麼起作用呢？依此，智者或覺者的絕對境界的公設，雖然乃訴諸內在及當下的自我轉化，然其抽象及形式，難道少於我們打算實現或超過的實踐理性的公設……？

　　這些問題一直存在，只是在中國的背景裡，透過不平常的有規模而且持久的哲學探討，仍能夠把這些問題拈出來。另一個跟牟宗三同樣與康德拉近或拉遠的世界，是最近的席林（Le dernier Schelling），他曾經以一種宏偉與弔詭的手法，力圖採用無條件的方式，思考「肯定」哲學的途徑，以與從超越反省而開出的「否定」的方法相反。事實上，可能用這種態度，才會承認著手研究牟宗三的著作，可以在傳統新儒家的根本要求被哲學挑戰時，免受動搖之厄運。

　　因為這套思維的意義，無疑是由於它的堅定立場，以獨立特行的方式，用現代哲學的語言，澄清了儒家智慧在二十世紀實踐時，那不明朗的轉化。事實上，這一過渡，意味著中國思想的制度、語音、論證，陷入了動盪的局面。儘管試圖抵抗，「書院」的模式終被哲學系取代。這種新的大學體制，「實踐理論」多於「實踐」。牟宗三親自見

證了這種轉變，他在臺灣曾經有過建立一所以身言教，保留部分集體生活舊理想的講學機構的短暫嘗試。

不是嗎？當這個受傳統規範壓抑的活動方式，逐漸遠離，便會餘波未了，激發出一種不會妥協的理論，為的是保留儒學本有的含義，反對那些採取社會實用主義，唯美的情感，或者新的「環保意識」等形式……，而變得枯燥無味，失去個性的當代現象。

從前聖人的理想，被看成既是宗教的，也是理性的西方語言來重新思考時，亦會被那過分「理性」的，或圓通的闡釋所庇護。這種雙重的狀態，賦予新哲學語言不可忽視的，甚至非常重要的作用：以其獨有的精神力量，負起那昔日由禮儀的、象徵的、知識的等多種實踐所承擔的教育的基本意義。但這事業持久的結果，是以一種實在的一致性，對未來的闡釋，提供一個常被哲學界忽視的「共同思考」的嘗試。為了從這險峻的，獨自開闢的近乎大膽的思維的教訓裡得到助益，對「傳道」的追尋，原來是不需要分彼此的。

杜瑞爾在導論裡，致力於介紹牟先生哲學的思路與設想。在對當代新儒學組成的背景作一綜述後，作者描寫了牟先生在一個動盪的時代裡的顛沛流離，與思想發展的曲折幽深之路。首先，他年輕時候，大陸處於破壞傳統，以及相對論的狀況；隨之與熊十力相遇的刻骨銘心；繼而流亡臺灣、香港，於此開始思考中國文化在現代的命運，著手撰寫宏篇巨著，重新闡明宋明理學。杜瑞爾隨後詳細說明牟先生的運思態度，是接受了康德哲學系統的結構，和對佛學感到的興趣。他最後在結論裡，指出哲學語言與生活的智慧經驗兩者之間所存在的矛盾。

之後，以研究牟先生思想著名的一位法國學者畢遊塞（Sébastien BILLIOUD）[5]，於《中國研究》（*Études Chinoises*）對這譯本發表了

---

5 畢遊塞師從朱利安（François Jullien），博士論文乃研究牟先生的智的直覺。曾於

書評，其中他稱許地說：「這篇導言將是劃時代的，它引介牟宗三思想，大大地超過了《中國哲學的特質》的範圍。杜瑞爾精細而中肯的分析，證明他對牟宗三眾多作品中所納入的智的宇宙，能恰當地予以掌握。」[6]

2006年間，任法國駐香港「現代中國研究中心」研究員，主編《神州展望》（*Perspectives chinoises*）。先任巴黎狄德羅學院教授，講授哲學史及當代中國宗教。
6 見《中國研究》，第23期（2004年），頁468-75。

杜保瑞的基本問題研究法在牟宗三佛教哲學的適用性

李明書

臺灣大學哲學系

一 緒論

本文旨在探討杜保瑞[1]的基本問題研究法，是否適合用以探討牟宗三先生的佛教哲學。杜保瑞以形上學的本體論、宇宙論，以及中國哲學特有的功夫論與境界論等四個哲學基本問題，建立起詮釋中國哲學經論、理論與學說的四方架構，早期將這四個哲學基本問題廣泛地應用在儒家、道家、佛教、魏晉、宋明等經論的疏解，近期則陸續致力於藉由四方架構以批判當代知名學者的研究，諸如牟先生、唐君毅、方東美、勞思光、馮友蘭等，其中尤以對於牟先生的批評最為強烈與全面，對於牟先生在儒、釋、道方面的各本重要論著，盡皆提出批判的意見。

杜保瑞對於牟先生的著作，進行地毯式的處理，盡可能釐清其所採用的研究方法、哲學思維、論理脈絡，以及理論與經典的契合度，研究成果發現，牟先生在中國哲學基本問題的使用上，常有不精確與跳躍之處，於是重新將若干中國哲學基本問題界說並釐清，以證明牟先生在研究方法上的錯置，連帶地錯解了中國哲學經典。杜保瑞認為

---

1 杜保瑞現為上海交通大學哲學系教授。

本體論、宇宙論、功夫論與境界論是由中國哲學經典本身就在討論的問題，不夾帶任何西方哲學的背景與系統，因此，最適合研究中國哲學，而且中國哲學的理論，幾乎不出這四個基本問題的範疇。

由於牟先生的論著眾多，杜保瑞的批判也已有豐碩的成果，[2]本文既要對於兩造之間的豐碩成果加以探討，在有限的篇幅之下，難以全盤顧及，是故先就佛教的部分，亦即依據牟先生的《佛性與般若》[3]以及杜保瑞的研究成果，分析杜保瑞對於牟先生的批判是否適當，以及杜保瑞的基本問題研究法，是否適合用在探究牟先生的學說。藉由如此的研究成果展現，希望有助於釐清兩造之間的理論問題，一方面，看出杜保瑞的哲學基本問題研究法應用在牟先生的哲學體系中是否得當；另一方面，或可呈現出兩造對於佛教經典的理解，是否尚有可再申論之處。

僅以一篇論文的篇幅，難以如同杜保瑞研究牟先生一般，逐章逐節地討論牟先生的大多數觀點與主張，有鑑於此，本文試圖在扼要地

2　杜保瑞關於牟先生在佛教哲學上的研究論文如下：〈對牟宗三佛學詮釋基本立場的反思〉，發表於「2012年第二屆兩岸跨宗教與文化對話學術研討會」（新北市：財團法人鼓岩世界教育基金會、臺灣經典悅讀協會主辦，2012年4月7-8日）；〈對牟宗三華嚴宗詮釋的方法論反思〉，發表於「2012第三屆華嚴國際學術研討會」（臺北市：中華民國佛教華嚴學會主辦，2012年5月26-28日）；〈對牟宗三詮釋佛性概念之方法論反思〉，發表於「紀念曉雲導師百歲誕辰：第十四屆國際佛教教育文化研討會」（新北市：華梵大學主辦，2012年8月21-22日）；〈論牟宗三談法華經之性格與天臺宗原初之洞見〉，發表於「2014第三屆華嚴專宗國際學術研討會」（臺北市：華嚴專宗學院、國際華嚴研究中心主辦，2014年4月25-27日）；〈對牟宗三談楞伽經與起信論的方法論反思〉，發表於「漢傳佛教研究的過去、現在、未來國際學術研討會」（宜蘭市：佛光大學主辦，2013年4月15-20日）；〈對牟宗三詮釋天臺宗五時八教觀對華嚴經的對比之反思〉，發表於「2015年第四屆華嚴專宗國際學術研討會議」（臺北市：華嚴專宗學院國際華嚴研究中心主辦，2015年4月25-27日）；〈對牟先生佛教般若學詮釋之方法論反思〉，發表於「第32次中國學國際學術大會」（韓國：韓國中國學會主辦，2012年8月16日）。

3　牟宗三：《佛性與般若》（臺北市：臺灣學生書局，2011年7月）。

說明兩造的研究成果之後，提出較為切要的問題所在，亦即杜保瑞以四方架構研究牟先生的佛學，不當之處何在，以及如何從較為基礎且根本的層面，反思牟先生的佛學，探測牟先生的佛學研究可以為中國哲學帶來什麼樣的前景。

論述的架構，預計由以下的六節依序串聯而成：第一節，「緒論」。第二節，「杜保瑞的基本問題研究法概述」。第三節，「牟宗三的《佛性與般若》概述」。第四節，「杜保瑞如何以基本問題研究批判《佛性與般若》」。第五節，「以基本問題研究法批判《佛性與般若》可能產生的問題」。第六節，「結論」。

二 杜保瑞的基本問題研究法概述

杜保瑞以基本問題研究法，指出中國哲學經典所討論的問題，皆是以本體論、宇宙論、功夫論與境界論為主，尤其是儒、釋、道三家的經典，幾乎不超出這四個哲學基本問題所包含的範圍，遂將此四個哲學基本問題，另以「四方架構」[4]稱之。杜保瑞在基本問題研究法提出之後，即廣泛應用在中國哲學經典的研究，並且大量地運用此一方法批判當代著名的中國哲學研究者，諸如牟先生、唐君毅、方東美、勞思光與馮友蘭等，對於這些學者的重要著作，逐一地檢討研究方法與詮釋成果，認為這些學者對於中國哲學的理解，盡皆有不準確之處，甚至因著不準確的理解，而產生重大的缺失。眾多研究成果的

---

4 杜保瑞的其它著作中指出中國哲學另有種「存有論」的基本問題，用以探討四方架構的概念意義，以及整體存在界的存有原理。由於杜保瑞鮮少用這一哲學基本問題反思牟先生的理論，並且此一基本問題亦非實踐哲學的主軸，所以本文暫不著重於此。參閱：〈概念思辨的存有論〉，收錄於《哲學概論》（臺北市：五南圖書，2008年1月），頁189-204。

產生，讓基本問題研究法的理論基礎更為堅實，並且在研究過程中，依著所遇到的經典與當代論著的不同，而逐步改良與補充。其中尤以對於牟先生的批評最為全面，理由在於牟先生的論著是上述諸家中最為豐富者，並且牟先生對於臺灣學界在中國哲學研究上的影響最為深遠，而杜保瑞從中發現牟先生對於中國哲學經典的詮釋，有其不準確、失當之處，是故應加以釐清並調整，於是展開全面的反思與檢討。

從杜保瑞較為正式地哲學基本問題做為中國哲學研究方法的著作來看，自一九九五年發表的〈功夫理論與境界哲學〉[5]起，至今已逾二十年的時間，其中有相當豐碩的著作，逐步地將四方架構這個研究方法建構完備，並廣泛地應用於中國哲學經典與當代研究成果的討論中。綜觀其研究成果，對於此研究方法的立場與觀念皆算一致，大致隨著時間與研究的進展，逐漸擴充使其完備。較為近期出版的專書《中國哲學方法論》[6]，或許可做為長期以來的研究成果之總攝，對於四方架構的意義做出了扼要的說明，可以直接看出本體論、宇宙論、功（工）夫論[7]與境界論的意義，及其所涉及的題目，如下引文所示：

> 建立這套解釋架構，首先要從中國哲學問題的特殊性下手，那就是專注於人生理想的追尋問題，也就是一套套的人生哲學理論，亦即是認清儒釋道三教是要建立實踐的理論以追求理想的

---

5 發表於「紀念馮友蘭先生誕辰一百週年國際學術討論會」（北京市：清華大學思想文化研究所主辦，1995年12月17-19日）。

6 《中國哲學方法論》（臺北市：臺灣商務印書館，2013年8月）。較詳盡地說明四方架構個別基本問題的著作，可參閱：〈價值意識的本體論〉，收錄於《哲學概論》，頁205-222；〈具體時空的宇宙論〉，收錄於《哲學概論》，頁223-237；〈實踐哲學的解釋架構〉，收錄於《哲學概論》，頁275-292。

7 杜保瑞對於「工夫」與「功夫」的區分，其言：「談工夫，為做工，無力字邊，談境界，宜言功力，有力字邊。參閱：《中國哲學方法論》，頁12。

人格。有理論就是有道理的，它的道理就是西方哲學中所討論的普遍原理，也可以說就是形上學問題。只是它在中國哲學的討論中應該有更精確的定位。依筆者之見，以實踐為特質的中國哲學，它在形上學問題的特質上，應該有談具體時空、物質、存有者類別、世界結構的「宇宙論」，與談終極意義、價值的「本體論」兩型。亦即它是由說天地萬物的宇宙論，以進至說終極價值意識的本體論，並由此而提出實踐的方法與結果的理論系統。

……這就是說中國哲學談本體時主要目的是在談價值的問題，而價值本體是要連接到實踐的，甚至價值還是在主體的智悟獨斷中提出的，所以說中國哲學的主調是實踐哲學，價值意識的本體論就是為了實踐而給予宗旨的理論。這樣說來，宇宙論與本體論就是中國哲學的形上學問題部分。但它既然是實踐的哲學，當然要有直接談實踐的理論，那便是儒家修養論、道教修煉論、佛教修行論等等的系統。……以上修養、修煉、修行理論仍應統而為一種共同的哲學問題，筆者以為最適宜的名稱即是工夫論。

做工夫就是為追求達成理想完美的人格，三教有言：人人可以為堯舜、神仙本是凡人做、眾生皆可成佛，由以上三種一般的說法來看，中國儒釋道三家都要追求最高級完美的人格境界，那麼這個境界要如何界定？這就必須要由宇宙論、本體論及工夫論共同建構而匯聚成的境界理論，主要說明最高及理想人格的狀態、能力與功業。由此一宇宙論、本體論、工夫論與境界論的四方架構來談時，中國哲學的實踐哲學的系統便算是完備了。[8]

8　《中國哲學方法論》，頁357-360。

以上對於四方架構的論述，總攝這四個基本問題的意義如下：本體論指的是實踐過程所要朝向的（終極）價值，亦可視為個學說要求生命實踐的價值意識，宇宙論論述世界‧時空的構成條件，本體論與宇宙論相當於形上學的討論範疇；功夫論討論生命實踐的行為、活動，可分為儒家修養論、道教修煉論與佛教修行論三種類別；[9]境界論指生命朝向本體做功夫之後的理想完美人格。大多數的哲學家是就著其中幾個進行論述而提出主張，如果一個中國哲學的哲學家能夠對於這四個基本問題皆提出主張，則為較為完備的哲學系統。

藉此可得知杜保瑞對於中國哲學各種基本問題的方類，主要聚焦在儒、釋、道這三家哲學的範圍，舉凡涉及生命的實踐，儒、釋、道三家不論如何討論、提出什麼主張，皆可以用本體論、宇宙論、功（工）夫論與境界論進行分類、釐清與辯證。杜保瑞認為，藉由四方架構梳理各個哲學系統與哲學家的論述，可以清楚地看出各哲學系統與哲學家究竟主張了什麼，這些主張之間，往往並不衝突、對立，也不須比較高低，而只是所討論的基本問題有別，因此無法聚焦討論。古時的哲學家如此，當今的哲學研究者往往承襲於此，而各據立場互相攻訐，遂產生出各個學派之間的論爭，甚至延伸到儒、釋、道三家孰高孰低的比較。[10]從如此對於中國哲學較為全面地反思，並提出有

---

9 詳細的討論與分類，可參閱《哲學概論》中的三個章節：〈儒家修養論〉，頁95-110；〈道家修練論〉，頁111-122；〈佛家修行論〉，頁123-139。

10 杜保瑞曰：「筆者之意即是，佛教經論中的般若學、唯識學、佛性論、法界觀等等諸說，其實都是佛教哲學的問題發展與理論解決的思想發展項目，後面的理論預設著前面的基礎，藉由所面對的新問題，創造新說以解決之。牟先生特別關切圓不圓的問題，且又有特定標準及特定要求於此圓不圓之宗旨中，因此對各家皆有批評，而這正是筆者認為不必要的事，各家知其理論目標，究其如何解決，以定宗旨功能，這即是哲學研究的目標。牟先生自是要做哲學家，要提創造性理論，但若是逾越了正確理解、準確詮釋的文本解讀工作，自然是要被反對的。」〈對牟宗三詮釋佛性概念之方法論反思〉，頁2。

別於一般學界的研究方法，進而將當前較為有分量的研究成果逐一反思與批判。誠如杜保瑞對於當代研究成果的價值認定，牟先生是當代最為重要的哲學研究者與哲學家，許多極具創造性的言論，對於中國哲學提出了獨特的觀點，卻也產生了不當的理解，因此，杜保瑞在所有反思當代研究成果的著作中，對於牟先生的討論最為全面與詳盡，此亦實為杜保瑞對於牟先生與整體中國哲學研究的重視。以下將對於牟先生《佛性與般若》的內容，進行概要式的說明，以便進行兩造之間的探討。

三 牟宗三的《佛性與般若》概述

牟先生的《佛性與般若》共分上下兩冊，[11]是牟先生對於佛教哲學進行較為全面地研究的主要著作。誠如書名所使用的「佛性」與「般若」兩個概念，牟先生認為這兩個概念不僅為全書的綱領，亦為後續佛教義理系統發展的開端。[12]全書共分三部，依序為「綱領」、「前後期唯識學以及起信論與華嚴宗」與「天臺宗之性具圓教」。

第一部的「綱領」從《大智度論》與《大般若經》的系統開始論起，解釋「空」、「實相」、「如」、「法性」、「實際」與「般若」等意義，以《大般若經》為主，參考龍樹《大智度論》對於《大般若經》的註解，對於而至龍樹在《中論》中對於各種名相、概念的辯破，呈現中觀學派理路，再至《大涅槃經》論述佛性的意義，奠定佛教在大乘佛學的義理、哲學發展基礎。從以探究般若為主的空宗大乘佛學的

---

11 牟宗三：《佛性與般若》（臺北市：臺灣學生書局，2011年7月）。

12 牟先生曰：「本書以般若與佛性兩觀念為綱領。後來各種義理系統之發展皆從此綱領出。吾人通過此綱領說明大小乘系統之性格──既不同而又互相關聯之關節。」《佛性與般若》，頁3。

起始,進至三論宗對於以「三因佛性」論述佛性所涵攝的成佛之可能依據,做為這一部的結尾,而後發展出唯識學說,為佛教在現象的生滅變化上提出解釋與論述。

第二部的「前後期唯識學以及起信論與華嚴宗」,從地論、攝論學派的淵源與憑據的經論開始介紹,指出唯識學說在佛教哲學史發展中,之所以產生的脈絡,在於已有佛性之觀念,是故對於世間的生滅變化必須有根源的說明,[13]於是佛教遂以一切唯識的說法,說明世間的變化,皆是由於心識的運作所造成。其中包含了真諦譯著的《決定藏論》、《轉識論》、《三無性論》與《十八空論》,以論述真諦所言的阿摩羅識之意義;乃至於《攝論》(《攝大乘論》)與《成唯識論》對於意識的各種分類與解釋,對於生命世界的變化,逐漸產生出繁複而可能是較為完備的解釋。接著以《楞伽經》所言的「如來藏藏識」,開展出有別於以阿賴耶識染污的系統的清淨系統,以說明眾生在根本、來源上皆是清淨無染。進而到《大乘起信論》的「一心開二門」,亦即以所謂的「如來藏自性清淨心」,開展出「心真如門」與「心生滅門」,融攝了染污與清淨的系統,為圓教的系統建立起一定的規模。其後又有華嚴宗,及其所依據的《華嚴經》與《大乘起信論》,建立起法界之理論,並且藉由小、始、終、頓、圓的判教系統,再從圓教中區別「別教一乘圓教」與「同教一乘圓教」,而以天臺宗為不夠究竟的「同教一乘圓教」,而自判華嚴宗為「別乘一乘圓教」。

第三部的「天臺宗之性具圓教」是全書的收尾之部,卻也佔了最重的篇幅。天臺宗是牟先生認為足以為佛教發展建構出最為高超、圓

---

13 牟先生曰:「既有『恆沙佛法佛性』一觀念,故須對於修行中一切流轉還滅之法有一根源的說明,而此種說明是開始於唯識學。」《佛性與般若》,頁261。

滿的理論之作。有鑑於此，牟先生從天臺宗主要依據的經典——《法華經》開始闡述，說明《法華經》的義理內涵，以及天臺宗的創立者智者大師，之所以依據《法華經》而立教的理由。進而從天臺宗的五時八教之判教學說，證明天臺宗的理論高度，自印度佛學至中國大乘佛學，皆能有過之而無不及，當然也勝過第二部所論及的華嚴宗，是佛學發展的高峰所在。最後則涉及智者之後，知禮大師及其後的山家與山外派之論爭。第三部的主張與判教標準，在第一章的〈天臺宗之判教〉即已指出，在於天臺宗的成佛理論，是決定天臺宗之所以高於其它理論之處，也就是即於九法界而成佛，不能與為成佛的九法界有所捨棄或斷隔。

除了上述的章節架構之外，貫穿全書，甚至可說是牟先生在其它著作中亦常見的主張，即是從儒、釋、道的哲學系統中，逐步推導出儒家在理論上優於佛教與道家之處。這點亦為杜保瑞最為強烈批評之處，主要的理由就在於杜保瑞認為各家之間並無高下之分，只有哲學基本問題的差異而已，較為詳細的論述，則待下兩節呈現。

以上對於《佛性與般若》的概述相當簡略，並未涉及任何牟先生對於經典的義理解讀，主要在於能夠大略地看出書中的架構、脈絡，以及藉由這樣的概述，能夠呈現出杜保瑞最主要的批評所在，以做為進一步反思杜保瑞用以批判的理論是否合理，是否能夠再更進一步申論之處；也可以說，本文所要反思的主要重點，是研究方法上的適用與否，至於涉及各系、各宗派的義理，或許則待未來再進一步詳述。下一節則說明杜保瑞如何以基本問題研究法批判《佛性與般若》，亦即牟先生的佛學觀點。

四　杜保瑞如何以基本問題研究法批判《佛性與般若》

　　杜保瑞對於經典的研究與批判牟先生的各部著作，皆不斷地提及哲學基本問題的重要價值，在於能夠釐清各哲學家與著作究竟在討論什麼，以避免無的放矢，或根本弄錯了問題。杜保瑞反思牟先生的著作，大致上亦採取相同的方法，其認為牟先生的諸多用語，諸如境界形態的形上學、執的存有問與無執的存有論，乃至於對於宋明理學、佛教與三教的判教，若不是對於各家的義理有嚴重的誤讀，就是根本錯置了各家的哲學系統，甚而可能懷有判儒學為最高超圓滿的哲學系統之潛在的目的。由於杜保瑞一方面肯定了牟先生在當代中國哲學研究的重要意義，另一方面又認為牟先生是自行創造了一套哲學系統，以至於將這種錯誤的理解帶給後起的哲學研究者，產生了重大卻錯誤的影響。參見其言：

> 牟先生自發地創造了一套新的哲學系統，且可以說是一套新儒學的當代系統，並同時討論了道佛兩教，並且出入西方哲學亦甚，但卻是，自覺地要建立一套以儒學為究極哲學的中西哲學詮釋體系，做法是，吸收西方哲學以及道佛兩教中的理論模型，用作詮釋儒學之用，且反比對照這些模型在道佛兩教及西方哲學自身中之不足。這就造成，在牟先生討論下的道佛兩教，甚至是儒學系統中的程朱之學，都在他的詮釋之下被扭曲了形象，造成形象的誤解。因此，成為一代哲學家的牟先生，成就他自己的哲學的同時，卻犧牲了儒家以外，甚至是孔孟、陸王以外的其他中西哲學系統。
>
> ……學中國哲學而受牟先生影響以致誤了中國哲學者眾，尤其

是道佛兩教之學以及程朱之學。[14]

以上的批判，可謂是相當嚴厲的指控。在牟先生的研究成果及其影響碩然的情況下，直指其問題所在，姑且不論是否切要，如果善意地理解，是稱得上極力期許中國哲學的研究能夠有所進展，或至少在不見得能超越牟先生的成果之下，得以另闢蹊徑，帶入不同的研究方法，或是延伸牟先生鮮少涉及的部分，諸如荀子、陽明後學、清代哲學等，看出中國哲學尚有不斷可以開發的課題與研究的潛力。

以下舉出一個明確地以四方架構證明牟先生論點有誤的例子，先看牟先生在《佛性與般若》的論述，亦是杜保瑞認為牟先生詮釋般若學有所偏差，而應予以批判的段落：

> 本書以天臺圓教為最後的消化。華嚴宗雖在時間上後於天臺，然從義理上言，它不是最後的。它是順唯識學而發展底最高峰，但它不是最後的消化，真正的圓教。本書於天臺圓教篇幅最多，以難了悟故，故須詳展。又以為此是真正圓教之所在，故以之為殿後。本書以般若與佛性兩觀念為綱領。後來各種義理系統之發展皆從此綱領出。吾人通過此綱領說明大小乘各系統之性格——既不同而又互相關聯之關節。般若是共法；系統之不同關鍵只在佛性一問題。系統而至無諍是在天臺圓教。故天臺圓教是般若之無諍與系統之無諍之融一。徒般若之無諍不能決定系統之不同也。[15]

---

14 〈對牟宗三佛學詮釋基本立場的反思〉，頁1。
15 牟宗三：《佛性與般若》，頁3。

杜保瑞的批判如下：

> 首先，牟先生歸宗天臺當然是他個人佛學哲思的結果，這其中
> 卻有繁複綿密的論證細節，本文撰寫的最高目標，也可以說即
> 是將這些論證細節清晰展現，這卻不是容易的事，甚至可以說
> 十分艱難。其次，對於牟先生提出佛性與般若作為討論佛學的
> 兩個軸線，對於這兩個軸線，筆者有意見，一般說來，中國大
> 乘佛教是以般若、唯識及佛性論為三系，依據筆者的研究立
> 場，般若學說本體論，含本體工夫論；唯識學說宇宙論，預設
> 般若本體，含本體工夫及身體工夫論。佛性論說境界，含前此
> 般若學及唯識學的所有基本理論。因此，牟先生說的般若與佛
> 性的兩軸線，就會有照顧不及的缺點。[16]

這個段落是牟先生說明何以要將以「佛性」與「般若」兩概念定書名
的理由，以及何以這兩個概念足以擔綱整個佛教哲學發展的要旨。然
而，杜保瑞卻認為以概念貫穿佛教哲學的發展脈絡，有所偏頗，而不
如使用各種哲學基本問題來得恰當，也就是與其要以概念做為分系或
判教的標準·軸線，不如直接看各系所著重的哲學基本問題為何。如
此立論的理由，大概與杜保瑞認為概念主要是研究哲學基本問題的材
料有關，不應將概念提升到基本問題的地位。除此之外，尚有許多段
落，也是以相似的手法遂行批判，於此主要看出此種研究的形式，茲
不逐一引證、比對所有的段落。

　　從以上引證即可看出，在這種方法的運用下，為了證明牟先生無
論是否刻意，但幾乎大部分的理論都有問題、錯誤，於是杜保瑞採取

---

16 〈對牟宗三佛教般若學詮釋之方法論反思〉，頁7。

了逐章逐節，甚至偶爾逐句挑出其毛病的作法。如此做的理由在於，杜保瑞認為這樣才能完整地對於牟先生有整體的反思，而不至於割裂了牟先生的觀點。其言：

> 牟先生每一組觀念都是無限延伸地可以與他的其它觀念進行串聯扣合，這當然也正是顯示了他是在思辨中進行的創作，卻也正是因此，討論牟先生的作品，實在難以細分而切割為若干片段的意旨命題，而是應該從他全套的中西比較、三教辯證、及各家詮釋史觀中才能說清楚他的觀點，切割了會見樹不見林，但不切割的結果又是樹林太龐大，而不知從何說起。於是，筆者遂不以自己另訂綱領架構的方式重說牟先生的思路，而就是就著他的章節，說其中的要旨，且提出筆者的批評反思意見，以此方式來討論牟先生的哲學。[17]

以此看出杜保瑞反思《佛性與般若》的論述脈絡，可說是又建立起一部份量厚重的巨著，才能夠全面反思得盡。然而，正由於用這種方法去挑出一個哲學理論的錯置，有時候反而落入了杜保瑞自己所說的「見樹不見林」的迷思，正由於需要綜觀、全面地對於牟先生有一些綱領性的理解，太過於在細部挑出牟先生的錯誤之時，反而往往容易有失焦或不得當之處，導致原本只需要確認牟先生與杜保瑞個別研究佛學的理論為何，但是如今卻變成在看杜保瑞研究牟先生的著作時，還要再弄清楚杜保瑞對於牟先生的佛學解讀為何，以及杜保瑞藉由四方架構的處理之下，解讀出來的佛學義理與系統為何，一旦其中稍有偏差，這種莫衷一是的情況，就可能更為明顯。這也就是本文在「緒

---

17 〈對牟宗三詮釋佛性概念之方法論反思〉，頁2。

論」所說的，應把握住牟先生的佛學研究較為基礎與根本的部分，進而對照當前的佛學研究，不僅可以較為全面、概觀地看待，甚至也能提出具有總攝意義的反思意見，而對於佛教研究能夠有所推進。

五　以基本問題研究法批判《佛性與般若》可能產生的問題

藉由以上的釐清，就可以進一步地指出以這種方法研究牟先生的佛教哲學，所可能產生的問題，並且試著提出不同而可能較為適合的研究方法。在此，將提出如下五個要點，說明以杜保瑞的哲學基本問題研究法批判《佛性與般若》，所可能產生的問題，其中則視情況而定，在反思杜保瑞的過程，連帶提出較適合的思索牟先生的佛教哲學之進路。

（一）是否準確詮釋與詮釋出什麼？

杜保瑞在在指出牟先生錯置了哲學基本問題，創造力充足，但是理解有所偏差，然而，只要是詮釋，或多或少都會夾帶個人的觀點，至少在語詞的使用上，會產生與原典的落差，牟先生詮釋經典如此，杜保瑞詮釋經典與牟先生如此，本文再詮釋牟先生與杜保瑞亦如此。就此而論，執著於是否準確詮釋，未必是哲學研究的重點所在，重要的還是在作者究竟詮釋了什麼，從經典中看出了什麼樣的道理，除非有些詮釋與經典的落差過大，但是如何判斷詮釋與原典上的落差，還須要更多的標準、依據才能判斷。姑且以牟先生在諸多著作中高舉王陽明而貶抑朱熹、高舉天臺宗而貶抑華嚴宗、高舉儒家而貶抑道‧佛等而言，容或略有不公允或不恰當之處，其實讀者知之即可，重點還是應回歸到牟先生究竟詮釋了什麼。

　　杜保瑞已經就著上述高舉與貶抑之處，進行相當全面地搜尋與說明，重點只有一個道理，就是這些高舉與貶抑皆是不正確地從事中國哲學研究的方法，應該回歸到經典究竟在討論什麼哲學（基本）問題，而進行解讀與論述。

　　以杜保瑞的哲學基本問題研究法而言，可以提供的改善建議，在於應該了解本體論、宇宙論、功夫論與境界論的侷限，如果有些中國哲學經典已有明確的哲學問題，不論是否為杜保瑞所謂的基本與否，都不應該再以其所謂的基本問題予以限定。例如唯識學就是在討論意識，當唯識學的經典都聚焦在意識上的時候，何以非要說唯識學以意識解釋世界的生滅變化，所以就是在討論宇宙論這樣的哲學基本問題？如果唯識學的重點不在於進行杜保瑞所謂的宇宙論之探究，那麼在基礎上，就可能是宇宙論不適用於唯識學；如果宇宙論不適用於唯識學，則也不適用於牟先生所闡述的唯識學。杜保瑞這樣的反思觀點，或許就值得暫緩一下。[18]

（二）佛教分系說的依據

　　杜保瑞與牟先生所用的分系，究竟以何為本？牟先生所依據的分系說，主要是採取印順法師、湯用彤等人對於分系與各宗派在歷史上如何定位的看法，這樣的看法不僅有待考證，更重要的是牟先生所使用的經典，其實都看不出分系的差異，大致只是「經論」所論述的課題有所不同，不見得能夠證明這就是過往的佛教發展中，所產生出的派系之別。尤其各部經典所涉及的課題，往往不是一般認為的原始佛教、大乘佛教——空宗‧有宗‧如來藏就能概括。中道、般若、意識、佛性等概念，有時在一部經典中皆會使用，何以先在地判定了一

---

18 關於東方哲學是否需要以四方架構進行研究的反思，另可參閱：李明書，〈東方哲學基本問題的釐清與建構〉，《鵝湖月刊》第460期（2013年10月），頁19-27。

部經典或一個學派的系統，就要把所有的詮釋都導向那個系統，這是或許是詮釋者相當需要說明的理由。如果分系不成立，各種系統的分判也可能隨之瓦解。

再觀杜保瑞的分系說法，其實較之於牟先生，更為籠統而浮泛，如上文引述〈對牟先生佛教般若學詮釋之方法論反思〉中提及，杜保瑞認為「一般說來，中國大乘佛教是以般若、唯識及佛性論為三系」，這種對於佛教哲學發展之重大的研究結論，如果缺少學界研究成果或經典做為依據，較難以說服於人。如果要以分系之說進行後續的哲學探究，應該適當地引經據典，原始佛教、大乘佛教都有一些發展的脈絡，不能視之為學界的通則。反觀牟先生雖然對於分系是直接沿用當時學者的說法，但確實詳實地對於各系的經論進行爬梳與解讀，在義理的解讀上，其價值與貢獻可見一斑。

（三）缺少各種語言的對照

牟先生與杜保瑞的佛學研究，當然都有其主要關注的哲學問題，牟先生可能又有其當時環境的影響與研究的發展概況，所以兩者都較為缺乏佛教語言的比對，如果能夠適當地使用，可以使得許多義理更為清楚，有些爭議也可能因此而解消。尤其是源自於印度的經論，若有梵文本或巴利文本，或可適當地參照、比對，並不影響哲學課題的論述。例如杜保瑞在〈對牟宗三詮釋佛性概念之方法論反思〉中對於牟先生解讀佛性概念的反思，如果具備梵語的基礎，就可以從較為基礎的意義上予以解明，試看其言：

> 最後，牟先生說：「客觀義的佛性可曰法佛性，主觀義的佛性可曰覺佛性。」此語亦精確，說佛性的最核心根本義是說成佛者境界，般若本體是法身概念，主體做工夫就是覺悟的實踐，

> 故說法佛性和覺佛性也可以。關鍵就是，佛性一詞被牟先生用
> 得太泛濫，各種意旨都放進佛性概念上，所以，筆者主張，與
> 其研究概念不如研究問題，不是佛性概念有甚麼理論意旨，而
> 是談佛教思想有那些理論問題，理論都是針對問題的回答而構
> 作的，所以，立足問題，談法身就是談本體宇宙論，談覺悟就
> 是談工夫論，不管是否都使用了佛性一概念。[19]

這段話是杜保瑞反思牟先生對於佛性概念的使用，立基於杜保瑞認為概念是材料而非哲學問題，於是認為牟先生把問題聚焦在弄清楚佛性是什麼意義、可以加上什麼樣的冠詞以賦予佛性新義，卻忽略了佛教是使用佛性概念在探討本體論、宇宙論、功夫論等基本問題。然而，如果考察佛性較為基礎的意義，就不至於橫生這種類似迷糊仗的爭論。「佛性」在梵文上最為通用的意思是 *buddha-dhātu*，是「佛（*buddha*）」與「性（*dhātu*）」的結合。梵文的 *buddha*，意指覺悟；*dhātu*，則意指界、領域，引申有根本的意義。結合兩者的意義，「佛性」或可譯為覺悟的根本，或根本的覺性。此處是牟先生引用《大（般）涅槃經》時所解讀出的意義，如果檢視佛性較為基礎的意義，既然指的是覺悟的根本，或根本的覺性，則舉凡與覺悟關聯的項目，確實是可以納入佛性所包含的意義之中。或許也是因此，當加上正因、了因、緣因、法、覺等詞之後，即可暫時將佛性限定在特殊的脈絡之下，而不必然如杜保瑞所說的，把什麼意旨都放進佛性之中，就是混淆了哲學基本問題。

---

19 〈對牟宗三詮釋佛性概念之方法論反思〉，p11。

（四）應考量經論的重要性

牟先生的佛學研究，主要的文本依據是佛教的經論；杜保瑞對於牟先生的反思，主要是依據牟先生的著作，及其對於佛學通義或常識的理解，在宗派或分系的說法上，較缺乏引用經典以證明牟先生的錯誤。前者對於經論的引證自是不在話下，在電子資訊不夠發達的時代，要能夠抄錄眾多的經論，是相當困難的苦工，在揀擇眾多的經論之後，去蕪存菁而留下重要的段落。然而，如果放到當前的學術環境來看，經典與論典之間的孰輕孰重，就必須考量進去。牟先生在《佛性與般若・綱領》中分判了《大般若經》與《大智度論》時就提到應以《大般若經》的解讀為主，而以《大智度論》為輔，因為後者是用來解釋前者的，在先後的重要程度上不可有所混淆。這是對於經與論的區分，相當重要的標準。大多數的「經」，皆只有譯者而無作者，即便著成時代較短，但仍有可能是由佛所說而輾轉流傳到著書的時代；「論」則反之，大部份的論都有明確的作者，偶爾有例外或偽書的情形，但亦可確定應非佛所說，而是後來的人試圖解釋經典或哲學問題而有的論著。[20]

在牟先生的著作中，除了《大般若經》與《大智度論》之外，後續就不再出現這樣的分判。尤其是宗派之作，在經論的重要性上，更應審慎地區別。如果論是解經的著作——類似於註疏的地位——是確定的，那麼華嚴宗、天臺宗等宗派之學，及其論師所著的專著，其實皆應視為次於經典的解釋之作，不應提升到與經典等同，甚或高出於

---

20 這樣的觀點，可參考：蔡耀明：〈判定《阿含經》部派歸屬牽涉的難題〉，收錄於《般若波羅蜜多教學與嚴淨佛土：內在建構之道的佛教進路論文集》（南投縣：正觀出版社，2001年2月），頁41-57；蔡耀明：〈歐美學界大乘佛教起源地之探討及其論評〉，收錄於《般若波羅蜜多教學與嚴淨佛土：內在建構之道的佛教進路論文集》，頁59-78。

經典的層次。就此而論，對於華嚴宗與天臺宗的分判，究竟應該是對於經典有所闡發，進而轉出新意，還是對於經典的詮釋有不符合之處，應該要納入考量的標準。有些宗派內部的理論依據是經典、有些是論典、有些又經論交雜，例如空宗一系以《大般若經》為主，以《大智度論》為輔，有宗一系的主要依據卻是《成唯識論》，然而探討唯識的經典尚有《大乘密嚴經》等，何以兩個分系的依據在經論上有所差異，應該多少給予交代，以避免這樣的判定或區分，僅流於理所當然的歷史或哲學史發展。

杜保瑞似並未注意到這一點，因此對於牟先生的理論，只能沿用其分系的說法，逐一挑出何處對於各系的理解不到位。其實如果能夠揀別出較為基礎的經論判斷標準，很多的批判都是不必要的，反而可以單就牟先生解釋經典的部分，看其究竟詮釋了什麼，而不需以有問題的系統，再加上一些籠統卻無依據的觀點，遂行一些看似全面，實則零星的反思。

（五）重新考量各部經論的哲學課題

佛教各部經典有其關注的問題，但是否為了要建構什麼樣的理論，或是回答什麼問題而造經論，這種說法在經典的證據上，是相當薄弱的。尤其是將經典所要探討的問題，導向本體論、宇宙論、功夫論與境界論時，這樣的回應是否符合經典所關注的問題，或者說是否即是經典所認為的「基本」問題，就需要進一步釐清。舉例來說，首先，就形式而言，大多數的佛教經典，皆如同《論語》、《孟子》一般，是語錄的對話形式，是對於時人應答的記載，當然，這些應答可能都還有哲學上的意涵，問得內容較一般閒聊較為深刻，然而，這樣的對話是否有目的地為了建構理論而做，尤其又是為了杜保瑞所提出的四方架構而做，應該更需要說明何以這種解讀可以成立。其次，就

內容而言，像《阿含經》或被視為原始佛教的主要經典，或被視為解脫道的經典，前者是以歷史發展的脈絡定位《阿含經》，後者則是以《阿含經》主要論及的問題以定位，關聯於哲學問題的定位在於後者，亦即《阿含經》主要就是在教導眾生藉由修行而解脫的方法。既然如此，《阿含經》主要探討的課題是解脫，幾乎所有的論述都是關聯於解脫，何以需要另立一些哲學基本問題，才能說清楚《阿含經》在討論什麼？杜保瑞的論述中，偶爾可見到如此扞格不入之處，例如在〈對牟宗三詮釋天臺宗五時八教觀對華嚴經的對比之反思〉中對於所謂的原始佛教的解釋：

> 在原始佛教中，做苦行的修行者，當他沒有了任何的欲望，也就解脫了所有的束縛，最終也解脫了輪迴中的生死生命，獲得了阿羅漢的果位，阿羅漢不死不生，就原始佛教而言這就是入涅盤。但佛學發展到大乘佛教時期，入涅槃的阿羅漢被認為並不是最高的境界，轉而宣導菩薩道的思想，也就是要去救度眾生，才是更高的生命境界。這是因為，雖然修行者自己已經具備空性的智慧，而沒有束縛、沒有煩惱、獲得解脫，但是現實世界還有太多的有情眾生，仍然遭受著輪迴業報的痛苦，如果不去拯救他們，修行者自己的生命並不圓滿。[21]

這一段話不僅是在說明所謂的原始佛教之內容，也帶出了《阿含經》的大意，在不需要藉助所謂的哲學基本問題之釐清下，已經相當足以說明處解脫或解脫道在做些什麼，何以對於某些經論或宗派的主旨，又需要以基本問題去界定。如其下文再述：

---

21 〈對牟宗三詮釋天臺宗五時八教觀對華嚴經的對比之反思〉，頁3。

　　筆者嘗試呈現一套前後一脈的佛教哲學體系，有宇宙論、本體論、工夫論、境界論在其中。而般若學扮演的是本體論及本體工夫的角色功能。談現象的宇宙論問題是阿賴耶識及如來藏識的觀念在處理的。談工夫論的理論有二系，一是去我執的般若工夫心法，一是救度眾生的菩薩道作為。談境界則是成佛境，而佛境界遍及世界，故而談境界亦是談整體存在界。[22]

　　杜保瑞在這一段中，相當大略地將佛教哲學體系中的般若學、阿賴耶識及如來藏識等系統予以哲學基本問題的定位，除了這樣的定位不甚對等之外，[23]也可以看出如果要將整個佛教哲學體系都大致整理出一些輪廓，其中就缺漏了所謂的原始佛教這一部份，設想缺漏的理由，就是原始佛教或《阿含經》的系統有其關注的主要課題，不見得適用於哲學基本問題的分類。

　　如果要回歸到佛教最為主要的關懷來看，一併檢視牟先生與杜保瑞所提出的理論，或許強調、看出佛教哲學究竟在討論什麼課題，是一個可以嘗試的方向。至於這個課題，應當可以說，佛教所要經論一致圍繞的重點，就是與生命相關的道理、道路、實踐、項目、實相等，或可以「生命哲學」稱之。如此就可以在消極面，說明杜保瑞的哲學基本問題不適用於牟先生的佛教哲學反思，以及佛教哲學的探

---

22 同前註，頁3。

23 之所以說般若學、阿賴耶識與如來藏識不甚對等的理由，在於般若學做為一個佛教哲學的領域或分支學科，而阿賴耶識則是唯識學說中的其中一個項目，如來藏識則亦為唯識學說中的其中一個項目，但若說如來藏學，則也可做為一個佛教哲學的領域或分支學科，此即可見到由於語詞使用的不甚精確，所導致其所謂的基本問題所要處理的對象可能不在相同的基礎上。若要遂行調整，應該是以般若學、唯識學與如來藏學三者並列，再藉由哲學基本問題的釐清，看這三者主要是在什麼基本問題的脈絡之下討論。

討；積極面，可以將生命這個課題，視為佛教的哲學基本問題，進而
延伸出各種次級的、關聯的論題與議題。也就是說，在生命哲學的領
域之中，則可以再進一步探問杜保瑞所謂的本體論、宇宙論、功夫論
與境界論等哲學問題，或者就著佛教所關切的般若、佛性、唯識、如
來藏等概念，以及概念所關聯的論題，則可以再挖掘下去。凡此種
種，則盡皆不出於生命哲學所能探究的範圍。

六　結論

　　本文從杜保瑞的哲學基本問題研究法，以及牟先生《佛性與般
若》的佛教哲學理論的說明開始，呈現此杜保瑞的研究方法在中國哲
學研究上的應用與成果，以及用來探討牟先生佛教哲學研究上的情
形。在釐清牟先生《佛性與般若》的要旨，以及杜保瑞的哲學基本問
題研究法之後，發現杜保瑞指出的牟先生錯置哲學基本問題與誤讀中
國哲學經典的情況，亦有部分不準確之處，甚至是在對於佛教哲學研
究不夠精細的情況下，而去質疑牟先生的研究。

　　有鑑於此，本文列出了五個要點，以指出杜保瑞的哲學基本問題
研究法，之所以不適用於牟先生的佛教哲學研究之處。收攝這五個要
點如下：首先，牟先生是否準確詮釋與詮釋出什麼，杜保瑞在反思牟
先生的過程中，應直接解讀其義理，並思索佛教的哲學問題，而不定
然要以杜保瑞所謂的哲學基本問題才能證明牟先生的理論何缺陷，如
此才能詳實地看出佛教經典所探討的課題，以及牟先生究竟詮釋出什
麼義理。其次，佛教分系說的依據，如果要對於當前的佛學研究，提
出較為根本與基礎的反思，對於牟先生與杜保瑞在佛教發展史上的分
系依據，皆應審慎地判斷這樣的分系是否有經典上的依據，而不僅止
於一般的、約定俗成的分系之說。其三，缺少各種語言的對照，許多

語詞與概念上的概念上的爭論，可以藉由佛教經典的梵文與巴利文之分析，即可清出其意義，甚至解消不必要的紛爭，應可藉由語言的對照，釐清牟先生與杜保瑞所解釋的佛教概念，是否符合語詞上較為基本的意義，抑或是兩造之間以夾帶各自的知識背景，而解讀出的涵義。其四，應考量經論的重要性，經與論的重要程度，不可一概而論，牟先生與杜保瑞在沿用佛教分系的說法時，或可考量分系所究竟依據哪些經論，以及這些經論的重要程度是否對等。其五，重新考量各部經論的哲學課題，綜觀佛教的經論，所關懷的課題皆與生命相關，或可以生命哲學當做佛教的哲學基本問題，而非如杜保瑞所謂的四方架構，認定佛教哲學皆須透過本體論、宇宙論、功夫論與境界論予以梳理，才能看出佛教哲學所探討的課題。

以本文做為未來進一步探討牟先生的佛教哲學之基礎，如果不採取杜保瑞的研究進路，就牟先生的佛學研究成果加以思索，或許可以從如下的兩個要點入手，做為未來持續研究的方向：第一，詳盡地解讀牟先生的經典詮釋，究竟在經典的基礎之上，詮釋出什麼成果，即便與經典的義理有所出入，也應呈現其對於當前的佛教哲學研究，究竟產生什麼貢獻，才不失牟先生做為當代中國哲學研究最重要的理論創建者。第二，在確立佛教經典主要在探討生命哲學的情況下，連帶地亦可看出儒家與道家的關懷，亦皆不脫離與生命相關的範圍，若是如此，儒釋道三家之間的分判，或可視為比較何者較為接近生命實相的觀點，如果能夠提出明確的比較標準，回應與生命相關的各種問題，就可以看出哪一家的理論，對於生命的解釋、理解較為深刻，如此一來，這樣的分判就不僅止於不如實地看待各家論點而已。

繼天立極

——牟宗三先生順繹「堯舜之道」正義

鄧國光

澳門大學中國語言文學系

引言

「堯舜之道」乃儒門重旨，孔、孟立教大原，經學義理之本始，萬世道統之權輿與標準。說儒而究仁義，論性而張天德，明理以立體，制度以經世，其義大矣！然苟離「堯舜之道」而離經空衍，因字詞名理反復較論古今中外之面義，是為「逆論」，逆論乃無根之空談；今世空談之貽禍於後禩，適足以塗炭中國文化核心與靈魂之《五經》，而胥淪華夏文明於夷狄禽獸而不已，此文化之災難，從此而萬劫不復者也。唯文以明道，順孔子立教之精神而大彰義存於經典之「堯舜之道」，本天德以存王道，明王道以成聖功，大啟光明之門，眾生知所歸，是為「順繹」，順繹之義大矣重矣！天地之心存乎此也。當天下晦暗無明「逆論」狂肆、中國文化精神臨近澌滅無餘之際，而先師牟先生處國破家亡尤甚之人心不靖之時，本其天機之精醇與乎淑世精神之磅礡，「順繹」孔門大義，通接經義與道統，重樹道義之氣力，炬明文化建設之方向，大智大勇大仁，聖賢榜樣之未墜，此天之未喪斯文而維文化氣軸運轉之不息，以故中國文化尚存復興之機於將亡之際，意義之巨，功不在禹下！方今天下滔滔於唯利是逐、鮮廉寡恥、浮言相欺之際，值先師逝世二十周年之時，闡明其「順

繹」儒門「堯舜之道」之要義，抉陰霾以透明光，撥亂世而歸諸正，乃後來者義不容辭之責焉。謹陳斯義，以明體統大要。

一　重建義理之基礎

　　二十世紀乃中國經歷巨大實質創傷之苦難時代，牟先生生丁其時，因其敏銳之智慧觸覺承受古來天崩地解時刻仁人志士先天下之苦而苦之沉重負擔，遂「發憤」重建文化精神之氣軸於「內聖外王」之實現，牟先生明言：

> 五十以前，自民國三十八年起，遭逢鉅變，乃發憤寫成：一、《道德的理想主義》；二、《政道與治道》；三、《歷史哲學》三書。夫此三書既欲本中國內聖之學解決外王問題。[1]

　　「內聖外王」出《莊子》，義足概括儒門所立之「王道」義。具體而言，牟先生自此以後之工夫，皆在開拓儒門「內聖」工夫以成就「外王」之聖功，此「王道」之為儒門義理之實質，牟先生《歷史哲學》三復言之，分列則為「道統」、「學統」、「政統」，此三向度共趨人類文明之光明地，而推致於道德之自覺之「理」。此「理」非空理，乃出於自生自發之本心良知之「天德」。因「天德」以履「王道」，關鍵在履行之自覺與實踐之一貫，先生遂言：

> 人文歷史的開始斷自觀念形態的開始，而現實的發展斷自氏族社會。中華民族的集團實踐，司馬遷作《史記》起自黃帝，

1　牟宗三：《歷史哲學增訂版自序》，載《歷史哲學》。本文所徵引牟先生文獻皆據《牟宗三先生全集》（臺北市：聯經出版事業公司，2003年），頁16。

　　《尚書》述古始於〈堯典〉。從堯、舜歷夏、商而至周，則所謂二帝三王皆聖王也。古史記載，以此線索為主脈，而史家之稱述，首要觀念在修德愛民。「修德愛民」是泛說，進一步而舉其義，則有「仲尼祖述堯舜，憲章文武」，有「孟子道性善，言必稱堯舜」。

　　《論語・堯曰》篇：

　　堯曰：咨爾舜，天之曆數在爾躬，允執其中，四海困窮，天祿永終。舜亦以命禹。（此辭見於〈虞書〉〈大禹謨〉，比此加詳。）（湯）曰：予小子履敢用玄牡，敢昭告於皇皇后帝。有罪不敢赦。帝臣不蔽，簡在帝心。朕躬有罪，無以萬方。萬方有罪，罪在朕躬。（此引〈商書〉〈湯誥〉之辭。）周有大賚，善人是富。（武王克商，大賚於四海。見〈周書〉〈武成〉。）雖有周親，不如仁人。百姓有過，在予一人。（此〈周書〉〈泰誓〉之辭。）謹權量，審法度，修廢官，四方之政行焉。興滅國，繼絕世，舉逸民，天下之民歸心焉。所重民、食、喪祭。（〈武成〉云：重民五教，惟食喪祭。）
　　案：此為歷述堯、舜、禹、湯、文、武之敬心施政。二帝三王之道亦於此歷述中而逐漸躍現。[2]

　　此乃先生之「順繹」，順分四層彰明「王道」之實質。
　　第一層分別《尚書》《史記》之代表「經」與「史」之詮釋分野。「經」代表普遍意義，「史」代表質性之獨特現象。「史」以黃帝為記載之始，本黃帝「修德愛民」之泛泛描述，故非牟先生取義所在。

2　牟宗三：《歷史哲學》，頁7。

　　第二層乃「經」之實在意義，在表出「聖王」之觀念而體現於孔子整理之《尚書》所載之「二帝三王」，即堯、舜、禹、湯、文王、武王，如此構成千古一系之「聖王」道統，此道統乃原非歷史事件之組拚，不得以事件之角度理解；而是理想向度之塑造，體現「聖王之道」之內在義理必然之衍生過程，其中樞紐是為「道德之創造性」，具言之則是道德理想體現於歷史時空中之邁向光明地之擴充、伸延，一言以蔽之：曰「上達」不已，生生不息。

　　第三層次展示「經」義之實在，而非如「史」之一系所泛泛言「修德愛民」而不切不癢者，而指出實在意義在孔子與孟子重塑《尚書》「聖王」道統之原型，故引《中庸》之云「仲尼祖述堯舜，憲章文武」，與乎《孟子》〈滕文公〉之「孟子道性善，言必稱堯舜」。此皆溯源孔、孟理論之文本淵源，信而有徵。脫胎於《尚書》之「堯舜之道」，乃聖王之道之至高典範與標準。「堯舜之道」之經義原型存在於《尚書》首卷之〈虞書〉。《尚書》乃成文經典之最早者，而〈虞書〉則為《尚書》之權輿，「聖王之道」之最高標準正在其中。先生在《中國哲學十九講》第一講申足《尚書》甫始即標示萬世為治之最高標準之意義云：

　　　　中國哲學的開端。中國哲學是從這個通孔開始，就是堯、舜、禹、湯、文、武、周公這些人物所表現的。這些人都是「聖王」。……中國哲學就是從這裡開端，通過這個通孔表現它的精神生活。在這個表現過程裡面，各種內容的真理就通通出現了。中國沒有西方式的哲學傳統，西方希臘哲學傳統開頭是自然哲學，開哲學傳統同時也開科學傳統。……在中國的《詩》、《書》中，雖然也有「帝」、「天」，但也沒有成為像基

督教那樣的宗教。[3]

此與梁漱溟先生判斷中國文化乃「早熟文化」義脈相通，都表明「經義」在形塑「聖王」之為中國思想核心之實質乃早奠定於最古之經文之中。循此而言，「復古」方能重覓至完整完美之「道術」，因「聖王」之原型具載於《尚書》〈虞書〉，聖王之治是為「聖功」，乃實在作用於「大同之治」，此實義實行，故先生判斷《詩》《書》之教不衍生「宗教」，蓋其精神乃正視生活世界者也。

第四層具論《論語》卒章〈堯曰〉之總贊《尚書》，而見聖王精神之實質與具體之政治關注，牟先生據前賢《論語》註解抽繹其中《尚書》來源，如此足以體現先生堅持通透悟解文獻為第一關之端莊態度，任何真知灼見皆得力於鈍學累功，因此節而返三，足見先生從一而終，一以貫之。而先生悟解經文，以「敬心施政」收拾〈堯曰〉懿旨，貫通《禮記》〈曲禮〉開宗明義之「無不敬」之禮學要義，而聖王全幅精神自見體統，皆在安民淑世，關懷民瘼之真切，實在是儒門之真精神。

牟先生正視《論語》卒章〈堯曰〉之思想原型價值，乃精讀神會之證果。近時復見先秦時期《書》類文獻出土，論者每以之比論傳世文獻。牟先生儘管未能觸及新出土之材料，唯透過「經」義之通盤考察，則先生之論斷，能否建基於現存文獻之神解而經受考驗？下節分曉。

3　牟宗三：《中國哲學十九講》第1講，頁15。

二 斟議《清華簡‧保訓》敘述虞舜之義理向度

《清華簡》中敘述與堯舜「事跡」有關之簡文，見載於〈保訓〉，為方便學人討論，具錄李學勤先生釋文如下：

> 惟王五十年，不豫，王念日之多歷，恐墜保訓。戊子，自演水。己丑，昧（爽）（殘字）（王）若曰：「發，朕疾壹甚，恐不汝及訓。昔前人傳寶，必受之以詞，今朕疾允病，恐弗念終，汝以書受之。欽哉，勿淫！昔舜舊作小人，親耕于歷丘，恐求中，自稽厥志，不違于庶萬姓之多欲。厥有施于上下遠邇，迺易位邇稽，測陰陽之物，咸順不逆。舜既得中，言不易實變名，身茲備惟允，翼翼不懈，用作三降之德。帝堯嘉之，用受厥緒。嗚呼！祗之哉！昔微假中于河，以復有易，有易服厥罪。微無害，迺歸中于河。微持弗忘，傳貽子孫，至于成唐，祗備不懈，用受大命。嗚呼！發，敬哉！朕聞茲不舊，命未有所延。今汝祗備毋懈，其有所由矣。不及爾身受大命。敬哉，毋淫！日不足，惟宿不詳。」[4]

簡文有關「中」之敘述，乃周文王臨終前囑咐後繼者周武王之辭命為語境中心。李先生聯繫至《論語》〈堯曰〉首章：

> 堯曰：「咨！爾舜！天之曆數在爾躬，允執其中。」、「四海困窮，天祿永終。」舜亦以命禹。[5]

4　李學勤：《清華簡〈保訓〉釋讀補正》，載氏著《初識清華簡》（上海市：中西書局，2013年），頁27。

5　朱熹：《論語集注》（北京市：中華書局，1983年），卷10，頁194。按：此見載《虞書》〈大禹謨〉而並置，故此斷爲兩組。

　　李先生強調〈保訓〉與《論語》〈堯曰〉所謂「中」之意識「似乎有一定的關係」[6]。精到頗論斷，引發近年學界關注，討論日趨精密，若廖名春先生《清華簡〈保訓〉篇「中」字釋義及其他》、葛志毅先生《釋中—讀清華簡〈保訓〉》等鴻文，均緊扣傳統思想語境，精博無倫，不容浮慧淺學者置喙。至於進而討論「道統」問題，自非少數。

　　唯於觀察〈保訓〉敘述虞舜之「義理向度」及側重所在，尚可得而斟酌。牟先生非常關注此意義「向度」之問題。其一為了科學客觀之旁觀者之向，其二為「實踐上之關心」之主體精神投入與良知自然呈現之向；言其大，則前者乃西方傳統之所出，後者乃以儒門而開出中國傳統之根基；言其價值，實亦無分彼此，皆得顏曰「真理」，前者則概以「客觀」，後者名曰「主觀」。主觀真理之本「實踐上之關心」而出，則非言說界定之類名理所能了，而自身體證天德之推拓而顯現修齊治平之理想，其中關鍵乃在「仁」德之實在關懷與開顯之強大剛健精神力量，「實踐」是其「向」，「關懷」則其「量」，缺一不可。

　　就「實踐上之關心」此一關鍵之「義理向度」斟議《清華簡》〈保訓〉涉及堯、舜敘述，於是可更實事求是而了解其與儒門義理同異。〈保訓〉云「舜既得中，言不易實變名，身茲備惟允，翼翼不懈，用作三降之德」，「三降之德」一句，實可追溯於《虞書》〈皋陶謨〉皋陶所云「三德」者，文云：

　　　寬而栗，柔而立，愿而恭，亂而敬，擾而毅，直而溫，簡而廉，剛而塞，彊而義，彰厥有常，吉哉！日宣三德，夙夜浚明，有家。日嚴祗敬六德，亮采，有邦。翕受敷施，九德咸事，俊

6　李學勤：《初識清華簡》，頁12。

乂在官。百僚師師，百工惟時。撫于五辰，庶績其凝。[7]

《孔傳》釋此「九德」為「性行」[8]。按：「性」乃屬天德，而「行」則兼自覺之修養與實踐。「三德」乃「九德」之三份一，分屬本性開出之善行與自身修養之層次，非以謂三類品德。皋陶意在鼓勵虞舜行善積德，謂可夠日行九德之三份一，足以為卿大夫；日行三份二，則足以為諸侯；天子則須全德而行，方足稱善，此漢儒所稱「君為臣綱」者。虞舜身為天子，天下共仰，自然以「九德咸事」之「圓善」與「全德」為目標。

〈保訓〉謂虞舜「用作三降之德」，其語義與《虞書》〈皋陶謨〉究竟出入不同，此實乃竹簡書寫者詮釋「九德咸事」之差異相關。以〈保訓〉「身茲備惟允，翼翼不懈」句乃泛泛言之，若對照《尚書》文本，則《虞書》〈皋陶謨〉之義理，更顯實在而飽滿。

三　《尚書·虞書》敘述虞舜之義理向度

孔子「祖述堯舜，憲章文武」，王道是求，其義理核心是為「堯舜之道」，《尚書》〈虞書〉乃義理典據。《書序》解釋〈堯典〉書寫緣起云：

> 昔在帝堯，聰明文思，光宅天下。將遜于位，讓于虞舜，作〈堯典〉。[9]

7　孔穎達：《尚書正義》（上海市：上海古籍出版社，2007年），卷4，頁147-149。

8　孔穎達：《尚書正義》，卷4，頁146。

9　孔穎達：《尚書正義》，卷2，頁31。

　　《書序》突出者，乃唐虞遜位於虞舜之「禮讓」精神。〈堯典〉正文以透過集體稱頌之方式，敘述虞舜出場，顯示其於是集體認同之語境中，表揚其德行共受性，文謂：

> 帝曰：「咨，四岳！朕在位七十載，汝能庸命，巽朕位。」岳曰：「否！德忝帝位。」曰：「明明揚側陋。」師錫帝曰：「有鰥在下，曰虞舜。」帝曰：「俞，予聞。如何？」岳曰：「瞽子。父頑，母嚚，象傲。克諧以孝，烝烝乂，不格姦。」帝曰：「我其試哉！」[10]

　　《尚書》文本著墨於虞舜本性之純孝天德，與及其自發而生之孝行，構成轉化之向量，足以化解出於他人自身惡行所導致之命定危難，從而轉向一種光明共同期向。基於如此純良德行及其向善之結果之共同認受，於是權力世界順向而轉移，是堯之所以讓位於舜道義力量，此乃建基於道德之相感而朝向共至善之境域，中間所透現者，無非純粹通明天理之「明明揚側陋」，而不纏私念私欲之「姦」。《尚書》側重堯與舜之道德情懷，「讓」者之堯與「孝」者之舜，雙方出自真誠。而〈保訓〉文本並未充分顯示出來。「讓」與「孝」乃《尚書・虞書》之關鍵，而此兩種美德都不載〈保訓〉文本。這乃第一面之根本差異。

　　〈保訓〉謂「昔舜舊作小人，親耕于歷丘」，指出舜之身份；「小人」乃謂庶人，如此敘述，透露強烈身份意識。〈堯典〉則謂「有鰥在下」，指出其生活處境。其中「鰥、寡、孤、獨」四類命運悲慘之人物，於《禮記》〈王制〉謂之「天民之窮而無告者也」[11]。〈堯典〉

---

10 孔穎達：《尚書正義》，卷2，頁57-58。
11 朱彬：《禮記訓纂》，饒欽農點校（北京市：中華書局，1996年），卷5，頁207。
　　按：《王制》的典據基本上出自《虞書》。

如此敘述，乃是對「側陋」人物之注意，透露其「關懷」向度，落實在「生民」之具體層面，此乃儒家「實踐上之關心」之體現。

　　按此而得明確之比論結果：〈保訓〉強調者乃虞舜地位之卑微，〈堯典〉強調乃虞舜感人之天德孝行。〈虞書〉〈舜典〉之《書序》云：

　　　虞舜側微，堯聞之聰明，將使嗣位，歷試諸難，作《舜典》。[12]

　　《孔傳》解釋「側微」謂：「為庶人，故微賤。」[13]「側微」一詞照應〈堯典〉「側陋」之擬容，指出庶人出身之虞舜其無所依傍之艱困，以至於是成家之未能，而歸入為「匹夫」之類，蓋若所謂赤條一無所有者，然其內在之所有，則為他人不可及之天德，此無形而向量之至強至具力量者。《孟子》遂謂：

　　　匹夫而有天下者，德必若舜、禹。[14]

　　於儒家義理語境之中，虞舜儘管「側陋」微賤，只指出其為「匹夫」，不會稱之為「小人」。因儒家於「小人」一詞之涵義已經定調，即使「小人」原義不離「庶人」的範疇，但在孔子立教過程中，其意義已經漸漸遠離本義而與「君子」義相反，此是儒家之詮釋向度，若究其本義以難儒者，乃自甘禽獸僻陋，不足以辯。〈保訓〉以「小人」一詞指示其本來之低微身份，足以顯示其與儒學義脈存在距離，乃至分道揚鑣。此乃第二面根本差異。

---

12 孔穎達：《尚書正義》，卷3，頁71。
13 孔穎達：《尚書正義》，卷3，頁71。
14 朱熹：《孟子集注》（北京市：中華書局，1983年），卷9，頁314。

本如此重大之兩面差異，足見出土〈保訓〉之輕道義而重地位，實在屬於典型官僚性質之「王官」之學，不足匹敵儒門《尚書》學之「淑世關懷」，蓋王官學以權謀功利主導，未有足夠向量以開出義理之氣軸。以故牟先生雖未及見《清華簡》之出現，而其讀書之神解識見，足以周照華夏文化之真機而無損其天機之絲毫者也。

四　本「實踐上之關心」義順繹《論語》〈堯曰〉

「中」非儒門所專，王官學之功利義之〈保訓〉亦講「中」之相承授受，但視之為權利符號之交接，其中毫無「實踐上之關心」或關懷之意識，而好事之徒則羣洶洶而哄，以為「道統」之出土，宋儒道統說可據而定，此皆膚淺無識之議，而深廢淺售，亦在此際。

但儒家經學之所以有別於王官之學，關鍵在經世義理之營構與實踐，開放專屬性之權謀功利王官學，體現「保民」為先之仁道關懷，是為「實踐上之關心」義。理解王官之學之工具性專屬意義與儒家經學關懷意義之分際，方能夠通解先秦文獻思想之所屬，正如程元敏先生所強調：孔子所力倡之「孝道」與「中道」，而「根本在《尚書》」[15]，如此說明孔子整理《尚書》過程中強化及提升「孝」與「中」之義理，而開啟其中道義性之「關懷」意義。程先生更明確指出「群經義咸遵孔子，共業互通」[16]，儒家經學固然存在自身嚴密之系統性與互通性，此即「一以貫之」之仁道。仁道乃實實在在以修己以安天下為生命與道義相結合之實踐。比觀《清華簡》文中與《尚書》中有關堯、舜敘述之淑世向度之巨大落差，因〈保訓〉這類王官

---

15 程元敏：〈孔子之尚書學〉，見載《尚書學史》（上海市：華東師範大學出版社，2013年，影印，臺北五南圖書出版公司版），頁354-359。

16 程元敏：《尚書學史》〈提要〉，頁13。

文獻之發現，遂得以比照儒家所傳《尚書》之作為儒學義理構建根源之關鍵意義。凡此皆足以顯示孔子與及儒門轉化王官學之巨大力量，而儒門所開出之「主觀真理」遂得旋運中國文化精神之氣機。

仁道保民之關懷乃儒門《尚書》之本質精神，則理解《論語》〈堯曰〉大義，自必歸宗此旨。今必須指出而正視者，乃是〈堯曰〉引述〈虞書〉「允執其中」，同時亦彰顯「**四海困窮，天祿永終**」此一終極真理。在儒家經學義理脈絡中，兩者其實共存而缺一不可，如果只及「中」，其他不顧，其所極致，必然流向政治權謀之無所不用其極，此朱子之所以力討「皇極」之非「中」而為亟持人君「以身作則」之榜樣義。唯事實是當前議論〈保訓〉之思想，論及堯、舜、禹道統，學術界之注意力皆因受制於簡文，聚焦「允執其中」相關向度，集體同偏一隅。可見之問題，乃是集體遺落「四海困窮，天祿永終」此至為關鍵之淑世關懷，遂致詮釋偏頗與不周。

五　結論

必須再度提醒者，乃孔子整理《尚書》堯、舜、禹敘述，原非斤斤於人主威權或神秘莫測之管治秘訣心法之類之工具性概念，而是表揚因天德以示公理之仁道精神，而其核心，不離「讓」與「孝」之實實在在之道德實踐，此是大義之普世與共，而非「個人之特殊事跡」，本此天德以推恩施政，則「保民而王」，實現修己以安天下之「王道」洪願。「堯舜之道」關懷向度，在乎如何體現純粹德性所生之善化整體生活世界之目的，作用出於「安民」、「保民」之淑世關懷與本衷，警惕統治意志面對與處理「四海困窮，天祿永終」之無情代價。偏蔽於「中」，而無視此「德」，乃知障與德障，今世學術之通病。〈保訓〉之為王官學文獻，更多考慮在統治權力之維繫，其敘述

向度明顯根本與孔門《尚書》關懷異趨。如果以〈保訓〉之角度觀照《尚書》，則是「逆論」。若本天德以通接孔門經學義理，則是「順繹」，由之以彰顯人性之尊嚴之崇高、儒家之雄偉與實在。於是〈堯曰〉謂：「謹權量，審法度，修廢官，四方之政行焉。興滅國，繼絕世，舉逸民，天下之民歸心焉。所重民、食、喪祭。(〈武成〉云：重民五教，惟食喪祭。)」此「聖王」繫懷而「一以貫之」之王道實踐，牟先生總持大義云：

> 此為歷述堯、舜、禹、湯、文、武之敬心施政。二帝三王之道亦於此歷述中而逐漸躍現。[17]

此牟先生讀書神悟之體會，表出「敬」義，聖心通感相契如此其精核密合者也。

牟先生身處學術失心顛狂之時，倭人白鳥庫吉之堯舜禹否定論瘋行，疑古之學肆張黃口，動輒指責此書偽也、此書假也，舉一字一句而斷斷無盡涯，顛倒本末而甚至棄本逐末，以膚淺浮慧盡情塗炭文明而不已。先生慧命相續自任，肩承道統之承傳，故於經典所開出之「堯舜之道」，護持不遺餘力，復據《論語》云：

> 《論語》〈衛靈公〉篇云：「子曰：無為而治者，其舜也與？夫何為哉？恭己正南面而已矣。」〈泰伯〉篇云：「子曰：大哉堯之為君也，巍巍乎！惟天為大，唯堯則之。蕩蕩乎！民無能名焉。巍巍乎其有成功也。煥乎其有文章。」又：「子曰：巍巍乎，舜、禹之有天下也，而不與焉。」又：「子曰：禹，吾無

---

17 牟宗三：《歷史哲學》，頁7。

間然矣。菲飲食，而致孝乎鬼神。惡衣服，而致美乎黻冕。卑宮室，而盡力乎溝洫。禹，吾無間然矣。」

案：此為孔子之稱讚堯、舜、禹。稱堯、舜蓋為原始儒家最古之歷史意識。若衡之史實，其如此稱述，有根據否？法家以逆詐之心，不稱美堯、舜。可見當時即有相反之意見，不自近人始也。蓋對古史傳說，在春秋、戰國時，即有不同之三系。一為楚系，二為三晉系，三為齊、魯系。楚系多怪誕，富幻想。三晉系尚功利，多權詐。齊、魯系得其正宗，非偶然也。堯、舜縱不如孔、孟所稱之美，而三晉系之逆詐亦未必有史實之根據。若從社會進化方面說，則堯、舜時是否已脫離母系社會，尚不得知。其簡陋質樸，可斷言也。人在原始之時，意識生活不如後來之廣而密，故不必如後人所稱之善，亦不必如後人所說之惡。不自覺者，雖不必盡善，然亦決難說其為惡。然不自覺者，如赤子，近自然。其簡樸，總較可取也。人之稱之也，亦根於人性之正也。而根於人性之正所呈現之觀念以自然地粘附於史實，即為此民族之文化意識及歷史精神之象徵與反映。雖在堯、舜之時可無據，而貫於史實之承續中，代代累積而觀之，則非可云純屬虛構也。故吾人可不必以民族自尊之觀點肯定此統系貫穿上之稱述，而可自歷史精神文化意識之實為如是之觀點肯定此稱述。此觀點之為客觀，不亞於橫斷史實之考據之為客觀。歷史精神、文化意識，乃一民族之生活承續所必然呈現者。一無意識之自然現象之相承尚可以言規律，而謂人類之意識生活之承續可無其精神之脈絡與意識之統續乎？堯、舜時無事實可證，至夏、商則已有之矣。此豈是無源之水，憑空而來耶？每一時代可有新觀念之創造，此儼若為突現，然套於

意識系統中，向此趨，不向彼趨，則非偶然。此即為歷史精神
與文化意識兩概念之所由建立也。[18]

自一九七八年以來，山西陶寺文化陸續出土，唐堯所處之地望文
明已漸顯白，否定堯舜禹之論已成過去，孔子所整理《尚書》之聖王
道統亦可待考古之明證。唯先生於六七十年前天下洶洶以殷商為信史
之說大行其道之際，依然堅持道義之傳，舉世沉浸墓土鬼物之中追逐
怪奇之事跡，先生等儒者依然堅定守護光明之道義之統、死而後已。
此中國文化生生不續，向來皆緣慧命之相繼，而非趨附世俗而利害計
較者。先生《歷史哲學》大書特書曰：

> 朱子《中庸章句序》云：「蓋自上古聖神繼天立極，而道統之
> 傳有自來矣。其見於經，則允執厥中者，堯之所以授舜也。人
> 心惟危，道心惟微，惟精惟一，允執厥中者，舜之所以授禹
> 也。」此是理學家特拈一「中」字為道統之傳。此固為宋儒之
> 所彰著，然其由隱變顯，自孔、孟而已然。其所以能彰著而顯
> 之者，必由其有隱伏之線索。此中關鍵，全在孔子。孔子將此
> 自然趨勢所成之線索轉為彰著之道統、顯明之「意義」，以為
> 貫穿吾華族歷史之觀念形態。[19]

「道統意義」之為「敬」，孝弟禮讓、仁義禮智、合內外，統本
末，皆得共攝其中，禮樂文明遂乃可得而言者，此牟先生本「實踐上
之關心」義順繹《論語》〈堯曰〉證果，而承先啟後，再啟文明再造

---

18 牟宗三：《歷史哲學》，頁10。
19 牟宗三：《歷史哲學》，頁8。

之氣機者，是謂「繼天立極」；是以「道統」之傳，「王道」斯運，「聖功」自是可期。

謹以牟先生所欽敬之哲人許思園之慧悟以結本文並誌悼念：

中國哲學思想非由純粹愛智與好寄心引發，實源於道德政治之探究，而其最後目的為建立人間之太平。[20]

---

20 許思園：《中國哲學論》，載其《中國文化囘眸》第1部（上海市：華東師範大學出版社，1997年），頁16。

「民主政治乃是『新外王』的第一義」
──牟宗三先生「破共」的意義[1]

區志堅
香港樹仁大學歷史學系

一 引言

　　牟宗三（1909-1995）先生於一九四九年後遷居臺灣，至一九六一年任教香港大學，自一九六八年轉教香港中文大學研究院及新亞書院哲學系，後於一九七五年至辭世前仍任教新亞研究所，已有相關研究成果指出五六十年代牟先生與其他南來新儒家學人多是「反共」的學者，[2]然而，牟先生於一九八七在《鵝湖月刊》上發表〈中國文化發展中義理開創的十大諍辯〉一文，指出「所以當前的使命是要『破

1　筆者承蒙楊祖漢教授、劉國強教授、黃兆強教授給予寶貴意見，不勝感銘！又本文書寫「按」字，為筆者「按」語。

2　Paul A. Cohen, "Reflections on A Watershed Date: The 1949 divide in Chinese History," (in) Jeffrey N. Wasserstrom (ed.) *Twentieth Century China New Approach* (London and N.Y.: Routledge, 2003), pp.27-36；王德威：〈序一納中華入臺灣〉，楊儒賓：《1949年禮讚》（臺北市：聯經出版事業公司，2015年），頁3-5；張發奎口述，鄭義整理：《蔣介石與我──張發奎上將回憶錄》（香港：香港文化藝術出版社，2008年），頁479-510；陳正茂：《五〇年代香港第三勢力運動史料蒐秘》（臺北市：秀威出版社，2011年），頁45-72；區志堅：〈「在非常環境非常心情下做了」──試析錢穆先生在香港興學的原因〉，黃兆強主編：《錢穆研究暨當代人文思想國際學術研討會論文集》（臺北市：錢穆故居，2011年），頁30-48。

共』，共產主義根本是一魔道，應該徹底破除，所以在這裡不說『反共』，而說『破共』。馬克思主義一天消除不了，中華民族的生命便一天不能暢通」；[3]另一方面，牟先生於一九八九年在《國文天地》發表〈陽明學術討論會〉一文，說：「老總統（按：蔣介石總統）當年在陽明山提倡王學，其用意是對的，但老總統對傳統文化、對王學究竟能真切到多少呢？一個人並不是萬能的，人並不一定樣樣都要懂，幹政治的不一定要懂哲學。做政治領袖不一定也要做教主，常常要作之君作之師是不行的」。[4]此外，牟氏於一九八六年在《中國文化月刊》上發表〈哲學研究的途徑〉一文，指出：「我們既然反對共產黨那一套意識形態，所以就該好好反省我們所強調的自由、平等、博愛或倫理、民主、科學所代表的『一』，這不能與共產黨的『一』相提並論」，[5]縱觀牟先生於一九六〇年撰寫《政道與治道》一書內容，仍是圍繞儒家政治思想，儒者參與政事與中國現代政治的關係，進行討論，「要求民主政治乃是『新外王』的第一義」，強調儒家內聖外王為推動中國走向現代化的重要力量。[6]若結合牟氏於三、四十年代發表論文，如於一九三四年在《再生》雜誌發表〈從社會形態的發展方面改造現社會〉一文，所言：「現在國民黨的政治之壞是無容否認的，國家不統一也是顯然的。革命的舉動當然也不反對，但怎樣革法倒是

---

3 牟宗三：〈中國文化發展中義理開創的十大諍辯〉，《牟宗三先生晚期文集》（以下簡稱《晚期文集》），《牟宗三先生全集》第27冊（臺北市：聯經出版事業公司，2003年），頁373，又本文引用牟宗三先生的論文及著作，主要是收入聯合報系文化基金會、聯經出版公司出版的《牟宗三先生全集》本，以下簡稱《全集》。有關牟宗三先生的生平及思想大概，作者主要參閱顏炳罡：《整合與重鑄》（臺北市：臺灣學生書局，1985年）；陳修彥：〈我讀「政道與治道」〉，收入牟宗三先生的哲學與著作編輯組：《牟宗三先生的哲學與著作》（臺北市：臺灣學生書局，1978年），頁363-408。

4 牟宗三：〈陽明學術討論會〉，《晚期文集》，《全集》第27冊，頁412。

5 牟宗三：〈哲學研究的途徑〉，《晚期文集》，《全集》第27冊，頁349。

6 詳見牟宗三：《政道與治道》，《全集》第10冊。

問題。敵對最顯然的是共產黨，共產黨在反對政府上我們並不反對」，[7]牟氏也稱美孫中山提倡憲政構想，可知牟先生不只是批判共產主義，也批評國民政府的治道，但牟氏曾是肯定社會主義及共產黨。進一步，也可見牟先生不只是停留在批評共產黨統治及共產革命破壞中國傳統文化的層次，他實批評整個專制統治，套用今天所言，牟先生提倡一種具有「全球普世價值」的自由、平等、民主、科學、關愛及人道精神的價值，[8]此價值觀點是高出於對一個朝代一國黨派的批評，故本文主要論述：

　　一、三四十年代，牟先生對國民黨及社會主義、唯物史觀、無產階級革命觀點的看法，從中看見早年的牟先生並非全面否定批評唯物及共產觀點，只是否定唯物史觀；

　　二、1949年前後批評國民黨及共產黨的美意。[9]

二　牟宗三批評馬克思唯物論、唯物史觀及國民黨的觀點

　　牟先生在《五十自述》一書中，蒐集了先生於一九五六至一九五七年的論文，其中一篇〈生命之離其自己的發展〉中，談及一九二八年，先生在北平，其時「黨人大肆活動」，使牟先生感到「覺他們的意識，他們的觀念，他們的行動以及生活形態，好像很異樣，其中有足以吸引的的地方，使我有從未有的開擴、解放、向上的感覺。但另

7　牟宗三：〈從社會形態的發展方面改造現社會〉，《牟宗三早期文集》（以下簡稱《早期文集》），下冊，《全集》第26冊，頁648。

8　有關「全球普世價值」的研究甚多，本文主要參考金耀基：《中國的現代轉向》（香港：牛津大學出版社，2004年），頁20-27。

9　彭國翔曾研究牟宗三先生批評唯物辯證法、唯物史觀及共產主義的觀點，但尚可以多注意研究牟先生發表批評國民黨及國民政府的觀點，見氏：《智者的現世關懷》（臺北市：聯經出版事業公司，2004年），頁59-116；頁271-340。

一方面也總使我覺得有點不對勁，他們那時的意識大體是共產黨；以唯物論為真理，什麼是唯物論他們也不懂，只是那現實的，實際的意識之唯物論。這是共產黨對政治經濟社會全革命的唯物論。這意識沾染了那時的國民黨，而且沾染很深」，[10]牟氏思想也受到共產思想「吸引」，[11]共產黨「在意識上接受西方近代的新玩藝，他們會在意識的觀念上出花樣，起風波。我當時很讚嘆他們，但一方面也覺得不對勁，覺得與我生長於其中的那諧和的一套全相違背。不但是與那生活違背，而且與那生活中的意義真理也全相違背。這點使我直接地感到不對勁，感到天下從此多事，感到民生之多艱，禍亂之末已。我不能贊成他們」，共產黨只是「要極端，要衝動，要冒險犯難」極端的「左傾」多「與人為仇」，故反對共產黨思想。

其實，上世紀二三十年代，中國學術界隨馬克思主義史學傳入及革命運動，帶動研究中國社會發展史及社會性質之風氣，[12]而牟宗三先生也參加這場社會史論戰，牟氏早已發文批判馬克思思想的觀點，他從理論層面批評馬克思思想。牟先生於一九三四年一月一日及二月一日在《再生》第二卷第四、五期發表了〈從社會形態的發展方面改造現社會〉一文，牟先生時二十六歲。因為不少研究雖注意牟先生反共的觀點，較少注意牟先生從理論層面上批評馬克思觀點，故本文先看牟先生在〈從社會形態的發展方面改造現社會〉一文闡發的觀點。[13]

---

10 《五十自述》，《全集》第32冊，頁76-89。

11 二十年代末三十年代初，馬克思主義及思想在中國廣泛流播，見王汎森：〈「主義時代」的來臨──中國近代思想史的一個關鍵發展〉，《東亞觀念史集刊》第4期（2013年），頁90-52。

12 見阿里夫‧德里夫著〔翁賀凱譯〕：《革命與歷史：中國馬克思主義歷史學的起源，1919-1937》（南京市：江蘇人民出版社，2005年），頁47-65；羅志田：〈士變：二十世紀半葉中國讀書人的革命情懷〉，《新史學》第18卷4期（2007年），頁189-231。

13 牟宗三：〈從社會形態的發展方面改造現社會〉，《早期文集》，下冊，《全集》第26冊，頁684。

其一，馬克司（按：即馬克思）主張的唯物史觀的「物」即是「經濟」，就是「經濟結構」或「生產關係之總和」，牟氏認為這種唯物史觀是片面及偏頗的。先生認為馬克思此觀點，把經濟結構即是社會的經濟基礎，唯物史觀即是經濟基礎的發展與變動的歷史觀，以「人」為在社會經濟發展下才「存在」，忽視了人為自然而然而生存。

其二，牟先生認為馬克司談及的唯物論，是「全社會現象」，「唯物論既與唯物史觀不能相通」。因為唯物論對付的物，是科學家或物理學化學家的態度所對付的物，而唯物史觀所對付的物是經濟結構。同時，自然科學家手中的「物」是解析自然性質，及其理化的結構，是分解分子或成分，在同一空間的位置及運動，而社會科學家手中的「物」即是「經濟」，就不是自然現象，是社會發展的現象。

其三，馬克司言「商品」是推動社會及經濟發展，「商品的集大成便是離開人類意志而獨立存在的那經濟結構」，生產關係的總和，物質生產力所發展到的一定階段的結果，這個集大成是「外在」，因為是「外在」的，而把此「外在」發展決定人們的意識，以社會生產力只是一種勞動力，也是「物與力而已」，忽視了人們社會「既發之而能收之，既分之而能合之，這才是認識具體事實，解析具體之發展的良法」，但「馬克司不能也」，忽視了人們「自發而自毀，自尊而自背也」的能力，故「馬氏以為唯物論與唯物史觀可以相通，這是錯的；以為承認唯物論就當承認唯物史觀，這又是錯的」，是混同社會發展與科學發展的觀點。

其四，牟先生認為馬克司認為鬥爭觀點是主觀的。先生認為鬥爭的概念是虛構，是主觀是的，是文學家的欣賞，不是實有的，而且，鬥爭是人類社會的事，因為人類有意識，有價值觀念，有不平等的知識與能力，但人類不只是獸性，還有理性，不純是鬥爭，且有和平，人可以造鬥爭，又可以不造鬥爭，鬥爭不是先天的必然，鬥爭也不是

進化的必然條件，進化的唯一的原因。鬥爭是一個社會的事實問題，與矛盾邏輯、辯證法沒有關係。

其五，先生認為二、三十年代社會史論戰的「癥結」，是社會根本原則有缺陷，信奉馬克司的信徒尊奉的唯物史觀，是有缺陷。牟氏認為是「搬弄字眼掉花槍」對於字眼未消化過，只是生吞活剝亂用，不加以準確的界說。此外，拘守已成的格式來鑄造中國社會史，並不從中國社會史來發見如實的格式，各據其所據；至於經濟方面及政治方面，馬克司信徒並未界說清楚，所講封建，所謂奴隸，所謂商業資本，所謂半封建半資本，沒有清楚標準，至於社會形態，未能清楚說明，若只從經濟方面，則當完全以經濟決定，不當涉及政治，更不當涉及人類意識；還有，「個人的政治背景也足以淆亂真理的障礙。斯大林派與托羅斯基派，因為要為其戰略找理論的根據，所以不得不各持成見」。

牟先生批評：主張唯物史觀的李季的論點有誤，先生認為李季等一派學者論點之弊，為「這種亞細亞的生產方法時代，其實在中國社會上就等於他所謂封建社會，然而，他卻把它們分而為二，該分的不分，不該分的而分」把氏族社會劃歸於原始共產與氏族都是共產社會，把氏族社會非包在原始共產社會以內，實不明這二種共產社會實有不同。牟先生也批評郭沫若只以君子和小人為構成社會階級的成分之觀點，是「完全不明白中國人對於君子、小人等名詞所意謂的意義，從這方面證明奴隸制，真是胡鬧。中國人階級身分是有的，但階級身分卻不就是奴隸。郭先生說君子是百姓，其實恰恰相反，庶民、黎民才真是百姓」，更重要的是，郭氏運用史料不足，郭氏只以《書經》、《詩經》為例，以為古代以奴隸來大興土木，開闢天地，供徭役征戰，又以奴隸制名為社會時代，「奴隸意義，既不是政治的，又不是經濟的，完全是社會階級間的不平意識，或情感上的怨恨之意義，試想，以這

種意義來分社會發展階段，這是多麼流俗皮梳隨便，這是多麼背棄他們的老祖宗馬克司？他名秦漢以後為封建制度，其意義也是如此，這種毛病即是我們所說的觀點不一致。忽而從政治方面看，忽而從經濟方面看，忽而又從社會意識方面看，分歧出入完全從此發生」。

其六，中國學者運用馬克司階級觀點分析中國史，是不明白中國階級是沒有清楚分立的特色。牟先生認為政治形態不是一黨專政，但並非不承認政黨之存在，政黨與階級不同，中國階級觀念根本是不清楚的，尤其從經濟方面分化不出顯明的階級，產業落後的中國，根本找不出階級政黨，亦找不出階級革命，牟先生認為「現在所需要的還是一種民主政治，但不同於近代歐洲所流行的民主政治」，因為民主政治的本性即是自由平等，結果卻是「適得其反」，中國的現狀非需要一種整重嚴肅偉大猛進的政治系統，也不是歐美浪漫個人的風氣，也不是無產革命。

其七，三十年代初的牟先生不是反對革命，只是反對無產階級革命。牟先生認為三十年代初的「國民黨的政治之壞是無容否認的，國家不統一也是顯然的。革命的舉動當然也不能反對，但怎樣革法倒是問題。敵對最顯然的是共產黨，共產黨在反對政府上我們並反對；但（一）他們的革命是否就是無產階級革命？（二）他們這種革命是否能成功？這兩個疑問，我們都以否定答之」，先生認為革命不是無產階級革命，無產階級革命只是一種陳涉及吳廣之流革命，「這種革命之發生，半由於政治不良及天災人禍為其原因，這是機會好，革命的對象並不像資本家那麼顯然」，所以革命不一定能成功，即使成功也不過是政權的取得，「步蘇俄的後塵，步國民黨的後塵，或甚至步劉邦、步朱元璋的後塵也都可能，而決不是革資本家的命的勞工階級專政」，此只是「流氓革命」，若此成功了，好的方面是替國家造產，不實行資本主義，而實行國家社會主義，從「壞」方面，是步國民黨的

後塵，投降帝國主義，「結果仍是混亂」，故牟先生認為三十年代的中國，應是：「在求獨立的政府，健全的政府，而不在無產階級革命，無產階級革命，無論在理論上，在事實上，都是不合於中國的。一切的運動或主張，表面上無論怎樣不用，只要它是進步的，有為的，在骨子裡，它總要走到國家社會主義這條路上」。

從以上文章的觀點，已見處在一九三三年時的牟先生，並不是反對革命，只是反對無產階級革命，又認同共產黨反對國民政府的言論，牟先生看來三十年代的國民黨施政，是「政治之壞是無容否認的」，此時牟先生的政治思想，仍是「總要走到國家社會主義這條路上」，認同國家社會主義的觀點，這也可見三十代年國家社會主義甚為風行。[14]

再看牟先生於一九三四年八月一日，發表〈復興農村的出路何在？〉一文，也批判一九四九年前的共產黨。[15]牟先生認為二三十年代主張中國政治與經濟發展構想，有革命路線，政黨路線及君子路線。主張「革命的路線者，多以為革命的行動奪取政權，主張推翻徹底改造，共產黨即為此派之代表，當年之國民黨亦走此路線」，牟先生認為「即便革命，也不必定訴諸武力，疆場相殺而後可」，共產黨主張革命「簡直是爭權奪利，對人而對事的同歸於盡的瞎吵鬧。我們怕同歸於盡，所以我們在現在的局勢之下不主張作軍事革命的行動」，依三十年代的中國「沒有力量再容許你們的破壞下去，這是全國一致的要求」，不允許「由破壞而建設」的觀點，共產黨提倡的破壞，只是「斬絕建設的基礎」，同時，社會主義的目的恐怕一變而為

---

14 牟宗三：〈從社會形態的發展方面改造現社會〉，《早期文集》，下冊，《全集》第26冊，頁743-775。

15 詳見牟宗三：〈復興農村的出路何在？〉，《早期文集》，下冊，《全集》第26冊，頁743-775。

資本主義的宰割，亡國而後要想再作復國運動，那就是更難上加難了」。此外，革命主義「野蠻行動，中國不能成為現代式國家就是為此」，革命主義與人才主義正相反，「國民黨是當年革命主義混戰時剩下來的天子，我們現在因為怕同歸於盡，所以暫且讓他（按：共產黨主張革命）一步，我們不主張直接的軍事革命行動，我們要播下即建設即破壞的種子，我們要打斷胡鬧疲倦的因果鍊子，我們要組織現代式的國家，區區不顧一切而爭一時之短長，實非智者之所為」。

牟先生更認為「共產是辦不到的，而且也實在是無意義，不過是權力欲發達的無事忙而已」，他認為共產黨管治開始之先，是懷著推翻一切的念頭，無論是合理的、不合理的，值得的、不值得的，均全打倒，這均是無理性的，而三十年代的中國，和蘇俄革命以前的情形一樣，都是農業與手工業的國家，共產黨以無產階級為去取的階準，但在農業及手工業國家，根本就不易找到無產階級，「普天之下，大半是小資產階級，你把它先根本推翻了而又扶起來，這有什麼意義？所以我們決不同於共產黨，先去攬一翻，然後再恢復；我們是以扶助他們造產為念頭，以指導他們去組織為動機，以漸進於生產方式的蛻變為目的」，可見牟先生主張的是「即建設即破壞的路向」，以建設社會為先，反對共產黨強調階級革命及推斷一切東西，即破壞即建設的觀點。

另外，此文的後半部份，更說出資本主義的弊點，也可見牟先生批判共產黨，實乃批判資本主義。牟先生認為「社會主義乃是為挽救資本主義的病態出的」，資本主義是基於合理主義，個人的、自由的、比賽的，但比賽的結果，是「時有不合理的現象發生，然而所謂不合理也只是不合道德之理而已」，不合理現象的出現，就是資本主義制度流弊，所以資本主義的合理主義是自然的合理主義，有科學的道理，為自然而然，是「獸性」，是放任的；社會主義的合理主義是

當然合理主義，是合道理的理，是自於不忍之心，是「神聖」，是拘束的，「社會主義就是來拘束資本主義放任之流弊的」，因此牟先生認為「規定的國家社會主義下的計劃經濟」的特色，是對付自然活動的病態而產生的，也因為自然的合理主義是發先人性而不可滅的，故可以確定資本主義的限度；也因為當然的合理主義發於人性而不可壓抑，故確定社會主義的限度；「無論在資本主義之下活動，或是在社會主義之下活動，都須按照國家的一貫計劃去發展」，牟先生深信：「在資本主義與社會主義兩範疇的合作情形之下，再加上國家的計劃與整理之運用，則公道的社會便即出現」，更希望「把所有權與使用權都賦予人民（在可以施行資本主義的範圍之內），然而把佈置的方式之有利與否，這種理智上的計劃運用之權，歸於國家，宜之於民眾」，國家只是理智上的運用，「國家所能仍所當作的只能止乎此，過此則為權力欲之濫用，結果無事忙白費力氣」，但共產黨「本即如此而今則知過而返」，不為理智上運用，政策也不宜於民眾。由此也可見一九三四年的牟先生，不是全然反對社會主義，甚至認為可以補救資本主義的弊點，故倡導「在資本主義與社會主義兩範疇的合作情形之下，再加上國家的計劃與整理之運用，則公道的社會便即出現」。

牟氏早在一九三五年發表的〈民族運命之升降線〉一文，已指出「政治始終是家天下」，而中華民族的特色是「黨外不准有黨，黨內亦互相排斥。本來一黨獨裁了，無識之流還要以獨裁相號招；本來黨中有人獨裁了，無識之流，還要以擁護唯一領袖相告語」，中國的「大病」「不患不獨裁，而患不民治，不患無領袖，而患無政制。政制不立，好者野心生，壞者無所忌，任所欲為，規矩蕩然。今之人不唯政制建立是急，而唯擁護獨裁是務，病至膏肓，尚不知反」，已批評一黨專政的不當，以一九三五年的中國政治情況而言，其時的

「黨」就是指一九二七年定都南京的國民黨。[16]

再看先生於一九八九年二月《國文天地》第四卷第九期，發表的〈「陽明學學術研討會」引言〉中，[17]說及「老總統」（按：蔣介石）當年在陽明山提倡王學：

> 其用意是對的，但老總統對傳統文化，對王學究竟能真切到多少呢？一個人並不是萬能力，人並不一定樣樣都要懂，幹政治不一定要懂哲學」，更重要的是，他認為「做政治領袖不一定也要做教主，常常要作為君作之師是不行的。

批評蔣介石既為政治領袖，也希望成為「教主」，牟氏認為蔣氏這種行為甚為不當。另外，牟先生肯定三民主義的價值及地位，只是不認同國民黨員把孫中山思想成為教條，他說：

> 本來三民主義的思想是可以往前開展的，卻硬把自己封限在一條小路上，把自己夾死了。像這樣講知行問題，不但於事無補，反而把年輕人的頭腦攪和得亂七八糟。

牟氏也批判五十年代居臺灣的國民黨，把孫中山的三民主義列為學生的必修科目及教材，在牟先生看來此施政只是一種「夾死」學生思想的行為。先生更以臺灣時，曾看電視節目，有一位講者介紹國父遺教的知識，「說孫中山先生反對『天賦人權』而講『革命人權』，這

---

16 詳見牟宗三：〈民族運命之升降線〉，《早期文集》下冊，《全集》第26冊，頁785-794。

17 詳見牟宗三：〈「陽明學學術研討會」引言〉，《晚期文集》下冊，《全集》第27冊，頁409。

也讓我不能理解」,「天賦人權」怎可以反對,有了天賦人權的意識,才有近代民主革命;即使講革命人權,也能與天賦人權相衝突,況且,是否可以說參加革命,才能享有人權,不參加革命,就不能享有人權,這樣的結果,只會是「人權不成了特權」,牟先生更認為人們先要承認人生而平等,人本質上是自由的,及後才有第二步的自覺奮鬥。推而廣之,國民黨的革命也要在天賦人權加以客觀化及現實化,孫中山當年開風氣之先,實踐了革命為代表天賦人權,但「後來的黨員能夠把他的思想漸漸往前開拓充實,不是一樣可以講得好嗎?為什麼一定要把那些當做『教條』,不准前進呢?」

牟先生在一九八八年四月《鵝湖月刊》刊載〈「唐君毅先生逝世十週年紀念會」講辭〉一文,先生在文中指出國民黨專政的問題,國民黨在辛亥革命是革命黨,孫中山先生定下建國的步驟是軍政、訓政、憲政,在軍政、訓政時期,「顯獨裁相」,也就是批評國民黨一黨政專的問題。[18]

三 牟宗三先生「破共」及批判國民黨的意義

牟宗三先生在〈民族運命之升降線〉(原刊《再生雜誌》三卷二期(1935年4月15日)一文,[19]指出「政治始終是家天下」,而中華民族的特色是「黨外不准有黨,黨內亦互梳排斥。本來一黨獨裁了,無

---

18 〈「唐君毅先生逝世十週年紀念會」講辭〉,《時代與感受續篇》,《全集》第24冊,頁358。錢穆也曾以三民主義的觀點,提出國民黨在辛亥革命後,不應成為執政黨,但自三十年代北伐統一後,國民黨更是成為執政黨,故錢氏也批評國民黨的不當,就此可見牟氏相同於錢氏批評國民黨的觀點,有關錢穆批評國民黨的觀點,見區志堅:〈錢穆對孫中山的評價〉,李金強、麥勁生主編:《辛亥百年研討會論文集》(香港:香港城市大學出版社,2013年),頁35-43。

19 〈民族運命之升降線〉,頁789。

識之流還要以獨裁相號召；本來黨中有人獨裁了，無識之流，還要以擁護唯一領袖相告語」，中國的「大病」，「不患不獨裁，而患不民治，不患無領袖，而患無政制。政制不立，好者野心生，壞者無所忌，任所欲為，規矩蕩然。今之人不唯政制建立是急，而唯擁護獨裁是務，病至膏肓，尚不知反」，政制的建立就是是理性運用表現的成果。由此也可見，牟先生反對共產主義的觀點，實是建立一個有理性運用的政制，以反對獨裁專政。

乃至一九四九年後，牟先生遷居港臺，自然以發文批評中國共產黨，他於一九八七在《鵝湖月刊》上發表〈中國文化發展中義理開創的十大諍辯〉一文，[20]指出「所以當前的使命是要『破共』，共產主義根本是一魔道，應該徹底破除，所以在這裡不說『反共』，而說『破共』。馬克思主義一天消除不了，中華民族的生命便一天不能暢通」。先生於八十年代中，仍認為每一個時代有侍個時代的課題和使命，魏晉時代的課題是會通孔、老，宋明時代是對付佛教，「我們這個時代要對付那些問題呢？這對我們來說應該是很切要的，這就是我想說的第十個諍辯，低這個諍辯不是誰和誰諍辯，而是每一中華兒女都要面對的問題，總的來說，即是中華文化暢通的問題。我們的文化現在不暢通，首要的障礙是大陸被馬克思主義所征服，為甚麼炎黃子孫一定要用這一套魔道來自我毀滅呢？這真是中華民族的大悲劇」，先生看來一九四九年在中國建立的中華人民共和國，是障礙中華文化發展，故「當前的使命是要『破共』」，「中共主義根本是一魔道，應該徹底破除，所以在這裡不說『反共』，而說『破共』」，把馬克思主義在中國徹底消除，徹底破壞在中國的發展。

再看牟先生於一九八六年九月，在《中國文化月刊》上，發表了

---

20 〈民族運命之升降線〉，頁358。

〈哲學研究的途徑〉一文，[21]作者在文中指出共產黨所統治的極權世界中，是「拿一套死硬意識形態來控制人們，所有的人只能依照此一意識形態去行動，其他的思想皆被禁止」，臺灣國民政府雖禁些共黨活動，但臺灣不同於共黨之專制，臺灣除了馬克思主義以外，其他很多思想都是合法的，但共產黨卻是除了馬克思主義以外，其他的都被禁止，共產黨只有馬克思為「一」而無「多」，自由世界便應只有「多」而無「一」，自由世界的「一」，並不像共產黨想拿一套思想來統治天下的「一」，「所以，要對恃或瓦解共產黨那一套思想，就不能跟在後面放馬後跑，這樣只是消極的反應，到頭來總是吃虧的」，「我們既然反對共產黨那一套意識形態，所以就該好好反省我們所強調的自由、平等、博愛或倫理、民主、科學」，社會要靠倫理、民主、科學所表現的「一」來保障自由世界的各種活動，牟先生也名此為「活一」，只是拿一套思想來統治天下的則為「死一」。可見牟先生希望建立的國家及社會，是一個具有「自由、平等、博愛或倫理、民主、科學」的「活一」。於一九八三年牟先生在《鵝湖月刊》上，發表了〈中國文化大動脈的現實關心問題〉一文，[22]他認為共黨的專制統治，實比三代以下的君主專制更為封閉而嚴酷。「毛澤東不是就說過他比秦始皇更專制一百倍嗎？鄧小平上臺後說要『開放』，只是對西方科技的開放，對西方之所以為西方的自由、民主、人權等敞開社會的政治觀念不唯不開放，而且扣得更緊」，牟先生在文章中，一再指出「我們願見中華民族各宗族都能和平而有秩序地共同生活在一個具有高度理性化的政治體系中，我們願見在國家政治中，政權的移轉，各級政府負責人的繼承，都有一個和平而理性的法律制度來安排，今

---

21 牟宗三：〈哲學研究的途徑〉，《早期文集》第27冊，頁349-366。

22 牟宗三：〈中國文化大動脈的現實關心問題〉，《時代與感受》第23冊，頁392-412。

天來說，非靠 constitutional democracy 出現不可」，希望建立一個理性化的政治制度。

　　牟先生於一九七九年在《中國文化月刊》上，發表〈從儒家的當前使命說中國文化的現代意義〉一文，[23]先生在此文，指出「中國文化的現代意義，亦即其本身的現代化，首先即是要求新外王」，王道不只是籠統地說仁義道德，明末大儒黃梨洲已說「『三代以上，藏天下於天下』，以今天的話說，即是個『開放的社會』（open society）」，而且「民主政治能夠表現一些『藏天下於天下』的理想」，儒家學術最內部的要求亦一向在於此，低是從未在現實上出現，「今天之現代化亦主要在要求此一理想的出現，此亦是儒家當前使命要求的『新外王』」，民主政治是「新外王的『形式條件』，事功在此形式條件的保障下才能充分實現，在民主政治下才有事功」，「新外王要求藏天下於天下，開放社會、民主政治、事功的保障、科學知識，這就是現代化」，現代化也是一個轉向理性作用的表現，也是建立理性架構的表現，若比較中國及西方發展的特色，西方的現代化是根據階級鬥爭，中國社會只是「『職業殊途，倫理本位』」，故中國現代化的道路不能模倣西方通過階級鬥爭的方式，這是因為社會背景、歷史背景不同，故中國的現代化，應是中國文化主位性，一方面中國文化有「『職業殊途，倫理本位』」，治權民主，故有「相當合理性」，「中國早有了理性的作用」，另一方面，「我們又常感到中國文化的不夠，這個不夠的關鍵即在政權不民主，亦即缺乏理性的架構表現」，所以中國走向現代化，有賴建立理性制度，要「要求現代化先得有現代化的頭腦，每一個概念各歸其自身，每一個概念都有恰當的意義，分際清楚而不混

---

23 牟宗三：〈從儒家的當前使命說中國文化的現代意義〉，《時代與感受》第23冊，頁323-354。

濫，事理明白而不攪和，這就是『正名』的工作。共產黨就是利用名不正來攪亂天下，形成『意底牢結』（ideology）的災害。這種大混亂是要不得的。通過正名的工作，每一個概念有一定的意義，講道理的分際一點不亂，這樣子，我們的生命得到一個大貞定。假如中國文化還能有貢獻於人類，即是以此為基礎而可能的」，「我們要接通傳統文化的大流，消化西方哲學，克服馬列主義的魔難，開出以儒家作主流的中國文化的第三期發展，這是時代的使命，我們每人都當盡一份責在。[24]

四　結論

　　一個時代有一個時代的學問，於五〇至七〇年代生活在港、臺二地的中國知識份子，多不滿中共破壞中國文化，離開中國內地，他們更以港、臺二地為復興中華文化的要地，學者身處此時此刻，既受到時代氛圍影響，也受到新舊思想的衝擊，牟宗三先生自然也受一時一地風潮所影響，先生雖然發表很多批評社會主義、共產「革命」，和不認同中共史學者的文字，但不能忽視年青時的牟先生受到社會主義思想「吸引」，其後因觀察到共產黨及具有共產思想的人物，發表激進及推倒一切的社會和文化之言論，牟先生認為這些言論最終只會阻礙民主及社會、經濟的發展，故牟先生發表很多批評共產黨不當的文章。及至一九四九年後，牟先生遷臺，自是因不滿中國共產黨破壞中國文化的言論和行動，牟先生也自視為一位「破共」學者，但要知道不能因牟先生曾發表批評中共的言論，而忽視了先生早年也受曾流行一時的社會主義及「革命」觀點所影響，藉研究牟先生思想發展，也

---

24 牟宗三：〈中國文化的過去與未來〉，《時代與感受續編》第24冊，頁379-386。

可見處於晚清以來的中國知識份子，他們的思想不斷吸收新學，也有重整、重塑及排除各種思想的複雜面貌。[25]同時，也見個人思想發展與學術、時代背景的互動關係，故本文指出：一、不能夠因為人物在後期發表言論，而否定人物不同時期的思想發展，不能只談及牟先生於一九四九年後發表批評中共的言論，只言牟先生批評共產思想，若要深入研究牟先生的思想發展，也要注意研究早年的牟先生，曾受到社會主義思想的「吸引」；[26]二、牟先生發表的言論，不只是「反共」，先生也發表批評國民黨一黨專政的言論，可見牟先生發表的「反共」、「破共」及批評國民黨的言論，主要是希望建立一個理性政治制度，並希望建立一個以中國文化為本位的「新外王要求藏天下於天下，開放社會、民主政治、事功的保障、科學知識，這就是現代化」之社會，相信牟先生表述的理想社會，也是五十年代以來，唐君毅先生、徐復觀先生等新儒家學者的期望。[27]

---

25 王汎森：〈如果把概念想像成一個結構:晚清以來的「複合性思維」〉，《思想史》第6期（2016），頁239-249。

26 瞿志成指出「向唐先生問學之後，我才發現他對馬、恩、列、斯著作的掌握，比我更為精熟」，暫時不知唐君毅先生是否如牟宗三先生一樣，受到二三十年代中國國內流行的馬列思想風潮的學術氛圍所影響，致對馬列思想感到興趣，但不能否認若只以唐先生從中華民族文化「花果飄零」的角度，發表批判中共的言論，而不理會唐先生對馬列思想的了解，則太片面了。由此可見，唐先生、牟先生對馬列及共產思想的理解，有待進一步研究，有關唐先生對馬列思想的了解，見瞿志成：〈圓亭憶往錄〉，《國文天地》第33卷第1期（2017年），頁71。

27 有關研究新儒家提出民主及科學的觀點，見李明輝：〈儒學如何開出民主質科學？——與林毓生先生商榷〉，《儒學與現代意識》（臺北市：臺大出版中心，2016年），頁265-310。

牟宗三先生的圓善論及天人合一觀

翁正石

香港樹仁大學社會學系

一 引言

「天人合一」是中國傳統思想的核心概念，也是中國傳統思想的一個獨有特色，國學大師錢穆先生晚年甚至認為「天人合一」是理解中國文化的關鍵，亦是中國文化的歸宿處[1]，余英時先生亦謂：「從先秦諸子到宋、明理學和心學，『天人合一』在每一時代主流思潮中都構成了懷德海所謂『基本預設』之一」[2]，但對天人合一的具體解釋，各個學派、各個領域的學者都有不同的把握。其實「天人合一」在中國傳統思想中，儒、釋、道三家都同樣承認這理境的存在，只是各個體系展示不同的型態而已。要說明中國傳統思想中天人合一的內容及特質，「內在的超越」型態是一條很重要的線索，因為中國傳統思想中，無論儒、釋、道哪一家，在討論天人合一時，雖表現型態不同，但三者同樣具有內在超越的特質，這似乎是當代學者的一個共識。有些學者從歷史思想的發展層面，嘗試說明為何中國儒、釋、道傳統思想在形成過程中，如何塑造這些特質[3]，這對於進一步了解

---

1 錢穆：〈中國文化對人類未來可有的貢獻〉，《世界局勢與中國文化》（臺北市：蘭臺出版社，2001年），頁376-385。

2 余英時：《論天人之際》（臺北市：聯經出版事業公司，2014年），頁172。

3 可參考余英時：〈天人之際〉，《人文與理性的中國》（臺北市：聯經出版事業公司，2008年），頁1-22；及他的《論天人之際》，頁219-252。

儒、釋、道三家為何同樣具有「內在超越」型態的天人合一很有幫助，亦可幫助這概念進一步的開展。然而，對於三家天人合一理境內容的理解，以及三家之間的差異如何，卻仍有很多爭論。筆者認為，在新儒學的哲學建構中，牟宗三先生所理解儒、釋、道三家天人合一觀最為突出。本文主要目的有二：首先筆者嘗試說明牟宗三先生如何理解或如何重構儒、釋、道三家的天人合一觀，但要充分說明其天人合一觀，又不能脫離他的圓教體系中「圓善」的概念，所以本文主要通過他的圓教體系中「圓善」的概念，重構他對儒、釋、道三家天人合一的理解，以及說明其間的差異。這裡所謂重構，主要因為牟先生自己並未有使用「天人合一」這個觀念來講「圓善」的問題，然筆者認為，從義理的層面看，他後期所講的圓教的問題，其實大部份就是中國傳統「天人合一」觀所引生的問題；其次，在重構完牟先生對儒、釋、道三家天人合一觀的基礎上，筆者嘗試進一步說明這些「天人合一」觀為何同樣具有「內在超越」型態，這些特質的主要成份是甚麼？

　　本文主要分為五部分，第一部分首先介紹牟宗三先生如何通過佛家的圓善觀念及從圓善觀照下的佛家天人合一觀；第二部分再說明道家的圓善觀念及從圓善觀照下的道家天人合一觀；第三部分則說明儒家的圓善觀念及從圓善觀照下的儒家天人合一觀；第四部分則是從圓善系統的觀照下，說明他理解的天人合一觀，有前後期之分，而且他後期的理解，如何可以修訂前期的不足，如何將儒、釋、道三家天人合一的內容充分彰顯出來。在牟先生後期的天人合一觀中，他並無明顯使用天人合一的字樣，但衡之以他前期的觀點，筆者認為他後期討論儒、釋、道三家的圓善觀念，其實可以說是他對三家天人合一觀的後期展示；最後第五部分，是在重構完儒、釋、道三家天人合一觀的基礎上，以此作為中國式天人合一觀的範例，嘗試進一步說明這些

「天人合一」觀，為何同樣具有「內在超越」的特質，而這些特質的主要成份是什麼？

二　佛家的圓善觀念及從圓善觀照下的佛家天人合一觀

當今學界都認為「天人合一」這個概念，都是中國傳統儒、釋、道三家思想共同所具有，而且都是很重要的核心概念，要充分說明傳統儒、釋、道三家思想，否定這個概念，基本是不可能的。當然傳統儒、釋、道各家的用詞，並非完全使用天人的字樣，所以要比較儒、釋、道三家的天人合一觀，必須具備一些相同的條件，我們才能使用「天」和「人」的概念來描述。首先，必須承認有兩個世界的存在，一個是現實的世界，這是一個我們實際生活的世界，可以經驗的世界；另一個是超越的世界，這是一個超經驗的世界，它可以是神，也可以是宇宙秩序，也可以是永恆規則。其次，超越的世界必須是現實的世界的存在根源、價值根源或最後真理的依歸。[4]「天」這概念就是泛指超越的世界，而「人」這個概念，就是泛指現實的世界。在儒、釋、道三家中，有時也有不同的詞匯出現，不一定要使用天人的字樣，只要具有這兩個世界，當要討論這兩個世界的關係時，我們都可放入「天」和「人」這兩極的基本範疇中。這兩個世界的關係如何，從哲學的層面看，便屬於形上學的問題。有了這些釐清後，我們便可以正面探討牟宗三先生的天人合一觀。

牟宗三先生有關天人合一的觀念，涉及他對形上學的看法，而形

4　見Charles Taylor, *Dilemmas and Connections*. (Cambridge, Massachusetts: The Belknap Press of Harvard University Press, 2011), 367-368. 泰勒在這裡提出了六種對「超越」一詞的多種含義，最主要就是包含這兩個意思，其他的四種都是引申的可能意思，所以這裡不作考慮。

上學必然涉及宇宙的根本存在問題，這個宇宙的根本存在處，既是所有宗教的根源，也是一切價值的最後根源，但中國人沒有如西方獨立形態的存有論，對宇宙的根本存在問題，也並非從一種純知識論的層面作探討。他認為中國人的存有論是要通過道德、修行或廣義的實踐才能顯現，他稱這種中國式的存有論為「境界形態的形上學」[5]。從廣義的層面看，中國傳統思想中的天人合一觀念，既可以包含修行工夫在主觀精神層面的天人合一，亦可以指宇宙客觀存有層面的天人合一。傳統討論天人合一的問題，主要是從主觀精神層面作探討，至於客觀的天人合一，其討論便較曲折迂迴，而儒、釋、道三家都是通過一種境界形態的形上學來展示。要說明牟宗三這種境界形態的形上學，這與他晚年提出的圓教觀念是密不可分，如果我們不限於用詞，單從義理內容來看，圓教觀念的理境和天人合一的理境是非常相似的。他的天人合一觀念要得到充份說明，必須通過他的圓教體系。我們可以這樣說，他晚年分析儒、釋、道三家有關圓善的觀念，如果用傳統中國的詞滙，便是「天人合一」這觀念在存有論方面的展示，所以仍然可算是「天人合一」討論的進一步延伸。

天人合一的思想，在中國傳統的儒、釋、道三家都有，只是表現型態不同，但牟先生認為，如果從存有論如何得到充份的保證看，儒家的表現最佳[6]。要充份說明為何儒家的表現最佳，這便需要引入牟氏有關縱貫系統與橫貫系統的分辨。他認為凡一個理論體系能夠對現象世界提出一個最後存在的根源解釋，這便是縱貫系統，而一理論只能對現象世界提出經驗的解釋便是橫貫系統。前者是一種對現象世界存在的最後根源說明，是從「無」到「有」的創造，涉及超越的層

5　牟宗三：《四因說演講錄》（臺北市：鵝湖出版社，1997年），頁73。
6　牟宗三：《中國哲學十九講》（臺北市：臺灣學生書局，1983年），頁422。

面；後者是一種對現象世界存在的經驗說明，用一些已有的東西解釋另外一些已有的東西，只涉及經驗的層面，並不涉及存在的根本說明。前者的根源性說明，可以說是一種第一因的解釋，用佛教的詞滙，便是對現實世界各種存在作一種「究竟了義」的解釋；後者的經驗性說明，用佛教的詞滙，只是用一種因緣和合的經驗說明，解釋各種經驗現象的產生，但這些卻非究竟了義的解釋。因為儒、釋、道三個系統最後都涉及超越的層面，亦即涉及終極存在的層面，通過超越的終極存在，說明現象經驗世界存在的可能，所以都屬縱貫系統，只是各自表達的型態不同而已。牟先生認為，從理論最後指向的最高理境上講，三者都沒有分別[7]，但儒家無論在理論的表達，還是實踐的指引，都比道家及佛家完全，這是因為儒家是徹底的縱貫系統，以創造的方式展現其縱貫系統，即宇宙萬物都是由最後的超越根源所創造，道德具有從無到有的創造性，用牟先生的說話，儒家是「縱貫縱講」，道家及佛家雖然是縱貫系統，宇宙萬物最終都不能脫離最後的超越根源，但兩個系統表達欠徹底，兩家都未能以創造的方式表現其縱貫系統，即未能直接以創造的方式肯定宇宙萬物的超越根源，因為道家與佛家都用一種很迂迴曲折的途徑展示宇宙萬物的存在，兩者「不言創生義而仍能說明一切法之存在或最後終能保住一切法之存在」[8]。道家只是以「不禁其性，不塞其源」的方法，讓自然萬物自生來保證它們的存在，而佛家則以宇宙萬物的存在原於「無明」，用唯識宗的解釋是唯識所變的虛妄分別[9]，兩個系統雖然最終同樣肯定宇宙萬物最終的超越根源，但是宇宙萬物的存在，並不是由超越根源

7　牟宗三：《中國哲學十九講》，頁421。

8　牟宗三：《圓善論》（臺北市：臺灣學生書局，1985年），頁329。

9　牟宗三：《四因說演講錄》，頁104。

經由直接創造來保證[10]，用牟先生的說話，兩家都是「縱貫橫講」，故兩個系統表達的形態不及儒家直接，而道德實踐的力量亦比儒家較遜[11]。牟宗三認為縱貫系統，應以儒家作標準[12]。

　　牟先生如何評價形上價系統的最高表達，基本是借用了佛家的圓教概念。圓教原是佛家判教中使用的概念，它是指佛教理論最圓滿的表達及實踐。牟先生的天人合一觀念要得到充份的說明，我們只能通過他的圓教觀念，而圓教觀念必須在佛教的判教中才展現。牟氏認為圓教中的圓有兩個意義，一個是作用上的圓，一個是存有上的圓。前者是指般若的圓通無碍，這是指人在修行實踐上人主觀精神達到的境界；後者則是指完滿真實的存在，這是指客觀存有上的描述及說明。[13] 從傳統印度佛教發展的歷史看，佛教有空有二宗，即空宗及唯識宗兩大系統，牟先生批評空宗無清楚說明宇宙存在的根源，而唯識宗通過識的轉化，雖對宇宙存在有一根本的主張，但對人成佛的依據，仍未能作充份的交代，他解釋圓教的最重要特徵時說：

> 講圓教不可以從主觀的般若智的妙用講，因為這是大小乘共通的，我們必須從法的存在這客觀面來講圓教之所以為圓。這也就是順著佛性的觀念，以說明一切法的存在。為什麼從佛性上講呢？因為在修行的過程中，我們所關心的是：到底以什麼方式成佛？又所成的佛，是什麼境界的佛呢？像小乘自了漢所證成的佛，並未函攝其他一切眾生的一切法，也就是說，其他的一切法並沒有進到自了漢的佛格內；而沒有進到佛格內，即表

---

10 參考牟宗三：《圓善論》，頁328-330及《中國哲學十九講》，頁421-432。

11 為何佛、道二家道德實踐的力量比儒家較遜，可參考牟宗三：《圓善論》，頁255-265。

12 牟宗三：《中國哲學十九講》，頁422。

13 牟宗三：《中國哲學十九講》，頁323-324。

示沒有進到佛性之中，因此，此佛性就沒有包括其他的那些法。所以從小乘要進一步講大乘，大乘佛是以一切眾生得度為條件，大乘佛必須不離其他一切眾生的一切法，而將一切法完全吸收於佛格、佛性之中。[14]

此外，他又說：

佛教是從佛性、法身這裏來保住無自性的法。但是我們不要以為有了佛性、法身，一切法就有了自性。這是不對，一切法還是如幻如化、無自性，還是緣起法。[15]

然而，不是所有形式的佛性、法身都可以很好的把一切法的存在保住，只有大乘最完滿的佛性才可以，可見不達到圓教，法的存在最終都是無法保證，所以傳統印度佛教的空宗及唯識宗都未能到達究竟，佛教必須發展到中國的真常心系統才能充份處理客觀存有的問題。[16]中國化的佛教發展主要有三宗：華嚴宗、天臺宗及禪宗。禪宗對存有論的問題並無直接討論，而真正對存有論有詳細的說明，只有華嚴宗及天臺宗，這兩宗都屬真常心的系統。牟先生認為依真常心的系統，經中國化後的華嚴宗主張，其所說的完滿佛性，才能保證宇宙一切的存在，這是指存有論上的圓滿無盡，而且主伴俱足[17]。所謂存有論上的圓滿無盡是指宇宙一切的存在都得到肯定，所謂主伴俱足是指宇宙一切的人都是主宰自己行動的真正主體，而宇宙一切物的存在亦得到

---

14 牟宗三：《中國哲學十九講》，頁358。
15 牟宗三：《中國哲學十九講》，頁430。
16 參考牟宗三：《中國哲學十九講》第十四講，頁283-308。
17 牟宗三：《中國哲學十九講》，頁323-324。

肯定，這便是宇宙完滿真實的存在，但牟宗三認為華嚴宗仍不是最高的圓教，天臺宗的判教才是最為可取，天臺宗的系統才能達到真正的圓教標準。其原因下面再作進一步說明。

依牟氏的標準，天臺宗的系統所以為圓教，大略說來可以有三個層次，第一層是由個人實踐向善的道德心，成就道德主體，般若經所代表的般若系統是要指出人具有般若的智慧，人在實現般若的智慧後，才能成就道德主體，確立修行者本身的主體只是第一層；第二層是將第一層的道德實踐予以形上學化，主體掌握般若智慧後，它的進一步作用，會透視真實的世界，而牟氏認為般若的性格是「融通淘汰」，融通淘汰的目的，是要將一切法歸於諸法實相，通過實踐修行的道德心的推擴及推進，道德主體與宇宙的根源連繫起來，形成一套「佛教式的存有論」（Buddistic Ontology）[18]，牟宗三先生謂：「本來佛教講無自性，要去掉「存有」（Being），根本不能講存有論；但是就著佛性把法的存在保住，法的存在有必然性而言，那麼就成功了佛教式的存有論。」[19]，牟宗三先生又稱這種模式的存有論為「無執的存有論」[20]；第三層是建立於第二層之上，對無執的存有論的體用分立表達模式，再進行開決，天臺宗所宗的最高經典《法華經》，其精神便是要「蕩相遣執」，達到存在與作用的完全一致的地步，這最後一層便是一種體用一如、即體即用的綜合模式表達。《法華經》的這種「蕩相遣執」與第二層般若智的「融通淘汰」基本性格是一致的，

---

18 牟宗三：《中國哲學十九講》，頁430。

19 牟宗三：《中國哲學十九講》，頁362。

20 牟先生最初用「無執的存有論」時，是與「有執的存有論」相對使用的，前者是指康德的物自身世界中的存在，後者是指康德的現象世界中的存在。他還認為「無執的存有論」不限於佛教的存有論，亦可應用於儒家及道家。參考牟宗三：《圓善論》，頁337-340。此外，亦可參考林同奇：〈牟宗三的精神理境：圓教如何可能〉，《人文尋求錄：當代中美著名學者思想辨析》（北京市：新星出版社，2006年），頁7。

其差異只是前者是依據客觀存在來說，而後者則是就精神修行來講，所以第三層不單要達到精神上體用一如、即體即用的境界，而且必須從客觀存在層面，得到體用一如、即體即用的理論表達，才是最高的教義。天臺宗稱這種體用一如的綜合模式表達為性具系統，而牟宗三認為只天臺宗的性具系統才是最後的真正圓教。

　　從第一及第二層面看，華嚴宗及天臺宗都能表達得很好，但從第三層面看，華嚴宗仍未能達致圓教境地。天臺宗及華嚴宗的系統為何仍未達最後第三個層次？為何天臺宗的性具系統才是最後的圓教？華嚴經說十法門、十身佛，「十」是無盡的意思，華嚴經將宇宙一切存在，都通過佛的多種面向而作正面的肯定，這是就佛的法身及法界說圓教，但這種佛只能顯示其是一隔離之佛，仍然未能開權，亦未能顯示佛與眾生及一切存在的完全關係，牟先生在《圓善論》引了知禮一段很重要的話：

> 應知今家明「即」永異諸師。以非二物相合，及非背面翻轉，直須當體全是，方名為「即」。何者？煩惱生死即是修德，全體即是性惡法門，故不須斷除及翻轉也。諸家不明性惡（不明性德上本有的惡法門），逐須翻惡為善，斷惡證善。故極頓者，仍云「本無惡，原是善。」既不能全惡是惡（全修惡即性德），故皆「即」義不成。故第七記（荊溪法華文句記卷第七下）云：「忽都未聞性惡之名，安能信有性德之行。

又謂：

> 今既約「即」論斷，故無可滅；約「即」論悟，故無可翻。煩惱生死乃九法界。既十界互具方名圓，佛豈壞九轉九耶？如是

> 方名達於非道，魔界即佛。故圓家斷、證、迷、悟，但約染淨
> 論之，不約善惡淨穢說也。諸宗既不明性具十界，則無圓斷圓
> 悟之義。故但得「即」名，而無「即」義也。此乃一家教觀大
> 途。能知此已，或取或捨，自在用之。[21]

　　佛教這裡所說的十法界，就是天、人、阿修羅、地獄、餓鬼、畜
牲這六界，再加上聲聞、緣覺、菩薩、佛這四界，十法界再可以配合
三種世間：國土世間、眾生世間及五陰世間。這便概括宇宙一切的存
在。圓教最後能保證客觀世界的存在，主要是在「即」這個概念所建
立的原則上。「即」是指不離不棄的意思。大乘佛教認為，個人成佛必
須以一切眾生得渡為條件，也就是說成佛不能脫離一切法，佛就是眾
生，眾生就是佛，兩者是不能分開，而天臺宗所說的「一念三千」以
及其性具系統便是通過「即」，將佛性與眾生及一切存在統攝起來，天
臺宗所謂的「即」，牟先生認為這裡是以一種非分析的方法表達，也就
是用一種詭譎的方法表示佛與眾生及一切存在的關係，例如前面知禮
所謂「煩惱生死即是修德」、「全體即是性惡法門」、「魔界即佛」，這
便是用一種體用一如的綜合模式，用天臺宗的性具系統表達，那就本
身雖是系統，但卻無系統相，亦不會使人在道德實踐過程中，執著於
這系統相而成負累及障礙，能真正達到體用一如的境地[22]。這便是佛
教的圓善觀念。這種圓善的觀念，如果用中國固有的詞滙，可以說
是一種天人合一的觀念。在中國大乘佛教的天臺宗裡，當人修成佛
果，主體可以在精神上與最高超越的真常道體合而為一，而且主體與
萬物的存在，亦可以同時得到保證。如果我們將中國佛教真常心所把

---

21 牟宗三：《圓善論》，頁273-274。

22 有關天臺宗本身雖是系統，但卻無系統相的詳細說明，可參閱牟宗三：《圓善論》，
　　頁266-280。

握到的最高超越道體都稱作天，而不是形象化、人格化的天，則這種合一仍可以說是一種天人合一的佛教觀，也是一種內在超越形態的天人合一。

三　道家的圓善觀念及從圓善觀照下的道家天人合一觀

在道家最重要的傳統典籍《道德經》和《莊子》中，兩者都有對現象世界提出一個最後存有的根源解釋，而且將其作為一切價值的最後根源。例如《道德經》首章便謂「無名天地之始，有名萬物之母」，依牟宗三先生的解釋，「無」這裡作為天地的開始，其並不能作為一種真正的創生意義了解。要了解「無」如何可以作為天地的開始，是要通過修行實踐來把握的，即必須從後面接下來二句「常無欲以觀其妙，常有欲以觀其徼」來了解。王弼注這二句云：「空虛〔其懷〕，可以觀其始物之妙。常有欲，可以觀其始物之徼。」牟氏認為這裡的「其」是指道，而「徼，等終要，等於僥，三個字一個意思。徼向，就是要求有一個方向」[23]。當人在「無」的狀態時，便可觀道的無限妙用；當人在「有」的狀態時，便可觀道的徼向，「空虛〔其懷〕」及「常有欲」都是一種高度的精神修行狀態，所以牟氏認為「無」只是「無為」的一種結果，「無為是高度精神生活的境界，不是不動」[24]。他總結道家的形上學特徵時說：

> 道家從作用上透出無來，即以無作本，作本體，從這裡講形而上學，講道生萬物，這個生是不生之生。雖言「道生之，德畜之」，這個生不是實有層次上肯定一個道體，從這個道體的創

---

23 牟宗三：《四因說演講錄》，頁64。
24 牟宗三：《中國哲學十九講》，頁89。

造性來講創生萬物。它從作用層上看，通過忘這種智慧，就是
說讓開一步，「不塞其源，不禁其性」，萬物自己自然會生，會
成長，會成就，這就等於是一個「道生之」。[25]

所謂「不生之生」，不是一種從無到有的真正創造，為了說明道家
所說的「不生之生」，牟宗三借用了亞里士多德的「實現」（actualiz-
atuion）一詞，用「實現原則」（Principle of Actualization）去描述道
家如何從修行實踐的層面，可以說明客觀的存在，他指出道家所謂道
生有、無，無生萬物，這種「不生之生」的含義是：

> 創造 creativity，creation……不能用於道家，至多籠統地說它
> 能負責物的存在，即使物實現。「實現」更籠統，說創造就太
> 落實了。所以我們不要說創造原則，而叫它「實現原則」
> （Principle of Actualization）。[26]

這是道家形上學的基本形態。明白了道家形上學的基本形態後，
我們便可以進一步說明道家的圓善概念。道家的圓善問題，便是如何
通過實踐，應用實現原則將道表現出來。借用天臺宗中的判教，道家
對修行實踐亦有高下的判別，例如「失道而後德，失德而後仁，失仁
而後義，失義而後禮。夫禮者忠信之薄而亂之首。」（《道德經》第三
十八章）便是，其中道、德、仁、義、禮，以道為最高表現。如果要
成就道家的真人或天人，必須以一種無為無執的方式，經不斷的修行
實踐，才能掌握最高的道。這種取向仍然像佛教般若智的作用，是一

---

25 牟宗三：《中國哲學十九講》，頁145。
26 牟宗三：《中國哲學十九講》，頁104。

種融通淘汰的精神，不過道家稱這種智慧為「玄智」，玄智可以融通消化各種形式表達的不完全，令萬物各自都可以得到自己的存在，即萬物各自歸根復命而得到自在。如果說佛教的般若可以成全一切法，玄智亦可以成就一切德如仁、義、禮、智、信等，成就這些德，同時亦可以成全天地萬物，使其各歸自在，使宇宙萬物的存在有一說明。

依道家的精神，實現原則得到最好的應用，其探討方向是方法層面的問題，亦即採取一種怎樣的方式，才能最有效實現聖、智、仁、義呢？但這種取向畢竟沒有正面探討聖、智、仁、義是什麼的問題，或更進而探討宇宙最後根源的存在是什麼的問題。

天人合一的觀念可以從兩個層面看，一是從工夫的層面看，一是從存在的層面看。道家天人合一的觀念，人與道結合的最高境界，雖然仍然可以保留存有論的層面，但它所包含的存有論，卻沒有正面獨立的意思，所以牟宗三說：「假如把道家義理看成是一個形而上學，那它便是一個境界形態的形而上學（依境界之方式講形而上學）。」[27]

前面說天臺宗之所以為圓教，有三個層次的追求。第一層是由個人實踐向善的道德心，成就道德的主體；第二層是將第一層道德實踐予以形上學化；第三層是將第二層的存有論進行一種開決。今將這三層的區分，放在道家老莊的表述上，仍然具有這三層的含義。在第一層的討論中，《道德經》以「致虛極，守靜篤」（十六章）為修行工夫的綱領，在靜的工夫之下才能「觀復」。主觀的心能夠靜下來，宇宙萬物也跟著靜下來，恢復各自的存在，這便是歸根復命。牟先生認為「道家從心上做工夫，從性上得收穫」[28]，所謂從心上做工夫，就是從外在世界轉向個人內在世界，所謂從性上得收穫，就是要我們養

---

27 牟宗三：《中國哲學十九講》，頁128。
28 牟宗三：《四因說演講錄》，頁88。

性，養性就是養生，養這個自然生命，自然生命本來是中性的，沒有價值的意義。但通過「養」之後，它便成為最高價值的標準，因為它原來本是符合道的自由自在的生命，後天把它搞壞了。

這種道家修行工夫，可以成就一個與自然相配合的主體，這是前面圓教三個層面的第一層。將「致虛極，守靜篤」作進一步的形上學化，用以連繫超越的道體便成就第二階段。當「致虛極，守靜篤」達成後，人便可以與超越的道連合起來，宇宙萬物亦可以恢復各自的存在。《道德經》第四十章曰「道生一，一生二，二生三，三生萬物」，對於這個道，牟氏認為「王弼根據莊子，通過有、無、玄，來了解。一、二、三就等於有、無、玄。從無那裡說一，到有出來，說二，有、無統一起來就是玄。」[29]前面說過「無」及「有」都是一種高度的精神修行狀態，是對道的不同把握，「無」就是「一」，「有」就是「二」，「有」「無」統一起來就是玄。

莊子對於這個最高圓教的化境，並不喜作分解的說明，而更善於作詭譎的表達，這便是第三層的意思。例如莊子〈齊物論〉謂：「有有也者，有無也者，有未始有無也者，有未始有夫未始無也者。俄而有、無矣，而未知有無之果孰有孰無也。」這是使用一種詭譎方法的開決，但重心仍在工夫的層面著力，對存有論層面的討論，仍沒有正面獨立的意思。〈齊物論〉又說「俄而有無矣，而未知有無之果孰有孰無也。今我則已有謂矣，而未知吾所謂之其果有謂乎？其果無謂乎？天下莫大於秋毫之末，而太山為小，莫壽於殤子，而彭祖為夭。天地與我並生，而萬物與我為一」這便是莊子圓教之化境，當道通過這種詭譎的表達，將系統的形態去除掉，莊子這個表達本身雖是一個系統，但卻無系統相，亦不會使人在修行實踐過程中，執著於這系統

---

29 牟宗三：《四因說演講錄》，頁97。

相而成負累及障礙，能真正達到體用一如的境地。郭象稱莊子善於作詭譎的表達系統稱為迹冥圓融論，他認為「道」是「冥」，宇宙萬事萬物是「迹」，但是兩者並非截然二分，而是互相圓融在一起，「冥」是要通過宇宙萬事萬物的「迹」才能顯現，而「迹」亦須透過「冥」才能掌握，但是兩者並非分開的東西。

郭象雖然認為宇宙萬事萬物各有自己獨立的存在，但又不會妨礙宇宙萬事萬物之間同時具有相濟及相因的關係，萬事萬物各自獨化，又彼此相互對待而存在。郭象對各種事物間的相因相濟關係，不單是指一種個人對外在世界的主觀判斷，而且客觀世界各種事物亦確可產生相因相濟的作用，他說：「天下莫不相與為彼我，而彼我皆欲自為，斯東西之相反也。然彼我相與為唇齒，唇齒者，未嘗相為，而唇亡則齒寒。故彼之自為，濟我之動弘矣，斯相反而不可以相無者也。」（《莊子・秋水注》）這顯示宇宙萬物在相互連繫中，一事物既要接受他物的作用及影響，但它同時又會對他物產生作用和影響，這表示每一事物既有它的自身性，又有它的非自身性，兩者合於一身。然而這種相因相濟，不是某一事物產生另一事物，而是某一事物是另一事物的先決條件。從現象表面看，唇為唇，齒為齒，兩者完全不同，但從本質上看，唇和齒是雙方存在的條件和依據。這種關係好像天臺宗所謂的「即」，雖然萬事萬物相互是對方存在的條件和依據，但萬事萬物各自背後沒有根本的原因，也找不到根本的原因，郭象便稱這種情況為「獨化」。

郭象以前，王弼將道家的「道」，視為主宰宇宙萬事萬物的法則，這樣「道」和宇宙萬事萬物便有一種本末輕重之別，郭象認為「道」是「冥」，宇宙萬事萬物是「迹」，但是兩者並非截然二分，而是互相圓融在一起，「冥」是要通過宇宙萬物萬物的「迹」才能顯現，而「迹」亦須透過「冥」才能掌握。這就是郭象的迹冥圓融論，也是前

面圓教三個層面的最後階段。這種迹冥圓融論，可以說是一種中國古代本有的一種天人合一觀，也是一種內在超越形態的天人合一。

四　儒家的圓善觀念及從圓善觀照下的儒家天人合一觀

　　圓教系統下表現的善便是最高善，亦即是圓善。圓善概念包含德與福兩部分，依儒家的標準，個人的德是由「良知」決定的，良知是個人本有的，完全控制於行動者手中，而福是行為的結果，行為的結果是由宇宙的物理客觀定律所決定，並非完全由個人自己控制。然而，在道德實踐中，我們總希望德與福有一恰當的配對，這才是最可取的善。在圓善的標準下，兩者的配對關係才能得到充份的保證。

　　道德實踐一定涉及存在，但存在有合理性的，亦有不合理性的。儒家的道德實踐是要從無到有創造符合理性的存在，或改造現有不符合理性的存在。從孔孟開始，傳統儒家都主張，在道德實踐的不斷提昇中，最後可以予以形上學化，因為道德心的發展，可以感通天地萬物，最後甚至與天地萬物為一體。

　　從儒家的歷史發展看，孔子在道德實踐中，提出踐仁是成德的依據，踐仁是可以完全由個人自己控制，這就是孔子所謂「仁遠乎哉？我欲仁斯仁至矣」（《論語》〈述而篇〉）。這是道德主體的確立，依前面天臺判教的三個層面判斷，它是具有第一階段的成就；孟子在道德實踐中，進一步指出「盡其心者，知其性也；知其性，則知天矣」（《孟子》〈盡心章〉），便是將道德實踐的不斷提昇，予以形上學化，道德實踐最後可以把握形上學的實體「天」；《中庸》進一步提出：「唯天下至誠，為能盡其性；能盡其性，則能盡人之性；能盡人之性，則能盡物之性；能盡物之性，則可以贊天地之化育；可以贊天地之化育，則可以與天地參矣」，通過道德實踐的誠，以通達超越的性

體，最後「可以贊天地之化育」；《易傳乾文言》又曰：「大人者與天
地合其德，與日月合其明，與四時合其序，與鬼神合其吉凶」，通過
尊乾法坤，聖人也可以通達超越的天。這些都是先秦道德實踐形上學
化的發展，後來再經過宋明理學的進一步改造，這種道德實踐的形上
學化得到更充分的展現。王陽明的致良知系統，便是王陽明對道德實
踐形上學化的最成熟的表現，他針對朱子的講大學而覺得其有刺謬，
認為朱子的格物窮理，並非真正由道德的良知而來。良知本來是孟子
原有的詞語，但王陽明針對朱子的講大學，提煉心、意、知、物四個
概念，而有四句教的主張，亦稱四有說：

> 無善無惡心之體，
> 有善有惡意之動，
> 知善知惡是良知，
> 為善去惡是格物。[30]

在道德實踐的過程中，我們是從道德心開始的，道德心是一絕對標
準，本身並無善惡之別，是屬於超越層面的體，但這個道德心的開
始，展現在推動行為的意念上，便有善意惡意之分，意念是屬於經驗
層面的。良知是一種靈明的感覺，這種感覺是道德心在經驗層面的應
用，使意所及的物有一合理的安排，亦即為善去惡，這便是「格
物」，格物是要格人的行為，所以王陽明認為「格物」的「物」，其實
是指「行為物」。王陽明的良知系統可以說是前面天臺判教的三階段
中，屬於第二階段的成就。

---

30 王陽明：《王陽明全集》〈傳習錄〉，卷三，語錄三（上海市：上海古籍出版社，1992
年），頁118。

從圓教的標準看，牟宗三認為王陽明的四有說並不是儒家的究竟圓教，儒家的圓教要到王龍溪的四無教才得到充分的展示。王龍溪的〈天泉證道記〉有一段重要的說明：

> 夫子立教隨時，謂之權法，未可執定。體用顯微只是一機，心意知物只是一事。若悟得心是無善無惡之心，意是無善無惡之意，知即是無善無惡之知，物即是無善無惡之物，蓋無心之心則藏密，無意之意則應圓，無知之知則體寂，無物之物則用神。[31]

其中「無心之心則藏密，無意之意則應圓，無知之知則體寂，無物之物則用神」，便是王龍溪的四無說，和四有說相比，四無說中「無自體相」的意思更為複雜，依牟先生的詮釋，「四無」之無是指「無相」的呈現。這便是用一種詭譎方法的開決，表示體用一如的合一，這才是真正的圓教。這便能成就前面三階段天臺判教的最後第三階段，萬物存在而沒有存在的系統形態，使體用一如，體用無間，存在不受我們表達的形態所限制，雖有系統而沒有系統相。王龍溪這種四無說，可以說是一種典型中國古代本有的一種天人合一觀，也是一種內在超越形態的天人合一。

五　牟宗三的天人合一觀前後期的差異

天人合一的觀念可以從兩個層面看，一是從工夫的層面看，一是從存在層面看。

---

31 王龍溪：《王龍溪全集》〈天泉證道記〉（臺北市：華文書局，1970年），頁89-90。

　　從工夫的層面看，天和人如何在實踐的層面可以合一？也就是從主觀的精神層面，天和人如何可以合一？這是一個方面；從存在的層面看，天和人如何可以在理論的層面合一？也就是從客觀的存在層面，天和人如何可以合一？這個合一如何可以得到說明？這是另一個方面。牟宗三先生的儒、釋、道三家天人合一觀，可以分前後兩期，前期的理解主要是從工夫的層面看，但後期的理解，除了工夫的層面外，更全面考慮宇宙客觀存在的層面，而且從圓善的層面，整理儒、釋、道三家天人合一觀。

　　牟先生前期的觀點，主要集中前面圓教的第一層及第二層的前半部份的理解及說明，其前期的觀點主要表現在他的《中國哲學的特質》一書中。他借用了徐復觀先生提出「憂患意識」的概念，以說明西周的立國，統治者已意識到「天命靡常，惟德是依」，統治者想要保住天命，維持長久的國祚，統治者必須「敬德」，即必須以戒慎虔謹的態度踐履德政。徐復觀提出這種「憂患意識」，就是將它作為道德的源頭，牟宗三除了繼承這種觀點外，更進一步指出這不單是一種負面的害怕感覺，而且是一種正面的行為力量，「它的引發是一種正面的道德意識，是德之不修，學之不講，是一種責任感。由之而引生的是敬、敬德、明德與天命等等的觀念」[32]。這種強調統治者的履行德政，而不是天的意志決定統治者能否保住天命，繼續統治，因此王朝興衰的責任便落定在統治者的身上。換言之，維持長久的國祚，決定的因素是人對天意的主動實踐，而不是天意本身。後來孔子進一步提出仁是所有禮制的依據，而且「為仁由己」（《論語》〈顏淵篇〉），發展出中國哲學的獨特性，這便是道德主體的確立。道德實踐的進一步發展，便是將道德實踐予以形上學化，孟子「盡其心者，知其性

32　牟宗三：《中國哲學的特質》（臺北：臺灣學生書局，1980年），頁15。

也；知其性，則知天矣」（《孟子》〈盡心章〉），將心、性、天連合在一起，通過盡四端之心便可以與超越的天體連繫起來，合而為一，將主體與客體的對立消除掉，其後《中庸》主張通過道德實踐的誠可以通達超越的性體，而《易傳》通過尊乾法坤，聖人的「與天地合其德」，亦可以通超越的天體。以上都是先秦道德實踐形上學化發展的結果。這是牟先生前期有關儒家的天人合一觀，此種觀點主要是通過人的道德實踐，可以知人之所以為人的「性」，再進一步便所以知超越的「天」，強調道德實踐主觀的精神層面，但對宇宙客觀存有上的天人合一並沒有深入說明及論證。牟先生對王陽明及王龍溪的論定，是他晚期思想的一部份。對王陽明思想的論定，用前面圓教的第二層的後半部份的理解及說明，即仍然是將第一層的道德實踐予以形上學化的結果，只是這種形上學化表達得更完全。說其良知系統表達得更完全，因為它不單從主觀層面肯定道德主體與超越道體的精神連繫，更從客觀層面，通過格物窮理肯定萬物的存在，但其中體與用的關係，仍然以一種分析的途徑作說明及論證，所以是屬於第二層的後半部份的發展，必然進致王龍溪的論定，才真正將無執的存有論的體用分立表達模式，再進行開決，使其沒有系統的形相負擔，這才真正屬於圓教的第三層結果。

從儒、釋、道三家的傳統典籍看，三家有關天人合一觀的說明，有些是從純主觀的層面作探討，有些則是從客觀的層面作研究。對天人合一的分析，從主觀的層面及客觀的層面看，兩者的關係具有很不同的特質，其中所謂「合一」，各自亦有不同的含義。如果從主觀層面作討論，這個天人合一是道德主體與超越客體最終可以相通連繫起來，這裡所謂「合一」，是指其間主客對立關係的消除，主客融為一體的精神狀況。但從客觀層面作討論，這個客觀上的「合一」，就是經過實踐的修行，我們得到的不單是純精神的結果，存在的層面亦得

到保證。個人的實踐修行，與客觀世界存在的關係，如果只限於道德層面看，就是德與福的關係，如果從廣義層面看，就是實踐與客觀存在的關係。這種存有論上的天人合一，我們不要理解為天等同於人，或人等同於天，而只是人的存在保證了天的存在，而天的存在亦保證了人的存在，兩者有必然的相互依存關係，缺一不可。當然這個天，是指一切存在的最終超越依據。人和天的關係，就好像左右關係是連在一起的，左要存在，不能離間右，反之右要存在，也不能離間左。如果我們借用天臺宗圓教的「即」去理解，相信是最合理的。如果我們不用中國式的內在超越形態來表達，而使用外在超越形態來說明，這便是在基督的天國裡，人的德便必然伴隨福的出現，德與福具有必然關係。

　　牟宗三先生將康德圓善的概念，結合佛教圓教的概念，看到中國儒、釋、道三家在各自道德形上學的討論中，對存有論的問題，並非完全不理會，只是三派都通過修行的形態表達，用牟先生的詞滙，它們都屬於「境界的形上學」，即必須通過修行實踐才能保有存有論的部分。所以牟宗三先生晚年有關儒、釋、道三家的圓善觀念，其實就是有關天人合一觀的存有論說明。筆者認為儒、釋、道三家圓善觀念的討論，其實就是牟氏晚年對儒、釋、道三家的天人合一觀進一步的討論，只是人們長期都以天人合一觀似乎只是一種精神上主觀修行的結果，不能放在客觀存在層面作討論，所以他始終未有用天人合一來作總結，他只用了「圓善」或「德福合一」來取代中國傳統「天人合一」一詞。其實筆者相信使用「天人合一」似更能符合中國哲學發展的傳統。從董仲舒開始，「天人合一」一詞一直都不是限於主觀修行實踐層面的討論。例如人君的德行如何配天，當王莽的改朝換代時，改制度、易服飾等等都不單是主觀精神修行所能解決。在儒、釋、道三家有關天人合一的討論中，除了涉及主觀精神所達的理境外，還有

很大部分的討論，都是牽涉客觀存有論的討論，這在宋明理學的討論中尤為明顯突出。

六 內在超越型態的天人合一觀應具備甚麼基本特質？

上面四部分，主要重構了牟宗三先生有關儒、釋、道三家的天人合一觀。這三種不同形態的天人合一觀，展示了中國式天人合一觀的一些基本特質。儒、釋、道三家的天人合一觀，當今大部分的學者都有一個共識，認為三家皆同屬內在超越型態的思想。在這最後一節中，筆者嘗試說明這種中國式的天人合一觀和內在超越型態的關係，也就是說內在超越型態的天人合一觀應具備甚麼基本特質？

儒、釋、道三家各自的天，都是指向一個超越的世界，它們可以與現實的世界相比對。相互對照的這兩個世界，在儒、釋、道三家中，有時以不同的名字出現，不一定要使用天人的字樣，只要具備這兩個世界，而現實的世界最終都要以超越的世界作一切存在的根源、一切價值的根源或最後真理的依歸，我們都可以將這兩個世界，放入「天」與「人」這兩極的基本範疇中。前面第二部分至第四部分，已經說明了「天人合一」在儒、釋、道三家所呈現的共同特質及差異處。現在我們看看儒、釋、道三家的天人合一觀，它們具備甚麼樣的基本特質，我們才能將三者放在「內在超越」型態中，或者反過來說，「內在超越」型態的思想究境應具備甚麼樣的基本特質？

儒、釋、道三家的天人合一說，都同樣具有一種內在超越型態的一些特徵，這是當代學者的一般共識，其主要的原因，就是因為超越的世界（即「天」）與現實的世界（即「人」），都有一種不即不離的關係，即超越的世界和現實的世界，兩個常常是搏纏在一起，即超越的世界雖然不等於現實的世界，但超越的世界又不能脫離現實的世

界，兩者相互依存，構成一種不離不棄的情況。此外，它們雖然搏纏在一起，但要批判這個現實的世界，又必須訴諸超越的世界。這種內在超越型態的天人合一觀，是相對於外在超越型態而言。「外在超越」型態的思想，其明顯的特徵是超越的世界與現實的世界兩者是很清楚的分別開來，這個超越的世界可以是人格化的神，也可以是一些不變的宇宙秩序或永恆的規則，然而現實的世界和超越的世界卻很少糾纏在一起。為甚麼儒、釋、道三家的天人合一說，都有這種內在超越型態的特徵？要清楚說明這種內在超越型態的形成，牽涉很複雜的中國古代思想史發展的探究。余英時先生在他的巨著《論天人之際》一書中，嘗試填補了思想史這一缺口。他借用了雅斯培軸心時代的概念，將它進一步發展，輔以大歷史資料，用來說明中國傳統古代思想的天人合一觀。雅斯培軸心時代的概念的提出，主要是說明古代希臘、中國、印度、以色列、波斯等的文化，在公元前八百年至公元前三百年的轉變，他發現這場軸心時代的轉變，其結果是每一文明，在各自獨立發展的情況下，都完成了一場「超越」（Transcendence）運動，這種運動改變了以前各民族的宗教觀、文化觀、世界觀，而且還對以後各自文明的發展，起著長期的指引作用，更形成各具特色的思想發展取向。余先生借用這個基本概念，嘗試說明中國在公元前八百年至公元前三百年的這場超越運動的思想變化，他稱這是一種內在的超越運動，他更以這種內在超越特質，說明中國傳統古代思想的天人合一觀形成的歷史變化。

他用柏拉圖的理型論作為「外在超越」型的範例，對比中國古代思想的「內在超越」型特質。[33] 柏拉圖的理型（Forms or Ideas），是一種超越的東西，是一種永恆不變的東西，理性是通往理型世界的唯

33　余英時：《論天人之際》，頁221-251。

一工具。理型世界與現實世界不同，現實世界是變化的，是短暫的，是物質性的，五官是通往這個現實感知世界的途徑。這兩個世界是完全不同的領域，因為理型世界是要理性來掌握，而現實世界是通過五官來把持。此外，理型世界是現實世界的存在根源，亦是價值根源。因為最後的真理只能在理型世界，所以批判現實世界，亦是以理型世界為標準。我們稱柏拉圖的理型論為一種典型的「外在超越」型。

「內在超越」型態是相對於「外在超越」才能清楚顯示出來。前面說過，「內在超越」最重要的一個特質是超越的世界與現實的世界，兩者具有一種不即不離的關係。為了解釋這種不即不離的關係為何出現，余英時先生結合了大量史料，勾劃出中國古代思想，在這場「超越」運動中，如何形成天人合一說，這種天人合一說又如何在當時的環境，呈現一種兩個世界具有不即不離的文化特色。

他說：

> 為什麼中國軸心突破後兩個世界會具有「不即不離」的文化特色呢？……他們的最後的答案是：依賴「心」的媒介作用；「心」通過修煉（如荀子所謂「治氣養心」）便可將「道」收入「心」中（如韓非所謂「虛心以為道舍」）。……在這一基本架構下，個人如果要接觸「道」，第一步必須內轉，向一己的「心」求索。[34]

這種解釋，說明了中國式的「天人合一」的基本形態，都採取一種「內轉」向一己的「心」去求索的實踐取向，但未足以充分說明中國式的「天人合一」，其所以為「內在超越」型態的理由。因為很多

---

34 余英時：《論天人之際》，頁228。

「外在超越」型態的思想，也是採取一種「內轉」的實踐取向。其中最明顯的例子是奧古斯丁的「外在超越」型態。雖然奧古斯丁的思想深受新柏拉圖主義的影響，但畢竟不同於柏拉圖，他認為理型並非最後的真理，最後的真理是基督教的神，但在追尋神的過程中，奧古斯丁邁開通往內在性的步伐，他認為最高的真理就在人心的內部，而上帝就是最高的真理。他在《論真宗教》（*De veraReligione*）中有一名言：「不要走向外部；回歸你自身。內在的人存在於真理中」[35]，他採取回歸自身去追求最高的真理，因為上帝並非如柏拉圖的理型，祂不單是一超越的客體，也是一己認識能力的基礎原則，所以必須回到一己的「心」去作根源性的反省（radical reflection）才能找到神[36]。雖然奧古斯丁完全轉向內心追求最高的真理，而且內在與外在有一個清晰的區分，但他的整套理論仍然是一種「外在超越」，不能稱為「內在超越」，所以，採取一種「內轉」去求索最高真理的實踐取向，只是屬於實踐的方法問題，但「內在超越」的所以為內在，除了方法的內向實踐外，必須涉及超越的世界與現實的世界的具體關係上，所以脫離了天人合一的具體關係，「內在超越」亦得不到充分說明。其實，余英時先生似乎意識到這個問題：

> 從字面上看，「人和神的合一」是和中國「天人合一」最相近的觀念，但兩者之間的差異如此之大，顯然不能相提並論。中國軸心時期的「天人合一」既是回到「生命之源」（「氣」）和「價值之源」（「道」），即「人」和「天」交接的終極所在（ultimate），這裡便根本不發生「自我」與「他者」互相對峙

---

35 轉引自 Charles Taylor, *Sources of the Self: The Making of the Modern Identity*. (Cambridge, Massachusetts: Harvard University Press), 129。

36 Charles Taylor, *Sources of the Self: The Making of the Modern Identity*, 131.

的問題。[37]

依這個標準看，他似乎認為「內在超越」的內容，除了指超越的世界與現實的世界具有一種不即不離的關係，必須加上另一個條件，即當「天人合一」出現時，「自我」與「他者」互相對峙的情況是不會出現的。這種看法，仍然是將「天人合一」視為一種純精神層面的一種神祕經驗。然而，筆者從前面重構牟宗三先生的儒、釋、道三的「天人合一」觀看，「內在超越」模型的標準，除了「天」和「人」的主觀精神合一外，沒有「自我」與「他者」互相對峙外，似乎還必須包含「天」和「人」的客觀存在意義上的合一。

---

37 余英時：《論天人之際》，頁190。

由智者大師之七重二諦
到二十八重二諦

陳沛然

香港佛學研究所

一 天臺宗判教涵攝華嚴宗

（一）天臺宗判教之八教

依天臺宗之判教，可將大小乘佛教分判為「八教」。「八教」是「化法四教」和「化儀四教」[1]。「化法四教」是從佛法之法理內容而分判的，「化儀四教」則是從傳法之儀貌形式而立的。天臺宗之「八教」如下[2]：

化法四教：藏、通、別、圓。
化儀四教：頓、漸、秘密、不定。

依我之見，「化儀四教」增訂為「化儀六教」：「頓、漸；顯、密；定、不定」，則更見精準完整。天臺宗「化法四教」的教乘是：

---

1 參閱業師牟宗三：《佛性與般若》下冊，第3部第1章第2節〈五時八教〉（臺北市：臺灣學生書局，1982年修訂3版），頁619-648。

2 參閱陳沛然：《佛家哲理通析》，第10章〈佛家圓教的判教架構〉之〈天臺宗之判教架構〉（東大圖書公司，1993年初版，2011年圖解導讀版），頁312-318。

藏：小乘三藏佛教（原始佛教）

通：大乘般若通教（空宗）

別：別教一乘圓教（華嚴宗）

圓：同教一乘圓教（天臺宗）

（二）華嚴宗之五教判

依華嚴宗之判教，可將大小乘佛教分判為「五教」，如下[3]，五教是小、始、終、頓、圓。華嚴宗「五教」的教乘是：

小：小乘聲聞緣覺乘（原始佛教）

始：大乘始教（般若宗、唯識宗）

終：大乘終教（如來藏系）

頓：大乘頓教（禪宗）

圓：大乘圓教（華嚴宗）

（三）小評：檢視天臺宗和華嚴宗之判教問題

1 檢視天臺宗科判「別教」之問題：

（1）唯識宗之「性染論」系統與如來藏系之「性淨論」體系

天臺宗之判教未能給予唯識宗和如來藏系應有的位置。天臺宗雖可將唯識宗和如來藏系判入「別教」，順序地將唯識宗名為「始別教」，如來藏系名為「終別教」[4]，可是卻與「圓別教」（華嚴宗）混

---

3 參閱陳沛然：《佛家哲理通析》，第10章〈佛家圓教的判教架構〉之〈華嚴宗之判教架構〉（臺北市：東大圖書公司，1993年初版，2011年圖解導讀版），頁335-338。

4 同註1，頁618。

為一層，殊不恰當。

因為唯識宗以污染有漏之阿賴耶識作為成佛之主體根據[5]，我名之為「性染論」系統；如來藏系和華嚴宗則以自性清淨心作為成佛之主體根據[6]，我名之為「性淨論」體系。唯識宗之「性染論」系統不應與如來藏系及華嚴宗之「性淨論」體系混在一起。

儒家思想分為「性善論」與「性惡論」，我順這一對中華文化所熟識的概念，應用於分判佛家兩大系統而定名為：「性淨論」與「性染論」。從人性論而言，依人性之光明性而有儒家之「性善論」與佛家之「性淨論」，另從人性之陰暗面而言儒家之「性惡論」與佛家之「性染論」。儒家之「性善論」與「性惡論」是處理倫理道德上之「善」與「惡」的問題；佛家「性淨論」與「性染論」則是涉及生命品性之「淨」與「染」的義蘊：自性清淨及解脫自在便是「淨」，污染有垢和煩惱盈盈乃是「染」。

自性清淨之如來藏系自然是「性淨論」系統，清淨法界實德緣起之華嚴宗也當然是「性淨論」體系，而阿賴耶識具有漏種子之唯識宗則屬「性染論」學說。

---

5 玄奘《成唯識論》卷四：「阿賴耶識俱有所依亦但一種，謂第七識。彼識若無定不轉故，論說藏識恆與末那俱時轉故，又說藏識恆依染污，此即末那。」窺基《成唯識論述記》：「又說藏識恆依染污，即如無性第三卷云：『或有說言，與四煩惱恆相應心名染污依。』同世親說，由此既言恆依染污，故知第八以七為依。」阿賴耶識即藏識，阿賴耶識（藏識）恆與染污的末那識活動，故此現實上具備染污性。

6 「自性清淨心」學說，散見於《如來藏經》、《不增不減經》、《勝鬘經》、《楞伽經》等大乘真常心系統之佛經。佛陀跋陀羅譯《大方等如來藏經》用了十二種譬喻來說明「自性清淨心」（見《大正藏》卷16，頁457-460）。菩提流支譯《佛說不增不減經》表明「眾生界」是「如來藏本際相應體及清淨法」（見《大正藏》卷16，頁467中）。求那跋陀羅譯《勝鬘師子吼一乘大方便方廣經》曰：「如來藏者是法界藏，法身藏，出世間上上藏，自性清淨藏。」（見《大正藏》卷12，頁222）。求那跋陀羅譯《楞伽阿跋多羅寶經》（宋譯本）言：「世尊！修多羅說如來藏自性清淨，轉三十二相入於一切眾生身中。」（見《楞伽經會譯》，頁215）。

總而言之,「性染論」之唯識宗系統不應與「性淨論」之如來藏系及華嚴宗學說混在同一重「別教」之中。

(2) 如來藏系之「佛因觀」與華嚴宗之「佛果觀」

「終別教」「如來藏系」之思想核心是以「如來藏自性清淨心」作為成佛之主體根據,此乃佛性論之「佛因觀」:重心在論證成佛之因;而「圓別教」華嚴宗之思想則重點是以「毘盧遮那佛法身」和「法界」[7]開展佛果之內容,此乃佛性論之「佛果觀」:全力闡釋成佛之果。

故此「終別教」「佛因觀」之如來藏系和「圓別教」「佛果觀」之華嚴宗不應混在同一層,不應籠籠統統同屬於「別教」,而應分開科判。

華嚴宗是「別教一乘圓教」,如來藏系不是「圓教」,故不應混在一起。

2 檢視華嚴宗科判「始教」之問題

華嚴宗之判教將般若宗與唯識宗混在同一層,同屬「始教」,實屬不當。華嚴宗雖可將般若宗與唯識宗判入「始教」,順序名般若宗為「空始教」,唯識宗名為「相始教」,卻是分不清「空宗」和「有宗」之不同入路。般若宗是空宗入路,唯識宗是有宗入路。

「空宗」之般若學是破邪顯正,息妄歸真,破而不立,只進行蕩相遣執,破除毘曇宗之實在論的自性思想,空掉本體,化除對煩惱之

---

7 華嚴宗之教義在於闡釋佛之果地(法界)之展現圓融無礙和圓滿無盡之境界,故此「華嚴宗」又名「法界宗」。參閱法藏著《華嚴一乘教義分齊章》卷一:「依護身法師立五種教:三種同前衍師等,第四名真實宗教,謂涅槃等經,明佛性真理等。第五名法界宗,謂華嚴明法界自在無礙法門等。」(見《大正藏》第四五冊,頁480下)。

執著，全力展現「真空」，不作建立法相之舉。般若宗是空宗入路[8]。

「有宗」之唯識學則是先破而後立，接受了「真空」之緣起共法後而立依他起自性，繼而建立萬法不亂之法相，以「三界唯心，萬法唯識」之主體觀念論來解說「妙有」的存在世界之現象論。唯識宗是有宗入路[9]。

「空宗」之般若學是「真空」之說，「有宗」之唯識學則是「妙有」之論（全名是「真空妙有」）。「空宗」與「有宗」所要處理的問題在內容上是有所不同的：「空宗」破實有而言空，「有宗」言真空而妙有。

「空宗」之蕩相遣執，用否定語來表達（negative expression），破斥地說法，化解結縛煩惱，由破除一百分的煩惱，走向零分煩惱的解脫境界，活在諸法畢竟空之無煩惱境界，我名之為「煩惱解脫觀」之路。

「有宗」是創造意義，用肯定語來說法（affirmative assertion），正面地面對實現的生命，由零分的虛無失落，走向一百分圓滿，建構現象上的法相，體現圓滿真實的理想價值，活在轉識成智之圓成實之清淨的大圓鏡的智慧生命中[10]，我名之為「價值實現論」之路。

8　鳩摩羅什譯《金剛般若波羅蜜經》言「凡所有相，皆是虛妄。」（第五品如理實見分），這是極具代表性之般若空義。龍樹菩薩之《中論》：「不生亦不滅，不常亦不斷，不一亦不異，不來亦不出。能說是因緣，善滅諸戲論，我稽首禮佛，諸說中第一。」（觀因緣品第一），正是極盡地破毘曇宗之自性本體之思想綱領。

9　唯識宗基於緣起性空之「真空」前提，以「五位百法」重新解說「妙有」的法相的現象世界。詳見《百法名門論》（見《瑜伽師地論・本地分》，收於《大正藏》第31冊）。

10　唐玄奘《成唯識論》卷十云：「又有漏位智劣識強，無漏位中智強識劣，為勸有情依智捨識，故說轉八識而得此四智。」（《成唯識論》卷10，CBETA, T31, no. 1585，頁56，b4-6）這是面對現實而「轉識成智」：把污染有垢之「八識」轉化而成清淨無染的「四智」（成所作智、妙觀察智、平等性智、大圓鏡智），實現理想的生命，成就圓滿真實的境界（圓成實自性）。

「空宗」與「有宗」剛剛是數學上之一對相反方向的入路:「空宗」是由一百分走向零分;「有宗」則由零分走向一百分。故需將空宗之般若學和有宗之唯識學,分開處理,安立在不同層次的教乘之中,這才能恰如其份地科判「空宗」與「有宗」之不同入路。

按:依印順法師之科判,佛學可分成三大體系[11]:

> 性空唯名、虛妄唯識、真常唯心。

詮釋地說,性空唯名之般若空宗是唯名論的立場,虛妄唯識之法相唯識宗是虛妄染垢的性染論思想,而真常唯心之如來藏系統和華嚴宗乃是自性清淨心的性淨論體系。所以需要將空宗、唯識宗和來藏系統此三系之思想各自分開,是故更能精確地安立於判教系統之內。

二 天臺宗之新化法七教

從上綜合分析,天臺宗科判之「化法四教」有「別教」之問題:未能給予性染論之唯識宗和性淨論之如來藏系應有的不同位置;另外,華嚴宗科判「五教判」亦有「始教」之問題:將「空宗入路之般若宗」與「有宗入路之唯識宗」混在同一層。

我今將二宗之精粹整合,從而綜合天臺宗和華嚴宗之判教,可合成天臺宗新化法七教,如下:

> 藏、通、始、終、頓、別、圓。

---

11 見印順著〈大乘三系的商榷〉:「大乘三系,即性空唯名論,虛妄唯識論,真常唯心論,創說於民國三十年。」(摘自印順法師佛學著作集《妙雲集》下編之七「無諍之辯」)。

天臺宗新七教的教乘是：

藏：小乘三藏佛教（原始佛教）

通：大乘般若通教（空宗）

始：大乘始別教（唯識宗）

終：大乘終別教（如來藏系）

頓：大乘頓教（禪宗）

別：別教一乘圓教（華嚴宗）

圓：同教一乘圓教（天臺宗）

（一）天臺宗新化法七教的邏輯結構

天臺宗新化法七教依據佛法內容的主題，可構成以下的邏輯結構：

藏：有（小乘佛教一切有部之實有論思想）

通：空（般若學之緣起性空共法）

始：有空（唯識宗真空妙有之法相之現象論）

終：空不空（如來藏系之空不空如來藏之清淨自性）

頓：非空非不空（禪宗之不立文字之頓教法門）

別：空有雙收雙斥（華嚴宗圓融無礙之法界）

圓：非空有雙收雙斥（天臺宗一念無明法性心之不思議圓境）

（二）由天臺宗之化法四教開展多重二諦

1 天臺宗之七重二諦

在智顗之《法華玄義》卷第二下論，天臺宗之七重二諦如下[12]：

第一重　藏教二諦：生滅二諦

（俗諦）實有：生諦
（真諦）實有滅：滅諦

第二重　通教二諦：無生諦（即無生無滅二諦）

（俗諦）幻有　　：無生諦
（真諦）幻有即空：無滅諦

第三重　別接通二諦：單俗單中二諦

（俗諦）幻有　　　　：單俗諦
（真諦）幻有即空不空：單中諦

第四重　圓接通二諦：　單俗複中二諦

（俗諦）幻有　　　　　　　　　　　：單俗諦
（真諦）幻有即空不空、一切法趣空不空：複中諦

---

12 天臺宗之七重二諦乃根據智顗說，章安灌頂筆錄《法華玄義》卷第二下論（見《大
　正藏》第33冊）。另參閱業師牟宗三：《佛性與般若》下冊，頁648至649。

第五重　別教二諦：複俗單中二諦

（俗諦）幻有、幻有即空：複俗諦
（真諦）不有不空　　　：單中諦

第六重　圓接別二諦：複俗複中二諦

（俗諦）幻有、幻有即空　　　　　：複俗諦
（真諦）不有不空、一切法趣不有不空：複中諦

第七重　圓教二諦：不思議二諦

（俗諦）幻有、幻有即空　　　　　：不思議諦
（真諦）一切法趣有趣空、趣不有不空：不思議諦

2 七重二諦之構成規則

現分析七重二諦之構成，從而概括地演繹出其構成規則，現扼要總結出來[13]。從天臺宗之七重二諦，可分析出其構成規則，如下：

（1）化法四教與接引之二諦

A 化法四教有四重二諦

化法四教各具真俗二諦，合成四重二諦。由藏、通、別、圓四教而成：

---

13 有關詳細地論證七重二諦之構成規則，參閱陳沛然：《佛家哲理通析》〈佛家圓教的判教架構〉（臺北市：東大圖書初版，1993年，2011年圖解導讀版），頁319至328。

藏教二諦、通教二諦、別教二諦、圓教二諦。

B 接引之二諦又有三重二諦

由高層之教接引及提升低層之教，合成另外三重二諦：

別接通二諦、圓接通二諦、圓接別二諦。

C 合共七重二諦

化法四教有四重二諦，接引之二諦又有三重二諦，由此合成天臺宗之七重二諦。

（2）七重二諦所建構之高低標準

天臺宗之七重二諦是有高低層次之分，分析地說，乃是依據下列的標準作為確立判分高低境界的前提：

一、「真」及「中」比「俗」高

二、「單中」比「單俗」及「複俗」高

三、「空」比「有」高

四、「複」或「雙」比「單」高

五、「不思議」比「思議」高

六、「無分別」比「分別」高

七、「圓」比「未圓」高

（3）七重二諦中之接引二諦

A 三重接引二諦

七重二諦中有三重接引二諦，分別是：

第三重　別接通二諦：單俗單中二諦

（俗諦）幻有　　　　　　：單俗諦
（真諦）幻有即空不空：單中諦

第四重　圓接通二諦：單俗複中二諦

（俗諦）幻有　　　　　　　　　　　：單俗諦
（真諦）幻有即空不空、一切法趣空不空：複中諦

第六重　圓接別二諦：複俗複中二諦

（俗諦）幻有、幻有即空　　　　　：複俗諦
（真諦）不有不空、一切法趣不有不空：複中諦

B 接引二諦之構成格式

X 教接引 Y 教二諦：X 教比 Y 教高

俗諦：Y 教之俗諦
真諦：X 教之真諦（補足 Y 教之真諦）

　　現以「別接通二諦」舉例說明如下：「別接通」即是以高一重之別教接引及提升低一重之通教，此是將通教之二諦提升至別教之二諦，由通教之二諦過渡至別教之二諦，此一接引之二諦，名為「別接通二諦」。

　　現把此三重二諦分別列出並論證如下：

第二重　通教二諦：無生諦（即無生無滅二諦）

　　　（俗諦）幻有　　　：無生諦
　　　（真諦）幻有即空：無滅諦

第三重　別接通二諦：單俗單中二諦

　　　（俗諦）幻有　　　　：單俗諦
　　　（真諦）幻有即空不空：單中諦

第五重　別教二諦：複俗單中二諦

　　　（俗諦）幻有、幻有即空：複俗諦
　　　（真諦）不有不空　　　：單中諦

　　別教比通教高一重，由別教接引及提升通教，所以有「別接通二諦」。「別接通二諦」中之俗諦來自低一層之通教：

　　　（俗諦）幻有：單俗諦

「別接通二諦」中之真諦來自高一層之別教：

（真諦）不有不空：單中諦

由此而構成「別接通二諦」之單俗單中二諦：

（俗諦）幻有　　　　：單俗諦
（真諦）幻有即空不空：單中諦

筆者按：「不有不空」等同「空不空」。因為「不有」即是「空」。

通教之真諦是「幻有即空」之單俗諦，只有「空」，而無「不空」。別教之真諦是「不有不空」之單中諦，（「不有」即是「空」），「不有不空」即是「空不空」，故此既有「空」，亦有「不空」；即是不會偏於「空」，亦不會偏於「不空」，所以是「中」（不落兩偏是一個「中」，名為「單中」）。

故此高一重之別教之真諦（「不有不空」），用以補足低一重之通教之真諦（「幻有即空」之只有「空」），由此而成「別接通二諦」中之真諦：「幻有即空不空」之「單中諦」。

以上論證及解說了「別接通二諦」之建構過程，至於其餘兩重接引二諦：

第四重　圓接通二諦：單俗複中二諦
第六重　圓接別二諦：複俗複中二諦

亦復如是，如此類推。

（4）由七重二諦到十重二諦

天臺宗以《妙法蓮華經》之佛本懷而「會三歸一」，將三乘會歸

一佛乘；把小乘之聲聞和緣覺、與及大乘之菩薩，全部會歸一乘：佛乘[14]。

　　基於此精神，重新檢視「化法四教：藏、通、別、圓」，融入《妙法蓮華經》之「方便法門」之接引精神，圓融地亦復接引及提升藏教，是故「七重二諦」增至「十重二諦」[15]。同樣是運用上述「七重二諦之構成規則」，建構而成。

　　現將「十重二諦」摘錄如下：

第一重　藏教二諦：生滅二諦

　　　（俗諦）實有　　：生諦
　　　（真諦）實有滅：滅諦

第二重　通接藏二諦：生無滅二諦

　　　（俗諦）實有　　　　：生諦
　　　（真諦）實有滅即空：無滅諦

第三重　別接藏二諦：生單中二諦

　　　（俗諦）實有　　　　　　：生諦
　　　（真諦）實有滅即空不空：單中諦

---

14 姚秦鳩摩羅什所譯八卷《妙法蓮華經》經旨是會通三乘（聲聞、緣覺、菩薩）至一乘（佛乘）之圓教，後十四品說明一佛乘之果，表明打開權宜之說法而顯現真實的圓融教法，大小乘皆要成佛，才是圓教之了義。在天臺宗五時教判中，《妙法蓮華經》屬於最後最圓熟之時。（《妙法蓮華經》收錄於《大正藏》第9冊）。

15 「十重二諦」之詳細論證，可參閱陳沛然：《佛家哲理通析》〈佛家圓教的判教架構〉（臺北市：東大圖書初版，1993年2011年圖解導讀版），頁328至335。

第四重　**圓接藏二諦：生複中二諦**

　　（俗諦）實有　　　　　　　　　　　　　　　　：生諦
　　（真諦）實有滅即空不空、一切法趣空不空：複中諦

第五重　**通教二諦：無生無滅二諦**

　　（俗諦）幻有　　：無生諦
　　（真諦）幻有即空：無滅諦

第六重　**別接通二諦：單俗單中二諦**

　　（俗諦）幻有　　　　：單俗諦
　　（真諦）幻有即空不空：單中諦

第七重　**圓接通二諦：單俗複中二諦**

　　（俗諦）幻有　　　　　　　　　　　　　　　：單俗諦
　　（真諦）幻有即空不空、一切法趣空不空：複中諦

第八重　**別教二諦：複俗單中二諦**

　　（俗諦）幻有、幻有即空：複俗諦
　　（真諦）不有不空　　　　：單中諦

第九重　**圓接別二諦：複俗複中二諦**

（俗諦）幻有、幻有即空　　　　　　：複俗諦

（真諦）不有不空、一切法趣不有不空：複中諦

第十重　**圓教二諦：不思議二諦**

（俗諦）幻有、幻有即空　　　　　　：不思議諦

（真諦）一切法趣有趣空、趣不有不空：不思議諦

四　由新化法七教開展二十八重二諦

（一）天臺宗新化法七教有七重二諦

化法七教各具真俗二諦，合成七重二諦。由化法七教（藏、通、始、終、頓、別、圓）而成：

藏教二諦、通教二諦、始教二諦、終教二諦、頓教二諦、別教二諦、圓教二諦。

（二）接引之二諦又有二十一重二諦

由藏、通、始、終、頓、別、圓七教所產生之接引二諦，如下：

1. **藏教被接引：共六重二諦**

通接藏二諦、始接藏二諦、終接藏二諦、頓接藏二諦、別接藏二諦、圓接藏二諦。

2. **通教被接引**：共五重二諦

 始接通二諦、終接通二諦、頓接通二諦、別接通二諦、圓接通二諦。

3. **始教被接引**：共四重二諦

 終接始二諦、頓接始二諦、別接始二諦、圓接始二諦。

4. **終教被接引**：共三重二諦

 頓接終二諦、別接終二諦、圓接終二諦。

5. **頓教被接引**：共二重二諦

 別接頓二諦、圓接頓二諦。

6. **別教被接引**：有一重二諦

 圓接別二諦。

7. 接引二諦合共二十一重二諦

 藏教被接引：共六重二諦
 通教被接引：共五重二諦
 始教被接引：共四重二諦
 終教被接引：共三重二諦
 頓教被接引：共二重二諦
 別教被接引：有一重二諦

（三）新化法七教合共開出二十八重二諦

化法七教有七重二諦

接引之二諦又有二十一重二諦

合成天臺宗之二十八重二諦

五　二十八重二諦之命名

（一）天臺宗七重二諦之命名

天臺宗之七重二諦之名稱，乃是相應化法四教：藏、通、別、圓之思想特色，由此而開出真俗二諦。真俗二諦之命名其實是由俗到真之提升歷程。七重二諦之名稱如下：

第一重　藏教二諦：生滅二諦

第二重　通教二諦：無生無滅二諦

第三重　別接通二諦：單俗單中二諦

第四重　圓接通二諦：單俗複中二諦

第五重　別教二諦：複俗單中二諦

第六重　圓接別二諦：複俗複中二諦

第七重　圓教二諦：不思議二諦

從上來看，七重二諦之命名是根據「七重二諦之構成規則及七重二諦所建構之高低標準」，用「生滅、單複、俗中及不思議」此四項作為核心概念，然後加上否定詞，再組合之，由此而成由初至終，由未圓滿到圓滿之境界，最後止於不思議之圓教。

（二）十重二諦之命名

同樣地，「十重二諦」之名稱亦是根據「七重二諦之構成規則及七重二諦所建構之高低標準」，也是相應化法四教：藏、通、別、圓之思想特色，加入接引藏教，由此而開出十重二諦之名稱。十重二諦之名稱，如下：

第一重　藏教二諦：生滅二諦
第二重　通接藏二諦：生無滅二諦
第三重　別接藏二諦：生單中二諦
第四重　圓接藏二諦：生複中二諦
第五重　通教二諦：無生無滅二諦
第六重　別接通二諦：單俗單中二諦
第七重　圓接通二諦：單俗複中二諦
第八重　別教二諦：複俗單中二諦
第九重　圓接別二諦：複俗複中二諦
第十重　圓教二諦：不思議二諦

從上顯示，十重二諦之命名亦是沿用「生滅、單複、俗中及不思議」此四項作為核心概念而將「七重二諦」補足成「十重二諦」。

（三）二十八重二諦之命名

現依據「天臺宗七重二諦之命名」之規則，再加入「天臺宗新化法七教的邏輯結構」，此是相應化法七教：藏、通、始、終、頓、別、圓之思想特色，由此而開出二十八重真俗二諦，展示出佛學思想之發展歷程（而非歷史的過程）：

由俗到真、由淺入深，由低至高，由有分別到無分別，由小乘提升至大乘，由可思議到不思議、由未圓滿到圓滿、由原初佛教到圓教，思想循序漸進深化及系統化，最終達至圓滿。

現根據「天臺宗新化法七教」之佛法內容作主題，作為構成標準。以下是天臺宗新化法七教的邏輯結構：

藏：有

通：空

始：有空

終：空不空

頓：非空非不空

別：空有雙收雙斥

圓：非空有雙收雙斥

藏教的主題是「有」。小乘佛教，尤其是一切有部之實在論思想，詳細地建立自性本體之有。

通教的主題是「空」。般若學之緣起性空是通則，「空」已成共法，為佛學共許的基礎前提。

始教的主題是「有空」。始教的「有空」是指真空妙有，唯識宗基於無自性之真空而建立妙有之法相之現象論。

終教的主題是「空不空」。如來藏系展示空如來藏之自性清淨無染與不空如來藏之法身法性。

頓教的主題是「非空非不空」。禪宗之不立文字，言語道斷，頓教法門，不執空，亦不執非空，直指人心，頓悟成佛。

別教的主題是「空有雙收雙斥」。華嚴宗展現圓融無礙之法界，

既雙收空有，亦雙斥空有，圓滿無盡地涵攝一切法。

圓教的主題是「非空有雙收雙斥」。天臺宗一念無明法性心，一念三千，一切法趣有趣空、趣不有不空，成不思議圓境。

六　天臺宗二十八重二諦

總結上述分析之結果，現依據：

一、七重二諦之構成規則
二、化法四教與接引二諦之構成格式
三、七重二諦所建構之高低標準
四、天臺宗新化法七教的邏輯結構

現可將天臺宗之七重二諦開展成二十八重二諦。先說明「天臺宗新化法七教開出七重真俗二諦」，再解說「二十一重接引二諦」。

（一）天臺宗新化法七教開出七重真俗二諦

1. 藏教二諦：生滅二諦

（俗諦）實有：生諦
（真諦）實有滅：滅諦

2. 通教二諦：無生無滅二諦

（俗諦）幻有　　　：無生諦
（真諦）幻有即空：無滅諦

3. 始教二諦：無滅妙有二諦

 （俗諦）幻有即空：無滅諦
 （真諦）妙有真空：妙有諦

4. 終教二諦：妙有單中二諦

 （俗諦）妙有真空：妙有諦
 （真諦）空不空　：單中諦

5. 頓教二諦：單中但中二諦

 （俗諦）空不空　　：單中諦
 （真諦）非空非不空：但中諦

6. 別教二諦：但中複中二諦

 （俗諦）非空非不空　　　　：但中諦
 （真諦）空不空、非空非不空：複中諦

7. 圓教二諦：複中不思議二諦

 （俗諦）空不空、非空非不空　　　　　　　：複中不思議諦
 （真諦）一切法趣非空非不空、非趣非空非不空：複中不思議諦

（二）天臺宗新化法七教：七重真俗二諦之義蘊

 現將天臺宗新化法七教開出之七重真俗二諦之義蘊，一一說明。

1 藏教二諦：生滅二諦

 （俗諦）實有　：生諦

（真諦）實有滅：滅諦

小乘藏教（原始佛教）的俗諦是「生諦」，指出世俗人自己生起妄想執著，以為世間的存在是「實有」不變，這就是無中生有之「生諦」；其實真諦是世間的存在乃諸行無常，諸法變幻，世俗人認為是實在的世間乃是會幻滅的，此是「實有滅」，稱之為「滅諦」。「實有」之俗諦是「生諦」，「實有滅」之真諦是「滅諦」，二者合成「藏教二諦」之「生滅二諦」。

2 通教二諦：無生無滅二諦

（俗諦）幻有　　：無生諦
（真諦）幻有即空：無滅諦

大乘通教（般若空宗）的俗諦（幻有）是吸納藏教的真諦（實有滅），此是將低一重（藏教）之真諦安立在高一重（通教）之俗諦，然後再提升到高一重（通教）之真諦（幻有即空）。

以為是實在的世間其實會幻滅，此是「實有滅」，「實有滅」亦即是「幻有」。「實有滅」是「滅諦」，「滅」即是「無生」，故此「滅諦」也就是「無生諦」。

低一重（藏教）之真諦是「滅諦」，安立在高一重（通教）之俗諦名之為「無生諦」。

「通教」之俗諦是「幻有」，「幻有」只著重虛幻之有，只展示現象上的空，未有直指當體即空，未達體法而為空，故此要提升到「幻有即空」之真諦，顯現本體論上的空。從自性空而無本體，此是通教之俗諦「無生諦」；從因緣和合而有相，此是通教之真諦「無滅諦」。

「幻有」之俗諦是「無生諦」，「幻有即空」之真諦是「無滅諦」，二者合成「通教二諦」之「無生無滅二諦」。

3 始教二諦：無滅妙有二諦

> （俗諦）幻有即空：無滅諦
> （真諦）妙有真空：妙有諦

大乘始教（法相唯識宗）的俗諦（幻有即空）是吸納通教的真諦（幻有即空），此是將低一重（通教）之真諦安立在高一重（始教）之俗諦，然後再提升到高一重（始教）之真諦（妙有真空）。

緣起性空是「幻有即空」，低一重（通教）之真諦是「無滅諦」，安立在高一重（始教）之俗諦，同樣名之為「無滅諦」。

「始教」之俗諦是「無滅諦」，「無滅」展示緣起性空之真空，而非虛無主義；進而要提升到「妙有」之真諦，展示萬法不亂之法相，將現象上之分位假立，安立五位百法之「妙有」。

「幻有即空」之俗諦是「無滅諦」，「妙有真空」之真諦是「妙有諦」，二者合成「始教二諦」之「無滅妙有二諦」。

4 終教二諦：妙有單中二諦

> （俗諦）妙有真空：妙有諦
> （真諦）空不空　：單中諦

大乘終教（如來藏系）的俗諦（妙有真空）是吸納始教的真諦（妙有真空），此是將低一重（始教）之真諦安立在高一重（終教）之俗諦，然後再提升到高一重（終教）之真諦（空不空）。

萬法唯識是「妙有真空」，低一重（始教）之真諦是「妙有諦」，安立在高一重（終教）之俗諦，同樣名之為「妙有諦」。

「終教」之俗諦是「妙有諦」，「妙有」是基於緣起而有，從而以主體觀念論展示真空妙有之現象論及萬法唯識之心識論，以虛妄之阿

賴耶識作為轉識成智之成佛根據；「終教」之真諦進而不以唯識宗之性染論入路，改為以性淨論入路，提升到「空不空」之真諦，展示「空如來藏」之自性清淨心和「不空如來藏」之法身法性。所以既是「空」，亦是「不空」，此便是一個「中」，故名「單中諦」。

「妙有真空」之俗諦是「妙有諦」，「空不空」之真諦是「單中諦」，二者合成「終教二諦」之「妙有單中二諦」。

5 頓教二諦：單中但中二諦

（俗諦）空不空　　：單中諦
（真諦）非空非不空：但中諦

大乘頓教（禪宗）的俗諦（空不空）是吸納終教的真諦（空不空），此是將低一重（終教）之真諦安立在高一重（頓教）之俗諦，然後再提升到高一重（頓教）之真諦（非空非不空）。

如來藏自性清淨心是「空不空」，低一重（終教）之真諦是「單中諦」，安立在高一重（頓教）之俗諦，同樣名之為「單中諦」。

「頓教」之俗諦是「單中諦」，「單中」是基於如來藏之亦空亦不空，以《楞枷經》心印及《勝鬘夫人經》之空不空如來藏作為直指人心的根據；「頓教」之真諦進而不以言語文字的入路，改為不立文字，明心見性成佛，斷絕眾流，涅槃妙心，任運解脫，不黏著於「空」或「不空」之概念世界，這便是「非空非不空」之「但中諦」，單單是中，純粹是中。

「空不空」之俗諦是「單中諦」，「非空非不空」之真諦是「但中諦」，二者合成「頓教二諦」之「單中但中二諦」。

6 別教二諦：但中複中二諦

> （俗諦）非空非不空　　　　　　：但中諦
> （真諦）空不空、非空非不空：複中諦

　　大乘別教（華嚴宗）的俗諦（非空非不空）是吸納頓教的真諦（非空非不空），此是將低一重（頓教）之真諦安立在高一重（別教）之俗諦，然後再提升到高一重（別教）之真諦（空不空、非空非不空）。

　　禪門頓教法門是「非空非不空」，低一重（頓教）之真諦是「但中諦」，安立在高一重（別教）之俗諦，同樣名之為「但中諦」。

　　「別教」之俗諦是「但中諦」，「但中」是基於言忘慮絕，心行路絕之無所得，從「空」與「不空」之對立超脫出來，故此是「非空非不空」，此乃相斥「空」與「不空」；「別教」之真諦進而以華嚴法界之圓融無礙和圓滿無盡之涵攝精神，包容一切法，故此可以不黏著於「空」或「不空」而相斥之（是為「非空非不空」），亦可不排遣「空」或「不空」而相收之（是為「空不空」）；「空不空」是一個中，「非空非不空」又是另一個中，合起來便是兩個中，這便是「空不空、非空非不空」之「複中諦」。

　　「非空非不空」之俗諦是「但中諦」，「空不空、非空非不空」之真諦是「複中諦」，二者合成「別教二諦」之「但中複中二諦」。

7 圓教二諦：複中不思議二諦

> （俗諦）空不空、非空非不空　　　　　　　　　：複中不思議諦
> （真諦）一切法趣非空非不空、非趣非空非不空：複中不思議諦

　　大乘圓教（天臺宗）的俗諦（空不空、非空非不空）是吸納別教的真諦（空不空、非空非不空），此是將低一重（別教）之真諦安立

在高一重（別教）之俗諦，然後再提升到高一重（圓教）之真諦（一切法趣非空非不空、非趣非空非不空）。

華嚴宗無盡法界之圓融無礙和圓滿無盡是「空不空、非空非不空」，低一重（別教）之真諦是「複中諦」，安立在高一重（圓教）之俗諦，名之為「不思議諦」。

「圓教」之俗諦是「複中不思議諦」，「複中不思議諦」是基於華嚴法界之不變隨緣和隨緣不變之圓融涵攝一切法，故此可以相斥「空不空」而成「非空非不空」：亦可相收「空不空」，是為「複中諦」，同時司相斥相收「空不空」，故此是「不思議諦」。

「圓教」之真諦進而以一念無明法性心，一念具足三千世界，無明即法性，煩惱即涅槃，「一切法趣非空非不空、非趣非空非不空」，這是「複中諦」，把俗諦「空不空、非空非不空」之「複中諦」否定而使之超升至真諦境界，當然是「複中諦」，亦是「不思議」境界。

「空不空、非空非不空」之俗諦是「複中不思議諦」；「一切法趣非空非不空、非趣非空非不空」之真諦是「複中不思議諦」。二者合成「圓教二諦」之「複中不思議二諦」。

（三）二十一重之接引二諦

從上述「天臺宗新化法七教有七重二諦」及「天臺宗新化法七教開出七重真俗二諦」，基於相同的方法論，便可建立「二十一重二諦之接引二諦」。

1 接引藏教

1. 通接藏二諦：生無滅二諦
2. 始接藏二諦：生妙有二諦
3. 終接藏二諦：生單中二諦

4. 頓接藏二諦：生但中二諦

5. 別接藏二諦：生複中二諦

6. 圓接藏二諦：生複不但中二諦

2 接引通教

7. 始接通二諦：無生妙有二諦

8. 終接通二諦：無生單中二諦

9. 頓接通二諦：無生但中二諦

10. 別接通二諦：無生複中二諦

11. 圓接通二諦：無生複不但中二諦

3 接引始教

12. 終接始二諦：無滅單中二諦

13. 頓接始二諦：無滅但中二諦

14. 別接始二諦：無滅複中二諦

15. 圓接始二諦：無滅複不但中二諦

4 接引終教

16. 頓接終二諦：妙有但中二諦

17. 別接終二諦：妙有複中二諦

18. 圓接終二諦：妙有複不但中二諦

5 接引頓教

19. 別接頓二諦：單中複中二諦

20. 圓接頓二諦：單中複不但中二諦

21. 圓接別二諦：但中複不但中二諦

（四）完成二十八重二諦

1. 藏教二諦：生滅二諦

（俗諦）實有　：生諦
（真諦）實有滅：滅諦

2. 通接藏二諦：生無滅二諦

（俗諦）實有　　　：生諦
（真諦）實有滅即空：無滅諦

3. 始接藏二諦：生妙有二諦

（俗諦）實有　　　　　：生諦
（真諦）實有滅即真空妙有：妙有諦

4. 終接藏二諦：生單中二諦

（俗諦）實有　　　　　：生諦
（真諦）實有滅即空不空：單中諦

5. 頓接藏二諦：生但中二諦

（俗諦）實有　　　　　　：生諦
（真諦）實有滅非空非不空：但中諦

6. 別接藏二諦：生複中二諦

（俗諦）實有　　　　　　　　　　：生諦
（真諦）實有滅即空不空、非空非不空：複中諦

7. **圓接藏二諦**　　：生複不但中二諦

　　（俗諦）實有　　　：生諦
　　（真諦）實有滅即趣非空非不空、非趣非空非不空：複不但中諦

8. **通教二諦**：無生無滅二諦

　　（俗諦）幻有　　　：無生諦
　　（真諦）幻有即空：無滅諦

9. **始接通二諦**　　：無生妙有二諦

　　（俗諦）幻有　　　　　：無生諦
　　（真諦）幻有即真空妙有：妙有諦

10. **終接通二諦**：無生單中二諦

　　（俗諦）幻有　　　　：無生諦
　　（真諦）幻有即空不空：單中諦

11. **頓接通二諦**：無生但中二諦

　　（俗諦）幻有　　　　　：無生諦
　　（真諦）幻有即非空非不空：但中諦

12. **別接通二諦**：無生複中二諦

　　（俗諦）幻有　　　　　　　：無生諦
　　（真諦）幻有即空不空、非空非不空：複中諦

13. **圓接通二諦**：無生複不但中二諦

（俗諦）幻有　　　　　　　　　　　　：無生諦
（真諦）幻有即趣非空非不空、非趣非空非不空：複不但中諦

14. **始教二諦：無滅妙有二諦**

（俗諦）幻有即空：無滅諦
（真諦）妙有真空：妙有諦

15. **終接始二諦：無滅單中二諦**

（俗諦）幻有即空　　：無滅諦
（真諦）妙有真空不空：單中諦

16. **頓接始二諦：無滅但中二諦**

（俗諦）幻有即空　　　：無滅諦
（真諦）妙有非空非不空：但中諦

17. **別接始二諦：無滅複中二諦**

（俗諦）幻有即空　　　　　　：無滅諦
（真諦）妙有即空不空、非空非不空：複中諦

18. **圓接始二諦：無滅複不但中二諦**

（俗諦）幻有即空　　　　　　　　　　：無滅諦
（真諦）妙有即趣非空非不空、非趣非空非不空：複不但中諦

19. **終教二諦：妙有單中二諦**

（俗諦）妙有真空：妙有諦
（真諦）空不空　：單中諦

20. **頓接終二諦**：妙有但中二諦

  （俗諦）妙有真空 ：妙有諦
  （真諦）非空非不空：但中諦

21. **別接終二諦**：妙有複中二諦

  （俗諦）妙有真空   ：妙有諦
  （真諦）空不空、非空非不空：複中諦

22. **圓接終二諦**：妙有複不但中二諦

  （俗諦）妙有真空   ：妙有諦
  （真諦）趣非空非不空、非趣非空非不空：複不但中諦

23. **頓教二諦**：單中但中二諦

  （俗諦）空不空 ：單中諦
  （真諦）非空非不空：但中諦

24. **別接頓二諦**：單中複中二諦

  （俗諦）空不空   ：單中諦
  （真諦）空不空、非空非不空：複中諦

25. **圓接頓二諦**：單中複不但中二諦

  （俗諦）空不空   ：單中諦
  （真諦）趣非空非不空、非趣非空非不空：複不但中諦

26. **別教二諦**：但中複中二諦

（俗諦）非空非不空　　　　：但中諦

（真諦）空不空、非空非不空：複中諦

27. 圓接別二諦：但中複不但中二諦

（俗諦）非空非不空　　　　　　　：但中諦

（真諦）趣非空非不空、非趣非空非不空：複不但中諦

28. 圓教二諦：複中不思議二諦

（俗諦）空不空、非空非不空　　　　　：複中不思議諦

（真諦）一切法趣非空非不空、非趣非空非不空：複中不思議諦

《尹文子》與魏晉名理

黃漢光

東華大學社會學系

一 《尹文子》並非偽書

　　《尹文子》雖然早見於《漢書》的著錄，但只有六千多字，是本小書，一直很少受到注意不過自從民國初年，梁啟超即認為其為偽書[1]（《古書真偽及其年代》）以來，卻引起學術界的重視：

　　首先是《尹文子》就和先秦大部分黃老典籍一樣，出現真偽的問題。郭沫若[2]、馮友蘭[3]、羅根澤[4]、任繼愈[5]也和梁啟超相同，認為其為偽書。不過，他們對《尹文子》的懷疑，經胡家聰[6]，高流水[7]的析辯後，今本《尹文子》雖然仍有脫漏，真實性應該沒有問題[8]。筆者認同胡、高兩人的研判，並經再三斟酌，且從哲學思想史的角度再作

1　見高流水：《慎子、尹文子、公孫龍子全譯·尹文子及其思想》（貴陽市：貴州人民出版社，1996年），頁88。

2　郭沫若：《十批判書》（北京市：東方出版社，1996年），頁159。

3　馮友蘭：《中國哲學史新編》第2冊（北京市：人民出版社，1984年），頁96。

4　羅根澤：《諸子考索·尹文子探源》（香港：學林書店，1967年），頁398-409。

5　任繼愈：《中國哲學史》（北京市：人民出版社，1985年），頁117。

6　胡家聰：《稷下爭鳴與黃老之學·宋鈃、尹文學派》（北京市：中國社會科學院，1998年），頁258-279。

7　同1。

8　筆者雖然推斷《尹文子》整體而言並非偽書而是先秦的著作，但不排除今本曾經後人增刪、改動，另外確切成書時間，也未討論，因為這些都與論文主題關係不大，故一概從略。

更深入的探討，確證《尹文子》為先秦黃老之學中齊（稷下學派）的
重要代表作。

二　黃老之學的主要內容

　　《黃老帛書》、《管子》、《鶡冠子》等各家黃老之學的內容，在細
緻的地方，雖然仍存有一些不同的地方；但重點還是有相當的共同
性。以下為黃老之學的主要內容：

　一、政治哲學居於整個學說的主導地位，重點包括：務實重農、民
　　　本思想、尚法任賢、禮、法並用、無為而治。而政治哲學的中
　　　心在無為而治，是指君主不以主觀的個人想法干預政治，而是
　　　順任自然、任法、任賢而為。當然主張無為並非表示君主修養
　　　工夫到家，而只是認為以無為的手段，最能王天下，可見無為
　　　是種政治手段而非目的。

　二、道的重視：一般認為黃老之學是道家的支流，其所持的理由是
　　　此學派對道的重視。道是形上實體，是哲學的最高範疇，萬物
　　　是由道產生的，至於道產生萬物的方式，是道透過精氣的方式
　　　以生萬物，完成一套氣化的宇宙論，以說明道生萬物；落在人
　　　體道的方法上，人是由知性以把握道。當然以理性客觀了解的
　　　道，道也只能是一種規律。值得注意的是黃老之學把道了解成
　　　最高的形上律則，而為心智所把握的認識對象。雖然把握律則
　　　仍應保持心智的冷靜，不為外界所干擾才能把握此形上律則；
　　　能把握此最高形上律則，就能掌握萬物運轉的規則，如此一
　　　來，就能控御萬物，而成為聖、成為王。可見黃老之學完全旁
　　　落了原始道家透過無為復返的體証工夫以証現道，道純粹是一
　　　種主觀修養工夫所達到的境界的了悟，而成就為一套無為順應
　　　的政治哲學。

三、法治思想：法治思想又可分為尚法和重術兩者。

（一）尚法：首先是法來自道，把法的地位提升到很高的層次，法來自道，一則位階崇高，再則有其客觀性，可以達到齊一的效果。因此不但一般人民應該遵守，就是君主也應守法因而不可逾越，更不可隨意改易，以保持法律的隱定性。

（二）重術：術是駕馭臣下的領導統御方法。君主要有術以知奸，不然權力會被架空與及被群臣所蒙蔽，而作出錯誤的決定。

四、先秦各家哲學的大融合[9]。

三　《尹文子》的思想

《尹文子》的思想內容，明顯的合於以上所述，因非本文重點，不作詳細論述。雖然認為《尹文子》屬黃老之學，然而思想內容，仍然有其特色：首先是，雖則《尹文子》思想的中心仍然是政治哲學，但沒有務實重農、民本思想，只有尚法任賢，禮、法並用思想。無為而治方面，主要是透過法、術、權、勢的有機結合，達到一定的道用效果，而不須有為以治。其次是重視道，《尹文子》以道用效果，即無為而治之道在現實政治上產生最佳的治理功效，強調道的優位性，而完全沒有形構道的形上思維，這是先秦黃老之學最為特別之作。至於法治思想，相對而言，論述最為詳細，除了重視尚法和重術外，還加上用權和藉勢；要不是有道用的無為而治思想，沒有討論到刑、賞的問題與及融合了先秦儒、道、墨、名、法各家哲學，容易使人認為

9　以上的綜合詳見：黃漢光：《黃老之學析論》（臺北縣：鵝湖出版社，2000年），頁113-117。

《尹文子》屬於法家也有一定的道理。雖然沒有討論到刑、賞的問題,但卻討論了許多名實及刑名的問題,就是這些討論,最能顯現其思想的特色及其在黃老之學中的特殊性。

《尹文子》雖然是只有六千多字的小書,而內容最突出之處是反覆討論名實及刑名的問題。先秦儒、墨、名、法都重視名、實的關係;而刑、名的問題,也討論的很熱烈。可見名、實以及刑、名的問題的複雜性。

黃老之學在政治上重視道的無為,順任自然,因而強調法,法其實是自然的律則在現實上的規範。法作為規範,人民不遵守或違反這些規範,就必須予以懲治,有懲就一定要有賞,所以就有了刑賞的問題。不過,黃老之學雖則也重刑賞,與法家相同,但黃老之學不會流於刻薄寡恩,而是相對的寬大,因為法應該是自然的律則在現實上的規範而非法家主張的統治工具,這是黃老之學與法家雖然同樣重法,重刑賞卻分別為兩派不同思想的關鍵之一[10]。

法一定會牽涉到刑賞,事關緊要,必須弄清楚刑賞是否恰當,於是出現名實的分辨;否則犯分亂法而不刑,守法行善而不賞,甚至刑賞乖違,則盡失法的規範作用,國家也因此而陷於混亂。所以即刑賞必須以行事之實是否與法的規範為依據,這是討論名實的最初用意。可見實最初所指的,應是人的行事之實,即實是指客觀的事,而非客觀的物。黃老之學和法家都是從這個角度探討名實問題的。

其實先秦的名實思想是由孔子的正名思想開始的,其後墨家、名家和法家都各有其名實思想,牟宗三謂:「然重名實不必是名家。儒、法皆重名實。此蓋是政治上之通義。形名與名實義同。皆談名實,視其基本立場之不同,而或為儒家,或為法家,或為道家,或為名家。儒家孔子即重正名,荀子亦作〈正名〉。法家綜核名實,以定

---

10 同上。

賞罰。道家亦石談及形名，故有『黃老形名』。此皆從政治實用上著
眼。惟談形名、名實而得稱為名家者，其談法稍有不同。蓋能內在於
形名、名實本身而為純理之談論，有純理之興趣者曰名家。故或流於
詭辯、或流於苛察繳繞。此雖是病象，然亦足見其純理之興趣。」[11]

筆者一直以來認為班固對先秦學術思想的把握不很精確，不了解
黃老之學與儒、道、墨、法、名等各家思想的主要差異，於是把先秦
討論名實的問題的著作，分別放在名、法兩家之下，因為《尹文子》
很少討論刑賞的問題，因此《漢書》不把《尹文子》列在道家（《漢
書》沒有黃老學派），也不列在法家而是列在名家之下。其實《尹文
子》對純理完全沒有興趣（詳見下），列在名家之下是毫無道理的。
下面對《尹文子》討論的形名、名實關係作一檢示：

> 大道無名，稱器有名。名也者，正形者也。形正由名，則名不
> 可差。故仲尼云：『必也正名乎！名不正則言不順也。』大道
> 不稱，眾有必名。生於不稱，則群形自得其方圓。名生於方
> 圓，則眾名得其所稱。

名和稱同義，就是名稱、名號之意。《尹文子》還沒有發展出日
後王弼分別以名指客觀的名字，稱則具主觀義意之新意。「大道無
名」、「大道不稱」、「生於不稱」正是《老子》：「道可道，非常道」；
「道隱無名」、「天下萬物生於有，有生於無」之意，《尹文子》在篇
首即直接表示思想屬道家。道沒有名稱，一則表示道其實是不可以一
般的名號稱呼，再則表示除了道之外，所有其他事物，都一定有對
應，適當的名稱。名稱是用以規範事物的；正因為名稱是用以規範事

---

11 牟宗三：《牟宗三先生全集》第2冊（臺北市：聯經出版事業公司，2003年），頁273。

物的，所以制名不可以發生偏差，要非常審慎。在黃老思想中，萬物為道之任運所帶生而非有意所生，實即王弼所謂的「不生之生」，因而萬物可以依自己的性份而得自己的形體樣貌。正因為名稱是根據萬物自己的形體樣貌制定的，所以名和實是符合的。《尹文子》在篇首即直接指出道和萬物的關係以及命名應該名實相符。

> 名有三科，……一曰命物之名，方、圓、白、黑是也；二曰毀譽之名，善、惡、貴、賤是也；三曰況謂之名，賢、愚、愛、憎是也。

名稱共有三類：第一種是依據外物的形狀如方、圓、白、黑的客觀名稱；第二類是客觀的價值如善、惡、貴、賤的判斷；第三種是感性主觀的態度如賢、愚、愛、憎的感受。《尹文子》三類名稱中，第一種是依據外物的形狀的客觀名稱沒有爭議，二、三兩種名稱分別是根據下面第四段「賢、不肖、善、惡之名宜在彼，親、疏、賞、罰之稱宜在我」的區分。不過，《尹文子》論名實是否相符，對第一種名稱的論述不多，反倒是二、三兩種名稱，論述的比較多。

> 有形者必有名，有名者必有形。形而不名，未必失其方、圓、白、黑之實。名而不可不尋，名以檢其差。故亦有名以檢形，形以定名。名以定事，事以檢名。察其所以然，則形名之與事物，無所隱其理矣。

有形狀、形態的事物必定有名稱，有名稱不一定有對應的事物。有形狀、形態的事物若沒有名稱，未必會失去其形狀、顏色之事實。有名稱一定要找尋與它相應的事物，以名稱來檢驗事物的差誤。所以有用

名稱來檢核物體形狀的，也有以物體形狀來判定名稱的。同樣有時以
名稱規定事實，也有時以事實檢核名稱。徹底明察名實間的問題，則
名稱與事物的關係就再也沒有隱蔽不清的了。

> 名者，名形者也；形者，應名者也。然形非正名者也，名非正
> 形者也。則形之與名，居然別矣，不可相亂，亦不可相無。無
> 名，故大道無稱；有名，故名以正形。今萬物具存，不以名正
> 之則亂；萬名具列，不以形應之則乖。故形名者，不可不正
> 也。

　　名稱是用以指稱事物的形狀，而事物的形狀理應對應其名稱。可
見事物的形狀不是專門用來糾正名稱的，同樣是名稱也不是專門用來
檢核事實的。事實與名義的作用，很明顯是有分別的，因此不應混
淆，也不可相互否定。不能以名稱指稱的，只有大道，因為大道沒恰
當的名稱。其餘萬物都有名稱，也因為有恰當的名稱，可以用名稱來
檢核事物的形狀。萬物都已存在，不用正確名稱命名它們，一定會產
生混亂；名號都有了，不用事實來對應它們，則會出現乖違，所以事
實和名稱的問題，不可以不徹底弄清楚。

> 善名命善，惡名命惡，故善有善名，惡有惡名。聖賢仁智，命
> 善名也；頑嚚凶愚，命惡名也。今即聖賢仁智之名，以求聖賢
> 仁智之實，未之或盡也；即頑嚚凶愚之名，以求頑嚚凶愚之
> 實，亦未或盡也。使善惡盡然可分，雖未能盡物之實，猶不患
> 其差也，故名不可不辯也。

　　用好的名稱稱呼好事，用不好的名稱稱呼不好的事，所以好事有

好的名稱，壞事有壞事的名稱。用好的名稱稱呼聖賢仁智，用不好的名稱稱呼頑嚚凶愚。如果用聖賢仁智的名稱，用來要求做到聖賢仁智之事實，卻不一定能把善行說明清楚；如果用頑嚚凶愚的名稱，用來形容頑嚚凶愚之事實，也不一定能把惡行張顯出來。但是雖然未能完全把善行說明清楚或把惡行張顯出來，尚且不用耽心模糊了兩者的差別，所以名稱不可以不徹底辯正。這段提出盡的蓋念，已有言不盡意的意思，但未詳論。

> 名稱者，別彼此而檢其實者也。自古至今，莫不用此而得，用彼而失。失者，由名分混；得者，由名分察。今親賢而疏不肖，賞善而罰惡。賢、不肖、善、惡之名宜在彼，親、疏、賞、罰之稱宜在我，我之與彼，又復一名，名之察者也。名賢、不肖為親、疏，名善、惡為賞罰，合彼、我之一稱而不別之，名之混者也故曰名稱者，不可不察也。

這段文意，高流水語譯為：「名稱是用來區別不同事物、檢查形名關係的。從古到今，沒有不是運用得當就能成功、運用不當就失敗的。失敗是因為名分混淆不清，成功是因為名分明察清晰。現在人們親近賢能之人、疏遠不肖之徒，獎賞道德品行好的人，懲罰犯罪的人。賢能之人、不肖之徒、品行好的、犯罪的，這都是客觀存在的名稱；親近、疏遠、獎賞、懲罰，這都是人們所採取的主觀態度。人們的主觀態度與客觀存在的事實，這是兩種不同的名稱，這就把兩種名稱區分清楚了。如果把客觀存在的賢能之、不肖之徒與人們所採取的親近、疏遠的態度混為一談，把品行好、犯罪與獎賞、懲罰混為一談，把客觀存在的事實與人的主觀態度不加區別，這就把名稱混淆了。卹以

說，對名稱是不能不審察清楚的。」[12]

> 語曰「好牛」，又曰不可不察也。好則物之通稱，牛則物之定
> 形，以通稱隨定形，不可窮極者也。設復言「好馬」，則復連
> 於馬矣，則好所通無方也。設復言「好人」，則彼屬於人也。
> 則好非人，人非好也。則好牛、好馬、好人之名自離，故曰名
> 分不可相亂也。
> 五色、五聲、五臭、五味，凡四類，自然存焉天地之間，而不
> 期為人用，人必用之，終身各有好惡，而不能辯其名分。名宜
> 屬彼，分宜屬我。我愛白而憎黑，韻商而舍徵，好膻而惡焦，
> 嗜甘而逆苦。白黑、商徵、膻焦、甘苦，彼之名也。愛憎、韻
> 舍、好惡、嗜逆，我之分也。定此名分，則萬事不亂也。

「名宜屬彼，分宜屬我」是這整大段的重點，在說明名與分之不同。
名稱是表示客觀的名稱，分是表示主觀的感覺。前面用稱表示主觀的
感覺，這段改用分，析論更為詳盡。人們常說「好牛」這句話，好與
牛的關係不能不明辨清楚。好是指事物的主觀通稱，牛是指客觀的名
稱，我們可以用主觀的感覺來形容無窮無盡的客觀的名稱。假如再說
「好馬」，顯示好也可以用來形容馬，可見好可以形容任何客觀的名
稱。再假設說好人，表示好也可以用來形容人。實則好這個名稱和人
的客觀形狀是不同的。好牛、好馬、好人三組中，好是主觀的感覺的
名稱，牛、馬、人是客觀的形體，是兩組不同的概念，所以客觀的名
稱和主觀的感覺不應相混淆。顏色、聲音、氣味、味道這四種事物，
是自然存在天地之間的，它們並未期待被人類所使用，但是人類一定

---

12 同註1，頁110-111。

要使用它們。對這四種事物，我們一生都各自有自己的好惡，甚至不自知那完全是個人主觀的感受。即如我喜歡白色，討厭黑色；喜歡商聲，討厭徵聲；喜好膻腥，排斥焦灼；喜好甘甜，排斥苦澀。其實白黑、商徵、膻焦、甘苦都是客觀存在的事物；愛憎、韻舍、好惡、嗜逆卻是主觀的感受。能夠清楚地區分客觀存在的事物和主觀的感受，萬事萬物就不至於出現混亂了。

> 因為實可以指事，也可以指物，先秦名家思想，特別著力在這方面，於是獨得名家的稱號，今人接觸西方哲學，發覺名家思想當中，有相當於西方哲學邏輯思辨哲學的初步。人學說種而

四　魏晉名理

　　牟宗三論魏晉名理之學有其本質上的意義，「魏晉名理亦有本質之意義，其意義相當於今日之哲學。其中談玄理者為形上學，談才性者，為品鑒之人學。……名理者，環繞名之本身、名所牽涉，以及名與其所牽涉者之關係而論其意義之謂也。即：關於名之本身，名之所涉，以及名與其所名者之關係之理也。如此界定，則名理即是廣義之哲學。邏輯、知識論、形上學、人學，俱含在內。此與科學不同亦與道德宗教不同。」[13]可見魏晉名理包含兩部分，即才性和玄理。

　　魏晉名理才性思想的主要內容是品鑒人物，以劉劭的《人物志》品鑒人物開其端：所謂品鑒者，是就生命具體呈現之形質而品鑒之，以曲盡其微玄。《人物志》就生命具體呈現之形質而作品鑒，因為就形質而言，一定是氣成命定的，即個人的形質屬天生，不能透過後天

---

13 同註11，頁269。

的學習及其他方式改變，各種材質，也有高下之分；不過雖然如此，各種材質，除了聖人之外，即有　定的特質，此特質因為不見於其他的形質，就其能夠成一格調而言，每一特質都定有可觀者，因而具備某一意義上的藝術美感。

才性論題是由先秦名實問題，經兩漢的察舉入仕，東漢清議，發展為品鑒人物，察舉入仕以論名實，則名實之論仍然是由外在實用為取向的，至品鑒人物，則可以是純為內在美感的取向。品鑒表現為人格之欣賞，演為理論，即為才性名理[14]，這樣的發展，已完全不同於先秦名家的形名之學。

魏晉玄理的主要代表為何晏、王弼與向秀、郭象。品鑒人物，若純為一純內在美感的取向，則名言無一定之實與其對應，雖足以指點而透露出生命姿態之內容，然此內容是永不能為那名言所盡的，如此，由品鑒才性，必然有「言不盡意」之觀念出現。此即為玄理「言意之辨」興起的理由[15]。

魏晉雖盛談老莊，而仍推崇聖人（孔子），王弼孔、老高下，聖人體無之論，即成為確論。聖人體無即完全與自然合一，真正達到無為；但無為的最高境界是能夠無不為，這樣的為，有無有為之跡，即是當時一重要的論題。又品鑒才性雖然把聖人列在首位，然而聖人之才質，主要受莊子影響，竟然是淡漠而無味，於是不免使人懷疑聖人是吾無情，而成為名理的另一論題。其次玄理尚包括一多、逍遙等，牟宗三都認為是由先秦討論的現實形名關係，轉進形上的探討，開出境界形態的形上理境，重主觀神會妙用[16]。

唐君毅從不同的進路討論魏晉名理，他認為：「先秦思想之論名

14　同註11，頁274。

15　同註11，頁283。

16　同註11，頁305。

實，其所謂實，恆是指客觀之外物，或物之形色。此形色是直接屬於物之理。然意之所及之玄遠之理，盡有不直接屬於外物者。故由論名實至論言意，論名理玄理，便是思想上一大轉進。魏晉時人之言意之辨，正為先秦之名實之辨之進一步之大問題，而此亦即當時名理之論之一根本問題之所在也。」[17]

「先秦之名墨諸家言名實關係者，亦附及於言意之問題。因用名以指實，即以表意中之實。名墨諸家之以名當合於實者，蓋亦意謂名足以盡實，以使名與意咸得合於實。而莊子則謂書不盡言，言不盡意，意不盡道。……至魏晉時人，……而以言盡意者，必重名言之價值。以言不能盡意，宜求忘言無名。」[18]

「吾人之所以謂言意名理之問題，是較名實之問題更進一步者，關鍵全在於意之所及，可有全不及實物者。先秦……，然其所指向者，仍不外客觀世界中關於存在事物之時間空間形色數量運動之問題。物之佔時空有形色數量運動，皆可說是直接屬於物之理，故吾人所用之名言與之關係，可仍只為一名實問題。然人之意所及之理，則盡有全不能屬於諸客觀外物之理。如王導過江所標之三理，除歐陽建之言盡意論外，為嵇康之聲無哀樂論與養生論。……此亦只是一可意會之生活上之道理，而非客觀外物之理。」[19]

五 《尹文子》與魏晉名理

牟宗三認為《尹文子》雖然以循名責實為骨幹，所論既非哲學之

17 唐君毅：《中國哲學原論》〈導論篇〉，《唐君毅全集》卷12（臺北市：臺灣學生書局，1986年），頁49。
18 同上。
19 同上，頁50。

邏輯與知識論的問題，也不局限於儒家與法家都是由政治禮法上的討論，而是與漢魏間之政論大體相合[20]。牟先生雖然談及『黃老形名』，然而對黃老之學畢竟並未深入探討，不過他已指出魏晉學術思想與《尹文子》有關，現在已確定《尹文子》為先秦舊籍，並非漢、魏間偽作，則《尹文子》實在是魏晉名理之學的濫觴，《尹文子》的刑、名思想對魏晉名理哲學曾產生啟發的作用。

經上面兩節的整理，可以清楚的看到，魏晉名理都是由先秦黃老之學及名家進一步發展出來的，《尹文子》屬黃老之學，若說整個魏晉名理都受《尹文子》影響，也是可以成立的；不過，若把《尹文子》與黃老之學及名家共同點排除，而只強調《尹文子》名實思想的特殊性，則《尹文子》形名之論對魏晉名理直接發生關係的可能只有一個論題點，即言意之辨。詳細地說：《尹文子》影響言意之辨一論題的兩點，即言盡不盡意問題，與及名分和名謂之論。《尹文子》和王弼都認言不盡意，當然，《尹文子》的論述是簡略的，沒有王弼來得詳盡。名分和名謂，用語也不同，而實指則一。

至於牟宗三認為《尹文子》與漢魏間之政論大體相合，以循名責實為骨幹，所引「名以檢形，形以定名。名以定事，事以檢名。察其所以然，則形名之與事物，無所隱其理矣。」則仍是討論先秦名實互相影響的問題，也與魏晉名理之論關係不大。

---

20 同註11，頁272。

牟宗三哲學中的「寂感」
思想之論析

蕭雄

武漢大學哲學學院

　　關於牟宗三先生的感通思想，黃冠閔《牟宗三的感通論——一個概念脈絡的梳理》一文已有很好的梳理，並有透過此概念開啟與蜜雪兒・亨利（Michel Henry）生命現象學之間的初步對話。[1]黃氏的論文很有啟發意義，不過遺憾的是他未能進一步將牟先生的感通思想放入傳統感通論中予以反省，更未能借助傳統感通論來反省牟先生對見聞之知與德性之知的關係的看法；而在比較哲學方面則跨過了海德格爾對康德的道德感受的現象學描述，直接比較牟先生與蜜雪兒・亨利，未免捨近求遠之嫌。就第一點而言，陳迎年的博士論文《感應與心物——牟宗三哲學批判》參照海德格爾的生存論存在論，以「本源感應」來批判牟先生的良知感應論一陽獨張，不合陽明古義與熊十力先生之意，從而不但使情、意、氣失去其應該有的地位，而認知也成為虛而無根的了。[2]陳文所指牟先生的「坎陷」說的問題有一定道理，但陳氏不能緊扣文本，一廂情願地以自己的感應說強加於前人也是相當明顯的。陳氏還說，牟先生在《王陽明致良知教》中所言之「良知

1　黃冠閔：《牟宗三的感通論——一個概念脈絡的梳理》，《中國文哲研究通訊》第19卷第3期（2009年9月）第65-87頁。

2　陳迎年：《感應與心物：牟宗三哲學批判》（上海市：上海三聯書店，2005年），頁181-183。

坎陷」有別于後期「智的直覺」下的良知坎陷說，而合于陽明古義，但卻旋即為牟先生所棄，並且此時已有納感應于道德之下的傾向。[3]但在本文看來，牟先生前後期思想之間的差異只可看作是一種發展，而非對立。[4]另外，拙文《牟宗三論證道德的形上學之結構》雖然探索的主題是如何更好地理解乃至證立牟宗三道德的形上學，但也有相當篇幅都涉及到了「感通」或「寂感」問題。[5]本文則想徑直以「寂感」為專題，繼續這一探討，一方面不打算對牟先生的感通思想之演變再作重複的梳理，而直接從其中、後期的成熟思想出發，[6]考察其「感通」、「寂感」等概念與思想；另一方面則希望能夠彌補黃、陳兩文的缺憾。

一　寂感真幾之基本規定

在當代新儒家的討論脈絡中，顯著地用「感通」概念來進行系統的哲學思考的，以唐君毅先生為代表。[7]相比之下，牟宗三先生則沒

3　陳迎年：《感應與心物：牟宗三哲學批判》（上海市：上海三聯書店，2005年），頁288-294、544。

4　理由是牟宗三在後期出版的《從陸象山到劉蕺山》中仍然保留了早期出版的〈王陽明致良知教〉之〈致知疑難〉章關於「良知坎陷」的看法，並視為「至今不變」。牟宗三：《從陸象山到劉蕺山》〈序〉，《牟宗三先生全集》第8冊（臺北市：聯經出版事業公司，2003年），頁206-207。

5　載武漢大學哲學學院編：《哲學評論》第13輯（北京市：中國社會科學出版社，2014年），頁143-154。

6　本文以《心體與性體》代表牟宗三中期思想，後期思想則以《智的直覺與中國哲學》為起點。理由是前者屬於其「五十歲以後寫的書都比較可靠」之範圍（牟宗三：《中國哲學十九講》，《牟宗三先生全集》第29冊，臺北市：聯經出版事業公司，2003年，頁407）。而《智的直覺與中國哲學》則是其受海德格爾的康得詮釋後所撰。

7　唐君毅晚年的大作《生命存在與心靈境界》即以感通為線索來貫通九境，討論最系統。

有這樣專題化地、系統地談論「感通」，但是該概念無疑在其哲學中具有關鍵性的地位。而牟先生所說的「寂感」、「感通」或「感應」等概念群[8]也只是順著傳統感通論的典型意義，即從道德上講的感通：「誠則靈，一感應就能通天下的事。……神才能有這個情況，身體上不能說感而遂通，不能說一通全通。拿『神』作宇宙本體，它妙運萬物，使萬物有變化。……誠則靈，這表示說這個地方的所說的神呀，作為宇宙萬物的本體的這個誠呀，一定要從我們的道德性上顯。這個神以德言，不是鬼神那個神。鬼神的那個神以氣言，不能作本體呀。」[9]因此，本文只談道德意義上的「感通」，至於其心理學、讖緯、美學的意義則不作討論。而這裡的道德意義則是倫理學意味與本體宇宙論意味兼有的，「寂感」一詞更是本體宇宙論的意義較重：「此道德的而又宇宙的性體心體通過『寂感真幾』一概念即轉而為本體宇宙論的生化之理、實現之理。」[10]「寂感真幾」是本體，它以「感通」為用，它是即寂即感、即體即用、體用不二。

　　「寂感」一語出自《周易·繫辭上》：「易無思也，無為也，寂然不動，感而遂通天下之故，非天下之至神，其孰能與於此。」從周濂溪開始，理學家對此皆有所闡釋。牟先生講寂感、感通，主要是從周濂溪、程明道與王陽明那裡吸取資源的。對於周濂溪，牟先生認為：「『寂然不動，感而遂通』是先秦儒家原有而亦最深知玄思（形上智慧）。濂溪即通過此兩句而瞭解誠體。『寂然不動者誠也』，此就誠體

8　牟宗三先生在不同的意境中變換著使用感通、感應、寂感，但其實義是一致的，皆是良知之用，而寂感稍微特殊的地方在於它強調了良知動靜不二的特性，寂感真幾則是其體。

9　牟宗三：《周易哲學講演錄》，《牟宗三先生全集》第31冊（臺北市：聯經出版事業公司，2003年），頁198。

10　牟宗三：《心體與性體》第1冊，《牟宗三先生全集》第5冊（臺北市：聯經出版事業公司，2003年），頁186。

之體說。『感而遂通者神也』，此就誠體之用說。總之，誠體只是一個『寂感真幾』。……說天道、乾道，是籠統字（形式的、抽象的），故實之一『誠體』；誠體亦籠統，故複實之以寂感。」[11] 濂溪之默契道妙代表了理學家對「寂感真幾」的典型理解，且本體宇宙論的味道重而倫理學的意味輕，此可謂牟先生「寂感真幾」的第一個抽象的形式規定。

在《心體與性體》（二）中講程明道的《識仁篇》時，牟先生是以仁心之健動不已的無限感通能力來對道德心的絕對無限性給予說明的，仁心感通無隔，覺潤無方，覺由不安、不忍、悱惻之感來說，它是生命之洋溢、溫暖之貫注，其極也必以天地萬物為一體；覺潤至何處，即使何處有生意，能生長，故覺潤即起創生。[12]用黃冠閔的話說，牟先生的感通思想有生命的意象與潤澤的意象。[13]與濂溪相比，明道的倫理學意味明顯重些，這與「無限性」一起，可以看作是「感通」的第二個具體而真切的規定。仁心底感通的無限性意味著「心外無物」或「萬物一體」：「仁心底感通，原則上是不能有封限的，因此，其極必與天地萬物為一體。……蓋只有如此，始能成就其命令為一無條件的定然命令，此在儒者即名曰性體之所命。」[14]仁心的無限感通即函萬物一體，進而亦函感是自感、心外無物：「寂是心體之自寂，感是心體之自感。具體的知體明覺自如此。並不是有一個既成的

---

11 牟宗三：《心體與性體》第1冊，《牟宗三先生全集》第5冊（臺北市：聯經出版事業公司，2003年），頁350。

12 牟宗三：《心體與性體》第2冊，《牟宗三先生全集》第6冊（臺北市：聯經出版事業公司，2003年），頁237。

13 黃冠閔：《牟宗三的感通論——一個概念脈絡的梳理》，《中國文哲研究通訊》第19卷第3期，2009年9月），頁76。

14 牟宗三：《智的直覺與中國哲學》，《牟宗三先生全集》第20冊（臺北市：聯經出版事業公司，2003年），頁246。

天地萬物來感而後應之也。若如此，則是心外有物。」[15]

　　在《現象與物自身》中，牟先生特重以知體明覺之感應進行說明，「知體明覺之感應既是無限心之神感神應（伊川所謂『感非自外也』），則感無感相，應無應相，只是一終窮說的具體的知體之不容已地顯發而明通也。即在此顯發而明通中，物亦如如地呈現。」[16]就此而言，知體明覺之神感神應即是一存有論的呈現原則，亦即創生原則或實現原則，是「如如地實現之的感應」。知體明覺作為存有論的原理，「使一切存在為真實而有價值意義的存在並能引起宇宙生化而至生生不息之境。若把此無限智心撤掉了，則一切存在終歸於虛幻而不實，因而亦就是說，終歸無。此終歸於無是價值的說，非經驗的說。」[17]廖曉煒解釋說：「這並不是說獨立於人之外的物存在與否以無限智心為根據，而是說物作為真實而有價值意味的存在也即物自身，乃是依于本心仁體而被貞定住的。若無本心仁體之貞定，則物或為見聞之知下之有定相的緣起，或為佛家幻化無自性的緣起，終無法確立物之存在的真實意義和價值……。在本心仁體之智的直覺的觀照之下，物以物自身的身份隨本心仁體一體朗顯，這裡並不存在上帝自無而有式的創造活動。」[18]在此，牟先生依古義而肯認，單只我們的道德意識之感通就是創生的，這是它的第三個規定。

　　在談到王陽明從「感應之幾」來說「萬物一體」時，牟先生指

15　牟宗三：《現象與物自身》，《牟宗三先生全集》第21冊（臺北市：聯經出版事業公司，2003年），頁102。

16　牟宗三：《現象與物自身》，《牟宗三先生全集》第21冊（臺北市：聯經出版事業公司，2003年），頁103。

17　牟宗三：《圓善論》，《牟宗三先生全集》第22冊（臺北市：聯經出版事業公司，2003年），第298-299頁。

18　廖曉煒：《以道德攝存在——牟宗三道德的形而上學之證立》，《江蘇社會科學》2009年第3期，頁82。

出，仁心是即道德秩序即宇宙秩序的，「這個『一體』既是道德實踐的，同時也是存有論的……。『感應』或『感通』不是感性中之接受或被影響，亦不是心理學中的刺激與反應。實乃是即寂即感，神感神應之超越的、創生的、如如實現之的感應。」[19]在此，「寂感真幾」既是道德本體，亦是生化本體，前云三個規定於此達到完備。

此外，牟先生在翻譯「感應」、「感通」或「寂感」時所用的英文詞是 'ontological feeling'，即本體論的情感，這可以看作是感通的第四個規定。他說：「寂感真幾即是寂感之神。總之，是指點一創造之真幾、創造之實體（creative feeling, creative reality）。」[20]在此，「感應」與「情感」共用一個英文詞 'feeling'，由此可見，在牟先生看來，「感應」即是「情感」，而且是種實體性的情感。這個 feeling 並非一般感受，而是 moral feeling, cosmic-feeling, ontological feeling，即道德情感、宇宙的情感、本體論的覺情，「此仁心覺情是一超越的、創生的道德實體」。[21]在其他地方，牟先生也將之名為「實體性的覺情」。[22]不過遺憾的是，牟先生雖然對之有不少描述，但卻未能對此做詳細的概念分析。[23]

對於牟先生來說，感通還是天人合一之樞紐，所謂「踐仁知天」，「盡心知性則知天」。仁心之感通原則上不能劃定其界限，此即

---

19 牟宗三：《從陸象山到劉蕺山》，《牟宗三先生全集》第8冊（臺北市：聯經出版事業公司，2003年），頁186。

20 牟宗三：《心體與性體》第1冊，《牟宗三先生全集》第5冊（臺北市：聯經出版事業公司，2003年），頁466-467。

21 牟宗三：《心體與性體》第3冊，《牟宗三先生全集》第7冊（臺北市：聯經出版事業公司，2003年），頁308。

22 牟宗三：《現象與物自身》，《牟宗三先生全集》第21冊（臺北市：聯經出版事業公司，2003年），頁73。

23 李明輝：《四端與七情：關於道德情感的比較哲學探討》（臺北市：國立臺灣大學出版中心，2012年），頁6。

函其向絕對普遍性趨之伸展，感通即仁與天之「內容的意義」相同
處。[24]而具備以上諸規定的「感通」或「寂感真幾」，在牟先生這裡還
有一個綜合的規定，即判教或系譜學方法論的意義。[25]

二　「寂感真幾」之康德式的撐開

　　牟先生以康德式的架構來撐開其道德的形上學，同時也使得「寂
感真幾」這個概念得到了豐富的詮釋，這種詮釋是從自由意志與智的
直覺（intellectual intuition）來展開的。牟先生說：「知體明覺之神感
神應，亦即自由自律。」又說：「在知體明覺之感應中，心與物一起
朗現。即在此知體明覺之感應中含有一種智的明覺。」[26]在牟先生看
來，無條件的命令即是仁心的感通、即含有智的直覺。

（一）自由意志與「寂感真幾」

　　在康德，自由意志與上帝還有較遠的距離，但牟先生卻認為儒家
的性體心體不但是道德的根據，而且也是宇宙生化的本體，是通上帝
而為一的。牟先生打通這一關隘的理由是：「其初，這本是直接地只
就道德行為講……但在踐仁盡性底無限擴大中，因著一種宇宙的情
懷，這種體用因果也就是本體宇宙論上的體用因果，兩者並無二致。
必貫至此境，『道德的形上學』始能出現。這種意義的形上學，本亦

---

24 牟宗三：《心體與性體》第1冊，《牟宗三先生全集》第5冊（臺北市：聯經出版事業
　　公司，2003年），頁25。

25 牟宗三認為「寂感真幾」是學派分立之最根源的關鍵（牟宗三：《心體與性體》第1
　　冊，《牟宗三先生全集》第5冊，臺北市：聯經出版事業公司，2003年，頁369）。黃
　　冠閔亦注意到了這一點（黃冠閔：〈牟宗三的感通論——一個概念脈絡的梳理〉，
　　《中國文哲研究通訊》第19卷第3期，2009年9月，頁75）。

26 牟宗三：《現象與物自身》，《牟宗三先生全集》第21冊（臺北市：聯經出版事業公
　　司，2003年），頁105、103。

可原為康德思想所涵蘊，但因他自由為假設，不是一呈現，又因他忘掉意志即本心，即是興發力，他遂只成了一個『道德的神學』，而並未作出這種道德意義的形上學，即由道德進路而契接的形上學。」[27]自由的呈現即是仁心的感通，體用因果亦是感通，「宇宙的情懷」（翻譯成英文即前云 cosmic-feeling）即感通之無限性，若無這種真實的感通，自由意志即限於懸設之地，從而只是一個絕對命令的形式，難以瞭解創生何謂。本心性體或寂感真幾的革故鼎新的作用可由以下幾個層次而顯：道德行為、睟面盎背、過化存神以及與天地合德。[28]

因著這種感通，性體心體「不只是隔絕一切經驗而徒為抽象的光板的體證與呈現，而且還需要即在經驗中而為具體的、有內容的體證與呈現。『具體的』即是真實的，它不只是一抽象的光板、純普遍性，而且是有內容充實於其中而為具體的普遍。……『有內容』，這內容固是因與經驗接觸而供給，但由經驗供給而轉成性體之內容，……使性體心體之著見更為具體而真實，……是為性體心體之普遍性所通澈潤澤了的特殊，因而亦具有普遍的意義、永恆的意義，此亦可說普遍的特殊。」[29]若以牟先生後期的術語來說，這「普遍的特殊」即是「物自身」，此處不可說經驗內容的供給，因為經驗是現象界之事，此處無經驗可得，只是性體之內容、使性體心體之著見更為具體的真實。說「經驗內容」是經抽象的思考與分解所致，而以之為原初的狀態其實也是不恰當的。這是以牟先生後期思想來反思他的中期思想。

---

27 牟宗三：《心體與性體》第1冊，《牟宗三先生全集》第5冊（臺北市：聯經出版事業公司，2003年），頁179。

28 牟宗三：《心體與性體》第1冊，《牟宗三先生全集》第5冊（臺北市：聯經出版事業公司，2003年），頁185。

29 牟宗三：《心體與性體》第1冊，《牟宗三先生全集》第5冊（臺北市：聯經出版事業公司，2003年），頁176-177。

（二）智的直覺與「寂感真幾」

　　「智的直覺」是牟宗三先生後期思想中的核心概念，是在受海德格爾詮釋康德的影響後而予以充分重視的概念。在牟先生看來：「在知體明覺之感應中，心與物一起朗現。即在此知體明覺之感應中含有一種智的明覺。」[30]智的直覺即在此感應上有其根源：「純智的直覺即在此『明覺之活動』上有其可能之根據」。[31]「即依此知體明覺在隨時呈露中（如乍見孺子入井，人皆有怵惕惻隱之心）……遂乃逆覺而知之。……此逆覺而知之之『逆覺』乃即是其自身之光之反照其自己，並不是以一個不同於其自身之識心感性地、被動地來認知其自己而又永遠不能及於其自己本身也。因此，此逆覺而知之，是純智的，不是感性之被動的。……故此心之光之自照即是智的直覺也。」[32]感應中不但含有智的直覺，而且還含有證明它的根據——這是自明性的。

　　與「智的直覺」這一存有論的實現原則相對應的是「物自身」：「本心仁體之悅與明覺活動，反而自悅自覺其所不容已地自立之法則，即是自知自證其自己，如其為一『在其自己』者而知之證之，……當其自知自證其自己時，即連同其所生髮之道德行為以及其所妙運而覺潤之一切存在而一起知之證之，亦如其為一『在其自己』者而知之證之，此即是智的直覺之創生性」。[33]此處所言之「其所妙運而覺潤之一切存在」即前云「普遍的具體」，亦即物自身。關於物自

---

30 牟宗三：《現象與物自身》，《牟宗三先生全集》第21冊（臺北市：聯經出版事業公司，2003年），頁103。

31 牟宗三：《智的直覺與中國哲學》，《牟宗三先生全集》第20冊（臺北市：聯經出版事業公司，2003年），頁249-250。

32 牟宗三：《現象與物自身》，《牟宗三先生全集》第21冊（臺北市：聯經出版事業公司，2003年），頁105。

33 牟宗三：《智的直覺與中國哲學》，《牟宗三先生全集》第20冊（臺北市：聯經出版事業公司，2003年），頁252。

身與現象的區分，牟先生節譯海德格爾的話說：「存在物之為『物自身』與為『現象』這雙重性是與它分別地對無限知識為自來自在物、對有限知識為物件這種關係相對應的。……在《遺稿》中，康德說物自身不是某種現象外的東西：『物自身之概念與現象之概念間的區別不是客觀的，但只是主觀的。物自身不是另一個對象，但只是關於同一個對象的表像之另一面相。』」[34]康德在《遺稿》中的這句話被牟先生屢次使用，用以證成「物自身與現象之分是超越的、主觀的」，得出「『物之在其自己』之概念是一個有價值意味的概念，不是一個事實之概念」，[35]這一決定性結論。

關於智的直覺之創造物自身，牟先生進一步說：「事是感應於物而有以對之或處之之態度或方式。……真誠惻怛之良知，良知之天理，不能只限於事，而不可通於物。心外無事，心外亦無物。……事在良知之感應的貫徹中而為合天理之事，一是皆為吾之德行之純亦不已。而物亦在良知之感應的涵潤中而如如地成其為物，一是皆得其位育而無失所之差。」[36]「在此，萬事萬物都是『在其自己』之萬事萬物。此『在其自己』是具有一顯著的道德價值意義的。此如康德說視任何物，不但是人，其自身即為一目的，而不是一工具。視之為一目

---

34 牟宗三：《智的直覺與中國哲學》，《牟宗三先生全集》第20冊（臺北市：聯經出版事業公司，2003年），頁47-48。牟先生所節譯的部分來自當時的英文版海德格爾「Kant and the Problem of Metaphysics」之5。其他德文中譯本參王慶節譯：《康得與形而上學疑難》（上海市：上海譯文出版社，2011年），頁29。關於康得《遺稿》的注釋，海氏原注為，康得：《遺稿》，E. Adickes編次，頁653。（Kant, Opus Postumum, presented and commented upon by E. Adicks (1920), p. 653 (C551). Cf. Martin Heidegger, Kant and the Problem of Metaphysics, trans. Richard Taft, Bloomington: Indiana University Press, 1990, p. 22.）

35 牟宗三：《現象與物自身》〈序〉，《牟宗三先生全集》第21冊（臺北市：聯經出版事業公司，2003年），頁8。

36 牟宗三：《現象與物自身》，《牟宗三先生全集》第21冊（臺北市：聯經出版事業公司，2003年），頁457-458。

的，它就是『在其自己』之物。……康德說吾人的實踐理性（即自由）可以契接這個『在其自己』，顯然這個『在其自己』是有道德價值意味的。」[37]由此，物自身的倫理學意義完全凸顯了。

這可以從正反兩面說，遮詮地說：「只有當事與物轉為認知心底物件時，它們才是現象。它們此時是在時空中，而為概念所決定。因此，物即喪失其『在其自己』之意義，而被拉扯在條件串系中，而不復其自身即是一目的；而事亦喪失其『在其自己』之意義，而亦被拉扯於條件串系中，而不復是吾人之實德。」[38]正面充其極地說：「當自由無限心呈現時，我自身即是一目的，我觀一切物其自身皆是一目的。一草一木其自身即是一目的，這目的是草木底一個價值意味，因此，草木不是當作有限存在物看的那現實的草木，這亦是通化了的草木。康德的目的王國本有此義，但他不能充分證成之，從上帝的創造處說，尤其不能穩住此義。」[39]根據牟先生這個說法，可呈現的自由意志不只是像康德所說，只是道德法則的存在根據，而且是也具有「智的直覺」，即不以感性直觀與知性範疇來打量這個世界，而是直接呈現、創造物自身。在那一「視」之中即含有智的直覺，亦即含有創造性，由之，我自身即是一目的，亦即我作為物自身而存在；萬物其自身皆是一目的，即萬物作為物自身而系于理智直觀之創造。道德的目光即具此神奇。

---

37 牟宗三：《現象與物自身》，《牟宗三先生全集》第21冊（臺北市：聯經出版事業公司，2003年），頁451-452。

38 牟宗三：《現象與物自身》，《牟宗三先生全集》第21冊（臺北市：聯經出版事業公司，2003年），頁461-462。

39 牟宗三：《現象與物自身》，《牟宗三先生全集》第21冊（臺北市：聯經出版事業公司，2003年），頁18。

三 傳統感通論與比較哲學視野下的反省

牟先生的寂感說主要是接著理學家周濂溪、程明道與王陽明講的，而且主要是講其道德意義，但在感通如何融攝見聞之知的問題上，其「良知坎陷」說[40]與傳統感通論似有不同。從比較哲學視野的角度來看，牟先生的感通論主要還是借取康德自由意志與智的直覺兩概念來進行闡釋的，而未能借助海德格爾對康德的道德情感的現象學描述來闡釋自己的感通論。

（一）感通與良知坎陷

在理學家群中，張橫渠言「感通」有一特別處，即區分無感與客感：「太虛無形，氣之本體，其聚其散，變化之客形爾；至靜無感，性之淵源；有識有知，物交之客感爾。客感客形與無感無形，惟盡性者一之。」[41]牟先生認為：「『至靜無感』即是『寂然不動』。」對於客感則說：「此處之形態亦是性體自身（清通之神）接于物時所呈現之暫時之相，此即曰『客感』，或『感之暫時形態』（temporal forms of feeling）。」[42]但是我們知道橫渠有個著名的區分：「見聞之知，乃物交而知，非德性所知；德性所知，不萌於見聞。」[43]因此，本文不贊同牟先生對「客感」的解釋，即以「客感」為「德性之知」的暫時形

---

40 牟宗三的「良知坎陷」說主要意思是從無對的智的直覺坎陷其自己而為與物有對，從一形上的真我坎陷為一架構的邏輯我，以開知性之門。參牟宗三：《從陸象山到劉蕺山》，《牟宗三先生全集》第8冊（臺北市：聯經出版事業公司，2003年），頁206-207。及《智的直覺與中國哲學》之第八、十七兩章，《現象與物自身》之第四章。

41 張載著，章錫琛點校：《張載集》（北京市：中華書局，2012年），頁7。

42 牟宗三：《心體與性體》第1冊，《牟宗三先生全集》第5冊（臺北市：聯經出版事業公司，2003年），頁466-467。

43 張載著，章錫琛點校：《張載集》（北京市：中華書局，2012年），頁24。

態，如惻隱之心之類的作為「感之暫時形態」，而應該就是「見聞之知」。橫渠還認為只有「盡性者」才能統一「客感」與「無感」，亦即見聞之知與德性之知。與此相似，陽明也說：「良知不由見聞而有，而見聞莫非良知之用，故良知不滯於見聞，而亦不離於見聞。」[44] 從橫渠與陽明這裡，我們看不到牟先生所說的那種良知與認知的非此即彼的緊張、對立關係。在孟子「乍見孺子入井而有惻隱之心」的例子中，感性之知與德性之知明顯是同時發生的，這說明，在認知環節中，至少感性與良知不是非此即彼的關係，而可以是同時並列的關係。

陸象山解《周易・鹹》卦曰：「嘗考於鹹之卦，而得聖人洗心之妙。……至於九四一爻，聖人以其當心之位，其言感通為尤至。曰『貞吉悔亡』，而《象》以為未感害也。蓋未為私感所害，則心之本然，無適而不正，無感而不通。曰『憧憧往來，朋從爾思』，而《象》以為未光大也。蓋憧憧往來之私心，其所感必狹，從其思者獨其私朋而已。」[45]象山於此分「私感」與「本然之感」，然則見聞之知何屬？顯然不能像對待「私感」那樣，將見聞之感與本然之感反置對立起來。然而，當牟先生在看到海德格爾以有限知識與無限知識、有對與無對之區分來對應康德的現象與物自身時，卻把認知之感歸於憧憧往來之感。[46]由於牟先生將德性之知定性為海德格爾所說的無限知識，而非存有論的知識，而根據海德格爾的說法，有限知識又必然地

---

44 王守仁著，吳光等編校：《王陽明全集》（上）卷2（上海市：上海古籍出版社，2012年），頁80。

45 陸九淵著，鐘哲點校：《陸九淵集》卷29（北京市：中華書局，2008年），頁342。

46 他說：「程明道說『萬物靜觀皆自得』，此『自得』的萬物即是當作「e-ject」看的萬物。此是對『靜觀』而說的。靜觀就是一種無限的直覺之朗現——亦就是寂照。它是沒有物件（ob-ject）的。只有當心不寂不靜憧憧往來時，萬物才成為現象義的對象，而此時我們的心即成為認知的心——經驗的或超越的。」牟宗三：《智的直覺與中國哲學》，《牟宗三先生全集》第20冊（臺北市：聯經出版事業公司，2003年），頁46。

要遮蔽無限知識。[47]因此，成熟於此的「良知坎陷」思想也就不難理解了。就此而言，我們亦可說，康德與海德格爾的哲學框架限制住了牟先生對傳統儒學的詮釋。

孟子講：「所惡于智者，為其鑿也；如智者若禹之行水也，則無惡于智矣，禹之行水也，行其所無事也；如智者亦行其所無事，則智亦大矣。」（《孟子》〈離婁下〉）由孟子此語可知，智可以「鑿」，即「私」，亦可以「行其所無事」，即「無私」，是則「智」不同於「私」明矣。可見，無論是感性的見聞，還是「智」，都可以與良知同時並存，而並非像「私感」或「鑿」那樣完全是良知的對立面。其實，與牟先生同時代的唐君毅先生就提供了一種不同闡釋：「吾人如將德性之知和良知與知識之知，加以分解以觀，亦可說其中仍涵有牟先生所謂知識之知之一附套，然此一附套，實又只為其中之主套之德性之知或良知之所通過，而只為其一面相。……而未真現為一獨立之了別心者。」[48]在本文看來，唐先生的這種解釋更合古義。

但如果我們不把牟先生的坎陷說看得那麼單一、僵硬的話，我們亦可以從其後期的圓教論中找到一些支持上述看法的證據。如牟先生在《現象與物自身》中講到「無而能有，有而能無」的問題時說：「識心之執與科學知識是知體明覺之所自覺地要求者。依此義而說『無而能有』，即它們本是無的，但依知體明覺之自覺地要求其有，它們便能有。但依上第4節，它們既是權用，則仍可把它們劃歸於知體明覺之感應而不失知體聖德之本義。即依此義而說『有而能無』，

---

47 牟宗三：《智的直覺與中國哲學》，《牟宗三先生全集》第20冊（臺北市：聯經出版事業公司，2003年），頁39-63。牟先生所節譯之海德格爾《康得書》乃分別為§5、§25。其他中譯本參王慶節譯：《康得與形而上學疑難》（上海市：上海譯文出版社，2011年），頁21-31、114-119。

48 唐君毅：《中國哲學原論》〈導論篇〉（北京市：中國社會科學，2005年），頁220。

即它們已經有了，然既是由自覺的要求而有，則它們亦可經由自覺的撤銷而歸於無。進一步，若以明覺而通之，則雖有不為礙，亦不必撤銷，此亦是有而能無。」[49]在此，牟先生實際上表達了兩種「有而能無」，前者是撤銷之意，後者則不撤銷。到了《中國哲學十九講》，牟先生在談科學這種執著的俗諦的必然性問題時講，在菩薩道，是辯證地保證科學的必然性；而在圓佛的圓實境，是一體平鋪，一切法只可轉化而不可取消，使一切法（科學）有永恆的必然性。[50]雖然就「無而能有」而言，佛菩薩都要自我坎陷，但是就「有而能無」而言，兩者的距離就拉開了。在圓教中，識是智之異名，順即七、八識而當體即智，不必破七、八而單顯第九識也。[51]這就開啟了調適良知與認知過於對立關係的可能性。是則，牟先生的哲學系統亦有其內在的張力與可詮釋的空間，關此之深究則需另待他文，非本文所能勝任，本文只是要表明牟先生有此可能性。

（二）感通之現象學闡釋

關於寂感或感通之譯名 moral feeling, cosmic-feeling, ontological feeling, 異名道德情感、宇宙的情感、本體論的覺情等概念之提出乃在《心體與性體》中，此前牟先生尚未讀英文版的海德格爾的《康得書》等著作[52]（編者按：Immanuel Kant，普遍譯作康德，此處是書

---

49 牟宗三：《現象與物自身》，《牟宗三先生全集》第21冊（臺北市：聯經出版事業公司，2003年），頁183。

50 牟宗三：《中國哲學十九講》，《牟宗三先生全集》第29冊（臺北市：聯經出版事業公司，2003年），頁279-280。

51 牟宗三：《智的直覺與中國哲學》，《牟宗三先生全集》第20冊（臺北市：聯經出版事業公司，2003年），頁302、306。

52 牟先生開始讀海德格爾的《康得書》及其《形而上學引論》的時間是在《心體與性體》初版的1968年，但無疑是完成《心體與性體》三大冊之後。牟宗三：《智的直

名，不作改動。）因此這些概念的形成尚未吸收海德格爾的洞見。然而，傳統感通論與海德格爾論康德的尊重確有可溝通處，不過這卻沒有引起後期牟宗三的重視，這或許是因為牟先生反感海德格爾將實踐理性歸入先驗的（超越的）想像力的緣故。[53]本文不去討論海德格爾的如此作法是否成立，而只借助他對康德的「尊重」這種情感的現象學分析，以見出其與傳統感通論的相似處，尤其是與程明道的。

海德格爾首先闡明了情感一般的普遍本質，即「一種對……擁有感情，並且，它作為這種東西，同時又是情感者的自我-感情。」進而認為康德所說的對道德律的「尊重」這種情感，是一種純粹的情感，尊重讓道德律本身來照面，尊重是一種將我自己本身作為行動著的自我公開出來，在尊重中，我聽命于作為純粹理性的吾自身。「律令在尊重中──就像行動著的我一樣──不是被對象式地把握住的。但是，作為應當與行動，它們卻恰恰以一種更為原初的、非物件性的和非專題性的方式得到公開，並且形象為非反思的、行動著的自我存在。」[54]

對照海德格爾對「尊重」情感的現象學分析，我們再來看看程明道（按：可視為二程之共識）的寂感說、感通論：「『寂然不動，感而遂通』者，天理具備，元無欠少，不為堯存，不為桀亡。父子君臣，常理不易，何曾動來？因不動，故言『寂然』；雖不動，感便通，感

覺與中國哲學》，《牟宗三先生全集》第20冊（臺北市：聯經出版事業公司，2003年），編校說明。

53 牟宗三：《智的直覺與中國哲學》，《牟宗三先生全集》第20冊（臺北市：聯經出版事業公司，2003年），頁456-458。

54 海德格爾著，王慶節譯：《康得與形而上學疑難》（上海市：上海譯文出版社，2011年），第147-151頁。更詳細的分析見海德格爾在《現象學之基本問題》（海德格爾著，丁耘譯，上海市：上海譯文出版社，2008年，頁173-182）中對康得「道德的人格性」之闡釋。

非自外也。」[55]又說:「『寂然不動』,萬物森然已具在;『感而遂通』,感則只是自內感。不是外面將一件物來感於此也。」[56]又說:「心所感通者,只是理也。」[57]從這些語錄可以看出,這裡的「感」並非心理學意義上的刺激,感性的感觸,而是一種純粹的情感,對於天理的情感、感通,也是自感;如果是外感的話,就成了感性的感觸或低級的情感了。在這種感通中,我聽命于作為天理的吾自身,我將自己本身作為行動著的自我公開出來。對於傳統感通或道德情感的這樣一種海德格爾式的詮釋,也未始不可以在牟先生的論述中找到認同證據,如他雖然反對海德格爾將實踐理性歸於超越的想像力,但是他亦同意海德格爾對道德情感的特質之描繪:「道德法則與行動的自我不能客觀地被領悟,這話是真的,這顯示其對道德我有瞭解」。[58]不過牟先生與傳統感通論中的情感顯然不只有「尊重」或「敬」,而且還有「悅樂」的一面,這是孟子「義理悅心」說以來就有的傳統。

四　結語

　　經過梳理,我們知道在牟先生那裡,寂感真幾或感通有倫理的、情感的與本體宇宙論的、創生的規定,並且還有判教的譜系方法論意義。然而,放在傳統感通論與比較哲學更大的視野中,牟先生的寂感

55　程顥、程頤著,王孝魚點校:《河南程氏遺書卷第二上》,《二程集》(北京市:中華書局,2011年),頁43。

56　程顥、程頤著,王孝魚點校:《河南程氏遺書卷第十五》,《二程集》(北京市:中華書局,2011年),頁154。

57　程顥、程頤著,王孝魚點校:《河南程氏遺書卷第二下》,《二程集》(北京市:中華書局,2011年),頁56。

58　牟宗三:《智的直覺與中國哲學》,《牟宗三先生全集》第20冊(臺北市:聯經出版事業公司,2003年),頁457。

說有值得反省的地方。如第三小節所論，牟先生的「良知坎陷」說給人一種印象，即將良知與認知的關係弄得過於緊張，與傳統感通論有異，不如唐先生的闡釋符合古義。比較唐、牟的感通論，劉樂恒認為：「前者強調了心靈活動的動態性、歷程性，後者則強調了人心良知與德性主體的根基性、絕對性；前者要求展示出心與境的互動互攝、曲通立誠的具體環節，後者要求挺立道德的主體性以及良知明覺對於本體界的開顯，這是兩者各有側重之處。而兩者的相通之處，則在於作為道德主體的本心良知具有感通的義涵。」[59]其實，牟先生的圓教論在某種程度亦可擔當這種溝通工作，可惜圓教論具有的這種意義在牟先生的系統中不甚突出，被其坎陷說所掩蓋，人們亦不甚能注意。就寂感、感通作為一種本體論的情感而言，根據海德格爾的解釋，它與康德的「尊敬」情感有可溝通處。但牟先生因為反感海德格爾將實踐理性歸入先驗想像力，所以一併也不重視與此相關的情感分析，忽略了傳統感通論所可能有的現象學意涵。不過，據本文的觀察，這種反感之中亦有肯定的成分在，即牟先生肯定海德格爾對道德情感的現象學分析，這為本文的溝通工作提供了支援。

---

59 劉樂恒：《唐君毅感通思想概述》，《宜賓學院學報》2014年第3冊，頁4。

三統並建之再省思

王興國

深圳大學哲學系和國學研究所

一　引論：「三統」並建說與時代課題

　　牟宗三先生的「道統、學統、政統」三統並建說，是貫徹在其二十世紀四十年代至五十年代之間完成的「新外王三書」（《道德的理想主義》、《政道和治道》和《歷史哲學》）中的思想，其系統表述則見之于《道德理想主義》的序言之中[1]。牟宗三先生提出這一思想理論，乃是為了在「學風之無體、無理與無力」的「虛無低沉之時代樹立一立體之綱維」[2]，消解普遍性與個體性之衝突，闡明自由個體的「真實普遍」之如何為可能，批判「科學一層論」、「理智一層論」，澄清價值之源，以確立自由個體的「真實普遍」之根本，避免落于自

1　關於牟宗三的「三統」並建說的具體表述如下：「不惟隨時照察，隨時對治，亦且隨時建立此綱維。故「道德的理想主義」亦必函「人文主義之完成」。不惟極成此綱維，而且依據此綱維，開出中國文化發展之途徑，以充實中國文化生命之內容。由此而三統之說立：一、道統之肯定，此即肯定道德宗教之價值，護住孔孟所開闢之人生宇宙之本源。二、學統之開出，此即轉出『知性主體』以融納希臘傳統，開出學術之獨立性。三、政統之繼續，此即由認識政體之發展而肯定民主政治為必然。此皆為隨時建立此綱維，而為此綱維之所函攝而融貫者。」牟宗三：《道德的理想主義》〈序〉，《牟宗三先生全集》第9冊（臺北市：聯經出版事業公司，2003年），頁9。

2　牟宗三：《道德的理想主義》〈序〉，《牟宗三先生全集》第9冊（臺北市：聯經出版事業公司，2003年），頁8。

然生物生命的文化觀，從而與自由世界之對立的世界相對抗，破斥與對治其哲學之理論，同時糾正自由世界之時風與學風之流弊。牟宗三先生以「三統」並建思想確立「道德的理想主義」之立體綱維，其中必然包涵著人文主義的完成，並且必然要落實到自由個體的「真實普遍」之中，使人類脫離低沉消極的時代，走上一條康莊大道；而就中國文化來說，必須依據這一綱維開出中國文化發展的途徑，以充實中國文化生命的內容。因此，牟宗三先生提出以「三統」並建說為道德的理想主義之立體綱維，是要為世界的人文主義和中國文化的發展，奠定一套儒家「新外王」的理論基礎。

牟宗三先生提出的「新外王」理論，本來就是第三期儒學運動對於社會現代化問題的回應與解答，而對第三期儒學的開展來說，其「三統」並建思想，無疑具有一綱領性的地位和指導意義。這在由牟宗三、徐復觀、張君勱、唐君毅四位先生共同署名于一九五八年元旦所發表《中國文化與世界宣言》[3]的當代新儒家的「綱領性」文獻之中，得到了更充分的體現。

迄今看來，第三期儒學運動經過當代新儒家的第一代和第二代以及新生代的不懈奮鬥和積極推展，雖然已經在海內外傳播，四處開花，馨香四溢，但並沒有完結，而今正方興未艾，迎來大好的發展時機。從這一運動的發展看，牟宗三先生的「三統」並建說雖然是世界冷戰時代的產物，並且已經過去了半個多世紀，但是其綱領地位和指導意義不僅沒有過時，而且隨著時代的曲折變遷益發顯現出巨大的前

---

3 牟宗三、徐復觀、張君勱、唐君毅合著的《中國文化與世界宣言》全名為《中國文化與世界——我們對中國學術研究及中國文化與世界文化前途之共同認識》，後收入《唐君毅全集·第四卷·中國文化與世界》（臺北市：臺灣學生書局，1990年），也編入唐君毅著作的大陸選集，張祥浩編：《文化意識宇宙的探索——唐君毅新儒學論著輯要》（北京市：中國廣播電視出版社，1992年）一書，但有所刪節。

瞻性與積極的、建構的和綜合的社會歷史文化意義。當然，這一重要意義，必然是在「三統」說的因時更化的具體發展中表現與落實的。

在儒學的第三期開展中，接續牟宗三先生之後的當代新儒家與時俱進，早已結束和拋棄了冷戰時代的思維，以開放的心態，自覺地把儒學置於一個全球文明對話的框架中，積極參與當代世界文明對話，在多元和相對的文化格局中，積極回應福山的「歷史終結」論和亨廷頓的「文明衝突」論[4]，以儒家的理想和智慧來影響與促進平等互惠的文明對話的發展，同時也在對話中充實與豐富了自身的發展。雖然今天已經不再需要像杜維明先生在30年前那樣，去論證和回答「第三期儒學是否可能？」的問題，因為杜先生以及與他同時代的新儒家所做的工作，本身就是第三期儒學開展內容的不可分割的部分，然而「第三期儒學」在其開展的歷史過程中，仍然將不斷地面臨新的挑戰，[5]並在迎接新的挑戰過程中闡明儒學發展的路徑。

其中，最為突出的是杜先生所指出的兩個挑戰：其一是儒學復興後如何應對科學和民主的挑戰，其二是第三期儒學如何面對「人類的永恆問題」的挑戰。就第一個挑戰而言，第三期儒學的出現本身就包含著對科學與民主挑戰的回答，此即第三期儒學對於社會現代化問題挑戰的回答。儘管復興後的儒學，將不斷地反復地面對科學與民主的

4　杜維明認為：我們現在已邁入了一個新軸心時代。西方以及現代化理論所預設的以啟蒙精神為主的歐美文明被奉為人類進步和發展的典範業已受到了質疑，取而代之的卻絕非如福山的「歷史終結」論所期望的那樣——冷戰後美國一枝獨秀的景象，也未必即是亨廷頓的「文明衝突」論所顯示的地緣政治。因為福山和亨廷頓都未能擺脫西方（特別是美國）霸權的窠臼。杜維明：〈新軸心時代的文明對話及儒學的精神資源〉，吳光主編：《當代新儒學探索》（上海市：上海古籍出版社，2003年），頁25-26。

5　杜維明著，錢文忠、盛勤譯：《道學政——論儒家知識份子》（上海市：上海人民出版社，2000年），頁163。

發展，所不斷提出的問題的新挑戰和新考驗，但是就第三期儒學運動
發展到今天的情況而言，儒學經受住了來自科學與民主的挑戰與考
驗，這不僅是被敵對起來的儒學與科學和民主兩面旗幟所代表的現代
化之間的那種緊張關係，已經大大地減弱而趨於消解，至少中國現代
自由主義和當權的共產主義（或馬克思主義、或馬列主義）[6]對儒學
的敵對態度，業已歸於減殺或消弭，而且儒學在社會現代化的過程中
的積極意義日益凸顯出來，那麼，第三期儒學的發展，一方面固然需
要應對社會現代化的挑戰，另一方面可能更多地需要面對後現代社會
的挑戰與考驗。所謂後現代社會的挑戰與考驗，無非就是在社會的現
代化過程中，由「現代性」問題所帶來或造成的現代社會的困境與人
類自身的迷失。顯然，這就關聯到第二個挑戰，即「人類的永恆問
題」的挑戰。在一般意義下，我們可以把它理解為人類的「終極關
懷」問題。就此而言，當然可以像讀杜維明先生那樣，去設想創建一
種對全人類具有普遍信念的新哲學人學。顯然，這是一個需要長期持
續奮鬥才能完成的大課題。這樣的大課題，與牟宗三的「道、學、
政」三統並建的思想具有密切的關係。如果沒有（現代意義上的）
「學統」與「政統」的建立，要想去完成這樣的大課題，則是沒有保
證與難以想像的；如果沒有「道統」的建立，那麼要想尋找和建立一
種具有普遍信念的新哲學人學，也是沒有可能的。

　　誠如上文所說，由於牟宗三先生關於「道、學、政」三統並建的
思想在第三期儒學的發展中居於綱領與指導的地位，因此可以認為，
第三期儒學所面臨的挑戰，其實也就是「道、學、政」三統並建學說

6　按：嚴格地說，「共產主義」、「馬克思主義」、「馬列主義」是三個不同的概念，本
　　應該加以區別，但在不同語境的使用中，人們習慣分別以這三個概念來描述或指稱
　　中國現時代以政權為基礎的當權的主流意識形態，因此常常混用，名雖有異而其實
　　指則一。故本文隨文而就語，亦無區分。幸望注意！

所面臨的挑戰。正是在這一境況中，杜先生從「儒家知識份子」的立場和視角，重新闡發牟宗三先生關於「道、學、政」三統並建的思想，並回到中國儒學傳統（杜先生稱之為「古典儒學」）之中，對由「儒家知識份子」所持著與身體力行的「道、學、政」的觀念之精義，加以闡述與詮釋，斷言「道、學、政」是儒學之源的《論語》所標明的三個核心觀念[7]，這不僅豐富和發展了牟宗三先生「道、學、政」三統並建的思想，而且為我們在30年後的今天，重新溫習和理解牟宗三先生的這一重要學說，提供了一個具有重要啟示的範例。

如所周知，劉述先先生同樣也是儒學與世界文明對話的積極倡者與推動者，自上世紀八十年代以來，劉述先先生就多次參與儒耶對話的國際學術會議，特別是「世界宗教與人權」（1989）的六大精神傳統對話的國際盛會，作為儒家的代表，與猶太教、伊斯蘭教、基督教、印度教、佛教展開對話，催生了孔漢思（Hans Küng）起草的並得到後來在世界宗教大會（1993）上大多數宗教領袖與團體的支持與簽署的「世界倫理宣言」（A Global Ethic）。劉述先先生同意孔漢思的盟友美國哲學家史威德勒（Leonard Swidler）以莎士比亞戲劇化的方式所表達的「不對話，即死亡」（Dialogue or Death）[8]的說法，他呼籲：「在不同文化傳統之間我們要尋求溝通」。[9]出於對「世界倫理宣言」的支持和回應，劉述先先生特別重視與強調，從儒家倫理與世界倫理的關係，來尋求儒學與世界其他文化傳統之間的溝通與融合之道。

為此，劉述先提出與思考兩個重要問題：其一，站在中國人的

7　杜維明說：「儒家《論語》的三個核心觀念標明了這些問題：道、學、政。」杜維明：《道學政──論儒家知識份子》，頁1。

8　見劉述先：〈對全球在地化問題的反思與回應〉，《深圳大學學報》（人文社科版）2014年第2期，頁27。

9　劉述先：《儒家思想開拓的嘗試》（北京市：中國社會科學出版社，2001年），頁150。

立場上,我們為什麼要講世界倫理?在我們的傳統中,究竟有哪些資源可以應用,那些障礙必須克服,才能與世界其他傳統對話?其二,我們要以怎樣的方式講世界倫理,才能既與其他文化、特別是西方文化會通,而又能保持我們自己文化的特色,而不致淪落為附庸的地位?[10]

在劉述先先生看來,對於第一個問題,牟宗三先生所提出的注重「內聖」的「道統」必須繼承,卻同時又要開「新外王」,作自我的擴大與拓展,建立「學統」與「政統」,以吸收西方的科學和民主,不管是否同意和接受牟先生的這一觀點,至少它提供了一個方向,主張我們必須在本位的基礎上吸收外來的成就,乃是通過中國倫理自己本身內在的要求,以通往世界倫理,這便代表了當代新儒家的一種解答。[11]

至於第二個問題,劉述先先生提出要「建立既融合又獨立的文化特色」[12],以他所闡揚的儒家「理一分殊」的原則來回應。因此,他認為,對於孔漢思的《世界倫理宣言》,可以在策略上呼籲每個傳統先做出深切的自我反省與批評,找尋類似「金律」一類的指導原則,最後體現到以 human(人性、人道、仁)貫串世界宗教的共同理想。但是,任何宣言的簽署都只能達致某種低限度(minimum)的共識。儒家可以做出積極貢獻之處在於,這種共識的建立不能採取他稱之為「取同略異」的「歸納」方式,而必須採取「理一分殊」,容許現實層面的差別而嚮往超越層面的會通的方式。[13]

---

10 劉述先:〈從當代新儒家觀點看世界倫理〉,《劉述先自選集》(濟南市:山東教育出版社,2007年),頁409-410。

11 劉述先:〈從當代新儒家觀點看世界倫理〉,《劉述先自選集》,頁412。

12 見劉述先:〈從當代新儒家觀點看世界倫理〉,《劉述先自選集》,頁413。

13 見劉述先:〈論當代新儒家的轉型與展望〉,《劉述先自選集》,頁498。

　　在筆者看來，這也是一種對於牟宗三先生的「道、學、政」三統並建思想學說的發展，尤其是在倫理學方向上，對「道統」的擴充與發展，而「理一分殊」的原則對「道、學、政」三統並建，則更具有一種全面透視與調適的作用與效果，並開啟了一種理解與把握「道、學、政」三統並建思想的新進路。

　　無疑，多年以來，杜維明先生和劉述先先生一直不遺餘力地倡導世界文明對話，並特別重視與強調儒學與世界各大文明之間的對話，因為儒學要與世界各大文明對話和交流，儒學的第三期發展就必須具有全球眼光，必須走出東亞，必須走向世界，唯有如此，儒學才能敞開胸襟，放下自身歷史的包袱，重新站穩腳跟，挺立自己，真正地與猶太教、基督教、伊斯蘭教、印度教、佛教、馬克思主義、佛洛伊德學派以及後佛洛伊德心理學進行對話，使第三期儒學的開展深入到世界各大文明的根系之中；與此同時，也使儒學在第三期的開展中，更好地充實自己和豐富自己，使自己立于世界文明的前列，儒學才能真正地重光自己：不僅是在中國或東亞的歷史中重光自己，而且是在世界文明的發展中重光自己，儒學才能真正地對人類世界的進步，做出自己應有的貢獻。[14]顯然，杜、劉二位先生所提倡的這一儒學與世界文明對話的基本方向，在相當大的程度上，不僅得到了當代新儒家的一致認同，而且代表了當代新儒家的共同一致的心願，因此也就自然成為了當代新儒家共同努力的方向。

　　自進入21世紀以來，第三期儒學的開展不僅邁向了「後牟宗三時代」（與牟宗三時代不同的新時代），而且迎來了一個「全球化」與

---

14 杜維明說：「20年來，儒家如何在文化多樣性的全球趨勢中，促進平等互惠的『軸心文明』之間的文明對話，成為我的科研重點，我的『終極關懷』。儒學的第三期發展，必須在這一論域中才能落到實處。」杜維明：《二十一世紀的儒學》〈導言〉（北京市：中華書局，2015年），頁2。

「在地化」的「新軸心時代」。第三期儒學的「全球化」與「在地化」，乃是通過當代新儒家的視域對「全球化」與「在地化」的問題作出反思與回應[15]，以求全面的充實自己、豐富自己、提升自己和實現自己的一場新運動。自上世紀末期以來，當代新儒家便已自覺地迎接和展開了儒學的「全球化」與「在地化」運動，這是「儒學第三期」繼續展開的重要內容與課題，例如上文言及的杜維明先生與劉述先先生所的工作，便屬於第三期儒學的「全球化」與「在地化」運動的一個不可或缺的部分。而近些年以來，儒學的「在地化」與「全球化」的主旨，更是得到了前所未有的高揚與彰顯。毋庸置疑，「後牟宗三時代」的第三期儒學，旨在繼承與推進唐君毅、牟宗三和徐復觀等為代表的第二代當代新儒家的志業，在將儒學與世界文明的交流和對話中，使儒學在面向「全球化」與「在地化」的方向和道路上，全幅十字打開。基於這一背景，如何在第三期期儒學的發展中，重新認識與看待牟宗三先生所提出的「道、學、政」三統並建的思想理論和主張，就成為我們這個時代的一個新課題。

　　21世紀以來，不僅世界發生了翻天覆地的重大變化，世界的格局不斷地被改變與翻新再翻新，在結束了長期的冷戰之後，邁進到一個以和平為基調和主旋律的文明對話的「新軸心時代」，與此同時，中國也經歷了一個天崩地解、典範改變的大時代。百年以來，相繼出現了中國現代自由主義、共產主義（或馬列主義）和新儒學的典範，其中牽涉到複雜的傳統和現代、中學與西學之交織，典範之間的碰撞、對抗、摩盪，並在視域上融合的情況。這些情況固然值得進一步地觀察和研究，但是可喜的是，儒學在經歷了數十年的沉寂之後，終於

15　劉述先：〈對全球在地化問題的反思與回應〉，《深圳大學學報》（人文社科版）2014
　　年第2期，頁27。

「一陽來復」，一個龐大的「大陸新儒家」[16]的多元群體在中國大陸開始崛起，為儒學的第三期運動在大陸的開展，奠定了必要的基礎，並成為儒學第三期運動在大陸開展的前奏；與此同時，中國的馬列主義、儒學、自由主義三者之間的對立僵局，尤其是馬列主義和儒學以及自由主義與儒學的對立僵局，正在打破或已經打破，而且新的儒學很可能與馬列主義合流，這為第三期儒學運動在中國大陸本土的開展，提供了一個很可能是好大於壞的時運。從這些情況來看，第三期儒學在中國大陸的開展，儘管與早已經發展起來並達到高峰的所謂「港臺新儒學」有著不同的特徵，但是也同樣不可避免地具有「全球化」與「在地化」的問題和要求，這一問題和要求的展開，仍然面臨著如何結合中國大陸的實情，來重新認識與看待牟宗三先生所提出的「道、學、政」三統並建的思想理論的問題。

由於受到上述杜維明先生和劉述先先生的啟迪，本文擬結合中國大陸的情況，從另一思路來對牟宗三先生的三統並建說，再作省思與認識。

---

16 關於「大陸新儒家」在目前是一個充滿爭議而不確定的概念，本文在此使用這一概念，是廣義的，乃取自郭齊勇先生對這一概念的說法，茲引如下：「大陸新儒學（家）究竟如何定義，學界見仁見智。有人以此相標榜，但學界卻不以為然，因為他們持封閉的立場，脫離了時代與現實。因此，需要為大陸新儒學（家）正名。……所謂大陸新儒學（家）或新時期中國大陸的新儒學（家），是受當代哲學思潮特別是現代新儒學思潮的影響，面對中國大陸改革開放以來社會生活的實際問題，在馬克思主義哲學、中國哲學、西方哲學互動的背景下，以儒家哲學思想的學術研究為基礎，積極調動以儒學為主體的中華優秀傳統文化資源，促進儒學與現代社會相適應，並創造性地詮釋儒學精義、推動儒學現代化與世界化的學派。大陸新儒學有一個共同的價值取向，即強調中西融合與儒學的根源性、當代性、開放性、包容性、批判性、創造性和實踐性。改革開放以來，大陸新儒學在理論與實踐兩方面都取得了積極進展。」參閱郭齊勇：〈立足「返本開新」關注生活世界：當代新儒學思潮概覽〉，載北京：《人民日報》2016年9月11日第5版。

二　道統的肯定與重建：兼論中國道統與世界道統

中華民族是一個以漢民族為主體的多民族的共同體，費孝通先生稱之為「中華民族的多元一體格局」，並具體地描述如下：

> 中華民族作為一個自覺的民族實體，是近百年來中國和西方列強對抗中出現的，但作為一個自在的民族實體則是幾千年的歷史過程所形成的。……它的主流是由許許多多分散孤立存在的民族單位，經過接觸、混雜、聯結和融合，同時也有分裂和消亡，形成一個你來我去，我來你去，我中有你，你中有我，而又各具個性的多元統一體。這也許是世界各地民族形成的共同過程。中華民族這個多元一體格局的形成還有它的特色：在相當早的時期，距今三千年前，在黃河中游出現了一個由若干民族集團匯集和逐步融合的核心，被稱為華夏，像滾雪球一般地越滾越大，把周圍的異族吸收進入了這個核心。它在擁有黃河和長江下游的東亞平原之後，被其他民族稱為漢族。漢族繼續不斷吸收其他民族的成分而日益壯大，而且滲入其他民族的聚居區，構成起著凝集和聯繫作用的網絡，奠定了以這個疆域內許多民族聯合成的不可分割的統一體的基礎，成為一個自在的民族實體，經過民族自覺而稱為中華民族。[17]

對於漢族的複雜性，柳詒徵先生也早已做出過歷史的考察和敘述，他指出：

---

17 費孝通：〈中華民族的多元一體格局〉，載于費孝通等：《中華民族的多元一體格局》（北京市：中央民族學院出版社，1989年），頁1-2。

今之中國，號稱五族共和，其實尚有苗、傜、僮、蠻諸種，不止五族。其族之最大者，世稱漢族。稽之史冊，其血統之混雜，絕非一單純種族。數千年來，其所吸收同化之異族，無慮百數。春秋戰國時所謂蠻、夷、戎、狄者無論矣，秦、漢以降，若匈奴，若鮮卑，若羌，若奚，若胡，若突厥，若沙陀，若契丹，若女真，若蒙古，若靺鞨，若高麗，若渤海，若安南，時時有同化于漢族，易其姓名，習氣其文教，通其婚媾者。外此如月氏、安息、天竺、回紇、唐兀、康裡、阿速、欽察、雍古、弗林諸國之人，自漢、魏以至元、明，逐漸混入漢族者，復不知凡幾。[18]

吾國……「非族異心」之語，「島夷索虜」之爭，固亦時著于史，……而異族之強悍者，久之多同化於漢族，漢族亦泯然與之相忘。[19]

無可否認，中華民族的這種多元一體格局是歷史形成的，而漢族之所以成為這一格局中的主體和基礎，乃是由於漢族在其自身的發展過程中，不斷吸收其他民族的成分與同化其他民族而日益壯大，而且滲入了其他民族的聚居區，成為起著聯繫和凝集作用的網絡，從而奠定了這一格局中多民族聯合，而成為一個中華民族統一體的基礎，由此，中華民族成為一個自在自覺的民族實體。至少兩千多年以來，漢族文化，尤其是以儒學為主的漢族文化成為中華民族文化或中國文化的絕對主幹主流文化和代表，在絕大多數情況下，其他少數民族文化均處於非主流的邊緣地位。

---

18 柳詒徵編：《中國文化史》上冊（上海市：中國大百科全書出版社，1988年），頁3。
19 柳詒徵編：《中國文化史》上冊，頁4。

今天的中國，當然不是以前所謂的「漢、滿、蒙、回、藏五族共和」[20]，而是五十六個民族的共和，也就是所有民族的共和。然而，數十年以來，由於不斷的政治運動，尤其是「文革」浩劫，以及其他政治、經濟和文化的因素的滲入，直接或間接地造成了少數民族文化的巨大破壞，甚至毀滅；與此同時，漢民族文化，尤其是以儒學為代表的漢族文化，雖然同樣也遭到了巨大的破壞，但是在尊重和吸收了前蘇聯專家的指導意見下的漢字只是被作了簡化，並沒有廢除，[21]漢文化的主幹主流地位並沒有任何改變，而且在強大統一的政治意識形態的整齊劃一下，以政治文化為絕對主導的社會主義新主流文化，幾乎成了唯一合法的至高無上的新中國文化的代表，結果造成了一些少數民族無法認同自己的傳統文化，甚至丟棄自家的文化傳統，而同時又存在著與漢族文化的隔閡與疏離的尷尬處境；再則，則是引起了少數民族與漢族之間的矛盾對立與衝突，進而加劇了少數民族傳統文化

---

20 此說為孫中山先生所提出與主張，其中的「回」一般是指「回回民族」或「回回人」，這是沿用了歷史的觀念。自元代至二〇世紀五〇年代以前，在中國一直稱伊斯蘭教為「回教」（此外更早還曾稱為「大食法」、「天方教」、「天方聖教」、「西域教」、「回回教門」以及「淨教」、「真教」、「清淨教」、「清真教」等等），相應地就把伊斯蘭教徒都統稱為「回教民族」或「回回民族」，殊不知，伊斯蘭教徒遍佈世界各地，包含眾多民族。而就中國言，信仰伊斯蘭教的民族並不僅只有回族，除了回族以外，尚有維吾爾族、哈薩克族、柯爾克孜族、塔吉克族、烏孜別克族、塔塔爾族、撒拉族、東鄉族、保安族，以及蒙古族、藏族、傣族和白族中的一小部分。因此，孫中山先生所謂的「回」就不應該僅限於回族，而應該是泛指中國一切信仰伊斯蘭教的少數民族。所謂「五族共和」，實際上，就是多民族的共和。這是有必要在此辨明的。

21 一九五二年，中國文字改革研究委員會成立，中國科學院語言研究所俄籍顧問謝爾應琴（selchiuchinko）在「中國文字改革研究委員會」會議上指示：「嚴格的拼音原則是採用中國共產黨員在蘇聯創制的那套拼音文字是最合理的」。1953年，毛澤東對漢字的簡化做出指示。一九五四年，中國文字改革研究委員會改組為中國文字改革委員會（簡稱：文改會），實施漢字的簡化方案。

的衰落與漢族文化的一枝獨大而獨秀的趨勢。毋須諱言，這些都是數十年以來，我們所經歷的歷史事實。

改革開放以後，中國加速了社會現代化的步伐，宗教信仰政策重新恢復和實施，並有新的調整，漢文化和各少數民族的傳統文化開始重新得到尊重，但在追求社會經濟利益的發展中，尚未復甦的傳統文化，尤其是少數民族傳統文化以及其民族文化認同感，再一次受到衝擊。在社會的現代化進程中，社會經濟的發展與少數民族傳統文化的繼承和發展之間，似乎存在無法避免的矛盾，但是這是否意味著少數民族地區社會經濟的發展，一定要以犧牲其傳統文化為代價，則不無疑問。事實上，二十世紀後半葉以來，世界文明已經進入到一個文化上的多元主義和價值上的相對主義的時代，人們主張與強調本土文化與民族文化的特殊性與個性的多元多樣化的發展，提倡和伸張本土文化與民族文化的自覺自立與自我認同，尋求文化心理與人生價值的歸宿感。在這一潮流的影響和驅動下，中國少數民族傳統文化得到了前所未有的重視與重新肯定，民族文化與社會經濟發展之間的緊張關係似乎得到了緩和，尤其是在大力發展「文化產業」的召喚下，少數民族的一些傳統文化項目，得以在形式上與旅遊業逐漸緊密地接合起來，但是少數民族傳統文化究竟在多大程度上得到了重建和復興，少數民族究竟在多大程度上找回了民族文化的認同感與歸屬感，則仍不無疑問。實際上，「我是誰？」的問題並沒有解決。雖然如此，但是少數民族傳統文化得到重新肯定、恢復與重新發展的良機與趨向，則是一個明朗的事實。

與此同時，以儒學為代表的漢族傳統文化，也開始重新得到了尊重與某種程度的認同，並迎來了一個大好的發展和復興的時機，那麼，今天的儒學在人類文明的「全球化」與「在地化」的大潮中，如何發展自己呢？解答這一問題，就需要重新正視以儒學為主的漢族文

化與少數民族文化發展之間的關係。唯有如此，才能在現在和未來的發展中，處理好作為一個民族統一體的中華民族文化的關係，才能處理好中華民族內部的漢族與各少數民族之間的關係，才能維護中國的完整和統一，中國也才能作為一個高度文明的大國重新崛起於東方，屹立於世界而不倒。然而，必須看到，這一問題並非是孤立存在的，而是與人類世界的文化及其精神密切地聯繫在一起。在一背景下來看，牟宗三先生所提倡的「道統」之重建，就有了新的意義。

牟宗三先生說：「一個民族的方向，一個指南針，好比數學上所說的常數（constant）。一個國家民族不可以沒有常數。如果沒有一個常數，那麼今天往這裡變，明天往那裡變，這些變便沒有定準。因為變是相對于常而言的，如果沒有一個常數，那麼變數也不成其為變數了。」[22]實際上，對於一個民族或國家來說是如此，對於世界來說，同樣如此，需要在變數中有一個常數，這個常數就是道統。道統表徵一個民族或國家的根本精神之價值和動力本原；同樣，道統也需要表徵人類和世界的根本精神之價值和動力本原。一個民族或國家沒有道統，必然失去方向、秩序和發展的動源（動力源泉）；同樣，人類和世界也是如此。因此，道統在任何時代都不是可有可無的。

誠然，道統之肯定與重建，不僅需要肯定漢族傳統文化的道德宗教之價值，尤其是儒家的道德宗教之價值，以此來護住孔孟所開闢的人生宇宙之本源，而且需要開放更多的道德宗教價值之源，需要更多的異質文化傳統的哲學思想，來充實和豐富孔孟所開闢的人生宇宙之本源。這樣，道統才能「返本開新」，得到擴充、重建與光大。如果說中國文化要復興，世界文明要發展，人類將迎來一個新軸心文明時代，那麼道統就絕不是儒家的、漢族的，而應該是漢族和其他各少數

---

22 牟宗三：《時代與感受》，《牟宗三先生全集》第23冊，頁368。

民族的共同的道統，應該是整個中華民族的道統；進一步地說，道統不應該只是儒家的、漢族的道統，也不應該只是中華民族的道統或中國的道統，而應該是東亞的，亞洲的；更進一步地說，道統也不應該只是儒家的、漢族的道統，也不應該只是中華民族的道統或中國的道統，或東亞的、亞洲的道統，而應該是世界的道統，人類的道統。換言之，今日之言道統，已不再是往昔之道統，而是一既關照歷史、民族、宗教、文化、國家與區域的多元多層的具體道統景觀，同時也是一超越歷史、民族、宗教、文化、國家與區域的跨文化的全景交往對話中的世界綜合一體而又多元分層的共同道統景觀。上文中所提及的《世界倫理宣言》的出現，無疑是一可喜的現象，可能為世界道統的建立作了一種必要的準備，而成為世界道統之先聲。誠然，這猶如雅思貝爾斯所說的那樣，只有在人類的「第二個軸心時代」才可能真正地實現。在對人類第一個「軸心時代」的論述中，雅思貝斯指出：

> 只有在軸心期，我們才遇到了不遵循普遍規律、相反卻構成一個具有包羅萬象性質的、獨一無二的、特殊的歷史事實，它本身包容了所有的精神現象。軸心期是在世界歷史水準上唯一一個相當於總體的普遍類似，而不單單是特殊現象偶然的同時發生。單個現象或一系列現象，都不足以確立那種我們所論及的軸心期的類似現象。[23]

我們今天正處於一個高科技的時代，但通過現代世界高度文化的組織與塑造，並非不可能使人類世界導入類似第一個軸心時代的第二

---

23 〔德〕雅思貝斯著，魏楚雄，俞新天譯：《歷史的起源與目標》（北京市：華夏出版社，1989年），頁19-20。

個軸心時代。對於世界道統的設想，正是對人類第二個軸心時代的呼喚與期待。在某種意義上說，世界道統的建立，也正就是儒家大同理想的一種實踐和落實。那麼，藉用雅斯貝斯的話來說，將要發生的事情，乃是世界性的和包含人類共同精神價值的趣向和追求，不再限於中國、歐洲、或美洲。因此，這一具有決定性的事情必將是整體性的，並且是空前重大的。[24]這當然不能只靠中國人的努力，而是需要全世界人類的共同奮鬥才能實現的。但是，這絕不是空中樓閣，或鏡中幻象，而是一個可以希翼、可以追求、可以實現的人類的共同願景。

若以儒學為主為代表的中國漢族文化與少數民族文化之間的關係，而論道統的重建，道統就必須在尊重中國多民族文化同生互融的基礎上，進行重建。儒學當然是其中最重要的軸心，這是在中國數千年歷史中積澱下來而形成的結果，我們當然可以堅持一種溫和而開放和多元的新儒家的立場和態度，但不獨尊儒學，也不僅僅只有儒學，而是將儒學置於多民族文化同生互融的關係中，去重新理解與詮釋，在儒學優良傳統精神的基礎上，從文化哲學人類學的意義上去重新認識與積極吸取各少數民族哲學，尤其是其道德宗教中的有益養分，絕不可因為其在生產方式和生活方式上與漢族存在的差別以及生活環境上的差別，就認為一切少數民族的文化都是落後的低級的文化，採取鄙視，甚至蔑視的態度。其實，任何民族文化的存在，均有其自身的價值，絕不能認為漢族文化的價值，就一定高於其他少數民族文化的價值，漢族文化就一定比其他少數民族文化優越和先進。從人類歷史文化的發展演進來看，不同地區國家民族的文化的先進與落後總是相對的，而不是絕對的。任何一個民族的文化，總是具體地體現在其生活以及生活方式之中的，而一個民族的生活或生活方式，又是與其生

---

24 參閱〔德〕雅思貝斯著，魏楚雄，俞新天譯：《歷史的起源與目標》，頁34。

活的環境、生活時代、傳統習俗、生產方式和社會制度等多種因素密切相關的。我們不能把自己的意志和文化，乃至行為規範，強加給其他少數民族。即使對於弱小的後進的少數民族及其文化，我們也應該抱著尊重與友善的態度去對待。如果我們承認和堅持人類是平等的，一切民族是平等的，那麼我們就必然要承認和堅持，一切民族文化是平等的。無論任何人或任何民族，都是其社會歷史文化的產兒，並作為其社會歷史文化精神之表徵而存在，他不可能脫離其生活的社會歷史文化，而孤立地存在，人類及其民族的過去如此，現在如此，將來亦然如此。如果民族文化之間沒有平等與互惠，那麼民族之間就不可能有平等與互惠；如果一個民族的文化不能得到尊重，這個民族也就不可能得到尊重；否定一個民族的社會歷史文化，就是否定一個民族存在的合法性。

因此，今天論及道統的重建，仍然有必要批判和反省大漢族主義與儒學沙文主義。關於（以儒學為主的）漢民族文化與少數民族的歷史關係，烏・額・寶力格（Uradyn E. Bulag）教授指陳「漢文化」的獨尊並以「懷柔遠人」的策略來籠絡異己的少數民族文化或其他異己的異質文化，在「中華帝國」「順我者昌，逆我者亡」的強權邏輯的驅使下，要「化」掉，甚至是「消滅（掉）不同」於己的少數民族文化或異己的異質文化，[25]無疑是對大漢族主義與儒學沙文主義的一種反省與批判；以此同時，寶力格教授還思考和提出了關於民族團結不是「一廂情願」的意見[26]。對於這些批判和意見，無論我們是否同意，都是值得注意的。當然，這些問題是可以討論的，也可以有不同

---

25 參見《寶力格教授的蒙古探究：我的「民族」，你的「問題」》「見地」欄目，2017年2月3日。文章來源：倫敦政經中國發展社團，Facebook：goo.gl/YPLJNZ, Weibl: goo.gl/WgGlnw.

26 見《人類學的蒙古探索——烏・額・寶力格教授訪談錄》，豆瓣網，2012年。

的回應。但是，無可否認，在中國歷史上，的確存在過大漢族主義與儒學沙文主義。今天，儘管儒學不成氣候，也說不上有什麼市場，有待重整與復興，但是仍然可以聽到大漢族主義與儒學沙文主義的論調。這是值得我們反省與警覺的！只有這樣，我們今天才能抱著漢族與其他少數民族互相平等與互相尊重、漢族文化與其他少數民族文化互相平等與互相尊重的態度，去虛心學習與吸收其他少數民族文化的精髓，在重建道統的過程中不斷地充實、豐富和完善道統，使重建的道統能為漢族與其他各個少數民族皆能認同與接受，視為基本的共同的價值理念與精神支柱，至少在精神價值的底線上，能夠達成一致。

雖然說漢族與其他少數民族有一個基本的共同的道統，但是這並不妨礙各個民族文化本身的獨立存在和自由發展，而且應該可以促進各個民族文化的自由發展和獨立存在，因為這個道統是整個中華民族的道統，而不是專屬於某一個民族的道統。從哲學上講，道統是中華民族統一體的共性，而各個民族的文化及其精神，是能具體地體現這一共性的多樣化的自由表現的個性，這一民族統一體的共性是「一」，各個民族文化及其精神的多元的多樣化個性則是「多」；以中國哲學傳統的術語說，中華民族統一體的共性的「一」，也就是「理一」，而各個民族文化及其精神的多元的多樣化個性的「多」，則是「分殊」的表現。可見二者之間的關係是「共性」與「個性」的關係，「一」與「多」的關係，也是「理一」與「分殊」的關係。因此，也可以根據劉述先先生所倡導的「理一分殊」的原則去處理。至於如何在以儒家文化為主幹和代表的漢族文化，與其他少數民族文化之間進行溝通與互相吸取和融合，從而實現中華民族統一體的道統與各民族文化及其精神之間的統一，也就是實現中華民族統一體的「共性」、「一」、或「理一」與各個民族文化多樣性的自由「個性」、「多」或「分殊」之間的統一，一方面需要一個不斷地道統民族化在

地化的過程，使道統成為具有不同民族、地域以及宗教特色文化的道統，最為典型的範例，就是佛教的中國化或稱為佛教的在地化，以今天的話來說，所謂「佛教的「中國化」，其實就是佛教在中國的民族化與在地化，但佛教的這一民族化與在地化是多元「分殊」而又「一本」的。因為佛教在中國民族化與在地化的結果，是不僅有漢傳佛教的誕生，而且有藏傳佛教與上座部南傳佛教的出現，各具民族、地域與文化的特色，互相輝映，成為三足一鼎的中國佛教，而這個三足一鼎，表明它們同是一根而發的同一個佛教。這就是中國佛教的「一本」性。無疑，從世界道統的高度上說，道統在世界各地的在地化與民族化，恰恰是道統的世界化的必經過程與具體表現，這猶如說世界佛教一樣。如所周知，佛教在全世界的傳播，經歷了不同的在地化與民族化的過程，因此形成了世界上各具特色的佛教，但是無論流布而紮根於世界各地的佛教的特色如何不同，它們都是同一個佛教。因此，這裡所謂「世界佛教」，說到底，只不過是一個佛教而已，以中國哲學的術語稱之，可謂「萬殊一本」。佛教的「中國化」與「世界化」，為道統在中國與世界的民族化與在地化，提供了一個成功的可供借鑒的典範。另一方面，實現道統與各民族文化及其精神之間的統一，也仍然需要杜維明先生所倡導與堅持的文明對話的態度，只不過這是在中華民族統一體的基礎上的各個民族文化之間的對話與溝通，尤其是漢族文化（其中又以儒家文化最為突出）與其他各少數民族文化之間的對話與溝通。這或許比起以儒家文化為代表的中國文化與世界上的其他民族國家的文化之間的對話來說，會較為方便與容易一些。當然，這一對話也將融入世界文明的對話之中。

毋庸置疑，在重建道統的過程中，不僅要有以儒學為主的漢族文化與各個少數民族文化的對話，同時在漢族文化自身以及各少數民族文化自身之中也需要展開平等的文明對話。就漢族文化而言，儒釋道

之間的對話與融通既是一個歷史的傳統老問題，也是一個現實的新問題。因為今天不僅有新儒家，而且也有新道家和新佛家，同時還有新墨家，甚至可能出現新法家、其他各種「新諸子」之家，因此，不僅儒、釋、道之間的當代對話，需要深入與推展，而且漢族文化自身的對話，也需要不斷擴大，尤其儒家不能只與道家、佛家對話，也必須與墨家、法家對話。這是重建道統的重要一環。由於這一話題不是一個新鮮的話題，在此點到為止。

在人類進入文明對話時代的今天，談論與追求世界文化的共同性與普適性，尤其是人類文化的普適價值，受到前所未有的推崇與重視，則是時代精神潮流的另一趨向與發展要求。顯然，這也是世界文明對話本來所蘊含而應有的旨趣。在這一世界文化背景下，道統的重建，必須在代表中國文化的儒學與世界其他各大文明之間的對話中來進行，正如上文所提及的，今天所要重建的道統，應該是世界的道統，人類的道統，它至少應該在人類基本的價值倫理精神上體現出共同的一致性。《世界倫理宣言》已經開了一個好頭，有望在一個新的軸心時代來臨時，變成現實。今天的世界文明交往與對話，正在積極醞釀與創建一個新的軸心時代。從這個意義上看，儒學當然必須要與世界各大文明展開平等互惠的對話，一如杜維明先生和劉述先先生所主張的那樣，儒學要在文化多樣性的全球化趨勢中，促進平等互惠的新「軸心文明」之間的文明對話，尋求儒學與世界其他文化傳統之間的溝通與融合之道，以求達到像劉述先先生所希望的那樣「建立既融合又獨立的文化特色」的儒學，這當然需要超越國家、民族與宗教的藩籬，具備關懷與開拓全球的意識，來一場儒學典範轉移的大改變與大發展，在世界文明的全景交往中進行對話。實際上，對世界各個文明既融合又獨立而不失自己的文化特色的道統，很可能就是重建道統所要達到的一個目標。不過，這仍然是基於世界文明多元格局的全景

交往中的中國儒學的「本位」立場上而言。

　　關於這一問題，牟宗三先生比較中西方文化，指出每一民族文化精神皆有其特殊性與共同性，其具體表現的理路雖然是主觀的、特殊的，但也是客觀的普遍的，由其客觀而普遍的理路可以引發文化的溝通，不同民族文化之間的光光相交，契合為一，就成為文化系統的世界性，因此每一個民族文化同時又是一種世界的文化。[27]這的確是頗具有啟發性的。但是，任何一種世界文化在其「氣質之表現」上，必然是特殊的具體的並有其個性的，這就是牟宗三先生所說的「各人各

---

27 牟宗三先生說：「……，每一民族有其表現心、理之方式。此表現方式在開始點不能完全相同。然一有表現方式而成為精神之發展，即成一文化系統。此精神之發展是有其理路的。……此理路是客觀的。氣質之表現方式是主觀的、是特殊的。氣質之首先表現此或表現彼，首先傾向於此或傾向於彼，是特殊的主觀的，然一有表現而成為精神之發展而有其理路，則此理路是客觀的。假若你的心靈注意及此而引發你的氣質去表現這方面的真理，則亦必走上此理路。此客觀而普遍之理路可以引發文化之溝通。宗教有宗教之理路，道德有道德之理路，政治有政治之理路，邏輯、數學、科學亦各有其理路。推之，智有智之理路，仁有仁之理路，耶穌之愛有愛之理路，釋迦之悲有悲之理路。此各種理路，因其客觀性與普遍性，皆有其交光之處。光光相交，契合為一，此即為文化系統之世界性。每一文化系統皆有其世界性，從其氣質之表現方面言，則是其特殊性。特殊性不能泯，其共通性亦必然有。文化就是這樣在各盡其誠之自我表現中而向共通以前進。睽而知其通，異而知其類，此之謂也。勿以為有特殊性即停於特殊性，停於特殊性而不進，則其文化生命死矣，此真所謂頑固也。除此，不得謂頑固。亦勿以為有共通性，即顢頇於共通性而忽視民族氣質表現之不同，迷妄於渾同之中而妄言大同，茫然不知個性之特殊，不知歷史文化之可尊，不知民族國家之在文化上之價值。理路雖是客觀而普遍的，然各人各民族之表現必有其細微不同處。此不同即是價值之增加，真理表現之增加。此即其可貴處。孔子之仁教並不止於孔子之所表現，亦不止於中國以往之所表現。孔、孟理學家之表現固有其理路，他人他民族若通過其自覺而注意及此，則大體固亦可說同于此理路，然在同于此理路中必有其氣質之特殊性。即在此特殊性中，必然拖帶出仁教之更多的內容、更多的真理。須知仁教之函量無窮無盡。同理，耶穌之愛，亦不止於耶穌及基督教之所表現，就是邏輯、數學、科學亦不能停止於其既有之成，政治形態之演進亦複如此。」牟宗三：《歷史哲學》，《牟宗三先生全集》第9冊，頁321-323。

民族之表現必有其細微不同處」，在這些特殊性、具體性與個性上的細微差異中，表現出人類真理與價值的增加，這就是民族文化以及個人文化的極其可貴之處。因此，對世界上的任何一個民族文化來說，其特殊性不能泯滅，其共通性亦必然具有。「文化就是這樣在各盡其誠之自我表現中而向共通以前進。睽而知其通，異而知其類」，必須貫通特殊性與普遍性、主觀性與客觀性，把特殊性與普遍性統一起來、把主觀性與特殊性統一起來。在這一意義上去看，孔子所開創的仁教絕不能止於孔子之所表現，也絕不能不止於中國以往歷史中之所表現，而是必然要在儒學走向世界的過程中，從儒學所特有的「氣質之表現」中，必然引生與連帶出仁教之更多的內容或更多的真理。這些仁教的真理，必將匯歸為世界道統的不可缺少的一部分。對於基督教之所表現來說，也同樣如此。從這個意義上說，在牟宗三先生的思想裡，本身就蘊涵了世界道統的觀點與視域。今天，我們應該把這一觀點和視域明確地表示出來。牟宗三先生指出：

> 我們不能不承認今日中國的問題，乃是世界的問題，其最內在的本質是一個文化問題，是文化生命之鬱結，是文化理想之背馳。如是，不但綜起來瞭解文化生命是可能的，而且對時代的癥結言，疏通文化生命之鬱結，協調其文化理想而泯除其背馳，且是必要而又急切的。[28]

如果說中國今日的問題是世界的問題，那麼反過來說，世界今日的問題也同樣是中國的問題。若要解決其「文化生命之鬱結」與「文化理想之背馳」，則需要一個世界道統來「疏通（其）文化生命之鬱

---

28 牟宗三：《歷史哲學》，《牟宗三先生全集》第9冊，頁317-318。

結，協調其文化理想而泯除其背馳」，是理所應當且必然的。

　　誠如上文所言，如果儒學是世界的儒學、人類的儒學，那麼儒學以及儒家的道統在對世界人類的傳播中，必然有一個在世界不同國度、地域與民族中的民族化與在地化的歷史過程。這當然就是道統的世界化過程。然而，歸根結底，世界的道統也只是一個道統，猶如世界的儒學只是一個儒學而已。這就是儒學或道統的「萬殊一本」之道。只有在這一意義上，中國儒家的道統（簡稱「中國道統」），才能作為世界道統中的一元而存在。中國儒家的道統與世界道統是「分殊」與「一本」的關係，二者之間不能互相取代，只能互相輔助、支撐與成就。這顯然是就道統的基本精神大旨而言。在這一意義上，中國道統與世界道統，是道旨一貫而相通相同的，可謂中國道統與世界道統心同理同。然而，實際存在的世界道統，乃是分佈於世界各不同地域與民族文化生命之中的，各具特色而多元多樣的「分殊」（或特殊）的、具體形態的精神之光，並非只是一個概念而已。它們依據一共同的道旨（「一本」）而存在，相對而相關，在精神上以各自相對獨立的具體形態（「萬殊」）而存在。唯有在這樣一種關係中，中國道統與世界道統之間的多元格局中的文明對話，才可能是富有成效的，有助於世界文明的持久和平健康的繁榮與發展。

　　必須指出，世界的文明及其精神，需要「遺傳」與分有儒家道統的「血液」以充實和光輝其生命，這本身不是儒學以「殖民」或「後殖民」的方式向世界強力擴張的結果，而是儒學與世界各文明積極對話，以及儒家道統世界化的自然生成的（精神）生命之光。

　　同時需要強調的是，基於中國儒家立場而言，這裡所追求的道統（即中國道統），不能取代且事實上也不可能取代世界上的任何其他文化或文明，也不能凌駕於世界上的任何其他文化或文明，它只求在世界文明平等與互惠的全景交往對話中，扮演自己應有的角色，在豐

富世界文明多元化與多樣化的格局中，促進世界文明的和平發展，實現自己的價值而已。更重要的是，在這一過程中，儒家意義上的道統，將會變得更加充實和豐富，並使自身得到昇華。伽達默爾說過：

> 在成功的談話（引者按：即對話）中，談話夥伴都處於事物的真理之下，從而彼此結合成一個新的共同體。談話中的相互理解，不是某種單純的自我表現（Sichausspiclen）和自己觀點的貫徹執行，而是一種使我們進入那種使我們自身也有所改變的公共性中的轉換。[29]

事實上，世界道統的建立，確實需要並有賴於在全景交往對話的公共性的轉換而使自身有所改變的過程中，結成新的共同體。

世界道統的建立，固然是一個遠大而需要不斷地經歷漫長奮鬥的過程，才可望實現的理想，我們論及道統與世界文明的全景交往對話，卻不能不予以考慮。然而，千里之行始於足下。建立世界道統，一方面，如上所述，需要重建中國道統，另一方面，仍然需要從當代新儒家所倡導的世界文明對話開始。問題是，今天的世界文明對話，是與「全球化」和「在地化」浪潮不可分割地聯繫在一起的。

當今「全球化」與「在地化」浪潮業已席捲世界各地，必須看到的是，無論「全球化」或「在地化」，絕不僅僅是經濟浪潮，它們一方面是對世界共同性與普適價值的訴求，另一方面則是對各地區各國家各民族文化與價值之多樣化與多樣性尊重和保護的呼喊，這一在文化與價值上的兩極分立，則使人類陷入相對主義的泥濘難於自拔。[30]

---

29 〔德〕伽達默爾著，洪漢鼎譯：《真理與方法》上卷（上海市：山海譯文出版社，1999年），頁486。標點符號略有改動。

30 杜維明先生說：「全球化與本土化這兩股思潮既矛盾衝突又相輔相成的潮流在世界

基於當代儒學的立場與視域，在從中國文明自己內部對話，到儒學與世界文明對話並舉的第二期儒學運動的發展中，重建世界文明的道統，將會對於調適與平衡陷於相對主義中的人類文化與價值，起到積極的促進保健作用。從這個意義上看，重建道統是必須的，儒學與世界各文明之間的對話也是必須的。在這方面，當代新儒家業已做了開創性的卓有成效的工作，無疑地說，今後仍有必要繼續與加強這一方向的工作。誠如上文所說，儒學需要與猶太教、基督教、伊斯蘭教、印度教、佛教、馬克思主義、佛洛伊德主義以及後佛洛伊德主義對話，並從中獲益，但從中國當今的情況來看，有必要重點強調與突出儒學與與基督教、伊斯蘭教之間的對話。基督教在中國大陸的傳播迅猛而廣泛，明暗相間，影響頗大，這在一定程度上不僅構成了對馬克思主義意識形態的挑戰，也成為對中國文化的挑戰，儒家應該積極展開與基督教的對話，回應這一挑戰。儒學與伊斯蘭教之間的對話、溝通與交融，仍然需要加強與推進。如所周知，基督教文化與伊斯蘭教文化之間的文明衝突，一直成為世界動盪不安的重要因素與重大憂患。因此，在國際國內展開與加強儒學與基督教和伊斯蘭教之間的對話，事關重大，在這一文明對話中重建道統，不僅有利於中國文化發展的平衡與社會的和平安寧，而且也有利於世界文明發展的平衡與人類的和平幸福。

在內外多元文化的格局中，以文明對話的方式尋求道統的重建，難免出現「判教」，因為必須經過比較研究，才能有所會通與融合，

各地激起浪花，既釋放出史無前例的創造力，又爆發出聞所未聞的破壞力。令人眼花繚亂，好像無所適從。我們必須擺脫非此即彼的二分法和因果判斷明確的線性邏輯，而採取即此而彼，因緣湊合的網路思維來認識、理解和詮釋這一紛繁複雜、變動不居的現象。杜維明：〈新軸心時代的文明對話及儒學的精神資源〉，吳光主編：《當代新儒學探索》，頁25。

達到理想的境界，這就需要對「判教」有創造性的詮釋與發展，因此必須突破與摒棄「圓教」與「別教」的劃分，可以而且應該在匯通融合中追求理想完美的最高境界，但是在文化多元平等的全景交往格局中，不再有一個至高無上的「圓教」的存在，每一個文化或文明，均能得到自己應該擁有的一席合理地位即可。在這一意義上說，所謂「判教」不過是從學理上承認各種文化的平等獨立地位，並對它們在一套理論架構中給予其應有的恰如其分的安排和地位，使不同文化之間既相互聯繫，而又保持自己的獨立，並不失自己的特色。這樣的判教，才是符合今天的時代精神與為我們的時代所需要的判教。

除此以外，儒學與當令的馬克思主義之間對話，以及與自由主義之間的對話，則是另一個重要的課題，而儒學與馬克思主義之間對話的探討，目前已經成為大陸學術界炙手可熱的話題。這一問題在此也只能點到為止。

必須強調，重建道統的一個重要前提是，今天仍然必須「回到」以孔子為代表的先秦儒學中去，重新肯定與護持牟宗三先生所指出的，儒家「道德宗教之價值」與「孔孟所開闢之人生宇宙之本源」，以復活儒學的真精神、活精神。這固然是由近代以來儒學在中國的命運所決定的，儒學需要呈現自己的真面目，洗清被強加於自己身上的莫須有的種種罪名，同時由於最近一些年以來，不斷出土與發現有關先秦儒學與秦漢儒學的一些新的文獻資料，非常有必要對儒學進行新的梳理與厘清。這樣，才能為重建道統，在多元文化的格局中，確立以儒學為多極軸心中的一極，而建立和發展新軸心時代的文化，奠立儒家的文化立場與前提。依據這一立場和前提而建立的道統，應該是由多元文化所共同構成的一個軸心統一體，所有的多民族文化或世界多元文化，都圍繞著這一文化軸心的統一體，而展開跨文化的全景交往的平等對話，並在對話中把人類的文明推向前進。

以上所論道統的重建，均當以這一前提為基礎。這就是上文中所說的以「一本萬殊」之理，建立一種既紮根於歷史、民族、宗教、文化、國家與區域的多元多層的自立道統景觀，同時又是一種超越歷史、民族、宗教、文化、國家與區域的跨文化的全景交往對話中的世界一體綜合立體多元分層的共同道統景觀。

但是，道統的重建，在今天必然是與學統關聯在一起的，並以學統為基礎的。

三　中國學統的開出與建立

學統的肯定和建立與道統固然密不可分，學統的建立與發展需要表現與彰顯道統的精神旨趣，但學統有其相對獨立的地位。學統的建立有益于道統的建立、鞏固和發展。不僅如此，學統的建立也是政統之開出的必要條件和重要基礎。這與中國傳統的「學統即道統」[31]不同。因為對中國文化來說，在「仁的文化系統」之外，必須建立「智的文化系統」。如上所述，牟宗三先生指出，學統的開出是要「轉出『知性主體』以融納希臘傳統，開出學術之獨立性」（此誠為建立「智的文化系統」之根基），並從中西文化之比較和融通著眼來論述學統的建立，他著重指出兩點：一是需要西方的名數之學及其連帶所成之科學，二是需要國家政制之建立，這其實是指出了建立學統，必須具備的兩個條件。牟宗三先生寫到：

> 一、在學術上名數之學之足以貫徹終始，而為極高極低之媒介，正吾人之所缺，亦正西方之所長。儒學在以往有極高

---

31 參見牟宗三：《陸王一系之心性學》，見《牟宗三先生全集》第30冊，頁128。

之境地，而無足以貫徹之者，正因名數之學之不立。故能上升而不能下貫，能侔於天而不能侔於人。其侔於天者，亦必馴至遠離漂蕩而不能植根於大地。其所以只能上升者，正因其系屬道德一往不復也。而足以充實之之名數之學，則足以成知識。知識不建，則生命有窒死之虞，因而必蹈虛而漂蕩。知識不廣則無博厚之根基、構造之間架，因而亦不能支撐其高遠。故名數之學，及其連帶所成之科學，必須融吾人文化之高明中而充實此高明，且必能融之而無間也。是則須待哲學系統之建立與鑄造。……[32]

二、在現實歷史社會上，國家政制之建立，亦正與名數之學之地位與作用相模擬。此亦為中國之所缺，西方之所長。國家政制不能建立，高明之道即不能客觀實現於歷史。高明之道之只表現為道德形式，亦如普世之宗教，只有個人精神，與絕對精神。人人可以與天地精神相往來，而不能有客觀精神作集團組織之表現。是以其個人精神必止於主觀，其天地精神必流于虛浮而陰淡。人類精神仍不能有積極而充實之光輝。故國家政制之建立，即所以充實而支撐絕對精神者，亦即所以豐富而完備個人精神者。凡無國家政治之人民（如猶太人）其精神不流於墮落與邪僻，即表現為星月之清涼與暗淡。其背後，決無眞正之熱力，與植根於天地之靈魂。朱光澈地與月白星碧之別，正在其有無客觀精神之表現，有無國家政治之肯定。故國家政制之建立，亦須融于吾人文化之極高明中而充實此高明，且亦必能融之而無間者。是亦有待於偉大之歷史哲學與文化哲學

---

32 牟宗三：《道德的理想主義》，《牟宗三先生全集》第9冊，頁4。

之鑄造也。[33]

牟宗三先生之所以特別重視和強調西方的名數之學（邏輯學、幾何和純數學）以及由此而成之自然科學，關鍵在於此名數之學，乃是科學知識之建立的基礎，而此名數之學的根源，則在於古希臘的文化，尤其是其哲學與科學。自近代以來，西方將源自古希臘的名數之學發揚光大，「知性主體」凸顯，知識論系統層出不窮，科學日新月異，形成了一套獨立自由的「學統」；而西方社會的現代民主制度，正是在此一「學統」的背景和基礎上才得以建立的，可見名數之學、知識論以及由此連帶而成的科學與民主，正是「知性主體」精神的具體表現與表徵。由於中國傳統文化中，最為突出與殊勝的是「德性主體」，「知性主體」欠發達，甚至極度貧乏與空缺，所以必須從西方引入名數之學，以補中國文化之欠缺與不足，並在中西文化結合融通而成的中國之新文化中，開出自己的「知性主體」，由此而開出與建立自己的學統，以保證學術的獨立和自由，這也正就是牟宗三先生在《政道 與治道》中所指出與強調的「轉理性的作用表現而為理性的架構表現」[34]，或由「理性之內容表現與運用表現」轉為理性之「架構表現」與「外延表現」[35]，開出「對列之局」（co-ordination）[36]，易言之，就是要把「德性主體」轉為「知性主體」，千言萬語，只為在「德性主體」（或道德主體）之外，必須再添生出一個「知性主體」[37]，以開出「對列

---

33 牟宗三：《道德的理想主義》，《牟宗三先生全集》第9冊，頁4。

34 牟宗三：《政道與治道》〈新版序〉，《牟宗三先生全集》第10冊，頁26。

35 牟宗三：《政道與治道》〈序〉，《牟宗三先生全集》第10冊，頁37-38。

36 牟宗三：《政道與治道》〈新版序〉，《牟宗三先生全集》第10冊，頁25-26。

37 需要注意的是，牟宗三先生在「知性主體」之外，還提出了「藝術主體」，他說：「中國之文化生命，首先表現出『道德主體』與『藝術主體』，而表現此兩主體之背後精神，一曰『綜和的盡理之精神』與『綜和的盡氣之精神』。由前者，有『道

之局」，唯有如此，學統以及政統的開出與建立才有真實的基礎。其實，這也正是在中國之新文化中開出「新外王」的重要礎石，當代新儒學「返本開新」的一大關鍵，亦恰在此處。

在牟宗三先生的這一思想理路中，他顯然預設了一個前提，這就是西方的「學統」，亦即源出於古希臘文化的獨立自由的學術傳統，必然具有一種普適的價值，並且由於其理性基礎是「知性主體」以及由主體和客體的對立統一而成的「對列之局」，因此而有一種基本的普遍的形式（例如學術範式和規範）。由此可知，由引入西方這一學術獨立自由的傳統精神，在中國的新文化中所建立的學統，在本質上，必然是與西方的這一學術精神一致的，從而具有公共的世界性，但由於他植根于中國文化而有自己的特色，並不是西方之「學統」（學術精神傳統）的複製、翻版，或簡單移植。在這一意義下，誕生於西方的科學和民主，同樣具有普適的價值，因而成為全世界現代化的目標。中國自新文化運動和五四運動以來，一直高舉起「科學」和「民主」這兩面旗幟，沒有人能從根本上反對，除非開歷史的倒車，徹底否定現代化。所以，科學和民主，也就成為當代新儒家的「新外王」的目標和內容所在了（當然，在表現形態與特徵上會有所不同）。

與此同時，牟宗三先生對西方學術理性偏重於「知性主體」，而

德的主體自由』；由後者，有『美的主體自由』（即黑格爾所謂『美的自由』）。然而『知性主體』則未出現，因而精神表現之『理解形態』，終未彰著。」（牟宗三：《歷史哲學》，見《牟宗三先生全集》第9冊之《歷史哲學》〈自序〉，頁21）。此後，他還提出「審美的品味」主體即「美感的主體」，主張把「知性主體」、「美感主體」與「德性主體」統一起來，此即「真」、「美」、「善」的統一。牟宗三先生晚年提出著名的「真善美」的「分別說」與「合一說」。（可參閱王興國：《大家精要‧牟宗三》，（昆明市：雲南出版集團、雲南教育出版社，2011年），頁115-127。）這一問題無關此文的主題，在此點到為止，存而不論。

輕視「德性主體」或「道德主體」的弊病及其危害，亦作了揭露和批判，這裡只要援引下列一段牟宗三先生的論述就足夠了：

> 西方名數之學雖昌大（賅攝自然科學），而見道不真。民族國家雖早日成立，而文化背景不實。所以能維持而有今日之文物者，形下之堅強成就也。形上者雖迷離惝恍，不真不實。而遠於人事，則於一般社會群體，亦不必頓感迫切之需要。然見道不真，文化背景不實，則不足以持永久，終見其弊。中世而還，其宗教神學之格局一經拆穿，終不能複。近代精神，乃步步下降，日趨墮落。由個人主義而自然主義，自由平等博愛之思潮興，近代英美之政治民主，即由此而孕育。然個人主義（，）自由主義，如不獲一超越理性根據為其生命之安頓，則個人必只為軀殼之個人，自由必只為情欲之自由。……豈非步步墮落，非全部物化而毀滅之不可而何耶？此尚非人類之浩劫乎？然則有堅強之形下成就，而無真實之背景者，雖曰日益飛揚，實則日趨自毀耳。然非局于現實而為其文物所惑者所能洞曉。世人方欣羨其成就，而不知其大苦痛即將來臨也。彼若不能于文化之究竟義上，有真實之體悟，將不能扭轉其毀滅之命運。名數之學與民族國家將徒為自毀之道，又何貴焉？故就西方言，民族國家誠可詛咒。名數之學，或知其不負利用之責。然而真負利用之責者，又不能建，則亦無安頓名數之學者。名數之學，不能安頓，則利弊相消，亦同歸於盡而已。人不能建其本，則科學之利正不能見其必多於其弊也。而飛揚跋扈所以震炫世人耳目者，亦正人類自娛於精神之播弄，陽焰迷鹿，麻醉一己而已。[38]

---

38 牟宗三：《道德的理想主義》，《牟宗三先生全集》第9冊，頁4-5。

無疑，牟宗三先生所反對的「理智一層論」、「科學一層論」的根源，就在於「人不能建其本」，不能有一超越理性的根據為其生命之安頓，所謂「自由」只是流為情欲的自由，所以「科學之利正不能見其必多於其弊」。那麼，對牟宗三先生來說，有了「知性主體」並非就萬事大吉了，而必須要能把「知性主體」與「德性主體」高度有機地結合或統一起來，這也就是牟先生所說的要「能將架構表現統攝於運用表現，而得其本源」。[39]如所周知，牟宗三先生在其「道德的形上學」中，更以著名的「良知的自我坎陷」說來彰顯這一思想，並藉佛家之「一心開二門」的模型比較論衡中西哲學與文化，闡明理論理性與實踐理性之統一的重要性。唯其如此，對中國來說，道、學、政三統之並建，才有真實的基礎與可能；對西方來說，才能去弊存利而免於禍害。由此，牟先生認為，以道、學、政三統之並建說為思想綱領的儒學第三期運動，「必將為世界性，而為人類提示一新方向」。他指出：

> 故對吾人之文化言，則名數之學與民族國家正顯其充實架構之作用，而自西方文化言則實日趨於自毀。然則西方文化之特質，融于中國文化之極高明中，而顯其美，則儒學第三期之發揚，豈徒創造自己而已哉？亦所以救西方之自毀也。故吾人之融攝，其作用與價值，必將為世界性，而為人類提示一新方向。[40]

由以上論述可知，牟宗三先生在中西方哲學與文化的比較與融通

---

39 牟宗三：《政道與治道》〈序〉，《牟宗三先生全集》第10冊，頁37。
40 牟宗三：《政道與治道》〈序〉，《牟宗三先生全集》第10冊，頁37。

中，闡明了在中國文化中開出與建立學統的基本方向與原則，簡言之，可以概括為如下三個要點：

其一、必須在充分肯定、繼承與發揚中國文化之道統的前提下，開出和建立學統。

其二、學統的建立與政統的肯定以及現代國家政制之建立，必須同時並進與互相配合。

其三、學統之建立的理性基礎，端賴於「知性主體」以及「對列之局」的開出。

今天看來，牟宗三先生有關學統之開出與建立的基本原則與方向，頗具前瞻性，並未在時光的流逝中成為明日黃花，溫故如新，仍然啟迪人心，發人深省。但是，如何在中國現實社會的實踐中具體落實，使學術的獨立與自由得到足夠充分的保障，則頗有問題與困難。

具體地說，第一、如何具體地有效地在中國人的心靈中，培育出「知性主體」，以開出「對列之局」，在獨立自由的批判氛圍中，養成追求真理，以知識為貴，「為學術而學術」的精神？第二、在沒有以本于現代自由民主精神而確立政統的情況下，是否可能建立學統？第三、如何在市場經濟的條件下，保持學統的獨立、自由和純潔？這三個問題的解決，具有不小的困難，毫不誇張地說，是我們建立學統必須面對的嚴峻挑戰。在此，略加申論如次：

首先，就第一個問題而言，興許我們馬上就會想到教育。無疑地說，「知性主體」的培育的確有賴於教育，而且尤其需要牟宗三先生特別重視與強調的哲學之教育的訓練。然而，眾所周所，中國今天的教育已經失本，像一架失控的飛船在漫漫宇宙中瘋狂地竄來竄去，總是上不了軌道，中小學大搞應試教育，一味地追求升學率，學生的思想自一開始就被所謂的「標準答案」所「綁架」和束縛，人的天性以及創造性的想像力與思考力，遭到難於想像的毀滅性扼殺，成了一顆

顆「螺絲釘」；大學玩的是數量「大躍進」的遊戲，不僅不顧條件的擴大招生規模和數量，學生可以稀裡糊塗的畢業，而且教育資源與許可權被壟斷，科研追求的是課題項目數量、套得經費的數量與刊發論文的數量，實際取得的成果反而不重要了，剽竊成風，弄虛作假的行為司空見慣，久已成為新常態，科研造假、學術造假的醜聞滿天下，從國外傳遍國內，達到史無前例的空前狀態；教授只是小職員，被戲稱為「高級打工仔」，學校的領導或官員可以占盡占絕一切學術資源，套取巨額科研經費，唾手可得「重大項目」或「重點項目」，成為學術上的「大老闆」、「巨無霸」，把教授與研究生都變成自己的「打工仔」或「馬仔」，甚至乾脆找「槍手」為自己完成科研成果，從而把自己變成享受特殊津貼的所謂「突出貢獻者」、花樣繁多的「人才」或「傑出學者」或什麼什麼級別什麼什麼學科與學術的「領軍人才」，不擇手段地為自己摘取最高級別的「教授」或「資深教授」或「終身教授」，甚至「院士」，不僅是不可或缺的領導，同樣也是不可或缺的「學者」；官商可以輕而易舉地撈取所要的研究生學歷和學位，師生關係極度扭曲，暴力充斥校園，行政化與公司化的管理大行其道，官本位意識滲透到心靈底層……，曾幾何時，校園早已行政化、官僚化、公司化、市場化、功利化、投機化、浮世化，「獨立之精神，自由之思想」幾不知為何物矣，被稱為「大師」者多如牛毛，凡此種種，罄竹難書。說到底，長期以來，教育一直淪為社會政治的工具與附庸，完全被政治牽著鼻子走，從來也不知道自己作為教育的真面目是什麼，從來也不知道教育需要遵行自身的規律而發展。這樣的教育能上正軌嗎？！無論校內校外，大江南北，言及教育，無不痛心疾首，義憤填膺，罵聲似海，充耳不絕，卻個個束手無策。多年以前，馮友蘭的高足塗又光先生，就十分嚴厲地批評中國主管教育的高官和教育部根本不懂教育，培養不出世界一流人才和真正的大

師，他認為當今的中國「辦大學還未入門」。眾所周知，錢學森先生辭世之前，曾與國家領導人談及教育，曾有所謂「錢學森之問」，提出了與塗又光類似的問題，幾個白髮蒼蒼的老學者，在討論求解「錢學森之問」的根本出路時，曾分別給出過不同的答案。北大資深教授陳耀松先生說：「要靠民主」；鄭哲敏院士說：「要有自由。」李佩先生說：「要能爭論」。[41]這就不僅涉及到學術的「民主」與「自由」「爭論」問題，而是整個教育體制的根本變革問題。如果中國教育體制不變，無論再有多少個「錢學森之問」，也是無濟於事的；長此以往，中國必然喪失曾有的文明輝煌與驕傲，必然失去應有的「球籍」。這絕非聳人聽聞之言！中國今天的教育現況，問題之嚴峻，恐怕不是牟宗三先生時代之所可比擬，也不是牟宗三先生可以想像的。

除了教育以外，關於人文社會科學的學術評價標準問題，也一直是一個爭論不休、雖經多年無數次大大小小的討論，卻至今仍是一個懸而未決的問題，因此出現了學術之名與學術之實不符，體制內的評價與體制外的評價不一致，學術地位與學術水準不相稱，學術待遇與學術貢獻不配當的矛盾，導致在學術上投機專營的學術機會主義者占盡便宜，與老實做學問的學者吃大虧的兩極分化現象。從評職稱的學術成果之評定，一方面只看數量以及是否「國家基金項目」，若非「國家基金項目」，即使做的再出色，似乎也不是科研，也難以得到承認；另一方面只看論文發表的所謂雜誌等級，例如「核心期刊」以及「核心期刊」的「級別」，而這些所謂的「核心」與「級別」，不過是體制的人為的產物而已。不僅如此，在市場經濟的浪潮中，在所謂的「權威」或「頂級」級別的「核心期刊」上發表論文，對於人情至

---

41 參見從玉華：《「湍流卷不走的先生」，再見了》，中國物理學會期刊網（http://mp.weixin.qq.com/s?biz）第993期（2017年1月12日）。

上的國人來說，也不可避免地成為人情與交易的活動與結果。因此，中國大陸今天的學術評價，可以說是一團亂麻。說到底，人文社會科學的研究與教育一樣，不僅在根子上一直淪為現實政治的工具與附庸，扮演著體制內「小丑」的角色，而且還成為市場經濟與人情的犧牲品，從來沒有自己的完整的「性格」與學術範式，更沒有自己的學術獨立地位。如果幸運的時候，還能像夾縫中冒出的野草一樣，得到有限生存的機會；否則，要麼只能清一色地成為逢迎與巴結政治意識形態（權力話語）的「太監」或「宮女」，要麼只能變成向市場出賣自己的「娼妓」。除此以外，豈有他哉！

由此看來，要真正地吸納古希臘文化之傳統，引進與消化西方的學術精神，改良中國人的認識心，培育出「知性主體」，以開出「對列之局」，在獨立自由的批判氛圍中養成不奉權貴，不媚流俗，不計名利，追求知識，崇尚真理，「為學術而學術」的精神，絕非朝夕之功可以湊效，而將是一個艱難而漫長的過程。由此，亦可足證牟宗三先生提出建立學統的遠見與重要性。為今之計，一方面唯有寄希望於社會與教育之改革，另一方面則有賴獨立自主的學者共同體與學術范式的建立與落實。

其次，第二個問題的答案基本上是可以肯定的。因為越是在沒有學統的非自由民主的政統之社會政治體制中，學術研究越是需要有學統來保證與支撐。事實上，從歷史上看，學統之源起與賡續，並非是在今人之所謂的「自由民主社會」中，但學統在延續中進入了現代的自由民主社會，自由民主社會為學統提供了充分而又必要的可靠保證。因為在開放的自由民主社會中，公民的人權和自由，能在民主制度和法律上，得到實質的而不是形式的尊重和保護，從而為公民的言論自由、出版自由、結社自由和集會自由，提供必要和充足的保障，所以無論學者和學術社群或學術共同體，皆能有足夠的自由活動空

間，且受到尊重與保護，這就能促使並利於學者以及社會的一般公民，培養和養成獨立的思想和自由的學術風氣。牟宗三先生之所以提出獨立的學統之建立，必須與民主的政統之建立同時並進，無疑是充分地意識到自由民主社會對於學統的重要性。正因為學統沒有誕生和生長在民主社會中，所以學統在歷史中的發展，極其艱難與屈折，有無數優秀的學者為建立學統與維護學統的尊嚴，做出了巨大的犧牲，直至付出寶貴生命的代價。在神權當令的中世紀，哲學與科學，均被變為神學的附庸，落為教會的婢女，而在君主集權專制的社會中，學術常常成為暴政的工具，學者常常淪為暴君的奴隸，「文字獄」的實行，更是把思想的綠洲變成了思想的荒漠，學術很難獲得自己獨立的地位與自由的發揮，學術的自由獨立性，無法從根本上得到應有的保證。因此，人類的學統來之不易。在沒有相應的民主的政統之建立以前，時有時無或局部存在的自由獨立的學術精神及其傳統範式，乃是形成與建立具有社會普遍意義的學統的重要基礎。生活在這一社會條件下的所有學者，都有責任與義務，為發展自由獨立的學術精神，以促進學統的建立而奮鬥。無疑，誠如牟宗三先生所指出的那樣，源出於古希臘文化的西方學術精神典範，提供了最好的鏡鑒，必須引進、吸納與消化，以充實自己固有的傳統學術範式，才可望建立學統。牟宗三先生說：

> 欲實現儒學第三期之發揚，則純學術之從頭建立不可少。新時代之創建，欲自文化上尋基礎者，則不得不從根本處想，不得不從源頭處說。從根本處想，從源頭處說，即是從深處悟，從大處覺。依是儒學之究竟義不能不予以提練，復不能不予以充實。充實之，正所以使其轉進至第三期，而以新姿態表現於歷史，以與今日在在須創造之局面相應和。充實之之道，端賴西

方文化之特質之足以補吾人之短者之吸納與融攝。[42]

這一點已毋須多論,就當下我們的實情而論,關鍵仍在學術與政治的關係。因此,學統的建立,必須以厘清它與政統之政治之間的關係為前提。具體而論,有以下三點值得考慮:

第一,學術與政治必須分開,學統與政統建立後,二者也必須分開,以保證學統之學術的獨立與自由。依據牟宗三先生之所見,學術與政治、學統與政統,都將是在由人的知性主體所開出的「對列之局」的基礎上確立的,那麼不僅學術或學統自身、政治或政統自身,是由其「對列之局」所成,而且學術與政治、學統與政統之間的關係,也是一種「對列之局」的關係。基於此,就有必要把學術與政治、學統與政統做相對的分立,以有利於學統和政統各自的形成和獨立。

第二,需要探索學統與政統之間合理的聯繫與互相作用的機制。具體有四個方面:(1)必須從政治意識形態的思維中解放出來。今天的世界提倡與崇尚的是學術文化或文明的對話,而不是政治意識形態的對話。不僅是學術文化問題,而且許多社會問題,絕不是靠一套政治意識形態的強行灌輸與控制,所可以解決的。只有在閉關鎖國的高度集權專制的社會中,以國家暴力機器為工具的暴力專政的基礎上,以政治意識形態來控制人心,並進行強制灌輸和「洗腦」,才能達到暫時的效果。但是,所付出的代價,是整個國家的長期封閉、愚昧、貧窮、落後與軟弱,喪失自信與自我,必然與崛起、富強、公平、正義、文明、自立、自強、生態、健康絕緣。對此,凡是經過「文革」的人,應該都有不可磨滅的記憶,而今天的朝鮮,則為我們提供了一個活生生的恐怖的典型社會範本。中國今天正處在一片歡呼的「崛

42 牟宗三:《道德的理想主義》,《牟宗三先生全集》第9冊,頁3。

起」中，要走向富強文明的國家之林，就必須拋棄政治意識形態的思
維，開放心態，積極開展對話、溝通與協商，抓住問題，對症下藥，
認真解決，而高壓和封鎖，只會激化矛盾，掩蓋問題，加深社會的危
機。（2）儘管學術與政治之間必然存在一定的聯繫，但是，必須明
確，學術問題不是政治問題。學術問題是理論的探索的且是具有某種
專業性的。其理論成果，一般也只是觀念的理想的，即使是自然科學
和社會科學的研究成果，在未經證實與應用以前，也只是一種假說而
已，更何況其流行的範圍，也基本上只是在相關的學術圈子，不至於
馬上就能對社會政治直接造成重大的影響。事實上，學術成果對社會
的影響是有一個過程的，尤其人文社會科學的學術研究成果，對社會
與政治的作用與影響，是比較緩慢的，這是需要通過若干媒介，才能
在分層的普及化過程中傳播開來的。政治應該為學術鬆綁解禁，讓學
術獲得自己的獨立與自由。實際上，在不同學科的學術領域和共同體
之間，建立聯盟，形成共同的學術范式，達成學者以及所有從事學術
研究的人的底線守則，以保證學術研究，在自己各自的領域中，以自
己的範式來進行，從而取得自己的獨立地位，與政統之政治分界而
立。（3）學術研究也有必要得到法律的保護。簡言之，法律可以為學
術研究（尤其是人文社會科學的學術研究）劃一條界線，凡是在學術
範圍之內的事情，政治不得干預，法律不得追究；如果學術研究失去
了自己的範式，破壞了學術聯盟共同體的底線原則，構成觸法犯罪
的，則可依法處理；反之，對干預、破壞學術研究以及學術規範的個
人（例如，以個人所掌握的行政權力拉關係、搞交易而違反甚至破壞
學術規範者）或團體，也應該負法律責任，依法懲治。總之，政治和
學術的運行，都應該有法律依據，都可以一視同仁地限制在法律的限
度以內，以便於學術與政治的相對分立，讓學術的獨立自由獲得足夠
充分的保證。（4）學術與政治劃界而立，並非是切斷二者之間的聯

繫，而應該是在二者的「對列之局」中，形成積極的良性互動。學術（人文社會科學的學術研究）應該積極地影響政治，甚至成為政治前進的「火車頭」，使政治合法地健康地文明地發展。因此，應該允許作為公民和「知識份子」的學者，對政治進行監督和批評、批判，這就猶如馬與馬虻之間的關係，政治必須容忍「馬虻」的存在，才能有益於自己的清潔和健康；與此同時，政治也可以向學術尋求幫助，以解決自己的難題。但是，二者絕不可互相干預與互相代替，它們在「對列之局」中相反而相成。總之，在學術與政治對立的兩極，必須保持必要的張力。

第三，學統必須獨立於市場，保證不受市場的控制與干擾。這是建立學統與保持學統獨立性的另一個大關鍵。今天，中國進入了一個市場經濟的時代，學術研究與市場經濟之間的聯繫日趨緊密，學術研究受制於市場利益的問題日漸突出，學術研究的獨立性受到巨大的危害，這表現在一些學者專家出賣自己的學術良知，為維護某些商家的經濟利益，不惜弄假造假，以謊言欺騙大眾，或為某些商家的造假行為（甚至是全國人民所深惡痛絕的食品造假行為），公然進行辯護而在所不惜；再就是有的學術雜誌，淪落為市場經濟利益的犧牲品，失去了自己的學術品味，更為嚴重的是，學術論文、學位論文已經發展到驚人的產業化和市場化的程度，從碩士論文到博士論文，從評聘講師職稱到教授職稱的論文，乃至課題專著，均可通過或明或暗的交易搞定，不知有多少官僚及其夫人的博士學位或職稱論文以及教授頭銜，都是通過一定的交易，由「槍手」搞定的，而其中充當「槍手」的，不僅有研究生，而且有專家學者，有的本人就是教授。這些學術腐敗現象，已經成為人類學術史上的重大醜聞，對學術的獨立性與學術以及專家學者的聲譽，都是嚴重的損害，「專家」被稱為「磚家」，就是一種嘲弄和諷刺。筆者以為，對於這些問題，一方面仍然需要靠

學術共同體與學術範式，以及學術研究的道德底線守則的建立來解決，另一方面同樣需要相關的法律進行處罰。唯有如此，才能保證學術的自由和獨立。

四 關於政統之繼續與重建

牟宗三先生關於「政統」的論述，似乎講的是「政統之繼續」，而不是本文所說的「政統的重建」，其實不然。誠如前文論述中所引，牟宗三先生說：「政統之繼續，此即由認識政體之發展而肯定民主政治為必然」。由此可知，儒學第三期的一個重要使命是「由認識政體之發展」，進而「肯定民主政治為必然」。顯然，政體的發展本身就是政統之繼續，但由此則必然肯定和建立自由民主政治。那麼，「政統之繼續」就必然是政統的重建，至少從「政統之繼續」的結果上說，是必然如此的。因此，說「政統之繼續」與「政統的重建」並無矛盾。

牟宗三先生說「政統之繼續」，主要是就儒家的道德理想的繼承與發揚，也就是儒學的第三期發展的意義上而說的，但最終是要落實在對自由民主政治的必然肯定與建立上。那麼，在邏輯上，「政統之繼續」必然蘊涵「政統的重建」；在實踐上，「政統之繼續」必然發展為「政統的重建」。

從「政統之繼續」到「政統的重建」的關鍵與基礎，乃在中國自由民主政治的實現。道理和原因十分簡單，自由民主政治是中國沒有的東西。其實，這也是牟宗三先生自覺地批判反省儒家政治思想與中國政治得失，所必然得出的結果。在牟宗三先生看來，自由民主政治是中國所必需的，必然要在中國實現的，唯有如此，才能實現中國政治的現代化。對於此義，牟宗三先生在論「儒學第三期之發揚」中，

早已經揭曉，他說：

> 儒家必有其第三期之發揚也。而第三期之發揚，必須再予以特
> 殊之決定。此特殊之決定，大端可指目者，有二義。一、以往
> 之儒學，乃純以道德形式而表現，今則復須其轉進至以國家形
> 式而表現。二、以往之道德形式與天下觀念相應和，今則復需
> 一形式以與國家觀念相應和。唯有此特殊之認識與決定，乃能
> 盡創制建國之責任。政制既創，國家既建，然後政治之現代化
> 可期。政治之現代化可期，而後社會經濟方面可充實而生動，
> 而風俗文化亦可與其根本之文化相應和而為本末一貫之表現。
> 此則必有健進而構造之文化背景而後可。此非向壁虛談。漢代
> 其例也，宋代其例也，德國亦其例也。而吾人今日之局，則非
> 走此路不能衝破此難關。[43]

現代化當然是整個社會的事情，包括社會的方方面面，例如科技的現
代化，工農業的現代化，軍事國防的現代化，商業貿易的現代化，思
想文化的現代化，學術的現代化，教育的現代化等等，但是自由民主
政治的現代化，對於整個社會的現代化來說，極其關鍵和至關重要，
是一個社會現代化的先決條件和最重要的標誌，一如牟宗三先生所
說：「政治之現代化可期，而後社會經濟方面可充實而生動，而風俗
文化亦可與其根本之文化相應和而為本末一貫之表現。」從業已完成
現代化的國家的發展歷程來看，此絕非虛言。所以，在牟宗三先生看
來，自由民主政治的出現，是人類的一個偉大的進步，自由民主政治
的切實內容（思想、言論、集會、結社、宗教、信仰等之自由，及其

---

43 牟宗三：《道德的理想主義》，《牟宗三先生全集》第9冊，頁3。

依憲法而施行的制度基礎等等）是人類「普遍而永久的眞理」，因而具有上文所論及的普適價值，雖然自由民主政治是在西方產生的，但是自由民主政治絕不可能為西方所獨有，也適宜於我們中國（只是形態與特徵上有別），那麼對牟宗三先生和他所積極倡導的儒學第三期發展來說，自由民主政治制度這一普遍的永久真理，必然要在儒家的理想主義的實踐上，得到完全的肯定，否則，人的尊嚴與價值的實現，就不可能得到保證。牟宗三先生說：

> 依此，儒家的政治社會的實踐，在以往的形態下，是治民安民愛民，視民如赤子。尚未進至興發民，使其成為一「公民」，積極地與政治生關係。這就是儒家的理想主義之實踐尚未進至充實的境地。我常說，儒家在以往，對於君與民這兩端是無積極的辦法的，由此，你可以瞭解以往的歷史何以是那樣。現在既有民主政治，此雖發源於西方，然總是人類一大進步。我們既處在現在這個社會裡，則我們的社會總已進至與世界其他民族的社會息息相關的境地，總不會完全是以往那個樣子，所以民主政治也適宜於我們。無論我們運用的方式及所作到的程度為如何，然民主政治的切實內容，如思想、言論、集會、結社、宗教、信仰等之自由，及其依憲法而施行的制度基礎（此制度基礎保障那些自由），卻為普遍而永久的眞理。這個眞理，在儒家的理想主義之實踐上，必然要肯定。它若不肯定這個政治制度，則人的尊嚴，價值的實現，即不能保存。[44]

牟宗三先生把自由民主政治的實現，第三期儒家政統之建立，視為中

---

44 牟宗三：《道德的理想主義》，《牟宗三先生全集》第9冊，頁62。

國文化與社會向前發展的唯一出路，同時認為它是中國現代化道路上
的一道大難關。但對中國來講，是必須做出的唯一的無可選擇的選
擇，必須以「明知山有虎，偏向虎山行」的精神知難而上。所以，牟
宗三先生強調「吾人今日之局，則非走此路不能衝破此難關」。

　　如果孤立地來看牟宗三先生關於自由民主「政統」或自由民主政
治的論述，它好像只不過是指出與充分肯定了中國的現代化必須實現
自由民主政治，似乎並無新意，因為自新文化運動與五四運動以來，
中國就一直沒有停止過對於「民主」的呼喚，中國的自由主義也極力
主張從西方引入自由民主政治，甚至他們講得更多也更有影響，那麼
牟宗三先生的「政統」說有什麼貢獻和意義呢？

　　實際上，牟宗三先生對這一問題是具有十分明確地認識的，並非
無的放矢，茲引一段他有關於這一問題的論述，可以為證。他說：

> 照前面所說的，問題很明顯，就是面對鐵甲殼的問題，君主專
> 制的問題，如何興發起人民鼓舞起人民使之成一真實的個體，
> 不是……把人民重新桎梏……興發人民使他們自覺到是一權利
> 義務底主體，使政治格局成一真實客觀化的格局，使國家成一
> 真實的有機的統一，辛亥革命還是這個觀念，這叫做近代化的
> 問題。近代化（modernization）的內容很清楚，就是三點：
> 一、民族國家（national state）；二、人權（human right）；
> 三、科學（science）。中國以前不是國家單位，而是天下；中
> 國的義皇上人沒有主體自由，沒有在政治上取得人權的保障；
> 中國也沒有開出科學的精神。近代化的路向是清清楚楚的，不
> 能跨過，也不能說近代化是資產階級的，這是一個普遍而必然
> 的真理，任何階級皆不能違背它。辛亥革命之後，就是一幕幕
> 的不能近代化：袁世凱當皇帝，北洋軍閥之亂七八糟……近代

化走不上路，顛來倒去，這幾十年的歷史都是「過渡」，不能
得成「正果」……[45]

　　牟宗三先生為什麼要不厭其煩地反復地講中國的現代化問題，尤
其是其中具有標識意義的「政統」建立問題，即現代自由民主政治的
問題呢？

　　無疑，牟宗三先生此說具有保留和繼承新文化運動與五四運動關
於「民主」精神的成分，也有與中國自由主義關於「民主」的某些相
似與共同點，例如他們都充分肯定自由民主的普遍價值，但是牟宗三
先生對於中國民主的肯定，有一套自己的看法，這就是他認為的中國
自由民主政治的實現，不能離開「道統」和「學統」；以自由民主政
治為基礎的「政統」與「道統」和「學統」，是一個不可分割的有機
整體，因此必須三統並建。牟宗三先生說：「儒者本內聖外王並言，
又主尊德性而道問學。則此三者必不相悖而相融也。此又今日司世教
者之責任也。」[46]（引案：此所謂「外王」即政統，「內聖」與「尊德
性」即道統，「道問學」即學統。）新文化運動與五四運動與中國自
由主義，雖然肯定中國必須引進西方的政治民主，但是他們反對「道
統」，雖然他們主張「科學」，肯定與支持「全盤西化」，但是對「學
統」認識不足，自覺不夠，因此他們對中國自由民主的肯定，就只能
是西方自由民主的簡單移植而已，失去了中國文化的「大地」和「土
壤」，「民主」在中國永遠都只能流為空想。牟宗三先生說：「文化大
統是國家之命脈、民族之靈魂、人類價值之所在，決不可以須臾離，
離則必亡，此是本原形態，國家政治是組織形態，兩者必兼備而諧於

---

45 牟宗三：《時代與感受》，《牟宗三先生全集》第23冊，頁321。
46 牟宗三：《陸王一系之心性學》，見《牟宗三先生全集》第30冊，頁128。

一。」[47]這是對於「道統」與「政統」關係的精闢闡述,把中國的自由民主政治之路不能離開中國文化這一命脈的道理,講清楚、講透徹了。對牟宗三先生來說,僅僅解決了「道統」與「政統」的關係,是不足以滿足現代化的要求的,還必須有「學統」的建立才行。牟宗三說:

> 五四運動以後,新文化運動正面喊出的口號即是要求科學與民主。當時是抓住了現代化的關鍵所在;當時除此正面的要求外,反面的口號則是「反封建」、「反帝國主義」。可是後來的發展,一直到今天大陸上的情況,科學也沒出來,民主政治也未實現。享受科學技術的現成的成就,大家都很高興,可是要腳踏實地的去瞭解科學,研究科學,則少有人肯為之。正面的兩個口號沒有發生作用,倒是反面的兩個口號發生了作用……我們在此可以看出,「反封建」並沒有一個清楚而確定的意義。其實,它只是一個籠統的象徵的觀念,實即反對一切「老的方式」,而以「封建」一詞代表之,概括之。當時的反封建就是反對過去那些古老的方式,而認為五四以前都屬於過去的、老的方式。[48]

至今讀來,這段話仍然意味深長,值得反復玩味。其實,這也就是百年以來,「民主」在中國一直只是一個夢想或願景的根本原因。以牟宗三先生的話來說,就是「政統」與「道統」和「學統」的關係沒有處理好,這就是癥結所在。

更為重要的是,牟宗三先生在深入地比較考察與分析中西方政治

---

47 牟宗三:《名家與荀子》,《牟宗三先生全集》第2冊,頁209。
48 牟宗三:《政道與治道·新版序》,《牟宗三先生全集》第10冊,頁24-25。

思想之得失的論述中指出，中國傳統的政治思想走的是「理性之內容
的表現」之路（儒道法皆然），而西方的政治思想所走的則是「理性
之外延的表現」之路，雖然二者各有利弊與得失，但是社會的現代化
必須以「理性之外延的表現」為基礎，因為「理性之外延的表現」乃
是西方得以建立自由民主政體，成就自由民主政治之「自性」。它不
僅使人由「超越的平等性」進而獲得「內在的平等性」（immanent
equality），從「精神的存在」進而變為「權利主體」的存在，即每一
個人都是一個享有公民權利的自由主體，而且這一切皆不是理論上如
此，而是能夠在自由民主社會的憲政法制上得到根本的保證與落實。
所以，如果陷在「理性之內容的表現」之中，則永遠不可能走上現代
化的道路。牟宗三先生以對儒家的政治思想的批判和反省為例，深刻
地指出儒家「仁者德治」觀念在治天下方面的三個不足之處，他說：

> 我以上從治天下方面，說明「理性之內容的表現」上「仁者德
> 治」一觀念之不足：一、可遇不可求；二、「人存政舉，人亡
> 政息」，不能建立真正的法治；三、只從治者個人一面想，擔
> 負過重，開不出「政治之自性」。由此三點，再加上得天下方
> 面「推薦、天與」一觀念之不能立起，遂迫使我們必須進到
> 「理性之外延的表現」。[49]

此外，牟宗三先生還指出：

> 是以在道之表現之直接形態下之君主專制政體中，為君難，為
> 相亦難，相夾逼於上下兩端中，直不能維持其政治上之獨立性

---

[49] 牟宗三：《政道與治道》，見《牟宗三先生全集》第10冊，頁155。

與客觀性，因上之君、下之民俱不能客觀化故也。吾每感此而興無涯之悲痛，遂發願深思而求其故，必解消此中之暗礁，吾民族始能卓然自立，免去此歷史之悲運。[50]

吾必須斷定：文化大統在以往只表現為道德教化之形式，乃為不充分者，必須進一步再以國家之形式表現出，而以國家之形式表現出，則必須促成國家形式之出現，國家形式之出現，設就適所述之名詞言之，（一）必須對於君有妥善之辦法以安頓之，決不能純從道德之立場以責望之，此關鍵即在間接形態下憲法軌道之建立。（二）必須使人民在此憲法軌道中成其為公民，使其自覺有公民之權利可享，有公民之義務當盡。（三）在憲法軌道中湧現客觀之精神，如是，國家方能真實建立，即在一制度基礎上，各個體皆通過其自覺，而重新組成一統一體，文化大統中所表現之道德理性，必在國家形式下，方能真實實現於歷史。[51]

毫無疑問地說，牟宗三先生所指出的以儒家為代表的中國政治思想的三大不足：「仁者德治」的缺陷很大，可遇不可求；「人存政舉，人亡政息」的政治表現形態，不能建立真正的法治；君王擔負過重，開不出「政治之自性」；它們全部皆陷於「理性之內容的表現」之中，只能成為「道之表現之直接形態下之君主專制政體」，一旦社會的政治形態落入君主專制的政體形式之中，則必然是「為君難，為相亦難，相夾逼於上下兩端中」，這正是中國政治思想的死穴之所在，只要這三大死穴存在，那麼中國永遠不可能走上現代的民主政治之

---

50 牟宗三：《名家與荀子》，見《牟宗三先生全集》第2冊，頁206。
51 牟宗三：《名家與荀子》，見《牟宗三先生全集》第2冊，頁206-207。

路。所以，牟宗三先生指出：必須有憲法軌道之建立，以妥善的辦法安頓君王；必須使人民在此憲法軌道中成其為公民，使人民能白覺地盡公民當盡之義務與享有公民可享之權利；要在憲法軌道中湧現客觀之精神，這必須依賴於「理性之外延的表現」；只有滿足了這些條件，才能使中國順利地走上一條現代化的民主政治之路，中國文化大統中所表現的道德理性，也才有可能眞實地實現於歷史的創進之中。

要而言之，對牟宗三來說，要把中國政治思想的這三大死穴轉化為活穴，就必須把「理性之內容的表現」置於「理性之外延的表現」之中，去實現創造的整合與轉化。這正是牟宗三先生對中國的大悲願所在。因此，牟宗三說：「要找社會世界之律則，要在政治世界中找堅實可靠的基礎，這外延表現畢竟還是一條路，在西方還須首先順這條路找，而且在我們也須參考這條路。」[52]必須注意，牟宗三先生這裡所說的是「須參考這條路」，而不是「須照搬這條路」或「照著這條路走」。

牟宗三先生還十分清楚地指出：

> 中國現代化的道路不能模仿西方通過階級鬥爭的方式，這是因為社會背景、歷史背景不同。民主政治的實現，並不是一件容易的事。……所以我們要肯定社會的力量，此即是要顯個絜矩之道，對極權專制有個限制，不能讓他隨意揮灑。西方自大憲章以來，就是爭這個東西。中國本來早已有了治權的民主，但是因為政權不民主，則此一民主亦不可靠，所以我們現在再順著這個基礎往前推進一步，要求政權的民主，把理性的作用表現轉成理性的架構表現，亦即轉成對列格局的表現。這才是中

---

52 牟宗三：《政道與治道》，見《牟宗三先生全集》第10冊，頁175。

> 國現代化的正當途徑,不可拿西方階級鬥爭的格式硬套在我們身上。[53]

無需贅言,這當然正是牟宗三與中國自由主義者所不同的地方。而且,最重要的不同還在於,在反省批導中國政治文化的缺失與參考西方自由民主政治道路的基礎上,牟宗三先生提出了一個融合中西方政治思想以建立中國現代自由民主政治的策略與原則,他指出:

> 以我們的內容表現之路之真實、定常,而易見,配合彼方外延表現之客觀性與業績性,則人類社會世界與政治世界之理性律則與堅實基礎,即呼之欲出而確然無疑矣。雙方的關係是如此:以內容的表現提撕並護住外延的表現,令其理性真實而不蹈空,常在而不走失;以外延的表現充實開擴並確定內容的表現,令其豐富而不枯窘,光暢而不萎縮。[54]

簡言之,中國現代自由民主政治之路就是要把中國的「理性之內容的表現」與西方的「理性之外延的表現」結合起來,去其所短而合其所長,結出人類現代社會政治文明中最好最先進的自由民主政治的果實。

今天,有被稱為「大陸新儒家」中的人或以「大陸新儒家」[55]自詡、自居的人,認為牟宗三先生的自由民主思想只是對於西方民主的擁抱,如果不是一種有意的歪曲與攻訐,就是一種莫大的誤解了。而

---

53 牟宗三:《政道與治道》〈新版序〉,《牟宗三先生全集》第10冊,頁28。

54 牟宗三:《政道與治道》,見《牟宗三先生全集》第10冊,頁177。

55 這裡的「大陸新儒家」,是在狹義上使用,與前文在廣義上的用法不同,幸望注意!

有的自稱「新啟蒙主義」者，雖然強調「民主」啟蒙，但是仍然頑固地堅持徹底反對儒學與毀滅儒學的立場，要把「洗澡水」和「孩子」一同倒掉，倒退到了連自由主義者也不如的地步，如所周知，胡適和殷海光之後的中國自由主義者已經大有進步，早已不再把中國社會的現代化與儒學尖銳地絕對對立起來，拋棄了實現現代化必須廢棄儒學的謬論。由此可見，牟宗三先生的「三統」說，尤其是其中關於民主政治之論述的意義，至今仍有其不可否定的現實而深遠的意義。

對於牟宗三先生的道、學、政三統並建理論，尤其是其中關於中國自由政治民主的問題，難免有人要說：牟宗三先生雖然指出和肯定，中國需要自由民主政治，並突出和強調自由民主政治必須與以儒學為代表的中國文化相結合，從而必然走上自由民主政治的現代化道路，但是牟宗三先生沒有具體指出：中國的自由民主政治是一種什麼樣的民主，也沒有具體指出：如何去實現這一民主的具體方案和道路，對此又將如何去看待呢？

其實，對於第一個問題的質疑的答案，已經包涵在上述牟宗三先生的三統並建說之中了。此外，牟宗三先生在論儒家「道德理想主義」的現代實踐意義時指出：

> 理想主義的實踐之現代的意義，我們總提兩點：一、民主的與社會的；二、國家的與文化的。這兩點是表示充實以往的規模而為進一步的實踐。[56]

把這一論述與三統並建的「道統」和「政統」的關係聯繫起來，就不難瞭解牟宗三先生關於中國自由民主政治的基本意旨和性質。大致上

---

56 牟宗三：《道德的理想主義》，《牟宗三先生全集》第9冊，頁61。

說，這是一種既吸取、融攝了西方的自由民主，而又有中國自己的獨立和特色的自由民主。這就是要在綜合與實現上述把中國的「理性之內容的表現」與西方的「理性之外延的表現」相結合的道路上，走出一條中國自己的代表世界先進政治文明的自由民主政治之路。實際上，這就是從梁漱溟先生到張君勱先生、唐君毅先生、徐復觀先生，都肯認與強調的「儒家社會主義」的自由民主政治。這樣一種自由民主政治，當然絕不可能是直接照搬西方的自由民主政治了。

牟宗三先生以其「三統」說，確立了「儒家社會主義」的自由民主政治的基本原則，至於其諸多具體內容，牟宗三先生沒有論及，對他來說，也毋須論及，因為這些複雜內容的具體確定，一是要看中國社會發展之具體進程的「火候」，二是需要社會的全體公民與政治家共同討論協商，並非可以由牟宗三先生一人來決定。無論如何，對於意欲進入現代自由民主社會的所有人來說，具備現代自由民主政治的精神乃是至關重要的。

黃兆強先生在論徐復觀的政治思想時指出：

> 徐先生所以一輩子努力為民主、法治、自由、人權等等發聲，即旨在促進國家建立民主制度，並本此而依法行政。然而，「徒法不能以自行。」蓋行法者，人也。同理，實行民主政治者，亦人也。而人必須本乎民主精神且具備樂於行法之雅量，或所謂有意願行法之心，其法始得以暢行無阻而為人人所共遵守之大法。[57]

---

57 黃兆強：〈自序——兼論良知自我坎陷〉，《政治中當然有道德問題——徐復觀政治思想管窺》（臺北市：臺灣學生書局，2016年），頁II。

　　這段話也完全適用于牟宗三先生，而且毫無疑問地說，可謂當代新儒家的共同心聲。然而，這裡涉及關於由牟宗三所提出的「良知自我坎陷」（或「道德理性的自我坎陷」）與「開出民主」的關係，也即是「道德理性」與「民主政治」的關係問題，從一種更廣泛的意義上說，就是「道統」與「政統」的關係問題。黃兆強先生對牟宗三先生之說略有疑義，並提出修正建議，說：

> 依牟師，「坎陷」或「否定」只是暫時的，非永久的；然而，兩語頗易引起誤會，以為良知自我毀棄、『自廢武功』！所以筆者以為，此兩語是不宜用。」[58]

> 要言之，依牟先生，為了讓民主政治能夠順利開出，良知不得不暫時委屈一下，來個自我坎陷，自我否定（筆者則認為不宜用「坎陷」、「否定」兩詞；詳上）牟師此偉大發明，吾人固當首肯。然而，面對民主政治之弊端，筆者以為，良知宜永遠守候一旁，保持最高警戒，藉以隨時發揮其消極功能、作用（其實，此消極作用乃無與倫比的的大用），以為匡正糾矯之資。[59]

　　其實，在筆者看來，黃先生所說的「面對民主政治之弊端……良知宜……保持最高警戒，藉以隨時發揮其消極功能、作用……，以為匡正糾矯之資。」的意思，與牟先生的「良知自我坎陷」「開出民主」之義，在實旨上，是一點都不矛盾的。

---

58 黃兆強：〈自序——兼論良知自我坎陷〉，《政治中當然有道德問題——徐復觀政治思想管窺》，頁IX注15。

59 黃兆強：〈自序——兼論良知自我坎陷〉，《政治中當然有道德問題——徐復觀政治思想管窺》，頁XI。

　　嚴格地說，牟先生的這一說法，是一哲學的說法，不僅非常精當而準確，而且極具獨創性，不可以做常識直觀地理解與解讀[60]。按牟先生的看法，「良知」與「民主政治」分別屬於實踐理性和觀解理性（或理論理性），那麼對於「民主政治」而言，「良知」的功能（或作用）只是一種範導的功能（或作用），而不是一種建構的功能（或作

---

[60] 「坎陷」是牟宗三哲學的一個重要概念，牟宗三在哲學的意義上使用「坎陷」一詞的同時，也在接近於哲學的科學精神的意義上使用「坎陷」一詞，稱之為「精神坎陷」或「自覺的坎陷」，牟宗三說：「從科學本身說，你可以說它是實驗的、理智的、外的、量的，然而它卻是順著一個超越精神、理想主義、理性主義而落下來，亦可以說是冷靜下來。不冷靜下來，不能成就科學。所以它之為量為外，實是一種冷靜之凝注。這叫做精神之坎陷，自覺的坎陷。這是順本源而下來，並沒有否定那個本源。科學家本身，雖不必管那個本源，然而他們卻是在那種文化空氣中陶養成。西方文化尚未至十分墮落的境地，就是因為尚能保持住那種空氣。但無論如何，要成就科學、保護科學，皆必須順著那個科學的源流，精神之冷下來的源流走。」（牟宗三：《道德的理想主義》，見《牟宗三先生全集》第9冊，頁349），此外，還在一般的語文修辭意義上使用該詞語，例如他說：「吾華族之文化生命之墮落，亦即吾歷史精神之極端坎陷、極端黑暗之時期。野蠻無文化之民族，雖易接受此一套，而此一套究是黠者之奸詐所加諸生民者，決不能生根於人性，故秦不旋踵而亡，而蘇俄亦將必遭自毀之慘禍，此豈可以為常耶？依是言之，中國今日之坎陷與墮落，亦必有『剝極必復』之一日……」（牟宗三：《名家與荀子》，見《牟宗三先生全集》第2冊，頁215）。「自歷史發展觀之，此自為一大坎陷之時期，不坎陷，不足收否定之功，而亦正因其是坎陷，故必毀滅價值，摧殘人性，此不得不謂之為精神之向下、生命之墮落也。然此種向下與墮落，實有其歷史發展上之必然性，不管法家思想之本性為如何，而自其運用所結外部之果言，亦並非無歷史上之功績，經法家與秦之結合而來之暴風雨之變動與統一，遂使國史轉入一新階段。而坎陷總是坎陷，決不能說有正面之價值，故秦不終朝而亡，亦所以備漢也，漢承之，乃從正面以前進，自此以後，以至於清，決無用法家思想以建國創制，興教化民者，然二千年之歷史，其文化大統以何形式而表現，乃吾人所注意之問題……。」（牟宗三：《名家與荀子》，見《牟宗三先生全集》第2冊，頁219）。由此可知，純否定、毀滅、廢棄、陷落、淪落、墮落等皆可謂「坎陷」的同義詞或近義詞，這些都是一般常識的直觀理解的意義，而人的精神向下，生命的墮落與毀滅就是「坎陷」的具體表像。

用）。所謂「良知自我坎陷」而「開出」[61]民主政治，其實就是作為實踐理性的道德理性（「良知」），通過辯證地自我否定，而轉換為觀解理性，由屬於觀解理性的認識心形成「對列之局」，從而在此「對列之局」中，「開出」民主政治（科學亦如此）。這裡的所謂「坎陷」或「否定」，指的是「良知」所屬的實踐理性不能在觀解理性中現身，「良知」之作為範導原則，不能與認識心之「對列之局」的構建原則相混淆，否則，必定導致「二律背反」的辯證幻象的荒謬，因為「良知」是道德心，而「對列之局」及其建構作用，則來自認識心，所以必須要有此一「自我坎陷」或「自我否定」，而實現轉換，即「良知」之作為道德心，必須轉換為作為開出「對列之局」的認識心，必須在具備這一前提條件之下，民主政治（以及科學）才是可能的。在這意義上說，「良知」的「自我坎陷」，是必須且必然的，這是自覺地「精神坎陷」，這是順從本源（「良知」）而來的「坎陷」，但並沒有否定那個本源，即「良知」本身。

那麼，當民主政治實現之後，在民主政治中，是否還有道德？或者說，道德對於民主政治，是否仍然具有作用？答案是肯定的。可以

---

61 這裡的所謂「開出」，即「開出新外王」的「開出」，又稱為「開新」，即「返本開新」（與「開出新外王」大致上同義）的「開新」，乃是牟宗三從天臺宗的「開權顯實」借用而造出來的一個特別用語，但在這裡的用意不是要「開權顯實」或"開跡顯本"，而恰恰是要由「本」顯「跡」，這裡的「本」或「實」可以理解為中國文化及其動力本原，而「跡」或「權」則是以「民主」和「科學」為標識的社會現代化；對牟宗三來說，「開權」、「顯跡」是中國文化必經的一個艱難的創造性轉化的迂迴曲折的過程，所以「開出」不是「直接推出」或「直接開出」的意思；對中國文化精神及其動力本原來說，「跡」不過是其作為中國社會發展過程中的歷史業績的一種表現而已，在理論上說，則是一種「權教」，而非「終極關懷」與終極嚮往的理想之境；在「圓教」的意義上說，當完成或實現了由「本」顯「跡」的「權」「跡」之後，仍然需要「開權顯實」或"開跡顯本"，做到「權」「實」統一、「跡本」合一的境界。在中國大陸的一些「牟學」研究中，流行著對其「開出」一語的望文生義的誤解或誤讀，難免以訛傳訛，幸望讀者注意！

說，道德（「良知」）永遠對政治（民主政治）具有作用，否則，政治必然迷失方向而墮落腐敗，但這種作用永遠是範導性的，當然也是決定性的，是範導的決定性的，而不是強制的建構性的；否則，道德就必然與法律混淆了。黃兆強先生所說的「良知……藉以隨時發揮其消極功能、作用，以為匡正糾矯之資」，也正是一種範導作用，亦即「指南」的作用，如果「良知」真正地對政治產生了「匡正糾矯」的作用，也一定是「良知」通過政治本身的建構作用來實現的。換言之，道德（「良知」）的範導作用，必須轉化為政治的建構作用，才能對政治的實踐行為產生實際的作用。在這一過程中，道德與政治在現實中真正地達到了統一。在這一意義上，也可以說，健康的政治（包括民主政治），是道德（「良知」）的範導作用與政治本身的建構作用共同作用的結果。這正如黃兆強先生所說：「于此正可見道德良心在施法行法中之關鍵地位。要言之，其一乃在於促使人依法行政；另一則在於糾補、匡正法本身之不足。」[62]

由此可知，牟宗三先生所說由「良知自我坎陷」或「良知自我否定」「開出」民主政治的學說，在理論上，是沒有什麼問題的，不僅沒有問題，而且非常通透和到位。牟宗三先生在其「新外王」三書，尤其是《政道與治道》中，基本上都講清楚了，但是也許不夠詳細而具體。這需要與他後來的《現象與物自身》等著作中的講法，聯繫起來看，就可以明白順暢了。但是，人的理解各異，言人人殊，再講得清楚無誤，也是難免不被誤解的（在大陸，對牟宗三先生的「坎陷」說的誤解，由來已久，是非常典型的例證）。所以，從這一意義上去看，筆者認為，完全有必要像黃兆強先生一樣，對牟宗三的觀點或學

---

62 黃兆強：〈自序——兼論良知自我坎陷〉《政治中當然有道德問題——徐復觀政治思想管窺》，頁III。

說，作出易於理解的闡釋與分殊，但只要「不以辭害義」，就毫無必要廢棄「坎陷」與「否定」二語詞。

至於第二個問題的質疑，我們只要瞭解一點就夠了：牟宗三先生只是一個哲學家、思想家，他僅能就中國自由民主政治，從哲學理論上，提出他所認為的必要的基本原則，人們可以同意與接受他的這些看法，也可以不同意和不接受他的這些看法，不管同意與否、接受與否，都可以對他的這些理論進行學術上的研討，這對於中國自由民主政治的實踐將是有益的，中國自由民主政治的具體方案和道路，仍是需要全體公民與政治家共同討論與協商，才能確定的。牟宗三在論「政治如何能從神話轉為理性的」問題時說過一段話，對於我們理解這一問題應該是有裨益的，茲引如下：

> 惟吾人須知，理性之道路縱已點醒而朗現，而政治神話之對治與化除亦未易言。「政治如何能從神話轉為理性的」？此「如何」之問，其解答並不像一個純思想問題或邏輯問題之解答，那樣易於奏效。這是屬於生命與行動的事。這「如何」一問之解答，不是屬於思辨之工巧，乃是屬於人之自覺與實踐。以所表現出的「理性道路」來調暢生命，消除非理性的神話，並不是一說就行的。[63]

實際上，牟宗三先生也並非全然沒有思索與指出過，如何實現自由民主政治的路徑問題。在他看來，只有實現了經濟的現代化，就能夠迫使政治走向現代化。他說：

---

63 牟宗三：《政道與治道》，見《牟宗三先生全集》第10冊，頁177。

所以，政治現代化，必從經濟現代化著手，而由經濟現代化進
至政治現代化時，所表現的自由民主，就是真正的自由民主。
這就是所謂開放的社會（open society）。如果在一個封閉的社
會（closed society）裡，一切人民都被關在人民公社中，誰能
有自由呢？沒有自由，那有民主之可言？……所以，經濟現代
化，迫使我們必然會走上政治的現代化。[64]

本來是講自由民主政治的問題，牟宗三先生卻提出了經濟的現代
化優先於政治的現代化的觀點與策略，但這不是經濟決定論，而是牟
宗三先生自覺到其中的困難，那麼政治的現代化絕不是可以一蹴而就
的，所以必須採取迂迴的策略與方式去解決。牟宗三先生指出：

政治現代化比經濟現代化還要困難一些。經濟現代化，我們方
便地借用哲學上的名詞來說，就是屬於 material 方面的，是純
粹科技可以解決的；政治現代化則是屬於 formal 一面的，
formal 的一面，層次較高，不像經濟現代化那麼樣的容易。雖
然政治現代化比之經濟現代化較困難，可是道路總是要朝這個
方向走，則是沒有問題的。當然，要能夠確實地實現，也不是
短時間就可以做到的。[65]

在牟宗三先生看來，從經濟的現代化到政治的現代化之路，是一
條已經被證明了的可行之路，臺灣就是一個成功的典範。他說：「經
濟現代化與政治現代化，是我們臺灣現在已經走上的軌道，已經做到

---

64 牟宗三：《時代與感受》，《牟宗三先生全集》第23冊，頁379。
65 牟宗三：《時代與感受》，《牟宗三先生全集》第23冊，頁379。

某種程度，有確實的成績表現的兩面。」⁶⁶這其中，經濟的現代化與科技的現代化是互相密切地關聯在一起的。在相當大的程度上可以說，經濟的現代化的實現，就意味著科技現代化的實現。因為經濟的現代化離不開科技的現代化，反之亦然，二者相輔相成，是可以齊頭並進的。但是，政治的現代化與經濟的現代化的關係，與此不同。中國是一個具有上千年的君主專制統治歷史的國家，現代化就必須得面對君主專制的「鐵甲殼」的問題，要徹底地摧毀這個「鐵甲殼」，就需要走經濟現代化先行的道路，而且這才是實現政治現代化的捷徑。那麼，從「儒學第三期」開展的任務與使命來看，是不可能從「內聖」直接推出「新外王」來的。牟宗三強調指出：

> 目前我們有經濟現代化與政治現代化，治國、平天下是不是可以由修身、齊家直接開出來呢？這是不行的。修身齊家是必要的，是治國、平天下的 necessary condition。但這並不表示修身、齊家就可以治國、平天下；在以前可以說是如此，在現在則是不夠。修身、齊家在這個時代，不能直接推出治國、平天下；不能由內聖直接推出外王，這就顯出現代化的意義。以前從修身、齊家一直可以推展到治國、平天下，那就是非現代化。所差就差這麼一點，並沒有差很多。
>
> 所以，現代化的經濟政治不是由修身、齊家直接可以推展出來的，這就表示從修身、齊家要至治國平天下，這其間有個曲折，是個間接的轉進，而非直接的推展。間接轉進的意思是個什麼呢？我們現代的經濟是高度科技化的經濟，不是手工業。……假使經濟是在手工業的狀態下，那就不是現代化的精

---

66 牟宗三：《時代與感受》，《牟宗三先生全集》第23冊，頁379。

神。從手工業進到現代化，你看這裡邊有多大的轉變呢？不是直接由勤儉就可以直接推出來的。以前手工業的時代，鄉下人教訓人就是要勤儉，不要懶。但是從勤儉的手工業精神，無法直接推展出高度科技化的精神。經濟的現代化推展不出來，政治的現代化也推展不出來。在以前的君主專制以及宗法社會之下，修身、齊家、治國、平天下是直接的延續，而且也可以用在皇帝的身上，皇帝的治國平天下，也要從修身、齊家做起。現在高度現代化的政治，則非修身、齊家可以直接推展出來的，這中間有一間接的曲折。既有一曲折，就表示經濟有經濟內在的獨立法則，而政治亦有政治內在的獨立法則。光從修身、齊家這個道德法則（moral law），推不出經濟和政治的法則。道德法則和政治法則不一樣，和經濟法則也不一樣。這三個法則各有其獨立的意義，這就是現代化的精神。[67]

在其《荀學大略》中，牟宗三先生也指出：

> 吾人若知道：【道】德理性之只表現為道德教化形式之直接形態，不足以促成國家性之出現（此時只有個人主體精神與天地精神），則必須轉進一步，重新覺悟到間接形態之重要，如是方有真正之客觀精神，而義道亦方能真實實現，此須是思想上自覺地認識到國家之所以為國家之一套意義于建國上之重要，於實現價值表現道德理性上之重要，于文化發展上之重要，而後可。[68]

---

67 牟宗三：《時代與感受》，《牟宗三先生全集》第23冊，頁381-382。
68 牟宗三：《名家與荀子》，見《牟宗三先生全集》第2冊，頁212。

毋庸置疑，只有深刻地領會與把握了現代化的精神，才能真正地理解與抓住現代化的政治與傳統的歷史上的政治之間，尤其是現代民主政治與君主專制或集權專制之間的根本差別。牟宗三先生說：「是以吾人今日講國家性之出現，必不可與自由民主為對立；而講自由民主之出現，亦必不可與國家為對立。」[69]那麼，現代政治的現代化，就絕不可以走傳統的老路，儒家以直推的方式講「內聖」開「外王」的道路，早已過時，不能適應現代民主政治的需要了。因此，選擇一條迂迴曲通的現代化之路，是勢在必行的。對此，是必須有清醒的認識與自覺的。對牟宗三來說，經濟的現代化與政治的現代化，是社會現代化裡頭最重要的兩個步驟與骨幹。他說：

> 經濟現代化就是使我們經濟架構現代化，而政治現代化就是使我們政治架構現代化。這兩個架構是最重要的，是兩個骨幹；這兩個骨幹一撐起來，大部份的生活都不能離開這個架構。所以，由此我們便很容易進一步想到文化建設。那麼，文化建設是什麼意義的文化建設呢？現在所說的文化建設，與上次我所說的漢武帝所倡的「復古更化」的文化運動不一樣，和漢光武帝所提倡的「重名節」不一樣，和宋、明儒所講之理學也不一樣。這個不一樣在那兒呢？就在無論在漢武帝、漢光武，或宋、明儒的時代，他們（都）沒有現代化的問題。[70]

社會的現代化是一項複雜而巨大的工程。如果能撐起經濟的現代化與政治的現代化架構，那麼文化以及教育學術的現代化就有了根本

---

69 牟宗三：《名家與荀子》，見《牟宗三先生全集》第2冊，頁212。
70 牟宗三：《時代與感受》，《牟宗三先生全集》第23冊，頁380。

而充分的保證。而文化教育學術的現代化，必然全面地促進整個現代化的進程。但是，今天的文化學術現代化與中國以往的文化運動，尤其是牟宗三所點出的漢武帝提倡的「復古更化」文化運動、漢光武帝所倡導的「重名節」文化運動，和宋明的儒學復興運動，皆迥然不同了。因此，今天的文化現代化，必須與中國傳統的文化運動區分開來，才能在繼往開來中推陳出新，有所建樹。

無疑，在沒有實現自由民主社會的時候，需要為實現這一目標而奮鬥，但是進入了民主社會，並非就萬事大吉，沒有問題了。如果泛用民主，同樣會造成巨大的社會問題。在臺灣，引起大家議論紛紛的民主政治的泛用與混亂，就是一個典型的例子。但是，不能因為民主有問題，就杜絕民主，因噎廢食。這當然是後話了。

現代化是下一盤全局的大棋而不是走零子的散棋，需要深思熟慮，成竹在胸，把握關鍵，選准落子的點位與進路。所以，必須要由道、學、政「三統」（實為社會現代化的三個基礎與中心）並建的原則、策略與路向去完成。然而，我們不能要求牟宗三先生把現代化，尤其是政治現代化的所有細節與具體內容，都能一一地全部考慮到，那是不可能的也是沒有必要的。

既然如此，那麼我們就不能指望和要求牟宗三先生，把中國自由民主的一切問題都解決了，才去承認和肯定他的「三統說」及其自由民主政治思想的重要價值，那樣未免對他太過於苛求了，那是對於一個哲學家的苛求！這猶如娶妻，如果你一定要娶一個十全十美的天仙，那你就永遠只能打光棍了！其實，牟宗三先生的「三統」說及其自由民主政治思想，只要對中國自由民主政治和中國文化以及世界文化的實踐，具有啟示作用和意義，就足夠了！

記住牟宗三先生的話，是不無裨益的。牟宗三先生說：

中國文化發展到現在，如瀑布下的深潭，不能流通。問題很明顯，我們該走的路也很明顯。走到如今的情形是個負果，說得好聽是以毒攻毒成為顛倒，其背後是個大無明。中國人很聰明，但聰明也沒有用，那一個能在無明中清醒，跳出這個大無明來重整乾坤，這個人就是政治家。

顛倒也可說是顛倒的歷史的必然，問題就是要看能不能從無明中冒出來。說容易，只是一轉念即可（使）整個歷史改變，但就其勢已成，要想轉也很困難。中國的命運如何，這要看我們每一個人自己的頭腦是否能清醒。[71]

---

71 牟宗三：《時代與感受》，《牟宗三先生全集》第23冊，頁321-322。

牟宗三先生對「為何道德」的議論之再探

黃慧英

嶺南大學哲學系

一　前言

　　拙文〈牟宗三先生對「為何道德」的議論初探〉[1]（以下簡稱〈初探〉）中，我分別評述了當代英美倫理學對「為何道德」問題之分析、目的論與義務論的解答及其陋弊、康德的思辨路數及其功虧一簣之處、以及儒家的實踐哲學有進於康德的地方。有關後二者，我闡述了牟宗三先生的觀點，最後的結論是，對於儒家，道德的理由可表述如下：身為擁有本心本性的人，便應該將本心本性實現出來。

　　〈初探〉亦指出，這個結論還遺留了一些問題，令人對於實然與應然、以及應然與必然之間的關係產生疑惑，這些疑惑就是，單憑擁有本心本性這事實，便推論出「將本心本性實現出來」的應然判斷，是否犯了從實然推論出應然的謬誤？[2]其次，倘若認為是否要實現本心本性是一個自由意志的選擇，而不是邏輯的推論結果，那麼可以避過上述的問題，卻產生另一問題：一個擁有本心本性的人，可以拒絕將之實現出來，即不認取「實現本心本性」是道德的理由，〈初探〉

1　黃慧英：〈牟宗三先生對「為何道德」的議論初探〉，2015年。

2　認為是謬誤根據的是指令論（Prescriptivism）的立場。對於描述主義（Descriptivism）而言，這不是謬誤。

指出這個人必須承認自己是非理性的，如此，不去實現本心本性縱使
是非理性，仍是被允許的（對於理論理性而言）。此則摧毀了「應該
道德」的必然性。在這裏，我們見到一個兩難的處境。本文首先要解
決這兩個問題。

二 本心本性的實義

　　對應於「從實然推論到應然」的質疑，我們可先檢視「擁有本心
本性」是否一個事實。假若這是一個事實的話，那麼是否與擁有感官
知覺之為事實相同？人擁有感官知覺，以及所有生命存在之種種性
質，可以告子的「生之謂性」中的「生」來概括。意即：「一個體存
在時所本具之種種特性即被名曰性」。[3]個體存在所具之種種特性就是
自然之質，它們是生而有的，是客觀的事實，細分而為「化學的事
實」、「物理學的事實」、「生物學的事實」、「心理學的事實」等，它們
之為客觀是指在某些科學定律下可以得到說明及預測，不會因個人的
意欲或知識而更改。但是，儘管口之於味、耳之於聽、目之於色都客
觀存在於人的結構內，孟子不以這些事實為人之性（〈盡心上〉），他
認為仁、義、禮、智等才是代表人之為人的特質，它們是人所固有，
也普遍存在於人的。但這固有與「生之謂性」的「生」之固有不同。
牟先生曰：「孟子所說之『固有』是固有于本心，是超越意義的固
有，非生物學的固有，亦非以『生而有』定，蓋孟子正反對『生之謂
性』故。」[4]超越意義的固有的本性，使無條件的善為可能，所以此
本性是「由道德義理之當然以說人之義理之性」[5]。牟先生說孟子將

3　牟宗三：《圓善論》（臺北市：臺灣學生書局，1985年），頁5。

4　同上，頁6。

5　同上。

「生之謂性」的「性」之經驗意義的固有與超越意義的性的固有區分開來，藉此標舉出人的價值與其他生物（存在物）的價值分屬不同層次，同時可見性之層次亦不同。

若問超越意義的本性是否一事實，可分兩方面回應。一方面，本性不是在上述意義下的客觀事實，即並不能以科學定律或方法去說明及測定，我們亦不能建立有關的科學知識。另一方面，本性是實理，它不是虛幻的，因無條件的善也不是虛幻的，它也不是理論所必須之設準，它總能呈現出來，在呈現之際便可逆覺而體證之而顯其真實性，因此超越意義的本性之真實性可以說是一種超越意義的「實然」。由這超越意義的「實然」得出道德意義的「應然」並沒有犯上謬誤。倫理學者反對從實然推論出應然的思考方式，主要想避免道德由道德主體以外的客觀因素決定以致道德淪為他律。，然而，由超越意義的實然作為「道德的理由」，正正突顯出道德的自律性。因此，「人擁有本心本性」作為「為何道德」的回答，並不會產生上述的問題。

一如在〈初探〉中所論，牟先生強調，本心本性不單可以為「人能為善」作出能力上的肯定，更提供了人為善的動力條件（興發的力量），因為本心本性必呈現故，亦不待外鑠而生故。若然如此，擁有本心本性的人，是否必然為善呢？對此一問題，牟先生詳細闡述了孟子「理義之悅我心」（〈告子上〉）的涵義，以作回應。他說：「理性、法則、定然命令等即由這心之自主、自律、有定向而表示，這就是所謂理或理義。心即是理。理義悅心，心悅理義⋯而悅理義之心與情必須是超越的本心本情，如是它自然非悅不可，即這『悅』是一種必然的呈現。」[6]心悅理義，而悅是一種必然的呈現，心之於理義是非悅不可，這是牟先生常說之「心之不容已」的最佳詮釋。「『不容已』即

6　牟宗三：《心體與性體》第1冊（臺北市：正中書局，1968年），頁166。

是義不容辭，即是義務。」[7]

牟先生謂孔子之踐仁是行其心之所不容已，[8]「心之不容已」亦即「性分之不容已」，「『心悅理而立理』是吾人之義理之性。人既以此為其義理之性，他當然能發義理之行。此在以前名曰『性分之不容已』。」[9]「性分之不容已」亦曰「德之不容已」。「『性分之不容已』即是義務從性發，因此，人必然能踐履義務。」[10]在〈初探〉文末中提出一個疑問：人是否可憑意志自由選擇不去實現理性存有的特性（本心本性）呢？如果這樣選擇的話，那麼他便沒有遵從道德的理由，因而可作一個無道德論者。這便是上節所言的第二個問題。

三 必然與自由

首先，我們可以去檢視一個人是否可以否認自己具有理性存有的特性──即是擁有本心本性？孟子提出「自暴」、「自棄」的觀念：「言非禮義，謂之自暴也；吾身不能居仁由義，謂之自棄也。」（〈離婁上〉）否定自己能夠遵守本心自訂的道德法則，就是自棄的人。自棄的人不是沒有擁有本心本性，只是不承認此事實吧了。假使一個人否認一些他辨悉到的客觀事實的話，他可以說是不理性的。但假如他沒有足夠的條件去辨悉客觀事實，例如沒有用顯微鏡觀察到細菌，便否定細菌的存在，那我們只會說他是無知或錯誤，然而，上面闡明了擁有本心本性不是一個客觀事實，而是超越意義的真實，並須經由逆覺體證而把握，那麼，當一個人沒有作出逆覺體證，他便不能獲得此

7　牟宗三：《圓善論》（臺北市：臺灣學生書局，1985年），頁184。

8　牟宗三：《心體與性體》第1冊（臺北市：正中書局，1968年），頁302。

9　牟宗三：《圓善論》（臺北市：臺灣學生書局，1985年），頁184。

10　同上。

真實，亦即只能停留在經驗界中，以滿足欲望及利害得失的計較來指導生活，相對於真實世界而言，他是活在虛妄中。[11]雖然如此，我們只可以說他沒有打開這個真實世界之門，因而沒有意識到真實世界的存在，那麼他只是無知（嚴格來說不是對應於知識而言的無知，而是不覺），因為無知而否認，表示的是錯誤（錯覺）。但這只就沒有機會逆覺體證而得見真實而言，對於曾得見真實而否認之，則是不理性，或自欺。但既然他擁有自由意志，他是可以選擇如此做的。

　　孟子〈盡心上〉「口之於味也」一章清楚點出，對於「生之謂性」的性，「君子不謂性也」，即：作為對自我有所要求，以期在道德精神境界不斷昇進的君子來說，他們並不認同此能代表自己本質的「性」，這裏就表明一種選擇！同樣，自棄亦是一種選擇─選擇不去認同自己是一個理性的存有，具有自由意志─然而這選擇本身恰好證明了它所否認的，這是一個自我推翻（self-defeating）的做法，在這個意義下，亦是不理性的。上述這些選擇不去認同自己有本心本性的人可說是自覺如此，另外有些人則不是作出自覺的選擇，只是他們沒有體會心性的呈現，那麼他們的心性是否不能呈現？牟先生斬釘截鐵斷言，心性必能呈現。「只要其本心本性一旦呈現，他即能有義理之行。其本心性能必然能呈現乎？曰必然能。」[12]因為本心是活動的。「蓋豈有既是心而不活動者乎？豈有既是性而不呈現者乎？」[13]然則為何一些人沒有作出逆覺體證？要回答這個問題，我們可從儒家的工夫論去看。

　　在牟先生關於逆覺體證的論述中提到，良知（本心）雖是超越的，亦時時不自覺地呈露（即是並非刻意製造其呈露），而所謂致良

11　這不是指經驗世界是虛妄，而是指認為只得經驗世界這一層是虛妄的。詳論見下。

12　牟宗三：《圓善論》（臺北市：臺灣學生書局，1985年），頁184。

13　同上。

知，即是於其呈露之際，加以警覺。「致良知底致字，在此致中即含有警覺底意思，而即以警覺開始其致。警覺亦名曰『逆覺』，即隨其呈露反而自覺地意識及之，不令其滑過。」[14]不滑過即是不讓自己為物欲掩埋，或陷溺於物欲中，當良知呈露時，「只是其自己（筆者按：即良知）之真切地貞定與朗現（不滑過去）」[15]。論者可能質疑，良知本身就是覺，而使覺呈露的方法又是覺，那豈不是架牀疊屋或無窮後退？我們可以反過來思考：假若在覺（良知）以外有一種方法，必然會使良知在某時刻呈露的，那麼覺仍是「自覺」嗎？自由意志還可稱得上自由嗎？牟先生指出：「逆覺之覺，亦不是把良知明覺擺在那裏，而用一個外來的無根的另一個覺去覺它。這逆覺之覺只是那良知明覺隨時呈露時之震動，通過此震動而反照其自己。故此逆覺之覺就是那良知明覺之自照。自己覺其自己，其根據即是此良知明覺之自身。」[16]歸根究底，覺與不覺，悟與不悟，決定於良知本身的力量，而良知的必然能呈露，必然能克服私欲，是分析地真的。（見〈初探〉）[17]但正如牟先生所說，人因有私欲蒙蔽，良知雖有而不露。「人人有此良知，然為私欲蒙蔽，則雖有而不露。即或隨時可有不自覺的呈露，所謂透露一點端倪，然為私欲，氣質，以及內外種種主觀感性條件所阻隔，亦不能使其必然有呈露而又可以縮回去。」[18]良知是必然呈露的，但是否在某時刻呈露，則沒有必然性，此謂「有而不露」，當它不露之時，不能因此而否證它是真實的，因良知是無條件善的超越根據，只要無條件善有出現的可能，便可證明其真實性。可

---

14 牟宗三：《從陸象山到劉蕺山》（臺北市：臺灣學生書局，1979年），頁229-230。

15 同上，頁231。

16 同上。

17 黃慧英：〈牟宗三先生對「為何道德」的議論初探〉，2015年。

18 牟宗三：《從陸象山到劉蕺山》（臺北市：臺灣學生書局，1979年），頁230。

知良知或本心本性必然呈露的必然性是指其作為超越根據而為必然地真實地「有」，並不是指在經驗的某特定時空中一定會顯現。

職是之故，決不可混淆兩種意義的必然：超越義的與經驗義的，前者可在經驗的任一呈露的個例中證其真實，卻不能以經驗來否證，[19]後者則在經驗上的不呈露的個例中得到否證。那些沒有心性呈露經驗的人，只是覺之未醒，不能根據此說不能居仁由義，否則是不理性的；假若他們瞭解了關於本性的道理，[20]或有機會聽過他人的相關經驗，那麼若想自己親自體驗，必須減少障礙（寡欲），提高自己的覺察力，時刻儆醒，[21]當一旦呈現，便能辨悉而加以體證，而不會輕易滑過去。牟先生在對「培養之重要」所作的案語中謂：「不時常聽人之提撕，雖有一時之警覺（良心偶而一發見），亦終於是昏沈，行事不免七顛八倒（不明智）。故人必須親師取友，精進不息，使其本心易於呈現。」[22]

四　選擇非理性？

上節分析了，一個人如果曾覺察本心本性的呈露而不承認，那他是不理性的，又如果他未曾覺察而加以否定，也是不理性的。對於不理性者，我們不能用理性去改變他，甚至也不能要求他作出理性的思維（如符合邏輯上一致性的要求）。然而，另有一類人，就是雖然未能體證，卻不即時否定而抱存疑態度的，這類人之其中一些，是願意

---

19 根據Popper，不具可否證性（falsifiability）便不足以成為科學真理，但前已詳論超越的真實自始並不是一種「客觀的事實」（在已述的涵義下）。

20 這是「窮理」的作用。關於思辨活動對道德實踐的助力，參考楊祖漢：〈康德哲學與當代的儒學詮釋〉，《中國哲學與文化》第12輯（桂林市：漓江出版社，2015年）。

21 這是「居敬」的作用。但與窮理一樣，都只是助緣而已。

22 牟宗三：《圓善論》（臺北市：臺灣學生書局，1985年），頁38。

造就本心本性呈露的主觀條件，如上述的寡欲與儆醒，來預備接收本心呈露的非刻意經驗。另一些人，則拒絕這樣做，而不去作出任何提升個人境界的追求。然而，如果「實現理性存有的特性」是一個理性的要求，但實現理性的要求是在視自己為理性存有的前提下方有其規約性，對於不認為自己必須（在任何時刻）要作為理性存有的人，亦即容許自己（在某些時刻）去做出非理性（無關乎理性）的決定，他是否沒有一個理由必須遵從理性？

在〈初探〉中作出了如下一個分析：當我們為道德尋求理由時，為免竊題，必須提供非道德的理由，而非道德的理由可以在理性的論域中找尋，即是說：我們可以為「為何道德」建構一個理由，指出遵從道德是理性的，而不講求道德是非理性的。這個理由是涉及理性與否的理由。進一步看，在理性的觀點看，必定不容許不理性，但是否可以接受一個理由，去選擇不去遵從理性？問題的另一面是，有沒有一個理由，必須認同自己是一個理性的存有？提供這樣的理由的論域，是甚麼論域？

我在此試提出一個論域，去安放選擇理性或非理性的自由，這個論域乃是真實／虛妄的論域：對於要求自己成為一個真實的人來說，他必須認同自己是一個理性的存有，因而（理性上）應該造就機緣時刻覺察本心呈露。在上一節提到，當一個人沒有作出逆覺體證（不論是由何種原因導致），他便不能獲得擁有本心本性的超越真實，那麼他據此而否定本心本性（自棄），則他是虛妄的；討論至此，我們見到一個人是否認同自己擁有本心本性，關鍵在於他有沒有意欲去覺察自己擁有本心本性，亦即有沒有意欲去體會真實繼而活出真實。當我們說一個真實的人必須認同自己是一個理性的存有，此時「要成為真實的人」便是去作理性存有的理由。

直至目前為止，藉著不斷擴闊論域而容納較狹論域的對立雙方，

例如以理性允許非道德，以真實允許非理性，這樣一方面保留了非道德與非理性的邏輯可能性，另一方面突顯出自由意志體現於各項選擇中。然而，論域只是對於討論或思考的範圍而言，並不是對於存在的層面而說，因此論域是人為（arbitrary）的分類，我們可以將討論分為道德的範疇、理性的範疇、真實的範疇，此外，更可引入其他諸如精神的範疇、社會的範疇等。人的存有也可被視作道德的存有、理性的存有、感性的存有、社會的存有、真實的存有、精神的存有、宗教的存有、藝術的存有、具創造性的存有、物理的存有、歷史的存有等等。在本文中一直強調人對自己存有地位的選擇，並且揀選了若干範疇（道德、理性、真實）來討論，是否表示其他範疇不重要或不相干？還是只是隨意挑選？對於「為何道德」這一哲學／倫理學（後設倫理學）的問題來說，上述的討論讓我們肯定道德與理性是相干的：不單因為道德對所有理性存有有所制約，還因為理性（實踐理性）構成道德所以可能的根據；此外，理性也與真實相干，因為理性預設真實，甚至，存在預設真實。當我們去思考人要作為甚麼存有時，必定是在真實的世界中去思考；因此，縱使有其他範疇也是相干的，但真實是所有討論的始點及立足站。職是之故，去作為一個真實的存有並不會衍生關於「為何真實」的另一問題，所以亦不會出現無窮後退的情況。真實同時是選擇之終點。[23]因為沒有任何範疇提供一個理由去選擇作真實的存有；任何選擇都預設在真實的場域中作出。

五　理由與選擇

以下我們試圖用邏輯關係去說明一個行動（或意向、選擇）與其

---

23 佛家認為未悟的人都是活在虛妄中，但這不是他們自覺的選擇，而是受無明所驅使。

理由之間的關係。當我們說 x 是 y 的理由時，其（至少部分）的意思是：x 是 y 的必要條件，若 x 不成立，則 y 也不成立。這是我們要為 y 的出現，提供一個關於行動者的目的的證立或說明。這是「理由」的第一種涵義。在這個涵義下，作為理性的存有是講求道德的理由，就是表示作為理性存有證立了講求道德，而前者是後者的必要條件。就理性的存有能為講求道德提供超越的根據因此而使道德能夠實現而言，作為理性的存有也是講求道德的必要條件。另一方面，當行動者擁有 x 這個理由，他可以選擇一個最能實現 x 的行動 a，此時 a 是實現 x 的必要條件。這是「理由」的第二種涵義。對應於理性與道德的論題來說，假若講求道德是實現理性存有的最佳做法，那麼講求道德是理性存有的必要條件，但此時實現理性存有是先在地肯定的，而此肯定（選擇）可以在上述關於真實性的論域中得到證立。

在前數章的論述中，不斷強調選擇：一、選擇去講求道德、或作為無道德論者，二、選擇作為理性的存有、或不去製造一作逆覺體證的機緣並否認自己具本心本性。第一項的選擇是基於理性或非理性作出的，第二項選擇是基於真實或虛妄作出的。

對於儒家來說，當一個人立志要成為真實的人，他必定要成為理性的存有，當他決心實現理性存有，必定甘願遵守本心所訂的道德律令。這是因為他不單要為道德尋求目的方面的證立，而是覺察到作為道德存有是最能體現理性存有的特性，而作為理性存有最能體現人的真實性。這便是上述「理由」與行動的第二種涵義。儒家對人的存在的肯定，不適宜以目的－手段的關係來理解理由與行動（或選擇），因為儒家不是認為以講求道德來達到成為理性存有的目的，也不是藉著成為理性存有來達成作為真實的人的目的。

在〈初探〉中曾作出如下的總結：「道德理由與道德的關係不是目的與手段的關係，而是體與用的關係，以本性為體發用為本心（如

惻隱之心），亦呈現為本情（惻隱之情）。三者俱屬形而上者。」現在可加進真實性這最後的描述來看：則是以真實為體，發用為性，以性為體，發用為心。三者俱以「覺」貫通，對「真實」的覺即涵對「本性」的覺，對「本性」的覺即涵對「本心」的「覺」，所謂一覺一切覺是也。從另一方向言，道德意識的豁醒，便能挺立道德主體，此乃孟子「盡其心者，知其性也」之意。牟先生在論周濂溪思想中說：「道德意識中函有道德主體之挺立，德性動源之開發，德性人格（德性之體現者）之極致。」[24]

就個體生命說，需靠道德踐履（豁醒道德意識、挺立道德主體）來提示個人的生命，從良知本心的呈露體證本具之性體，體證生命之真實。生命之真實就是中庸所言之「誠」。中庸曰：「惟天下之至誠為能盡其性，能盡其性則能盡人之性，能盡人之性則能盡物之性。」這是從工夫論的進路以體證生命之真實，在這裏說「覺」、說「修養」，也可以說選擇。但正如牟先生一再辨明的，儒家不只是一套道德哲學，也不只是道德底形上學，而是道德的形上學。孟子所言的「盡其心者」不會停留於「知其性也」之上，更進一步直抵「知天」之境；中庸的「盡其性」、「盡人之性」、「盡物之性」，最後是「與天地參」；孟子也明白指出大體乃「天所以與我者」；中庸復言：「誠者天之性也，誠之者人之性也。」在在肯定道德踐履之最後歸宿在於對道德的天的親證。

牟先生說：「誠體為創造之真幾，為真實生命，人人本有，天地之道亦只此，惟人如不能直下體現此誠體，而須修養工夫以復之，則即屬於『人之道』。而經由修養工夫以復之，即是『誠之』。天之道以

---

24 牟宗三：《心體與性體》第1冊（臺北市：正中書局，1968年），

誠為體，人之道以誠為工夫。」[25]就工夫論而言，是由人道通向天道。「通過孔子踐仁以知天，孟子盡心知性以知天，而由仁與性以通澈『於穆不已』之天命，是則天道天命與仁、性打成一片，貫通而為一，此則吾亦名曰天道性命相貫通，故道德主體頓時即須普而為絕對之大主，非只主宰吾人之生命，實亦主宰宇宙之生命，故必涵蓋乾坤，妙萬物而為言，遂亦必有對於天道天命之澈悟，此若以今語言之，即由道德的主體而透至其形而上的與宇宙論的意義。」[26]工夫乃對應於感性欲望的氾濫所作的規約與提昇，上升者踐仁盡心知性，下沉者有陷溺、自棄、以至虛妄，在升降浮沉間有選擇、有固守、有取捨。但自本體宇宙論而言，天道下貫於個體為人之性、物之性，人遂本具心體性體，那便無所謂選擇，而只有「心之不容已」、「性分之不容已」而已；牟先生說：「天命之不已亦即仁體之不容已」[27]實切中儒家道德形上學的核心。

　　表面上人之選擇，實是離其本然之真實而有：離人之真實性而選擇非理性，離人之理性而選擇非道德。然而這些表面上選擇的自由，並非意志自由的真締，因為意志自由體現於超拔感性欲望與外在環境的利害考慮而實現內在的真實性。

六　結論

　　從上面的討論，我們見到「為何道德」的解答，要歸結於對「我是誰」的理解及選擇，如此可使「無道德論者」得到說明。然而，「我是誰」除了是一個個人的選擇外，更是在本體宇宙論意義下定然

25　同上，頁324。
26　同上，頁322。
27　同上，第2冊，頁115。

而必然如此的，因此「應該道德」也是定然與必然的。當依本心直道
而行，便毋須作出選擇，此時方是自由的最高體現。可見，「為何道
德」的問題最終必須在道德形上學中來回應。

高攀龍對朱子格物工夫的詮釋
——以牟宗三先生對朱子的衡定為起點

呂銘崴

中央大學中國文學系

一 前言：牟先生對朱子格物工夫的理解

　　王陽明（王守仁，1472-1529）在〈答顧東橋書〉中，針對朱子（朱熹，1130-1200）格物致知的工夫做了以下的評論：

> 朱子所謂格物云者，在「即物而窮其理」也。即物窮理，是就事事物物上求其所謂定理者也。是以吾心而求理於事事物物之中，析心與理而為二矣。[1]

在陽明的理解中，格物應當是在事事物物上推致吾心之良知的一段工夫，他認為朱子所說的格物，是以心去知理，這是讓原本不知理的心能夠在事事物物上窮究出一番道理來，而此種說法不免是析心與理為二，往外去求理。我們認為陽明此說雖然點出朱子的格物有求理於外的問題，但卻忽略了朱子在闡述心與理的關係時，也有心本具理的意思，因此，朱子所說的格物致知，亦可以如同唐君毅先生所理解

---

[1] 王守仁：〈答顧東橋書〉，《王陽明全集·傳習錄中》（上海市：上海古籍出版社，1992年），卷2，頁44-45。

的——乃是一「求諸外而明諸內」[2]的過程，陽明單以向外求理的工夫來批評朱子，似乎未能明白凸顯出朱子工夫論上的問題。

　　牟宗三先生在討論程伊川（程頤，1033－1107）、朱子的義理系統時，對於朱子工夫型態的問題給出了進一步地釐清。牟先生指出：

> 理經由心氣之靈之認知活動而攝具之，內在化之，以成其律心之用以及心之如理，此不得視為心理為一，此仍是心理為二。其為一是關聯的合一，不是本體的即一、自一。本心即性、本體的自一、是自律道德。關聯的合一是他律道德。[3]

牟先生認為朱子的格物窮理是使行為主體的活動能合於理，使心之發用能夠按理而行的一種工夫。在這種工夫下，心對於理是平行橫列的兩物，理為成心認知、攝具的外在對象，又理既然不本於心，而是要以心通過格物工夫去服從的外在道德律，以使心能夠以之作為實踐準則，那麼朱子的工夫論便不免有他律道德色彩。

　　在牟先生的理解中，朱子的工夫是一「靜攝之形態」[4]的工夫，而「靜攝」一詞則意味著朱子的工夫，是不同於陸、王本心即性的工夫型態，在本心即性的工夫型態中，吾人能夠通過本心的自覺來體現內在於此心的超越天理，可以直接於心上表現出道德之理的創造意義。此處陸、王所肯定的天理內在於心，理可即心而顯的意思，顯然不同於朱子心本具理或是心與理本來貫通的意思。牟先生認為陸、王一系之言心即理，其心與理的關係是分析的，而朱子雖然說心具理，但此只能理解為心有包含著理的一種關係，此「具理」之「具」，只

2　唐君毅：《中國哲學原論·原教篇》（香港：新亞研究所，1975年），頁271-272。
3　牟宗三：《心體與性體》第1冊（臺北市：正中書局，1968年），頁86。
4　牟宗三：《從陸象山到劉蕺山》（臺北市：臺灣學生書局，1979年），頁121-123。

能是「關連著具」，換言之，朱子的心是在靜態的知覺活動中去關聯著理，或者說收攝、包含地內具著理。因此朱子心與理的關係不能說是分析的關係，而只能是綜合的關係。順此，牟先生也指出朱子以此認知的方式去格物窮理，性理亦只為一存在有論式的所以然之理，只是為心所分析的一個對象，那麼性理道德意義也將雖之減殺。[5]

依此看來，牟先生對於朱子格物工夫的批評大抵是因著朱子無法肯定本心，以心屬於氣，而理則為超越的所以然，心、性是分屬異質層的關係，而給出此等分析。在此心、性關係下，縱然朱子在工夫上能主張事事物物上之理即是我心中本具之理，吾人可通過外在接物應事的活動，以使原來本內具於心的性理得於心中昭顯，但是此原來本具於心的理，如果只是如牟先生分析的，是為心所靜態地涵攝著、關聯著，那麼心與理仍然不能免於二物相對待的橫列關係，格物致知也只能是泛認知意義下的一種非本質工夫。

通過牟先生的衡定，朱子格物工夫中有待釐清的問題可以被更為顯著地揭示出來，而陽明批評朱子認理於外，雖未能全然洞中肯綮，但也反應出朱子所言的格物致知，畢竟是在心、理為二的架構下，嘗試以心求理的一種工夫，這理似乎不能說沒有心、理隔閡、不契於道德本領的問題。而這些問題也成為在陽明之後所有推宗朱子的學者，於格物工夫的討論上所不能繞過的關鍵環節。高景逸（高攀龍，1562-1626）是明末東林的代表人物之一，他嘗表示「學孔子而必由程朱，正如入室而必由戶」[6]，而在面對王學流弊的情況下，重新發揚朱子的格物的工夫。以下我們即就景逸對於陽明所言良知的理解，以及其如何詮釋朱子的格物工夫，來考察景逸對於上述格物問題的回

5　牟宗三：《心體與性體》第3冊（臺北市：正中書局，1969年），頁242。

6　高攀龍：〈崇正學闢異說疏〉，《高子遺書》，《景印文淵閣四庫全書》（臺北市：臺灣商務印書館，1983-1986年），卷7，頁1292-442。

應，以及在於晚明儒學史的發展上，景逸形塑了何種樣貌的朱子學。

二　高攀龍對「良知」的理解

明代中葉以後陽明學大行於世，自陽明去世到高景逸出生的這段時間，距離不過三十餘年。在這段期裡，雖曾因為朝廷中政治角力的緣故，導致陽明的學說一度被貶為「邪說」，但陽明門人及其門人弟子如王龍溪、王心齋、羅近溪等，仍然講學不輟，講會活動十分頻繁。然而與此同時，陽明學不免也面臨著後學們對於良知學理解分歧而逐漸加劇的內部分化問題，以及在陽明逝世後所展開的新一波對於王學反省的外部聲浪。身逢其時的景逸，對於陽明學自然也不能不有所回應，以下我們看到他對陽明良知教的理解：

> 至於談良知者，致知不在格物，故虛靈之用多為情識，而非天則之自然，去至善遠矣！吾輩格物，格至善也，以善為宗，不以知為宗也。故致知在格物一語，而儒禪判矣！[7]

高攀龍認為言良知者，是以「知」為宗，工夫專門用在致知上，如此只能是虛靈之用，毫無定準，所以容易依於情識而流蕩。景逸主張講致知應當配合格物，此是儒、佛兩家之不同，儒門工夫當以格至善作為法式。順此意看來，景逸之學似乎是以程、朱的格物工夫為宗，而有別於陽明致良知之教。如當時與東林諸子友善的錢士升，便曾於《高子遺書》序文中介紹景逸說：「先生少而志學，曰學孔子而不宗程朱，是望海若而失司南也。」然而時代稍晚的黃梨洲（宗羲，1610-

---

7　高攀龍：〈答王儀寰二守〉，《高子遺書》，卷8上，頁1929-499。

1695）便有不同的意見，他在《明儒學案》中對於高景逸所言的格物工夫與其學問型態的歸屬，提出了不同於前述的見解，梨洲認為：

> 先生之學一本程、朱，故以格物為要。但程、朱之格物，以心主乎一身，理散在萬物，存心窮理，相須並進。先生謂「才知反求諸身，是真能格物者也」，頗與楊中立所說「反身而誠，則天下之物無不在我」為相近，是與程、朱之旨異矣。先生又曰：「人心明，即是天理。窮至無妄處，方是理。」深有助乎陽明「致良知」之說，而謂「談良知者致知不在格物，故虛靈之用，多為情識，而非天則之自然，去至善遠矣。吾輩格物，格至善也，以善為宗，不以知為宗也。」夫善豈有形象？亦非有一善從而知之，知之推極處，即至善也。致良知正是止至善，安得謂其相遠？總之，致知格物，無先後之可言。格物者申明致之一字，格物即在致之中，未有能致而不謂之格物者。先生謂有不格物之致知，則其所致者何事？故必以外窮事物之理為格物，則可言陽明之致知不在於格物。若如先生言，人心明即是天理，則陽明之致知，即是格物，明矣。先生之格物，本無可議，特欲自別於陽明，反覺多所扞格耳。[8]

黃梨洲認為景逸在學問上雖然推宗朱子，同樣是以「格物」作為工夫的重點，但景逸所說的「格物」，並不同於朱子。梨洲認為朱子言心與理的關係是心主於身，而理散在外，如此以心在內而理在外來理解心與理的關係，不免有析心與理為二的意思，那麼朱子所說的格物窮理，便有向外求理的問題。而梨洲認為相較於朱子向外窮理的格物之

8　黃宗羲：〈東林學案一〉，《明儒學案》（北京市：中華書局，2008年），卷58，頁1402。

教，景逸所言的「格物」，更像是一門向內的反躬自省的工夫。

梨洲進一步指出，這樣的向內工夫應當是比較接近楊龜山（楊時，1053-1135）的一種形態，並且在文中引述了龜山的言論來說明己意。梨洲所引龜山的文字，原文是：「為是道者，必先乎明善，然後知所以為善也。明善在致知，致知在格物。號物之多至於萬，則物將有不可勝窮者。反身而誠，則舉天下之物在我矣。」[9]龜山先後問學於程明道（程顥，1032-1085）、程伊川兩兄弟，而其學問性格則較接近明道。觀上述的獨立引文，龜山雖然也理解通過致知、格物以明善的這一條途徑，但天下之物多不可數，難以一一窮，所以工夫之要仍在「反身而誠」，若能反身而誠，則見事事物物之理亦備於我。梨洲認為景逸既然也視「反求諸身」為格物，故其學應近於龜山，而龜山此說當是強調自覺本心的重要性，他的工夫進路與朱子藉由致知、格物來使心明理的教法顯然是有很大的差異的，而相對地較接近於陽明講求自覺的良知教。此外又認為景逸「人心明，即是天理」等說，也很可以與陽明相通，以為景逸的格物即是陽明之致知，二子同樣反對往外窮究事物之理，雙方的工夫皆是要求能推致良知，以見得至善之天理。故黎洲認為景逸之說實深有助於陽明「致良知」教，應當不必勉強區隔，刻意自別於陽明。

黃梨洲的講法並非毫無根據，在〈東林學案〉選錄的景逸的文獻中，也確實有許多近似龜山「反身而誠」的句子，例如：「一念反求，此反求之心，即道心也。更求道心，轉無交涉。」[10]甚至在《高子遺書》中，也有「格物不是尋一箇物來格，但看身心安妥」[11]強調

---

9 黃宗羲：〈龜山學案〉，《宋元學案》（北京市：中華書局），卷25，頁952。

10 黃宗羲：〈東林學案一〉，《明儒學案》，卷58，頁1405。

11 彥文問曰：「靜中何以格物？」先生曰：「格物不是尋一箇物來格，但看身心安妥，苟身心稍不安妥，便要格之因甚不安妥。」彥文曰：「若安妥時如何？」先生曰：

格物不假外求，而是就自己的身心上認取，身心若有不安妥處，便要格其所以不安妥等語。諸如此類的說法很容易讓人有景逸之學近似龜山，甚至接近陽明的聯想，黎洲的質疑確有其文獻上的依據。那麼景逸的思想是否誠如梨洲所分析，實是近於陽明而遠於朱子，就是一個必須先行回應的問題。[12]釐清這個問題有助於我們掌握景逸對於朱子格物工夫的理解，以下我們通過分析他對於陽明良知教的思考來以之進行討論。景逸說：

> 王文成曰：「吾良知二字，從萬死一生得來。」其致知之功何如乎？其所經歷體驗處，皆窮至物理處也。身繇程朱之途，口駁末學之弊，猶之可也。學文成者，口襲其到家之語，身不繇其經歷之途，良知從何得來。[13]

景逸認為陽明所言的「良知」並非憑空得來，他所以能顯發致良知的功效，都是通過種種深刻艱難的歷練而來的，而這些種種的經歷、體驗，在景逸看來皆是一段格物、窮理的真實工夫。因此景逸認為，陽明後學若缺少了這一份用心，那便只能空泛而不著實地地談論良知教所顯現的境界，而對於良知恐怕並無所得。然而，景逸如此解釋陽明

「安妥便要認，認即是格物也。」見高攀龍：《會語》，《高子遺書》，卷5，頁1292-411。

12 近代學者如梁啟超先生便在《中國近三百年學術史》中將顧憲成與高攀龍龜為陽明學之餘波，視其為陽明學派中的第一波修正。而當代學者錢穆先生，在其早年的著作如《王守仁》一書中，則是將東林學派與蕺山等人同歸於陽明學的末流。惟遷臺後，錢先生重新調整了其說法，而以涇陽與景逸實為學術界由王返朱傾向的代表者。此外，楊國榮教授在其《王學通論》一書中，亦以顧、高是歐陽南野與錢緒山一派之發展者。

13 高攀龍：《劄記》，《高子遺書》，卷2，頁1929-346。

致良知的意涵，是認為吾人的良知所以能夠呈顯，當有賴於一段格物
的工夫而始得，這種說法與陽明言良知的原意似有不同，以下看到陽
明自己對致良知的解釋：

> 若鄙人所謂致知格物者，致吾心之良知於事事物物也；吾心之
> 良知，即所謂天理也；致吾心良知之天理於事事物物，則事事
> 物物皆得其理矣。致吾心之良知者，致知也；事事物物皆得其
> 理者，格物也，是合心與理而為一者也。[14]

如前所言陽明訓「格物」時，是以「格」為「正」，以「物」為
「事」，[15]因此格物即是要能於事上得其所正。而能於事事物物上各得
其所正，則有賴於自己對良知不間斷地推擴[16]。黃梨洲曾經解釋陽明
的「致良知」說：「先生教人致之於事物，致字即是行字，以救空空
窮理，只在知上討個分曉之非。」[17]梨洲這裡是以「行」字來解釋
「致良知」一語中的「致」，此是著眼於良知推致的過程，必有其所
對的意念，所致的事物，良知之致並不是憑空地推窮。梨洲此意正好
點出陽明良知教的實踐性格，即良知之所以為良知，是吾人能於一念
萌發時，當下自覺此意念的動向，而本此知是知非的良知，在實踐上
去做一為善去惡的工夫。因此良知不能憑空把捉，端賴實踐者當下自

---

14 王守仁：〈答顧東橋書〉，《王陽明全集・傳習錄中》，卷2，頁45。

15 「物者，事也，凡意之所發必有其事，意所在之事謂之物。格者，正也，正其不正
以歸於正之謂也。正其不正者，去惡之謂也。歸於正者，為善之謂也。夫是之謂
格。」見王守仁：〈大學問〉，《王陽明全集》，卷26，頁972。

16 牟宗三先生解釋陽明的「致良知」之「致」為向前推致的意思。牟先生說：「陽明
言『致』字，直接地是『向前推致』底意思，等於孟子所謂『擴充』。『致良知』是
把良知之天理或良知所決之是非善惡不讓他為私欲所間隔而充分地把它呈現出來
使之見於行事，即成道德行為。」見牟宗三：《從陸象山到劉蕺山》，頁229。

17 黃宗義：〈姚江學案〉，《明儒學案》，卷10，頁178。

覺地呈顯，而於良知的推擴上意得其誠，物得其正。所以陽明說：
「故致知者，誠意之本也；格物者，致知之實也。」[18]嚴格說來，在
這個過程中致知與格物二者其實沒有先後可分，因為良知的呈顯必然
就著事事物物能各得其正、各得其物則而說，因此我們不能說陽明的
格物與致知本身有時間上的先後順序可言。回到上引文，陽明所說的
致知與格物，據此看來即是將本有知是知非的良知推擴於事事物物
上，以在事物各得其正的過程中，本心亦能盡其所知。

　　由此看來，景逸指責陽明後學沒有通過格物窮理的工夫便空談良
知，認為其後學於良知的體認上欠缺一套實地歷練，因此對於陽明的
良知不能真有所得。景逸此說雖然有糾正學風的用心，但此種強調由
真實歷練、窮格物理而言的「致良知」，似乎也偏離了陽明的本意。
景逸說：

> 「人心之靈，莫不有知。」良知也。因其已知而益窮之，至乎
> 其極，致良知也。[19]

　　這裡景逸引述了朱子的〈格物補傳〉，以此來解釋「致良知」的
意涵。[20]〈補傳〉原是朱子依據其心性論的架構，而對《大學》條目

---

18 王守仁：〈大學古本序〉，《王陽明全集》，卷7，頁243。
19 高攀龍：《語》，《高子遺書》，卷1，頁1292-331。
20 景逸對於朱子於《大學》所作的改訂並不認同，他認為《大學》本身自有文理，不
　　待改定而後足，他曾總結前人對《大學》版本的研究而說：「按大學自程、朱考訂
　　而後百有餘年，先儒紬繹所及亦既知古本之為是矣！亦既知經傳之不分矣！亦既知
　　知本之釋格致矣！」（〈附錄先儒復大學古本及論格致未嘗缺傳〉，《高子遺書》，卷
　　3，頁1292-355）然而縱使他不同意朱子於《大學》中分經補傳的改動，但對於朱子
　　在〈格物補傳〉中所闡釋的義理與工夫，仍是採取肯定的態度，認為：「若實做朱
　　子格物工夫，自與知本無二；實做知本工夫，自與朱子格物無二。非今日之古本與
　　朱子無異，指乃朱子格物原與古本無二指也。」（〈大學首章廣義〉，《高子遺書》，
　　卷3，頁1292-353）。

進行的重新詮釋。其中「人心之靈莫不有知,而天下之物莫不有理,惟於理有未窮,故其知有不盡也。」[21]說明了朱子在心對於理本有所知的立場下,通過格物窮理的工夫,來深化自己對於本知之理的了解,以期能讓性理能在心中起作用。景逸此處以朱子的「人心之靈,莫不有知」之「知」來規定陽明的「良知」,顯然是不契合的陽明的意思的。在朱子處,此「知」乃是指心對於理本來有所了解的意思,這與陽明強調當下「知是知非」,明察意念之微,而無待於外的「良知」,並不相同。因此,我們認為景逸所理解的「良知」,乃是以朱子所言的心中對於性理的本有所知來作理解,而「致良知」,則是依著此本知理的「良知」之心,去進一步做格物窮理的工夫,以求心對於理有一更為真切的了解。關於這一點,我們後文會繼續深入,至此我們可以說景逸所理解的「致良知」與陽明的良知教並不相同,他走的應是朱子的路線。

若景逸是以朱子的格物來規定陽明的致良知,於良知教的義理未能有肯定,那麼他又是怎麼看待陽明對於朱子格物窮理的批評呢?陽明在〈答顧東橋書〉中,指出朱子的格物之說,「是以吾心而求理於事事物物之中,析心與理而為二矣」,關於此點,景逸在〈陽明說辨〉中回應道:

> 凡人之言合者,必二物也本離而合之之謂合,本合則不容言合也。天下之物有萬,而理則一無體用,無顯微,無物我,無內外一以貫之者也。告子之義外,不識性也,故亦不識義而外之,非求義於外也。凡人之學,謂之曰務外遺內,謂之曰玩物喪志者,以其不反而求諸理也。求諸理,又豈有內外之可言

---

21 朱熹:《大學章句》,《四書章句集註》(臺北市:世界書局,1956年),頁10。

哉？在心之理，在物之理一也。天下無性外之物，無心外之理，猶之器受日光在彼在此，日則一也，不能析之而為二，豈待合之而始一也。陽明亦曰：「理無內外，性無內外。故學無內外，講習討論未嘗非內，反觀內省未嘗遺外也。」誠是也，則奈何駁朱子曰：「以吾心求理於事物之中，為析心與理為二也。」然則心自心，理自理，物自物，匪獨析而二，且參而三矣。是陽明析而二之，非朱子析而二之也。陽明又曰：「若鄙人之致知格物，是合心與理為一者也。」心與理本未嘗不一，非陽明能合而一之也。[22]

景逸身處在陽明心學流行於世的年代，在心學的言論上縱無薰染，也必定時有所聞，他所說的「天下無性外之物，無心外之理」，便頗有陽明心外無物的味道。只是景逸此處所謂的無心外之理，綜觀上下文，應當是指心中本具之理與外之物之理只是一理，故物之理無異於我心中之理，此是理無物我之分的意思。景逸舉例說，如同一個太陽照見在兩個物體上，我們不會因為被光芒照見的物體有兩個，就說能發出光芒的太陽本身也有兩個。所以，在景逸的理解中，朱子所肯定的理只是一，不能說在心中有一理，在物上又有一理，理本身無分內外，因此朱子格物窮理的工夫便是識性，不能比於告子的義外之說，將之視作務外遺內之學。

景逸認為陽明既然也了解「理無內外，性無內外」，所以說「講習討論未嘗非內，反觀內省未嘗遺外也」，那麼何故卻認為朱子的格物工夫是以吾人之心去往外謀求物上之理，如此刻意分隔心、理與物的關係，是析之為三，進而又指謫朱子的格物是求理於外，景逸認為

---

22 高攀龍：〈陽明說辨三〉，《高子遺書》，卷3，頁1292-374。

陽明這樣的批評不能不有問題，甚至表示陽明的說法才是分隔心理為二者。當然，我們知道就陽明的良知教而言，致知與格物原是二而一的，心、意與物在此工夫的實踐上，雖然各自有其不同的關係，但若是工夫所至，卻是三事一時並了、同時完足而不可分割的。所以講習討論等活動雖然看似落實在外，但其所以能言得其所當言，仍是由於知之所致、意之所誠，故物亦得其所正。

因此，就陽明的良知學而言，自然能說講習未嘗非內、反觀未嘗遺外。陽明之指謫朱子求理於外，固然如我們前一部分所說的，仍有可商榷處，但其審己度人立場一致，並非如景逸以為的有雙重標準。景逸於此處所強調的物我一理的意思，應該有得於朱子對伊川「理一分殊」觀念的發揮，[23]然而他對於陽明所言的良知則未有相印的了解，對本心的意義恐怕亦無真切的體會，於此遂只能就表面的文字上給出對陽明的質疑，不能真切地分判朱子與陽明的二人於心性論述上的關鍵差異，進一步為陽明對於朱子的質疑做出有力的申辯。

通過上述的討論，景逸與陽明於良知理解上的差異應當是很清楚的，那麼本節一開始黃梨洲依據景逸說「纔知反求諸身，是真能格物者也」，便認為景逸的格物工夫實有近於陽明，這樣的說法恐怕不能不有問題。梨洲所以會如此理解景逸的學說，應當與其自身的背景有關。梨洲之父黃尊素（黃白安，1584-1626）與景逸同為東林黨人，二子皆受閹黨迫害，甚至於同年先後相卒。在這樣的背景下，梨洲對於東林人士是有其同情與肯定的。[24]

---

23 伊川對橫渠〈西銘〉評述時所說的「理一分殊」，用意大體是對道德實踐做出解釋，而朱子則將它轉進至存有論的問題上，以此解釋太極如何超越於萬物，又同時內在於萬物，以為萬物之存在根據。

24 梨洲嘗言：「數十年來，勇者燔妻子，弱者埋土室，忠義之盛，度越前代，猶是東林之流風餘韻也。一堂師友，冷風熱血，洗滌乾坤。無智之徒，竊竊然從而議之，可悲也夫！」見黃宗義：〈東林學案一〉，《明儒學案》卷58，頁1375。

梨洲父亡後，他依照父親遺命從學於劉宗周（劉蕺山，1578-1645）。蕺山之學雖有針對王學流弊而走出不同於良知顯教的反省，但其強調就意根所存之幾，來體會好善惡惡之知，以及通過心體來彰顯性體意義的說法，仍然屬於心學本色，在義理上與陽明學有其可相通處。做為蕺山弟子的黃黎洲在肯定師說，同時又為東林遺孤的背景下，不難理解他為何會順著景逸反躬自省一類的文字，遂將景逸的格物理解為陽明致良知的工夫，甚至表示：「深得陽明之傳者且在忠憲」[25]，而在〈東林學案〉中，努力而把景逸拉向心學的陣營。[26]當然，客觀地說，景逸以其對朱子格物工夫的理解來解釋陽明「致良知」的概念，將陽明的文字另作解釋，以發揮己意，這種作法與用語也不免能不令人產生其學有近於陽明的懷疑。景逸會有這樣的嘗試，很可能與其試圖救正王學的立場有關，只是通過對朱子工夫的引入，以此來解釋、肯定陽明的說法，於良知的義理上終究是未能相契的。

三　高攀龍對朱子格物工夫的詮釋

在前面引述的〈陽明說辨〉中，我們看到高攀龍對於陽明說「若鄙人之致知格物，是合心與理為一者也」的說法給出質疑。景逸認為陽明如果真的明白心與理是一，便不需要在二者間再增添一個「合」字，在他看來，朱子才是真能肯定心與理是一者，景逸說：

---

25 黃宗羲：〈與顧梁汾書〉，《黃宗羲全集》，冊10，頁205。

26 古清美教授指出黃黎洲於《明儒學案》中選錄高攀龍的文獻，大多與論心有關，而言性理者則少收錄。見古清美：《顧涇陽、高景逸思想之比較研究》（臺北市：大安出版社，2004年）頁272。而周熾成教授更提及黎洲曾針對《學案》中收錄的一些文獻作了文字上的改動，以降低景逸批評陽明的力道。見周熾成：《復性收攝——高攀龍思想研究》（北京市：人民出版社，2007年），頁70。

朱子謂人之所以為學，心與理而已。學者必默識此心之靈，而
端莊靜一以存之，知有萬物之理，而學問思辨以窮之，此聖學
之全也。論者以為分心與理為二，不知學者病痛皆緣分心與理
為二，朱子正欲一之，反謂其二之，惑之不可解久矣。[27]

　　景逸認為朱子有心與理是一非二的主張，這在朱子的文獻中確實
有其的根據，如朱子在討論心、性二者之名義時曾說：「心與理一，
不是理在前面為一物，理便在心之中，心包蓄不住，隨事而發。」[28]
而在判釋儒佛之別時又說：「吾以心與理為一，彼以心與理為二。亦
非固欲如此，乃是見處不同，彼見得心空而無理，此見得心雖空而萬
理咸備也。雖說心與理一，不察乎氣稟物欲之私，是見得不真，故有
此病，《大學》所以貴格物也。」[29]

　　此外，《朱子語類》中涉及「心與理一」的文獻另有三條，但意
思較偏於說明吾人對於道理要能有精熟的了解，與辨析心性關係的義
理距離較遠。就此詞彙出現於朱子日常講學記錄的文獻中的頻率看
來，朱子雖然偶有提及心與理是一，但此說似乎不是他所特別重視
的。從上述的兩條文獻來看朱子所提及的心與理一，意思大抵仍是順
著他性理內具於心的說法來作發揮，此與陽明言心即理的意思應當不
同。陽明所以能夠肯定「合心與理而為一」，則是由於主體能夠在實
踐的過程中，當下自覺地肯定此良知所給出的道德判斷即是天理的呈
顯，所以能夠直接體悟吾心的發用即是天理的呈顯。此由本心義所證
悟的心與理一，顯然不同於朱子心具理而言二者是一的意思。通過上
一部份的關於景逸對陽明致良知的理解的討論，我們明白陽明的本心

---

27 高攀龍：〈語〉，《高子遺書》卷1，頁1292-332

28 朱熹：《朱子語類》（北京市：中華書局，1986年），卷5，頁85。

29 朱熹：《朱子語類》，卷126，頁3015-3016。

義恐怕未能為景逸所相契，那麼景逸對心與理是一非二的理解又是否同於朱子呢？

回到上方的獨立引文，文中「默識此心之靈，而端莊靜一以存之」，是出自朱子《大學或問》的文字，[30]朱子此處所言，正是窮理時要先澄靜日用之間的昏昧雜擾，以能見得此心之靈明，方能盡心窮理的一段話。景逸此處引用朱子論述工夫的話語，似要表示心與理所以是一，仍當通過一套學問思辨的工夫，而能對之有所肯定。此種由工夫修養以見得心性是一非二的講法，與朱子的講法有何異同呢？在追問這個問題之前，我們仍須釐清景逸在心性論上所採取的立場為何。以下接著看到景逸對心的分析：

> 氣也，心也，性也，一也。然而天下學術之岐，則岐之於是。老氏氣也，佛氏心也，聖人之學乃所謂性學。……聖人氣則養其道義之氣，心則存其仁義之心，氣亦性，心亦性也。……性形而上者也，心與氣形而下者也，老氏之氣，極于不可名，不可道，佛氏之心，極于不可思，不可議，皆形而上者也。[31]

景逸在判別儒、釋、道三教時，曾明白指出，老氏主氣、釋氏本心，以上二家各自將氣與心推至不可言名、不可思議的形上層，這與儒家聖人是以性為形上者，心、氣為形下者並不相同，此是三教分歧之所在。只是景逸雖然以為心與氣同屬形而下者，然而心、氣二者仍有其

---

30 朱子曰：「是以聖人設教，使人默視此心之靈，而存之於端莊靜一之中，以為窮理之本。使人知有眾理之妙而窮之於學問思辨之際，以致盡心之功。」見朱熹：〈大學或問〉（下），《朱子全書·四書或問》（上海市：上海古籍出版社，安徽教育出版社，2002年），冊6，頁528。

31 高攀龍：〈氣心性說〉，《高子遺書》，卷3，頁1292-365。

分別,他說:

> 彥文問:「心與氣何以分別?」先生曰:「心之充塞為氣,氣之
> 精靈為心,譬如日,廣照者是氣,凝聚者是心,明便是性。」[32]

心、氣雖同屬形而下者,但景逸以為心是氣之精靈,氣則是心的充塞
發用,具有凝聚統攝氣化活動的地位。景逸又以太陽作為譬喻,他以
性如同太陽有其光明,而氣是萬物上顯現其照見的作用,至於心則是
氣上照見作用的收攝凝聚者。如果我們熟悉朱子心統性情的架構,那
麼對於景逸此種以性為心之本體,而以氣為心之作用的說法,並不會
感到陌生,景逸這樣的規定大體無異於朱子以性體情用而以心為統攝
的心性論架構。

朱子心、性、情三分的心性論架構對於說明現實經驗中,人雖然
秉受天理以為性,但何以會不能依理而行,相對於陸、王心學在肯定
本心自覺的說法下,心何以又會放失走作,在現實上不能自發地為善
的情況,能提供予常人相對來說較為簡易明白的解釋。即在朱子處,
吾人的心雖然有性理內具其中,但心相較於性,仍然微有迹可言,終
究不得認之為性。因此,朱子便可以依循心屬於氣的這一面,來對於
心何以會有走作,以及現實中人何以不能循理而為善作出解釋。[33]而
在此種心、性架構下,如何澄制此心以使心能依理,便成為朱子工夫
的用力重點,此便是其格物工夫所以講求如何使心能知理的緣故。朱

---

32 高攀龍:《會語》,《高子遺書》,卷5,頁1292-414。

33 如朱子嘗謂:「心是動底事物,自然有善惡。且如惻隱是善也,見孺子入井而無惻
隱之心,便是惡矣!」(朱熹:《朱子語類》,卷5,頁86。),此是將善、惡的發生
一同歸咎於心之變動不測上,而有可為善,可為惡的情況。當然朱子這樣的表述是
否會造成道德責任的歸屬落空,則另須討論。

子與門人論學時曾說：

> 廣曰：「人不志學有兩種：一是全未有知了，不肯為學者；一
> 是雖已知得，又卻說道『但得本莫愁末』了，遂不肯學者。」
> 曰：「後一種，古無此，只是近年方有之。卻是有兩種：一種
> 是全未有知者；一種是雖知得了後，卻若存若亡，不肯至誠去
> 做者。然知之而不肯為，亦只是未嘗知之耳。」[34]

朱子認為一般人在自認知曉為學的道理後，卻依然對之無法有真切的
肯定，道理在心中也彷彿似有若無，總是不能真誠踏實地去做，此種
知而不肯為，其實是未嘗知之。朱子此說與伊川言談虎色變，強調
「真知與常知異。……人知不善而猶為不善，是亦未嘗真知。若真
知，決不為矣」[35]的意思應當是一樣的。由「常知」以至「真知」是
朱子講求格致工夫的重點，[36]朱子說：「致知所以求為真知。真知，是
要徹骨都見得透。」[37]朱子的格致工夫，是要人能於道理上知得真
切，以使此心能真切地知理、明理，以求不為氣稟物欲所拘蔽，而能
發為真實的道德行為。朱子此說亦為景逸所重視，他說：

---

34 朱熹：《朱子語類》，卷23，頁551。

35 程顥、程頤：《河南程氏遺書》，《二程集》（北京市：中華書局，2004年），卷2上，
頁16。

36 楊祖漢教授以康德言道德法則是人人皆可有了解的，惟人仍須以此自一般的理解
中，進至哲學的理解之意，指出伊川、朱子的格物窮理，乃是由「常知」以進至
「真知」的工夫進路，此是本著先驗本有的心理之知，而加以擴充之，不能說是沒
有根源的工夫。本文深受啟發。詳見楊祖漢：〈程伊川、朱子思想型態的當代詮釋
之反省〉，收錄於《全球與本土之間的哲學探索——劉述先先生八秩壽慶論文集》
（臺北市：臺灣學生書局），頁237-271。

37 朱熹：《朱子語類》，卷15，頁283。

子之事親而當孝也，夫人知之，而非知之至也。孟子曰：「事
親若曾子者，可也。」夫至于曾子之事親，而始曰可也，不然
猶為未能事其親矣，則所以去其不如曾子，以求其如曾子者，
又當何如也？此人倫之至，天理之極止之則也，此為格物而至
於物則、物理盡者也，所謂因其已知之理而益窮之，以求至乎
其極也。……格物者知皆擴而充之，達於其所為無不見吾不為
之真心焉，此之謂格物而致知。故其心之神明表裏精融通達無
間，而更無一毫人欲之私得藏於隱微之地，以為自欺之主，故
意之所發無不誠，心之所存無不正也。吾所聞於程、朱格物致
知之說，大略如此也。未聞其格孝於親之身，格忠於君之身，
格惻隱於孺子，格不受、不屑於行道、乞人也。[38]

人都知道事親應當要盡孝，但是許多人可能只做到口體之養，而無法
像曾子侍奉父親一般盡得人倫之至。景逸認為所以會有這種情形，是
由於常人雖然都知道要孝順父母親，但在孝親之理上其實知有未盡，
也就是未達「知之至」的原故，所以縱然有「事親而當孝」的「常
知」，但是在事親之時，總不能如同曾子般事親，而無有不盡其孝之
處。因此，格物的工夫便是要使未能盡得物理、物則的人，能因其心
中已知之理，而益加窮究之，也就是利用格物的方式來擴充此心對於
本具、本有的性理，去作進一步的了解，以使此心能盡其神明，不會
參雜一絲一毫人欲與私情，而能致得天理之極則。景逸據此表示，陽
明以為朱子所說的格物是格孝之理於親之身，是析心、理為二，這樣
的講法恐怕是有問題的。

在朱子心本知理的基本規定下，縱然心只為氣之靈明者，但此靈

---

38 高攀龍：〈陽明說辨一〉，《高子遺書》，卷3，頁1292-373。

明之心之所以能有知覺活動，則皆是原於有性與理在其中的原故，[39]
故吾人若欲對朱子所言的心有理解，似不當只就氣化一層來理解之，
亦須留意性、理於心上呈顯的意義。此意或表現於朱子言心與性時，
時而有心、性未嘗相離，說一個則另一個隨到，而且「捨心無以見
性，捨性又無以見心」[40]，又認為「大抵心與性，似一而二，似二而
一，此處最當體認」[41]，我們認為這類不以心、性只為二物的講法，
並非是朱子於區分心、理二者的分際上有所雜沓，不能謹守理氣二分
的界線，而是大體表示了理具於心，心本知理，且此心之中，自有性
作用的意思。朱子此等講法於後學的言談中，亦不少見，例如其重要
門人黃勉齋（黃榦，1152-1221），在討論《大學》「明德」時，曾強調
「心之明便是性之明，初非有二物」[42]；另一位晚年門下的重要弟子
陳北溪（陳淳，1159-1223），於《北溪字義》中分析心之名義時，有
「理與氣合方成箇心」[43]的講法，而認為心既有從氣而發處，亦有從

---

39 問：「知覺是心之靈固如此，抑氣之為邪？」曰：「不專是氣，是先有知覺之理。理
　未知覺，氣聚成形，理與氣合，便能知覺。譬如燭火，是因得這脂膏，便有許多
　光燄。」（朱熹：《朱子語類》，卷5，頁85）朱子認為知覺所以可以實現為作用，不
　單是氣便可為之，心要能知覺，除了氣，仍須有理在其中。因此，在朱子的理解
　中，心雖是氣之靈，但心之作用除了有從氣而來者，亦有因理而起者，言心時二者
　缺一不可。

40 朱熹：《朱子語類》卷5，頁88。

41 朱熹：《朱子語類》卷5，頁89。

42 黃榦：〈復楊志仁書〉七：「此但當答以心之明，便是性之明，初非有二物，則直截
　簡徑，使之自此思索，卻見得分曉。……心能主宰，則如謝氏「常惺惺」之謂，此
　只是能持敬，則便能如此。若此心之理炯然不昧，如《大學》所謂明德，須是物格
　知至方能如此，正不須安排併合也，不知然否？」見黃榦：《勉齋集》，《景印文淵
　閣》，《景印文淵閣四庫全書》（臺北市：臺灣商務印書館，1983-1986年），卷13，頁
　1168-139。

43 北溪曰：「大抵人得天地之理為性，得天地之氣為體，理與氣合方成箇心，有個虛
　靈知覺，便是身之所以為主宰處。然這虛靈知覺，有從理而發者，有從心（顧氏刻
　本作「任欲」）而發者，又各不同也。」見陳淳：《北溪字義》（北京市：中華書
　局，1983年），卷上，頁11。

理而發者，二者缺一不可；此外推崇朱子，與景逸共同復興東林書院的顧涇陽（憲成，1550-1612）嘗謂「形而上、下之間者謂之心」[44]，又說「心即理也，言不得認血肉之心為心也，皆喫緊為人語」[45]，以為言心不當只把心視為是血肉形氣之物，強調心有從理一面的意思。綜觀上述諸說，雖然諸子在各自的論學的語脈中，討論議題不盡相同，但在言及心、性二者的關係上，皆把握了朱子心、性未嘗相離的意思，以為言心不能單純把心、性視為二物相待的關係，或者反對只將心視為氣邊上的事，以為心只是氣。此皆應是朱子「捨性又無以見心」意思的承繼。

朱子強調的心性關係，除了前述言心本知理，而強調格物是於心對於理本有所知的情況下，進一步用上即物窮理的工夫，以使吾人本具的性理皆能充實地發明，如此方是達於「知之至」，而於外盡得物則，於內則盡得此心之明，故可說是「表裏精融通達無間」的意思為景逸重視之外。朱子言心與理不單僅視為二物的意思，則更為景逸所看重。如他說：

> 朱子曰：「致知、格物只是一事」，「格物以理言也，致知以心言也」。繇此觀之，可見物之格，即知之至，而心與理一矣。今人說著物，便以為外物，不知不窮其理，物是外物，物窮其理，理即是心。故魏莊渠曰：「物格則無物。」此語味也。[46]

---

44 顧憲成：《小心齋劄記》，《顧端文公遺書》（清光緒三年刻本，收入《四庫全書存目叢書》子部14冊），卷16，頁344。

45 顧憲成：「性即理也，言不得認氣質之性為性；心即理也，言不得認血肉之心為心也，皆喫緊為人語。」見顧憲成：《小心齋劄記》，《顧端文公遺書》，卷2，頁265-266。

46 高攀龍：《語》，《高子遺書》，卷1，頁1292-332-333。

朱子所言的格物，是在事事物物上窮究其各自的道理，以見其所當處的工夫；而致知則是使此理能為吾心所掌握，以使性理能即於心中而起現作用。朱子認為致知、格物只是一事，是以為格物、致知，看似重點各有不同，一者在於處物之理，一者在於致心之知，但其工夫則是一貫而不可二分的，不能說今日先行格物，明日再做致知。[47]朱子以為格物與致知工夫不可分割，兩者只是一事，觀其語脈，大抵是就格、致工夫有其一貫性來說，此猶如言《大學》八條目是一連貫性的結構，由格物以推至平天下，不可越次躐等，反之如能天下平，亦必有因於國治、家齊乃至知致、物格，八個條目彼此環環相扣，次第聯貫。而景逸於此則更進一步，以為物格即是知致，直接肯定處物之理即是吾心之知，認為以「理」言之「格物」即是以「心」言之「致知」，此顯然與朱子就工夫的一貫性上肯定「格物」必含著「致知」的意思略有不同。

在朱子的理論下，格物與致知都在於使心能對於理有更真切的體會，二者確是可以互相溝通的。而景逸此說則是將工夫論上原有的緊密、一貫的關係，直接引用到心與理的論述上，轉化而為心、理關係的統一，以肯定二者原非二物相對的關係，以回應朱子格物說有求理於外物的質疑。此由格物以達致心理是一的說法，是景逸格物說上的特點，我們看到他說：

> 格物者，窮究到天理極至處，即至善也。……陽明于朱子格物若未嘗涉其藩焉，其致良知乃明明德也，然而不本於格物，遂認明德為無善無惡，故明德一也。由格物而入者，其學實，其

---

47 朱子曰：「致知、格物，只是一事，非是今日格物，明日又致知。格物，以理言也；致知，以心言也。」見朱熹：《朱子語類》，卷15，頁292。

明也，即心即性；不由格物而入者，其學虛，其明也，是心非
性。心性豈有二哉，則所從入者有毫氂之辨也。[48]

景逸認為，所以會視心理為二，是因為工夫未能以格物為本，而空欲
由心契入，故只能見心而不能見性，所以所得者「是心非性」。如果
工夫能由格物下手，而格物是於事事物物上見得我本有之理，此是窮
理識性的工夫，由性入以明心性為一不為二。景逸論心同於朱子是氣
而非理，氣雖靈明，但仍不免又受氣質一面的影響，時常會「囿於
氣，縛於念，蔽於欲」[49]，因此仍然需要有一段格物的工夫，而不能
直接肯定此心。所以上一節景逸在討論陽明的「良知」時，亦強調言
良知當須有一段「窮至物理處」的經歷，此經歷應當即是識性的工
夫。通過格物的工夫，心能識性，而有性為心的根據，故心之所發自
然中庸合理，而可以說此心即是性，心性是一而非二。據此，景逸又
有說：

先生云：「莫非理也，有何鉅細？有何精粗？但就學者工夫
論，自有當務之急耳。」龍謂：「《大學》最先格物便是當務之
急，開眼天喬飛走，孰非心體，以艸木為外，便是二本，便說
不得格物。」[50]

這段引文是景逸與顧涇陽往復討論格物義理的第四封書信，顧、高兩
人對於程伊川說「一草一木皆有理，須是察」的意思看法不同，涇陽

48　高攀龍：〈答方本菴一〉，《高子遺書》，卷8下，頁1292-506。

49　高攀龍：《語》，《高子遺書》，卷1，頁1292-334。

50　高攀龍：〈答顧涇陽先生論格物〉（四），《高子遺書》，卷8上，頁1292-468。

認為程子此說未免稍闊，[51]但景逸則持相反的看法，他認為眼前的草木、禽鳥、走獸，無不在吾心體之中，自然當格。景逸天地萬理具於吾心的說法，與朱子說「只這虛處，便包藏許多道理，彌綸天地，該括古今」[52]意思相仿，而在天下之物莫不有理，天下之理莫不具於吾心的背景下，景逸認為一旦真能窮得物理，自然見得此夭喬飛走，無一不是心中本具的。並且順此強調，如果以為草木為外，那是由於格物的工夫未見真切，故心、理有隔，是二而非一。

綜觀上述的討論，景逸在格物諸說上的用心，表現出比朱子更加重視反觀內省的一種工夫傾向，這很可能是受到陽明心學的影響所致。[53]面對王學的流弊，景逸選擇走向朱子的格物窮理的工夫進路，而在這樣的選擇下，他也不免要代替朱子回應陽明指出格物是求理於外，是析心與理為二的質疑。景逸通過伊川、朱子言常知、真知的講法，以朱子言心於理本有所知的意思去回應陽明求理於外的問題，同時也順著朱子在心與理的規定上繼續推進，更重視理與心緊密的關係，強調通過格物工夫即可見得此心與理原非相離，可以肯定不同於心學脈絡下的另一種心理是一之說。這不僅是景逸在其對於朱子的理解下，而於王學激盪間所給出的發展，也揭示了晚明朱子學的一條路徑。

---

51 高攀龍：〈答顧涇陽先生論格物〉（一），《高子遺書》，卷8上，頁1292-466。

52 朱熹：《朱子語類》，卷98，頁2514。

53 古清美對高攀龍的格物工夫曾給過這樣的評析：「景逸走過了心學極端的發展、精彩盡出的明代，故吸取了透悟心體的智慧，他也看到了朱子格物說被批評為徇外之所以，因而他時時不忘格物工夫必得收入心中，以免支離之患，進而不廢窮究事理的精嚴工夫，方足以救正當時王學狂蕩泛濫之弊。」見古清美：〈明代朱子理學的演變〉，《慧菴論學集》（臺北市：大安出版社，2004年，1版），頁91朱熹：《四書章句集注》（臺北市：大安出版社，2012年），頁328-329。

四　結語

景逸通過對王陽明「良知」概念的不同理解，引入了朱子工夫論述的內涵，然而因為這個動作而改變的，不僅僅是對陽明「致良知」的重新解釋，或者是對於陽明後學空言良知所給出的針砭。景逸此舉也同時將朱子的格致工夫做了更細緻的闡釋，以回應陽明依心學立場所提出的質疑。

在討論陽明的致良知時，景逸一方面恪守朱子格物工夫的規矩，言明致知應本於格物，並強調工夫仍當以識性為先，此處除了可以視為涇陽以性為宗的思想對於景逸的影響之外，也更顯明了景逸此種由知理而入的工夫所以不同於陽明處。然而於此同時，我們也看到陽明心學強調自我覺悟的立場對於景逸論述格物致知的影響，這也表現在黃黎洲對於景逸講求反躬自省為格物工夫的數條文獻的注目上。然而通過本文的討論，我們為景逸這樣的改變並非如黎洲說是「深得陽明之傳者」，景逸的言論應是吸收了心學對於自省的重視後而對朱子原有義理的調整與發展，或者也可視為是回應王學而作出的重心的轉移。因此我們觀察到，相較於朱子強於事事物物上知得物則，景逸更注重說明此物則便是吾心本具之理，甚至以此肯定吾心與理是一而非二。

這應是面對朱子在心為氣之靈的規定下，心何以又能具理的關鍵問題上，景逸以其修悟而對朱子學作出側重不同的調整。景逸這一類的論述一方面反駁了陽明對於朱子求理於外的批評，也強化了心對理是本有所知的這一個先驗根據，使得不同於本心義理系統外的朱子學，亦能在心、理關係的論述上，給出另一種理在心中自能有其表現的理解方式，嘗試為朱子的工夫理論找到更合理的解釋。

朱子、牟宗三對孟子「心」
的理解

連育平

中央大學中國文學系

　　自孟子開始，關於「心」的涵義的討論，一直是儒家學說的重要論題。朱子注解《孟子》在其確立中和新說後，思想已經成熟，便以其自身成形的義理架構，對孟子的「心」有深入且不同於前人的理解，進而提出了影響往後士人數百年的心性論與工夫論。近代牟宗三先生則以康德的自律學說來討論孟子學，並以其深厚的分析功力來解析孟子、朱子的思想型態，為兩者的思想作一分判。本論藉由對原典的研究探論，要說明朱子、牟宗三先生對孟子心的理解的脈絡，並試著提出往後可能的研究方向。

一　《孟子》中「心」的涵義

　　在討論朱子與牟宗三先生對孟子的心的理解前，筆者想先對《孟子》中關於「心」的闡述的原文再做一次釐清。此論題雖然前人多有論述，但筆者仍希望透過從典籍源頭的簡要勾勒，來突顯後文朱子和牟先生對孟子「心」的論述各自的開展與特色。以下便條列相關文獻說明孟子中「心」的涵義。

　　《孟子・公孫丑上》云：

所以謂人皆有不忍人之心者，今人乍見孺子將入於井，皆有怵
惕惻隱之心。非所以內交於孺子之父母也，非所以要譽於鄉黨
朋友也，非惡其聲而然也。由是觀之，無惻隱之心，非人也；
無羞惡之心，非人也；無辭讓之心，非人也；無是非之心，非
人也。惻隱之心，仁之端也；羞惡之心，義之端也；辭讓之
心，禮之端也；是非之心，智之端也。人之有是四端也，猶其
有四體也。有是四端而自謂不能者，自賊者也；謂其君不能
者，賊其君者也。凡有四端於我者，知皆擴而充之矣，若火之
始然，泉之始達。苟能充之，足以保四海；苟不充之，不足以
事父母。[1]

孟子言「心」，首先從「人有不忍人之心」談起，由此推展出人皆有
「四端之心」的表現。孟子以「乍見孺子將入於井」時，任何人都會
產生「怵惕惻隱之心」為例來證明人人皆有、皆可以呈現這一不忍他
人受到傷害的心。此句重在「乍見」兩字，因為面對突如其來的狀況
時，人還來不及為各種欲求、私欲作打算，只能即刻反應出當下最真
切的本心真意[2]。由這種任何人都會有的「不容已」的反應來談起，
除了使人更有切身的體會，也可看出人人確實必然具有一善的本心，
而此本心之善也即是人性，故說無此心非人也，由此心之善可見人性
之本善。而心還有羞惡、辭讓、是非等表現，皆是如此。惻隱之心是
仁呈現的端緒，羞惡、辭讓、是非則是義、禮、智等呈現的端緒，人
有此四端就像人是有四肢一樣。而因為這四端之心是人人都擁有的，
所以人非但不能自賊無能去呈現這一本心，並且要要求自己擴而充

---

1 朱熹：《四書章句集注》（臺北市：大安出版社，2012年），頁328-329。
2 相似的例子還有〈梁惠王上〉篇中，齊宣王看見將在祭典中被殺的牛驚懼的模樣，
因為不忍心，而命以羊易之。

之，完全地實現此一本心。孟子所說「仁，人心也」（〈告子上〉）[3]、「仁義禮智根於心。」（〈盡心上〉）[4]、「仁義禮智，非由外鑠我也，我固有之也，弗思耳矣。」[5]（〈告子上〉），皆是此意，可知孟子所說之心為呈現四端善性的本心，且具有人人皆有的普遍性與必然性。

孟子又云：

> 心之所同然者何也？謂理也、義也。聖人先得我心之所同然耳。故理義之悅我心，猶芻豢之悅我口。（〈告子上〉）[6]

孟子認為所有人的心對於理、義都有共同的肯定和欣悅，如同所有人的口味都喜好和滿足於美食一樣，而聖人只是比我們先了解了這一心的同然。這樣的說法似乎有理義外在於心，為人所肯認的意思在，其實心中若本來沒有內在對理義的認同與欣悅，心又如何會必定同然於理義呢？所以這「心之所同然」便顯示了理義內在於心，心所欣悅與肯定的，正是心自己，以及心的活動的呈現便是理義的意義；而由所有人的心皆同然於理義，可再次確認孟子認為此心具有普遍意義。此外，由說理義的悅我心，可知理義之行動能使心感到愉悅、欣喜，如此心便有自發性追求理義的可能，由此便可讀出孟子之心應涵對於理義有一自發性追求的意思（同樣地此追求非求於外在的理義），這種自發性的追求，或許可視為孟子學中道德行為的動力發源處。

另外，孟子認為心具有「思」的能力，孟子云：

3　朱熹：《四書章句集注》，頁467。
4　朱熹：《四書章句集注》，頁497。
5　朱熹：《四書章句集注》，頁459。
6　朱熹：《四書章句集注》，頁462。

公都子問曰：「鈞是人也，或為大人，或為小人，何也？」

孟子曰：「從其大體為大人，從其小體為小人。」

曰：「鈞是人也，或從其大體，或從其小體，何也？」

曰：「耳目之官不思，而蔽於物，物交物，則引之而已矣。心之官則思，思則得之，不思則不得也。此天之所與我者，先立乎其大者，則其小者弗能奪也。此為大人而已矣。」（〈告子上〉）[7]

此段孟子說明了心的能力與作用。孟子以心為「大體」，是因為心與耳目不同，心具有「思」的能力，不會像耳目一樣不能思而為外物所遮蔽和牽引。由孟子說順從此大體可以為大人來看，可知心所思的，不會是一般知識上的思，而是對理義、對善的思，而心只要一思，便能得理義、得善，可以為自身的主宰，孟子顯然認為心有一對理義、對善追求的能力，而這是天賦予每個人的能力，而因為心能為理義所悅，必然會有發顯這種能力的追求。只要能將這人人皆有的大體確立（先立乎其大），自為自己的主宰，小體自然不會為外物所遮蔽牽引，如此就可以成為大人了（此處的大人、小人非指地位上的大小，而是道德意義的大小），人之所以有大人與小人的不同，便在此處顯現。

由上文所述，可知孟子之心有以下幾點特質：一是由心有四端的呈現，可見人本有一善心，而由此心之善可見人性之善；二是由此心為人人具有，心的「不容已」與心之所同然於理義，可見心有普遍意義與必然性；三是「心之官則思」，心有思理義的能力和作用，而由「理義之悅我心」，可推出心是自己道德行動動力的來源，人有行善

7　朱熹：《四書章句集注》，頁469。

的自我要求，但有可能因為環境的影響，而無法將本心呈現，放失了本心，故工夫便落在本心的推擴，求其放心，極盡其仁義禮智本具的本心，盡心知性而知天，存心養性以事天。以上由《孟子》原典說明孟子論心的內容，下文論朱子對孟子心的理解。

二　朱子對孟子「心」的理解

朱子註解《孟子》在其確立中和新說之後，此時朱子對於心的概念，已自有其理解架構，這也表現在他對孟子心的理解與詮釋，以下先就朱子注《孟子》原文與相關文獻，討論朱子對孟子心的理解。

朱子在《四書章句集注》中注解「人皆有不忍人之心」云：

> 天地以生物為心，而所生之物因各得夫天地生物之心以為心，所以人皆有不忍人之心也。(〈公孫丑上·不忍人之心〉章注)[8]

此處文字也見於朱子之〈仁說〉[9]。朱子認為人之所以皆有不忍人之心，是因為被賦予了天地生物之心並以此為心的緣故，因此可知這一不忍人之心來自於天地之心的賦予。針對朱子上文如此說明人皆有不忍人之心，其中推論的過程可參考以下相關文獻，關於「天地以生物為心」，朱子說：

8　朱熹：《四書章句集注》，頁329。

9　《朱子文集》，〈仁說〉：天地以生物為心者也，而人物之生，又各得夫天地之心以為心者也。⋯⋯故人之為心其德亦有四，曰仁、義、禮、智，而仁無不包；其發用焉，則為愛、恭、宜、別之情，而惻隱之心無所不貫。⋯⋯論人心之妙者，則曰：「仁，人心也。」則四德之體用亦不待遍舉而該。⋯⋯此心何心也？在天地則塊然生物之心，在人則溫然愛人利物之心，包四德而貫四端者也。

「天地以生物為心」。天包著地，別無所作為，只是生物而已。亙古亙今，生生不窮。人物則得此生物之心以為心，所以箇箇肖他，本不須說以生物為心。緣做箇語句難做，著箇以生物為心。僴（《朱子語類》〈孟子三・人皆有不忍人之心章〉）[10]

朱子所認為的天地之心是天地間一橫亙古今、生生不窮的生物之心，而天地生化人和萬物，人和萬物便得以得此天地生物之心作為人和萬物的心，因為有此心，所以人、萬物皆與天地有所相似、相像，不言自明。由此可知，朱子認為人心自天地而來，稟承了天地之心生生不息的生意，心之具活動性由此可見。而此天地生物之心為何在人與萬物會是不忍人之心呢？《朱子語類》說明「人皆有不忍人之心」如此云：

「人皆有不忍人之心」者，是得天地生物之心為心也。蓋無天地生物之心，則沒這身。才有這血氣之身，便具天地生物之心矣。燾（《朱子語類》〈孟子三・人皆有不忍人之心章〉）[11]
「人皆有不忍人之心」。人皆自和氣中生。天地生人物，須是和氣方生。要生這人，便是氣和，然後能生。人自和氣中生，所以有不忍人之心。（《朱子語類》〈孟子三・人皆有不忍人之心章〉）[12]
曰：「天地生物，自是溫暖和煦，這箇便是仁。所以人物得之，無不有慈愛惻怛之心。」胡泳（《朱子語類》〈孟子三・人

皆有不忍人之心章〉）[13]

天地能化生人與萬物，但須與氣和方能形成血氣之身，讓人與萬物能有一形體稟承天地之心。因此天地和氣而生化了人與萬物，人與萬物有了血氣之身的同時，便也被稟賦了天地生物之心，而天地的生化萬物，自然都是溫暖祥和，如仁一般，所以人與萬物得了這一生物之心，當然皆會有慈愛惻怛的表現，故由此可知人皆具有不忍人之心。

　　朱子此處解釋人皆有不忍人之心的緣由甚為詳細，但是既然人與萬物皆共同稟受了天地生物之心，為何人與萬物的表現會有分別呢？人與萬物之間的差異點究竟是什麼呢？《四書章句集注》中注解〈人之所以異於禽獸者〉，朱子如此云：

> 人物之生，同得天地之理以為性，同得天地之氣以為形；其不同者，獨人於其間得形氣之正，而能有以全其性，為少異耳。雖曰少異，然人物之所以分，實在於此。（〈離婁下‧人之所以異於禽獸者〉章注）[14]

可知朱子認為人與萬物的差異在於人能獨得天地間精純不偏之氣，所以雖在血氣之身中能仍朗現性（天理）的全貌。雖然這種氣稟不同的差異很小，但卻正是人與萬物之表現會有分別的關鍵處。《朱子語類》中關於人之所以異於禽獸，更進一步的說明氣稟的不同表現在心的不同：

> 敬之問：「人之所以異於禽獸者幾希」。曰：「人與萬物都一般

13　朱熹：《朱子四書語類》，頁809。
14　朱熹：《四書章句集注》，頁411-412。

者，理也；所以不同者，心也。人心虛靈，包得許多道理過，無有不通。雖間有氣稟昏底，亦可克治使之明。萬物之心，便包許多道理不過，雖其間有稟得氣稍正者，亦止有一兩路明。如禽獸中有父子相愛，雌雄有別之類，只有一兩路明，其他道理便都不通，便推不去。人之心便虛明，便推得去。就大本論之，其理則一；纔稟於氣，便有不同。」賀孫。時舉錄云：「人物之所同者，理也；所不同者，心也。人心虛靈，無所不明；禽獸便昏了，只有一兩路子明。人之虛靈皆推得去，禽獸便推不去。人若以私慾蔽了這箇虛靈，便是禽獸。人與禽獸只爭這些子，所以謂之『幾希』。」（《朱子語類》〈孟子七・人之所以異於禽獸章〉）[15]

這兩段話表達了同樣的意思，人與萬物相同處在於都稟受了天理以為性，但因為只有人獨得形氣之正，所以得有一虛靈、包得許多道理的心，對道理可以無所不通、無所不明，不若萬物頂多能得到形氣稍正處，對道理也只能明通其中一兩路，其他都不能通，故人與萬物的差距雖然只在心這小小的幾希處，但到表現上卻已有相當大的不同。因此朱子認為「心者，人之神明，所以具眾理而應萬事者也。」（〈盡心上・盡心知性〉章注）[16]，心因其虛靈的特質所以能包具眾理，又以其有活動性可知心擁有知覺能力，故能以所具之眾理來應對萬事。此處心所具的眾理，並非指一般的知識道理，心所包具的乃是可以表現為仁義禮智的眾理，這是人稟氣而生時，天所稟賦的性理，說是眾理，其實只是指一性理，故朱子說心「具眾理」實可以理解為心「具性理」。而既然說心包具眾理，心便不即是理，而心四端的表現，是

---

15 朱熹：《朱子四書語類》，頁859。

16 朱熹：《四書章句集注》，頁489。

性理包具於心而發的表現，故也不是心本身的表現，由此可知朱子所論的心與孟子認為心有四端，是人本有的善之本心的意義已有差距。朱子的心只是一虛靈知覺的心，而因為這樣的特質心才能成為性與情的樞紐，朱子注云：

> 惻隱、羞惡、辭讓、是非，情也。仁、義、禮、智，性也。心，統性情者也。端，緒也。因其情之發，而性之本然可得而見，猶有物在中而緒見於外也。（〈公孫丑上・不忍人之心〉章注）[17]

朱子以其對心的理解，將孟子所說惻隱、羞惡、辭讓、是非等四端解釋為情，而仁、義、禮、智等解釋為性，心能涵具性理，發用為情，性之本然狀態能由此情之發顯為一端緒而為人所見，故心統攝性與情，這是朱子對心的規定。由此，朱子認為孟子所說的「惻隱之心，仁之端也」，乃是指仁性具於心，是為惻隱之心，心依此仁性為根據發動而表現的惻隱是情，由惻隱之情處我們得以具體地從仁之端緒中見到仁的本然狀態，此即由情以見性，故在朱子而言心並非仁本身，仁是性，惻隱則是情，心統性情。朱子評論孟子此章時云：「此章所論人之性情，心之體用，本然全具，而各有條理如此。」（〈公孫丑上・不忍人之心〉章注），可知朱子的確以心、性、情的區分來理解孟子的四端之言，認為自己的理解與孟子之意相符。然而孟子又有「仁，人心也」（〈告子上〉）、「惻隱之心，仁也；羞惡之心，義也；恭敬之心，禮也；是非之心，智也。」（〈告子上〉）[18]等語直指仁就是

---

17 朱熹：《四書章句集注》，頁329。
18 朱熹：《四書章句集注》，頁459。

心，朱子該如何解釋？《四書章句集注》注解此章說：

> 仁者心之德，程子所謂心如穀種，仁則其生之性，是也。然但
> 謂之仁，則人不知其切於己，故反而名之曰人心，則可以見其
> 為此身酬酢萬變之主，而不可須臾失矣。（〈告子上・求其放
> 心〉章注）[19]

《朱子語類》中說：

> 敬之問：「仁，人心也」。曰：「仁是無形跡底物事，孟子恐人
> 理會不得，便說道只人心便是。卻不是把仁來形容人心，乃是
> 把人心來指示仁也。……」時舉（《朱子語類》〈孟子九・仁人
> 心也章〉）[20]
> 曰：「……緣人不識仁義，故語之以仁只在人心，非以人心訓
> 仁……」必大（《朱子語類》〈孟子九・仁人心也章〉）[21]

朱子以程子說「心如穀種，仁則其生之性」之譬喻來強調仁與人心不
同，認為孟子所以將仁說為人心，是因為怕人不知道此「仁」切近於
己，就涵具在心中，為人身之主宰，所以並非真的說仁就是人心。下
兩條《朱子語類》中的解釋也是同樣意思，且更為明白。而對於孟子
「惻隱之心，仁也……」此句，朱子在注解中云：

> 前篇（按：即〈公孫丑上・人皆有不忍人之心〉章）言是四者

---

19 朱熹：《四書章句集注》，頁467。
20 朱熹：《朱子四書語類》，頁907。
21 朱熹：《朱子四書語類》，頁907

為仁義禮智之端，而此不言端者，彼欲其擴而充之，此直因用以著其本體，故言有不同耳。（〈告子上‧性無善無不善〉章注）[22]

朱子認為孟子在〈人皆有不忍人之心〉章，已經說過惻隱之心為仁之端，按照朱子所言即已經解明由惻隱之情可見仁之端緒的推論，故此處孟子「直因用以著其本體」，直接以惻隱之情（用）來彰著仁性（本體），說惻隱之情是仁，是欲人能擴而充之此惻隱之情，使情之發皆合於仁性，另外，朱子認為孟子文句中以惻隱之心指仁、指情，是因為性具於心，情為心所發，故孟子說成是惻隱之心，此皆是孟子的方便言說，但在朱子的理解下則無心、性、情混而為一的問題。由以上可知朱子以心統性情的架構，對於孟子的心的涵義，自有相當清楚的分判。

此外，朱子認為心雖然能以其虛靈知覺統攝性情，能依性理發而為合理的情，但心也有被物欲昏蔽的時刻：

言眾人雖有不忍人之心，然物欲害之，存焉者寡，故不能察識而推之政事之間；惟聖人全體此心，隨感而應，故其所行無非不忍人之政也。（〈公孫丑上‧不忍人之心〉章注）[23]

朱子此處雖順孟子之語而言不忍人之心，然此心仍指虛明靈覺的心。心為物欲所害便是心不能依理而發，是依受外物刺激而起的情來發動。人雖皆有不忍人之心，但能存此心的人不多，故在心受外物刺激

22 朱熹：《四書章句集注》，頁460。
23 朱熹：《四書章句集注》，頁329。

時要能察識，推擴心中所具之理，才能使心回復清明，即如聖人一般「全體此心，隨感而應」。由此可見，朱子認為人能實踐道德行動的關鍵在心是依性或依情而發動，心的虛明靈覺使其能通貫動靜，妙不可測，故工夫便應落在使心的活動皆能從其正上，故朱子提出對心應在靜時涵養，動時省察，主敬專一、格物窮理等修養工夫，以克治心為物欲所遮蔽的不明，讓心能依於性理發動，能合於性理的作道德實踐。

由以上所論可知，朱子對孟子的「心」有自己的體會與理解：一是朱子由心是虛明靈覺、心統性情的義理架構來理解孟子的心，區分心、性、情，並認為孟子論心本有「心統性情」之義，二是將孟子的心在此架構下做梳理，試圖解通孟子原文看似矛盾之處，雖然朱子所論之心與孟子的本心義有不同，但有其開展與補充，這是朱子對心性學的貢獻之處。

三　牟宗三對孟子「心」的理解與對朱子的的批評

牟宗三先生對孟子學說的闡釋，可見於《心體與性體》、《圓善論》等著作中，他以康德的道德自律學來研究儒學，藉康德學說的思辨性對於孟子學與朱子學有清楚的分析與批判，以下先就文獻說明牟宗三先生對孟子「心」的理解，再論他對朱子學與此相關的討論與批評。

（一）牟宗三對孟子心的理解

牟宗三先生相當重視孟子學說，認為孟子繼孔子之後開展並充實了儒家學說的理論格局與系統，其中儒家「心」的概念也是自孟子言心後正式挺立。牟先生說：

抑孟子不只進之以「性」，而且即心以言性，又盛言「心」，心之地位自孟子始正式挺立起。蓋若真正視人之內在道德性之真實呈現因而得以有自覺的純淨的道德行為之可能，不能不正視到心。性不只是一個抽象的空概念，其具體的表現而可以為吾人之道德實踐之所以可能之先天的超越根據者即在「心」。心是具體化原則，亦是實現原則。它是吾人生命得以物物而不物于物之真正的主宰，他指導並決定吾人行為之方向，他是吾人之真正的主體。吾人即由心之「悅理義」而同時亦即是理義以見吾人之性，即精進德性生命、發展德性人格之所以可能之先天的超越根據，故此性是具體的，真實的道德性之性，亦即「道德的創造性」之性，孟子亦稱之曰「本心」。[24]

性是人道德實踐之所以可能的先天的、超越的根據，而能將此一根據具體的呈現出來，使人得以自覺的表現純淨的道德行為的便是「心」，「心」是人生命與行為的真正主宰與主體。孟子說「理義之悅我心」，從心對理義的欣悅可見到理義是人之本性，此性是「具體的、真實的道德性之性」，是人之所以實踐道德的先天的、超越的根據，在此，性不是懸空的不活動的理，是具體化地實現在心處的「道德的創造性」之性，因此而言心即是性，即是孟子所說的「本心」。

牟先生以下的說法對闡述此義則更為清楚簡白：「蓋在孟子，此超越的道德本心即是性，即是人之所以為人之超越的性能，人之所以能發展其道德人格，所以能完成其道德行為之純亦不已之先天根據。」[25]此處再次說明牟先生認為孟子的心就是一使人能發展道德人

---

24 牟宗三：《心體與性體》第1冊（臺北市：正中書局，1999年），頁281。

25 牟宗三：《心體與性體》第1冊，頁537-538。

格、完成道德行為的先天根據，也就是性。牟先生又說：「但在孟子，本心即是道。本心是道德的超越的心，並不是形氣之心，亦不待「通之以道」。[26]牟宗三先生解釋孟子的本心是道，道即是理，是性，既然是超越的本心，本心當然不會是形氣之心，當然也不需要通之才能明道。另外，牟先生也認為：「孟子主性善是由仁義禮智之心以說性，此性即是人之價值上異于犬馬之真性，亦即道德的創造性之性也。」[27]孟子由仁義禮智之心說性，除了顯心即是性，性是道德的創造性之性外，也點明了人之所以異於禽獸之所在，而「凡言本心者，皆是直就仁義內在而反身自證或通過逆覺而當下體證此無條件的、純是義理之當然的道德本心。順孟子，必肯認此本心是人人所固有。依今語言之，是道德地先在的，因而亦是超越的。」[28]，孟子視心為本心義之心，而只要視心為本心，其工夫必在仁義皆內的前提下，逆覺體證一道德本心，因此孟子必然肯認此心為人人有本有，在牟先生而言，這就是現今所說的道德地先在的、超越的心。牟宗三先生以道、先天的、超越的根據、道德創造性的性等說心，皆是將心視為即是性，在牟先生的解說下，孟子心的本心義已非常清楚地呈現。以上說明牟先生認為在道德實踐上所以可能下，心所據的地位的重要性，以及牟先生對孟子的本心意義的理解。

此外，前文牟先生說心是「具體化原則，亦是實現原則」，認為具體的表現了人道德實踐之所以可能的根據，關於此心具體的表現根據的方法，正可以孟子「心之官則思」來說明，牟先生如是說：

> 孟子言「心之官則思，思則得之，不思則不得也」，此所謂

---

26 牟宗三：《心體與性體》第2冊，頁346-347。

27 牟宗三：《圓善論》（臺北市：臺灣學生書局，1996年），頁132。

28 牟宗三：《心體與性體》第2冊，頁492。

> 「思」正是本心所發之超越而總持之妙用，能提仕耳目、主宰
> 耳目，而不為耳目所圍所拖累者也。並非是無色之可邪可正可
> 是可非之罔思也。思而不正，焉能成其為大體？[29]

「思」乃是心之所以為人之主宰、主體的原因，此一「思」是在心的
發用之下，呈現的超越而能總持的妙用，故能主宰耳目而不為耳目所
局限。而既然「思」為本心發用之妙，此「思」就不可能是一中性的
「思」，否則如何能保證如孟子所說的只要一思就能得之，而能從其
大體為成大人呢？由此，牟先生認為孟子所說的思乃是心的妙用，當
然也必定非是一正思不可，思不可以理解為一中性的認知義的思。如
此，逆覺體證或反身自證的工夫，也才有必然的保證。

　　由以上所論可知，牟先生首先肯定孟子學說挺立起「心」在儒家
學說中之地位與發展其涵義的功勞，並判定孟子的心為一本心意義的
心，認為心即為性的具體實現，同樣具有先天的、超越的、道德創造
性等特性，非為一形氣之心，此心也是人之所以異於禽獸的關鍵，是
一人人本有之道德心，而心「思」的妙用必為能主宰耳目的正思，所
以此心才為人的主體，故工夫落在逆覺體證此一道德本心，為自己作
主宰上。以上明牟先生論孟子心的涵義，以下論牟先生對朱子論孟子
心的評斷。

(二) 牟宗三對朱子論孟子「心」的評判

　　牟宗三先生認為儒家之論心性，是一可以「上提而至超越的層
面，使之成為道德法則、道德理性之表現上最為本質的一環」的道德
情感，不同於康德只是將道德情感視為經驗原則、後天的原則，落於
實然層面，無法建立道德法則，這是儒家學問特殊之處。牟先生認為

---

29 牟宗三：《心體與性體》第1冊，頁284。

道德感、道德情感實可分為上講、下講，下講如康德所認為，上講則
為正宗儒家的主要課題：

> 然則在什麼關節上，它始可以提至超越的層面，而為最本質的
> 一環呢？依正宗儒家說，即在作實踐的工夫以體現性體這關節
> 上，……在此關節上，道德感、道德情感不是落在實然層面
> 上，乃上提至超越層面轉而為具體的、而又是普遍的道德之情
> 與道德之心，……而是轉而為既超越而又內在、既普遍而又特
> 殊的那具體的道德之情與道德之心。
> 這種心、情，上溯其原初的根源，是孔子渾全表現的「仁」：
> 不安、不忍之感、悱惻之感，悱啟憤發之情，不厭不倦、健行
> 不息之德，等等。這一切轉而為孟子所言的心性：其中惻隱、
> 羞惡、辭讓、是非等是心，是情，也是理。[30]

在儒家，當人作實踐道德的工夫時，性體得以體現，此時道德感、道
德情感即可上提而講，成為給出道德法則的既超越又內在、既普遍又
特殊的道德之心與道德之情，這種道德之心與道德之情，在孔子指的
就是「仁」，在孟子則為心性，其中惻隱等四端即是心，同時也是
情，也是理，並無區分，因此牟先生評論道：

> 然孟子將孔子之仁轉為心性，心即是性，心是道德創造之實體
> 性的心，決非朱子心性情三分之心，亦決非只是心知之明之認
> 知作用的心。[31]
> 但孟子所說之「本心」則並無此心、性、情之三分，本心是實

---

30 牟宗三：《心體與性體》第1冊，頁126-127。

31 牟宗三：《心體與性體》第3冊，頁362-363。

> 體性的、立體創造的本心，是即理即情之本心：情是以理說，
> 以心說，不是以氣說；心是以「即活動即存有」之立體創造
> 說，不以認知之明說；理即是此本心之自發自律自定方向之謂
> 理，不是心知之明所對。[32]

如上段牟先生對孟子心的理解，孟子的本心為一可道德創造的、實體
的，「即活動即存有」的心，非認知的心；而情是上講來以理說、以
心說，所以情並非是氣；理是本心自發自律自定的方向、根據，不是
心認知的對象，在孟子而言心性情實為一事。這和朱子心性情三分的
心性論架構，以心為虛靈明覺的氣之靈的認知心，情為七情，性不活
動，心、情為氣，性為理是完全不同的。故朱子之論孟子心雖然總是
順著孟子的話講，但牟先生經過義理的梳理後，還是發現朱子的理解
無法真正契合於孟子的心之涵義。

　　另外，朱子曾說心能具眾理而應萬事，此中「具」之義，也和孟
子不同：

> 朱子所謂「具」或「包」是心知之明之認知地具，涵攝地具，
> 「包」亦如之。《大學補傳》所謂「人心之靈莫不有知」是
> 也。即在此心知之明之認知作用中把理帶進來，而云「即在吾
> 心」，「心具萬理」，「心包萬理」。……由孟子仁義內在之心即
> 理而說「心具萬理」，此「具」是本心自發自律地具，是本體
> 創生直貫地具，不是認知地具，涵攝地具，是內在之本具、固
> 具，不是外在地關聯地具。此種分別，朱子不察，遂只以「認
> 知地具」說「心具萬理」；而凡遇本心自發自律地具或本體創
> 生直貫地具，如孟子之類，或仁體含萬德之類，朱子皆不能有

---

32 牟宗三：《心體與性體》第3冊，頁378。

相應的理解，皆轉成認知地具，或關聯地具（橫的關聯如認知，縱的關聯如氣化之相引生）。

牟宗三先生認為由於朱子對於心的涵義的認識和孟子不同，在「心具理」的理解上，也有不同。在孟子，因為心即理，說「具」是指本心自發自律、創生直貫的具，心是「本具理」，而在朱子，心具理則是心在認知的過程中去具理於心中，這是一外部的關聯地具，這是心「當具理」，牟先生認為朱子沒有察覺到此一分別，遂當面對心本具理的心，皆以所理解的心當具理、認知地具去做理解，而不能相應於此義理型態，因此之故，牟先生認為：[33]

> 總之，朱子依其泛認知主義將仁體、性體、乃至形而上的實體皆平置而為普遍之理（存在之然之所以然），通過其格物窮理（窮在物之理）而成為心知之明之認知作用之所對，永為客為所而不能反身而為主為能，而立體創造的實體性的心體亦不能言，此則決非先秦儒家《論》、《孟》、《中庸》、《易傳》一發展所表示之舊義。此是順取之路中泛認知主義之所決定。[34]

朱子理解的心為一虛靈明覺、認知作用的心，而將仁體、性體、形而上的實體皆視為心所認知的對象，故必須通過格物窮理的工夫才能具納性理於心，因此心永遠為客，不能反身而自證，為自我作主宰，更無論去談心體的道德創造性、實體性等，牟先生認為朱子對心的理解，已非先秦儒家的傳統意義，工夫已落在為泛認知主義所決定，相

---

33 牟宗三：《心體與性體》第3冊，頁357-358。
34 牟宗三：《心體與性體》第3冊，頁363。

對於逆覺體證，是一順取的工夫。

由以上所述可知，牟先生認為孟子所說的惻隱、羞惡、辭讓、是非等是心、也是情，也是理，心是一本心，即是性，但朱子卻有心、性、情的區分，並將心視為心知之明的認知作用的心，此已不合於孟子論心的原義。而朱子無法察覺心的「具」萬理有「本具」和「當具」的分別，因此只能以認知作用的心去理解此兩者，理便成為一外在的關聯的具的認知的對象，心理為二，心永遠無法成為人之主宰，其主敬涵養、格物窮理的工夫沒有內在的根據與動力，落為一空頭的涵養與求理於外，工夫無法成為道德實踐的必然保證，只能是修養的輔助工夫而已。故此，牟先生認為朱子是儒家的別子與歧出。

四　結語

由以上所論，可知對於孟子心的理解，朱子與牟先生皆有其理據與思想脈絡，朱子對心的理解有其轉折，而牟先生的理解更切近於孟子論心的本意。同時由朱子與牟先生對孟子心的理解，也帶出了一些的思考：朱子學可能如何回應牟先生的分判？朱子的主敬涵養、格物窮理究竟有沒有其必要性？等等，這些問題都還有待學者作更進一步的研究。

「寂感真幾」與「一心開二門」
──從「一心」義之衡定說哲學之究極型態

吳 甿[1]

新亞研究所

一 哲學究極型態之三模式：自上而下，自下而上，十字打開

　　《大乘起信論》的「一心開二門」引發牟先生關於哲學發展到究極領域，一個有普遍性的共同模型的思考。牟先生以此「一心開二門」模型，判康德哲學最後只是一認識心開一經驗世界之門，不能落實一「自由無限心」開「超絕的形上界」和「經驗實在」二門。可見牟先生借重「一心開二門」的「一心」，正是看中其「實體性的實有之意味，這一本體論的生起之架勢」。這「實體性的實有之本體論的生起」，在牟先生借用之後，再不是「意味」和「架勢」，而是如實的實體實有和生起。由此「超絕的實體實有的自由無限心」直接開「超越的形上學或道德的形上學」，間接開「經驗界」，是牟先生重構康德哲學所設想的真實的一心開二門。這是典型的自上而下的實體實有的道德的創生論，經驗界且當作為自由無限心自我坎陷所開之形下之門。

　　本人以牟先生此模型，還判《起信論》以及佛教，發現佛教系統的一心開二門其實是真如心「直接」開心真如門，「間接」開還滅中

---

1 吳甿，新亞研究所專任教授，師事牟宗三先生。

所還滅之一一染污法門（亦即成佛途中所曾經歷穿越之一一法）。說到底，其實是一心息二門，二門息於寂淨心（無心）。到圓教則是「一心覺迷自轉門」。康德的系統則是以超絕的形上界和經驗實在都已二界並在（至少在論述上已在），唯賴判斷力（包括決定性判斷與反思判斷）兩頭通地把二門（兩界）連接。何以需要連接？如何連接？康德未說明白（在康德自己當然為其哲學系統之完整，亦是為證實踐理性的優先性），此則「二門分立，等待一心」。此一心在孟子即「性分之不容已」之心。本文以存在的人（理性的存在者）無時不在實踐中，不能不統一兩界以跨出每一步，作為此統一心之自證與根據。

本文欲融會牟先生之道德創生論的自上而下的一本論，與康德的哲學領土上「兩界分立，等待連接」之不可知論，以及自下而上之自我超越自我實現論，綜合為一道德目的與自然目的合一的二門歸宗之系統。此即一方將牟先生的自由無限心從超絕的形上學中解放，而為由反思判斷力所提之人之所以為人之終極目的，此終極目的與反思判斷力為一「知行合一」之心；一方由自由無限之為終極目的，同時即撐開一超越的未在之目的理想界與一內在的已在的現實存在界之二門。二門分立，唯一可以將二門連接統一者，是道德實踐者，而道德實踐不能不設終極目的與自由意志，此則不能不由反思判斷以「先天而天弗違」之主觀而超越的方式直覺之。是見判斷力之為特殊的心靈機能在此目的論轉向中極具意義。判斷力（決定性判斷力與反思判斷力）在康德認為是不可學不可教似亦不可至。本文則認為以性分不容已故，不可不學不可不教且可至，唯在易教之「寂感真幾」，在「無聲無嗅獨覺時，正是乾坤萬有基」中，可得相應的領略體會而至；而寂感真幾的呈現，非求之於中國哲學本體工夫論之「知行合一」不為功。如是，本文所成的儒家「一心開二門」其模型將是：

　　由孔顏「寂感真幾」，到孟子「十字打開」，到王陽明「知行合一」、「致良知」、「致中和」，有關之重要思想文獻有：周易‧繫辭傳：「易無思也，無為也，寂然不動，感而遂通天下之故。」周敦頤《通書‧聖》：「寂然不動者誠也，感而遂通者神也。動而未形，有無之間者幾也。誠則故明，神應故妙，幾微故幽，誠神幾曰聖人。」朱熹〈易‧寂感說〉：「易曰：無思也，無為也，寂然不動，感而遂通天下之故者，何也？曰：無思無慮也，無作為也。其寂然者，無時而不感其感通者，無時而不寂也。是乃天命之全體，人心之至正，所謂體用之一源流行而不息者也。疑若不可以時處分矣，然於其未發也，見其感通之體；於已發也，見其寂然之用；亦各有當，而實未嘗分焉。故程子曰：中者，言寂然不動者也；和者，言感而遂通者也。然中和以性情言者也，寂感以心言者也。中和蓋所以為寂感也。」王陽明《傳習錄‧中》：「未發之中，即良知也，無前後內外，而渾然一體者也。有事無事，可以言動靜，而良知無分於有事無事也。寂然感通，可以言動靜，而良知無分於寂然感通也。動靜者，所遇之時；心之本體，固無分於動靜也。」「未發在已發之中，而已發之中，未嘗別有未發者在。已發在未發之中，而未發之中，未嘗別有已發者存。是未嘗無動靜，而不可以動靜分也。」

　　此模型可稱為「寂感真幾之一心應機開二門，二門歸於寂感真幾」之模型。此模型與牟先生所提之模型的最大的不同，當然是牟先生的「一心」是自上而下的超越的形上的實在實有的創生心，由此實有的形上心開二門，其圖式應為[2]：

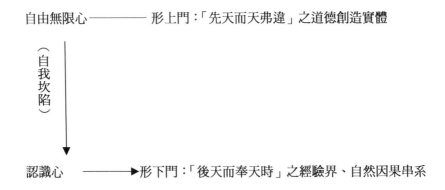

　　這是典型的超越的自上而下的實在實有的創生論。與此自上而下的創生論相反的，有自下而上的自我超越論的形上學，此則非預認目的論不可。其圖式是：

2　牟先生在《心體與性體》第1冊〈綜論〉部 因論及人與物之形構之理之性不相同，而於道德創造之實現之回應因之有不同，作二圖示之，為：

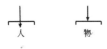

　　箭頭表示道德創造之性（實現之理之性），括號表示類不同之性（形構之理之性）。今只取其自上而下之意。見該書（臺北市：正中書局，1968年初版，1996年第10刷），頁98。

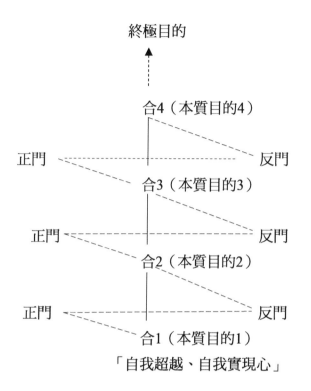

終極目的

合4（本質目的4）

正門　　　　　　　　　　　　　　　　反門

合3（本質目的3）

正門　　　　　　　　　　　　　　　　反門

合2（本質目的2）

正門　　　　　　　　　　　　　　　　反門

合1（本質目的1）

「自我超越、自我實現心」

　　儒家經典中，孔子《論語》渾淪，是指點著說，一觸即發，不分遠近；孟子十字打開，極內在而極超越；易之卦爻是自下而上；中庸似是自上而下，而亦可自下而上；大學似由內而外，再由外而內。有評論謂牟宗三哲學是自上而下，唐君毅哲學是自下而上。姑勿論評論是否中肯，因是否中肯，須進一步檢察此所謂「自上而下」或「自下而上」的，到底是理、是命，還是性、是心；同是「心」又是何義之心？今只說依「一心開二門」之模型，無論是自上而下，或是自下而上，皆有「難以了知」的理論困難（詳看下文）。本文則以「寂感真幾」，「知行本一」之心為「一心」，在反思判斷中縱橫上下撐開二門（「十字打開」）。此撐開二門，非一了百了地撐開二門，乃是即寂即感，真幾呈現，動而無動，靜而無靜；即寂而感行焉，即感而寂存

焉，常寂常應，真常得性；即開即合，即活動即存在地「一心開二門」。是絕對感通心「可欲之謂善，有諸己之謂信，充實之謂美，充實而有光輝之謂大」地一心充實開朗應機開二門。此則全部系統的「拱心石」不在形上之天理、天命，又不在形下之一一存在；不在一認識心，又不在立法心，亦不在一個寡頭的「自由」概念，而唯在此一「斯人千古不磨心」之「寂然不動，感而遂通天下之故」之寂感心、獨覺心。全部系統之拱心石，在寂感真幾，知行合一之自由反省中得到體認，全部系統由寂感真幾之反省心作為拱心石而建立，是此系統與生俱來不僅是一思辨理性的觀念系統，更是一個以存在的實感為根的，活動的實踐實證的創生系統，「以有心義故，一切法得成」之實證唯心論系統。

二　觀念對顯之二門，與真實存在之門

佛教唯識宗阿賴耶系統由正聞熏習轉染污識，生出無漏清淨法，所謂「轉識成智」，本來就不容易說明白；為著把清淨法的生出說明白，即為了成佛之可能，於是發展出如來藏自性清淨心系統。既成系統矣，這先在的如來藏自性清淨心為何／如何生出生死流轉的染污法，原來更難以說明白。《勝鬘夫人經》記有「世尊！然有煩惱，有煩惱染心；自性清淨心而有染者，難可了知。」如何由阿賴耶系統講出成佛的根據（真常心，如來藏自性清淨心，佛性），很困難；反過來，由如來藏自性清淨心而有生死流轉煩惱染污之生出（不染而染），更是「難可了知」。牟宗三先生在《中國哲學十九講》說到「印順法師就把這問題看得很嚴重（註見印順所著《以佛法研究佛法》之「如來藏之研究」部）。他認為如來藏自性清淨心系統與唯識宗之阿賴耶系統，都有其自身所遭遇的困難。」「這『不染而染，染而不

染』，使人糊塗不解。」「印順認為如來藏系統要從『不染而染』來說明染污的生滅法，是不太容易而且不太可理解。」³可見「不染而染，染而不染」這段佛教公案，很可刺激人的思考。佛教內部飽學之士，於此亦不得不駐足。

先說本人在這方面的頭緒。大凡講到這種話題，本人在課堂上總是使用一種直截的言說方法來處理，如「說煩惱染污則必已預認有清淨無漏，沒有清淨無漏，何來所謂煩惱染污」。至於問如來藏自性清淨心如何可復生煩惱染污法？是不知如來藏自性清淨心之為自性清淨心，正是不斷反照推出煩惱染污法以自清自淨，而得自證為自性清淨心；是見此如來藏自性清淨心乃即此自我清淨之作用而言自性、言心，而云自性清淨心；非有一無用之寡頭絕緣無染之性體實心，凝然不動曰如來藏自性清淨心，曰常樂我淨，曰佛性。既是即作用而言自性清淨心，則向上的不斷自我清淨不已，而向下的煩惱染污法被不斷照察推出亦不已，而有自性清淨心生起染污法之相。自性清淨無盡，染污法被照察推出亦無盡。此無盡，在本人之理解而言，是究竟無盡，即此自我清淨之無盡而言真常心無盡、佛性無盡。在一些相類似的話題上，本人一直使用這種「觀念對顯之辯證」方法。如「說『有限』，便已預認『無限』，無無限之對顯，何來有限？」之類。以至「說『無限』，以其為無限故，必不可定限為無限，而可無限可有限，可有限而無限，無限而有限，方為無限概念之全。」云云。但很快知道這種方法的限制，以其不涉真實存在故。在真實世界裡自有單是有限存在而無無限性者，自有空無限而不存在而但無限者。於是思及這種「觀念對顯之辯證」之意義唯在持觀念者欲藉此種辯證透視存在之真實，或藉此觀念對顯而同化於觀念，以達主體性之自我超越，自我實現。故近年用思於自我實現的辯證、目的實踐的辯證。

3　牟宗三：《中國哲學十九講》（臺北市：臺灣學生書局，1983年10月），頁292-293。

三 阿賴耶兩頭通二門，真如心則息二門

回到「自性清淨心而有染者，難可了知」。印順法師「認為這種難題是『難可了知』，唯有佛才能了解」，牟先生則認為「如來藏系統並沒有什麼困難，這個難題其實也是很容易了解的，印順法師只是誇大了這個難題而已。」[4]但牟先生卻又很認真、很不容易、很實在、很分解的對這個難題作了回應。牟先生的回應，以本人的理解，似分作三方面：

1、把這「自性清淨心而有染者」難題，放在其發生所屬的《大乘起信論》的系統性格中理解。《大乘起信論》作為典型的佛教唯真心系統，表現「一實體性的實有的意味」和「一本體論的生起的架勢」。[5]接著這個實體性的實有的意味和本體論的生起架勢來講「一心開二門」，自然就帶上了實在論的意味。如說：「順著如來藏自性清淨心直接生出的當然是無漏清淨法，那麼它又是如何說明有漏染污的生滅法呢？由如來藏自性清淨心說明清淨法其方式是直接的方式，對於有漏染污法的生滅變化，則非直接的方式可以說明，此必須經過一個曲折、跌宕，才能說明。」[6]也就是說不管是易是難，這個沿著本體論、實在論的生起的架勢來講的「一心開二門」，牟先生視為是哲學發展到究極領域之普遍的共同模型，然則這個困難屬於哲學發展到究極領域之系統性困難。

2、沿著這個實在論的生起的架勢，超越的自性清淨心要生出染污生滅門，這正是「難以了知」之難題所在。解決的辦法，唯有把原就甚有實在論意味的、為一一染污生滅法作存在的根源說明的阿賴耶

---

4 同前註。

5 牟宗三：《佛性與般若》上冊（臺北市：臺灣學生書局，1977年），頁480。

6 同註2，頁293-294。

系統拉進來，把個阿賴耶識第八識上接超越真心之「心動」，而下開生滅染污門。牟先生稱此為「阿賴耶兩頭通」。「所謂阿賴耶兩頭通，乃是指阿賴耶有其超越的性格（transcendental character），亦有其內在的性格（immanent character），此即表阿賴耶具有雙重性（double character）。楞伽經在說明如來藏時，即曾指出阿賴耶之雙重性。」[7]這阿賴耶是否兩頭通，其實涉及前期唯識學（地論宗、攝論宗）與後期唯識學（成唯識宗）、以至後期唯識宗內部不同說法的不同。前期唯識學《瑜伽師地論》以第八識為「如來藏」；既是「自性清淨心」又是「一切虛妄法之所依處」。「前六及七，同為妄識，第八名真。」（慧遠〈大乘義章‧八識義〉）攝論宗則另立第九識「阿摩羅識（無垢識）」為清淨無漏法之根源，保留阿賴耶為一切雜染法所依。「阿羅耶（阿賴耶）識退治故，證阿摩羅識。阿摩羅識是常、是無漏法。得真如境道故，證阿摩羅識。」（《決定藏論》）總之，靠著阿賴耶系統兩頭通，總算將超越的自性清淨心如何不染而染，為一切生滅染污法之所依，給說明了。雖是給說明了，各事俱備，仍欠東風，就是自性清淨心為何要行使這個功能？難道有什麼理由令它非得「十二緣起」、「平地起土堆」不可嚜？

　　3、「無明的插入」。「我們的真心其自性本來是清靜的（不生不滅），何以又有染污（生滅）呢？這中間的曲折、跌宕是如何產生的呢？這完全是因為無明的插入，即所謂的『無明風動』所導致。因為我們的真心雖然本來清靜，但只要一昏沉，只要一念忽然不覺，隨即墮入無明。而無明是無根的，亦沒有一實體，它只是我們於忽然一念不覺時所呈現出來的一種昏沉相。」「這個問題，在康德哲學裡是很容易答覆的。依康德所說，我們的意志（will）不是神聖意志（holy

---

7　同註2，頁294。

will），而我們的格言（maxim）與道德法則（moral law）亦常不能相合。這是為什麼呢？這乃是因為我們有感性（sensibility）；由於我們有感性，所以常為物欲所牽引，因而有無明，有昏沉，這即表示人是有限的存在，所以人的意志不是神聖的意志。（中略）在此，康德所說的『感性』，照儒家講，則是人的私欲，如王陽明所說的『隨軀殼起念』。」⁸[8]

這三方面同時表示：

（1）初即不是實在論的超越的一本論論式。《大乘起信論》確有此實體實有之意味，唯真心雖然本來清靜，但一念忽然不覺，墮入無明，「而無明是無根的，亦沒有一實體，它只是我們於忽然一念不覺時所呈現出來的一種昏沉相」。牟先生此解很符合《起信論》之「心非動性（案：非妄動之根），若無明滅（案：重現光明），相續則滅（案：生死相續還滅），智性不壞故（案：自性清淨心智性恒在）」[9]之文意。是則真如心並無生出生滅染污法，而只是被無明覆蓋，所謂「真心在纏」。而此「被無明覆蓋」、「真心在纏」云云，根本乃非客觀實在的指謂，亦即非謂有什麼無明（黑暗）覆蓋纏繞此真如心令生出什麼生滅染污法。故所謂「無明的插入」云云，根本只是一自觀的「一念不覺時所呈現出來的一種昏沉相」。

（2）是虛說的「開二門」。本來實在論的一本論須是實說的開啟創生之論，但在佛教卻是虛說的創生、開二門。自性清淨心只有「開二門」之名，並無開二門之實。真如心直接開心真如門者，只是示一超越的清靜無染境。此超越的清靜原是自性清靜心之自我觀照，以示無明滅，相續則滅，回復清靜之境。所謂無明滅，相續則滅者，原是

8　同註2，頁295。

9　本文所引《大乘起信論》文句，皆據印順撰《大乘起信論講記》（臺北市：正聞出版社，1990年3月，第11版）。

就現象世界一一起現並執著沾戀，而一一還滅之，回到「現象之為現象自己、不增不減，還其為現象而觀之，只是緣起、無自性、空」之謂。真如者「純粹在之在其自己」（亦即佛教義之所謂物自身）也，此看山還是山，看水還是水，實不待開而原來自在也。真如心開生滅門，不染而染者，此處把阿賴耶系統拉進來藉以說明如何可開生滅門。阿賴耶系統既有起現現象並執成我法、自陷染污的一頭，又有正聞熏習，「轉識成智」的一頭，故曰兩頭通。所謂開生滅門，只是第七識末那識向後恁藉第八識阿賴耶識種子藏而自執為我，並向前攝取，「意之所在為物」地一一起現現象世界；實即就原在但未現為「現在」之無名天地之始之無名天地，予以意向性的吹拂，風生水起地起現為屬識之境，更計執之為有、為我有，虛妄分別，有名萬物之母，而謂開生滅門；其實全不涉實有實在義之創生、生起義，只涉虛妄分別與一一起執。

（3）實在論的超越的一本論本應講實在義的創生、生成、存在，而為根源的存在之理，今佛教正要去此存在之理，轉講「去掉存在之理」（struggle for non-being 之理）、「空理」，視存在為無明風動下的如幻如化。此如幻如化的虛妄之在，在佛教言是為一否定性環節，開啟此環節，須一無明風動之系統（若「十二緣起」）以及風平浪靜之可能之系統（若「轉識成智」，所謂阿賴耶「兩頭通」）。由自我之迷失、陷溺，再而復得其光明，即此曰「迷」而復「覺」，曰「開生滅門」和「開真如門」，曰融攝阿賴耶系統於真常心，曰「是二種門皆各總攝一切法。以是二門不相離故」。這原都是很可以理解的。唯一「難以了知」的仍是由「一念忽然不覺隨即墮入無明」這「無明插入」，這無明的插入究是菩薩道的捨無明不捨眾生的「留惑潤生」，還是康德的「我們有感性（sensibility），由於我們有感性，所以常為物欲所牽引，因而有無明、有昏沉」？若是菩薩道的說法，則

佛教可以在這環節講半截子「證悲」，但佛教的興趣總在「證如」，證悲只為證如、服從證如。若是康德的說法，則不能免二元論之譏。當年熊十力先生即曾就阿賴耶系統之種子說與真如說，有「二重本體」之質疑（實即今所謂「兩頭通」）。「建立本有種子為宇宙初因，頗近多元論，而後建立藏一切種子之賴耶識，又近神我論。」「既立種子之我矣，又轉識成智，還滅歸如，如是種子，真如，是二重本體，有無量過。」「其種子明明是萬法本原，而又說真如是萬法實體。如此，則何可避免二重本體之嫌。是乃鑄九州鐵，不足成此大錯。」[10]無論菩薩道之「留惑潤生」，或阿賴耶兩頭通，或康德說的心身二元，這起信論的真如心開生滅門，不染而染，染而不染，仍是「難可了知」。這「難可了知」一方面因為「一心開二門」有很強的實在論的實有架勢，而這很強的實有的架勢的一心卻是向後撤的、還滅的、即活動即不存在的真如心，只宜說個「一心息二門」，或「二門息於一心」以至「息心無門無二無一空如」，不宜說一說二說有無，說「一心開二門」。

四　佛教證苦、證業、證如，不證悲：一心迷覺自轉門

其實，在佛教開生滅門，自應從業識說、從種子說，從種子熏習起現說，自是妄心起生滅。然既得言曰妄心起生滅、得言曰有漏皆苦，則須預認真如心、無漏法門。若無真如心、自性清淨心、無漏法、常樂我淨之照察，何來得言說有生滅、有苦、有染污、有漏。這是從名相、從邏輯上講預認、先在。若從名相、邏輯上講，則須再返至名相之有、邏輯之有之先，講唯識宗三自性之一之遍計所執性為

---

10 熊十力：《體用篇》（臺北市：臺灣學生書局，1975年4月影印本），頁65。

先。此則成為戲論（非存在的純名相邏輯之辯）。佛教當然不是停留為戲論，故唯識講遍計所執性為三自性之一，既是依他起性之反面（否定），又是圓成實性之得以從反之反（否定之否定），以轉識成智之實踐性環節，而免流為戲論。此真如心、自性清淨心的先在、遍在的實在論的實有的證明，在佛教卻是落實為藉賴「有漏皆苦」之「苦」、「諸行無常、諸法無我」之「業」，再由苦業之求滅度來作反證的。就佛教之原始（根本）教義言，「苦」有生命存在之感受之先在遍在之實證性，「業」亦有生命存在之超越的所以然（充足理由）與內在的所以然（形構之理）之相關理解之相應性聯想性。是佛教首證苦業、實證苦業，始終所證，仍是苦業；解脫、寂滅、清淨、涅槃，是即著實證苦業而對顯的實踐的意欲目的，實際上一根而發，實踐的實證苦業同時即實踐的實證滅度涅槃；此外，佛教無所證明。故本人願說佛教總共只是一心開一門，即「覺迷自轉門」。全部佛教哲學最後只證「一心覺迷自轉門」一門。本人相信此說較合《大乘起信論》說「依一心法有二種門」的原意。

　　《大乘起信論》開演說「顯示正義者，依一心法有二種門。云何為二？一者心真如門，二者心生滅門。」只說二門同屬一心法，一心法之心為「眾生心」即普遍心。就《起信論》之為「起信論」言，就是「信得以眾生心為本的法門」。「所言法者，謂眾生心，是心則攝一切世間法出世間法。」印順在《大乘起信論講記》中解釋說：「佛法中有一著名的金句：『心佛眾生，三無差別』。這樣說來，眾生，應該是約從凡夫到聖者，從聲聞到菩薩最後身的一切有情說。」「本論為眾生修學佛法而說，所以特揭眾生心為本。眾生心，即心真如而含得無邊的功德性，它又是生滅的雜染心，充滿著無邊過失。真常大乘者的眾生心，是不能偏重於真淨，也不可局限於妄染的！」「本論說：『一切境界，唯心妄起故有；若離於妄動，則一切境界滅，唯一真心

無所不（遍）』。唯心妄起也好，唯一真心也好，一切法唯是眾生心，
眾生心即是一切法體：這即是自性攝，本論的正意在此。」[11]依印順
之言，「眾生心」在《起信論》原是一兩頭通之心，是「一切法（清
淨法染污法）體」。印順的解說全就「眾生心」之名，說眾生心即是
「一心」，「眾生心即是一切法體，即是自性攝。」自性攝者，唯一真
心性起即妄顯真之謂。印順遂判《起信論》「屬於徹底徹尾的唯心
論，是絕對唯心論，這是誰也不能否認的。本論所說的『眾生心』，
含攝得生起的生滅雜染，而本質是不生不滅的清淨心，所以唯心而又
是真常的，與無著系的虛妄唯識學不同。」[12]是起信論的兩頭通的眾
生心，其本質是不生不滅的真常心，其存在則是「約從凡夫到聖者，
從聲聞到菩薩最後身的一切有情說」的眾生心。「理性與事象、精神
與物質，都含攝在一心──眾生心裡；這是絕對的唯心論。」印順並
作圖示如下：

---

11 印順：《大乘起信論講記》（臺北市：正聞出版社，1990年3月，第11版），頁47-51。
12 同註10，頁14。
13 同註10，頁22。

此一心法義到牟先生的判說則改「眾生心」為一「超越的真常心」即「如來藏自性清淨心」：

> 大乘起信論的義理，主要是根據勝鬘夫人經以及楞伽經而來。
> 因此，要了解大乘起信論的思想，可以先從這兩部經讀起。
> （中略）依據這些真常經所造成的大乘起信論，最主要的是提
> 出『一心開二門』的觀念，也就是先肯定有一超越的真常心，
> 由此真常心再開出『真如』與『生滅』二門。假定我們不肯定
> 有一超越的真常心，而只是從阿賴耶識來說明一切法，則我們
> 的生命原來本有的只是阿賴耶識，至於清靜無漏種則是後起
> 的，是經由後天的正聞熏習而成的。所以，天臺宗批評唯識宗
> 說：『那得發頭據阿賴耶生一切法？（見智者大師《法華玄義》
> 卷五下』）『那得』就是不得、何得的意思。因為若一開始即用
> 阿賴耶識來說明一切法，而阿賴耶識只是妄識，則由此識心所
> 生出的只是雜染的生死流轉法，此只能說是『一心開一門』；
> 而關於無漏種清淨法的一門卻開不出來。（中略）至於大乘起
> 信論所提出之『心』乃是超越的真常心，此真常心是一切法的
> 依止；所謂一切法，乃是包括生死流轉的一切法，以及清淨無
> 漏的一切法。這一切法的兩面，都依止於如來藏自性清淨心。
> 『依』是依靠的依，『止』就好像說『止於至善』的那個止。
> （中略）如此一來，『一心開二門』的架構也就撐開來了，這
> 是哲學思想上一個很重要的格局。這個格局非常有貢獻！不能
> 只看作是佛教內的一套說法。我們可以把它視為一個公共的模
> 型，有普遍的適用性，可以拿它來對治一個很重要的哲學問
> 題。[14]

---

14 同註2，頁290–291。

　　把《大乘起信論》說的以「眾生心」一心開二門，改為由「如來藏自性清淨心」一心開二門，這其實是個很大的轉移，牟先生當然知道他作了個很大的轉移，故首先把《勝鬘夫人經》和《楞伽經》兩部「經」拉進來，套在《起信論》之「論」之上，說「大乘起信論的義理，主要是根據勝鬘夫人經以及楞伽經而來。因此，要了解大乘起信論的思想，可以先從這兩部經談起。（中略）也就是先肯定有一超越的真常心」。接著牟先生就著真常教系統性格，把這開二門之「一心」決定為「一切法的依止。（中略）『依』是依舊的依，『止』就好像說『止於至善』的那個止。」但佛教究竟根本不是要建立一切法有所依止的什麼實有的實在論、真心論者，而唯藉見性破性、逢相破相，顯一作用，以此作用、功德名為「心」，所謂空淨心。是見由真常心、自性清淨心直接開的心真如門之真如心，本義是一空淨心，以一切法繫屬於心故，說此空淨心為法門之體；既說之為體故，故為虛說的（虛意的）實體性的心，實即是作用的無心之心，即將實相般若所見緣生法不生不滅（無生法忍、體法空）移於心上說，而為作用的無心之心之為一法界大總相、法門體。故此說真如心、空淨心為法門之體，非謂此空淨心有實在之實體義，亦非謂此真如心有生起義、創造義、第一因義、靈魂不滅等義。相反的，此真如心、空淨心卻有即著生起、創造、第一因、靈魂不滅之念而還滅之、無之、空之之義，體法空、無生法忍之空如來藏之作用即性、即心、即真如義。康德的「智思界」云云，在《起信論》系統中，恐怕亦不能說成是「不空如來藏」之「已顯法體空無妄故，即是真心常恒不變、淨法滿足，則名不空；亦無有相可取，以離念境界，唯證相應故」（《大乘起信論》）之如實不空。不空如來藏之如實不空，是真心這個法體不空，且具足無量無漏性功德，以攝一切無自性（有漏性）的緣起法而為其體，則此真心之統攝作用之本身即有自性有自體，此無漏性功德即此真心的

自性自體之體性、體用。空不空皆直就心真如之真心說。空是捨離一切計執而起之差別之相，無去虛妄心念；不空是真心這個法門體恒常不變、淨法滿足。康德原無「真心」之名義，其智思界中種種實體義之理念，依《起信論》以如來藏統攝阿賴耶系統之緣起義而言，恐怕正是來自理智（量智）之窮盡自己，計盡執盡而後所立之種種名。「智思」云云，正是計執至極，虛妄分別至極；種種「智思物」正是妄執生起，向空中取相，墮起念境。自《起信論》心真如之真心既是「一法界大總相法門體」故有空不空兩義而言「智思界」之種種理念，正是空如來藏所要空者。又以此空如來藏故，言不空如來藏，言不空如來藏具足無量無漏功德性。此不空如來藏具足無量無漏功德性，是即空如來藏之功德已顯法體空無妄故，而言空淨心、真心這個法門體不空，且淨法滿足，並非此不空如來藏自性清淨心自身另有一套功德法也。是知心真如是一切法門之體，此「體」是尅就空如性說，亦如言「以空為性」。心真如之真心就是一切法門之如性、真性、實相；唯實相一相，所謂無相。故《起信論》說心真如門云：「一切諸法唯依妄念而有差別。若離心念，則無一切境界之相。是故一切法從本已來，離言說相，離名字相，離心緣相，畢竟平等，無有變異，不可破壞，唯是一心，故名真如。」如來藏自性清淨心之一心開真如門的結果，是撤消一切境界相、言說相、名字相、心緣相；化念還心，去妄歸淨，唯是一心，故名真如。真如即空如，一心即無心，空如來藏即不空如來藏，不空如來藏即空如來藏。到天臺宗將此唯真心系統及其最有實體性的實有之意味、最有本體論的生起之態勢，一併打破，直說「從無住本立一切法」。觀真心之由何而立（從何處來）再回歸其原處，原處即《金剛經》所謂「應無所住而生其心」之依他無住。然則此唯真心之「一心開二門」之開真如門，雖初有實體性的實有之意味、本體論的生起之架勢，卻實自始未曾開出什

麼超絕的形上學之「智思界」、「智思物」之門，所開唯是即「計量妄想」而起現之一切境界相、言說相、名字相、心緣相而一一還滅之門。化念還心，化心還如，何曾容得下什麼智思物。

證如者，依舊說不過是還滅實踐中主體體性、體相、體用之我執之全面歸於寂滅，不起作用，以至證如之證之法執亦歸於無證無如，故謂如如。今則以本文之語說之為：證如者乃還滅實踐中之主體體性全幅之用皆悉歸於即活動即不存在，亦即依實踐的實在論之解脫之目的，自我步步解消以至於無餘、無盡者。

五　康德二性開二門，唯欠一心；　牟宗三以「自由無限心」統攝二門

然牟先生偏要借重這個唯真心系統（印順所謂「理性與事象、精神與物質，都含攝在一心──眾生心裡；這是絕對的唯心論」）所表現有一實在論之生起的架勢的「一心開二門」的格局，來「對治」一個很重要的哲學問題。牟先生的用意究竟如何？所言「對治一個很重要的哲學問題」乃針對康德哲學遺留的其所極欲證成的「超絕的形上學」，以人無「智的直覺」故，不能證成，此一重大哲學問題。由於無智的直覺，超絕的形上學所有的超越理念，如「上帝」、「靈魂」、「自由」、「第一因」、「無限」，徒為「智思界」之智思物，徒為「超越的觀念論」之觀念。牟先生今借起信論「一心開二門」之架構，可為康德把個不能實證的「超絕的形上學」收攝繫屬於一「真心」（或曰「自由無限心」、「性智」）所開之「形上實在論」之門，與同一「真心」（或曰「性智」、「自由無限心」）間接開出之「經驗的實在論」之門，並立為二門，而為康德哲學之新說：由「自由無限心」一心開「道德的形上學」（或「超絕的形上學」）與「經驗的實在論」二

門。以本人之見言之，實即在康德「超絕的形上學」發頭處先立一「真心」（自由無限心）以統御之。此則「超絕的形上學」其實再「超絕」（transcend）不起，以已被真心（自由無限心）收攝為真心所開之「道德的形上學」一門並「自我坎陷」而撐開（或曰「超越的區分」）開出與其同根之「經驗的實在論」一門。二門皆各總攝一切法，以是二門不相離故。如此一來，在康德處，可言即經驗的實在論可反證超越的觀念之可實化（實踐的實化）；超越的觀念之可實證（實踐的實證）同時即實證經驗實在。然本人此說，不免說得太快。康德必問此一「真心」來歷，則本人只能答此一真心確實有不同來歷（若儒家則以性分之不容已為其來歷。），但必為同一真心。就康德先生而言，三大批判若無一真心維繫，焉有可言者？在康德哲學，自由真心仿如一個隱蔽計劃，如何發現此真心，康德採取的是「逼現法」亦即「批判」。康德一邊預設此真心（「含有一自律性機能之自由心」）來開展其經驗的實在論和超絕的形上學之建構，一邊則以此真心既屬超絕界，超出人的認知能力（人無「智的直覺」），不能實證地建立，最後此真心（自由無限心）只能成為超越的觀念論之超越觀念及康德全部哲學建構之「拱心石」。換言之，觀念系統建構完成，只欠一相應的實證說明。牟先生遂斷之曰：「他的哲學體系只能說是『一心開一門』，他只開出感觸界的生滅門，卻沒有開出智思界的清淨門。」意謂康德的智思界只停留在智思，「智及之，仁不能守之，雖得之，必失之。」如何令智思界不只為智及，且有仁守，牟先生直接由一道德創生心統攝之，自上而下，直接開道德本體界之清淨門，同時即為經驗界提供存在的根源的說明而開感觸界之生滅門。完成此系之一心開二門，牟先生常說的「在康德系統的百尺竿頭，再進一步。」

　　牟先生以自由無限心統攝康德系統，所成之一心開二門，由仁心

的不容已而確立「道德創造之縱貫的骨幹——豎立的宗骨」，直接開
自由門，由自由無限心之自我坎陷間接開生滅門，固不可致疑，以其
為實踐的實在論故。實踐的實在論，即不由思辨理性作超越的推演證
實在，而由實踐證實在也。康德雖言實踐理性之優先性，但其哲學性
格仍是重知，於實踐的實在論不能不有所保留，而最後止於不可知。
牟先生的實踐的實在論則必扣緊逆覺體證而為言，而曰：「在一切問
題性的辯論以外以上是有一個精誠的道德意識所貫注的原始而通透的
直悟的。」[15]以本文之言，逆覺體證者一個實存的生命之心靈反思其
存在之根本意義目的，以省察其未存在與已存在的生命之統貫性真實
性，是以一擁有反思活動的生命心靈存在於一切思辨知解之上。今以
儒道釋三教反思所至之本心真心（儒家性分之不容已之仁心，道家天
地與我並生而萬物與我為一之道心，佛教真如心）統攝康德哲學，是
在康德所成就的經驗的實在論與超越的觀念論之源頭，立一本心真
心，此本心真心實又即反思活動當下自證自立；由本心真心而一一落
實康德智思界的超越觀念，直接開形上學之超越門，由真心本心之不
容已而自我坎陷，開執的存有界之生滅門。在哲學論述上，對康德不
能穩住的自由無限，以真心之名加以確認，以此完成保住康德這一
套。所援入者唯中國三大教所實證的真心，此真心，或是實存的性分
不容已的反省心、道德心，或即一切名教名理而反思、超越之之道
心，或即一切苦業煩惱而反思、還滅之之真如心；亦即都是有生命實
證實存之根的。這是在根源發端處與康德的不同。康德哲學發端於唯
以思辨構築之功，剖析生命之各面相，格物窮理，終至於兩界分立，
唯賴判斷力予以統一；而判斷力或只是一習得（如由習行車所習得）
的連結機能，或是來自一先天的心靈機能、智的直覺，而不可教、不

---

15 牟宗三：《圓善論》（臺北市：臺灣學生書局，1985年），頁189。

可學，不必至。自由只是預設，自由界與自然界之聯結，在康德最後表現在藝術。「位我上者超越理念，腳踏實地經驗世界；道德律令橫空而降，美悅之情關乎目的。」——康德如是說。

牟先生則以「人應做什麼？」為首出，即著一真實生命道德實踐之反省來組建其「一心開二門」，而為一自上而下的實在實有的道德創生論（圖示見本文第一節）。這自上而下的道德創生論的困難，一是自由無限心之存在的根源的說明，二是由自由無限心開經驗世界生滅門之「難以了知」。這二層困難，在哲學之究極領域，表現為「一心存在之有或無」之問題。

六　「一心」之有無與「存在之玄」

作為宗教，佛教與一切「證有」（struggle for being）的系統，如耶教、如康德、如黑格爾、如儒教，可說是在用心及實踐方向上全然相反；與道家則是貌愈合而神愈離，雖道家與佛教同屬於「證無」系統（struggle for non-being），但道家之思想底蘊實是以「無」（無執無為）護住道家之道之開放於「絕對存有之全」（全部的有與全部的無，以及有無之全部可能之全），故說「無以全有」（王弼）；而佛教於此當然不能稍同。故道家可以參與並解放儒家之道德創造以及其客觀化建制以調適上遂，而佛教終合作生命存在之自我調適和終極撤消之用。此終極撤消之用以真如心之無限故而無限（染污法依恃於真如心之察照推出，染污法自身無根無自性。以染污法無根，全憑真如心之察照顯現，真如心無限則其察照顯現之染污法亦無限）。但依原始（根本）佛教教義，生命存在之本質即生命永在欠缺中，故生命之本質即痛苦，佛教本即以此存在之實感為實證之根，由苦業之實證而反思一理想之真常，轉而以常樂我靜為終極目的（意欲之反身向後），

察照現實生命之不圓滿、欠缺，而欲超克之。在佛教，此超克之道唯是「滅」、「道」（苦集滅道之滅道），滅道者以還滅為解脫之道也，由十二緣起所示，步步還滅之也。這套說辭之關鍵，在生老病死之生命現象所觸發的不安不忍，究是即此不安不忍而發現生命內具超越目的，由此超越目的之成為目的因，為生老病死之生命注入意義價值，如賦予「生」以承傳擔當、「善始者智，善終者聖」、「繼之者善，成之者性」之價值，賦予「老」以秩序傳遞、《禮記》「鄉飲酒義」之價值，賦予「病」以警覺內斂、「病裡乾坤」之價值，賦予「死」以安息終結、「小人曰休，君子曰息」之價值，此則可成就此生老病死之正面的德性意義與文化價值，實證此生老病死唯是「天何言哉，四時行焉，百物生焉，天何言哉！」之大自然所成就的最高目的者「人」當以成為文化者、有教養者為目的，而為其在世生命自我實現之道路、道場。儒家即往這方面說道理，並即此不安不忍所成就的生命講人格世界之建立。道家則即此不安不忍而進言不安不忍於一切已成之文化、教養、人格世界之形格勢禁，故須損之又損，還原至無為，無為而無不為，齊物論逍遙遊於未成已成之間之道，而道法自然。此外，或即此不安不忍而力行「忍波羅密多」、「忍辱度無極」，一方以忍受生老病死以至八苦，為工夫之所在，而有佛門忍教之意義，同時即以此生死場為有漏、污濁，而欲根本撤消之、捨離之。故在佛教而言，心生滅門不能離心真如門，而心真如門不能離心生滅門，二門實只是一心之迷覺，淨染同體，依而復即。康德在《判斷力之批判》試圖統合兩界（二門），依本文這裡的說法，亦即試圖找出「一心」。但在康德，這「一心」不是創造心，生起心，既不是《起信論》之真如心，又不是牟宗三之自由無限心、道德心或孟子之本心，莊子之靈臺心，而只是判斷心（決定性判斷力與反思判斷力），一純作用之繫屬連接之機能，由連接之成敗引發愉悅或痛苦之情，如此而已。在經驗

實在論之「領土」和由自由、無限等理念佔領之「場地」（所成唯「實踐的實在論」）之外，更無屬於判斷力之領土或「場地」。判斷力只是溝通二界（二門）之橋樑中介，一種特殊之心靈機能，純作用兩頭通地銜接了超越界與經驗界。康德不僅無意以判斷力所提之合目的性原則（含決定性判斷與反思判斷）作為「一心」來開自然界和自由界之「二門」；相反，在康德，自然界與自由界早已現存（至少在論述上，或作為經驗之對象，或作為智思之對象），唯現存但分裂，須判斷力以「自律性之合目的性原則」予以統一。

這「予以統一」究是純判斷作用的謂二界（二門）在合目的原則中相符合，抑或是王陽明致良知教「知行合一」之「心意知物」之「予以統一」？這個問題，對於康德（以及所有慣於純思辨之哲學家）而言，恐怕從未意識及之。即意識及之，在康德亦不會接受其為一涉及存在的結構性原則，不會為判斷力而發現其應有的哲學領土。但弔詭的是，康德卻以人的情感機能關涉之，如「好好色，惡惡臭」地關涉之。而人的情感機能到底只是作用於判斷力，當判斷力作為認知機能對已成之二界依「合目的性原則」作判斷，而隨之而起悅或不悅之情（當判斷謂所知符合所應，亦即現實符合目的之概念，則起愉悅之情，反之則不悅）？抑或根本就是人的生命存在（知情意三分之生命存在）自我真實統一之「實現之理」中之動力因以及目的因之呈現之原則、一個主體體性自我統一之原則（由目的因統攝形式因與材質因，由形式與材質之統一於目的、說愉悅之情，而為動力因）？這都是康德遺留的問題。而人如何可享配有判斷力此一「特殊之心靈機能」？本就是康德置定為「難以了知」之哲學難題。在西方哲學自來缺少工夫論，這種涉及實踐的實在論的主體體性學之難題，康德觸及之，深刻觸及之，但最後仍是不可知，一如智的直覺之不可知。在中國哲學之慣常思想中，一個人之配有判斷力，豈可離一個人之自我實

踐，當判斷力起用施加於康德分立之「自然概念的界域」與「自由概念的界域」二界時，又豈可不觸動二界？轉移二界原先之存在狀態，以及判斷者自身存在狀態？判斷者自身除悅或不悅之情外，其知、其意、其行豈可以無動於衷？而一個人原先所享有的判斷力又豈是一成不變的判斷力？其悅與不悅之情究是伴隨合目的之判斷而來，抑或合目的之判斷跟隨愉悅之情而來？在純粹思辨中，這些問題因都涉及實踐的實在論，而不會被提出。本文今則鄭重提出之。本人有一長文曰〈存在之玄與生命美學〉（原名〈玄學與藝術生態學〉）[16]就藝術活動（品評與創作）所涉，試說一「存在之玄」。此存在之玄，或亦可相當適用於認知活動與道德實踐，以凡屬人的文化性行為，除可轉移所在之客觀條件之外，皆必觸動人的存在主體之體性，又必在寂感真幾之目的性原則之默運中之故。

七 反思判斷之一心開二門

由「自然合目的性」作為諸認知機能之統一原則，使諸認知機能之活動得以諧和一致，此諧和一致含有愉快之根據。此說未有區分諸認知機能之不同活動因著此一自然合目的性原則而使知、情、意三分之生命存在，在一方向性之活動中得以轉動成為一具張力的統一結構；或諸認知機能已實現諧和一致，更無須在一目的性之決定中向之而趨，而唯在一無方向狀態中得以相忘同化而為一放下的超結構之統一。前者為在一方向性活動中的生命存在之各部在合目的性原則之軌約中互相隸屬、互為因果、互動互攝，而為一緊張的、兩極歸宗的動態的和結構性的合目的性之存在。後者為在一無方向狀態中的生命存

---

16 此文刊載於許江主編：《人文生態》（杭州市：中國美術學院出版社，2008年）。

在，其生命之各部在自然合目的性原則之軌約中互相隸屬、互為因果、自動互攝，而為一相忘的、放下的靜態的和自然結構的合目的性之存在。但生命存在之為生命存在，必存在在「已在」與「未在」之軌道上，為其生命存在之真實程態。在「已在」與「未在」之軌道上，意謂生命自始有向，自始有向意謂自始超越已在，向著未在。故可謂生命之本原自始即自我超越。生命之所向之未在，或是一無限之可能，或是一唯一之可能（必然）。無限之可能，意謂生命可超越任何存在，創造一新的存在。唯一之可能，意謂生命或決定服從已在之存在對生命存在的決定；或決定服從「依照自由之概念而來的結果是『終極目的』（final end）」之對生命存在的決定，為唯一的可能（必然）之生命存在。服從依照自由概念而來的「終極目的」對生命之決定，顯然須在人的主體底自然或本性中預設該目的底可能之條件，亦即須以生命之所向之未在可超越已在之存在，而實現無限可能之可能，如是自由無限與唯一必然合一。又，既謂「在已在與未在之軌道上」，即已是對生命存在之一認知之決定中之反照反省。自然生命自身本無所謂已在、未在；謂生命超越已在，即已在一軌道上（如在前後相望所形成之軌道上）並自覺在一軌道上來判斷生命。在生命存在之軌道上反觀反省生命，此反觀反省本身亦本是生命之一本質存在。此生命之自我反觀反省，與生命之自然存在以及必已在存在軌道上之生命存在，遂構成生命存在之「對其自己」、「在其自己」與「在並對其自己」之存在的辯證的生態。再者，謂生命為目的性之存在，即已在生命存在之「已在」與「未在」之軌道上反省此生命之存在，由此反省反思，即必帶出生命之終始概念、「終極目的」概念、生命存在之「自然目的」與「道德目的」、「自由目的」等概念；以至生命有向與無向、無限與有限、有限而無限、自由與必然等問題，以至所有程態、所有概念可否歸於「純依他住，並無自住」、「性空唯名」等問

題。此等問題之出現，自一義言之，可以說源於以上所說之反思活動，亦即可以說源自判斷力為反思判斷所提之「合目的性先驗原則」。「目的性原則」有如一次日出，使存在被區分為目的（未在）與現實（已在），同時存在被同化、被整合為提出目的性原則者其生命心靈當下之存在。問題唯在存在如何被「目的性」區分、及如何被整合、被同化？此等問題適足構成「一心開二門」模式之重新建立。

知性只提「合法則性」，實踐理性只提「終極目的」。知性之「合法則性」應用於「自然概念之界域」，理性之「終極目的」應用於「自由概念之界域」（自由概念是就自由概念之後果而言的自由概念，意即自由之實踐），兩者皆以構造原則作決定性判斷之應用，亦即「知性為自然者立法」與「理性為自由者立法」之應用。此即康德知、情、意三分之心靈機能中之「知」、「意」各自「一心開一門」所成之「哲學底區分」，區分為「二門」，即「自然底形上學」與「道德底形上學」，牟先生所謂「兩層存有論」。康德謂全部哲學基地為這兩者所籠罩。至於快與不快之情底先驗原則則由判斷力供給，此即「合目的性」原則，當其外用於自然界，但只作為諸認知機能之軌約原則而落於自然概念之項目下成為主觀的超越的自然目的論；其內用則以「合目的性」為內在之構造原則而關涉於快與不快之情，由快與不快之情引致「自然合目的性」概念以作美學判斷。自然合目的性原則遂一方作為軌約原則開出自然目的論以主觀地湊泊於「自然底形上學」，另一方面作為內在之構造原則開出目的論美學以象徵地湊泊於「道德底形上學」。判斷力（反思判斷力）以這兩頭湊泊的自然合目的性原則關涉於快與不快之情──既關涉於自然目的論中諸認知機能之諧和一致所含之愉悅之情（美感），同時關涉於道德目的論之終極目的所伴隨之純理智的愉悅（道德之勝利之感）。諸認知機能之「自由活動」（遊戲）中的那自發性，使「自然合目的性之概念」成為一

適宜的中介，把「自然概念之界域」與「自由概念之界域」連繫起來——以由「美感」而通向「道德感」之意義方式，連繫起來。然則，是「知」開「自然概念之界域門」，「意」開「自由概念之界域門」，「情」繫二門（由反思判斷力自給一合目的性原則以湊泊於二門），如此而已，康德無意另立「一心」以開二門。「情」不能從判斷力獲得其自己之構造原則以在其所應用之領域建立藝術底形上學，「合目的性原則」並非一先驗的超越的構造原則，判斷力只是或從知性，或從理性借用原則而為判斷力之軌約原則，稱「合目的性原則」。故「情」只能虛繫憑依於二門，不能亦不應干擾二門。判斷力亦只能虛繫憑依於二門，不能開二門。亦以虛繫故，在審美判斷中，諸認知機能從決定性中解放，既不決定於概念，又不決定於無概念；既不決定於「合法則性」，又不決定於「不合法則性」；既不決定於功利目的、道德目的，又不決定於無目的；且不決定於愉悅之情。愉悅之情並非審美判斷之決定性原則，而只是一憑依；合目的性原則之關涉於快與不快之情，正以不決定而相關涉之，相關涉之而或愉快，或不愉快，或由無情而有情，或由有情而無情。嵇康之《聲無哀樂論》早見及此。本人曾以「生命生態學美學」之名，論此不決定性當發生於本原地存活在方向性之軌道上的生命時，其如何關涉於藝術與美。

八　自然目的與道德目的之統一：天人合一與德福一致

康德哲學最後似以道德的目的論統一各種哲學底區分。然而，道德目的論之「終極目的（最高善、圓善）」概念，康德只說「此『終極目的』是應當實際存在著的（或說此『終極目的』之於感觸世界中之顯現是應當實際存在著的）」，而交給實踐理性作為一超驗原則，以便判斷力憑依之以提出其「合目的性」原則。然則，「終極目的」之

義涵及其論證之批判，應是康德哲學的最後批判。此最後批判之名，以「終極目的」涉及「天人合一」之義故，當稱為「哲學之宇宙性的概念之批判」。

　　康德哲學之謎，在其哲學底區分是二，人學則是知、情、意三分。知解分由知性立法，實踐分由實踐理性立法，情感分沒有獨立的構造原則為之立法，唯在需要時或依附於知性、或依附於理性，以此為兩界之連接，連接兩界於判斷力所提供給自己的主觀的軌約原則「合目的性原則」，由這主觀的、不決定的軌約原則統一各分、各領域。因無論怎樣說，人最後總須要行動，要抉擇，並因而統一決定了一切區分。說到底，人的生命存在及所在的世界總只是這麼個同一的「生命領土」，雖則在思想學理上造作過多少分裂，在人性生命中曾經遭受幾多割截，只須進入行動、進入實踐，存在只能是「一個」。現在，康德決定把這進入「整一界域」之可能交給判斷力了。判斷力非以一構造原則建立一「整一界域」，但只以一主觀的合目的性原則不決定地湊泊兩界而觸發在破裂中超越破裂之愉悅之情以促進此湊泊或進而至於為其引導，美（美感）則為此合目的性原則之成功率合作自我犒賞。認知與欲望間之破裂越大，則美感之內在張力越強，是「美」不會吝惜自己獎賜給每一個反思者。當反思者進入行動，並借用理性所提供之終極目的（圓善）為其合目的性原則之目的，則這美的獎勵即涵幸福。本人常願以美涵攝斯人之徒之所謂幸福，以取代「德福一致」中之「幸福」之概念。「幸福」之概念既不穩定，當以雖不能決定但卻有普遍必然性之「美」之概念涵攝之、取代之，則德福一致之思考，將有更嚴肅、更具必然性之開展。此義亦甚美，容後論述。由反思者進至為實踐者，原是復常，但在這「整一界域」之可能的思考上，康德總是艱難。

　　此康德哲學的困難，正亦可使康德的純粹哲學的超絕的形上學轉

型成為超絕的但又是超越而內在的形上學之可能的理穴所在。康德原來之超絕的形上學的喪失領土，或正使出自自由概念之法則中的有關實在性，解放而為「實踐的實在論」的自由的、活動的、辯證的實在論的實在性，而為一動態的結構的目的性之實踐的實在性。「出自自由概念之法則」之為「應當之理」，以其為應當之理故，將以其未實現為存在但應當實現為存在，為應當之理之性格；且永以未實現為存在，為其呈現之條件。當其一旦實現為存在，即存在為一靜態的、或自然的結構的合目的性之存在，此已實現之應當之理為復其為應當之理須在存在中重新冒起，「命日降，性日生」而自我超越復歸為一活動的自由的結構的目的性之存在，即一實踐的實在論之即活動即存在，而永尚未實現為終極目的之存在，為此「自由概念之界域」之應當之理之呈現之條件。即此而言，康德所發現的「判斷力」之「反思判斷」，將在此道德的形上學之目的論重建中，擔負至關重要的功能。此反思判斷使我們身存的這原來同一的「經驗領土」，以心靈機能之理性的存在之「必然的興趣」（關於此「必然的興趣」，康德以「哲學的宇宙性的概念」說之，今未能及。）故，必超越的開啟一「自由概念之界域」超臨於此「同一的經驗領土」，並即之而開列為兩界，在哲學言說則為康德的「超越的觀念論」（意即不能內在化而實證實在的）與「經驗的實在論」，或牟先生所屬意的「無執的存有論」（意即超越而內在可實證實在的）與「執的存有論」二門。此即本文藉康德之判斷力之批判，所發現的「一心開二門」。又，本文願借牟先生、唐先生所論中國宋明理學之專名重解而判之為：康德的「自由概念之界域」之「自由底形上學」之理為「應當之理」，而屬「超絕的形上學」之理。康德的「自然概念之界域」中之「經驗的實在論」之理為「形構之理」，而其「自然概念之界域」中之「自然底形上學」則為廣義的「存在之理」之「內在的形上學」之理（此則依

朱子部分言論）。唯理學的「存在之理」必開放予「應當之理」，而「應當之理」之為「應當」必涵「應當實現為存在」故必涵「存在之理」（此則宋明儒學之主旨，包括朱子之本義要旨）。關此，本人有一論文，以「理學目的論」之名有所觸及，開列為六點，唯所使用之語言乃理學語言為主，今重構重組改寫為以下兩段，或有助於以上「一心開二門」之有關討論之重新疏解、論說。

　　判斷力之為決定性判斷，決定一一存在是否符合普遍法則以至終極目的，突顯知性及理性主體之超越的立法地位及判斷權之施用，但全不涉及此等普遍法則及終極目的之存有論性格、或其成為存有之可能之說明。判斷力之為反思判斷，當下為一一存在逆覺其內在目的，此逆覺一一存在之內在目的，意謂為一一存在提取其存在之統一原則，亦即為一一存在如是存在之然，提供其超越之所以然，即其「存在之理」。存在之理之為存在之理，必涵存在之實現與存在之形構之理。然則反思判斷一旦有所活動，即必涉及存有與存在，涉及存在之理、實現之理與形構之理。涉及存在因而涉及存在之理，此涉及是為分析的涉及。涉及實現之理與形構之理，則為綜合的涉及，因所涉及不僅為反思之對象，更涉及反思活動者自身之存在狀態、涉及其對某一存在作反思活動亦即賦予某一存在以存在的目的性，此則不能不涉及某一存在當下之表現是否實現其自身之目的，其能否實現其自身目的又必涉及此一存在之形構之理；此種種涉及又反回來涉及作此反思活動者其自身存在之純粹性、作為一特殊心靈機能此反思判斷自身之品格。是見反思判斷自始根於存在，而超越存在，「仰之彌高，即之而溫」；立足於當下，而或順取或逆覺，「瞻之在前，忽然在後」。反思活動自身全然是一寂感真幾，既為一一存在發現其存在之內在目的，亦即其存在之理，又即此內在目的之自我實現，言實現之理與形構之理。即於內在目的之自我實現言實現之理與形構之理者，實即賦

予一一存在以統一原則以及充足理由，並因此為一一存在之自然因果串系帶入不決定性。一一存在之形構之理既為目的性原則所貫穿，則一一存在之形構之理無時不在轉化中，在趨向於整體合目的性之活動中。如是，反思活動者與反思對象互為主客，互為目的。

終極目的及合目的性原理之為應當之理、實現之理，端賴人之當下一念：「人應當成為自由者，成為目的者」並以此「成為──」為目的照臨當下之存在，而涉及存在之理與形構之理。由是，人將人存在的目的性帶入自然世界，彷彿自然世界自己有目的性，而實在說來並無人能證明自然世界自己有所謂目的性。故康德稱此合目的性原則只是主觀的超越性原則，並再三強調之。本人則以此合目的性原則為一主觀的超越性原則而再三致意，因正合本文此處之義。此合目的性原則之目的性，與其說是大自然自己的目的性，不如直說是人賦予自己之目的性。此超越的主觀的合目的性原則，是在人既為自然世界立法（知識理性）又為人的行為世界立法（實踐理性）之後，整一的存在被人分裂為兩界，一為自然界，一為自由界；人須為被人之兩種（兩層）理性所分裂的兩界，重新歸復為統一之存在負責，而必須必然地為自己而對世界提出一統一原則，即合目的性原則，提出之以重新建立關於存在之系統的統一之理解，理解之即自任自命、自覺為這存在的統一原則之建立者和這存在之合理、合目的之實踐實現者。就人之作為特定的有限的理性的存在者而言，捨此主觀的超越的合目的性原則，我們再無其它可能之統一原則，可以形成對自然界與自由界之統一的理解和說明。就人之作為既有限而可無限之理性的存在者而言，此超越的主觀性原則，正可啟動人實踐為自由主體之意識：人的生命存在既已是自然界一切條件關係的最高綜合者，人即應當將自己的生命存在實現為道德法則之立法者和實踐者，亦即成為目的者、自由意志者。藉著反思判斷力所提之合目的性原則，人同時啟動生命之

兩層存有：自然與自由，並即轉動而綜合之於此合目的性原則，而不已，而有存在之迴旋。關鍵唯在一心之寂感、開合、昇降，舒之則彌綸六合，卷之則退藏於密。此所以在牟先生講「一心開二門」，建立兩層存有論之後，本人多年來總接著講「合二門於一心」，由一心而言「順之則生天生地，逆之則成聖成賢」，重建儒家目的論。

九　目的論與俱分進化論：最高善與存在的破裂

由是，世界存在之目的性之隱顯、染淨、強弱、高下，與反思者反思判斷力之高下、強弱、染淨、隱顯，相應實證為一動態的結構的目的性原理之不斷建立、起現、起用，「命日降，性日生」，並真實地轉移了整個存在界之存在秩序，包括自然界自然因果串系之轉變與自由界精神之自誠明。因此合目的性原則之為主觀的超越性原則，使此原則可以有觀照之運用與實踐之運用，而非客觀認知判斷之運用，以避免目的性原則被向外施設作他律的權威主義之誤用。此主觀的超越的合目的性原則之觀照觀想的運用，即成就審美判斷。審美判斷之高下，亦正反映審美者其反思判斷力自律而投射予審美對象之合目的性——實即審美者與審美對象相處相交之無目的之合目的性——之高下。此主觀的超越的目的性原則之實踐的決定的運用，即成就道德性之活動。道德性活動之高下、圓不圓，亦正反映「道德判斷」（依康德言人無智的直覺，現實上可否作道德判斷實屬可疑）者其反思判斷力所借用之實踐理性所提給予行為者自己之目的——實即道德判斷者自給自處之目的——之純粹性，同時即是對人類這種「理性的存在」底本質目的、人的全部天職亦即終極目的的理解之完整性之相應不相應，而為即主觀而超主觀之合目的性之自由、自主、自律之純粹性。康德說：「本質的目的，自其當身而言之並不就是最高目的；依理性

在完整的系統統一方面之要求而言，在這些本質的目的中，只有一個始可說為是最高的目的。因此，本質的目的或是終極目的，或是諸隸屬目的，此等隸屬性的目的是必然地當作工具而與那終極目的相連繫。終極目的不過就是人底全部天職，而討論此全部天職的哲學即被名曰道德哲學。」[17]此康德義之「天職」即「實現最高善」，亦即儒家之言「天命之謂性，率性之謂道」之「率性」、「盡心知性知天」之「盡心」、「性分之不容已」之「不容已」。唯康德是靜態地結構地講，儒家是動態地實踐地講。

然而，弔詭的是，反思判斷力所自我給予的合目的性原則及其借用之實踐理性之目的性概念或人的天職之概念，其越純粹、越完整圓滿，其呈現之「應是」之應當之理，與其所判斷之現實對象之「所是」之存在之理，即差距越大（如「天地不仁以萬物為芻狗」）。若更以拉開距離，為目的性系統之終極目的、人的天職之宇宙性概念之呈現條件和自我強化之表現，表現至極而超常／反常，在主觀的觀照活動上遂有藝術上的所謂醜學，使合目的性原則在審美活動中徹底受挫，中止，目的性被迫撤回孤懸為目的性自己，而自我震慄；在實踐的活動上另有宗教上的宗教狂熱，焚燒大地。此皆將此合目的性原則之目的性，原借用自實踐理性、本屬實踐理性為自由而提供者，屬應當之理者，向外投射為一客觀的靜態的外在結構的目的性而權威主義化，而不知此合目的性原則始終為一主觀的超越性之原則。主觀的超越性原則意謂此合目的性原則只是反思判斷力自我給予之一範導性原則，以此原則範導、軌約作反思判斷者，使即著此一一具體之存在之「是什麼」，反思其所相配之本質目的之「應當是什麼」，當兩者相

---

17 康德：《純粹理性之批判·超越的方法論》之第3章。轉引自牟宗三：《現象與物自身》（臺北市：臺灣學生書局，1975年），頁460。

應，即稱善稱美，從而維護此一一合理之具體存在。換言之，當稱善稱美，即意謂一具體存在以至一一具體存在，其存在之理中包含相應之應當之理。然若此一一具體存在出現互不相容、互相否定甚至自我否定，意謂此一一具體存在，須重新祈獲其本質目的及其所隸屬之終極目的之照臨，人則須復其「所以為純於善而無間斷之本」、「幾動於彼，誠動於此」、「敬以直內，義以方外」（理學家言），以轉動自身以至所在之現實存在，不間斷地呈現實現之理，使自身以至所處之一一具體存在共趨於各以其應當之理，為一一具體存在之存在之理。此正是朱子「理氣不雜不離」，「程子以為明理一而分殊，可謂一言以蔽之矣。」（朱子《西銘》注）之密義；亦道家「不禁其性，不塞其源」，佛教「袪病不袪法」、「事理無礙，事事無礙」之密意。陸象山言：「理只在眼前，須是事事物物不放過，磨考其理。」（《象山全集》卷卅五·語錄）後王船山言「有即事以窮理，無立理以限事。」（王夫之〈正蒙·太和篇〉注）黑格爾（G. W. F. Hegel 1770-1831）《法哲學原理》所說哲學活動只應即事以反省其存在之理，而非憑空立法立理，「哲學是探究理性東西的，正因此，它是了解現在的東西和現實的東西的，而不是提供某種彼岸的東西，神才知道彼岸的東西在哪裡。」[18]亦是此義（唯黑氏又偏向歷史主義的客觀化了的歷史理性去講）。儒道釋三教之目的論、朱子理學目的論，皆是此路之目的論。此路目的論之目的，唯在當反思一具體存在者之本質目的與超越目的，必以一無目的但純於善而無間斷之本心之悅（「理義之悅我心，猶芻豢之悅我口」、「如好好色、惡惡臭」），為反思判斷之真的衡定，而止於至善（「時中」、「極高明而道中庸」），以免無窮過（極端主義）。

---

18 黑格爾撰，范揚、張企泰譯：《法哲學原理》（北京市：商務印書館，1982年），頁10。

十 目的論與理一分殊

凡自覺為目的者、根源的在者，必已在反思中，在理想與現實之區分之痛苦與覺悟中；凡被目的性所貫穿之理想主義者、自我超越者，以其自我超越故，必同時要求實現為在世者、倫理世界之在者、文化世界之在者，他必須與其他目的者、根源的在者、共存共享同一互為主體、互為目的之目的王國。各目的者（主體）通過各自之目的性活動，在對列、對立與殊異中，互為主體、互為目的者、自由者，從而互相正視、尊重各自目的之分殊、不同歷程處境之本質目的之分殊、超越目的與內在目的之分殊、整體目的與部份目的之分殊，即分殊而必反省這一切分殊、殊異之為殊異，正源自天地之性之根源的「一」。沒有天地之性之根源的一，沒有天道天理之一，則亦無所謂分殊，無殊異之為殊異之可言。明天地之性、目的性理之一，正所以明天下萬物萬事之殊異以及殊異之為殊異；以一天地之性之理，原就來自對一一具體存在之殊異性之反思，在反思中建立者。如是，反思判斷力連接兩界同時區分兩界。這區分當然是超越的區分、價值的區分，但同時是存有論的區分。區分兩界亦即證成兩界，證成兩界亦即兩界俱真實存在於反思活動中，不雜不離。普遍性與殊異性具體性不雜不離，目的與歷程不雜不離，整體性與個體性、個體之全部與部分不雜不離，精神與存在、未存在與已存在不雜不離。

理性為人的意欲提供「依照自由之概念而來的結果是終極目的（final end，最高善、圓善），此終極目的是應當實際存在著的（或說此終極目的之於感觸世界中之顯現是應當實際存在著的）。」[19]此一「終極目的」原則。「自由概念之結果是終極目的」意謂實踐理性所

---

19 康德撰，牟宗三譯：《判斷力之批判》（臺北市：臺灣學生書局，1992年），頁154。

證成的自由概念，其理論結果是人之意欲之終極目的必是實現為自由。由此「終極目的」理念之提出，人學性體學（人性論）及與之相應的各類型知識之說得到系統的最後說明──此系統說明之可能全繫於「自由之為人及其所在世界之終極目的」之理念：人的感性參與現象世界之起現，知性為自然立法，判斷力依自律之自然合目的性原則聯結普遍者與特殊者，反思判斷力則得到純粹情感之支持把合目的性原則強化為貫穿性之統一原則，以接合於理性所提之「成為自由之終極目的」。如是，理性非一靜態的寡頭的心靈機能之名，而是王陽明所謂的「理、性、心、意、知、物」之理性。理性之知，即「理一而已。以其理之凝聚而言，則謂之性。以其凝聚之主宰而言，則謂之心。以其主宰之發動而言，則謂之意。以其發動之明覺而言，則謂之知。以其明覺之感應而言，則謂之物」[20]之「理一而已」之知。理一者，生命存在之終極目的乃成為自由、成為目的者也，並因實現為自由，證成終極目的，轉過來證成合目的性原則，證成判斷力所供出的自然物有一「超感性的基體」，而理性因著其實踐法則先驗地給此「超感性的基體」以決定，決定之為欲望機能所愉悅之合目的性之存在：實現自由。從而證成自然界之合法則性與自由界之合目的性之貫通，「理一而已」。王陽明即此說「致良知」、說「知行合一」。以知行合一故，此理性之知是否如其為理性之知？知體明覺之知？亦有待於「理、性、心、意、知、物」全體全用全程之一念之誠。《中庸》曰：「誠者物之終始，不誠無物。」「誠則形，形則著，著則明，明則動，動則變，變則化。唯天下至誠為能化（化──becoming process）」。

---

20 《王陽明全集‧傳習錄》（上海市：古籍出版社，1997年8月）卷2〈答羅整庵少宰書〉，頁76-77。

十一　寂感真幾與知行本一

　　宋儒周濂溪說易：「寂然不動者誠也，感而遂通者神也。」（《通書·聖第四》）「動而無靜，靜而無動，物也。動而無動，靜而無靜，神也。動而無動，靜而無靜，非不動不靜也。物則不通，神妙萬物。」（《通書·動靜》）此「理、性、心、意、知、物」一念之誠遂得稱為「寂感真幾」。此終極目的之知，既是「實踐的形上學」（「實踐的形上學」意謂其形上之知為實踐之行之方向目的、並為實踐之行所證）之知，又是「實踐的實在論」（「實踐的實在論」意謂實在之知由實踐之行證成）之知，是必知行合一，是必「理一而已」。「理、性、心、意、知、物」之致良知與「和順於道德而理於義，窮理盡性以至於命」之行之合一。這全是即活動即存在，即知即行，即思即有，「先天而天弗違，後天而奉天時」，「神無方而易無體」之知行，故曰「君子之道費而隱」。是可謂極顯又可謂極隱之知行合一。程明道答問：「心如何是充擴得去底氣象？曰：天地變化，草木蕃。（問）充擴不去時如何？曰：天地閉，賢人隱。」此或是知行合一隱顯之另一本義。然則知行合一，又即寂感真幾。

　　王陽明說：「今人卻就將知行分作兩件去做，以為必先知了然後能行。我如今且去講習討論做知的工夫，待知得真了方去做行的工夫。故遂終身不行，亦遂終身不知。此不是小病痛，其來已非一日矣。」[21]

　　王陽明的本意，表面看似是重行，至少是重即知即行；其實看深一層，亦可以說是重真知（知者在實踐中檢證的判斷力之知），故說

---

21 同上註，上冊，頁4。

「知是行的主意，行是知的工夫。知是行之始，行是知之成。」[22]唯真知可以收到生命中，如魚飲水，冷暖自知；可言說者知言，不可言說者知意，「主意」既定，即是「行之始」，啟動生命，終身實證相應，陸象山「易簡工夫終久大」之謂。豈有離開具體事物之當機處我們直下知行合一之良知感應，而另有一至當不易之理，須我們去「知」，去襲取，去服從，而曰「行」者。凡以為須先知得個什麼理，方去做行的工夫的人，只能在具體生活之事變之前，需要當機之道德行為時，茫然失措，仍待求一至當之法則之知，遂終無道德之行，亦終無當然之理之知。「今說個知行合一，正是對病的藥，又不是某鑿空杜撰。知行本體原是如此。」[23]人心本來的體性體段，原就在知行中，性分不容已，知行亦不容已。原只是「工夫所至即是本體」，一個工夫中分知行兩個，猶一個「工夫所至即是本體」又分「工夫」與「本體」兩個也！此即「知行本體原是一」，後為補偏救弊不得已權說為「知行合一」。是「知行合一」只是「知行本體是一」之權說，是對病的藥，對著將知行分作兩個去做的病而開的藥。說實了，知行本是一。王陽明這裡說得非常仔細：

> 夫理無內外，性無內外，故學無內外。講習討論未嘗非內也，反觀內省未嘗遺外也。夫謂學必資於外求，是以己性為有內外也，是義外也，用智者也。謂反觀內省為求之於內，是以己性為有內也，是有我也，自私者也。是皆不知性之無內外也。故曰精義入神以致用也，利用安身以崇德也。性之德也，合內外之道也。此可以知格物之學矣。（中略）故格物者格其心之物

---

22 同註20。

23 同註19。

也，格其意之物也，格其知之物也，正心者正其物之心也，誠意者誠其物之意也，致知者致其物之知也，此豈有內外彼此之分哉？理一而已，以其理之凝聚而言則謂之性，以其主宰而言則謂之心，以其主宰之發動而言則謂之意，以其發動之明覺而言則謂之知，以其明覺之感應而言則謂之物。故就物而言謂之格，就知而言謂之致，就意而言謂之誠，就心而言謂之正，正者正此也，誠者誠此也，致者致此也，格者格此也，皆所謂窮理以盡性也。天下無性外之理，無性外之物。學之不明，皆由世之儒者認理為外，認物為外而不知義外之說。[24]

此「理一而已」之理一，不可輕忽以為說眾理歸一理之理一，此處「理一」，是依理說「一」，說的是：理、性、心、意、知、物，天下萬事萬物，無一在外，無一在內之理一；既是一理貫通心、身、他、我、天道、性命之萬事萬物之「一」，亦是「宇宙便是吾心，吾心即是宇宙。」「宇宙內事是己分內事，己分內事是宇宙內事。」「萬物森然於方寸之間」（以上陸象山語）之「一」、「無聲無臭獨知時，此是乾坤萬有基」之寂感真幾之「一」。說到這份上，直是理無內外，性無內外，學無內外，知無內外，行無內外，外無內外（「講習討論未嘗非內也」，見父行孝、見兄行弟，見孺子入井行救，亦未嘗非內。），內無內外（「反觀內省未嘗遺外也」，反觀內省見父知孝自然乎？見兄知弟自然乎？見孺子入井知惻隱自然沛然莫之能禦乎？何嘗遺外。）故曰「精義入神以致用也，利用安身以崇德也，合內外之道也。」說「知行合一」已是方便說、權說，實說則「知行本一」。知是心主知，行是心主行。「格物者格其心之物也，格其意之物也，格

---

24 同註19。

其知之物也」（此行不離知，行在知行中行）；「正心者正其物之心
也，誠意者誠其物之意也，致知者致其物之知也」（此致知不離物之
知，知不離行，知在行知中知）。「此豈有內外彼此之分哉？理一而
已」。說知，是說此理一之知分；說行，是說此理之一之行分，「皆所
謂窮理以盡性也。天下無性外之理、無性外之物。」更何來性外之
知，何來性外之行，何來性外之知行合一。明得此「理一分殊」之
理，何謂「真知行」思過半矣。「知」者惟「理一」而「知分」之
知；「理」者「性即理」、「心即理」；「性」者「理之凝聚」；「物」
（事）者「意」之所在、「明覺」之感應；「明覺」者「心」之發動者
也。然則「吾有知乎哉，無知也。有鄙夫問於我，空空如也！」所有
所謂「知」，唯是一觸即發，「心、意、知、物、性、理」全體起
「行」，並唯依「心、意、知、物、性、理」自身之統一原則——合
目的性原則，而知行合一地「知」。

十二　判斷力與知行合一

此「知行合一」地知，在康德，即判斷力當機連接種種知識而統
屬於實踐的問題。很多人不是欠缺知識，而是喪失判斷力。

> 缺乏判斷力正恰是普通所說的愚蠢，而對於這樣一種缺點，茲
> 並無補救或治療法可言。一個遲鈍或狹隘的人〔對於這種人除
> 適當程度的知解以及適合此知解程度的概念外，再沒有什麼是
> 缺少的〕實可通過研究而被訓練，甚至可訓練至成為一個有學
> 問的人。但是，由於這樣的人們通常仍缺乏判斷力，所以去踫
> 見這樣的有學問的人，即「他們在應用他們的科學知識中表露
> 出那決不能被補救的根本缺點」這樣的有學問的人，這並非是

不常見的事。[25]

康德在第一批判有這麼一大段話罕有地不掩其譏諷之情指陳那種「有學問的人」：一醫生、一法官，或一統治者，他可以有很多很優異的病理學的、法律學的，或政治學的規律、法則在他的腦海浮現，他甚至可以是一個深奧的教授規律的教師，他在知解上令人欽佩，他可以了解抽象的普遍者，然而由於他缺乏「天賦的判斷力」這一特殊的才能，這一「母慧」（天生的智慧），他不能夠去鑒別、判斷一個具體事例是否可處於一普遍規律之下。

判斷力或借用理性為欲望機能所立之終極目的及所提供之普遍者（道德法則、自律性原則），以決定某特殊者具體行為是否可處於此普遍的道德法則之下──此所謂道德判斷。故曰道德判斷屬於決定性判斷，以理性先已提供終極目的及道德法則作為普遍者，以決定一具體行為之道德性質。決定性判斷除可以表現於道德判斷，又可以表現於認知判斷。決定性判斷之表現為認知判斷，是判斷力借用知性提供之普遍者及合法則性原則以判斷（決定）一特殊者之知識身份。決定性判斷表現於認知判斷，這個說明沒有問題，因普遍者與特殊者同屬知識所行境。決定性判斷之表現為道德判斷，說判斷力借用理性（實踐理性）所提之普遍的道德法則及實踐之終極目的，以判斷（決定）一具體行為之道德價值。此說卻大有問題，因這裡的普遍者與特殊者（行為）分屬兩界：道德法則、終極目的屬智思界、自由界，具體行為則屬經驗界、自然界。如何可把一自然界之事物歸屬於自由概念之下？曰：但當此屬自然界之行為被認為具有內在目的──亦即直接關係於此行為者之心靈機能之「自律性」（「一般說的諸心靈機能，視之

---

25 康德撰，牟宗三譯：《純粹理性之批判》（臺北：臺灣學生書局，1983年），頁337。

為高級的機能，即視之為『含有一自律性』的機能者。」），其實踐理性為其欲望所決定之終極目的，以及判斷力為其情感所提供之合目的性原則——能綜合服從此諸原則而有之行為，可同時關連於兩界。此具體行為遂既有外顯之自然界物性之一面，又有其內蘊之自由意志之抉擇（欲望機能之是否服從其理性所決定之實踐的終極目的）之一面，而為一獨一無二之「事件」——這時，一經驗界之事物（行為）不僅為一經驗界之事物而同時是一「物自身」（事物之呈現為經驗界之事物之具體同一性之超越根據：「超感性的基體」），此「超感性的基體」／「物自身」之為智思物遂可隸屬於自由概念之下，判斷力依終極目的及合目的性原則，可對之作決定性之判斷。此時之道德判斷實乃在物自身、終極目的、合目的性原則三者俱立之後（形上學的後、邏輯的後）。終極目的雖云由理性直接提供，若無「合目的性原則」之支持，則終極目的必在實踐中落空，成為不可「知行合一」地知者。而物自身之是否可自知或可被覺知，亦必涉及反思活動，本文及本人其他論文已有詳論。故道德判斷固是一決定性判斷（此牟先生所堅持），同時必是一反思判斷（此本人所堅持）。

人作為知性、理性及判斷力，三種功能之一體兼有者，更兼為自然界之最高存在（可擬議為大自然之目的者），人注定是所有存在問題的集結者和覺察者。因此人注定是存在的意義的唯一追問者與答問者；因此人注定要為未存在尋找存在，為已存在與未存在之連結尋找存在的線索、存在的意義，為意義與存在之關連尋找目的，為目的與目的之貫通尋找貫通之「道」，為終極目的之展現為「道」而跨出每一步，超越存在、走進將來；為了成為知行者，人為自我提供目的性及以上諸理，使人生有道路，有可知，有可行，有知行合一。

陽明弟子，說「四有」、「四無」的王龍溪，在〈致知議辯〉一文雖無「一心開二門」之字句，其言創生義之「寂感真幾」，可把儒家

的「一心開二門」說得圓透圓熟，待要剖開來看明白，面面切入，恰都是一心開二門。其言曰：

> 良知是寂然之體，物是所感之用，意則其寂感所乘之機也。
> （中略）即是為有無之間，亦何不可。老子曰：無無。既無，
> 湛然常寂，常寂常應，真常得性；常應常定，常清淨矣。則足
> 以無為有之幾，寂為感之幾，非以寂感有無隱度其文，故命人
> 不可致詰為幾也。[26]

王龍溪所說「寂感真幾」，牟先生在《圓善論》判為儒家圓教。贊曰：「四有四無方圓備，圓教有待龍谿揚。」儒家「一心開二門」之一心，發展到圓透圓熟，必是此實體實有的創生義之「寂感真幾」。唯「寂感真幾」之創生、生起，可以上下縱貫地說，可以內外橫攝地說，可以前後次序地說，可以亦縱亦橫、或順或逆地說，可以亦開亦合、或一或多、或有門或無門地說，亦可以說、可以不說，在言與不言之間，實證一斯人千古不磨心。本文遂以「寂感真幾」之名義，說一多維、多向而「兩極歸宗」自我實現之終極目的論，而為儒家目的論之「一心開二門」之「一心」。

---

26 王龍溪（王畿）：《王龍溪全集》（臺北市：華文書局，1960年5月）卷6〈致知議辯〉。

哲學研究叢書·學術思想叢刊 0701012

紀念牟宗三先生逝世二十周年國際學術研討會論文集

主　　編　楊永漢
責任編輯　楊婉慈

發 行 人　林慶彰
總 經 理　梁錦興
總 編 輯　張晏瑞
編 輯 所　萬卷樓圖書股份有限公司
排　　版　林曉敏
印　　刷　百通科技股份有限公司
封面設計　斐類設計工作室

發　　行　萬卷樓圖書股份有限公司
　　　　　臺北市羅斯福路二段 41 號 6 樓之 3
　　　　　電話 (02)23216565
　　　　　傳真 (02)23218698
　　　　　電郵 SERVICE@WANJUAN.COM.TW
香港經銷　香港聯合書刊物流有限公司
　　　　　電話 (852)21502100
　　　　　傳真 (852)23560735

ISBN 978-986-478-160-7
2020 年 7 月初版二刷
2018 年 7 月初版一刷
定價：新臺幣 1000 元

如何購買本書：

1. 劃撥購書，請透過以下郵政劃撥帳號：
　　帳號：15624015
　　戶名：萬卷樓圖書股份有限公司

2. 轉帳購書，請透過以下帳戶
　　合作金庫銀行 古亭分行
　　戶名：萬卷樓圖書股份有限公司
　　帳號：0877717092596

3. 網路購書，請透過萬卷樓網站
　　網址 WWW.WANJUAN.COM.TW

大量購書，請直接聯繫我們，將有專人為
您服務。客服：(02)23216565 分機 610

如有缺頁、破損或裝訂錯誤，請寄回更換

國家圖書館出版品預行編目資料

紀念牟宗三先生逝世二十周年國際學術研
討會論文集 / 楊永漢主編. -- 初版. -- 臺
北市 ： 萬卷樓, 2018.07
　面 ；　公分. -- (哲學研究叢書. 學術思
想叢刊 ; 701012)
ISBN 978-986-478-160-7(平裝)
1.中國哲學 2.文集
120.　　　　　　　　　　　107011206